Einer und alle

Öffentliche Theologie

Herausgegeben von
Heinrich Bedford-Strohm und Wolfgang Huber

Band 32

Florian Höhne

Einer und alle

Personalisierung in den Medien als Herausforderung für eine Öffentliche Theologie der Kirche

EVANGELISCHE VERLAGSANSTALT
Leipzig

Florian Höhne, Dr. theol., geb. 1980 in Berlin, studierte Evangelische Theologie in Neuendettelsau, Erlangen und an der Duke University (Durham, USA). Von 2007 bis 2008 arbeitete er als Volontär der Journalistenschule Ruhr in Redaktionen der Westdeutschen Allgemeinen Zeitung (WAZ) im Ruhrgebiet. Zwischen 2008 und 2013 war er zunächst Wissenschaftlicher Mitarbeiter bei der Professur für Praktische Theologie in Erlangen und dann am Lehrstuhl für systematische Theologie und theologische Gegenwartsfragen in Bamberg, wo auch die Dietrich-Bonhoeffer-Forschungsstelle für Öffentliche Theologie angesiedelt ist. Gegenwärtig ist er Vikar der Evangelisch-Lutherischen Kirche in Bayern.

Meinen Eltern, Ariane und Gert

Der vorliegende Band gibt in überarbeiteter, gekürzter und dafür teilweise umgestellter Fassung den zweiten und dritten Hauptteil der Dissertationsschrift »Personalisierung in den Medien als Herausforderung für eine evangelische Öffentliche Theologie der Kirche« wieder, die im Wintersemester 2013/14 vom Fachbereich Theologie der Friedrich-Alexander-Universität Erlangen-Nürnberg angenommen wurde. Tag der mündlichen Prüfung: 14. Februar 2014.

Danke für die Druckkostenzuschüsse von
der Evangelisch-Lutherischen Kirche in Bayern (ELKB) und
der Vereinigten Evangelisch-Lutherischen Kirche Deutschlands (VELKD).

Bibliographische Information der Deutschen Nationalbibliothek
Die Deutsche Nationalbibliothek verzeichnet diese Publikation in der
Deutschen Nationalbibliographie; detaillierte bibliographische Daten
sind im Internet über http://dnb.dnb.de abrufbar.

Printed in Germany · H 7858

Das Buch wurde auf alterungsbeständigem Papier gedruckt.

Cover: Kai-Michael Gustmann, Leipzig
Satz: Florian Höhne, Fürth
Druck und Binden: Hubert & Co., Göttingen

ISBN 978-3-374-04063-6
www.eva-leipzig.de

»Die Kirche ist nur Kirche, wenn sie für andere da ist. [...] Sie muß an den weltlichen Aufgaben des menschlichen Gemeinschaftslebens teilnehmen, nicht herrschend, sondern helfend und dienend. Sie muß den Menschen aller Berufe sagen, was ein Leben mit Christus ist, was es heißt, ›für andere dazusein‹. [...] Sie wird die Bedeutung des menschlichen ›Vorbildes‹ (das in der Menscheit Jesu seinen Ursprung hat und bei Paulus so wichtig ist!) nicht unterschätzen dürfen; nicht durch Begriffe, sondern durch Vorbild bekommt ihr Wort Nachdruck und Kraft.«

Dietrich Bonhoeffer, Entwurf für eine Arbeit[1]

»Der junge Alexander eroberte Indien.
Er allein?
Cäsar schlug die Gallier.
Hatte er nicht wenigstens einen Koch bei sich?«

Aus: Bertolt Brecht, Fragen eines lesenden Arbeiters[2]

---

[1] Dietrich Bonhoeffer (1994): Widerstand und Ergebung. Briefe und Aufzeichnungen aus der Haft. Hg. v. Eberhard Bethge (Kaiser Taschenbücher, 100), 15. Aufl., Gütersloh, S. 206f., im Original nicht kursiv.

[2] Zit. nach: Klaus Bergmann (1972): Personalisierung im Geschichtsunterricht – Erziehung zu Demokratie?, Stuttgart, S. 23, im Original nicht kursiv.

Vorwort

Die vorliegende Arbeit ist die überarbeitete, gekürzte und aktualisierte Fassung des zweiten und dritten Hauptteils meiner Dissertationsschrift mit dem Titel »Personalisierung in den Medien als Herausforderung für eine evangelische Öffentliche Theologie der Kirche«. Sie wurde im Wintersemester 2013/14 vom Fachbereich Theologie der Universität Erlangen-Nürnberg angenommen. Der erste Hauptteil der Doktorarbeit ist als eigenständiges Buch ebenfalls in der Reihe Öffentliche Theologie unter dem Titel »Öffentliche Theologie. Begriffsgeschichte und Grundfragen« erschienen.

Der öffentliche Ausdruck einer Person ist immer durch die Beziehungsnetze mitbedingt und beeinflusst, in denen sie lebt und wirkt. Das ist eine zentrale These der vorliegenden Arbeit, die auch auf ihren Verfasser zutrifft. Im Bewusstsein der Unabgeschlossenheit einer solchen Auflistung sind eingangs einige Personen und Gruppen zu benennen, in Beziehung zu denen diese Arbeit in der vorliegenden Form möglich wurde.

Meinem Erstgutachter und Doktorvater Prof. Dr. Heinrich Bedford-Strohm danke ich für alle Begleitung und Unterstützung, gerade auch für die Möglichkeit, in Bamberg zu arbeiten, und besonders für die theologischen Gespräche, etwa zu Fragen Öffentlicher Theologie. Prof. Dr. Peter Dabrock danke ich für anregende Gespräche, hilfreiche Kommentare und konstruktive Kritik und die rasche Erstellung des genauen und instruktiven Zweitgutachtens. Prof. Dr. Peter Bubmann danke ich für die wissenschaftliche und unterstützende Begleitung dieses Projektes, für die Möglichkeit, in Erlangen zu arbeiten, für Gespräche über kirchliche Berufe und pneumatologische Amtstheologie und – nicht zuletzt – für die Anregung zum Thema »Personalisierung«.

Viele Kollegen und Freunde haben diese Arbeit durch Kritik und Anregungen bereichert. Dafür danke ich insbesondere Prof. Johanna Haberer, Dr. Daniel Meier und Dr. Ingrid Stapf aus der Christlichen Publizistik, Dr. Tanja Gojny und Tobias Reitmeier sowie dem Berliner theologischen Kolloquium von Wolfgang Huber, dem Bamberger und jetzt Münchner Kolloquium von Heinrich Bedford-Strohm, dem Erlanger Oberseminar Praktische Theologie, den Teilnehmern der Konferenz des Global Network for Public Theology 2010 in Australien, den Teilnehmern eines Mediensymposiums in Stellenbosch im Frühjahr 2012 und den Teilnehmerinnen und Teilnehmern am Bamberger Gesprächskreis Öffentliche Theologie.

Insbesondere für die aufmerksame und kritische Lektüre jeweils von Teilen der Arbeit danke ich Dr. Tanja Gojny, Tobias Reitmeier und Adrian Schmidt. Für Lektorat und Korrektur danke ich Caroline Gutberlet. Ich danke den Mitarbeitern der Universitätsbibliotheken in Erlangen und Bamberg und dem Support-Team von citavi, dem Computerprogramm, das mir die Literaturverwaltung ermöglichte.

Den Herausgebern der Reihe Öffentliche Theologie, Prof. Dr. Dr. h. c. Wolfgang Huber und Prof. Dr. Heinrich Bedford-Strohm, danke ich für die Aufnahme in die Reihe. Die Publikation des vorliegenden Bandes wäre ohne finanzielle Zuschüsse nicht möglich gewesen. Für diese Unterstützung danke ich sehr herzlich der Evangelisch-Lutherischen Kirche in Bayern, der Vereinigten Evangelisch-Lutherischen Kirche Deutschlands (VELKD) und nicht zuletzt meinen Eltern. Ebenso danke ich den Mitarbeiterinnen und Mitarbeitern der Evangelischen Verlagsanstalt, stellvertretend hier Dr. Annette Weidhas und Anne Grabmann, die sehr freundlich, geduldig und engagiert diese Publikation begleitet haben.

Abschließend, aber nicht zuletzt danke ich meiner Familie und meinen Freunden, ohne deren vielfältige Unterstützung ich die Anstrengung dieser Arbeit nie auf mich hätte nehmen und nie bewältigen können. Ganz besonders danke ich meinen Eltern Gert und Ariane Höhne und meiner Großmutter Sigrid Haase. Der letzte Dank im Vorletzten geht an meinen Lebenspartner Adrian Schmidt, dessen Liebe und Freundschaft mich begleitet und aufgebaut haben.

Fürth, am 3. Advent 2014
Florian Höhne

Inhalt

I. Einleitung

Dresden. Es ist der 1. Januar 2010, als in der wiederaufgebauten Frauenkirche folgende Worte erklingen:

> »[...] Erschrecken gibt es ja nicht nur im persönlichen Leben, sondern auch mit Blick auf unsere Welt. Nichts ist gut in Sachen Klima, wenn weiter die Gesinnung vorherrscht: Nach uns die Sintflut! Da ist Erschrecken angesagt und Mut zum Handeln, gerade nach dem Klimagipfel in Kopenhagen. Nichts ist gut in Afghanistan. All diese Strategien, sie haben uns lange darüber hinweggetäuscht, dass Soldaten nun einmal Waffen benutzen und eben auch Zivilisten getötet werden. Das wissen die Menschen in Dresden besonders gut!«[1]

Aus einer langen Kanzelrede ist es ein Satz, der Predigt und Predigerin in die Schlagzeilen bringt: »Nichts ist gut in Afghanistan«.

Dieser Satz entzündete eine hitzige und spannungsvolle Debatte über das Engagement der Bundeswehr in Afghanistan. Die Predigerin Margot Käßmann stand dabei im Fokus einer breiten Öffentlichkeit. Mit einem markanten Satz ist sie – mindestens in diesen Wochen Anfang des Jahres 2010 – Stimme und Gesicht der evangelischen Kirche in Deutschland gewesen.

Die Geschichte von Margot Käßmanns Afghanistan-Zitat macht deutlich, dass Massenmedien sich in ihrer Berichterstattung an (prominenten) Personen orientieren. In dieser Geschichte werden die kaum voraussagbaren Eigendynamiken medialer Kommunikationsprozesse und Karrieren erlebbar. Die Geschichte macht außerdem deutlich, dass diese Personalisierungstendenzen und -dynamiken nicht nur in der Berichterstattung über Parteien oder Gewerkschaften, sondern offenbar auch über die evangelische Kirche greifen.

Wenn dem so ist – und dem Fernsehzuschauer und Zeitungsleser werden sicher noch zahlreiche andere Beispielgeschichten aus den vergangenen Jahren einfallen, die das belegen –, stellt sich die Frage: Wie soll die evangelische Kirche mit diesen medialen Personalisierungstendenzen umgehen?

Personalisierung ließe sich kulturpessimistisch deuten.[2] Dieser Deutung zufolge reißt die Medienmühle Aussagen aus dem Kontext, entfacht polemi-

---

1 Zitiert nach: http://www.ekd.de/predigten/kaessmann/100101_kaessmann_neujahrspredigt.html [Abruf am 26.7.2013].

2 Die folgende Schilderung der beiden Positionierungstypen greift Argumente und Gedanken aus der Debatte über Personalisierung auf, ohne konkrete Ansätze oder

sche Kritik, inszeniert Streit, Versöhnung und Geschichten – und immer stehen dabei Personen im Mittelpunkt: als Ankläger, als kritisierende Experten, als wütende Bürger, als begeisterte Anhänger, als lavierende Politiker – und manchmal auch ganz privat. Um vernünftige Diskurse, um sachliche Argumente und Informationen ginge es in Zeitung und Fernsehen schon lange nicht mehr. Stattdessen ginge es um Personen und die Gefühle des Publikums für Prominente. Mit der demokratischen Funktion einer Öffentlichkeit habe das nichts mehr zu tun. Zuschauer und Leser würden nicht informiert, sondern mit den Geschichten aus dem Privatleben von Politikern, Prominenten und offenbar auch Kirchenleuten eingelullt. Personalisierung als Teil einer voranschreitenden »Boulevardisierung«[3]. Dieser Deutung zufolge gilt: Nichts ist gut an den Massenmedien (in Deutschland).

Aus dieser Perspektive liegt dann nahe, der Kirche den Rückzug aus einer derartig personalisierenden Medienöffentlichkeit zu empfehlen. Gerade für evangelische Theologen kann dieser Schluss doppelt plausibel klingen: Zum einen scheint die Ablehnung medialer Personalisierung von einem diskursiven Öffentlichkeitsverständnis her begründet. Zum anderen erscheint sie auch von amtstheologischen Erwägungen her naheliegend: Wie soll denn eine derartig mediale Fokussierung auf Ratsvorsitzende, Bischöfe oder Landesbischöfe mit dem Priestertum aller Gläubigen vereinbar sein?

Personalisierung lässt sich andererseits auch mit einem optimistischeren Grundton beschreiben: Natürlich personalisierten Medien – aber gerade dadurch ermöglichten sie den Menschen in einer komplexen Gesellschaft die Teilhabe an unterschiedlichen Diskursen und Wissensbereichen, die durch personalisierte Geschichten zumindest rudimentär zugänglich würden. Zeitung und Fernsehen enthielten ihren Lesern und Zuschauern entscheidende Informationen nicht vor – diese würden nur vereinfacht. Von daher sei es doch zu begrüßen, wenn sich eine öffentliche Kirche auf diese Medienlogiken[4] einlässt und eine personalisierte Darstellung der Kirche vorantreibt. Die Debatte um Margot Käßmanns Afghanistan-Zitat zeige doch, wie viel Aufmerksamkeit Kirche auf sich und auf ihre Grundorientierung ziehen kann, wenn sie sich auf eine personalisierende Medienöffentlichkeit einlässt. Zudem könnten Kirchenvertreter so als Vorbilder[5] fungieren. Dieser zweiten Deutung zufolge gilt: Alles ist gut in der Mediengesellschaft.

Beide Positionen sind nicht völlig von der Hand zu weisen, beide sind für sich genommen aber zu einseitig und werden der Wirklichkeit nicht gerecht.

Aufsätze wiederzugeben oder einer Einzelposition den Vorzug zu geben. Vielmehr wird, um das Spannungsfeld zu verdeutlichen, bewusst überzeichnet.

3 Zum ersten Vorkommen und zur Bedeutung des Begriffs vgl. Donsbach und Büttner 2005, S. 24.

4 Zum Gedanken einer »Logik der Massenmedien« vgl. etwa Meyer 2001, S. 45–56.

5 Zum Thema Vorbilder (nicht zu der im Haupttext skizzierten Position) vgl. etwa Kuhlmann 2010.

Zusammengenommen beschreiben sie eine wichtige Grundspannung, in der sich Orientierungsversuche zum Thema Personalisierung bewegen: Ermöglichen oder zerstören Personalisierungen einen emanzipativen demokratischen Diskurs? Andere Grundspannungen, die auch schon angeklungen sind, ließen sich ergänzen: Entspricht Personalisierung dem Auftrag des ordinierten Amtes zur öffentlichen Lehre? Oder widerspricht sie dem evangelischen Grundgedanken vom Priestertum aller Getauften?

Auch die verfasste Kirche selbst hat mediale Personalisierung bereits in einem Spannungsfeld bedacht. So wird in der jüngeren Denkschrift der Evangelischen Kirchen in Deutschland (EKD) zum öffentlichen Reden der Kirche zunächst neben Emotionalisierung und Dramaturgisierung auch Personalisierung als Trend diagnostiziert.[6] Dann heißt es:

> »Kirchliche Äußerungen können um ihrer selbst und der Wahrhaftigkeit willen nicht an den beschriebenen Trends ausgerichtet sein. Kirchliche Kommunikation konzentriert sich auf die Wahrheit Gottes für den Menschen und die Wahrheit des Menschen vor Gott. [...] Trotzdem bleibt zu bedenken, wie kirchliche Äußerungen mit ihrer Botschaft möglichst viele Menschen erreichen können. Sinnvollerweise gehört dazu auch die Überlegung, in welcher theologisch verantwortbaren Weise eine Auseinandersetzung mit den genannten Trends erfolgen und darin auch positives Potential entdeckt werden kann oder aber eine strikte Abgrenzung erfolgen muss.«[7]

Gleich im Anschluss an dieses Zitat wird gelobt, dass die Kirche entsprechend dem Personalisierungstrend »durch ihre Repräsentanten vermehrt medial präsent« ist.[8] Sieht man von dieser diskutablen Einschätzung zunächst ab, erscheint Personalisierung hier im Spannungsfeld zwischen Auftrag der Kirche und Auseinandersetzung mit Medienlogiken.

Für die kirchliche Praxis bedarf es grundlegender theologischer Orientierungen darüber, wie in den auf »Personalisierung« bezogenen Spannungsfeldern jeweils gedacht und gehandelt werden kann.[9] Daran fehlt es bislang. Zur Entwicklung solcher praxisrelevanter und theologischer Orientierungen soll die vorliegende Arbeit einen Beitrag leisten. Dieses Ziel macht die Arbeit zu einem Unterfangen Öffentlicher Theologie. Vom Paradigma Öffentlicher Theologie gewinnt sie die Gewichtung und Pointierung der Fragen, die sich aufgrund der Reflexion personalisierter Medienöffentlichkeiten stellen lassen. Deshalb ist zunächst kurz zu klären, was mit dem Begriff »Öffentliche Theologie« gemeint ist (I.1.). Daraus ergibt sich die Relevanz von Kirche (I.2.) und massenmedialer Kommunikation (I.3.) für Öffentliche Theologien. Aus der

---

6 Vgl. Evangelische Kirche in Deutschland 2008, S. 53.

7 Evangelische Kirche in Deutschland 2008, S. 53.

8 Evangelische Kirche in Deutschland 2008, S. 53.

9 Vgl. zur Notwendigkeit theologischer Reflexion in dieser Frage etwa auch Hahn 2012, S. 176.

Relevanz massenmedialer Kommunikation wiederum folgt die Frage nach der Personalisierung (I.5.). Vor dem Hintergrund dieser Vorklärung wird sich dann der Gegenstand dieser Arbeit eingrenzen und das weitere Vorgehen erläutern lassen (I.4. und I.6.).

Nach diesen Vorklärungen werden Orientierungen und Begrifflichkeiten für die Beschreibung und Evaluierung von Personalisierungen erarbeitet (II und III). In interdisziplinärer Auseinandersetzung mit medien- und politikwissenschaftlichen Arbeiten werden auf dieser Grundlage mediale Personalisierungsprozesse beschrieben und kritisch reflektiert (IV und V). Eine pointierte Zusammenfassung der wichtigsten Ergebnisse schließt die Arbeit ab (VI). Die in der Arbeit meist verwendete grammatikalisch maskuline Form meint sämtliche Geschlechter.

1. Öffentliche Theologie

Soll Personalisierung im Rahmen Öffentlicher Theologie reflektiert werden, stellt sich zunächst die Frage: Was eigentlich ist »Öffentliche Theologie«? Öffentliche Theologie ist spätestens im vergangenen Jahrzehnt kontextübergreifend zu einem populären Begriff geworden. Fast jeder, der sich dem Thema »Öffentliche Theologie« zuwendet, hat den Begriff definiert. So sind viele ähnliche und viele sehr unterschiedliche Definitionen mit unterschiedlichen Schwerpunktsetzungen entstanden. Eine interkontextuell einheitliche, autoritative und für die Arbeit Öffentlicher Theologie normative Definition existiert nicht – dies hat gerade Dirkie Smit betont.[10] Von »public theologies« wird im Plural zu sprechen sein.[11] So kann das Ziel hier auch keine endgültige und einheitliche Definition der einen Öffentlichen Theologie sein, sondern nur eine für diese Arbeit maßgebliche Arbeitsdefinition Öffentlicher Theologie.

In der deutschen Debatte hat sich m. E. die Definition von Vögele durchgesetzt.[12] Vögele schreibt:

> »Öffentliche Theologie ist die Reflexion des Wirkens und der Wirkungen des Christentums in die Öffentlichkeiten der Gesellschaft hinein; das schließt ein so-

---

10 Vgl.: »In short, the notion of public is used in so many meanings and discourses that it defies any unequivocal and technical definition. It should not be surprising, therefore, that the expression ›public theology‹ can be used in many different ways and discourses as well. The complexity of the idea of public theology corresponds to the many meanings and uses of the notion of public; there exists no single and authoritative meaning of public theology and no single normative way of doing public theology.« (Smit 2007, S. 443) Zur Vielfalt des Verständnisses von Öffentlicher Theologie vgl. auch Berinyuu 2005, S. 151; Kim 2011, S. 7.

11 So auch jüngst Schlag 2012, S. 32.

12 Folgende Theologen haben diese Definition affirmativ rezipiert: Huber 1994b, S. 175, 1998, S. 117; Bedford-Strohm 2008, S. 345f. und Vögele selbst: Vögele 2000, S. 23f.

> wohl die Kritik und die konstruktive Mitwirkung an allen Bemühungen der Kirchen, der Christen und Christinnen, dem eigenen Öffentlichkeitsauftrag gerecht zu werden, als auch die orientierend-dialogische Partizipation an öffentlichen Debatten, die unter Bürgern und Bürgerinnen über Identitäten, Ziele, Aufgaben und Krisen dieser Gesellschaft geführt werden.«[13]

Vögele hat also die »Wirkungen des Christentums in die Öffentlichkeiten der Gesellschaft hinein« zum zentralen Thema Öffentlicher Theologie gemacht. Damit ist schon vorausgesetzt, dass es diese Wirkungen gibt. Durch die Verwendung des Begriffs »Öffentlichkeitsauftrag« ist auch betont, dass das Dass dieser Wirkung nicht grundsätzlich dem Christentum widerspricht.[14]

Von »Wirkungen des Christentums« zu sprechen ist insofern einseitig, als die Wirkungen gesellschaftlicher Öffentlichkeiten auf das Christentum nicht mitbedacht werden können. Deshalb scheint es mir sachgerechter, hier von potentiell wechselseitigen Wirkbeziehungen zu sprechen. Gegenstand einer so verstandenen Öffentlichen Theologie sind dann die Wirkbeziehungen zwischen dem Christentum einerseits und dem, was »in« gesellschaftlichen Öffentlichkeiten geschieht, andererseits. Als Gegenüber der Kirche in besagten Wirkbeziehungen hat Vögele offenbar die Menschen im Blick, »die in einer komplexen, stark ausdifferenzierten und zunehmend unübersichtlichen Gesellschaft leben«[15]. Ich spreche deshalb im Folgenden von Wirkbeziehungen zwischen Christentum und Gesellschaft.

Diese Wirkbeziehungen sollen von Öffentlicher Theologie nicht nur dargestellt, sondern offenbar auch transformiert werden – nur so lässt sich die formulierte Notwendigkeit von Kritik und Mitwirkung verstehen. Dabei bezeichnet der Begriff »Öffentliche Theologie« der Definition zufolge sowohl die theoretische Reflexion dieser Wirkbeziehungen als auch das Mitwirken in ihnen selbst, nämlich die »orientierend-dialogische Partizipation an öffentlichen Debatten«, die eine öffentliche Wirkung des Christentums ist.[16] Insofern gelten die Orientierungen, die in der Öffentlichen Theologie ihrer Transformationsaufgaben wegen entwickelt werden, auch für sie selbst.

In Vögeles Definition klingen bereits Orientierungen für diese transformierende Arbeit Öffentlicher Theologie an: der Öffentlichkeitsauftrag von Christinnen, Christen und Kirche etwa. Explizit hat Heinrich Bedford-Strohm später solche Orientierungen als »Leitlinien für öffentliche Theologie in der Zivilgesellschaft« benannt.[17] Ich gebe sie hier wieder, weil dadurch die pro-

---

13 Vögele 1994, S. 421f.

14 Vgl. Vögele 1994, S. 423.

15 Vögele 1994, S. 422.

16 Vgl. dazu und zum Folgenden auch schon Höhne 2013b, S. 170f.

17 Vgl. für das Folgende Bedford-Strohm 2008, S. 346–351, für das Zitat S. 346. Mindestens den ersten und zweiten Punkt nennt so auch Hainsworth 2010, S. 211. Vgl. für diese Ergänzungen und Präzisierungen schon die teilweise ähnlich formulierten Vorarbeiten in Höhne 2013b.

grammatischen Implikationen, die Öffentliche Theologie zumindest im deutschen Kontext profilieren, deutlicher werden und weil dabei die Anforderungen an im besten Sinne öffentlich-theologische Orientierungen in der einleitend genannten Personalisierungsfrage explizit werden.

(1) Öffentliche Theologie ist Vögeles Definition zufolge auf eine spezifische Tradition bezogen, nämlich auf die des Christentums. Normativ gewendet fordert Bedford-Strohm in der ersten seiner Leitlinien entsprechend, das »Reden der Kirche [müsse] gegründet sein in ihrer Tradition«.[18] Damit müssen auch etwaige öffentlich-theologische Orientierungen in der christlichen Tradition gründen. Entsprechend dieser Leitlinie werden in dieser Arbeit zur Personalisierung die Orientierungen aus einem ekklesiologischen Entwurf gewonnen (siehe Kapitel II).

(2) Öffentliche Theologie reflektiert Vögele zufolge »die Wirkungen des Christentums in die Öffentlichkeiten der Gesellschaft hinein«. Entsprechend fordert Bedford-Strohm eine zweisprachige Öffentliche Theologie, die nicht nur die Sprache der Tradition spricht, sondern sich gleichzeitig um eine öffentlich verständliche Sprache bemüht.[19] Der Forderung nach Zweisprachigkeit der Orientierungen muss auch in der Frage nach Personalisierung Rechnung getragen werden. Dies soll geschehen, in dem zu den genuin theologischen Orientierungen sozialphilosophische Parallelen und Differenzierungen gefunden werden (siehe Kapitel III).

(3) Bedford-Strohms dritter Leitlinie zufolge soll Öffentliche Theologie, um sachgemäß reden zu können, am interdisziplinären Dialog teilnehmen. Eine öffentlich-theologische Thematisierung von Personalisierungen muss also das Phänomen Personalisierung sachgerecht wahrnehmen. Das soll in dieser Arbeit durch den interdisziplinären Dialog vor allem mit medien-, politik- und kulturwissenschaftlichen Arbeiten (Kapitel III und IV) ermöglicht werden. Aus dieser Leitlinie leite ich als Aufgabe ab, die Wirkbeziehungen des Christentums und die öffentlich diskutierten Sachverhalte interdisziplinär wahrzunehmen und darzustellen. Ich nenne dies im Folgenden die Beschreibungsaufgabe Öffentlicher Theologie (A1).

(4) In Vögeles Definition ist von Kritik und konstruktiver Mitwirkung durch die Reflexionen Öffentlicher Theologie die Rede. Mit Bedford-Strohms vierter Leitlinie lässt sich diese Verbindung von Konstruktivität und Kritik auch auf das öffentliche Reden der Kirche in der Gesellschaft und damit auf die Praxis Öffentlicher Theologie selbst beziehen: Sie verhält sich gegenüber den Strömungen in der Gesellschaft kritisch-konstruktiv.[20] In allen Teile der

18 Vgl. Bedford-Strohm 2008, S. 346, dort auch das Zitat.

19 Vgl. Bedford-Strohm 2008, S. 349.

20 Das bringt es mit sich, dass Öffentliche Theologie nicht prinzipiell für eine Revolutionssemantik votiert, sondern kontextbezogen für Reformen offen ist. Vgl. so auch Schlag: »Ausgegangen wird vielmehr davon, dass Reformen innerhalb des

vorliegenden Arbeit wird aus einer entsprechenden Grundhaltung heraus argumentiert werden. Aus dieser Leitlinie und aus dem oben zur Transformationsaufgabe Gesagten leite ich die zweite Aufgabe Öffentlicher Theologie ab, die zur kritisch-konstruktiven Reflexion verpflichtet. Ich nenne dies im Folgenden die Reflexionsaufgabe (A2).

(5) Über Vögeles Definition hinaus betont Bedford-Strohm in seiner fünften Leitlinie, dass Öffentliche Theologie in einem globalen und ökumenischen Kontext verstanden werden muss.

An diese inhaltliche Klärung und vor allem Vögeles Definition anschließend, lässt sich der Gegenstandsbereich Öffentlicher Theologie nun für die vorliegende Arbeit einschränken: Nach Vögele enthält Öffentliche Theologie die »orientierend-dialogische Partizipation an öffentlichen Debatten, die unter Bürgern und Bürgerinnen über Identitäten, Ziele, Aufgaben und Krisen dieser Gesellschaft geführt werden«. Von daher scheint für diese Arbeit die Einschränkung sinnvoll, von den zahlreichen wirkungsvollen Beziehungen der Kirche in und zu Gesellschaft hier in erster Linie die Partizipation der Kirche an öffentlichen Debatten zu thematisieren. Damit bleiben etwa die Wirkungen des Religionsunterrichts auf politische Mentalitäten oder die kirchlich-zivilreligiösen Vollzüge wie öffentliche Liturgien nach Katastrophen unberücksichtigt.

2. Kirche im Rahmen Öffentlicher Theologie

Öffentliche Theologie beinhaltet schon von ihrem Gegenstand her – den Wirkbeziehungen zwischen Christentum und breiterer Gesellschaft – die Frage nach der öffentlichen Rolle der Kirche und ihrer Sozialgestalt als eine zentrale Frage. Während Öffentliche Theologie grundsätzlich nicht nur die Wirkbeziehungen der Kirche sondern des Christentums allgemein thematisiert, beschränke ich mich hier auf die Kirche und frage entsprechend nach einer Öffentlichen Theologie der Kirche. Während der Kirchenbegriff im materialdogmatischen Kapitel (II) zu präzisieren sein wird, sollen hier zunächst nur die Charakteristika der Frage nach der Kirche benannt werden. Entscheidend dabei ist zweierlei: Einerseits ist diese Frage im Rahmen Öffentlicher Theologie in Deutschland als genuin theologische Frage gestellt worden, etwa von Wolfgang Huber. Daran halte ich auch hier fest. Andererseits werden dabei die Beziehungen der Kirche zum Thema (2).

---

politischen Systems erfolgen sollen, so dass folglich eher eine Reformsemantik als eine Revolutionsrhetorik zu konstatieren ist.« (Schlag 2012, S. 35)

(1) Die Theologizität der Frage nach der Kirche im Rahmen Öffentlicher Theologie hat in Deutschland exemplarisch Wolfgang Huber betont.[21] Er hat in seiner Habilitationsschrift von 1972 die »Veränderung im Verhältnis von Kirche und Öffentlichkeit« zum Anlass genommen, nach theologischen Interpretationsmustern und Orientierungen zu fragen.[22] In seiner Reflexion des Verhältnisses von Kirche und Öffentlichkeit kommt besagtes Grundanliegen zum Ausdruck, die empirische Gestalt[23], den Ort und die Sozialgestalt[24] der Kirche, die »Kirche als Institution mit rechtsförmigen Ordnungen«[25] überhaupt zum Thema der Theologie zu machen und vom Wesen der Kirche aus für ihre Organisation und ihr Tun Handlungsorientierungen zu entwickeln.[26] Auf das Thema Kirche und Öffentlichkeit bezogen heißt dies: Theologie darf nicht bei der Frage nach dem Warum christlicher Weltverantwortung stehen bleiben,[27] sondern muss zu dem Wie durchdringen und dafür Kriterien entwickeln.

Deshalb stellt sich mit Nachdruck die Frage, die Huber als Grundfrage der von ihm umrissenen »Theorie der Kirche« formuliert:

> »In welchem Verhältnis stehen die theologischen, soziologischen und juristischen Aspekte der Kirche zueinander; wie also verhalten sich Auftrag und Sozialgestalt, Wesen und Ort der Kirche zueinander?«[28]

---

21 Mit dieser Aussage wird vorausgesetzt, dass Wolfgang Hubers Habilitationsschrift der Öffentlichen Theologie in Deutschland zugeordnet werden kann. Ich tue dies hier wegen Hubers späterer Verwendung des Begriffs »Öffentliche Theologie«, wegen des Themas »Kirche und Öffentlichkeit« und trotz seiner damaligen Ablehnung des Begriffs.

22 Vgl. auch zum Zitat: »Mit diesen Veränderungen im Verhältnis von Kirche und Öffentlichkeit hat die theologische Reflexion in den letzten Jahrzehnten nicht Schritt gehalten. [...] In der gegenwärtigen Unsicherheit über das Verhältnis von Kirche und Öffentlichkeit fehlt es weithin an klaren theologischen Orientierungshilfen. In diese Lücke versuchen die folgenden Untersuchungen einzutreten.« (So im Vorwort zu: Huber 1973, o. S.) Jüngst hat Thomas Schlag im Horizont Öffentlicher Theologie nach der Öffentlichen Kirche gefragt und dabei eine Hubers Arbeiten durchaus ähnliche Vision entwickelt: Er entwirft die »konzeptionelle Form einer *öffentlichen Kirche als zivilgesellschaftlich relevanter, intermediärer Institution, die sich ihrer Artikulations- und Handlungsverantwortung bewusst ist und diese auch von der Grundlage ihres ekklesiologischen Selbstverständnisses her auszuüben versteht.*« (Schlag 2012, S. 13, kursiv im Original)

23 Vgl. Huber 1973, S. 131.

24 Vgl. Huber 1985, S. 169f.

25 Huber 1985, S. 149.

26 Vgl. jüngst etwa Huber 2005, S. 416.

27 Dabei ist etwa Martin Honecker stehen geblieben, dessen »Pragmatismus« Huber aus diesem Grunde auch als kategorialen Rahmen ablehnt (vgl. Huber 1973, S. 128–130).

28 Huber 1985, S. 170.

Dabei schließt die Frage nach Sozialgestalt und Ort der Kirche immer die Frage nach der ihr gemäßen Öffentlichkeit ein, also nach dem Wie ihres Öffentlichseins. Das Verhältnis der Kirche zur Öffentlichkeit kann »nicht einfach pragmatisch geregelt werden; vielmehr ist es in einem strikten Sinn lebensnotwendig, daß es theologisch geklärt wird.«[29]

(2) Gerade eine Öffentliche Theologie, die an den Wirkbeziehungen zwischen Christentum und Öffentlichkeiten interessiert ist, wird nach dem gesellschaftlichen Ort der Kirche, nach dem Eingebundensein der Kirche in die gesellschaftlichen Beziehungs- und Kommunikationsnetze und nach den Wirkungen der Kirche und auf die Kirche in diesen Beziehungsnetzen fragen – und sie wird dies mit genuin theologischen Interpretationsmustern und Orientierungen tun. Gefordert ist also eine theologische Reflexion der Kirche, die deren Relationalität bedenkt. Diese Reflexion kann sich wie gesagt nicht auf die Thematisierung der Relation der Kirche zu ihrem Grund in Christus beschränken – also auf die klassische Wesensfrage. Sie kann aber auch nicht bei der theologischen Reflexion der Binnenrelationen der Kirche stehen bleiben und nur nach den spontanen oder rechtlich strukturierten Beziehungen der Christen zueinander fragen. Sie muss auch nach den Außenrelationen der Kirche zu anderen gesellschaftlichen Größen, anderen Religionen und Bewegungen, zum Staat und zur nichtkirchlichen Öffentlichkeit fragen – Huber hat dies paradigmatisch getan.[30] Entsprechend nötigt Öffentliche Theologie zu dem, was Moltmann »relationale Ekklesiologie« (vgl. Kapitel II) genannt hat: zu einer theologischen Reflexion der Beziehungen der Kirche.

Unter der titelgebenden Öffentlichen Theologie der Kirche verstehe ich also genau die Reflexionsbemühungen, die diese Forderung zu erfüllen versuchen: Eine Öffentliche Theologie der Kirche meint die genuin theologische Reflexion der Kirche als Beziehungsnetz und in ihren Wirkbeziehungen zur breiteren Gesellschaft. Orientierungen wird diese theologische Reflexion hier vor allem aus einem ekklesiologischen Entwurf beziehen.

3. Medien im Rahmen Öffentlicher Theologie

Am eingangs erzählten Beispiel von Margot Käßmanns Afghanistan-Zitat wird auch deutlich, dass die Öffentlichkeiten von Person und Inhalt hier massenmedial aufgebaut wurden – und zwar in erster Linie von nicht kircheneigenen Massenmedien. Damit zeigt das Beispiel exemplarisch, wie wichtig die Frage nach der Rolle der Medien für Öffentliche Theologie ist, der es ja um öffentliche Wirkungen geht: Die öffentlichen Wirkbeziehungen zwischen Kirche und

29 Huber 1985, S. 239.

30 Vgl. etwa Huber 1973, S. 646. Zu relationaler Ekklesiologie, v. a. zu der Unterscheidung von Binnen- und Außenrelationen vgl. Dröge 2000, S. 213–215; Bauckham 1995, S. 126.

Gesellschaft sind auch medial vermittelte Kommunikationsbeziehungen. Natürlich kommt es auch ohne Massenmedien zu besagten Wirkbeziehungen. Wegen der Fragen nach medialer Personalisierung stehen aber hier die Massenmedien im Fokus. Das nötigt zur Klärung des (1) Kommunikations- und (2) des Medienbegriffs.

(1) Es gibt eine Fülle von Definitionen des Kommunikationsbegriffs.[31] Für die vorliegende Arbeit greife ich auf die kurze, relativ offene und an Diskursen über mediale Kommunikation anschlussfähige kommunikationswissenschaftliche – also nicht theologische – Definition zurück, die Michael Schenk in Anlehnung an Burkart und Reimann formuliert: Soziale Kommunikation ist danach »*Vermittlung von Bedeutung zwischen Menschen*«[32]. Die Wirkbeziehung zwischen Kirche und Öffentlichkeiten als Kommunikationsbeziehung zu denken, heißt dann also nach den Bedeutungsvermittlungen in dieser Beziehung zu fragen.

Die Definition gewinnt an Kontur, wenn man mit Schenk und Merten verschiedene Grobtypen von Kommunikationsbegriffen und diesen entsprechende Modelle des Kommunikationsprozesses[33] unterscheidet:[34]

(1.1) Der linear-monologische[35] Kommunikationsbegriff geht von einem »einseitig gerichtete[n] Prozess«[36] aus: Ein Kommunikator oder Sender übermittelt eine Bedeutung bzw. einen Stimulus an andere Individuen, deren Verhalten sich dadurch verändert.[37] Dem entspricht etwa das technische Kommunikationsmodell von Claude Shannon[38] oder eine entsprechende Interpretation der Lasswell-Formel »Who says what in which channel to whom with what

---

31 Merten zählte bereits in den 1970er Jahren »160 unterschiedliche Definitionen« (Schenk 2007, S. 13).

32 Schenk 2007, S. 12, kursiv im Original. Problematisch an dieser Definition ist, dass sie den Anschluss an die Luhmannsche Systemtheorie verschließt, wenn der Begriff »Vermittlung« im Sinne der von Luhmann als »unbrauchbar« abgelehnten »Übertragungsmetapher« verstanden wird (Luhmann 1987, S. 193f.; Baraldi 1997).

33 Zu Kommunikation als Prozess vgl. Schulz 2000a, S. 140.

34 Vgl. für das Folgende: Schenk 2007, S. 13–18.

35 Auch dieser Begriff und die entsprechenden Modelle können Dialoge mit abwechselnd oder gar gleichzeitig sprechenden Personen theoretisch fassen. Den Hinweis darauf verdanke ich Winfried Schulz, der schreibt: »Manche Kritik beruht auf dem Mißverständnis, Kommunikator und Rezipient mit konkreten Personen zu identifizieren. Tatsächlich handelt es sich jedoch in der abstrakten Betrachtung der Kommunikationsmodelle um *Rollen*.« (Schulz 2000a, S. 147, kursiv-Sperrung im Original) Zur besseren Profilierung dieser Begriffe und Modelle gegenüber den symmetrisch-dialogischen halte ich an der Bezeichnung »linear-monologisch« fest.

36 Schenk 2007, S. 13.

37 Vgl. Schenk 2007, S. 13.

38 Vgl. Schenk 2007, S. 14.

effect?«[39]. Auffällig ist hierbei, dass die Metaphorik zur Beschreibung kommunikativer Prozesse aus der Kommunikationstechnik übernommen wird: Kanal, Sender, Empfänger. Dieser Begriff betont die Aktivität des sendenden Kommunikators. Die Modelle von Lasswell und Shannon sind auch als »Flußmodelle«[40] bezeichnet worden.

Wendet man diesen Kommunikationsbegriff auf die Wirkbeziehung zwischen Kirche und Gesellschaft an, kann man beispielsweise die Kirche in der Rolle der Senderin denken, die Bedeutungen durch mediale Kanäle an Öffentlichkeiten verbreitet und dabei selbst von etwaigen Rückwirkungen unbeeinflusst bleibt. Ob es so etwas wie einen medialen Personalisierungsdruck auf die Außenkommunikation der Kirche gibt, wäre mit diesem Kommunikationsbegriff also nicht vermittelbar, weil Kirche in Relation zu einer von ihr selbst hergestellten Öffentlichkeit in den Blick käme. Er ist deshalb hier ungeeignet.

(1.2) Der symmetrisch-dialogische Kommunikationsbegriff hingegen sieht Kommunikation als Austausch, Interaktion oder Verständigung zwischen Kommunikatoren.[41] »Kommunikation wird hier u. a. als allgemeine Voraussetzung für zwischenmenschliches (d. h. soziales) Handeln, für wechselseitige Beeinflussung und reziproke Verhaltensorientierungen von Individuen angenommen.«[42] Dem entsprechen Kommunikationsmodelle wie das von Horst Reimann oder Massenkommunikationsmodelle etwa von Maletzke, die von einer Vielzahl von Faktoren ausgehen, nicht einseitig kausal sind und »Rückkopplungen« miteinbeziehen.[43] Im Vergleich zum vorigen betont dieser Begriff vor allem die Aktivität dessen, der nach dem linear-monologischen Begriff nur der Empfänger ist. Im Gegenüber zu den Flussmodellen kann hier in Anlehnung an Maletzkes »Feldschema«[44] von Feldmodellen gesprochen werden.

Mit diesem Kommunikationsbegriff lässt sich die Wirkbeziehung zwischen Kirche und gesellschaftlichen Öffentlichkeiten wie oben bereits gefordert als wechselseitige Beeinflussung denken: Medial vermittelt kommunizieren Kirche und Öffentlichkeit und wirken dabei aufeinander. Damit lässt sich ein etwaiger Personalisierungsdruck thematisieren, noch nicht aber die situationsübergreifende, kulturelle Dimension von Personalisierung.

(1.3) Schenks Kritik an den bisherigen Massenkommunikationsmodellen liegt ein dritter Kommunikationsbegriff zugrunde, der die Einbettung media-

---

39 Vgl. Wersig 2009, S. 97; Schenk 2007, S. 14. Die Formel kann freilich auch nicht linear-monologisch verstandene Kommunikationsprozesse gliedern (vgl. Schulz 2000a, S. 147).

40 Dazu: Schulz 2000a, S. 147.

41 Vgl. Schenk 2007, S. 13.

42 Schenk 2007, S. 13.

43 Vgl. Schenk 2007, S. 14–17, Zitat auf S. 17.

44 Schenk 2007, S. 16. Vgl. Maletzke selbst dazu: Maletzke 1963, S. 34–37. Maletzke schreibt: »Das Beziehungsfeld der Massenkommunikation ist zu verstehen als ein kompliziertes dynamisches System von Dependenzen und Interdependenzen der beteiligten Faktoren.« (ebd., S. 37)

ler Kommunikation »in eine gegebene Kultur« und Gesellschaft genauso betont wie die zunehmende »Eigenständigkeit der Medien«.[45] Ich möchte diesen deshalb den soziokulturell gerahmten medienorientierten Kommunikationsbegriff nennen. Das wahrzunehmende Feld von Faktoren wird also – um im Bild des Feldmodells zu bleiben – um den gesellschaftlichen Kontext erweitert und mit der »Eigenständigkeit der Medien« vertieft. Dieser Begriff lässt Kommunikationsmedien nicht nur als Kanal mit Selektions- und Vermittlungsrolle verstehen, sondern als soziale Akteure. Schenk zitiert Jarren: »Medien werden zu Akteuren, indem sie Eigensinn und eine spezifische Handlungslogik entwickeln (Umweltbeobachtung, Themenselektion, -aufbereitung und -darstellung) und zwar entsprechend ihrer ökonomischen Verpflichtung.«[46] Dieser Begriff betont stärker als die anderen die Eigenaktivität der Medien bzw. des Mediensystems als soziokulturelle Realität.

Damit erscheinen Medien nun nicht einfach nur als Werkzeuge oder als Vermittler in einer Beziehung, sondern als eigenständiger, den Gesamtkontext entscheidend mitprägender Faktor im Kommunikationsprozess. Die bestimmten Medien spezifische Handlungslogik prägt danach essentiell die Strukturen der von diesen Medien hergestellten Öffentlichkeit. Dieser Kommunikationsbegriff ermöglicht es nun, Kirche nicht nur in Wirkbeziehung zu von ihr selbst souverän hergestellten Öffentlichkeiten (1.1), nicht nur in medial vermittelter wechselseitiger Beeinflussung mit gesellschaftlichen Öffentlichkeiten (1.2) zu sehen, sondern in Wirkbeziehung zu einer sich kultur- und medienspezifisch aufbauenden Öffentlichkeit, die die Kirche selbst nicht hergestellt hat, deren Gegenstand sie aber wird.[47] Kirche ist bezogen auf einen gesellschaftlichen Kontext, dessen Teil sie selbst genauso ist wie die Öffentlichkeit, die sie selbst nicht hergestellt hat, und die Medien, die diese Öffentlichkeit herstellen. Damit erscheint dieser Kommunikationsbegriff hier der am ehesten sachgemäße. Er ermöglicht es, Kirche, Medien und gesellschaftliche Öffentlichkeiten in einem soziokulturellen Kontext zu thematisieren, wobei Kirche, Medien und gesellschaftliche Öffentlichkeiten in wechselseitigen Wirkbeziehungen zueinander stehen. Wie diese Wirkbeziehungen konkreter gedacht werden können, soll im Laufe dieser Arbeit in Auseinandersetzung mit dem dynamisch-transaktionalen Ansatz präzisiert werden.

---

45 Vgl. Schenk 2007, S. 18, dort auch beide Zitate.

46 Jarren zitiert nach Schenk 2007, S. 18.

47 Zur theologischen Notwendigkeit der Kirche, sich in Öffentlichkeiten zu begeben, die sie nicht selbst hergestellt hat, vgl.: »Aber die kircheneigenen Instrumente gedruckter oder elektronischer Kommunikation sind nicht das Wichtigste. Sie sind aufs Ganze gesehen nur Instrumente der Binnenkommunikation. [...] Ihren Ort in der Zivilgesellschaft nimmt die Kirche erst wahr, wenn sie sich am Austausch der Ideen und Meinungen in dieser Gesellschaft wirkungsvoll beteiligt. Deshalb ist die Präsenz in den allgemeinen Medien – die aus kirchlicher Sicht gern als ›säkular‹ bezeichnet werden – noch wichtiger als die Pflege eigener kirchlicher Publikationsformen.« (Huber 2001, S. 148)

Es lassen sich also ein kommunikator-, ein rezipienten- und ein medienorientierter Kommunikationsbegriff unterscheiden, die jeweils unterschiedlich stark den soziokulturellen Kontext in ihr Kommunikationsverständnis miteinbeziehen.[48] Am sachgerechtesten für eine Öffentliche Theologie der Kirche erscheint der medienorientierte. Doch was meint der Begriff »Medien«, den ich bereits durch die Hintertür eingeführt habe?

(2) Der Begriff »Medien« ist ähnlich vieldeutig wie der Kommunikationsbegriff. Es können darunter »konventionalisierte[.] Systeme« verstanden werden wie Sprache, Bild oder Schrift, es können aber auch die materiellen Träger von Zeichen gemeint sein – also etwa Bücher – oder die technischen Vermittlungszusammenhänge.[49] Auf technische Einrichtungen bezieht sich die klassische Definition von Gerhard Maletzke, die hier als heuristischer Begriff aufgenommen werden soll:

> »Die Medien der Massenkommunikation (häufig auch Massenmedien, Aussagemittel, Verbreitungsmittel genannt) sind technische Instrumente oder Apparaturen, mit denen Aussagen öffentlich, indirekt und einseitig an ein disperses Publikum verbreitet werden [...]. Bei dieser Begriffsbestimmung sind es fünf Phänomene, die als Massenmedien zu betrachten sind: *die Presse, der Film, die Schallplatte, der Rundfunk und das Fernsehen.*«[50]

Das Internet konnte Maletzke hier 1964 noch nicht nennen. Es ist aber auch zweifelhaft, ob das Internet nach dieser Definition ein Medium der Massenkommunikation ist. Zur Einschränkung des Themas dieser Arbeit bleibt Internet-Kommunikation hier außen vor, wobei mit einem Denkansatz gearbeitet werden soll (dem dynamisch-transaktionalen Ansatz), der auch auf Netzkommunikation anwendbar sein könnte.

An Maletzkes Definition wird deutlich, dass Medien nicht als technische Einrichtungen per se relevant werden, sondern in ihrer sozialen Nutzung: Aus soziologischer, kommunikationswissenschaftlicher wie theologischer und ethischer Perspektive ist etwa der Fernseher nicht primär als technisches Gerät interessant, sondern als Faktor im Kommunikationsprozess. Wo in besagten Perspektiven von Medien die Rede ist, geht es also um mediale Kommunikation. Die Gerätebezeichnungen Radio, Fernseher oder (Druck-)Presse fungieren im Diskurs als Metaphern für die soziale Realität kommunikativer Prozesse, deren formativer Teil sie sind.

---

48 Ähnlich unterscheidet auch Schulz zwischen der Kommunikator-, Rezipienten- und Medium-Perspektive in der Kommunikationsforschung und diskutiert Transaktionsmodelle separat, die den kulturellen Kontext miteinbeziehen (vgl. Schulz 2011, S. 59–65).

49 Vgl. Wersig 2009, S. 115, dort auch das Zitat, im Original gefettet.

50 Maletzke 1964, S. 35f., kursiv im Original.

So lässt sich der Medienbegriff dadurch präzisieren, dass man die damit intendierte mediale Kommunikation gegen andere Kommunikationstypen abgrenzt:[51]

(2.1) Anders als mediale Kommunikation bezeichnet Face-to-Face-Kommunikation[52] die Vermittlung von Bedeutung unter anwesenden Kommunikationspartnern, also etwa ein Gespräch an einem Stammtisch.

(2.2) Davon zu unterscheiden ist die »*technisch vermittelte Kommunikation*«[53] die sich mit Schulz weiter gliedern lässt in Telekommunikation (also durch Individualmedien wie Telefon, Handy oder Fax vermittelte Kommunikation) und Massenkommunikation. Massenkommunikation definiert Maletzke nun analog zu Medien der Massenkommunikation.[54] Entscheidend in Maletzkes klassischer Definition sind folgende Elemente:[55]

– Massenkommunikation ist »öffentlich«: Der Adressatenkreis massenmedialer Kommunikation ist potentiell unbegrenzt.[56]
– Sie erfolgt »indirekt«: Für die Kommunikationspartner müssen weder räumliche Kopräsenz noch Gleichzeitigkeit vorliegen – anders als bei der

---

51 Vgl. zu den folgenden (üblichen) Unterscheidungen etwa: Schulz 2000a, S. 141f.; Wersig 2009, S. 106.

52 Janowski definierte für den TRE-Artikel »Medien« 1992 noch: »Als Medien, wörtlich: Vermittler, werden – im Unterschied zur personalen Kommunikation – alle Mittel und technischen Einrichtungen bezeichnet, die mittels komplexer Zeichensysteme – Schrift, Ton, Bild – Bedeutungen übermitteln und der Information und Verständigung zwischen Menschen dienen sollen.« (Janowski und Schmidt 1976–2007, S. 318.) Die Entgegensetzung von personaler und medialer Kommunikation in dieser Definition ist problematisch: Schließlich ist personale Kommunikation insofern auch medial, als sie sich der Medien Körper (Gestik und Mimik) oder Sprache bedient. Weil es »grundsätzlich keine unvermittelte, nicht-mediale Kommunikation gibt«, schlägt der Theologe Uden vor, besser von »face-to-face-Kommunikation« im Gegensatz zu »technisch vermittelter Kommunikation« zu sprechen (für die Zitate und den gesamten Einwand vgl. Uden 2004, S. 130. Die Begriffe verwendet so auch: Schulz 2000a, S. 141). Ich folge diesem sinnvollen Vorschlag.

53 Schulz 2000a, S. 141, meine Kursivsetzung.

54 Vgl.: »*Unter Massenkommunikation verstehen wir jene Form der Kommunikation, bei der Aussagen öffentlich* [...] *durch technische Verbreitungsmittel* [...] *indirekt* [...] *und einseitig* [...] *an ein disperses Publikum vermittelt werden.* [...]« (Maletzke 1963, S. 32, kursiv im Original. Vgl. auch Maletzke 1964, S. 35). Schulz (und anderen) verdanke ich den Verweis auf Maletzke in diesem Zusammenhang: Schulz 2000a, S. 143.

55 Für das Folgende und die im Folgenden zitierten Begriffe vgl. Maletzke 1963, S. 32. Den Verweis auf diese Definition Maletzkes verdanke ich den Überblickswerken zum Thema.

56 Vgl. Maletzke 1963, S. 32.

Face-to-Face-Kommunikation. Medien überbrücken diese zeitliche und räumliche Distanz.[57]

- Sie erfolgt »einseitig«: Darunter versteht Maletzke den fehlenden »Rollenwechsel zwischen Aussagenden und Aufnehmenden«.[58]
- Sie ergeht »an ein disperses Publikum«: Der Begriff »disperses Publikum« soll bei Maletzke den problematischen Begriff »Masse« für den Adressaten der Massenkommunikation ersetzen.[59] Er verwendet ihn in Abgrenzung zum Begriff »*Präsenzpublikum*«.[60] Kennzeichen des dispersen Publikums – »oder richtiger: [der] disperse[n] Publika« – sind nach Maletzke:[61] Diese Publika konstituieren sich »durch die gemeinsame Zuwendung mehrerer [...] zu den Aussagen der Massenkommunikation«.[62] Sie entstehen somit »von Fall zu Fall« und sind »keine überdauernden sozialen Gebilde«.[63] Zweitens werden – und hier ist Maletzkes Beschreibung tautologisch – besagte Aussagen an das Publikum »durch Massenmedien, also nicht in direkter persönlicher Kommunikation vermittelt«.[64] Drittens: »Die Glieder eines dispersen Publikums stellen in ihrer Gesamtheit ein Aggregat von räumlich voneinander getrennten Individuen oder von relativ kleinen an einem Ort versammelten Gruppen dar.«[65] Zwischen den Gliedern des dispersen Publikums bestehen also im Normalfall »keine direkten zwischenmenschlichen Beziehungen«, sie interagieren nicht.[66] Von diesen Präzisierungen her lassen sich nun die von Medien hergestellten Öffentlichkeiten als die Öffentlichkeiten disperser Publika verstehen.

Problematisch an diesem Verständnis von Massenkommunikation ist, dass die klare Abgrenzung von Individualkommunikation und Massenkommunikation der aktuellen technischen Entwicklung nicht gerecht wird.[67] Es ist deshalb sachgerechter, Maletzke aufnehmend, mit Schenk von einem Kontinuum auszugehen, dessen Extrempunkte jeweils interpersonale Kommunikation oder Primärkommunikation einerseits und andererseits Massen- oder Sekundärkommunikation sind.[68] Letztere zeichnet sich dann trotzdem noch durch »größere raum-zeitliche Distanz, einen großen sozio-kulturellen heterogenen Teil-

57 Vgl. Maletzke 1963, S. 32. Zu Medien als »spezifische Formen zur Überwindung der Distanzen« vgl. Wersig 2009, S. 116, 118, Zitat im Original auf S. 116 fett.

58 Vgl. Maletzke 1963, S. 32, dort auch das Zitat.

59 Vgl. Maletzke 1963, S. 28.

60 Vgl. Maletzke 1963, S. 28, dort auch das Zitat, kursiv im Original.

61 Vgl. dazu Maletzke 1963, S. 28f., Zitat auf S. 28.

62 Vgl. Maletzke 1963, S. 28, dort auch das Zitat.

63 Vgl. Maletzke 1963, S. 28, dort auch die Zitate.

64 Vgl. Maletzke 1963, S. 28, dort auch das Zitat.

65 Maletzke 1963, S. 29.

66 Vgl. Maletzke 1963, S. 29, dort auch das Zitat.

67 Vgl. Schenk 2007, S. 22f.

68 Vgl. Schenk 2007, S. 19.

nehmerkreis mit geringem Identitätsgrad, geringer Kommunikationsfrequenz, Kontaktintensität und Kommunikationschance bei höherer Störanfälligkeit«[69] aus, ist also dem ähnlich, was auch Maletzke der Sache nach benennt.

Wo in dieser Arbeit von Medien oder Massenmedien die Rede ist, sind die Mittel von Kommunikation gemeint, die sich auf besagtem Kontinuum in deutlicher Nähe zur Sekundärkommunikation einordnen lassen. Das sind aktualitätsbezogene Printmedien (Zeitungen und Zeitschriften) und Rundfunk (Fernsehen und Hörfunk).[70] Andere Medien, die sich auch als Sekundärkommunikationsmedien bezeichnen lassen – besonders entsprechende Prozesse im Internet sowie Bücher und Kinofilme – sollen aus arbeitsökonomischen Gründen allenfalls am Rande erwähnt werden.

Grundlegend für diese Arbeit ist die Ansicht, dass die Inhalte medialer Kommunikation – also die »vermittelten« Bedeutungen – Realität nicht abbilden, sondern nach eigenständigen Logiken konstruieren. Das wird später näher erläutert.

Auf der Ebene der Medieninhalte lassen sich mit Niklas Luhmann drei Programmbereiche »rein induktiv«[71] unterscheiden: (1) Nachrichten und Berichte, (2) Werbung und (3) Unterhaltung.[72] Diese Unterscheidung lässt sich an der Medienpraxis zwar zunehmend schwerer exemplifizieren, weil Hybride häufiger werden: So diagnostizieren zahlreiche Arbeiten etwa die große Popularität des »Infotainment«,[73] also der unterhaltenden Darstellung von Informationen. Zumindest als heuristisches Instrument, das differenzieren hilft, worüber Theologen gerade reflektieren, bleibt die Unterscheidung hilfreich.

Das Thema einer Öffentlichen Theologie der Kirche nimmt wie oben formuliert die Kirche in ihren Wirkbeziehungen in und zu gesellschaftlichen Öffentlichkeiten in den Blick. Fokussiert auf die Frage nach der Rolle der (Massen-) Medien in diesen Wirkbeziehungen bedeutet das: Im Fokus stehen die wechselseitigen Wirkbeziehungen zwischen Kirche, Medien und denjenigen gesellschaftlichen Öffentlichkeiten, die medial hergestellt werden und sich deshalb als disperse Publika verstehen lassen. Da es in diesen Beziehungen offenbar zu personalisierten Darstellungen und Wahrnehmungen der Kirche kommt, wird auch diese mediale Personalisierung zum Thema Öffentlicher Theologie.

---

69 Schenk 2007, S. 19.

70 Vgl. zu dieser Aufzählung Maletzke 1963, S. 33.

71 Luhmann 1996, S. 51.

72 So Luhmann 1996, S. 51.

73 Damit ist die »Verschränkung stilistischer Mittel aus den Bereichen ›information‹ und ›entertainment‹« gemeint (Schumacher 1994, S. 478). Vgl. theologisch dazu Uden 2004, S. 140–144.

4. Unberücksichtigte Kommunikation

Welche für Öffentliche Theologie relevanten Wirkbeziehungen bleiben durch diese Fokussierung auf die Wirkbeziehungen zwischen Kirchen, Medien und dispersen Medienpublika unberücksichtigt? Diese Frage lässt sich im Rückgriff auf die Differenzierungen adressieren, die Jarren und Donges bei der Konzeptualisierung von politischer Kommunikation in der Mediengesellschaft vornehmen.[74] Deren Fokus richtet sich zwar auf politische Kommunikation, ihre Differenzierungen sind aber auch dann hilfreich, wenn man den Fokus auf die öffentliche Kommunikation erweitert und zu gesellschaftlichen Fragen arbeitet. Ich werde mit dem Unberücksichtigten beginnen (1 und 2) und daran anschließend die Relevanz des Fokussierten benennen (3).

(1) Nicht alle öffentlich relevanten Kommunikationen sind öffentlich. Vielfach erscheint Öffentlichkeit nicht als »empirisches Phänomen«, sondern zunächst als »normatives Postulat«:[75] Die Legitimität von Herrschaft in Demokratien hängt von der Möglichkeit öffentlicher Kontrolle ab, also davon, dass sich die politisch relevante Kommunikation transparent und frei zugänglich vollzieht. Es sind aber keineswegs alle politisch relevanten (im Sinne von: das Gemeinwesen betreffenden) Kommunikationen öffentlich (im Sinne von: frei zugänglich).[76] Man denke nur an vertrauliche Gespräche zwischen Abgeordneten, zwischen gesellschaftlichen Interessenvertretern oder zwischen Repräsentanten gesellschaftlicher Organisationen und Abgeordneten.

Wie für die politische, so gilt auch für die gesellschaftliche Kommunikation zu politischen oder ethischen Fragen, dass nicht alle relevanten Kommunikationen öffentlich sind. Zu erinnern ist in diesem Zusammenhang etwa auch an das Amt des »Bevollmächtigte[n] des Rates der Evangelischen Kirche in Deutschland bei der Bundesrepublik Deutschland und der Europäischen Union«[77]. Die nichtöffentlichen Wirkungen der Kirche auf öffentliche Debatten sind nicht Thema dieser Arbeit, aber relevant für Öffentliche Theologie.

(2) Nicht alle Öffentlichkeiten sind Medienöffentlichkeiten. Von Friedhelm Neidhardt ausgehend unterscheiden Jarren und Donges drei Ebenen von Öffentlichkeit:[78] (a) Auf Encounter-Ebene meint Öffentlichkeit »die z. T. spontane

---

74 Vgl. die unten angegebenen Bezugnahmen auf Jarren und Donges 2006.

75 Dafür, für das Folgende und für beide Zitate vgl. Jarren und Donges 2006, S. 97 (zweites Zitat im Original gefettet).

76 Vgl. auch: »Wesentliche Elemente politischer Prozesse finden jedoch nicht medienöffentlich, sondern in den politischen Institutionen statt.« (Jarren und Donges 2006, S. 31)

77 Vgl. http://www.ekd.de/bevollmaechtigter/index.html [Abruf am 07.08.2012].

78 Vgl. dazu und zum Folgenden Jarren und Donges 2006, S. 103f., aber auch Jakubowski 1998, S. 77. Auch Habermas differenziert dieselben drei Ebenen von Öffentlichkeit »von der *episodischen* Kneipen-, Kaffeehaus- oder Straßenöffentlichkeit über die *veranstaltete* Präsenzöffentlichkeit von Theateraufführungen, Elternabenden, Rockkonzerten, Parteiversammlungen oder Kirchentagen bis zu

öffentliche Kommunikation [etwa] auf der Straße, am Arbeitsplatz oder im Wohnbereich«[79]. Die Übergänge zur privaten Kommunikation sind offensichtlich fließend. (b) Auf einer zweiten Ebene sehen sie »Themen- oder Versammlungsöffentlichkeit«[80], also etwa politische Veranstaltungen, Podien oder Demonstrationen. Neidhardt hat die Bedeutung der »Präsenzformen von *Versammlungsöffentlichkeit*« gerade für »nichtetablierte Öffentlichkeitsakteure, denen der Zugang zu den Massenmedien nicht oder noch nicht gelungen ist« betont.[81] (c) Erst als dritte Ebene nennen sie die Medienöffentlichkeit,[82] die nun nach Neidhardt die für den »Normalverkehr politischer Kommunikation«[83] bestimmende ist.

Dennoch zeigt diese Unterscheidung, dass keineswegs alle relevanten Öffentlichkeiten Medienöffentlichkeiten sind. Gerade insofern Kirche auch als nichtetablierte Öffentlichkeitsakteurin handelt, wären die nichtmedialen Öffentlichkeiten genauso zu berücksichtigen: die Encounter-Öffentlichkeiten in Kirchengemeinden oder kirchlichen Gruppen sowie die Versammlungsöffentlichkeiten beim Kirchentag und in der Erwachsenenbildung. Die vorliegende Arbeit fokussiert mit dem beschriebenen Gegenstand auf Medienöffentlichkeiten.

(3) Dass das hier über Medienöffentlichkeit Gesagte auch für nicht öffentliche und nicht medienöffentliche Kommunikationen relevant ist, legen Studien nahe, die eine »Medialisierung«[84], »Mediatisierung«[85], Entwicklung zur »Mediendemokratie«[86], »Kolonialisierung der Politik durch das Mediensystem«[87] oder »Mediokratie«[88] diagnostizieren.[89] Mit diesen Begriffen sind die

---

der *abstrakten*, über Massenmedien hergestellten Öffentlichkeit von vereinzelten und global verstreuten Lesern, Zuhörern und Zuschauern.« (Habermas 1998, S. 452, kursiv im Original) Zumindest in dem Aufsatz, auf den Jarren und Donges verweisen (Neidhardt 1994), fehlt die Ebene der Encounter-Öffentlichkeit (vgl. ebd., S. 10–15), weil Öffentlichkeit für Neidhardt dort entsteht, »wo ein Sprecher vor einem Publikum kommuniziert, dessen Grenzen er nicht bestimmen kann« (ebd., S. 10). Das trifft zwar sowohl für Medien- wie Versammlungsöffentlichkeit zu, nicht aber für die spontan entstehenden Encounter-Öffentlichkeiten, die Sprecher- und Publikumsrolle noch gar nicht differenzieren (so Jarren und Donges 2006, S. 103).

79 Jarren und Donges 2006, S. 103.

80 Jarren und Donges 2006, S. 104, im Original gefettet.

81 Vgl. Neidhardt 1994, S. 10, dort auch beide Zitate, kursiv im Original.

82 Vgl. für Ebenen zwei und drei Jarren und Donges 2006, S. 104.

83 Neidhardt 1994, S. 10.

84 Vgl. dazu Meyen 2009; Schulz 2011, S. 30–41.

85 Donsbach 1999, S. 145; Lengauer 2007, S. 21.

86 Pfetsch 2001, S. 27; Lengauer 2007, S. 21f.; Sarcinelli 1998, bes. auf S. 287 wird deutlich, dass im Wandel der Parteien diese eher als »Getriebene« erscheinen.

87 Meyer 2001, S. 10, im Original kursiv. Den Begriff der Kolonialisierung hat Meyer von Habermas übernommen und meint damit die »*Kolonialisierung eines sozialen*

mehr oder weniger starken Einflüsse der Medien auf andere gesellschaftliche Kommunikationen und Strukturen, insbesondere auf politisches System und politische Kommunikation gemeint. So ist die Frage angesprochen, wie Medienöffentlichkeiten mit anderen Öffentlichkeiten und nichtöffentlichen Kommunikationen zusammenhängen und ob die Handlungslogiken[90] der Medienöffentlichkeit nicht mittlerweile andere gesellschaftliche Funktionsbereiche »kolonialisiert« haben. Sollten Medienöffentlichkeit und andere Öffentlichkeiten so zusammenhängen, dass etwa die Konstitutionsbedingungen medialer Öffentlichkeiten die Konstitutionen anderer Kommunikationen prägen, hätte das hier über Medienkommunikation Gesagte insofern eine größere Reichweite, als es Implikationen dafür enthielte, wie mediengeprägt außerhalb medialer Öffentlichkeiten kommuniziert wird.

Handlungsfeldes durch die Regeln eines anderen gesellschaftlichen Funktionsbereiches« (ebd., S. 89, kursiv im Original).

88 So schon im Buch- und Aufsatztitel: Meyer 2001, 2002.

89 Insbesondere in Bezug auf die Politikvermittlung wurden ähnliche Phänomene wie jene, auf die die Begriffe Medialisierung und Mediatisierung verweisen, unter dem problematischen Begriff »Amerikanisierung« diskutiert. Während grundsätzlich mit Amerikanisierung unterschiedliche Gegenstände und Merkmale beschrieben werden, bezieht sich der Begriff häufig auf die Wahlkampfkommunikation und hier auf das Hauptmerkmal der Professionalisierung (vgl. Donges 2000, S. 27–29; Holtz-Bacha 1999, S. 10). Mit dieser Professionalisierung der Kampagne geht »deren weitgehende Ausrichtung auf die Medien einher« (Holtz-Bacha 1999, S. 12). Dabei »verlangt aber die mediengerechte Kampagne eine Anpassung der Politik an die Gesetze der Medien bzw. drückt die Fernsehlogik der Politik ihren Stempel auf, auch wenn die Politik immer versuchen wird, sich gegenüber dem Fernsehen zu behaupten.« (ebd.) Das ist aber nun genau das, was auch mit den Begriffen Medialisierung oder Mediatisierung beschreiben wird. Auch andere Elemente einer angenommenen Amerikanisierung der Wahlkampagne lassen sich als Anpassung der politischen Kommunikation an die Konstitutionsbedingungen und Selektionslogiken medialer Öffentlichkeit verstehen, so etwa die »Personalisierung der Kampagne« (als Anpassung an den Nachrichtenfaktor Personalisierung bzw. Prominenz), das »negative campaigning« (als Anpassung an die Nachrichtenfaktoren Negativität und Konflikt) oder der Einsatz von »plakativen Slogans« (als Anpassung an den Faktor Einfachheit). (Für diese Liste typischer Elemente der Amerikanisierung vgl. etwa Genz et al. 2001, S. 401f., dort auch die Zitate.) Genz, Schönbach und Semetko haben in dieser Studie übrigens untersucht, inwieweit »Medien tatsächlich an einer Amerikanisierung deutscher Wahlkämpfe oder eher an deren Abwehr beteiligt sind« (ebd., S. 403). Zur Nähe von Amerikanisierung und »Mediendemokratie« vgl. auch Pfetsch 2001, S. 27. Zur Amerikanisierung vgl. außerdem etwa die umfassende Studie von Jochen W. Wagner (Wagner 2005), den Sammelband von Kamps (Kamps 2000) oder den Überblick und die Kritik bei Lengauer (Lengauer 2007, S. 27–29).

90 Den Logikbegriff im Kontext der Kolonialisierungsthese benutzt auch Meyer 2001, S. 89.

5. Personalisierung

Was ist nun gemeint, wenn von Personalisierung in medialer Kommunikation die Rede ist? Einen Ausgangspunkt für das Finden einer Arbeitsdefinition von Personalisierung stellt die Definition der Nürnberger Kommunikationswissenschaftlerin Christina Holtz-Bacha bereit. In Anlehnung an eine ältere Definition von Kaltefleiter[91] (1981) im »Handwörterbuch zur politischen Kultur der Bundesrepublik Deutschland« definiert sie zusammen mit Lessinger und Hettesheimer:

> »Personalisierung bedeutet, daß die Person (des Politikers/der Politikerin) zum Deutungsmuster komplexer politischer Tatbestände wird, und zwar in der Selbstdarstellung der Politik, in der Darstellung von Politik in den Medien oder auf seiten der Wählerschaft bzw. des Publikums. Das heißt, Personalisierung bedeutet keineswegs nur die Konzentration auf Eigenschaften und Charaktermerkmale, wie sie als Imageorientierung gerne der Issueorientierung gegenübergestellt wird. Vielmehr meint die so verstandene Personalisierung, daß politische Realität konstruiert wird unter Bezugnahme auf Personen.«[92]

Einige Anmerkungen zu dieser Definition führen zu einer eigenen Arbeitsdefinition von Personalisierung: (1) Holtz-Bachas Definition trifft eine für die Diskussion der Personalisierung wichtige Vorentscheidung in Bezug auf die Relation von Personenimage und Sachthema. Stellte man Imageorientierung und Issueorientierung einander gegenüber, wirkte sich dies auch definitorisch aus: Dann bedeutete Personalisierung, dass in Selbstdarstellung, Darstellung und Wahrnehmung von Politik Personen komplexe politische Tatbestände ersetzen. Holtz-Bacha betont hingegen, dass Personen zum Deutungsmuster bzw. zum Konstruktionsprinzip[93] werden. Nach dieser Definition werden kom-

---

91 Kaltefleiter hatte 1981 seine Definition nur auf die Personalisierung der Wahlentscheidung bezogen. Holtz-Bacha erweitert den Begriff um Bezüge auf mediale Darstellung und Selbstdarstellung der Politik. Kaltefleiter hatte definiert: »Die P[ersonalisierung] der Politik bedeutet, daß die komplexe, von vielfältigen Motivationen und Einstellungen geprägte Wahlentscheidung reduziert wird auf die alternative Entscheidung zwischen den Spitzenkandidaten. *Die Person des Spitzenkandidaten wird zum Deutungsmuster komplexer pol. Tatbestände.*« (Kaltefleiter 1981, S. 296, kursiv im Original)

92 Holtz-Bacha et al. 1998, S. 241; Holtz-Bacha 2003, S. 20. Auch zitiert etwa bei: Lengauer 2007, S. 137. Sinngemäß übernommen bei: Eisenegger 2010, S. 13; Eisenegger und Konieczny-Wössner 2010, S. 117. Für andere und teilweise ähnliche Definitionen vgl. etwa: Kamps 1999, S. 111; Bentele und Fähnrich 2010, S. 52. Vgl. auch die Aufzählung von Definitionen bei: Hoffmann und Raupp 2006, S. 456f. Wie sich der Begriff der Personalisierung weiter differenzieren lässt, wird an späterer Stelle noch zu diskutieren sein. Zum Dreieck aus selbstdarstellender Politik, darstellenden Medien und wahrnehmendem Publikum vgl. analog Brettschneider 2001, S. 352.

93 Zu dem dieser Arbeit zugrunde liegenden Konstruktionsbegriff vgl. IV.1.2.

plexe politische Tatbestände in personalisierter Darstellung und Wahrnehmung also weiterhin thematisiert – nur eben im Medium individueller Akteure und Personen.[94]

(2) Von dieser Definition ausgehend scheint es mir sinnvoll, Personalisierung von der rhetorischen Figur »Personifikation« zu unterscheiden, obwohl die Begriffe teilweise gleich gebraucht werden:[95] Dann meint Personifikation die Hypostasierung von unpersönlichen Abstrakta und Kollektiven zu personäquivalenten Handlungsträgern. Personifikation liegt etwa in Formulierungen vor wie: »SPD fordert [...]«, »USA zeigt sich gesprächsbereit« oder »Washington und Moskau am Verhandlungstisch«. Personalisierung geht nun noch insofern einen Schritt weiter, als Abstrakta hier nicht als Quasi-Handlungsträger auftreten, sondern natürliche, individuelle Personen, die aber durchaus für Abstrakta und Kollektive stehen können. Während die personifizierende Formulierung beispielsweise »SPD fordert« lauten könnte, würde die personalisierte Meldung das personifizierte Kollektivum durch eine natürliche Person ersetzen: »Gabriel fordert«. Nach dieser Unterscheidung kann Personalisierung sogar zum Gegenbegriff zu Personifizierung werden, dann nämlich, wenn der Untersuchungsgegenstand Personalisierung der Medieninhalte operationalisiert wird in dem Code: »Meldung nennt handelnde Person« – »Meldung nennt keine handelnde Person«. Die personifizierte Meldung »SPD fordert« fällt nach diesem Code in die Kategorie »nicht personalisiert«.

(3) Drei weitere Anmerkungen machen eine Umformulierung der Arbeitsdefinition nötig: Die Engführung in Holtz-Bachas Definition auf »politische Realität« ist im Kontext ihres Aufsatzes verständlich, für die Definition aber nicht essentiell. Genauso kann von der Personalisierung sozialer oder kultureller Realität gesprochen werden.[96]

(4) Dass Personen in Personalisierungen »Deutungsmuster komplexer politischer Tatbestände« werden, ist von einem Personenbegriff her problematisch, nach dem Personen Unverwechselbares in Beziehungen meinen, denen Würde eignet.[97] Mit dieser Würde ist es nicht vereinbar, dass die Person ausschließlich zu Mitteln der Deutung werden soll. Von ihrer unverwechselbaren Individualität her bleibt fragwürdig, ob sie es sein kann. Von daher würde die Beibehaltung der problematischen Rede vom »Deutungsmuster« hier also nicht Personalisierung, sondern Depersonalisierung definieren: Wo Parteien,

---

94 So unterscheidet sie von »Personalisierung an sich« auch »einen Prozeß zunehmender Personalisierung [...], der zu einer Verschiebung der Balance zwischen Sachfragen und Personalisierung führt.« (Holtz-Bacha et al. 1998, S. 242)

95 So etwa: Galtung und Ruge 1965, S. 68.

96 Eisenegger hat besagte Definition etwa auch »auf nicht-politische Gesellschaftsbereiche« übertragen (vgl. Eisenegger 2010, S. 13, dort auch das Zitat; vgl. auch Eisenegger und Konieczny-Wössner 2010, S. 117).

97 Für den Hinweis in Richtung dieser Problematik danke ich dem Berliner theologischen Kolloquium.

Medien und Rezipienten Personen nur noch als Deutungsmuster verwenden, behandeln sie diese darin auf ethisch hochproblematische Weise eben nicht mehr als Personen.

(5) Die Definition des Personalisierungsbegriffs von Holtz-Bacha, Lessinger und Hettesheimer lässt den Personbegriff unbestimmt[98] – und scheint mit »Personen« zunächst einfach einzelne Menschen in bestimmten öffentlichen Rollen zu meinen. Stärke dieser Unterbestimmtheit ist, dass sie die Eintragung eines weiten Personbegriffs erlaubt. Um das Missverständnis im Sinne eines demgegenüber reduktiven Personbegriffs zu vermeiden, ist es aber sinnvoll, diese Weite auch definitorisch zu markieren.

Um diesen beiden Herausforderungen zu begegnen, nehme ich hier (ohne einen tieferen Einstieg in deren Diskurse) eine Anleihe von der Erzähltheorie vor. Damit setze ich voraus, dass sich mediale Realitätskonstruktionen unter dem Aspekt ihrer Narrativität betrachten lassen[99] und dass Personalisierung ein charakteristisches Merkmal dieses Narrativitätsaspekts ist. Einfacher gesagt: Was Journalisten, Dokumentarfilmer, Regisseure und etwa Nachrichtensprecherinnen tun, kann als Erzählen von (nichtfiktiven) Geschichten thematisiert werden, wobei in diesen Erzählungen eben handelnde und leidende Figuren vorkommen. Die deutsche Erzähltheoretikerin Monika Fludernik macht das, was hier Personalisierung oder Personifizierung genannt wurde, zu einem Kriterium dafür, »was Erzählung ausmacht« – nämlich »die Notwendigkeit, menschliche oder menschenähnliche Protagonisten in den Mittelpunkt zu stellen«.[100] Um dieses Kriterium zu betonen, spreche ich im Folgenden von »Personerzählung«, wenn »Erzählung« in diesem Sinne gemeint ist. In ihrem Einführungswerk definiert Fludernik entsprechend:

> »Eine Erzählung (engl. narrative, frz. récit) ist eine Darstellung in einem sprachlichen und/oder visuellen Medium, in deren Zentrum eine oder mehrere Erzählfiguren anthropomorpher Prägung stehen, die in zeitlicher und räumlicher Hinsicht

---

98 Auch im weiteren Verlauf des zitierten Aufsatzes findet sich keine Präzisierung.

99 Dass dies möglich und nicht unüblich ist, zeigt als Ausschnitt aus der breiten Literatur exemplarisch für Fernsehnachrichten: Hickethier 1998. Hickethier versteht dabei nicht nur die einzelne, von einem Nachrichtensprecher vorgetragene (bzw. erzählte) Nachricht als Erzählung (Hickethier 1998, S. 187f.), sondern auch die sich fortsetzende und über mehrere Sendungen erstreckende Berichterstattung über ein Geschehen (etwa die Oder-Flut) (ebd., S. 193f.). Personalisierung erscheint dabei mit der Narrativität verbunden (ebd., S. 189f.). Auch Klaus Kamps hat im Zusammenhang mit der Narrativität von Fernsehnachrichten auf Personalisierungen verwiesen: »Über die Verknüpfung von Personen, Orten und Vorgängen realisiert sich so ein Narrativ [...], ein Erzählvorgang, der eine Fernsehnachrichtenwelt generiert.« (Kamps 1999, S. 114) Ein weiteres Indiz dafür, dass journalistische Realitätskonstruktionen unter dem Aspekt ihrer Narrativität betrachtet werden können, ist, dass journalistisches Handwerk als Erzählen, als »Storytelling« gelehrt werden kann: Lampert und Wespe 2011.

100 Beide Zitate Fludernik 2010, S. 14f.

> existenziell verankert sind und (zumeist) zielgerichtete Handlungen ausführen (Handlungs- oder Plotstruktur). Wenn es sich um eine Erzählung im herkömmlichen Sinn handelt, fungiert ein Erzähler als Vermittler im verbalen Medium der Darstellung.«[101]

Ich verstehe den Handlungsbegriff in dieser Definition weit, so dass auch (verbale) Kommunikationen und innere Handlung umfasst sind. Mit dieser definitorischen Anleihe aus der Erzähltheorie lassen sich personalisierte Darstellungen als Personerzählungen fassen, die im Falle von berichterstattenden, journalistischen Darstellungen dann nonfiktionale Geschichten mit besonderem Fokus auf Personen – in diesem Fall natürlichen Personen – erzählen.

Nun kann präziser gesagt werden, inwiefern Personen Deutungsmuster sind: Wenn »etwas« zum Deutungsmuster für komplexe Tatbestände wird, dann ist das nicht die Person des Politikers, sondern die Personerzählung von der Person des Politikers in einem Handlungszusammenhang mit anderen Personen – eine Personerzählung, in der die Person des Politikers nie aufgeht, sondern immer unverfügbar und auch gerade in der Darstellung verborgen bleibt. Nimmt man die Berichterstattung über den Kniefall Willy Brandts in Warschau 1970 als Beispiel, so wird in dieser Personalisierung nicht die Person Willy Brandt zum Deutungsmuster für den komplexen Tatbestand der deutsch-polnischen Beziehungen, sondern die Erzählung von seinem Kniefall. Nicht ausgeschlossen, sondern gerade ermöglicht ist mit dieser Begrifflichkeit die medienethische Frage, welche Personerzählungen in ihrer Darstellung oder in ihrer Wirkung die Würde der dargestellten Person gefährden.

Von daher kann nun eine eigene, an Holtz-Bachas angelehnte Arbeitsdefinition formuliert werden: *Mediale Personalisierung bedeutet, dass in massenmedialer Kommunikation die politischen, gesellschaftlichen, kulturellen Realitäten in und als Personerzählungen von natürlichen Personen (re-)konstruiert werden, und zwar in den Selbstdarstellungen von Organisationen und Institutionen, in den Darstellungen durch Massenmedien und in den Wahrnehmungen der Rezipienten.* Personerzählungen sind als Botschaften Teil von Kommunikationsprozessen. Sie lassen diese Botschaften narrativ – weniger diskursiv[102] – gefasst sein.

101 Fludernik 2010, S. 15.

102 Vgl. hierzu Thomas' Verweis auf nichtdiskursive Formen Öffentlicher Theologie: Thomas 2013, S. 301, dort fast wörtlich so im Titel auf Englisch. Gleichzeitig wehrt sich Thomas gegen eine zu einfache Gegenüberstellung von symbolisch und diskursiv (vgl. ebd., S. 308).

Basierend auf dieser Definition lässt sich nun der Personalisierungsbegriff differenzieren. Dies tue ich anhand der Operationalisierung von Medieninhaltsanalysen[103], die Personalisierungen empirisch untersuchen.[104]

Verbreitet ist die Unterscheidung zwischen zwei grundlegenden Dimensionen:[105] Personalisierung meint zum einen (1) die Konzentration auf Personen in der Berichterstattung. Personalisierung als Personorientierung bezieht sich dabei auf das Beziehungsdreieck aus erstens Person, zweitens Partei, Institution, Organisation, Organ oder Gruppe und drittens Botschaft, Sachthema, Programm oder Inhalt.[106] Personalisierung als Personorientierung liegt dann vor, wenn Medienrealität eine Person fokussiert – und zwar entweder als Repräsentation oder als Substitution[107] von Inhalt bzw. Institution. Diese Unterscheidung zwischen Repräsentations- und Substitutionsrelation wird im Folgenden eine wichtige Rolle spielen.

Zum anderen kann (2) auch der »Einzug politik- bzw. rollenfremder Kategorien bei der Personalisierung«[108] gemeint sein, also die Berichterstattung über das Privatleben von Politikern, das Hervorheben von privaten gegenüber politischen Bezügen.[109] Diese Privatorientierung oder »[s]pezifische Perso-

---

103 Für den Verweis auf die entsprechenden Medieninhaltsanalysen siehe die Literatur, auf die in Kapitel IV.2. verwiesen wird. Hinweise auf viele der ausgewerteten Studien verdanke ich auch Lengauer 2007.

104 Diese Gliederung in Dimensionen entwickelt eine Typisierung weiter, die ich bereits 2006 in meiner unveröffentlichten Examens-Hausarbeit mit dem Titel »Repräsentanten der evangelischen Kirche in den Medien. Zwischen Personalisierungsdruck und Verkündigungsauftrag« entwickelt hatte (dort finden sich ansatzweise Vorarbeiten zu den Beschreibungen und Orientierungen der vorliegenden Arbeit). Die drei Dimensionen entsprechen auch den »drei Phänomenen«, die Marcinkowski und Greger als Personalisierung beschreiben: Ihre »*Symbolisierung*« entspricht hier ungefähr der Personorientierung, ihre »*Privatisierung*« hier der Privatorientierung und ihre »*Hierarchisierung*« hier der Prominenzorientierung (vgl. Marcinkowski und Greger 2000, S. 183, dort auch die Zitate, kursiv im Original).

105 Vgl. dafür und für das Folgende: Lass 1995, S. 10f.; Holtz-Bacha et al. 1998, S. 242f.; Wilke und Reinemann 2000, S. 3f; Holtz-Bacha 2003, S. 20; Brettschneider und Vollbracht 2010, S. 133.

106 Dieses Dreieck ist angelehnt an die Faktoren-Trias im sozialpsychologischen Modell. Vgl. dazu ausführlich Lass 1995, S. 21; Klein und Ohr 2001, S. 93; Huß 2007, S. 18. Hoffmann und Raupp haben betont, dass diese »Trias« kein »Nullsummenspiel« beschreibt (vgl. Hoffmann und Raupp 2006, S. 465, dort auch die Zitate).

107 Für die Notwendigkeit, ggf. auch von Substitutionsrelationen auszugehen, vgl. Lengauer 2007, S. 137f. Für die Notwendigkeit, auf jeden Fall auch mit Repräsentationsbeziehungen zu rechnen, vgl. Hoffmann und Raupp 2006, S. 465. Marcinkowskis und Gregers Begriff der »Symbolisierung« geht auch eher von Repräsentationsbeziehungen aus: Marcinkowski und Greger 2000, S. 183.

108 Holtz-Bacha et al. 1998, S. 242.

109 Vgl. Wirth und Voigt 1999, S. 139. An der Stelle, wo im Haupttext vereinfachend zwischen zwei Bezügen bzw. Merkmalsgruppen (privat oder politisch) unterschie-

nalisierung«[110], wie Jürgen Lass sie genannt hat, bezieht sich nicht auf die Politik oder soziale Realitäten als Objekt der Personalisierung, sondern auf Personen. Damit setzt spezifische Personalisierung oder Privatorientierung die »globale[n] Personalisierung« als Personorientierung voraus.[111] Obwohl Holtz-Bacha hierfür den Begriff »Privatisierung« statt »Personalisierung« gebrauchen will,[112] halte ich an dem Begriff »Personalisierung« auch hierfür fest, weil dieser häufig Privatisierung konnotiert. Personalisierung lässt sich also zunächst untergliedern in die Dimensionen: (1) Personalisierung als Personorientierung und (2) Personalisierung als Privatorientierung bzw. Orientierung an Privatem.

Neben Personorientierung und Privatorientierung scheint mir als dritte Dimension, die häufig nur implizit mitdiskutiert wird, die (3) Personalisierung als Prominenzorientierung wichtig. Es ist ja keineswegs selbstverständlich, dass sich Personorientierung und Privatorientierung auf prominente und einflussreiche Spitzenpolitiker beziehen. Außerdem erlaubt diese dritte Dimension eine bessere Anknüpfung an die Nachrichtenwerttheorie (IV.2.1). Gleichzeitig lässt sich in der Medienrealität aber auch das Gegenteil einer Prominenzorientierung erkennen, nämlich eine Fokussierung auf gerade nicht hervorgehobene, sondern möglichst normale Personen. Man könnte hier anstelle von Prominenzorientierung von Exemplarorientierung sprechen.

Diese drei Dimensionen lassen sich auch in den fünf »dichotomen Entscheidungen« wiederfinden, mit denen Wirth und Voigt den Personalisierungsbegriff spezifizieren.[113] Allerdings sehe ich diese Dimensionen nicht als

---

den wird, hat Eisenegger drei Personalisierungsmodi unterschieden: Von Habermas' Drei-Welten-Theorie herkommend, differenziert er funktionale, soziale und expressive Personalisierung, die er dann mit den Herrschaftstypen Webers parallelisiert (vgl. Eisenegger 2010, S. 18–20; Eisenegger und Konieczny-Wössner 2010, S. 118–121, bes. 119). Während dies hochinteressant ist, scheint mir gerade die komplexitätssteigernde Unterscheidung von funktionaler und sozialer Personalisierung für den hiesigen Zweck zu wenig an vorliegende empirische Untersuchungen anknüpfbar, weil sie weiter von deren Operationalisierungen entfernt ist. Hoffmann und Raupp haben zu Recht darauf hingewiesen, dass die zweistellige Differenzierung in politiknahe und -ferne Merkmale »weniger theoretisch fundiert als Ausdruck normativer Vorannahmen« ist (vgl. Hoffmann und Raupp 2006, S. 458, dort auch das Zitat). M. E. ist sie gerade damit theoretisch fundiert – nämlich in einer normativen Theorie.

110 Lass 1995, S. 10.

111 Vgl. für das Zitat: Lass 1995, S. 10. Für den »Zusammenhang von Personalisierung und Privatisierung«: Marcinkowski und Greger 2000, S. 182; Holtz-Bacha 1999, S. 13. (Auf den Holtz-Bacha-Aufsatz verweist hier auch Marcinkowski. Zitat bei Marcinkowski.)

112 Holtz-Bacha 2003, S. 20.

113 Vgl. Wirth und Voigt 1999, S. 138, dort auch das Zitat. So definieren die beiden Personalisierung durch schrittweise Unterscheidung von den Alternativen, die sie grafisch in eine hierarchische Ordnung bringen (ebd., S. 139, Abb. 2). Besagte »di-

hierarchisch geordnet und linear abhängig, wie Wirth und Voigt das in ihrer Grafik nahelegen: So kann m. E. eine starke Personalisierung als Privatorientierung vorliegen, wo Personalisierung als Prominenzorientierung nicht vorliegt: Man denke nur an das sprichwörtliche »Witwenschütteln« als Praxis im Boulevardjournalismus. Im Wirth-Voigt-Schema lässt sich das nicht mehr fassen, weil nicht auf Akteure, sondern auf von Politik Betroffene fokussierte Berichte auf die Seite des Nicht-Personalisierten fallen.

6. Gegenstand und Aufbau der Arbeit

Mit den bislang erarbeiteten Begriffen lässt sich die einleitend geschilderte Geschichte von Margot Käßmanns Afghanistan-Zitat folgendermaßen reformulieren. Am 1. Januar 2010 und den folgenden Tagen ist Realität der evangelischen Kirche in Deutschland medial auch anhand von einer Personerzählung mit Margot Käßmann als Hauptperson konstruiert worden. Diese mediale Wirklichkeitskonstruktion ist nach dem hier vertretenen Kommunikations- und Medienbegriff als Teil eines Netzes von Wirkbeziehungen zu verstehen, in dem die Kirche, Medien und disperse Publika als Faktoren auftauchen.

Nach dem hier vertretenen Verständnis von Öffentlicher Theologie müsste diese nun besagtes Netz an Wirkbeziehungen erstens beschreiben und zweitens kritisch-konstruktiv reflektieren, um gegebenenfalls Transformationen dieser Wirkbeziehungen zu ermöglichen.

---

chotome Entscheidungen« lassen sich kurz durch das Zitat ihrer Personalisierungsdefinition wiedergeben: »Nimmt man einige Vereinfachungen und Generalisierungen in Kauf, dann kann man Personalisierung verstehen als handlungs- (und nicht systembezogene), akteursseitige (und nicht auf Betroffene bezogene), individuenzentrierte (und nicht auf Kollektive oder Institutionen zentrierte), imagebezogene (und nicht issuebezogene) Informationen in Text und Bild. Im Anschluß daran differenzieren sich die oben erläuterten rollenfernen und rollennahen Teilkonzepte von Personalisierung aus« (ebd., S. 138).
Personalisierung als Personorientierung (1) fasst also zwei Verzweigungen in dem Kategorienast zur Personalisierung von Wirth und Voigt zusammen: die Ebenen »individuenzentrierte (und nicht auf Kollektive oder Institutionen zentrierte)« – also hier die Relation Person–Institution – und die darunterliegende Ebene »imagebezogene (und nicht issuebezogene) Informationen in Text und Bild« – also hier die Relation Person–Sache (ebd., S. 138). Die Individuenzentrierung auf der höheren Ebene wollen Wirth und Voigt nun eigentlich »Präsenz« nennen und als »schwache Form der Personalisierung« von der Personalisierung unterschieden wissen (ebd., S. 138f.). Während diese Unterscheidung durchaus wichtig ist und sich hier in der Differenzierung der Relationen Person zu Sache bzw. zu Institution niederschlägt, soll hier »Präsenz« dennoch auch als Personalisierung verstanden werden, vielleicht als eine grundlegendere, aber nicht als eine weniger starke Personalisierung.

Vom Beispiel Käßmann abstrahiert formuliert soll der Gegenstand von Beschreibung (A1) und orientierender Reflexion (A2) also das Wirkbeziehungsnetz sein, dessen Teil die Kirche ist und in dem Realität anhand von Personerzählungen konstruiert wird. Roter Faden bei der theoretischen Beschreibung wird die absichtlich doppeldeutige Frage sein: Was bewirkt Personalisierung?

Der näheren theoretischen Beschreibung sind zwei Kapitel zu Orientierungen vorgeschaltet. Diese Reihenfolge ermöglicht es, die interdisziplinär zu erarbeitenden Beschreibungen in engem Zusammenhang mit den jeweils genau für sie relevanten Orientierungen zu präsentieren. Das kann so nur geschehen, wenn vorher die Grundlagen für diese Orientierungen gelegt sind. Deshalb werden zunächst theologische Orientierungen erarbeitet (Kapitel II). Diese Orientierungen werden den referierten Leitlinien Öffentlicher Theologie entsprechend einem Ansatz zu einer relationalen Ekklesiologie entnommen, nämlich dem Ansatz des frühen Jürgen Moltmann.

Ganz im Sinne einer zweisprachigen Öffentlichen Theologie werden im dritten Kapitel dann vor allem in Auseinandersetzung mit der Arbeit von Jürgen Habermas sozialphilosophische Orientierungen erarbeitet, die mit den theologischen teilweise konvergieren und sie differenzieren (III).

Die beiden darauffolgenden Kapitel (IV und V) verbinden dann interdisziplinär erarbeitete Wahrnehmungen von Personerzählungen in Wirkbeziehungsnetzen mit konkretisierten Orientierungen. Dabei wird zunächst auf die drei Hauptgrößen im Beziehungsnetz der Medienkommunikation fokussiert: die Medienproduzenten, die beobachteten Realitäten einschließlich der Kirche und die beobachtenden Publika (IV). Danach werden Personalisierungsdynamiken beschrieben die sich im Zusammenwirken besagter drei Größen ergeben (V).

Zusammenfassungen des jeweils interdisziplinär Erarbeiteten finden sich jeweils zum Beginn desjenigen theologischen Abschnitts, der die jeweiligen Erkenntnisse in den Horizont theologischer Orientierungen stellt – also unter III.5., IV.1.3, IV.2.3, IV.3.3 und IV.4.3. Die ekklesiologischen Orientierungen sind am Ende des nun folgenden Kapitels zusammengefasst (II.5.). Eine abschließende Zusammenfassung findet sich im Schlussteil (VI).

II. Theologische Orientierung: Kirche als Gestalt christlicher Hoffnung

Für die Erfüllung der oben formulierten Doppelaufgabe Öffentlicher Theologie – (A1) interdisziplinäre Beschreibung und kritisch-konstruktive Reflexion (A2) – sind Orientierungen nötig, die die Anforderungen an die Beschreibung explizieren und den Maßstab der Kritik formulieren. Diese Orientierungen für die Beschreibung und kritische Reflexion der Kirche in Wirkbeziehungen mit Medien und Medienpublika möchte ich in Auseinandersetzung mit einem profilierten ekklesiologischen Ansatz finden. Auf diesem Wege wird sich auch exemplarisch zeigen, dass die Öffentliche Theologie der »öffentlichen Dogmatik« (Eva Harasta),[116] im Besonderen hier der öffentlichen Ekklesiologie bedarf, um ihre eigene institutionelle und soziale Ermöglichung theologisch zu reflektieren und gegebenenfalls zu kritisieren. Dafür war in Kapitel I.2. eine relationale Ekklesiologie als nötig herausgestellt worden, die unter dem Kirchenbegriff nicht nur das Wesen der Kirche, nicht nur deren Binnenrelationen, sondern auch die Außenrelationen der Kirche theologisch bedenkt.[117] Die folgenden Vorbemerkungen sollen die Auswahl eines entsprechenden ekklesiologischen Ansatzes begründen und die Gliederung dieses Kapitels (II) klären.

1. Vorbemerkungen

Die Fülle ekklesiologischer Entwürfe lässt sich in öffentlich-theologischer Perspektive grob aber hilfreich danach ordnen, auf welches der folgenden von Wolfgang Huber entwickelten vier Modelle der Kirche in der Öffentlichkeit Theologie ihren Gegenstand hin entwickelt sehen will.[118] Trägt man diese Modelle in einem Spannungsfeld ein, so bilden Hubers zwei Modelle der »*Kirche als Kontrastgesellschaft*« den einen Extrempol und das Modell der »*Gesellschaftskirche*« den anderen.[119] Dazwischen findet sich die vierte Variante, das

---

116 Vgl. zu »Public Dogmatics« und ihrer Rolle für Öffentliche Theologie programmatisch: Harasta 2013.

117 Vgl. dazu auch Dröge 2000, S. 213–215; Bauckham 1995, S. 126.

118 Vgl. dafür Huber 1998, S. 100–103, vgl. dort auch für das Folgende.

119 Vgl. für die zitierten Begriffe Huber 1998, S. 100f., kursiv im Original.

»Modell der ›offenen und öffentlichen Kirche‹«[120]. Mit den Modellen der heiligen oder prophetischen Kontrastgesellschaft der Kirche wird die Flucht aus der breiten Öffentlichkeit dahingehend empfohlen, um sich »klar und unzweideutig ab[zu]sonder[n]«;[121] die Frage nach der Relevanz der Kirche wird also zugunsten der Identitätsfrage suspendiert.[122] Für die Gesellschaftskirche gewinnt umgekehrt »die religiöse Funktion, welche die Kirche in der Gesellschaft wahrnimmt, den Vorrang vor dem Glaubensinhalt, für den sie eintritt«[123] – und damit die Relevanzfrage vor der Identitätsfrage. Das vierte Modell hält nun beide Fragen zusammen: Danach sieht sich die Kirche als öffentliche Kirche, der mit dem Evangelium eine »für jede Gesellschaft fremde Wahrheit« aufgegeben ist, der aber zugleich »unter den Bedingungen der Gegenwart mit nüchternem Wirklichkeitssinn und kritischer Solidarität Gestalt zu verleihen ist«.[124] Es ist unschwer zu sehen, dass das vierte Modell einer Öffentlichen Theologie, die auch partikulare Traditionsgehalte in breiterer Gesellschaft verständlich machen will, am deutlichsten entspricht.

Zunächst läge es nun nahe, den für Öffentliche Theologie entscheidenden Interpretationsrahmen für die Kirche in medialen Personalisierungsdynamiken aus dem Vergleich sich gegeneinander profilierender Positionen zu finden – also etwa zweier Extrempositionen[125] und der Mittelposition. Dies habe ich hier zum einen aus inhaltlichen Gründen[126] nicht unternommen, und zum

---

120 Huber 1998, S. 102.

121 Vgl. Huber 1998, S. 100, dort auch das Zitat.

122 Die Paarung von Identität und Relevanz ist von Moltmann übernommen: Moltmann 1972a, S. 12, vgl. dazu auch Rieger 2007, S. 289f.

123 Vgl. Huber 1998, S. 101, dort auch das Zitat.

124 Vgl. Huber 1998, S. 101, dort auch beide Zitate.

125 Hierfür hätten die ekklesiologischen Ansätze etwa von Stanley Hauerwas und Wilhelm Gräb nahegelegen, wobei Ersterer klar von der Identitätsfrage des christlichen Glaubens und Letzterer von der Relevanzfrage her das Thema Kirche bedenkt (zur Relevanzfrage bei Gräb vgl. Meyer-Blanck und Weyel 2008, S. 111; Rieger 2007, S. 288f., bei Rieger heißt es: »Die Identität des Christlichen wird von seiner Relevanz her, von seiner Relevanz für das sich um Identität bemühende Individuum der Erlebnis- und Medienkultur her aufgebaut.« (S. 289)). Anschlussfähig wären hier beide deshalb gewesen, weil ich eingangs Personalisierung als Personerzählung verstanden habe. Dieses Verständnis stellt Personalisierung nicht nur in die Nähe zum Ansatz narrativer Ekklesiologie bei Hauerwas, sondern auch zur symbolischen Kommunikation in der Religionstheorie Gräbs. Zur Ekklesiologie und zum narrativen Ansatz bei Hauerwas vgl. Rommel 2003. Vgl. zur Medien- und Symboltheorie sowie dem Ansatz einer Kirchentheorie bei Gräb v. a. Gräb 2002. Vgl. auch die umfassende Rekonstruktion der Gräbschen Theorie bei Rieger 2007.

126 Gräb entfernt m. E. den Religionsbegriff, in den er den christlichen Glauben einordnet, so weit von jeder direkten politischen Relevanz, dass der Weg zum hier vertretenen Ansatz Öffentlicher Theologie zu weit schien. Auch Hauerwas' Theologie schien von diesem Ansatz zu weit entfernt. Für eine Auswertung von Hau-

zweiten, weil es den Rahmen der Arbeit gesprengt hätte, ohne ex ante einen größeren Orientierungsgewinn vermuten zu lassen. Deshalb konzentriere ich mich auf einen ekklesiologischen Ansatz und wähle dafür denjenigen Jürgen Moltmanns – aus folgenden Gründen:

1) Jürgen Moltmanns Theologie hat immer politisches und soziales Engagement als explizit theologische Themen von der Mitte der Theologie her mitgedacht. Zusammen mit der Tatsache, dass Moltmann selbst den Begriff »öffentliche Theologie« verwendet hat[127] und sein Werk als Beitrag zur Öffentlichen Theologie diskutiert[128] wurde, bringt ihn das in deutliche inhaltliche Nähe zum Diskurs Öffentlicher Theologie.[129] Auch Moltmann geht in seiner Politischen Theologie grundlegend davon aus, »that Christianity has the potential to speak meaningfully in the midst of a public discourse often dominated by considerations of power und domination«.[130]

2) Während Moltmann die Kirche auch als Kontrastgesellschaft bezeichnen kann,[131] läuft sein ekklesiologischer Ansatz, wie ich zeigen werde, auf das Modell einer offenen und öffentlichen Kirche hinaus. Er selbst nennt die Kirche auch »offene Kirche«[132]. Damit nimmt der Ansatz eine an die Öffentliche Theologie anschlussfähige Position ein.

3) Moltmann entwickelt seine Ekklesiologie kontextbewusst und ökumenisch dialogoffen: Aus einem spezifischen theologiegeschichtlichen, konfessionellen wie weltpolitischen Kontext kommend, schreibt er bewusst für die ökumenische Weite. So heißt es im Vorwort zur »Kirche in der Kraft des Geistes«:

> »[I]ch [will] nicht verleugnen, in der Bundesrepublik Deutschland und aus dem Leben meiner evangelischen Landeskirche heraus zu schreiben. Dieser Ausgangspunkt aber bestimmt noch nicht den Inhalt des Buches. Die eigene Situation ist nur eine unter anderen. Und es gibt wahrhaftig sehr andersartige Situationen für die Christenheit. Im ökumenischen Kontext Theologie zu treiben, bedeutet nicht, abstrakt zu werden, sondern, soweit es möglich ist, von verschiedenen Erfahrungen der Kirche auszugehen und sie produktiv zu vermitteln.«[133]

4) Moltmann entwickelt seine Ansätze zur Ekklesiologie nicht als Spekulationen vom »zeitlosen Wesen« der wahren Kirche, sondern fragt nach diesem Wesen immer schon in seinem Bezug zu dem, was Wolfgang Huber »wirkliche

---

erwas' narrativem Ansatz für die Öffentliche Theologie vgl. Doak 2004, hier insb. Die Zusammenfassung auf S. 143f.

127 Vgl. Moltmann 1997a, S. 11, 15.

128 Vgl. Paeth 2005, 2008.

129 Vgl. beide Argumente so schon bei Höhne 2013a, S. 58.

130 Vgl. so Paeth 2005, S. 219, dort auch das Zitat.

131 Vgl. Paeth 2005, S. 222.

132 Moltmann 1975, S. 15.

133 Moltmann 1975, S. 13.

Kirche« genannt hat – zur erfahrbaren Kirche als dem Ort, »an dem der Kampf um Entsprechung oder Verfehlung der wahren Kirche immer wieder von neuem ansteht«.[134] Deshalb soll seine Theologie immer konkrete »Ansatzpunkte für die Reform der Kirche« nahelegen.[135]

Um Moltmanns umfängliche Arbeit fassbar zu machen,[136] konzentriere ich mich bei der Rekonstruktion seines ekklesiologischen Entwurfs auf sein Frühwerk, also auf die drei »Programmschriften«[137] – »Theologie der Hoffnung« (TdH), »Der gekreuzigte Gott« (gG) und »Kirche in der Kraft des Geistes« (KKG) – sowie die sie umgebenden Aufsätze und kleineren Bücher. Diese Konzentration halte ich für sinnvoll, vor allem weil Moltmann in der späteren Zeit seiner Systematischen Beiträge keine systematische Monographie zur Kirche mehr verfasst hat.

Der Fokus der folgenden Rekonstruktion von Moltmanns Ansatz erklärt sich zum einen aus seinem weit gefassten Kirchenbegriff (1) und zum anderen aus der Leitthese (2), von der her und auf die hin ich Moltmann interpretiere.

(1) Was ist Kirche? Moltmann unterscheidet drei Begriffe von Kirche: Mit »Kirche« meint er die »verfaßte Institution mit allen ihren öffentlichen Funktionen«.[138] Um Verwechslungen zu vermeiden, werde ich im Folgenden, wenn dies gemeint ist, von »verfasster Kirche« sprechen. Er benutzt zweitens den Begriff »Gemeinde« und meint damit jene »Versammlung [...], die sich im Gottesdienst um Wort und Sakrament schart«[139] – also die Kirchengemeinde in ihrer Sammlung. Drittens spricht er von »Christenheit« als Oberbegriff für die Menschen in verfasster Kirche, Gemeinde und »im alltäglichen Gehorsam, in ihren weltlichen Berufen und ihren sozialen Rollen«.[140] Moltmann entschließt sich für den letzteren Begriff und macht damit nicht nur die verfasste Kirche,

---

134 Huber 1985, S. 148. Vgl. Moltmann 1975, S. 16, dort auch das Zitat.

135 Vgl. etwa Moltmann 1975, S. 16, dort auch das Zitat.

136 Vgl. dazu die Auflistungen der auch für die hiesige Literaturauswahl in Teilen gesichteten Bibliographien: Ising 1987; Wakefield 2002. Den Hinweis auf diese verdanke ich Daniel Munteanu. Hilfreich für die Recherche von Moltmann-Texten und Sekundärliteratur für dieses Kapitel war insbesondere auch das Verzeichnis in Bauckham 1995.

137 Zu diesem Begriff für die genannten Schriften vgl. etwa Müller-Fahrenholz 2000, S. 9. Markus Dröge hat sich in seiner Dissertation hauptsächlich auf diese drei Schriften bezogen: Dröge 2000. Von ihm übernehme ich auch die im Folgenden genannten Abkürzungen für diese Schriften.

138 Vgl. Moltmann 1966, S. 280, dort auch die Zitate.

139 Moltmann 1966, S. 280.

140 Vgl. für diesen Gedankenkomplex Moltmann 1966, S. 280, dort auch das Zitat. Vgl. dazu auch Moltmann 1968b, S. 224. Hier versteht Moltmann unter »Christenheit« die »christliche Existenz in allen Lebensbezügen« (ebd.). Dass »Christenheit« der weiteste Begriff ist, der auch verfasste Kirche und Gemeinde umfasst, belegt folgendes Zitat: »Wir müssen der Reformation, namentlich Luther, zufolge von der ›Christenheit‹ sprechen, wie sie sich in ›Kirche‹ und ›Gemeinde‹ und ihren weltlichen Berufen darstellt.« (Moltmann 1966, S. 280)

nicht nur die Versammlung zum Gottesdienst, sondern auch und gerade das alltägliche Leben der Christen zum Gegenstand der Ekklesiologie.[141] Wo im Folgenden nur das Wort »Kirche« steht, ist ebenfalls die Christenheit in Gemeinde, in verfasster Kirche und in alltäglicher Sendung gemeint. Diesen weiten Kirchenbegriff, der verfasste Kirche, Gemeinde und Einzelchristen in der Gesellschaft umfasst, hat im Zuge dieser Studie folgenden Vorteil: Er verhindert, dass ekklesiologisch nur die verfasste Kirche bedacht wird, die in Medienberichten vorkommt. Vielmehr müssen mit diesem Kirchenbegriff auch die Publika und Medienschaffenden, sofern diese sich vermittels des Begriffs Christenheit der Kirche zuordnen lassen, ekklesiologisch reflektiert werden.

(2) Am Ende der ersten Programmschrift, der »Theologie der Hoffnung«, fragt Moltmann zu Beginn des Kapitels über die Exodusgemeinde »nach der konkreten Gestalt gelebter eschatologischer Hoffnung in der modernen Gesellschaft«.[142] Ich rekonstruiere Moltmanns Frühwerk als Antwort auf diese Leitfrage.

Dazu wird Moltmanns Ansatz einer relationalen Ekklesiologie rekonstruiert, die die vielfältigen Binnen- und Außenrelationen der Kirche daraufhin befragt, wie in ihnen die wahre Christenheit zum Zuge kommt und so Kirche als Gestalt der Hoffnung erfahrbar wird und werden kann (II.2.–4.). Diese relationale Ekklesiologie entwickelt sich bei Moltmann von den thematischen Schwerpunkten der drei Programmschriften her aus drei Perspektiven. Es sind dies die in der »Theologie der Hoffnung« (TdH)[143] hervorragende eschatologische Perspektive (2.), in der besonders die Außenrelationen der Kirche in den Blick kommen, die in »Der gekreuzigte Gott« (gG) im Mittelpunkt stehende kreuzestheologische Perspektive (3.), die den Fokus auf die Relation zu den Benachteiligten richtet, und die pneumatologische Perspektive von »Kirche in der Kraft des Geistes« (KKG) (4.), die gerade auch die Binnenrelationen in den Blick nimmt. Interpretationsleitend ist dabei die von Bauckham[144] aber auch von Moltmann selbst[145] formulierte Grundannahme, dass zwischen den drei Programmschriften zwar die Perspektive wechselt, diese Perspektiven sich aber jeweils ergänzen und nicht widersprechen. Der Ertrag dieser Moltmann-Rekonstruktion wird in Form von zehn Orientierungen gesichert (5.).

---

141 So behandelt Moltmann in seinem »Beitrag zur messianischen Ekklesiologie« im Kapitel über »Die Kirche des Reiches Gottes« auch die Christenheit (vgl. Moltmann 1975, S. 186).

142 Vgl.: »Wenn wir in einem letzten Kapitel nach der konkreten Gestalt gelebter eschatologischer Hoffnung in der modernen Gesellschaft fragen, so soll mit dem Leitgedanken der ›Exodusgemeinde‹ die Wirklichkeit der Christenheit als die des ›wandernden Gottesvolkes‹ ins Auge gefaßt werden« (Moltmann 1966, S. 280).

143 Die Siglen sind übernommen aus der Arbeit von Markus Dröge (siehe Anm. 137).

144 Vgl. Bauckham 1995, S. 3. Vgl. Bauckham folgend auch Dröge 2000, S. 3.

145 Vgl. Moltmann 1975, S. 14.

2. Horizont

2.1 Jürgen Moltmanns Entwurf des Erwartungshorizontes

Es ist ein wesentliches Charakteristikum von Moltmanns Theologie, die gesamte Wirklichkeit einschließlich der Realität der Kirche theologisch im Horizont des Reiches Gottes zu reflektieren. Das »Thema seines Lebens« – so Geiko Müller-Fahrenholz in seiner Einführung in Moltmanns Theologie – ist »Das Reich Gottes«.[146] Dies zeigt sich bereits in der kleinen, 1959 erschienenen Schrift »Die Gemeinde im Horizont der Herrschaft Christi«, von der Moltmann 1997 sagt, in ihr fände er »die meisten späteren Gedanken«.[147]

In der Schrift von 1959 wird auch klar, dass Moltmanns Interesse für das Reich Gottes als Horizont in Kontinuität zur Christozentrik der dialektischen Theologie und in bleibender Abgrenzung gegen den kulturprotestantischen Reich-Gottes-Gedanken steht:[148] Während er in der Folge des Kulturprotestantismus einen »*Verlust der Mitte*«[149] sieht, weil Christus »hinter einer christlichen Kultur zu verschwinden«[150] drohte, bestehe für den Christozentrismus die Gefahr, den Horizont zu verlieren.[151] Dagegen betont Moltmann, dass es »keine Mitte ohne einen Horizont, kein Zentrum ohne Umkreis, [...] keinen Christus ohne seine Königsherrschaft im weltlichen, leibhaftigen Leben, ohne den eschatologischen Horizont der neuen Welt« gebe.[152] Mit der Mitte in Christus sei auch der Horizont seiner Herrschaft gegeben, und erst in diesem Horizont ergeben sich Sinn und Richtung kirchlichen Handelns und Redens. Die Fragen, wozu Christus gepredigt, Kirche gebaut, Gemeinde gesammelt hat und Glaube geweckt werden soll,[153] werden auch erst in diesem Horizont adressierbar.

---

146 Vgl. Müller-Fahrenholz 2000, S. 24, dort beide Zitate. Nach Moltmann war es der holländische Theologe Arnold A. van Ruler, durch den er ab 1956/57 auf die Themen der »Vorwärts-Eschatologie« gekommen ist; vorher habe er gedacht, »es könne nach der ›Kirchlichen Dogmatik‹ keine neue Theologie mehr geben« (vgl. Moltmann 2005, S. 17, dort auch die Zitate, vgl. ähnlich Moltmann 1970c, S. 9). Richard Bauckham hat die eschatologische Perspektive bei Moltmann daneben auch auf (Otto Weber und) J. C. Hoekendijk zurückgeführt (vgl. Bauckham 1995, S. 2).

147 Vgl. Moltmann 1997b, S. 25, dort auch das Zitat, auch zitiert bei Müller-Fahrenholz 2000, S. 20.

148 Vgl. auch Müller-Fahrenholz 2000, S. 24f., vgl. dort auch für das Folgende. Zum Thema »christological *centre* and [...] eschatological *horizon*« auch Bauckham 1995, S. 5, 35, Zitat: S. 35, kursiv im Original; zur Zentralität der Christologie vgl. Harvie 2009, S. 4.

149 Moltmann 1959, S. 8, im Original kursiv.

150 Moltmann 1959, S. 9.

151 Vgl. Moltmann 1959, S. 8f.

152 Vgl. Moltmann 1959, S. 9, dort auch das Zitat.

153 Vgl. in ähnlichen Worten Moltmann 1959, S. 7.

Popularität und Konturen gewinnen Moltmanns Überlegungen zum Reich Gottes als Hoffnungshorizont seit 1960[154] in Auseinandersetzung mit Ernst Blochs »Das Prinzip Hoffnung«.[155] In der 1964 erschienenen »Theologie der Hoffnung« will Moltmann »eine Parallelhandlung in der christlichen Theologie« zu Blochs Hoffnungsphilosophie erzählen.[156] Die Frage nach dem Horizont wird hier als Frage nach dem Hoffnungs- und Zukunftshorizont entscheidend für die Theologie schlechthin: »Es gibt darum nur ein wirkliches Problem der christlichen Theologie, das ihr von ihrem Gegenstand her gestellt ist und das durch sie der Menschheit und dem menschlichen Denken gestellt wird: das Problem der Zukunft.«[157] Damit ist die sich 1959 bereits abzeichnende Zentralstellung der Eschatologie in und für Moltmanns Theologie explizit formuliert. Im Schlusskapitel der TdH[158] macht Moltmann seine Untersuchungen zur Eschatologie[159] für Ansätze zur Ekklesiologie fruchtbar, indem er auf die Frage »nach der konkreten Gestalt gelebter eschatologischer Hoffnung in der modernen Gesellschaft«[160] hin die Christenheit als »Exodusgemeinde« im »Erwartungshorizont des Reiches Gottes«[161] begreift. Wie und als was das Reich Gottes Erwartungshorizont für die Gemeinde ist, soll mittels der Rekonstruktion grundlegender Gedankenlinien in Moltmanns Hoffnungstheologie erläutert werden, um dann nach der Bedeutung für das Kirchenverständnis zu fragen.

2.1.1 Verheißung und Hoffnung für diese Welt

Wesentlich für Moltmanns Hoffnungstheologie ist, qualitative, eschatologische Differenz einerseits und Diesseitsbezug des eschatologisch Verheißenen ande-

---

154 Vgl. Moltmann 1997b, S. 25.

155 Zur expliziten Auseinandersetzung mit Bloch vgl. Moltmann 1963. Dieser Aufsatz erschien ab der dritten Auflage als Anhang der »Theologie der Hoffnung« (vgl. Moltmann 2005, S. 18).

156 Vgl. Moltmann 1997b, S. 25, ähnlich Moltmann 1970c, S. 10, 2005, S. 18. Vgl. auch den Verweis auf die zitierte Moltmann-Stelle bei Müller-Fahrenholz 2000, S. 34. Zum Verhältnis zu Bloch vgl. auch Harvie 2009, S. 4; Chester 2006, S. 52f., 57f.

157 Moltmann 1966, S. 12, 1967b, S. 4 (die »Meditation über die Hoffnung« ist auch separat erschienen. Ich zitiere künftig nur aus der TdH). Vgl. inhaltlich dazu auch Müller-Fahrenholz 2000, S. 35; Rohls 1997, S. 666.

158 In dieses Kapitel ging nach Moltmanns eigenen Angaben ein Aufsatz zur »praxisorientierte[n] Hegeldeutung« ein, der erstmalig 1961 erschienen war (vgl. Moltmann 2005, S. 18, dort auch das Zitat). Für den besagten Aufsatz vgl. Moltmann 1968b. Zu diesem Kapitel als »ekklesiologische Skizze« vgl. Dröge 2000, S. 69.

159 Mit dem Untertitel der TdH betont Moltmann, dass er hier keine »ausgeführte[n] Eschatologie« vorgelegt hat, sondern »Untersuchungen zur Begründung und zu den Konsequenzen einer christlichen Eschatologie« (zu diesem Gedanken und für beide Zitate vgl. Welker 1986, S. 23).

160 Moltmann 1966, S. 280, dort auch das folgende Zitat.

161 Moltmann 1966, S. 299.

rerseits dialektisch zusammenzudenken.[162] Wenn im Folgenden von Verheißungen die Rede ist, so sind damit immer die Verheißungen Gottes gemeint.

(1) Hoffnung und Verheißung haben bei Moltmann Diesseitsbezug, sie gelten dieser Erde. Die Hoffnung »erkennt in der Auferstehung Christi nicht die Ewigkeit des Himmels, sondern die Zukunft eben der Erde, auf der sein Kreuz steht. Sie erkennt in ihm die Zukunft eben der Menschheit, für die er starb.«[163] Mit diesem Gedanken ist Moltmanns Eschatologie erstens diesseitsbezogen und zweitens kosmologisch: Diesseitsbezogen[164] ist sie, insofern sie der Erde die Treue[165] hält und nach der Zukunft für sie fragt. Kosmologisch[166] ist sie, insofern sie gerade in Abgrenzung gegen Bultmann die Einordnung des Menschen in die Welt und damit die daraus entstehende »Solidarität mit dem ›Harren der Kreatur‹« betont:[167] Der Mensch ist weder in Erlösungsbedürftigkeit noch in Erlösungsfähigkeit[168] der Welt gegenübergestellt. Vielmehr ist die »Welt selber [...] mit ihm dem Nichtigen unterworfen auf Hoffnung hin.«[169] Hoffnung und Verheißung beziehen sich also nicht nur auf die menschliche Seele, sondern auf alle Verhältnisse der Schöpfung, wie Moltmann schon 1959 nach der Auseinandersetzung mit Christoph Blumhardt, Richard Rothe und Dietrich Bonhoeffer betont hat: »In das Reich Gottes wird die unverkürzte Fülle der Erde eingehen, wenn der Fluch aus 1. Mose 3 von der Erde, ihren Verhältnissen und ihrem Geschick genommen sein wird.«[170]

---

162 Diese Unterscheidung von Differenz- und Kontinuitätsmotiv habe ich bereits dargestellt in Höhne 2013a, S. 63f. Vgl. für das Folgende auch die dort zitierte Sekundärliteratur Chester 2006, S. 87; Harvie 2009, S. 23–30 und ähnlich Schuurman 1987, S. 47–50.

163 Moltmann 1966, S. 16. Vgl. Bauckham 1995, S. 35; Harvie 2009, S. 23.

164 Explizit: »Mit dieser Beachtung des Kreuzes und der Auferstehung Christi wird das ›Reich Gottes‹ nicht spiritualisiert und zu einer jenseitigen Größe, sondern wird *diesseitig* und wird zum Widerspruch und Gegensatz zu einer gottlosen und gottverlassenen Welt.« (Moltmann 1966, S. 202, meine Hervorhebung.) An anderer Stelle spricht Moltmann inhaltlich ähnlich vom »irdischen Zukunftsglauben«: »Als Glaube an Gott hofft er auf die Zukunft der Welt im Reich Gottes.« (Moltmann 1970c, S. 57)

165 Vgl. Moltmann 1959, S. 14, dazu auch Moltmann 1970c, S. 91.

166 Explizit: »Ohne eine kosmologische Eschatologie ist eschatologische Existenz des Menschen nicht aussagbar.« (Moltmann 1966, S. 60) Vgl. zur kosmischen Relevanz: Schuurman 1987, S. 45; Bauckham 1995, S. 35, 39; Chester 2006, S. 16, 71.

167 Vgl. Moltmann 1966, S. 60, dort auch das Zitat.

168 Diese Begriffe übernehme ich von: Mildenberger 1987, S. 124.

169 Moltmann 1966, S. 60. An anderer Stelle bringt Moltmann diese kosmologische Perspektive mit der Wirkung der Apokalyptik in Zusammenhang: »[D]ie Apokalyptik denkt ihre Eschatologie zwar kosmologisch, aber das ist nicht das Ende der Eschatologie, sondern der Anfang einer eschatologischen Kosmologie oder einer eschatologischen Ontologie, für die das Sein geschichtlich wird und der Kosmos sich öffnet zum apokalyptischen Prozeß.« (ebd., S. 124)

170 Moltmann 1959, S. 22.

(2) Gleichzeitig bezieht sich die Hoffnung für diese Welt aber nicht nur auf das, was sich bereits aus den gegenwärtigen Möglichkeiten ergibt, sondern auf ein qualitativ Neues: »Die christliche Hoffnung richtet sich auf ein novum ultimum, auf Neuschöpfung aller Dinge durch den Gott der Auferstehung Christi.«[171] Damit sind die real-futurische und die qualitativ-eschatologische Dimension der Eschatologie betont: Sie hebt das Futurische hervor, insofern die erhoffte Zukunft und Erfüllung real aussteht.[172] Die Welt ist nach Moltmann weder Himmel noch Hölle: »Die Welt ist noch nicht fertig, sondern wird als in Geschichte befindliche begriffen.«[173] Die qualitativ-eschatologische Dimension wird damit hervorgehoben, dass die Verheißung qualitativ Neues verheißt, welches in den Möglichkeiten Gottes und nicht der Welt liegt.[174] Schon alttestamentlich können so »die Erfüllungen durchaus das Moment des Überraschenden und Neuen gegenüber der vernommenen Verheißung enthalten«[175]. Präzisierend unterscheidet Moltmann später auch zwischen futurum und adventus, wobei adventus das qualitativ neu aus der Zukunft auf uns Zukommende und futurum das sich aus der Gegenwart Entwickelnde meint.[176] Wie sich Kontinuitätsmotiv (1) und Differenzmotiv (2) zusammendenken lassen, hat Bauckham m. E. überzeugend an Moltmanns Verständnis von (der Dialektik von) Kreuz und Auferstehung beschrieben: »Jesus was wholly dead and wholly raised by God. The continuity was given in God's act of new crea-

---

171 Moltmann 1966, S. 28. Vgl. dazu auch Moltmann 1970c, S. 124, 128.

172 Vgl. Moltmann 1966, S. 96, 107, 207f. Bauckham hat in der Betonung dieser Futurizität eines der wichtigsten Verdienste (wörtl. »One of the most important achievements«) Moltmanns gesehen – ein Grund: »Moltmann [...] saw in future eschatology precisely the way to make Christian faith credible and relevant in the modern world.« (Bauckham 1995, S. 8)

173 Moltmann 1966, S. 312, vgl. dort auch für den davor referierten Gedanken.

174 Vgl. Moltmann 1966, S. 92, 1970a, S. 19, 1977a, S. 62. Für diesen Gedanken bei Moltmann als Unterscheidung zu Bloch vgl. Bauckham 1995, S. 44f. Zum Begriff »qualitativ Neues« vgl. entsprechend auch Moltmann 1969, S. 8f., 12. Vom späteren Moltmann ausgehend hat Schuurman dieses Differenzmotiv eines qualitativ Neuen in Verbindung mit einem annihilatio- und nova-creatio-ex-nihilo-Gedanken als das dominantere in Moltmanns Eschatologie gesehen und dies auf eine mangelnde Unterscheidung Moltmanns zwischen Schöpfung und Fall zurückgeführt (vgl. Schuurman 1987, S. 50, 52, 59–60, auch schon zitiert bei Chester 2006, S. 88; Höhne 2013a, S. 65). Moltmann lässt sich m. E. auch so lesen, dass das Differenzmotiv nicht überhand nimmt und dialektisch auf das für sich genommen ebenso problematische Kontinuitätsmotiv bezogen bleibt (siehe dazu auch unten und meinen oben genannten Aufsatz).

175 Moltmann 1966, S. 93.

176 Vgl. etwa Moltmann 1967a, S. 210–213, 1970b, S. 11–14, 1974a, S. 73f., 1977a, S. 64f. Vgl. dazu auch die parallele Unterscheidung von Extrapolieren und Antizipieren (Moltmann 1967a, S. 213, 1970c, S. 57) sowie von Planen und Hoffen (Moltmann 1968h). Vgl. auch Müller-Fahrenholz 2000, S. 46f.

tion. Similarly God's promise is not for another world, but for the new creation of this world«.[177]

(3) In der so zusammengefassten diesseitsbezogenen, kosmologischen, futurischen und qualitativ-eschatologischen Eschatologie wird die Verheißung erstens (3.1) zum offenbarungstheologischen Grund der Hoffnung: Verheißung als »eine Zusage, die eine Wirklichkeit ankündigt, die noch nicht da ist«, eröffnet »das Aus-sein des Menschen auf zukünftige Geschichte«[178] und damit Hoffnung; Hoffnung als Aus-sein des Menschen entzündet sich – so verstehe ich Moltmann – an der Verheißung:[179] »In den Verheißungen kündigt sich die verborgene Zukunft schon an und wirkt durch erweckte Hoffnung in die Gegenwart hinein.«[180]

Damit wird in dieser Eschatologie Verheißung hoffnungsvermittelt zweitens (3.2) zum »Motor« einer eigenen, speziellen Geschichte.[181] Das Reich Got-

177 Bauckham 1995, S. 9; vgl. auch S. 35. Auf zweitgenannte Bauckham-Stelle bezieht sich Harvie 2009, S. 24. Moltmann hat in Entfaltung dieser Dialektik vor der Einseitigkeit gewarnt, eines der Motive überzubetonen: Moltmann 1969, S. 13. Vgl. so auch schon Höhne 2013a, S. 65, Anm. 84.

178 Vgl. Moltmann 1966, S. 92 , dort beide Zitate.

179 Deutlich, allerdings auf das Christusgeschehen bezogen, entsprechend auch: Moltmann 1966, S. 176. Gerade darin grenzt sich Moltmann gegen Bloch ab: »Für die christliche Hoffnung gründen Hunger, Trieb, Aufbruch und Zukunftsbereitschaft in der Verborgenheit der Zukunft des Auferstandenen. Darum hat diese Hoffnung sich ein Gegenüber voraus, das weder dingliche Vorhandenheit ist, auf der sie ruhen kann, noch die völlige Leerheit des Begriffs, wie im Hohlraum, der horror vacui und mögliches Gelingen enthält, noch auch eine bloße Chiffre für das Hoffen selber ist. Dieses Gegenüber wird als Verheißung Gottes vernommen und in der Zuversicht ergriffen [...]. Dieser Gott der Hoffnung, auf dessen Verheißung und Treue die Hoffnung setzt [...] ist dem hoffenden, zukunftswilligen Menschen um eine Ewigkeit voraus« (Moltmann 1963, S. 544). Dabei ist Hoffnung »nicht Zuversicht, aber Zuversicht ist auch Hoffnung« (ebd., S. 556, im Original gesperrt). Später schreibt er: »Der Grund für diese Hoffnung liegt [...] in den Verheißungen des kommenden Gottes.« (Moltmann 1974a, S. 65) Bauckham interpretiert Moltmann auch auf dieser Linie: »Thus, by arousing *active* hope the promise creates anticipations of the future kingdom within history.« (Bauckham 1995, S. 10, kursiv im Original)

180 Moltmann 1966, S. 13, ähnlich Moltmann 1968g, S. 27. Zum Verhältnis dieser im Christusgeschehen (als Verheißungsgeschehen) gründenden Hoffnung zu der Hoffnung als »Leidenschaft für das Mögliche« vgl. Welker 1986, Zitat: S. 23. Vgl. auch Chesters Rede von »hope created by promise«, Chester 2006, S. 57. Sauter schreibt: »Theologisch gesagt, weckt Verheißung demnach eine Hoffnung, die in Erinnerung potentiell enthalten ist.« (Sauter 1967, S. 112)

181 Vgl. Moltmann 1966, S. 43, 79, 150, 206, 1968g, S. 27, 1968h, S. 267, 1968a, S. 246. Vgl. auch Bauckham 1995, S. 10. Zur Nähe dieses Gedankens zu Karl Barth vgl. rückblickend Moltmann 2005, S. 19. Zur Erschaffung einer neuen, speziellen Geschichte (teilweise schon im Zusammenhang mit der Auferstehung

tes entwickelt sich danach nicht aus der Geschichte oder funktioniert als symbolische Deutung von Geschichte, sondern stiftet durch seine Ankündigung in Verheißung selbst Geschichte.[182] Die Verheißung einer diesseitsbezogenen, alles betreffenden, real ausstehenden und qualitativ neuen Erde steht nach Moltmann im Widerspruch zu den Seiten der Gegenwart, die eben diesem Verheißungsinhalt nicht entsprechen:[183] »Ist das Wort ein Verheißungswort, so besagt das, daß dieses Wort seine Wirklichkeitsdeckung noch nicht gefunden hat, daß es vielmehr zur gegenwärtig und ehedem erfahrbaren Wirklichkeit im Widerspruch steht.«[184] Das Wort steht im Widerspruch zu den gegenwärtigen Verhältnissen und versetzt so auch den Hoffenden in Widerspruch dazu; »denn der Stachel der verheißenen Zukunft wühlt unerbittlich im Fleisch jeder unerfüllten Gegenwart.«[185] Dieser »Gegensatz von Hoffnung und Erfahrung« wird zur »Triebkraft ethischen Denkens und geschichtlichen Handelns«.[186]

»Das Verheißungswort schafft [...] immer einen spannungsgeladenen Zwischenraum zwischen dem Ergehen und dem Einlösen der Verheißung. Damit verschafft es dem Menschen einen eigenartigen Raum der Freiheit zum Gehorsam und zum Ungehorsam, zur Hoffnung und zur Resignation.«[187] Die »Verheißung Gottes« lässt die »Wirklichkeit als ›Geschichte‹« erfahren, in der gehorcht und gehofft werden kann.[188] Sie eröffnet[189] und erschließt die »Horizonte der Geschichte«, »die Wanderhorizonte der Verheißung«.[190] Moltmann benutzt den Horizontbegriff hier explizit in Aufnahme Gadamers.[191] »Erfah-

---

Christi als Verheißungsgeschehen) vgl. bes. Harvie 2009, S. 13, 15, 18f., 26, 36, 152, 167.

182 Vgl. etwa Moltmann 1968g, S. 27.

183 Harvie hat an Moltmanns Theologie präzisierend die berechtigte Frage gestellt, »what exactly is being contradicted?« Er antwortet: »It is not the present which is unconditionally contradicted, but rather the ›unfulfilled present‹.« (Beide Zitate: Harvie 2009, S. 25)

184 Moltmann 1966, S. 93. Vgl. ähnlich Moltmann 1974a, S. 69. Gerade so deckt Offenbarung als Verheißung verstanden nicht auf, was schon ist, »sondern *eröffnet* Geschichte durch Verheißung eines Neuen und durch erweckte Hoffnung« (vgl. Moltmann 1968g, S. 27, dort auch das Zitat, kursiv im Original).

185 Vgl. Moltmann 1966, S. 17, dort auch das Zitat. Vgl. dazu auch Moltmann 1970c, S. 76. Zu dem damit gegebenen »cor inquietum« vgl. Moltmann 1966, S. 78, 178.

186 Vgl. Moltmann 1968c, S. 183, dort auch die Zitate.

187 Moltmann 1966, S. 93. Zum »spannungsgeladenen Zwischenraum« vgl. Moltmann 1966, S. 108 und ausführlich Harvie 2009, S. 28–36, 147, 153, 161, 167f.; Höhne 2013a, S. 61. Der Zwischenraum kommt auch als »Spielraum von Geschichte« vor (Moltmann 1966, S. 76).

188 Vgl. Moltmann 1966, S. 93, 95, Zitate auf S. 95.

189 Vgl.: »God is not ›beyond us‹ or ›in us,‹ but ahead of us in the horizons of the future opened to us in his promises.« (Moltmann 1970b, S. 10)

190 Vgl. Moltmann 1966, S. 95, dort auch die Zitate.

191 Vgl. Moltmann 1966, S. 95, zum Horizontbegriff vgl. auch S. 173.

rung und Urteil sind [danach] immer mit einem *Horizont* von Wirklichkeitserschlossenheit verbunden, in welchem etwas in Erscheinung tritt und erfahrbar wird und in welchem Urteile sinnvoll werden.«[192]

Insofern also die Verheißung Hoffnung zwar für diese Welt, aber auf ein qualitativ Neues weckt, steht der Hoffende in einem entsprechenden Erwartungs- und Hoffnungshorizont. Was nun ist die Verheißung und die von ihr geweckte Hoffnung in christlicher Perspektive, und wie lässt sich der von ihr erschlossene Horizont ermessen?

2.1.2 Christologische Bestimmung des Erwartungshorizontes

Christozentrisch bleibt Moltmanns Eschatologie schon insofern, als er »christliche Eschatologie in ihrem Kern [als] Christologie in eschatologischer Perspektive«[193] versteht und für die Frühtheologie Moltmanns die dialektische Interpretation von Kreuz und Auferstehung zentral ist.[194] Vom alttestamentlichen ist der christliche Verheißungsglaube bei Moltmann dadurch unterschieden, dass er »sachlich bezogen [ist] auf die Person Jesu von Nazareth und auf das Ereignis seiner Auferweckung«.[195] Es geht dem Glaube also danach nicht um irgendeine Zukunft oder die »allgemeinen Zukunftsmöglichkeiten der Geschichte«, sondern um die Zukunft Jesu Christi.[196] Moltmann macht christliche Hoffnung dadurch unterscheidbar, dass sie auf die Zukunft Jesu Christi gerichtet ist. Den Mittelpunkt der TdH bildet von daher folgerichtig das Kapitel über die »Auferstehung und Zukunft Jesu Christi«.[197]

Entscheidend ist dabei zunächst die Kontinuität zur alttestamentlichen Verheißungsgeschichte: Das Evangelium ist nicht »Überholung oder gar [...] Beendigung der Verheißungen Israels«.[198] Vielmehr ist das Evangelium selbst Verheißung; die alttestamentlichen Verheißungen finden in ihm Zukunft.[199] Im Christusgeschehen[200] wird die Verheißung universalisiert[201] und in Kraft ge-

---

192 Moltmann 1966, S. 173, kursiv im Original.

193 Moltmann 1966, S. 175.

194 Vgl. zu dieser Zentralität in ähnlicher Formulierung auf Englisch Bauckham 1995, S. 4. Vgl. auch Welker 1986, S. 23. Zur Christozentrik vgl. Bauckham 1995, S. 5, 9, 32; Harvie 2009, S. 14, schon zitiert bei Höhne 2013a, S. 60.

195 Vgl. Moltmann 1966, S. 174, dort auch das Zitat. Vgl. auch Chester 2006, S. 12.

196 Vgl. Moltmann 1966, S. 13, 174f., Zitat auf S. 174. Vgl. Moltmann 1970c, S. 75; Müller-Fahrenholz 2000, S. 35.

197 Vgl. zur Zentralstellung dieses Kapitels Müller-Fahrenholz 2000, S. 40.

198 Vgl. Moltmann 1966, S. 133, dort auch das Zitat.

199 Vgl. Moltmann 1966, S. 133, 140; vgl. dazu auch Dröge 2000, S. 77f.

200 Den Begriff »Christusgeschehen« benutzt Moltmann als Zusammenfassung vor allem für das »Geschehen von *Kreuz und Auferstehung* Jesu Christi« (vgl. Moltmann 1970b, S. 24, 1977a, S. 61, kursiv im Original).

201 Tendenz und Ansatz dazu sieht Moltmann schon bei den Propheten und Apokalyptikern des Alten Testaments: »Influenced by the universalizing of the concrete and personal experience of the history with God, the universal eschatological

setzt.[202] Damit wird sie »schrankenlos«, insofern sie nun unterschiedslos auch Heiden gilt, und »voraussetzungslos«, insofern sie aus Gnaden gilt.[203] Der Horizont weitet sich, weil »das zuvor Verheißene im Auferstehungsgeschehen universal und allgemein wird«.[204]

Es ist nach Moltmann die Erinnerung an das zuvor Verheißene und die Frage nach der verheißenen Zukunft, die die Auferstehung als solche erfahrbar werden lassen: »Die Auferstehung Christi erkennen heißt darum, in diesem Geschehen die Zukunft Gottes zur Welt und die Zukunft des Menschen, die er an diesem Gott und seinem Handeln findet, erkennen.«[205] Das Christusgeschehen hat bei Moltmann damit also selbst Verheißungscharakter: Christusgeschehen ist Verheißung,[206] insofern aus ihm selbst die christliche

---

horizon was projected on the screen of history, as we find it in prophets and apocalyptists.« (Moltmann 1970b, S. 18)

202 Vgl. Moltmann 1966, S. 132f. Vgl. auch Bauckham 1995, S. 33f., dort auch für das Folgende.

203 Vgl. Moltmann 1966, S. 132f., dort auch die Zitate. Ebenda heißt es etwa: »Liegt also im Christusgeschehen die In-kraft-setzung [...] der Verheißung, so heißt das nichts geringeres, als daß die Verheißung in Christus durch Gottes Treue und Wahrhaftigkeit wahr gemacht ist, und zwar gänzlich, unverbrüchlich, für immer und für alle. Ihrer Erfüllung steht nichts mehr im Wege, denn die Sünden sind vergeben in ihm [...].«

204 Moltmann 1966, S. 174. Ebenda auch: »Christliche Eschatologie ist aus der Ostererfahrung entsprungen, und christliche Prophetie hat den Osterglauben bestimmt. Aber christliche Eschatologie hat die Ostererfahrung ausgelegt und zur Sprache gebracht in der Erinnerung und der Aufnahme des zuvor Verheißenen und – in bezug auf Jesus selbst – in Erinnerung und Aufnahme des zuvor Verheißenen und zuvor Verkündigten. Die Ostererscheinungen sind mit diesem eschatologischen Horizont verbunden, sowohl in dem, was sie voraussetzen und zur Erinnerung bringen, wie in dem, was sie selber sich voraus entwerfen und provozieren.«

205 Moltmann 1966, S. 176. Vgl. dort auch für den Gedanken im Satz davor.

206 Vgl.: »Damit werden die Ostererscheinungen und Offenbarungen des Auferstandenen offensichtlich verstanden als Vorschein und Verheißung seiner noch zukünftigen Herrlichkeit und Herrschaft.« (Moltmann 1966, S. 75, ähnlich auf S. 77) »Die Auferstehung Christi ist promissio inquieta so lange, bis sie Ruhe findet in der Auferstehung der Toten und einer Totalität des neuen Seins.« (ebd., S. 178) An anderer Stelle spricht Moltmann von der »Offenbarung Gottes im Verheißungsgeschehen der Auferweckung des gekreuzigten Christus« (ebd., S. 259f.). Vgl. zum Christusgeschehen als »Geschehen im Modus der Verheißung«: Moltmann 1968h, S. 255. Parallel zu seinem Verständnis von Verheißung sieht Moltmann das Christusereignis als »reality-prolepsis of the eschaton« und entsprechend das Evangelium als »Word-prolepsis of the eschaton« (Moltmann 1970b, S. 20). »The Gospel contains in itself promise of salvation and announcement of salvation.« (ebd., S. 35) Rückblickend identifiziert Moltmann »das Konzept der Auferweckung des gekreuzigten Christus als Verheißung Gottes für die Welt« als einen der »Schlüsselbegriffe der Theologie der Hoffnung« (Moltmann 2005, S. 21, 23). Auch Chester identifiziert die Verheißungsfunktion der Auferweckung: »In this way the resurrection functions as promise: the contradiction of the godlessness of the cross by

Hoffnung entsteht[207] und es selbst einen Zukunftshorizont erschließt.[208] Es ist »eschatologische Verbürgung seiner Verheißung und [...] Anbruch der Erfüllung«[209], weckt Hoffnung, bringt – wie Moltmann betont – in den hoffenden Widerspruch zur Gegenwart, bewirkt eine neue Geschichte[210] und führt so in die Sendung in diese Geschichte: Mit der Auferstehung hat in der Geschichte eine neue Geschichte begonnen. Verheißung führt in die Sendung in dieser Geschichte: »Die promissio der universalen Zukunft führt notwendig in die universale missio der Gemeinde an alle Völker.«[211] Von daher wird auch klar, warum die »Ostererscheinungen Christi [...] offensichtlich Berufungserscheinungen« sind:[212] Lässt sich als »innere Tendenz« der Auferstehung Christi

---

the resurrection points to a time when all godlessness will be contradicted by an analogous act of new creation.« (Chester 2006, S. 81) Vgl. auch Paeth 2005, S. 219; Harvie 2009, S. 18, 22; Bauckham 1995, S. 9, 33f., 39, 101 und schon Höhne 2013a, S. 61. Bauckham schreibt auf die Auferstehung Christi bezogen: »In it God *guaranteed* his promise by, so to speak, *enacting* it in Jesus' person.« (Bauckham 1995, S. 34, kursiv im Original)

207 Zur Hoffnung als menschliche Reaktion auf die Verheißung vgl.: »Die Zukunft des Auferstandenen wird darum hier gegenwärtig in der Verheißung und wird angenommen durch leidensbereite Hoffnung und wird begriffen in einem kritischen Hoffnungsdenken über die Menschen und die Dinge.« (Moltmann 1966, S. 77) Die »christliche Auferstehungshoffnung« entzündet sich eben nicht an den Möglichkeiten der Geschichte, »sondern einzig in dem, was in der Auferstehung als Gott-möglich zum Vorschein gekommen ist« (Moltmann 1968c, S. 186). »Der Grund dafür, auf eine solche Zukunft zu hoffen, liegt für die christliche Hoffnung im Christusgeschehen.« (Moltmann 1968h, S. 255) Im Christusgeschehen zeigt sich im Kreuz das Übel der Welt und in der Auferstehung die Hoffnung (vgl. Moltmann ebd., S. 265): »An seiner Auferstehung entzündet sich die Hoffnung immer aufs neue. An ihm werden die Zukunft der Gerechtigkeit und das Vergehen des Bösen, an ihm werden die Zukunft des Lebens und das Vergehen des Todes [...] erhoffbar.« (ebd., S. 265)

208 Vgl.: »Die christliche Zukunftshoffnung entspringt aus der Wahrnehmung eines bestimmten, einmaligen Geschehens, der Auferstehung und Erscheinung Jesu Christi. Doch kann theologisches Hoffnungswissen dieses Geschehen nur wahrnehmen, indem es den Zukunftshorizont zu ermessen sucht, den dieses Geschehen entwirft.« (Moltmann 1966, S. 176)

209 Moltmann 1966, S. 182.

210 Die Christusoffenbarung als Verheißung bewirkt »in ihrem Prozeß und Widerspruch gegen die gottlose Wirklichkeit von Schuld und Tod den Progreß selber.« (Moltmann 1966, S. 206, dazu auch S. 43) Zu der neu in Gang gekommenen Geschichte vgl. auch: »To state the matter plainly, it is not merely that a promise is a speech-act as Morse contends it must be. Rather, for Moltmann an act of God in history, such as the resurrection, takes the form of promise in so far as it secures a new future through the creation of a particular history.« (Harvie 2009, S. 19)

211 Moltmann 1966, S. 205, auch zitiert bei Chester 2006, S. 51, ähnlich Moltmann 2005, S. 24.

212 Vgl. Moltmann 1966, S. 177f., 183, Zitat auf S. 177f. Vgl. auch Moltmann 1970b, S. 35. Entsprechend geht nach Moltmann die »Tendenzkunde der Auferstehung«

»zukünftige Herrschaft über alle Feinde, auch über den Tod« erkennen, erscheint im Zukunftshorizont dieser universalen Herrschaft die Evangeliumspredigt an alle Völker sinnvoll – eben als »Konsequenz dieser Tendenz«.[213] Die Ostererscheinungen sind – in eigenen Worten gesagt – Erscheinungen, die zu dem berufen, was in dem eröffneten Horizont als sinnvoll erscheint. Die Wahrnehmung der Auferstehung weckt laut Moltmann Hoffnung und stellt so in die Geschichte und den Horizont, den die Auferstehung eröffnet, und identifiziert von daher mit der Sendung Jesu.[214]

Zusammengefasst gesagt wird also eine Persongeschichte, nämlich das Christusgeschehen, zur Verheißung und – wo die Erzählung dieser Geschichte Menschen erreicht – zum Grund und zur Anregung für deren christliche Hoffnung und ein der Hoffnung entsprechendes Handeln. Versteht man Moltmann so, dass Christusgeschehen Verheißung und Verheißung Eröffnung von Hoffnung ist, wird die Personerzählung von der Geschichte Jesu Christi Anstiftung zur Hoffnung.

Entscheidend an dieser Denkfigur ist, dass damit trotz der offenbarungstheologischen Fassung des Verheißungsbegriffs der auch gegenwärtig orientierende, Horizont beschreibende Verheißungsinhalt nicht offenbarungspositivistisch in beschreibenden Aussagesätzen benennbar wird. Besagte Inhalte sind nicht Inhalte einer Offenbarung als Wissenstransfer, sondern menschliches, entwurfhaftes und damit überholbares und selbst geschichtliches »Wissen«, auf das die Hoffnung schließt, nachdem sie von der im Auferstehungsgeschehen aufscheinenden Möglichkeit einer neuen Schöpfung angeregt wurde. In Moltmanns Worten liest sich dieser Gedanke so:

> »Das durch Verheißung angeregte Wissen um die Zukunft ist darum ein Hoffnungswissen, ist darum prospektiv und antizipatorisch, ist darum aber auch provisorisch, fragmentarisch, offen und über sich selbst hinausdrängend. Es weiß die Zukunft, indem es die Tendenzen und Latenzen des Christusgeschehens der Kreuzigung und der Auferstehung zu erheben sich bemüht und die durch dieses Ereignis eröffneten Möglichkeiten zu ermessen sucht.«[215]

Damit sind die christlichen Erwartungsinhalte einerseits nicht beliebig, weil sie sich ja als Wissen der durch das Christusgeschehen gestifteten Hoffnung

---

in das »praktische Wissen der Sendung« über (vgl. Moltmann 1966, S. 177, dort auch die Zitate). Vgl. dazu auch Harvie 2009, S. 31.

213 Vgl. Moltmann 1966, S. 176, dort auch die Zitate.

214 Vgl.: »Die Offenbarung des Auferweckten identifizierte die Betroffenen mit der Sendung Jesu und stellte sie so in eine Geschichte hinein, die von Jesu Sendung und seiner im Vorschein von Ostern offenbar und erhoffbar gewordenen Zukunft eröffnet und bestimmt ist. Die Wahrnehmung des Geschehens der Auferweckung an ihm führt also folgenotwendig in eine Wahrnehmung der eigenen Sendung und der eigenen Zukunft.« (Moltmann 1966, S. 183)

215 Moltmann 1966, S. 184. Zum Fragmentarischen vgl. auch Müller-Fahrenholz 2000, S. 101.

begreifen: Moltmann benennt als Inhalte Gerechtigkeit Gottes, Leben und Reich Gottes.[216] Andererseits sind die Inhalte auch nicht endgültig benennbar, so dass man detailliert sagen könnte, was kommt und wie Vorwegnahmen des Erwarteten präzise zu gestalten sind. Vielmehr bleiben die Inhalte ein provisorischer Entwurf, der von mit der Hoffnung gemachten Erfahrungen revidiert werden kann.[217] Sie gehen nicht in ein sicheres Wissen über künftige Geschichte über, sondern bleiben offen.

Gerade dieses Offenheitsmoment[218] in der Eschatologie Moltmanns erweist sich in öffentlich-theologischer Perspektive gleichzeitig als Schwäche und Stärke. Das Erhoffte behält den Charakter eines Fragments, bleibt ein Entwurf, der sich durch eine Lektüre der überlieferten Bibeltexte auch über Tod und Auferstehung Christi informieren lässt, aber letztlich nicht zu einer ethisch verwendbaren Konkretion und Präzision determiniert wird. Eben dafür ist Moltmann kritisiert worden: für die Unkonkretheit und Vagheit seiner Vision an den Stellen, wo es um ihre gegenwärtig handlungsorientierende Dimension gehen soll.[219] Die Stärke liegt dabei in Folgendem: Auf einer allgemeinen Ebene bleibend, kann Moltmann eine klare Vision entwerfen. Diese Nicht-Beliebigkeit wird kreuzestheologisch noch klarer. Gleichzeitig stellt Moltmanns Eschatologie gerade als Eschatologie jedes Hoffnungswissen selbst unter eschatologischen Vorbehalt und bringt jede gegenwärtig handlungsorientierende Konkretion aus der grundorientierenden Vision in eine letzte Unsicherheit, die sie in den Dialog[220] verweist – und damit in das, was sich mit

---

216 Vgl. Moltmann 1966, S. 185–209.

217 Vgl.: »Unsere Hoffnungen bringen uns in neue Erfahrungen, aber in neuen Erfahrungen müssen wir unsere Hoffnungen revidieren, weil sich die Situation gewandelt hat, in der sie entwickelt wurden.« (Moltmann 1970c, S. 120) Zur Offenheit in Moltmanns Geschichtsbegriff vgl. Moltmann 1968f, S. 81–83. Zur »Offenheit und Begrenztheit der Person Jesu Christi« vgl. auch Dröge 2000, S. 83f. Zum provisorischen Charakter der Theologie und der Verifikation des Verheißenen bei Moltmann vgl. Bauckham 1995, S. 7, 42f. Zur »Erlebensoffenheit und Unfestgelegtheit« der Hoffnung bei gleichzeitiger »Zielsicherheit« vgl. Welker 1986, S. 28.

218 Mit Offenheitsmoment meine ich den Fragmentcharakter des Wissens über das Erhoffte und dessen Eintreten. Martin Tripole hat in Moltmanns Ansätzen zur Eschatologie Dogmen insgesamt entsprechend als revisionsoffen gesehen (vgl. Tripole 1973, S. 34). Zur »Unfestgelegtheit« der Hoffnung allgemein bei gleichzeitig »große[r] Weg- und Zielsicherheit« vgl. Welker 1986, S. 28.

219 Vgl. Tödt 1967, S. 198. Zu Tödts Fragen an Moltmann vgl. auch Müller-Fahrenholz 2000, S. 47. Auf Moltmanns politische Theologie bezogen spricht Bauckham von einem »relative lack of political concreteness.« (Bauckham 1995, S. 99) Vgl. etwa auch: »Moltmann's tendency to write in abstract terms about concrete social circumstances makes it difficult to see what role the Exodus Church would in fact play in the midst of the society in which it dwells.« (Paeth 2005, S. 228)

220 Moltmann unterscheidet später zwischen quantitativer und qualitativer Mission, wobei Letztere auf Veränderung von Lebensbedingungen und -atmosphären und auf die »›Infektion‹ der Menschen, gleich welcher Religion, mit dem Geist der

Habermas eine verständigungsorientierte Einstellung nennen lässt (vgl. Kapitel III). Wäre die Gerechtigkeits- und Freiheitsordnung des Reiches Gottes inklusive Verwirklichungsplan Gegenstand eines qua Offenbarung Christen exklusiv verfügbaren Wissens, könnten sie diese direkt (oder Analogien dazu) zu implementieren suchen, ohne zuhören und überzeugen zu müssen. Dadurch, dass sich der eschatologische Vorbehalt auf Denken und Hoffen selbst bezieht, bleiben diese in ihrem Entwurf- und Fragmentcharakter auf Kommunikation angewiesen und revisionsoffen. Das nimmt der kosmologischen Universalität des Erhofften jeden antidiskursiv totalisierenden Impetus und öffnet zur Diskursteilnahme.

2.1.3 Christenheit im Erwartungshorizont des Reiches Gottes

Genau diese am Christusgeschehen erhoffbaren Verheißungsinhalte beschreiben nun auch den Erwartungshorizont, in den Moltmann das Sein und Handeln der Christenheit verweist. Die Christenheit lebt »für die kommende Herrschaft dessen, der den Tod überwand und Leben, Gerechtigkeit und Reich Gottes bringt«.[221] Die »christliche Lehre vom Handeln« soll nach Moltmann entfaltet werden im »eschatologische[n] Erwartungshorizont des Reiches Gottes, seiner Gerechtigkeit und seines Friedens [...], seiner Freiheit und seiner Humanität für alle Menschen«.[222] Christologisch bestimmte Eschatologie wird ekklesiologisch und ethisch bei Moltmann also insofern relevant, als sie den Erwartungshorizont erschließt, in dem Sein und Handeln, Wesen und Auftrag der Kirche sinnvoll erscheinen können. In anderen Begriffen taucht dieser Gedanke auch in KKG auf.[223]

Hoffnung, der Liebe und der Weltverantwortung« aus ist; genau diese »[q]ualitative Mission geschieht im *Dialog*« (vgl. Moltmann 1975, S. 173f., Zitate auf S. 174, kursiv im Original). Zu Moltmanns »openness to dialogue« vgl. Bauckham 1995, S. 7.

221 Vgl. Moltmann 1966, S. 300, dort auch das Zitat. Vgl. auch die Rede vom »eschatologischen Erwartungshorizont des kommenden Reiches Gottes, der kommenden Gerechtigkeit und des kommenden Friedens, der kommenden Freiheit und Würde des Menschen« (ebd., S. 302).

222 Vgl. Moltmann 1966, S. 308, dort auch die Zitate. Entsprechend bedarf die Ethik eines auch eschatologischen Horizontes: »Die Frage nach dem Gebot Gottes in der Wirklichkeit des Menschen setzt immer ein bestimmtes Verständnis, eine spezifische Erschlossenheit von Wirklichkeit voraus, in deren *Horizont* die Frage erhoben und die Antwort gewonnen werden kann.« (Moltmann 1968e, S. 149, meine Hervorhebung)

223 Hier wird nun Kirche eingeordnet in die »Bewegungen der trinitarischen Geschichte Gottes mit der Welt« (Moltmann 1975, S. 81). Diese Geschichte zielt auf »Verherrlichung Gottes und [...] Befreiung der Welt« und neue Schöpfung (vgl. ebd., S. 76, dort auch das Zitat). Die Geschichte dieser Verherrlichung und Vereinigung ist nichts anderes als die »Geschichte des Reiches Gottes« (vgl. ebd., S. 78, dort auch das Zitat). Damit stellt die Einordnung der Kirche in die Geschichte Gottes diese in denselben Erwartungshorizont des Reiches Gottes, mit dem schon die

Grundlegend ermöglicht der Erwartungshorizont dem Einzelnen wie Gemeinden zunächst überhaupt ein sinnvolles Handeln und Entscheiden: »Sinnvolles Handeln ist«, wie Moltmann festhält, »immer nur in einem Erwartungshorizont möglich, sonst würden alle Entscheidungen und Aktionen verzweifelt ins Nichts stoßen und unverständlich und sinnlos in der Luft hängen.«[224]

Der angedeutete Erwartungshorizont bedeute für eine Christenheit, die sich in der modernen Gesellschaft in soziale Rollen versetzt[225] wiederfindet, Exodusgemeinde zu sein: Sie muss nach Moltmann »den Exodus wagen und ihre gesellschaftlichen Rollen als neue babylonische Gefangenschaft ansehen«[226]. Sie versteht sich nicht in den mit diesen »sozialen Rollen« gegebenen Erwartungshorizonten, sondern im »eschatologischen Erwartungshorizont des kommenden Reiches Gottes«.[227] Das Sein, Reden und Handeln der Kirche muss danach in erster Linie nicht im Horizont der Lebensgeschichten ihrer Mitglieder oder im Horizont des Selbstverhältnisses des Subjektes sinnvoll sein, sondern im Horizont der Geschichte Gottes mit den Menschen.

Positiv hat die Christenheit im Erwartungshorizont damit eine »konkrete[n] Gestalt gelebter eschatologischer Hoffnung in der modernen Gesellschaft« zu sein. Kirche soll Hoffnung personifizieren.[228] So gesehen existiert sie nicht für sich selbst, sondern im Dienste der Sendung.[229] Sie ist »im Dasein für andere«.[230] Aufgabe der ganzen Christenheit im Erwartungshorizont und »in der Nachfolge des Dienstes Christi an der Welt«[231] ist dann, dass »die Christenheit die Menschheit, und konkret die Gemeinde die Gesellschaft, mit der sie lebt, in ihren Erwartungshorizont eschatologischer Erfüllung von Recht, Leben, Humanität und Sozialität hineinnimmt«[232]. Zwei Aspekte dessen

---

Theologie der Hoffnung arbeitete. So ist auch in KKG von der »Kirche im Horizont des Reiches« die Rede (etwa: ebd., S. 155) und auch hier ist klar, dass »die Kirche im umfassenden Horizont der trinitarischen Geschichte Gottes mit der Welt« dargestellt werden muss (vgl. ebd., S. 53, dort auch das Zitat). Zur Zusammengehörigkeit von Ethik und Ekklesiologie bei Moltmann vgl. Müller-Fahrenholz 2000, S. 89.

224 Moltmann 1966, S. 301.

225 Vgl. teilweise wörtlich Moltmann 1966, S. 281.

226 Moltmann 1966, S. 299.

227 Vgl. Moltmann 1966, S. 302, dort auch die Zitate.

228 So ließe sich in Anlehnung an Martin Tripole formulieren, der schreibt: »The Church is the community of witness to eschatological salvation. It is for this reason that we can even say that the community is eschatology. The equation [...] is deliberately chosen here, to stress the fact that the community according to Moltmann, is so closely associated with the role of witness to the eschatological movement of history that she may actually be identified with that history and personify it.« (Tripole 1973, S. 24, ähnlich: S. 26)

229 Vgl. Moltmann 1966, S. 299.

230 Vgl. Moltmann 1966, S. 302, dort auch das Zitat.

231 Moltmann 1966, S. 301.

232 Moltmann 1966, S. 302.

macht Moltmann in der TdH explizit: Zum einen geschieht das Hineinnehmen durch (1) Proklamation, also durch »missionarische[n] Verkündigung«,[233] durch »Infektion« der »Menschen mit Hoffnung«.[234] Es ist »Aufgabe der ganzen Christenheit, nicht nur die Aufgabe besonderer Amtsträger«, die Persongeschichte Christi als Verheißung zu erzählen und so Hoffnung zu wecken.[235] Zum anderen versteht Moltmann (2) das Heil und die »Versöhnung mit Gott«, auf die Sendung zielt, alttestamentlich auch als »schalom«, und damit nicht nur als individuelle Rettung, sondern auch als »Verwirklichung eschatologischer *Rechtshoffnung*, *Humanisierung* des Menschen, *Sozialisierung* der Menschheit, *Frieden* der ganzen Schöpfung.«[236] Von daher kann (und soll) Christenheit »neue Impulse für die Gestaltung des öffentlichen, gesellschaftlichen und politischen Lebens der Menschen gewinnen«.[237] An anderer Stelle nennt Moltmann neben Verkündigung und neuem Gehorsam noch eine (3)

---

233 Moltmann 1966, S. 302.

234 Vgl. Moltmann 1966, S. 302, dort auch das Zitat. Diese etwas eigentümliche (weil ja eigentlich negativ konnotierte) Metapher des Infizierens findet sich bei Moltmann selbst; er übernimmt sie von J. C. Hoekendijk (vgl. Moltmann 1966, S. 302, Anm. 48) und hält auch später an ihr fest (vgl. Moltmann 1970c, S. 69, 1975, S. 174). Zum Proklamationsbegriff in diesem Kontext vgl. Moltmann 1970b, S. 37; Bauckham 1995, S. 101; Harvie 2009, S. 71.

235 Vgl. Moltmann 1966, S. 303, dort auch das Zitat. Vgl. auch ebd.: »Dieser Erweckung lebendiger, tatkräftiger und leidensbereiter Hoffnung auf das Reich Gottes, das, um zu verwandeln, zur Erde kommt, dient die Mission.«

236 Vgl. Moltmann 1966, S. 303, dort auch die Zitate, kursiv im Original. An anderer Stelle spricht Moltmann von den Taten eschatologischer Hoffnung (»deed of hope«, vgl. zu diesen Taten auf Deutsch bereits Moltmann 1967a, S. 231–235, 1968d, S. 195f.). Nach der Verkündigung des Reiches Gottes, die der missionarischen Verkündigung entspricht, und der Gründung der christlichen Gemeinde, die nur stärker betont wird als in der TdH, nennt er auch hier wieder die Transformation der Verhältnisse: »It is transformation of life, transformation of society, transformation of the world in the possibilities that one is afforded or that one meets, favoring the new life, the new community, the new world.« (Moltmann 1970b, S. 38)

237 Vgl. Moltmann 1966, S. 303, dort auch das Zitat. Martin Tripole hat diesen auf nichtkirchliche Realitäten gerichteten Transformationsauftrag der Kirche kritisch in Frage gestellt: »In the last analysis, it may be that the Church today could do far more in the service of eschatological history by seeking to create, build up, and witness to the glorious liberty of the children of God *in its inner community life* than by trying to transform the world outside. One cannot help but think that if the Church did, indeed, truly witness in its interior life to the new life of Christ, this would have a greater transforming effect upon the world than a Christianity so much absorbed in the business of transforming the world outside the community in necessarily dissipated and secularized efforts.« (Tripole 1981, S. 658) Auf die kirchliche Praxis bezogen sehe ich nicht, warum das eine das andere ausschließt – es scheint sogar kaum voneinander zu trennen zu sein. Zudem lässt sich fragen, ob sich das »new life of Christ« nicht gerade in den »necessarily dissipated and secularized efforts« findet.

dritte »Tat der Hoffnung«, nämlich die der Sammlung: als neue Gemeinschaft wird Kirche »Vorhut des kommenden Reiches« und so exemplarisches Gemeinwesen.[238]

Parallel zu der Unterscheidung von (1) Proklamation und (2) Transformation als Auftrag der Christenheit hat Moltmann später zwischen quantitativer und qualitativer Mission unterschieden:[239] Während Erstere nach Moltmann das Ziel hat, den Glauben numerisch zu verbreiten, also so viele Menschen wie möglich mit dem Evangelium bekannt zu machen, zielt Letztere auf die »Veränderung der Lebensatmosphäre, des Vertrauens, des Fühlens, Denkens und Handelns« und findet in einem Dialog statt, in dem sich auch das Christentum verändert.[240] Insgesamt zielt damit die Hoffnungsmission der Christenheit bei Moltmann nicht nur auf die Aufrichtung von Glauben und Hoffnung sowie auf Gemeinschaftsbildung, sondern auch auf Impulse für mehr Frieden, Gerechtigkeit und Leben – also auf das eschatologisch Verheißene:[241] »Das wird in der Macht der Liebe antizipiert, die Starke und Schwache, Knechte und Freie, Juden und Heiden, Hellenen und Barbaren zu einer neuen Gemeinschaft verbindet.«[242] Durch alle drei Aufgabenerfüllungen »wird die Zukunft Gottes und der freien Welt im Geist präsent gemacht *als* Wort, *als* Gemeinschaft und *als* realer Gehorsam.«[243]

Auf die Leitfrage bezogen, ließe sich also formulieren: Kirche ist darin Gestalt der Hoffnung, dass sie die erhoffte Zukunft als Wort, als exemplarisch gelebte Gemeinschaft und als Einsatz für gesellschaftliche Transformation präsent hält und gerade damit Hoffnung weckt.

Sie ist also erstens Gestalt der Hoffnung, indem sie als »Gemeinschaft« und als »realer Gehorsam« konstruierbar, also wahrnehmbar und darstellbar wird: Personerzählungen von Kirche erscheinen von daher als auftragsgemäß, wenn sie einzelne Personen als Teil einer Hoffnungsgemeinschaft, als hoffnungsgemäß Handelnde und so zu Hoffnung Einladende schildern.

---

238 Vgl. Moltmann 1968d, S. 195f., dort auch die Zitate. Problematisch ist hier freilich die Wahl des kriegerisch-militärischen Wortes »Vorhut«.

239 Für dies und das Folgende vgl. Moltmann 1975, S. 173f. Dass diese Unterscheidung mit der zwischen Proklamation und Transformation nicht zur Deckung, sondern nur in Parallelität zu bringen ist, ist schon daran zu erkennen, wie Moltmann die Infektion der Menschen mit Hoffnung zuordnet: in der TdH nämlich eher der Proklamation, in KKG eher der Transformation entsprechenden qualitativen Mission.

240 Vgl. Moltmann 1975, S. 173f., dort auch das Zitat.

241 Vgl. für die genannten Verheißungsinhalte Moltmann 1966, S. 304.

242 Moltmann 1966, S. 304. Die Hoffnung wird selbst tätig auf das Erhoffte hin: »Die christliche Hoffnung wird also ihre Erfüllung nicht als ein Fatum nur abwarten, sondern im Ergreifen dessen, was geschichtlich möglich ist, nach dieser Erfüllung auch suchen.« (Moltmann 1968h, S. 255)

243 Moltmann 1968d, S. 196, kursiv im Original. Zu dieser Dreiheit von Verkündigung, Gemeindebildung und Gehorsam vgl. auch schon Moltmann 1967a, S. 231.

Kirche ist zweitens Gestalt der Hoffnung, indem sie durch ihr Wort – also ihre hoffnungsstiftende Personerzählung von Jesus Christus – und ihre transformierenden Impulse gesellschaftliche (und kirchliche) Realität im Horizont der Hoffnung rekonstruiert und damit zu hoffnungsvollen Wahrnehmungen und Darstellungen einlädt.

Damit macht also Moltmanns Bestimmung des Auftrages der Kirche im Horizont der Hoffnung tatsächlich beides relevant: die gesellschaftlich-kirchliche Konstruktion der Realität der Kirche und die kirchliche und theologisch zu verantwortende Konstruktion der Realität von Gesellschaft und Staat. In und durch beide Konstruktionen kann Kirche zu Gestalt und Anstiftung der Hoffnung werden.

Gerade der Rede von der Transformationsaufgabe lässt sich vorwerfen, unzureichend zwischen Vorletztem und Letztem zu unterscheiden und die Kirche mit der Verwirklichung des erhofften Reiches Gottes zu beauftragen.[244] In der Tat hat Moltmann nicht nur in der TdH betont, dass »Emanzipation und Erlösung« zusammengehören,[245] und im Dialog mit seinen Kritikern »ontologische [...] Unterscheidungen wie ›innerweltliche‹ und ›transzendente‹ oder ›relative‹ und ›absolute Zukunft‹« in Frage gestellt.[246] Den Ansatz einer Klä-

---

244 Heinz Eduard Tödt schreibt etwa in einem Brief an Moltmann: »Ich habe mich, auch bei Ihrem Buch, nicht davon überzeugen können, daß diese beiden Hoffnungsrichtungen zusammenfallen, sodaß die Hoffnung für die Welt in ihrer Verlängerung Hoffnung auf das Reich Gottes ist, oder umgekehrt, dass die Hoffnung auf Gottes Reich uns dazu berechtigt, in der gleichen Richtung, nur im Raum des Vorletzten, Hoffnung für die Welt zu haben.« (Tödt 1967, S. 198, dazu auch: Müller-Fahrenholz 2000, S. 47) Parallel dazu liegt m. E. Sauters Beobachtung vom »nicht geklärten Nebeneinander von göttlich Möglichem und der Geschichte als Reservoir von Möglichkeiten« (Sauter 1967, S. 118). Grundsätzlich hat Tim Chester Moltmann dafür kritisiert, die Unterscheidung von letzter Hoffnung und vorletzten Möglichkeiten zu verwischen, und den Grund dafür darin gesehen, dass Moltmann einerseits die anstachelnde Unsicherheit des Ausgangs der Geschichte von Ernst Bloch übernehmen und andererseits die Sicherheit in der Treue des verheißenden Gottes festhalten wolle (vgl. Chester 2006, S. 57f.). Zur Offenheit der Möglichkeit, »zum Nichts [...] wie zum Sein« zu werden vgl. Bloch 1969, S. 285. Einige Sätze besonders des frühen Moltmann beschreiben das Reich Gottes tatsächlich als etwas historisch auf dem »Spiel Stehende[s]«. Besonders deutlich: »Die Christenheit soll in der Wüste der Welt das Spiel der Liebe Gottes gewinnen. Das Reich Gottes selber ist das auf dem Spiel Stehende und das In-Möglichkeit-Stehende im Prozeß der Geschichte unserer Gesellschaft.« (Moltmann 1968b, S. 231)

245 Vgl.: »Emanzipation und Erlösung gehören integral zusammen und dürfen nicht getrennt werden.« (Moltmann 1972b, S. 161) Vgl. auch Moltmann 1968d, S. 207, 209.

246 Vgl. Moltmann 1967a, S. 217, dort auch das Zitat. Vgl. ebd.: »Mit diesen Unterscheidungen wird der Zukunft des Reiches ihre gegenwärtige geschichtliche Kraft genommen und die Geschichte in ihren gegenwärtigen Entscheidungen vergleich-

rung bringen folgende Unterscheidungen:[247] Zunächst enthält Moltmanns Theologie (1) eine These darüber, wie der gegenwärtige Zustand der Welt und der verheißene Zustand, auf den das Hoffnungswissen sich hin entwirft, zueinander in Beziehung stehen. In dieser Beziehung denkt Moltmann ein Kontinuitätsmotiv, also das unter 2.1.1(1) Diesseitsbezug genannte, und ein Differenzmotiv, das unter 2.1.1(2) als qualitativ-eschatologische Dimension vorkam, dialektisch zusammen. Diese Dialektik bei Moltmann lässt sich mit Richard Bauckham und Timothy Harvie analog zur Dialektik von Kreuz und Auferstehung so verstehen,[248] dass es Gott ist, der die Kontinuität schafft, indem er den Gekreuzigten bzw. die alte Welt als qualitativ Neues erweckt.[249] Von dieser Beziehungsbestimmung zu unterscheiden ist (2) die Frage, wie im Zusammenhang gegenwärtigen, ethischen Denkens Bezug genommen werden kann auf das verheißene, im Hoffnungswissen provisorisch erahnte Reich Gottes.[250] Diese Bezugnahme ist eine direkte, wenn das Erhoffte zum Umzusetzenden wird; sie ist indirekt, wenn das Erhoffte gegenwärtige Transformationen orientiert – etwa vermittels Analogiebildung oder vermittelt mit gegenwärtigen Möglichkeiten. Aus diesen Unterscheidungen ergibt sich folgende Matrix:

Beziehung ▸ Bezugnahme ▾	Kontinuitätsmotiv (1)	Differenzmotiv (2)
Direkt		
Indirekt		

In diese Matrix lassen sich nun die verschiedenen Moltmann-Interpretationen zu dieser Frage einordnen. Manche Interpreten verstehen Moltmann so, als

gültigt.« Vgl. zur wohl falschen Alternative von »transcendent hope (beyond history) and historical hope (within history)« bei Moltmann: Bauckham 1995, S. 40.

247 Vgl. das Folgende inhaltlich (ähnlich) auch schon in Höhne 2013a. Vgl. jeweils auch die dort zitierte Literatur und zu den vorher genannten Problemen.

248 Vgl. dazu Moltmann selbst: »Das primäre und für das Christentum grundlegende Ereignis der Vermittlung von Reich Gottes und menschlicher Geschichte ist jedoch das *Christusgeschehen.*« (Moltmann 1977a, S. 61, kursiv im Original)

249 Vgl.: »The resurrection not the survival of some aspect of Jesus which was not subject to death. Jesus was *wholly* dead and *wholly* raised by God. The continuity was given in God's act of new creation. Similarly God's promise is for a radically new future, but radically new future *for this world.*« (Bauckham 1995, S. 34f.) Vgl. so auch Harvie 2009, S. 24; Höhne 2013a, S. 64. Harvie spricht – ähnlich zu den hier genannten beiden Motiven – von »Contradiction and Continuity« (Harvie 2009, S. 23).

250 Vgl. dafür und für das Folgende schon Höhne 2013a, S. 65.

betone er das Kontinuitätsmotiv und lege eine direkte Bezugnahme nahe; demnach würde das Reich Gottes aus gegenwärtigen Transformationen entstehen.[251] Der Unterschied von Letztem und Vorletztem wäre mindestens stark relativiert, wenn nicht gar nivelliert. Andere haben Moltmann so verstanden, als betone er das Differenzmotiv und lege eine direkte Bezugnahme nahe; das führte zur Rekonstruktion einer fundamentalkritischen »world-denying ethic«[252] oder zur prinzipiellen Forderung nach »*radical* change«[253]. Ich schlage vor, Moltmann in Kompatibilität zu einer Öffentlichen Theologie im demokratischen Kontext so zu verstehen, dass Kontinuitäts- und Differenzmotiv tatsächlich dialektisch verbunden bleiben und die Bezugnahme auf das in der Hoffnung fragmentarisch gewusste Verheißene sich indirekt vollzieht – nämlich als Suche nach »Entsprechungen«[254] und in Vermittlung mit dem schon Ermöglichten[255]. Hoffnung und Entwicklung, Hoffen und Planen, futurologische Extrapolation aus gegenwärtigen Möglichkeiten und Antizipation des Advents müssen nach Moltmann für die Praxis vermittelt werden.[256] Klar formuliert Moltmann selbst rückblickend:

> »Es gibt historische Zustände in der Welt, die dem Reich Gottes und seiner Gerechtigkeit widersprechen. Ihnen muss widersprochen werden [...]. Es gibt Zu-

251 In diese Richtung geht etwa manchmal Chesters kritische Interpretation: Chester 2006, S. 54–56. Besonders: »For Moltmann, however, the creation of potentialities and possibilities by the promise frequently appears to be a condition for the new creation.« (ebd., S. 56) Moltmann selbst dagegen: Moltmann 1969, S. 13. Vgl. sämtliche Verweise hier schon in Höhne 2013a, S. 65.

252 In diese Richtung geht Schuurman 1987, etwa: S. 50 und: »I believe that in the end it is the more negative, world-negating motive that controls Moltmann's conception of the eschaton and thus of hope's contradiction of the present.« (ebd., S. 52) Vgl. diesen Verweis so auch bei Chester 2006, S. 88; Höhne 2013a, S. 65.

253 Bauckham 1995, S. 107, kursiv im Original. Vgl. schon Höhne 2013a, S. 65.

254 Etwa: Moltmann 1966, S. 305, 308, 1968h, S. 267, 1968c, S. 184, 1969, S. 12f. Manchmal verwendet er dafür auch das Wort »Analogie«: Moltmann 1969, S. 12; Bauckham 1995, S. 43; Harvie 2009, S. 7. Dass Moltmann den Begriff »Entsprechungen« in Anlehnung an Karl Barth verwendet, hat er selbst später explizit gemacht: Moltmann 2005, S. 24. Anders als bei Barth aber haben bei Moltmann diese »politischen Gleichnisse und sozialen Analogien nicht nur einen nach rückwärts gewandten Antwortcharakter, sondern zugleich einen nach vorne ausgerichteten Antizipationscharakter.« (Moltmann 1984, S. 162)

255 Vgl. etwa Moltmann 1966, S. 266, 1968h, S. 267. Zu diesem Vorschlag insgesamt vgl. schon Höhne 2013a und die dort zitierte Literatur.

256 Vgl. neben dem oben bereits Zitierten zu Futur und Advent etwa: »Erst wenn soziologische, ökonomische und wissenschaftstheoretische Extrapolationen mit ethischen Antizipationen verbunden werden, ergibt sich Sozialpolitik.« (Moltmann 1977a, S. 65)

stände, die dem kommenden Reich Gottes entsprechen. Sie müssen gefördert werden.«[257]

Versteht man Moltmann so, ist die Christenheit nicht beauftragt, das Reich Gottes jetzt zu realisieren, sondern in den gegenwärtigen Zweideutigkeiten Möglichkeiten zu suchen, dem Erhofften zu entsprechen und es so fragmentarisch[258] vorwegzunehmen. Diese Moltmann-Interpretation bewahrt ihn von der oben genannten Kritik. Ob und wie die eschatologische Verwirklichung an die geschichtlichen Antizipationen und Entsprechungen anknüpfen oder sich gar aus ihnen entwickeln wird – so ähnlich hatte Tim Chester gefragt[259] –, ist pure Spekulation und kaum relevant, solange Gott Subjekt beider ist und das Letzte nicht zum reinen Produkt menschlichen Handelns im Vorletzten reduziert wird.

Zusammenfassend gesagt: Im Erwartungshorizont des Reiches Gottes ist es sinnvoll für die Christenheit, aus ihren sozialen Rollen auszuwandern, allen die Verheißungen Gottes zu verkündigen, die qua Christusgeschehen schranken- und voraussetzungslos gelten, um so alle in den Erwartungshorizont des Reiches mit hineinzunehmen[260] und Impulse für die Verwirklichung von Entsprechungen zum Verheißenen in Öffentlichkeit, Gesellschaft, Berufsleben und Politik zu geben.[261] Im Lichte der Leitfrage formuliert: Gerade dadurch, dass die Christengemeinde sich, ihre Beziehungen und die Welt in besagtem Erwartungshorizont versteht, ist sie eine Gestalt der Hoffnung, in der dieser Horizont ermessen wird: Sie begegnet als Gestalt der Hoffnung, indem sie proklamierend von der Hoffnung zeugt und transformierend das im Horizont des Erhofften Sinnvolle tut und entsprechende Impulse gibt. Kirche ist eine Gestalt der Hoffnung, wo sie auch andere hoffen lässt.

2.1.4 *Auf dem Weg zu einer öffentlichen Dogmatik der Kirche*

Ich fasse und führe zusammen: In Moltmanns diesseitsbezogener, kosmologischer, futurischer und qualitativ-eschatologischer Eschatologie wird die Verheißung des Reiches Gottes zum Anstoß der Hoffnung und Motor einer eigenen Geschichte. In christlicher Perspektive macht bei Moltmann das Christusgeschehen Gottes Verheißung schranken- und voraussetzungslos: Wenn der Tod nicht mehr das Ende von Verheißungsgeschichte und des Menschen Gehorsam nicht ihre Voraussetzung ist, stehe der Erfüllung nichts mehr im Wege. Das Verheißene betrifft also alle und alles: Die Verheißung gilt allen Menschen, Geschöpfen und Verhältnissen und erschließt so einen allumfassenden Hoffnungs- und Zukunftshorizont. Es ist dieser Erwartungshorizont

257 Moltmann 2005, S. 24.

258 Vgl. Müller-Fahrenholz 2000, S. 101. Harvie spricht von »partial fulfilments«, die erfahren werden: Harvie 2009, S. 79; Chester 2006, S. 51.

259 Chester 2006, S. 54.

260 Vgl. Moltmann 1966, S. 302.

261 Vgl. Moltmann 1966, S. 303.

der Geschichte des Reiches Gottes, in dem nun bei Moltmann auch das Sein, Reden und Handeln der Christenheit, und damit von Gemeinde und Einzelchristen, sinnvoll sein und so zur Gestalt der christlichen Hoffnung werden kann. Ethische und ekklesiologische Orientierungen ergeben sich also in einem eschatologischen Hoffnungshorizont, der sich am Konkreten – nämlich an der Persongeschichte des Christusgeschehens – erschließt, aber alles umfasst und auf alles zielt.

Mit diesem hier sehr knapp dargestellten Ansatz zu einer Theologie und damit auch Ekklesiologie der Hoffnung hat Moltmann erstens (1) eine mögliche theologische Grundlage für eine Öffentliche Theologie[262] der öffentlichen Kirche gelegt und damit zweitens (2) gezeigt, warum sich Öffentliche Theologie nicht auf Sozialethik wird reduzieren lassen können, sondern immer auch öffentliche Dogmatik sein muss.

(1) Eine Grundintention Öffentlicher Theologie war es, Inhalte einer partikularen Tradition orientierend auf die Fragen einer breiten und in sich pluralen Gesellschaft zu beziehen oder die Wirkungen dieser partikularen Tradition in die breitere Gesellschaft hinein zu reflektieren (vgl. I.1.). Für die Möglichkeit und Notwendigkeit dieses Beziehens und Wirkens liefert Moltmanns Hoffnungstheologie einen theologischen Ansatzpunkt gerade in der Binnenlogik der partikularen Traditionen des Christentums:[263] Im Glauben an die in Christus entschränkte Verheißung erschließt sich Christen und christlicher Kirche ein weiter Hoffnungshorizont, der über sie selbst hinausgeht und alle Menschen ungeachtet ihrer Religionszugehörigkeit, alle Verhältnisse und Geschöpfe umfasst. Ein an diesem Horizont orientiertes Engagement für andere und mit anderen erscheint dann sinnvoll. In Moltmanns Worten:

> »Eschatologische Theologie möchte den universalen Zukunftshorizont entwerfen, in welchem Theologie sowohl in sich sinnvoll wie für die Welt relevant wird. [...] Die politische Dimension dieser Theologie entsteht aus dem universalen Horizont in der Eschatologie. [...] Die Differenz zwischen ›Kirche und Welt‹ wird relativ,

---

262 Vgl. so schon Höhne 2013a, S. 62.

263 Unter Betonung des damit freigesetzten Kritikpotentials christlicher Tradition hat Richard Bauckham diese Stärke ähnlich hervorgehoben: »By recovering a christological centre which is both dialectical and eschatological, Moltmann's theology acquired an openness to the world which is not in tension with the christological centre but is actually required by the christological centre, and which is not an accommodation to conservative, liberal or radical values, but has a critical edge and a consistent solidarity with the most marginalized members of society.« (Bauckham 1995, S. 26) Und an anderer Stelle heißt es: »Thus, the event of the resurrection of the crucified Christ, as an event of dialectical promise, serves in *Theology of Hope* to open theology and the church simultaneously towards the world and towards the future.« (ebd., S. 101) Ähnlich hat auch Sebastian Kim den öffentlichen Charakter von Theologie unter anderem mit deren Reich-Gottes-Bezug eschatologisch begründet: Kim 2011, S. 9f., 22. Vgl. zu einer Begründung des Öffentlichkeitsauftrages in Moltmanns Eschatologie auch schon Höhne 2013a, S. 62.

wenn beide vor jener Zukunft stehen, die man traditionell ›das Reich Gottes‹ nannte.«[264]

Damit legt Moltmann eine mögliche theologische Grundlage für Öffentliche Theologie und kann gerade mit seiner Theologie der Hoffnung – und nicht erst mit der explizit politischen Theologie – als ein Stammvater Öffentlicher Theologie gelten.[265]

Das zeigt sich insbesondere an den Konsequenzen seiner Hoffnungstheologie für das Selbstverständnis der Kirche in gesellschaftlichen Öffentlichkeiten: Auch im Rahmen von Moltmanns früher Eschatologie drängt sich nach der bereits zitierten Typisierung Hubers das Modell öffentlicher Kirche auf. Eine Kirche, die als heilige Kontrastgemeinschaft selbst zum Horizont wird, verfehlt sich und ihre Hoffnung in der Geschichte Gottes m. E. genauso wie eine Kirche, die sich als Gesellschaftskirche ihren Horizont von der Gesellschaft vorschreiben lässt. Die von Huber beschriebene Öffentliche Kirche verkörpert sowohl die kritische Distanz zur Gesellschaft als auch die Solidarität[266] mit ihr, die sich im Hoffnungshorizont ergeben.

(2) Gleichzeitig zeigt sich in Moltmanns theologischem Rahmen, wie Öffentliche Theologie öffentliche Dogmatik[267] sein muss. In der Dogmatik wird der eschatologische Erwartungshorizont thermatisierbar, in dem sich das öffentliche Reden und Handeln der Kirche als sinnvoll erweisen muss. Damit wird in der Dogmatik auch die Hoffnung thematisiert, deren konkrete Gestalt die Kirche in der modernen Gesellschaft sein soll: Verkörpert die Kirche die Hoffnung, aus der sie lebt und zu der sie einlädt? Wird sie in medial vermittelten Kommunikationsprozessen als konkrete Gestalt dieser Hoffnung erfahrbar? Diese Fragen werden sich kaum ohne die dogmatische Reflexion der verantworteten Hoffnung klären lassen.

Nachdem der eschatologische Hoffnungshorizont thematisiert wurde, kann nun gezeigt werden, welches Verständnis des Seins und Handelns der Christenheit in diesem Hoffnungshorizont naheliegt: Als Gestalt der Hoffnung wird die Christenheit sich, ihre Beziehungen und die Welt demnach als dynamische (2.2), relationale (2.3) und funktionale (2.4) Größen verstehen.

2.2 Dynamisches Verständnis von Kirche, Welt und Mensch

In der Perspektive des Hoffenden – und damit in der Geschichte Gottes mit den Menschen und im Horizont der Verheißung von Gerechtigkeit, Leben und Freiheit – erscheint der Mensch bei Moltmann im Werden, die Welt als unfer-

---

264 Moltmann 1970c, S. 149f.

265 Moltmann selbst hat die »Wurzeln der ›politischen Theologie‹« in der »Theologie der Hoffnung« gesehen: Moltmann 1984, S. 155. Vgl. auch Höhne 2013a.

266 Vgl. dazu bei Moltmann etwa: Moltmann 1966, S. 60.

267 Zur »Public Dogmatics« vgl. Harasta 2013.

tig[268], in Bewegung[269], geschichtlich[270] und der Möglichkeiten Gottes voll[271]: »Die eschatologische Hoffnung zeigt das Mögliche und Veränderliche an der Welt als etwas Sinnvolles, und die praktische Sendung ergreift das jetzt an der Welt In-Möglichkeit-Stehende.«[272] Im Horizont von Gottes Geschichte werden auch alle »gesellschaftlichen Institutionen, Rollen und Funktionen«, alle menschlichen Verhältnisse geschichtlich und veränderlich.[273]

Entsprechendes gilt für die Kirche: Moltmann benutzt Metaphern für die Realität der Kirche, die deren Wandelbarkeit und Dynamik betonen – etwa, wenn er von »Exodusgemeinde« spricht. »Die Kirche ist niemals fertig«, schreibt Moltmann und betont die »permanente Veränderung ihrer Verhältnisse«.[274] In Hoffnung auf das Reich Gottes ist »sie sich ihrer eigenen Vorläufigkeit bewußt«.[275] Gestalt der Hoffnung ist Kirche gerade darin, dass sie dem scheinbar stabilen gegenwärtigen Zustand der Welt aus dem Vergleich mit dem Erhofften heraus widerspricht.[276] Christen und Kirchen sollen so zu »einer Hoffnungskrise der bestehenden Welt nach vorn« werden.[277]

Gleiches gilt auch für den Menschen. An der Sendung lässt Moltmann die anthropologische Grundfrage nach dem Menschen aufbrechen.[278] In der Sendung wird danach der Mensch des eigenen Seins gewahr, weil die göttliche

268 Vgl. Moltmann 1966, S. 312, 1972b, S. 159.

269 Vgl. Moltmann 1975, S. 69.

270 Vgl.: »Das Wort der Verheißung provoziert unablässig Geschichte, und die Hoffnung hält die Erfahrung der Wirklichkeit als Geschichte offen.« (Moltmann 1968a, S. 246) Zu Moltmanns Geschichtsbegriff vgl. besonders: »Daß dieses Etwas sich in ›Geschichte‹ befindet, bedeutet nun aber, daß es das Noch-nicht-Definitive, Offene, Unabgeschlossene, Umstrittene ist. Geschichte von Etwas wird gerade dadurch ausgemacht, daß das definitive, endgültige Wesen von Etwas noch nicht heraus ist, sondern sich im Prozeß der Herausstellung und der Definition, also im Werden, befindet und darin auf dem Spiel steht.« (Moltmann 1968f, S. 81) Zum jüdisch-christlichen Verständnis der Wirklichkeit als Geschichte vgl. Moltmann 1968e, S. 152.

271 Vgl. Moltmann 1966, S. 21.

272 Moltmann 1966, S. 265.

273 Vgl. Moltmann 1966, S. 307, 311f., Zitat auf S. 311. Vgl. auch Moltmann 1970c, S. 67. Auf die Welt bezogen will Moltmann entsprechend auch lieber von Prozessen als von Ordnungen sprechen (vgl. Moltmann 1975, S. 186). Zur Transformierbarkeit der Welt bei Moltmann vgl. auch Bauckham 1995, S. 35.

274 Moltmann 1973, S. 37, 1974b, S. 7. Zur Kirche als »Bewegung« vgl. Moltmann 1970c, S. 65. Zum dynamischen Verständnis der Kirche als »Church ›on the move‹« vgl. auch Paeth 2005, S. 223; Bauckham 1995, S. 120. Zur »Exilic Church« vgl. auch Harvie 2009, S. 31.

275 Vgl. Moltmann 1972b, S. 157, dort auch das Zitat, ähnlich auch Moltmann 1970c, S. 65.

276 Vgl. zu diesem Vergleich und Widerspruch etwa Moltmann 1970c, S. 65.

277 Vgl. Moltmann 1970c, S. 65, dort auch das Zitat.

278 Vgl. Moltmann 1971, S. 30.

Sendung das Menschenmögliche überschreitet:[279] »Der Mensch erfährt sein Menschsein nicht aus sich selbst, sondern aus der Zukunft, in die ihn die Sendung führt.«[280] So erfährt der Mensch sich als Werdender. »Gerade in dieser Geschichte noch unerkannter und noch unbegrenzter Möglichkeiten der Sendung kommt heraus, daß der Menschen ein ›nicht festgestelltes Wesen‹ ist, daß er nämlich zukunftsoffen für neue verheißene Seinsmöglichkeiten ist.«[281] Aus der Offenheit der Frage nach dem Menschen in der Perspektive der Hoffnung bei Moltmann versteht sich der »Bildersturm der Hoffnung gegen jene Menschenbilder [...], die ihn festlegen und endgültig fixieren wollen«.[282]

Insgesamt ergibt sich im Erwartungshorizont so bei Moltmann ein dynamisches Verständnis von Welt und Mensch: Gerade weil deren Veränderung verheißen ist, können sie nicht mehr als statische Realitäten gesehen werden, sondern als dynamische, der Möglichkeiten Gottes volle Realitäten. Der Kirche als Gestalt der Hoffnung entspricht es folglich, sich selbst, die eigenen Beziehungen und die Beziehungspartner in der Welt als veränderlich zu verstehen und damit von der Hoffnung zu zeugen.

Dieses theologisch erarbeitete dynamische Verständnis von Mensch, Kirche und Welt lässt sich im Blick auf die Doppelaufgabe Öffentlicher Theologie (A1 und A2) als eine Orientierung reformulieren, die ich im Folgenden Dynamik-Orientierung (O1) nenne.

(A1) Auf die Beschreibungsaufgabe Öffentlicher Theologie bezogen bezeichnet diese Dynamik-Orientierung folgende Anforderung an alle theoretischen Modelle: Um für die theologische Perspektive interdisziplinär anschlussfähig zu sein, sollten Theorie oder Modell der jeweiligen Referenzwissenschaft mit einem Verständnis von Verhältnissen, Institutionen und Menschen arbeiten, das mit deren Veränderlichkeit rechnet. Problematisch werden Medientheorien für Öffentliche Theologie hingegen dann, wenn sie beispielsweise journalistische Berufsroutinen und Auswahlmechanismen, die Strukturen des Mediensystems, die Erwartungen des Publikums oder die Selbstdarstellungsroutinen von Organisationen als unveränderliche Gegebenheiten begreifen und deren historische sowie deren künftig mögliche Veränderungen ausblenden. Problematisch werden theologische Medientheorien, in denen dem Ergebnis empirischer oder sozialphilosophischer Medienanalyse

279 Vgl. Moltmann 1966, S. 263f.

280 Moltmann 1966, S. 263.

281 Moltmann 1966, S. 263. Hier (eher) für das Alte Testament. Im AT sind die Sendung und die damit einhergehenden Erfahrungen nach Moltmann »speziell und kontingent« (ebd., S. 263). Im Neuen Testament werde die »Berufung zur Hoffnung und zur Teilnahme an der Sendung« aber universal, weshalb sich an ihr auch allgemein Menschsein reflektieren lässt (vgl. ebd., S. 264, dort auch das Zitat). An anderer Stelle schreibt Moltmann: »Keiner muß den anderen festnageln auf seine Taten oder Untaten.« (Moltmann 1977b, S. 26)

282 Vgl. Moltmann 1971, S. 29, dort auch das Zitat.

die Autorität des Faktischen zugesprochen wird, die theologischer Reflexion und kirchlichem Handeln dann als vorgegebenen erscheint.

So nötig es ist, die modernen Transformationen der Religionskultur und die veränderten Erwartungen an und Referenzrahmen für religiöse Sinndeutungen wahrzunehmen, so nötig ist es auch, das Ergebnis dieser Transformation, die neuen Erwartungen und Referenzrahmen nicht als unveränderlich zu behandeln, sondern ihrerseits als im eschatologischen Hoffnungshorizont kritisierbar und veränderlich. Andernfalls kann Kirche kaum glaubwürdige Gestalt der Veränderungshoffnung sein.

(A2) Für die öffentlich-theologische Aufgabe kritisch-konstruktiver Reflexion lässt sich die Orientierung (O1) als Maßstab formulieren: Mediale, organisationale und publikale Wirklichkeitskonstruktionen sind daraufhin zu befragen, inwieweit sie die Veränderlichkeit von Verhältnissen, Institutionen und Menschen darstellen, fördern und dynamik-sensibilisierende Kommunikationsbedingungen für künftige Konstruktionen reproduzieren.

Problematisch sind von daher solche Konstruktionen, in denen dies ausgeblendet oder verunmöglicht ist. Welch differenzierte Wahrnehmung hier nötig ist, zeigt das Beispiel investigativer Skandalberichterstattung. Werden ungerechte Verhältnisse ausgehend von der Annahme ihrer Veränderlichkeit aufgedeckt, so ist dies in theologischer Perspektive wünschenswert. Werden sie aber ohne diese Veränderungsperspektive mit der impliziten Botschaft »Die Welt ist eben so!« dargestellt, erscheint diese Konstruktion als problematisch, weil sie Veränderlichkeit abspricht und Hoffnungshorizonte verschließt. Das gleiche gilt für die publikale Rekonstruktion: Auch die auf Veränderung zielende Berichterstattung über ungerechte Verhältnisse kann der Rezipient so wahrnehmen und verstehen, dass sie für diesen konkreten Rezipienten als Bestätigung der resignierten Wirklichkeitsauffassung, die Welt sei eben hoffnungslos ungerecht, funktioniert. Das ist dann in theologischer Perspektive ähnlich problematisch.

Spezifisch auf Personalisierungsdynamiken bezogen heißt dies, dass die Darstellungen von Personen daraufhin zu befragen sind, ob sie einzelne Menschen auf Bilder von ihnen und gegenwärtige Identitäten festlegen[283] oder ob sie für deren Veränderungen offen bleiben. Solche Festlegungen geschehen, wo Menschen »verdinglicht« werden, wie Moltmann formuliert: Die »Verdinglichung des Menschen [...] entsteht, wo Menschen ihr Ich mit Rasse, Geschlecht oder Gesundheit gleichsetzen«.[284] Von daher werden rassistische, sexistische und diskriminierende Konstruktionen von Personen[285] auch insofern problematisch, als sie Menschen verdinglichen, festlegen und damit gerade von ihrer Veränderlichkeit im Hoffnungshorizont ausschließen. Dabei ist neben der Darstellung an sich auch problematisch, dass diese Konstruktionen

283 Vgl. dazu Moltmann 1966, S. 263–265, 1971, S. 29, 1977b, S. 26f.

284 Moltmann 1975, S. 210.

285 Vgl. dazu Moltmann 1975, S. 212.

den Einbezug von Menschen in Veränderungsprozesse nicht fördern und Kommunikationsbedingungen produzieren, die nicht mehr vom gemeinsamen Menschsein ausgehen.

Kirche ist damit dann Gestalt der Hoffnung, wenn sie sich für dynamiksensible, -sensibilisierende und -reproduzierende Wirklichkeitskonstruktionen einsetzt und selbst in diesen als veränderliche und verändernde Größe vorkommt. Sie kann Gestalt der Hoffnung sein, wo ihre Mitglieder Wirklichkeit als dynamiksensibel rekonstruieren und ihre Handlungen daran orientieren.

2.3 Relationales Verständnis von Christenheit in der Geschichte

In der Perspektive von Moltmanns kosmologischer Eschatologie (vgl. II.2.1) entsteht ein relationales Verständnis von Person und Kirche[286], das diese immer eingebunden in Beziehungen und Verhältnisse sieht. Weil Moltmann das Reich Gottes gerade nicht spiritualisiert und allein jenseitig verstehen will,[287] wird es zu einer alle Dinge betreffenden Größe: Die »eschatologische Aussicht« muss sich auf die »Versöhnung der ganzen Kreatur« und die »Eschatologie aller Dinge« beziehen.[288] In diesem Erwartungshorizont kann es dann bei Moltmann nicht nur um die Zukunft eines isolierten Einzelnen oder nur der menschlichen Seelen gehen, sondern muss es auch um die Verhältnisse und Beziehungen von allem mit allem gehen, weil auch diese nicht außerhalb des Hoffnungshorizontes stehen. Von daher ist es verständlich, dass Moltmann in KKG ein »integrierende[s] Denken« fordert:[289] Die Dinge müssten »in den Zusammenhängen und in den Bewegungen der Geschichte Gottes« begriffen werden.[290] Das vermeintlich konkrete Denken, das einzelne Dinge in den Blick nimmt, ist dann nach Moltmann das eigentlich abstrakte, weil es Einzelaspekte aus »der Beziehungsfülle des Lebens heraus« abstrahiert.[291]

Im Gegensatz zu einem abstrahierenden Verständnis legt Moltmann also ein relationales Verständnis von Personen, Einzelchristen und der Kirche zugrunde. Insofern die christliche Hoffnung kosmologisch auf universale Veränderung hofft, entspricht der Kirche als Gestalt dieser Hoffnung ein relationales Selbst- und Weltverständnis.

---

286 Auch Martin Tripole hat die Realität der Kirche bei Moltmann als relationale (und funktionale) identifiziert: »The Church is a relational reality, because the transcendent nature of the kingdom makes the Church a partner with other zones in the movement of the Spirit of that kingdom, drawing all creation toward the *eschaton.*« (Tripole 1973, S. 31, kursiv im Original) Vgl. auch Tripole 1981, S. 657. Zur Relationalität bei Moltmann vgl. auch Bauckham 1995, S. 150.

287 Vgl. Moltmann 1966, S. 202. Vgl. auch Chester 2006, S. 60f.

288 Vgl. Moltmann 1966, S. 203, dort auch die Zitate.

289 Vgl. Moltmann 1975, S. 67, dort auch das Zitat.

290 Vgl. Moltmann 1975, S. 67, dort auch das Zitat.

291 Vgl. Moltmann 1975, S. 67, dort auch das Zitat.

Konsequenzen für die Interpretation medialer Personalisierungsdynamiken können aus diesem relationalen Verständnis entfaltet werden (2.3.3), nachdem es für den Menschen (2.3.1) und die Kirche (2.3.2) spezifiziert wurde.

2.3.1 Relationales Verständnis des Menschen

Schon in der Frühschrift von 1959 hat sich Moltmann dagegen gewandt, in einem theologischen Verständnis den Menschen von seinen sozialen Verflechtungen abstrahiert als »Menschen an sich« zu verstehen;[292] stattdessen müsse der Mensch gerade in seinen sozialen Verflechtungen in den Blick kommen.[293] Begründet wird dies mit dem engen Zusammenhang von Gottesverhältnis und Verhältnis zum Nächsten, der wiederum in eschatologischer Perspektive sichtbar wird. Denn »dieses Gottesverhältnis ist die Beziehung zum Reiche Gottes, zur neuen Gesellschaft Gottes, ist in Christus zugleich ein neues Verhältnis zum Nächsten.«[294]

Diese Betonung der sozialen Verflochtenheit ist durchgehalten, wenn Moltmann in der Theologie der Hoffnung Ansätze zu einem konkreten, sozialen und relationalen Personbegriff formuliert:

> »Die Hoffnung des Evangeliums hat nicht nur eine polemische und befreiende Beziehung zu den Religionen und Ideologien der Menschen, sondern viel mehr noch zum faktischen und praktischen Leben der Menschen und zu den Verhältnissen, in denen dieses Leben geführt wird. Es ist zu wenig, wenn man sagt, das Reich Gottes habe es nur mit Personen zu tun, denn einmal sind Gerechtigkeit und Frieden des verheißenen Reiches Verhältnisbegriffe und betreffen also auch die Verhältnisse der Menschen untereinander und zu den Dingen, zum anderen ist der Gedanke einer a-sozialen Personalität des Menschen eine Abstraktion. Die christliche Hoffnung wirft darum in einem institutionalisierten Leben die ›Sinnfrage‹ auf, weil sie sich mit diesen Verhältnissen in der Tat nicht abfinden kann und die ›wohltätige Fraglosigkeit des Lebens‹ in ihnen nur als eine neue Gestalt des Nichtigen und des Todes erkennt.«[295]

Diesen Sätzen liegt m. E. das Verständnis zugrunde, dass der einzelne Mensch das, was er jetzt ist, eben in den Verhältnissen und durch die Verhältnisse ist, in denen er steht – seine Personalität ist also keine a-soziale. Auch das Verhältnis des einzelnen Menschen zu sich selbst lässt sich – wie Moltmann in kritischer Auseinandersetzung mit Bultmann betont – nicht vom sozialen

292 Vgl. auch Müller-Fahrenholz 2000, S. 26.

293 Vgl.: »Es begegnet uns konkret immer der Mensch in seinem sozialen Bezug und in seiner sozialen Verflochtenheit, der Mensch in seinen Verantwortungen, der Vater, die Mutter, das Kind, der Arbeiter, der Vorgesetzte, der Untergebene usw.« (Moltmann 1959, S. 23, auch zitiert in Müller-Fahrenholz 2000, S. 26)

294 Moltmann 1959, S. 24.

295 Moltmann 1966, S. 304f.

Kontext abstrahieren. Ein »unmittelbares Selbstbewusstsein [...] ist dem Menschen nicht möglich«:[296] »Immer ist das menschliche Selbstverständnis gesellschaftlich, sachlich und geschichtlich vermittelt.«[297]

Der einzelne Mensch steht immer in einem Beziehungsgeflecht, das er prägt und das ihn prägt. Diesen Gedanken hat Moltmann, den »messianischen Lebensstil« näher thematisierend, später deutlich formuliert: »Im Wechselspiel zwischen Person und Geschichte, im Leiden und Handeln entsteht die Persönlichkeit. Im Wechselspiel von Individuum und Gemeinschaft, im Fürsichsein und Füranderesein gewinnt sie Profil.«[298] Deutlicher als in dem TdH-Zitat liegt es hier nahe, Moltmanns Verständnis des einzelnen Menschen als ein solches zu interpretieren, das Individualität, Relationalität und Sozialität zusammen denkt. Der einzelne Mensch ist unverwechselbarer Einzelner und gleichzeitig in Beziehungen Stehender. Das gilt nach Moltmann auch und gerade für ein »Leben ›gemäß dem Evangelium‹«.[299] Kurz zusammengefasst gesagt: Moltmann denkt den einzelnen Menschen als Individualität in sozialen Relationen.

2.3.2 *Relationale Ekklesiologie*

Moltmanns Ekklesiologie ist schon insofern eine relationale Ekklesiologie, als sie jede »selbständige Ontologie der Kirche« ausschließt und ihr »wahres Sein im Wirken Christi« verortet.[300] Kirche ist Kirche wegen ihrer Christusbeziehung. Von daher kommen bei Moltmann auch die anderen Relationen der Kirche in den Blick: In dem vom Christusgeschehen eröffneten Hoffnungshorizont kann Kirche ihr Leben nicht nur durch ihre Beziehung zu ihrem Grund in Christus verstehen:[301] »Es [das Leben] existiert, so lange es lebendig ist, in lebendigen Beziehungen zu anderem Leben und also in Horizonten der Zeit mit Perspektiven der Hoffnung.«[302] Von daher sieht Moltmann die Kirche in

296 Moltmann 1966, S. 59.

297 Moltmann 1966, S. 59.

298 Moltmann 1975, S. 302. Vgl. ähnlich Moltmann 1977b, S. 32.

299 Vgl. Moltmann 1975, S. 305, dort auch das Zitat. Dies »ist ein Leben in der anerkannten und angenommenen eigenen Individualität, einer Individualität aber, die charismatisch lebendig wird, einer Persönlichkeit, die in und für die Gemeinschaft gelebt wird, und einer Selbständigkeit, die Originalität nicht unterdrückt, sondern freisetzt und im Verhältnis zu Vorfahren und Zeitgenossen ausprägt.« (ebd., S. 305)

300 Beide Zitate: Moltmann 1975, S. 85. Zu Moltmanns Verwendung des Begriffs »relationale Ekklesiologie« vgl. auch Bauckham 1995, S. 13f.; Dröge 2000, S. 215. Moltmann selbst zu diesem Begriff: Moltmann 1975, S. 33.

301 Vgl. Moltmann 1975, S. 153.

302 Moltmann 1975, S. 153.

»Beziehungen zu Partnern in der Geschichte« und fragt nach der »Zukunft dieser Beziehungen«.[303]

Ausgehend von Moltmanns eschatologischer Einordnung des Gegenstandes der Ekklesiologie in einen diesen überschreitenden Horizont und eine »übergreifende[.] Geschichte«, muss sich Ekklesiologie also als relationale Ekklesiologie entwerfen:[304] »Wir fragen darum nach den Relationen, in denen geschieht und zu erwarten ist, was Kirche genannt zu werden verdient.«[305] Von daher kann die Frage nach dem Wesen oder der Identität der Kirche auch nicht aus ihr heraus beantwortet werden, sondern muss eben verwiesen werden auf die Frage nach »den Relationen, in denen geschieht und zu erwarten ist, was Kirche genannt zu werden verdient«. Erfahrbare Kirche wird dann nach Moltmann auch als wahre Kirche in den Beziehungen erfahren, in denen sie steht.

Von dieser Grundeinsicht her lässt sich m. E. auch die Gliederung von KKG plausibel erschließen.[306] Kirche wird zunächst in Relation zu Jesus Christus verortet, wobei sie nur an Orten der Gegenwart Christi wahre Kirche ist, also in Sendung und in Bruder- und Schwesternschaft mit den Geringsten (III.).[307] Von daher werden – so lässt sich mit Dröge unterscheiden – »zwei Bezugssysteme entworfen, innerhalb derer sich die *ecclesia visibilis* als *ecclesia vera* zu bewahrheiten hat:«[308] Kirche wird erstens in ihren Außenrelationen (IV) und zweitens in ihren Binnenrelationen und ihrer Gestalt (V und VI) thematisiert:[309] Basierend auf der Christusbeziehung werden die Beziehungen der Einzelnen in der Kirche zueinander und vor allem auch die Verortung der Kirche in den ökonomischen, politischen und kulturellen Beziehungsnetzen und Lebensprozessen[310] der Gesellschaft zum Thema der Ekklesiologie. Dieser Gedanke steht insofern in Kontinuität zu TdH und gG, als es auch hier schon die Verortung der Kirche in der Gesellschaft und zu deren Rollenerwartungen[311], zur politischen Religion[312] und in den »Teufelskreise[n] des Todes«[313] war, die zu einem ekklesiologischen Zentralthema wurde. Neben ihrer Gestalt werden damit – wie Dröge betont – also auch die »Außenbeziehungen der

303 Vgl. Moltmann 1975, S. 154, dort auch die Zitate. Vgl. zur Gliederung der Bezugssysteme Dröge 2000, S. 213. Zu den »Partnern in der Geschichte« vgl. auch Bauckham 1995, S. 149.

304 Vgl. Moltmann 1975, S. 33, dort auch das Zitat.

305 Moltmann 1975, S. 33.

306 Vgl. für das Folgende auch Dröge 2000, S. 212–215.

307 Vgl. neben KKG dazu Dröge 2000, S. 212.

308 Dröge 2000, S. 213, kursiv im Original.

309 Vgl. Dröge 2000, S. 213–215.

310 Vgl. zu den drei Lebensprozessen (ökonomisch, politisch, kulturell) und dem Begriff »Lebensprozess« bei Moltmann: Moltmann 1975, S. 186f.

311 Vgl. Moltmann 1966, S. 280–312.

312 Vgl. Moltmann 1972a, S. 298–305.

313 Vgl. Moltmann 1972a, S. 306–315, Zitat aus der Kapitelüberschrift.

Kirche [...] als zusätzliche Kriterien für die wahre Kirche« bedeutsam.[314] Mit relationaler Ekklesiologie ist betont, dass die Kirche in Beziehungsgeflechten und damit in den vielfältigen Beziehungen wahrzunehmen ist, in denen sie steht. Ekklesiologie muss demnach die Relation der Kirche zu ihrem Grund (1), ihre Binnen- (2) wie Außenrelationen (3) bedenken und zusammendenken. Inwiefern das Zusammendenken, insbesondere von Relation eins und drei, bei Moltmann tatsächlich ausgeführt wird, lässt sich mit Dröge kritisch in Frage stellen.[315]

Kurz zusammengefasst gesagt: Moltmann denkt die Identität der Kirche als Identität in Relationen. Auf die Leitthese und -frage bezogen gilt also bei Moltmann entsprechend: Kirche kann sich nicht für sich, sondern nur in ihren vielfältigen Binnen- und Außenrelationen als Gestalt der Hoffnung erweisen.

2.3.3 *Konsequenzen*

Die Konsequenzen aus diesem relationalen Verständnis kirchlicher Identität und menschlicher Individualität sollen im Blick auf die Doppelaufgabe Öffentlicher Theologie nun als Relations-Orientierung (O2) formuliert werden.

(A1) Für die Beschreibung medialer Kommunikation im interdisziplinären Dialog werden sich besonders solche Ansätze als fruchtbar erweisen, die vielfältige Beziehungsgeflechte thematisierbar machen.

Von daher wird auch eine auf derartigen Beschreibungen fußende theologische Kritik medialer Personalisierungsdynamiken berücksichtigen, dass nach einem relationalen Personbegriff nicht nur ein selbständiger Mensch, sondern ein in Beziehungen stehender und geprägter Mensch in der Öffentlichkeit steht. Konkreter gesagt: Als wer jemand medienöffentlich auftritt, was er sagt und wie er sich darstellt, liegt zwar einerseits in seiner Unverwechselbarkeit begründet, andererseits aber auch in dem Beziehungsgeflecht, in dem er steht. Mit einer Kirchenvertreterin etwa ist nicht nur sie öffentlich, sondern auch sie als kirchlich Sozialisierte. Folglich lässt sich die medial personalisierte Konstruktion kirchlicher Realitäten nicht einfach damit kritisieren, dass Personen anstatt Kirche medial präsent seien. Schließlich steht die Person als Kirchenvertreterin in kirchlichen Verhältnissen, die sie geprägt haben und prägen.

(A2) Die Relations-Orientierung (O2) wird in der Reflexionsaufgabe Öffentlicher Theologie (A2) zum Kriterium der Kritik: Mediale, publikale und andere Wirklichkeitskonstruktionen sind kritisch darauf zu befragen, ob in ihnen die Beziehungsgeflechte, in denen Einzelne, Kirche und gesellschaftliche Größen

314 Vgl. Dröge 2000, S. 215, dort auch das Zitat.

315 Vgl.: »Gerade wenn das Verhalten der Kirche in ihren Außenbeziehungen wichtig wird für ihr Sein als *ecclesia vera*, dann müssten diese *Richtungen* und *Linien* für ihr Verhalten sehr viel deutlicher in Beziehung zum Fundament der Kirche formuliert werden.« (Dröge 2000, S. 216, kursiv im Original)

stehen, mitkonstruiert oder (gar intentional) unsichtbar gemacht werden. Letzteres wäre problematisch.

Außerdem müssen von einem relationalen Verständnis von Mensch und Kirche her die medialen Konstruktionen auf ihre Wirkungen hin befragt werden: Werden mediale Wirklichkeitskonstruktionen auf eine Weise genutzt, die es den Rezipienten ermöglicht, in Beziehungen zu stehen, Beziehungen aufzubauen und sich in Beziehungen zu verstehen? Reproduzieren die Konstruktionen entsprechende Kommunikationsbedingungen? Diese Fragen zielen auch darauf, Medienkommunikation daraufhin zu überprüfen, inwiefern sie zu einer »Vereinzelung« der Kommunikationsteilnehmer beiträgt. Auf dieser Linie haben schon die Deutsche Bischofskonferenz und der Rat der EKD in »Chancen und Risiken der Mediengesellschaft« 1997 vor Wirklichkeitskonstruktionen gewarnt, in denen das vieldimensionale Beziehungsgeflecht menschlichen Lebens reduziert dargestellt wird: »Wo Lebensorientierung einseitig durch Bilder erfolgt, in denen die dreifache Verwiesenheit auf die Lebenswelt, auf die Transzendenz, auf Gott und auf den Mitmenschen entweder ausgeblendet oder verkürzt dargestellt wird, ist solches gelingendes Leben gefährdet.«[316]

2.4 Funktionales Verständnis von Christenheit in der Geschichte

In der Perspektive der Sendung bestimmt Moltmann Handeln und Gestalt der Christenheit – und damit von verfasster Kirche, versammelter Gemeinde und alltäglichem Leben einzelner Christen – auftragsorientiert funktional:[317] »Die ›Christenheit‹ hat ihr Wesen und ihren Zweck nicht in sich selber und nicht in ihrer eigenen Existenz, sondern lebt von etwas und ist für etwas da, das weit über sie hinaus reicht. Will man das Geheimnis ihrer Existenz und ihrer Handlungsweisen begreifen, so muß man nach ihrer *Sendung* fragen. Will man ihr Wesen ergründen, so muß man nach jener *Zukunft* fragen, auf die sie ihre *Hoffnung* und Erwartungen setzt.«[318] Das heißt: Kriterium für Handlungen, Gestaltung und Wesensbestimmung der Christenheit ist ihre Funktion in der Geschichte Gottes. Chronologisch wie inhaltlich geht nach Moltmann der Kirche ihr Auftrag voraus.[319] Die Christenheit lebt »für die kommende Herrschaft

---

316 Kirchenamt der Evangelischen Kirche in Deutschland 1997, S. 52.

317 Für die Gestalten der Christentheit siehe II.1. Auch Martin Tripole hat die Kirche bei Moltmann als eine »funktionale Realität« identifiziert: »The Church is a functional reality, insofar as the Church is never an end in herself, but only a function of the kingdom.« (Tripole 1973, S. 31) Moltmann hat den Funktionsbegriff auch selbst benutzt, um zu benennen, dass die Kirche eschatologisch auf etwas aus ist (vgl. Moltmann 1968b, S. 226).

318 Moltmann 1966, S. 299f., kursiv im Original. Ähnlich auch: »Sie [die Kirche oder die Gemeinde, FH] selbst ist also nicht das Ziel ihrer Bewegung. Dieses Ziel ist das Reich Gottes und der erlösten Kreatur.« (Moltmann 1970c, S. 65)

319 Vgl. in ähnlichen Worten auf Englisch Moltmann 1970b, S. 36.

dessen, der den Tod überwand und Leben, Gerechtigkeit und Reich Gottes bringt.«[320]

In diesem Erwartungshorizont ist damit auch spezifiziert, in welchem Sinne Christen Diener in der Welt sein können und die Kirche »Kirche für die Welt« oder mit Bonhoeffer »Kirche für andere« sein kann und so funktional bestimmt ist:[321] Die Funktion der Kirche ist nach Moltmann nicht mit den religiösen Funktionen einer gesellschaftlichen Religion bestimmt, sondern von dem Erwarteten her als Funktion des Erhofften: »Darum kann ›Kirche für die Welt‹ nichts anderes heißen, als ›Kirche für das Reich Gottes‹ und Erneuerung der Welt.«[322] Inhaltlich bestimmt Moltmann Auftrag und Funktion der Christenheit im Erwartungshorizont wie unter 2.1.3 beschrieben als Hoffnungs-»Infektion« und -realisierung. Diese Funktionsbestimmung gilt dabei nicht nur für die Gemeinde oder die verfasste Kirche, sondern auch für das Handeln des Einzelnen.[323]

Die Gefahr des beschriebenen funktionalen Verständnisses der Christenheit im Erwartungshorizont der erhofften Zukunft ist, dass alles Gegenwärtige für Zukünftiges funktionalisiert wird.[324] Damit stünden sowohl die gegenwärtigen Erfahrungen von Gottes Gegenwart wie auch die gegenwärtige Würde des Menschen, nie nur Mittel zum Zweck zu sein, in Frage. So hat Tim Chester Moltmann etwa dafür kritisiert, dass gerade von seinem universalen Erwartungshorizont her Ekklesiologie und Missiologie zusammenfallen und das Sein der Kirche so auf die Erfüllung ihrer Aufgabe reduziert werde.[325] Gerade auf die TdH bezogen ist der Hinweis auf diese Gefahr insofern berechtigt, als hier im Zuge der Betonung des kommenden Gottes die Erfahrung seiner Gegenwart unterbetont bleibt.[326] Das hat sich später geändert, wenn Moltmann mit Kreuzestheologie und Pneumatologie Gottes Gegenwart nicht mehr nur in

---

320 Moltmann 1966, S. 300.

321 Dazu und für das Folgende vgl. Moltmann 1966, S. 302, dort auch das erste Zitat.

322 Moltmann 1966, S. 302.

323 Vgl.: »Die Berufe, Rollen, Bedingungen und Ansprüche, die ihm die Gesellschaft zumutet, sind darum nicht daraufhin zu befragen, ob sie und wie sie das eigene Selbst ausfüllen oder den Menschen von sich selbst entfremden, sondern ob sie und wie weit sie Möglichkeiten zur Inkarnation des Glaubens, zur Gestaltwerdung der Hoffnung und zur irdischen, geschichtlichen Entsprechung zum erhofften und verheißenen Reich Gottes und der Freiheit bieten.« (Moltmann 1966, S. 308)

324 Eine Frage, die sich in dieser Richtung interpretieren lässt, stellt Moltmann sich selbst: »Diese Christenheit [...] wäre der Prozeß des Apostolates selbst. Ist aber damit die Kirche funktionalisiert, aktualisiert und dynamisch verflüchtigt?« (Moltmann 1968b, S. 226)

325 Vgl. Chester 2006, S. 75f. Chester schreibt: »It [the church, FH] is no longer defined by its experience of God's grace but by what it does, that is to say, where it shares in the anticipation of the coming kingdom.« (ebd., S. 76) Vgl. auch Dröge 2000, S. 227.

326 Zu dieser Kritik vgl. auch Bauckham 1995, S. 23f.; Müller-Fahrenholz 2000, S. 46.

der zukunftshorizonteröffnenden Verheißung, sondern bei den Leiden und im Geist[327] denkt. Des Weiteren schließt Moltmanns funktionale Bestimmung der Christenheit substantielle Bestimmungen der Kirche keineswegs aus. Gerade in KKG versucht Moltmann substantiell die Gestalt und Gemeinschaft der Kirche eben von ihrem Auftrag her zu bestimmen. Deren Kriterium bleibt aber ihre Auftragsgemäßheit im Horizont der Geschichte Gottes.

Auch in der TdH steht meines Erachtens einer reinen Funktionalisierung des gegenwärtigen Lebens der Diesseitsbezug seiner Eschatologie entgegen: Ist die Hoffnung Hoffnung für diese Welt, dann ist die Christenheit als Funktion des Erhofften nicht nur ein Mittel auf dem Weg zum erhofften Zweck,[328] sondern selbst Teil dieses Zwecks. Bei der Indienststellung geht es auch um die erhoffte Zukunft der Indienststehenden. Deshalb plädiere ich dafür, Moltmanns funktionales Verständnis der Christenheit im Bewusstsein besagter Gefahr von der Intention her zu verstehen, die Kirche nicht als selbstzweckliche und selbstgenügsame, sondern als Kirche für andere vorzustellen und so ihr Wesen auftragsorientiert zu bestimmen. Dann ist Kirche insofern Gestalt der Hoffnung, als sie nicht nur auf sich selbst hin, sondern wie oben beschrieben auf das Erhoffte hin arbeitet.

In freierer Auseinandersetzung mit Moltmann lassen sich aus dieser funktionalen Bestimmung nun Konsequenzen für eine Öffentliche Theologie der Kirche ziehen. Entscheidend ist zunächst, dass im Erwartungshorizont der Hoffnung und von dem in diesem Horizont sich ergebenden funktionalen Verständnis der Christenheit her auch der Fragehorizont für die Thematisierung der Personalisierung der Kirche ein spezifischer ist, weil eine funktionale Bestimmung der Christenheit in diesem Horizont den Einzelnen und die Kirche auf die gleiche Ebene bringt. Damit meine ich: Geht man in der Personalisierungsfrage von einer substantiellen Bestimmung der Christenheit aus (die ja durchaus von einer funktionalen her gewonnen sein kann), ergibt sich basierend auf dieser Substanzbeschreibung von Christenheit – also von Einzelnem und Kirche – die Frage nach der Relation von Kirche mit bestimmten theologisch oder soziologisch erfassten Eigenschaften einerseits und einzelnen handelnden Menschen mit bestimmten Eigenschaften andererseits. Diese Beziehung kann dann etwa als Repräsentationsbeziehung verstanden werden, was den Einzelnen als Repräsentanten der Kirche dieser nicht gleichgeordnet versteht, sondern auf einer anderen Ebene, sei es einer höheren oder einer niedrigeren. Während Reiner Preul etwa grundsätzlich die Funktion der Kirche im Blick hat, geht er in seiner Kirchentheorie im Kapitel über »Die Repräsentation der Kirche« von einer Kirche in sozial konkreter und so bestimmter Gestalt aus und differenziert von daher drei Modelle, die die Repräsentanzen

327 Vgl. dazu etwa Harvie 2009, S. 57.
328 Ähnlich weist auch Harvie einen ähnlichen Verdacht ab: Harvie 2009, S. 23.

dieser Kirche in der Öffentlichkeit unterscheidbar machen sollen:[329] Das »*autoritativ[e]*« Modell geht von einer vollmächtig sprechenden Leitung aus, deren Aussagen für die Mitglieder (abgestuft) gelten. Nach dem »*Kommuniqué-Modell*« formulieren öffentliche Repräsentanten den Konsens der Mitglieder oder zumindest den einer »breiten Majorität«. Schließlich zeigt nach dem »Modell *exemplarischer Repräsentanz*« der Einzelne durch seine Stellungnahme »auf exemplarische Weise jene *Freiheit, die im Rahmen und auf der Grundlage der jeweiligen Organisation möglich ist*«[330], zeigt also für seine Person den »exemplarischen Gebrauch von der Freiheit eines jeden Christenmenschen«[331].

Setzt man anders als Preul nicht erst bei substantieller Bestimmung der Kirche, sondern bei den sie grundierenden funktionalen Bestimmungen ein, wird die Frage nach den Repräsentanzmodellen zwar nicht irrelevant aber zweitrangig. Zunächst erscheinen einzelner Christ, Gemeinde und verfasste Kirche dann insofern gleichrangig, als sie den gleichen Auftrag haben und in der gleichen Funktion im Hoffnungshorizont der Geschichte Gottes mit den Menschen stehen. Konkreter auf Personalisierungsdynamiken bezogen formuliert ist die erste Frage also nicht: »Wie repräsentiert die Person in der Öffentlichkeit die verfasste Kirche und Gemeinde?«, sondern: »Erfüllen einzelne Personen, Kirche als Ganzes und Gemeinde in der Öffentlichkeit die Funktion, mit der sie im Hoffnungshorizont beauftragt sind?« bzw. auf die Relation von Einzelnem und Kirche bezogen: »Dient die einzelne Person in der Öffentlichkeit dem gleichen Auftrag wie Kirche und Gemeinde?«[332] Damit beschreiben im Erwartungshorizont der Christenheit die beiden letztgenannten Fragen den Fragehorizont für die ekklesiologische Thematisierung von Personalisierungsdynamiken. In diesem Fragehorizont erst kann dann auch die Frage nach der Repräsentation gestellt werden und kann dann Preuls Empfehlung, in der Kommunikation stärker zwischen den Repräsentationsmodellen zu unterscheiden, hilfreich sein. Problematisch bleibt an der Forderung Preuls, »diese drei Repräsentanzmodelle in der kirchlichen und gesellschaftlichen Öffentlichkeit säuberlich«[333] zu unterscheiden, dass sie nicht nur »[d]e facto« oft nicht erfüllt ist, wie Preul einräumt,[334] sondern m. E. auch kaum mit media-

---

329 Vgl. Preul 1997, S. 235–241. Zum Folgenden vgl. Ebd., S. 238–241, kursiv jeweils im Original. Die besagten Modelle hat Preul bereits in einem früheren Aufsatz entwickelt, auf den er in der Kirchentheorie selbst verweist: Preul 1995, S. 508–511. Ich beziehe mich im Folgenden auf die Ausführungen in der Kirchentheorie von 1997.

330 Preul 1997, S. 240, kursiv im Original.

331 Preul 1997, S. 240.

332 Auf der Linie dieser zwei letztgenannten Fragen liegt auch der Hinweis Hubers, dass es in »Bonhoeffers Kirchenverständnis [...] keine Anhaltspunkte dafür [gibt], zwischen dem Verantwortungsbereich des einzelnen und demjenigen der Kirche in einem prinzipiellen Sinn zu scheiden.« (Huber 1985, S. 199)

333 Preul 1997, S. 241.

334 Vgl. Preul 1997, S. 241, dort auch das Zitat.

len Kommunikationsbedingungen vereinbar ist. Preul lässt es auch offen, wie Stellung nehmende Personen denn klarmachen sollten, »nach welchem Modell sie sich äußern«[335].

In diesem Fragehorizont lässt sich das Gesagte nun auf die Doppelaufgabe Öffentlicher Theologie bezogen als Funktions-Orientierung (O3) konkretisieren:

(A1) Wird das Sein und Handeln der Kirche von ihrem Auftrag her verstanden, so wird die theoretische Beschreibung (A1) der (Re-)Konstruktionen der Kirche in medialen Personalisierungsdynamiken darauf fokussieren, inwiefern Kirche in und durch diese Konstruktionen ihrem Auftrag gerecht werden kann und wird. In dieser Perspektive hat eine Öffentliche Theologie der Kirche im interdisziplinären Dialog mit Medienwissenschaften ein besonderes Interesse an der Medienwirkungsforschung, da diese die Wirkungen und Funktionen der medialen Konstruktionen kirchlicher Realität thematisierbar macht. Im vierten und fünften Teil dieser Arbeit wird das insofern berücksichtigt, als die medialen Wirkbeziehungen, in denen sich die öffentliche Kirche wiederfindet, basierend auf dem dynamisch-transaktionalen Denkansatz beschrieben werden (IV und V). Von da aus lässt sich dann fragen, inwiefern die ermittelten Wirkungen dem hier beschriebenen Auftrag entsprechen.

(A2) Genauso soll sich die kritisch-konstruktive Reflexion (A2) hier die Funktions-Orientierung (O3) zum Kriterium nehmen: Von einem auftragsorientiert-funktionalen Verständnis der Kirche her können die medialen, publikalen und verfasst-kirchlichen Konstruktionen kirchlicher Realität daraufhin befragt werden, inwiefern in ihnen Kirche in ihrer Funktion und in einer über sie hinausgehenden Sendungsgeschichte konstruiert und diese Funktion befördert wird. Konkreter gesagt bedeutet dies: Konstruieren die verfasste Kirche, die Medien oder Rezipienten die wahre Kirche in der wirklichen Kirche als Interessenverband, der nur seine eigenen Interessen vertritt, oder als Zweckverband, dessen Zwecke in ihm liegen, dann ist dies von einer theologischen Rekonstruktion kirchlicher Realität her zu kritisieren. Dies ist etwa der Fall, wenn ein Bild der Kirche entsteht, in dem diese um den Erhalt des eigenen gesellschaftlichen Status stärker bemüht ist als um die Humanisierung der gesellschaftlichen Verhältnisse, ohne dass dies als Zurückbleiben hinter dem eigenen Selbstverständnis deutlich wird.

3. Kriterium

Als 1972, acht Jahre nach der »Theologie der Hoffnung«, Moltmanns zweite große Programmschrift erschien, hatte sich die historische Situation und da-

---

335 Preul 1997, S. 241.

mit der Kontext des Schreibenden geändert:[336] Die »Hoffnungsbewegungen der sechziger Jahre« waren auf Widerstände gestoßen.[337] In einem biographischen Aufsatz beschreibt Moltmann das Jahr 1968 als »Höhe- und Wendepunkt der Aufbruchstimmung«.[338] Was Hoffnungs- und Aufbruchstimmung genährt hatte, fand ein jähes, teilweise gewaltsames Ende: Der Prager Frühling wurde niedergeschlagen, das Aggiornamento des 2. Vatikanischen Konzils fand Ernüchterung und Grenze in der als »Pillenenzyklika« berühmt gewordenen Schrift »humanae vitae«, Martin Luther King wurde erschossen, »Rudi Dutschke angeschossen«.[339] In dieser Zeit wandte sich Moltmann (wieder) der Kreuzestheologie zu[340] und schrieb »Der gekreuzigte Gott« (gG). Damit wechselte Moltmann den thematischen Schwerpunkt und die Perspektive, blieb seinen theologischen Linien aber treu, weshalb die Programmschriften hier vom Postulat der Komplementarität der Perspektiven ausgehend interpretiert werden können.[341]

Standen thematisch in der TdH die Auferstehung des Gekreuzigten, die Hoffnung, die diese Auferstehung selbst als Verheißungsgeschehen weckt, und der darin sich aufspannende Hoffnungshorizont im Zentrum, so geht es nun um das Kreuz dessen, der aufersteht.[342] Ging es in der TdH »um die Erinnerung Christi im modus der *Hoffnung* auf seine Zukunft, geht es jetzt um Hoffnung im modus der *Erinnerung* seines Todes.«[343] Ging es in der TdH um die erhoffte Zukunft, geht es nun darum, bei wem diese Zukunft beginnt.

Auch die außertheologischen Gesprächspartner sind andere geworden. Ließ sich die TdH als »Parallelhandlung« zu Blochs Prinzip Hoffnung lesen, steht nun die Auseinandersetzung mit der Frankfurter Schule, genauer: Theodor W. Adornos und Max Horkheimers Kritischer Theorie und negativen Dialektik im Hintergrund.[344]

Zu der eschatologischen Perspektive der TdH kommt nun eine kreuzestheologische hinzu. Kontinuitäten sind dabei nicht nur in der Zentrierung auf das Christusgeschehen offensichtlich. So lässt sich etwa die TdH schon als

336 Für die Veränderungen in diesen acht Jahren vgl. auch Müller-Fahrenholz 2000, S. 51; Moltmann 1997b, S. 26f.

337 Vgl. Moltmann 1972a, S. 7, dort auch das Zitat.

338 Vgl. Moltmann 1997b, S. 27, dort auch das Zitat; dazu so auch Müller-Fahrenholz 2000, S. 51.

339 Vgl. in ähnlichen Worten Moltmann 1997b, S. 27, dort das Zitat. Vgl. dazu so auch Müller-Fahrenholz 2000, S. 51.

340 Vgl. Moltmann 1997b, S. 27.

341 Moltmann selbst und Sekundärliteratur zur Frage nach Komplementarität oder Widerspruch dieser Perspektiven ist bereits zitiert unter II.1. Darüber hinaus vgl. auch Müller-Fahrenholz 2000, S. 51.

342 Vgl. Moltmann 1972a, S. 10. Vgl. auch Bauckham 1995, S. 82.

343 Moltmann 1972a, S. 10, kursiv im Original.

344 Vgl. Moltmann 1972a, S. 10, dazu auch Müller-Fahrenholz 2000, S. 52.

»eschatologia crucis« lesen.[345] Moltmann wollte die zweite Programmschrift auch selbst in Kontinuität zur ersten verstanden wissen: »Kreuzestheologie ist, wie ich zeigen will, nichts anderes als die Kehrseite christlicher Hoffnungstheologie«.[346]

Schon in der dem Buch vorangestellten »Verständigung über das Thema« wird klar, dass auch hier eine an der Kirche interessierte Öffentliche Theologie Anknüpfungspunkte finden wird. Einmal kommt der Gekreuzigte als »inneres Kriterium jeder Theologie und Kirche« in den Blick.[347] Nachdem die Theologie der Hoffnung den Horizont für das Sein und Handeln der Kirche beschrieben hatte, geht es nun in diesem Horizont um Kriterien dafür. Schon auf der Linie der später von Moltmann explizit so genannten »relationalen Ekklesiologie« wird in der Relation der Kirche zum (gekreuzigten) Christus das Kriterium für das Kirchesein der Kirche gesehen: Denn »nur an Christus selbst entscheidet sich, was eine christliche Kirche ist und was keine christliche Kirche ist. Ob eine Christenheit in einer entfremdeten, geteilten und bedrückten Gesellschaft selbst entfremdet, geteilt und zum Komplizen der Unterdrückung wird, entscheidet sich zuletzt daran, ob der Gekreuzigte ihr ein Fremder oder der ihre Existenz bestimmende Herr ist.«[348] In und durch ihre Christusbeziehung wird Kirche also auch in den politischen und gesellschaftlichen Verhältnissen der Welt Kirche – oder nicht. Genau mit diesem Kriterium will Moltmann die Christenheit in ihrer Relevanz- und Identitätskrise orientieren.[349]

Kriterium für das Kirchesein der Kirche ist damit – und das ist im Rahmen einer Arbeit über Personalisierung interessant – die Beziehung zu einer Person, der Person Jesu Christi.[350] Diese wiederum ist personale Präsenz von Gottes Zukunft.[351] Der gekreuzigte auferweckte Jesus Christus ist als Personalisierung des Hoffnungshorizontes Kriterium der Kirche.

---

345 Vgl. Moltmann 1966, S. 145, 1972a, S. 10; Müller-Fahrenholz 2000, S. 51.

346 Moltmann 1972a, S. 10.

347 Vgl. Moltmann 1972a, S. 8, dort auch das Zitat.

348 Moltmann 1972a, S. 8, vgl. dazu ähnlich auch Moltmann 1973, S. 39, 1974b, S. 8f. Vgl. zum Grund der Kirche auch: »Der eigentliche Ursprung der Kirche liegt in der Hingabe Christi zum Tod am Kreuz.« (Moltmann 1977b, S. 100) Zur entscheidenden Relation der Kirche zu Christus vgl. auch Bauckham 1995, S. 126; Dröge 2000, S. 185f.

349 Vgl.: »Christliche Kirche und christliche Theologie werden für mich nur dann für die Probleme der modernen Welt relevant, wenn sie den ›harten Kern‹ ihrer Identität im gekreuzigten Christus offenbaren und durch ihn selbst zusammen mit der Gesellschaft, in der sie leben, in Frage gestellt werden.« (Moltmann 1972a, S. 9) Zu dieser Doppelkrise vgl. ebd., S. 12. Zur Identitätskrise vgl. Dröge 2000, S. 116.

350 Vgl. dazu auch Dröge 2000, S. 185f.

351 Vgl. Moltmann 1970b, S. 20, 23. Dort (S. 20) spricht Moltmann von »the presence of the future of God in this particular person«.

Damit, dass Moltmann seine Kreuzestheologie im Horizont der Identitäts- und Relevanzkrise der Kirche verortet, wird diese Theologie auch in dieser Phase anschlussfähig für eine Öffentliche Theologie, deren Debatten über Schrift- und Sachgemäßheit, Kontextualität und Zweisprachigkeit sich als Versuch lesen lassen, die Identität des Christentums gerade in ihrer öffentlichen Relevanz zu sehen. Auch in Öffentlicher Theologie wird weder die Identitätsfrage zugunsten der Relevanzfrage suspendiert, wie es das Modell der Gesellschaftskirche in Hubers Typologie nahelegt, noch die Relevanzfrage zugunsten der Identitätsfrage, wie dies in Modellen der Kirche als Kontrastgesellschaft geschieht.

Auf dieser Grundlage kann es nun um die Bedeutung der kreuzestheologischen Perspektive für die theologische Reflexion der Realität der medial personalisiert dargestellten Kirche gehen. Wurde in hoffnungstheologischer Perspektive der Horizont für Sein und Handeln der Kirche als Christenheit eröffnet, geht es nun kreuzestheologisch um das Kriterium für die Christlichkeit dieses Seins und Handelns und damit letztlich um das Kirchesein der Kirche.

Grob sollen hier deshalb zunächst die kreuzestheologischen (3.1) und kreuzestheologisch-ekklesiologischen (3.2) und anthropologischen (3.3) Grundlinien von Moltmanns Argumentation nachgezeichnet werden, um daraus Orientierungen für eine Öffentliche Theologie der Kirche zu gewinnen.

3.1 Christenheit und gekreuzigter Gott bei Jürgen Moltmann

In ihrer Beziehung zum Gekreuzigten findet Moltmann zufolge die »christliche Existenz«[352] das Kriterium ihrer Christlichkeit. Damit ist auch das Kriterium für die Kirche benannt, weil der Begriff der christlichen Existenz bei Moltmann parallel zu dem der Christenheit liegt und sowohl den Einzelnen als auch die christliche Existenz der Kirche umfasst.[353] Auf die Identitätsfrage bezogen heißt das Moltmann zufolge: »Christliche Identität läßt sich nur als Akt der Identifizierung mit dem gekreuzigten Christus verstehen, weil und sofern einen die Verkündigung erreicht hat, daß in ihm Gott sich mit den Gottlosen und Gottverlassenen identifiziert hat, zu denen man selbst gehört.«[354] Gott identifiziert sich also erstens im Christusgeschehen von Kreuz und Auferstehung mit uns, den Gottlosen, und ermöglicht so zweitens die Identifizierung[355] christlicher Existenz mit dem gekreuzigten Christus.[356] Die-

352 Moltmann 1972a, S. 12.

353 Vgl. etwa die Formulierung: »Wenn aber die christliche Existenz eines einzelnen oder einer Kirche sich mit dem Gekreuzigten identifiziert, entfremdet sie sich von diesen Gleichheits- und Ähnlichkeitsprinzipien der Gesellschaft.« (Moltmann 1972a, S. 30)

354 Moltmann 1972a, S. 23.

355 Moltmann unterscheidet hier leider noch nicht zwischen Identität und Identifizierung. So kann er auf die christliche Existenz bezogen von ihrer »Identität mit dem

ses »doppelte Identifizierungsgeschehen« ist es, in dem nach Moltmann christliche Identität entsteht.[357] Unklar bleibt in der zitierten Formulierung leider, wer das Subjekt der Identifizierung von christlicher Existenz und Gekreuzigtem ist.[358]

Insoweit Menschen einen Anteil daran haben, womit sie sich und womit verfasste Kirche und Gemeinde sich heute identifiziert, findet sich in der Binnenlogik von Moltmanns Theologie hier erneut auf die Kirche bezogen ein Offenheitsmoment, das auch Markus Dröge herausgearbeitet hat:[359] Einerseits soll die Kirche in der Person Jesus Christus ihren Grund und in der Identifikation mit dem Gekreuzigten ihre Identität haben. Ansatzpunkt für das Offenheitsmoment ist das Andererseits: Moltmann lässt »nicht nur die Person Jesu ganz in seinem Wort« aufgehen, »sondern auch umgekehrt, sein Wort ganz in seine Person« eingehen.[360] Jesu »*Ich* aber sage euch« verbindet seine Botschaft und deren Anspruch »unabtretbar und unübertragbar« mit seiner Person.[361] Deshalb hing nach Moltmann Jesu »Vollmachtsanspruch auf das Gottesrecht der Gnade [...] ›in der Luft‹«:[362] Er fand nach Moltmann keine Legitimation in der Tradition, sondern einzig in der zu Lebzeiten noch unbestätigten Identität des Sprechenden. Deshalb musste das Kreuz historisch nicht nur als Tod der

---

Gekreuzigten« (Moltmann 1972a, S. 22) sprechen und nur eine Seite später wie zitiert vom »Akt der Identifizierung mit dem gekreuzigten Christus«. In KKG führt er dann die m. E. hilfreiche Unterscheidung zwischen Identität und Identifikation Christi ein, wobei Erstere die Gegenwart Christi durch ihn selbst und Letztere seine Gegenwart durch andere meint (vgl. Moltmann 1975, S. 142).

356 Dröge hat dieses doppelte Identifikationsgeschehen m. E. genau in gegenteiliger Richtung verstanden: Dröge 2000, S. 117.

357 Vgl. Moltmann 1972a, S. 23, dort auch das Zitat.

358 Moltmann lässt in der zitierten Formulierung (vielleicht bewusst) offen, ob Christen sich selbst mit dem gekreuzigten identifizieren oder mit diesem von Gott identifiziert werden. Formulierungen in der TdH, in denen die »Offenbarung des Auferweckten« hypostasiert Subjekt war, lassen eher auf Letzteres schließen – allerdings steht in diesen auch die Auferweckung im Mittelpunkt: »Die Offenbarung des Auferweckten identifizierte die Betroffenen mit der Sendung Jesu und stellte sie so in eine Geschichte hinein, die von Jesu Sendung und seiner im Vorschein von Ostern offenbar und erhoffbar gewordenen Zukunft eröffnet und bestimmt ist.« (Moltmann 1966, S. 183) Formulierungen in gG klingen stärker nach dem Glaubenden als Subjekt: »[...] Darum wurde er gekreuzigt. Wer sich mit ihm identifiziert, dem ist diese Welt ›gekreuzigt‹, wie Paulus sagte.« (Moltmann 1972a, S. 29, vgl. auch S. 30)

359 Zum folgenden Gedanken vgl. Dröge 2000, S. 133.

360 Vgl. Moltmann 1972a, S. 115, dort auch die Zitate.

361 Vgl. Moltmann 1972a, S. 114, dort auch die Zitate, kursiv im Original; vgl. dazu auch S. 116, 121–126.

362 Vgl. Moltmann 1972a, S. 123, dort auch das Zitat. Vgl. dort auch für das Folgende.

Person, sondern auch als Widerlegung der Botschaft erscheinen.[363] Wegen des Kreuzes ist historische Kontinuität zwischen Jesu Verkündigung und dem von der Kirche verkündigten Christus unmöglich.[364] Wort und Anspruch Jesu sind »im Tod am Kreuz zunichte gemacht« worden, was jede historische Kontinuität zu »Wort und Anspruch der Kirche« ausschließt;[365] und damit auch jede identifizierende Bezugnahme, die auf dieser Kontinuität beruhen könnte. Einzelner und Kirche können für ihr Reden und Handeln historisch eine Identifikation mit Jesus nicht sicher und ungebrochen beanspruchen, weil dieser Jesus historisch am Kreuz gescheitert ist. Erst der österliche Verheißungsglaube kann bei Moltmann in theologisch-eschatologischer Perspektive von dieser Identifizierung ausgehen. So wie der Gescheiterte nur durch Glauben an Gottes Auferweckung als in einem Akt der creatio ex nihilo Auferweckter in Identität mit dem Gekreuzigten erscheinen kann, so kann auch die Identifikation von Einzelnem und Kirche mit ihrem Grund in Christus nur als exzentrisches, von Gott Identifiziertwerden geglaubt und erhofft werden. Christliche Identität für Kirche und sich zu beanspruchen, wird dann – wie sich bei Dröge zeigt – nur in der Kategorie des Wagnisses beschreibbar. In dessen Worten:

> »Wort und Anspruch der Kirche können deshalb im Blick auf den Gekreuzigten nur *gewagt* werden. D. h. sie müssen in dem Bewusstsein verwirklicht werden, dass Wort und Anspruch, genauso wie Anspruch Jesu, traditionsgeschichtlich *in der Luft hängen*, d. h. nur an dem Gott hängen, den die Christinnen und Christen Vater nennen, und dass jeder kirchliche Anspruch deshalb immer in der Gefahr steht, widerlegt, marginalisiert, funktionalisiert und zunichte gemacht zu werden.«[366]

Das Offenheitsmoment besteht also darin, dass Kirche nicht mit letzter Gewissheit von sich sagen kann, Kirche zu sein, weil die christliche Identität stiftende Identifikation menschlicherseits Wagnis bleibt, bis sich Gott wie in Christus verheißen mit den Gottverlassenen Christen identifiziert, wie er sich mit dem gottverlassen gekreuzigten Christus in der Auferstehung dem Glauben zufolge identifiziert hat.

Klar wird bei Moltmann, dass diese Identifizierung eine abgrenzende und eine verbindende Bewegung beinhaltet: Sie entfremdet den Identifizierten oder sich Identifizierenden »von den Religionen und Ideologien der Entfremdung, von der ›Religion der Angst‹ und von den Ideologien der Rache« und

---

363 Vgl.: »Wenn seine Verkündigung nicht von seiner Person trennbar ist, dann stirbt seine Verkündigung mit ihm am Kreuz, und dann kann es keine Schüler geben, die seine Lehre oder Sache fortsetzen. Die wahre Kritik der Verkündigung Jesu ist seine Geschichte und sein Ende am Kreuz.« (Moltmann 1972a, S. 116)

364 Vgl. Dröge 2000, S. 133. Dort ist auch von der Unmöglichkeit »*historischer Kontinuitäten*« die Rede (kursiv im Original).

365 Zum ganzen Satz vgl. Dröge 2000, S. 133.

366 Dröge 2000, S. 133, kursiv im Original.

verbindet ihn zugleich in Solidarität mit den Leidenden, Armen, Entfremdeten und Unterdrückten:[367] »Der Gekreuzigte wurde zum Bruder der Verachteten, Verlassenen und Bedrückten. Die Bruderschaft mit seinen ›geringsten Brüdern‹ gehört darum zur Bruderschaft Christi und der Identifikation mit ihm notwendig dazu.«[368] Damit gehört die solidarische Identifizierung mit den geringsten Schwestern und Brüdern als weiteres Moment in den doppelten, ja dann eigentlich dreifachen Identifizierungsvorgang.

Wie und warum dies so ist, lässt sich verstehen, wenn man einige Wege von Moltmanns kreuzestheologischer Argumentation nachgeht: Gewinnt christlicher Glaube seine christliche Identität aus der Identifizierung mit dem Gekreuzigten, dann geht es in der Kreuzestheologie um das Kriterium der christlichen Identität von Kirche und Glauben: um den Gekreuzigten. In der Kreuzestheologie verankert Moltmann Rechtfertigungs- und Trinitätstheologie. Er zieht aus dem Kreuz sowohl die theologische und anthropologische Konsequenz, Gott als hingebungsvoll leidenden Gott[369] und den Menschen entsprechend als sympathetischen (II.3.3) zu verstehen, als auch die ekklesiologische Konsequenz, die Kirche als Gemeinde der vormals Gottlosen, in Opposition zur politischen Religion und in solidarischer Parteinahme für die Benachteiligten zu sehen. Die ganze Argumentation Moltmanns kann hier nicht wiedergegeben werden – ich konzentriere mich im Folgenden auf die Ansatzpunkte für eine Konkretisierung des Kriteriums in dieser Kreuzestheologie.

Den Kreuzestod Jesu deutet Moltmann in der »dialektischen Wechselbeziehung« von historischer Perspektive – den Tod Jesu im Kontext seines irdischen Lebens - und theologisch-eschatologischer Perspektive – von Auferweckung und Ende her.[370] Beide Perspektiven lässt Moltmann sich im

---

367 Vgl. in sehr ähnlichen Worten Moltmann 1972a, S. 29, dort auch das Zitat. Auch zitiert bei Müller-Fahrenholz 2000, S. 52.

368 Moltmann 1972a, S. 29. Besser wäre es, hier von Geschwisterschaft zu reden, um auch die Schwestern und Christinnen explizit mitzumeinen.

369 Vgl. Moltmann 1972a, S. 230.

370 Vgl. auch Müller-Fahrenholz 2000, S. 55, dort auch das Zitat. Vgl. auch Moltmann 1972a, S. 147. Erstens (1) könne in historischer Perspektive (den Perspektive-Begriff dafür verwendet Moltmann selbst: Moltmann 1972a, S. 147) nach dem Tod Jesu »im Kontext seines Lebens« (ebd., S. 119), also als Ende einer von Anfang zum Ende hin erzählten Geschichte, gefragt werden. Zweitens (2) könne sein Tod in eschatologisch-theologischer Perspektive »im Kontext des urchristlichen Auferstehungsglaubens« (ebd.) und damit mit dem Neuen Testament (vgl. ebd., S. 149) schon im Bewusstsein der Auferstehung thematisiert werden (vgl. ebd., S. 106, 119, 149). Moltmann separiert nun diese Perspektiven nicht in eine historisch-kritische und eine theologische Aufgabe, sondern will versuchen, »*die historische Aufgabe* der Darstellung des Todes Jesu im Rahmen seines Lebens *als theologische Aufgabe* anzufassen, denn sein Leben, Verkündigen und Wirken sowie sein Sterben waren in seinem eigenen Sinne theologisch bestimmt.« (ebd., S. 106, kursiv im Original) Genauso will Moltmann dann »*die theologische Aufgabe* der Dar-

mehrdeutigen Prozessbegriff schneiden, der sowohl einen historischen Prozess um Jesus als auch einen theologischen Prozess um die Wahrheit Gottes meint.[371] Es sind eigentlich »drei Dimensionen« des Prozesses und Beziehungen, in denen Moltmann den Gekreuzigten und damit christliche Identität konturiert.[372] Alle drei Prozesse enden am Kreuz mit offenen Fragen und müssen von der Auferweckung her eschatologisch wieder aufgerollt werden.[373] In diesen wieder aufgerollten Prozessen findet sich – so verstehe ich Moltmann – dann die Kirche wieder: daran, wofür sie hier Zeugnis gibt, entscheidet sich ihr Kirchesein.[374]

In dem Prozess geht es (1) um die Frage nach Gottes Gerechtigkeit, (2) um die »Frage nach der Autorität der Freiheit« und (3) um die »Frage nach der Gottheit Gottes«.[375]

(1) Mit den religiösen Autoritäten seiner Zeit lag Jesus im Konflikt, weil er »mit beanspruchter Vollmacht Gott als den [verkündigte], der in seiner eschatologischen Hinwendung zum verlorenen Menschen frei ist von der Observanz des Menschen gegenüber den Gesetzesvorschriften und sich in zuvorkom-

---

stellung und Interpretation des Osterglaubens *als historische Aufgabe* auffassen, sofern sich alle Aussagen des Glaubens über seine Auferweckung und Erhöhung durch Gott und seine Funktionen als Christus, Kyrios und Gottessohn auf sein Leben und seinen Tod beziehen.« (ebd., kursiv im Original, beide Zitate so auch bei Müller-Fahrenholz 2000, S. 55) Moltmann rekonstruiert in den Kapiteln IV und V von gG dann zunächst historisch nachvollziehend (Moltmann 1972a, S. 119) den geschichtlichen Prozess Jesu, der am Kreuz und damit mit »offenen Fragen« endet (vgl. ebd., S. 147, dort auch das Zitat). Genau dieser Prozess wird im Lichte der Auferstehung, also in eschatologischer Perspektive dann wieder aufgerollt (vgl. in ähnlichen Worten ebd., S. 120). Im Wechselspiel von beiden – der Geschichte Jesu und ihrer eschatologischen Reinterpretation im Lichte der Auferstehung – entsteht dann die Heilsbedeutung des Kreuzes für uns und die Beziehung des gekreuzigten Christus zu christlicher Existenz heute, die dieser Existenz ihr inneres Kriterium gibt.

371 Vgl.: »Der Ausdruck ›Prozeß‹ wird in den folgenden Kapiteln in seinem weiten Sinnhorizont gebraucht und meint sowohl einen Gerichtsprozeß um die Wahrheit wie einen Geschichtsprozeß. Mit dem ›Prozeß Jesu‹ ist darum nicht im engen Sinne sein Prozeß vor dem Hohen Rat oder Pilatus gemeint, sondern der Streit um die Wahrheit Gottes, in dem er als Zeuge auftritt, und auf der anderen Seite der ›Prozeß um Jesus‹ im Rechtsprozeß Gottes, in welchem seine Zeugen für ihn eintreten.« (Moltmann 1972a, S. 107)

372 Vgl. Moltmann 1972a, S. 147, dort auch das Zitat. Vgl. Müller-Fahrenholz 2000, S. 55.

373 Vgl. Moltmann 1972a, S. 147.

374 Entsprechend hat Moltmann für alle Prozessdimensionen die hier zitierten Fragen an die Kirche formuliert, zu denen diese im wieder aufgerollten Prozess Stellung nimmt (vgl. Moltmann 1973, S. 53–58, 1974b, S. 16–20).

375 Vgl. Moltmann 1972a, S. 147, dort auch beide Zitate. Zu den ersten beiden Dimensionen vgl. auch schon Moltmann 1970a, S. 36.

mender Liebe dieser Menschen gnädig erbarmt«.[376] In dieser Beziehung brachte ihn der »innere Widerspruch zwischen seinem Anspruch und seiner Armut« ans Kreuz.[377] In dieser Dimension geht es nachösterlich entsprechend »um die Frage der Gerechtigkeit: Aut Christus – aut traditio legis?«; der Prozess wird »im Prozeß zwischen Evangelium und Gesetz, zwischen Glaubensgerechtigkeit und Werkgerechtigkeit, zwischen Rechtfertigung der Gottlosen und der Rechtfertigung der Gerechten ausgefochten. Kreuzestheologie versteht den christlichen Glauben als Zeugen der Gerechtigkeit Jesu Christi in diesem Rechtsprozeß Gottes.«[378] Kriteriologisch auf die Kirche bezogen entsteht damit die Frage, ob die Kirche die Gerechtigkeit Jesu bezeugt, also: »welcher Gerechtigkeit im Himmel und auf Erden dient sie: dem Recht der Versöhnung, das neues Leben schafft – oder dem Recht der Vergeltung, das jedem das Seine gibt?«[379]

(2) Mit den politischen Autoritäten seiner Zeit lag Jesus im Konflikt, da seine Verkündigung die »religiös-politischen Grundlagen der Pax Romana und die archaischen Gerechtigkeitsvorstellungen aller Menschen« untergrub.[380] Gibt die Auferweckung durch Gott diesem als Aufrührer Gekreuzigten recht, geht es im nachösterlichen Prozess um die Frage: »Aut Christus – aut Caesar?«[381] Deshalb ist »Glaube an den Gekreuzigten [...] im politischen Sinne öffentliches Zeugnis für die Freiheit Christi und das Recht der Gnade gegenüber den politischen Religionen der Völker, Imperien, Rassen und Klassen.«[382] Kriteriologisch auf die Kirche bezogen entsteht damit die Frage: »dient sie der bürgerlichen Religion (civil religion) eines Landes oder der universalen Freiheit des Gekreuzigten?«[383]

(3) In der Beziehung zu »seinem Gott und Vater«[384] »starb Jesus in einzigartiger Gottverlassenheit«[385]. Insofern Jesus nach Moltmann im Verlassenheitsruf »sein eigenes Sein in der besonderen Beziehung seines Lebens und seiner Verkündigung zum Vater« einklagt, geht es am Kreuz um die Gottheit Gottes.[386] Ekklesiologisch weiterführend ist, dass Jesus »damit zum Bruder

---

376 Moltmann 1972a, S. 121. Moltmann betont, dass mit dem in diesem Kontext angesprochenen »Gesetz« nicht die Thora gemeint ist (vgl. ebd., S. 128).

377 Vgl. Moltmann 1972a, S. 124f., dort auch das Zitat.

378 Moltmann 1972a, S. 127. Vgl. dort auch für den Satzanfang und das erste Zitat.

379 Moltmann 1973, S. 54.

380 Vgl. Moltmann 1972a, S. 137, dort auch das Zitat.

381 Moltmann 1972a, S. 138. Vgl. dort für den ganzen Gedanken.

382 Moltmann 1972a, S. 138.

383 Moltmann 1973, S. 55.

384 Moltmann 1972a, S. 140. Von der Auferstehung her wird diese Beziehung als Beziehung in Gott deutbar, die Moltmann dann sogar »Prozeß zwischen Gott und Gott, zwischen dem gekreuzigten Gott und dem kommenden Gott« nennen kann (vgl. Moltmann 1970c, S. 138, dort auch das Zitat).

385 Moltmann 1972a, S. 142.

386 Vgl. Moltmann 1972a, S. 144, dort auch das Zitat.

aller Gottverlassenen« wurde und so eschatologisch-theologisch interpretiert »Gott zu den Gottverlassenen gebracht hat«.[387] Das ist der »tiefste Grund für den christlichen Universalismus«, dass Gott in Christus »die Menschen in ihrer gemeinsamen Unmenschlichkeit« annimmt.[388] Zum Kriterium wird damit etwa die Frage: »Finden in ihr [der Kirche, FH] [...] die Gottverlassenen die Brüder Christi, die ihnen den Vater der Verlassenen und den Geist der Annahme zeigen?«[389]

Hatte also die TdH den Hoffnungshorizont zu ermessen gesucht, der sich an der Auferstehung auftut, so fokussiert gG auf die andere Seite der Dialektik von Kreuz und Auferstehung:[390] auf den Gekreuzigten, über dessen Profilierung in drei Beziehungs- und Prozessdimensionen aussagbar wird, für wen (zuerst) die Auferweckung als Beginn einer neuen Zukunft Grund zur Hoffnung ist – nämlich für diejenigen, die mit dem so profilierten Gekreuzigten identifizierbar sind: auf Gottesgerechtigkeit trauende Gesetzlose, Rechtlose, Gottverlassene.[391] Als Anfang der Auferstehung weckt das Christusgeschehen Hoffnung, als Auferweckung des Gekreuzigten weckt es die Hoffnung der Gottverlassenen, Gesetz- und Rechtlosen, die Hoffnung für die Toten. Insofern rückblickend der Gekreuzigte als der Auferstandene identifiziert werden kann und im Christusgeschehen die Zukunft Gottes schon in Antizipation gegenwärtig ist, ist damit markiert, wo mit Antizipationen des Erhofften zu rechnen ist:[392]

---

387 Vgl. Moltmann 1973, S. 56, dort auch die Zitate. So auch: »In der Hölle der Verlassenheit von Gott und den Menschen sterbend, bringt er [Christus, FH] Gottes Gemeinschaft, die Liebe genannt wird, zu denen, die in ihrer Hölle alle Hoffnungen fahren lassen, und gibt ihnen Zukunft.« (Moltmann 1971, S. 35)

388 Vgl. Moltmann 1971, S. 36, dort beide Zitate. Vgl. dazu auch Tripole 1973, S. 27.

389 Moltmann 1973, S. 57.

390 In dieser Dialektik hat Richard Bauckham den zentralen Gedanken von Moltmanns Frühwerk gesehen (Bauckham 1995, S. 4, 82). Pointe dieser dialektischen Interpretation ist dabei: »By raising the crucified Jesus to new life, God created continuity in this radical discontinuity.« (ebd., S. 5) Zum auch hier so vorausgesetzten Zusammenhang der beiden ersten Programmschriften im Sinne dieser Dialektik vgl. ebd., S. 108.

391 Vgl.: »Nicht daß irgendeiner allen voran auferweckt [wird], sondern daß es dieser Verurteilte, Gehenkte und Verlassene ist, macht das Neue und Anstößige der christlichen Osterbotschaft aus. [...] Hat Gott diesen Entrechteten in seine kommende Gerechtigkeit auferweckt, so bedeutete das umgekehrt, daß er durch diesen Gekreuzigten seine wahre Gerechtigkeit offenbar macht, nämlich das Recht der unbedingten Gnade, die Ungerechte und Rechtlose gerecht macht.« (Moltmann 1972a, S. 163) Dafür und für das Folgende vgl. auch Bauckham 1995, S. 101.

392 Das ist auch insofern instruktiv für die Kirche, als Moltmann nicht nur das Christusgeschehen als »Vorwegnahme der Zukunft Gottes mitten im Elende der Geschichte« (Moltmann 1973, S. 62) sieht, sondern auch das Leben der Kirche: »Darum ist auch das authentische christliche und charismatische Leben der Kirche

»Durch seinen Tod bringt der Auferstandene die kommende Gottesgerechtigkeit durch stellvertretendes Leiden in die gottlose Gegenwart hinein. Er antizipiert die kommende Gottesgerechtigkeit unter den Verhältnissen menschlichen Unrechts im Recht der Gnade und in der Rechtfertigung der Gottlosen durch seinen Tod.«[393]

So kann Moltmann in christologisch-soteriologischer Zuspitzung formulieren: »Man muß darum sagen: sein Kreuzestod ist ›die Bedeutung‹ seiner Auferstehung für uns. [...] Er ist ›für uns‹ gestorben, um uns ›Toten‹ Anteil an seinem neuen Leben der Auferstehung und an seiner Zukunft des ewigen Lebens zu geben.«[394] In politisch-theologischer Zuspitzung macht Moltmann einen parallelen Gedanken auf die Benachteiligten bezogen geltend: »Das Reich Gottes beginnt in dieser Welt bei den Armen, und das Recht Gottes kommt rechtfertigend zu den Entrechteten. [...] Die Zukunft Gottes hat sich durch den Gekreuzigten mit denen verbunden, die eine sich selbst bestätigende und auf innere Homogenität drängende Gesellschaft ins Nichts drängt.«[395]

Als (antizipierende) Gestalt einer durch die Auferstehung (des gekreuzigten) Christi erweckten Hoffnung kann sich Kirche also nur in Identifikation mit dem Gekreuzigten verstehen, der allen voran auferweckt wurde. Deshalb wird die theologisch-historische Profilierung des Gekreuzigten der Kirche zum Kriterium ihrer Relationen. Kirche versteht Moltmann entsprechend als Gottesgemeinschaft der Gottverlassenen, in der Kritik der politischen Religion und in der Parteinahme für die Benachteiligten. Dadurch ist sie Gestalt der Hoffnung. Was heißt das im Einzelnen?

---

eine Vorwegnahme (aparche) der Zukunft Gottes und der Zukunft wahrer Menschlichkeit mitten in diesem ›Leben zum Tode‹.« (ebd., S. 63)

393 Moltmann 1972a, S. 172f. Vgl. auch: »Das heißt: das kommende Reich Gottes hat keinen anderen Ort auf dieser Erde als das Kreuz auf Golgatha. Nicht in Zukunftsträumen, sondern im Angesicht des Gekreuzigten sieht uns die Zukunft Gottes an.« (Moltmann 1977a, S. 63) Vgl. ähnlich auch schon: »Die Gegenwart hat nur Zukunft, wo die Zukunft gegenwärtig wird. Das bedeutet in diesem Falle, daß jene Zukunft, von der Leben, Gerechtigkeit und Freiheit erwartet wird, keine andere Gegenwart hat als die Gegenwart des Kreuzes und die Gemeinschaft der Leiden Christi.« (Moltmann 1968c, S. 185) Gerade daran, dass der Gekreuzigte als »Erstling der Entschlafenen« auferweckt wurde, wird das Reich Gottes erfahrbar: »Die Zukunft Gottes und des Heils – Reich Gottes – Reich der Freiheit – ist deshalb für uns nirgendwo anders erkennbar und verwirklicht als in dem armen, verstoßenen und für uns gekreuzigten Jesus. Das aber bedeutet: durch sein Leiden befreit er die Leidenden; durch seine Ohnmacht gewinnt er Macht in der Welt; durch seine Gottverlassenheit bringt er Gott zu den Verlassenen; durch seinen Tod schafft er den zum Tode Verurteilten Heil.« (Moltmann 1984, S. 157)

394 Moltmann 1972a, S. 173, vgl. dazu auch Müller-Fahrenholz 2000, S. 56.

395 Moltmann 1970a, S. 46f.

3.2 Die Bedeutung der Kreuzestheologie für die Ekklesiologie

Quelle für die Beantwortung der Frage nach der Kirche können zum einen die Andeutungen zur Ekklesiologie sein, die sich im Schlusskapitel von gG finden, und zum anderen die Konsequenzen, die Moltmann in KKG in der Beschreibung der Gemeinde als »Kreuzgemeinde« explizit aus der Kreuzestheologie zieht.

3.2.1 Gekreuzigter Gott

Für die Kirche ist der Gekreuzigte dadurch Kriterium, dass die sich auf den Gekreuzigten als Grund berufende Kirche daraufhin befragt werden kann (muss), inwiefern sie sich mit dem Gekreuzigten identifiziert und inwiefern sie mit dem Gekreuzigten identifizierbar wird.[396] Akut wird dieses Kriterium bei Moltmann insbesondere in der Frage nach dem Verhältnis der Kirche zur politischen Religion.

Moltmann geht davon aus, dass Theologie und Kirche sich immer schon in einer Öffentlichkeit wiederfinden, die von politischen Religionen besetzt ist.[397] Entsprechend gibt es nach Moltmann zwar eine ihrer politischen Implikationen »bewußtlose«, aber »keine a-politische Theologie«.[398] Historisch war nach Moltmann christlicher Glaube einmal eine kritische Kraft gegen solche politische Religionen; andererseits wurde die Kirche zu einer Institution politischer

---

396 Moltmann betont, dass der Gekreuzigte sich zum »Bruder der Verachteten, Verlassenen und Bedrückten« gemacht hat (Moltmann 1972a, S. 29). Daraus folgt für die Kirche als »Bruderschaft Christi«: »Die Bruderschaft mit ›seinen geringsten Brüdern‹ gehört darum zur Bruderschaft Christi und der Identifikation mit ihm notwendig dazu.« (ebd., S. 29; vgl. dazu auch Tripole 1973, S. 28) Am Kreuz scheidet sich der Glaube von der »›Religion der Angst‹« und den »Ideologien der Entfremdung« (Moltmann 1972a, S. 29), die Christus ans Kreuz brachten. Kriterium für die Kirche wird das Kreuz, weil Kirche nur Kirche des Gekreuzigten sein kann, wenn sie sich mit dem Gekreuzigten identifiziert und von den Religionen der Angst und Entfremdung abgrenzt. Indem sich die Kirche von der Welt mit ihren Ideologien entfremdet, kommt sie in Solidarität mit denen, die diese Ideologien entfremden (vgl. ebd., S. 29). Vgl. dazu auch Bauckhams kurze Zusammenfassung der Ekklesiologie in gG: Bauckham 1995, S. 121.
Wichtig ist dabei m. E., dass mehrere Stellen bei Moltmann darauf hindeuten, dass diese Scheidung, die am Kreuz offensichtlich wird, zwar zunächst eine zwischen Personen oder Personengruppen ist, aber letztlich wohl doch eine zwischen Mächten. So gilt die Solidarität mit dem Gekreuzigten den Leiden, die Unterdrückung auf Seiten der Unterdrückten wie der Unterdrücker verursacht: »Christliche Identifikation mit dem Gekreuzigten heißt Solidarität mit dem Leiden der Armen und dem Elend der Unterdrückten wie der Unterdrücker.« (Moltmann 1972a, S. 29) Auch spricht Moltmann apokalyptische Begrifflichkeiten aufgreifend nicht von einem Kampf zwischen Personengruppen, sondern von einem »Kampf mit den Mächten eines Weltschemas, das zum Tode führt.« (ebd., S. 28)

397 Vgl. in ähnlichen Worten Moltmann 1970a, S. 17, 1972a, S. 298.

398 Moltmann 1970a, S. 17, 1970c, S. 169f.

Religion. Sie steht auch heute unter dem »Dilemma«, sich entweder als Institution politischer Religion religionspolitisch relevant zu machen oder Gefahr zu laufen, als identitätswahrende Sekte an den »Rand der Gesellschaft« gedrängt zu werden.[399] Vom Kreuz her seien Kirchen in dieser Situation aber »Institutionen gesellschaftskritischer Freiheit «, die sich (selbst-) kritisch gegen politische Religion in Gesellschaft und Kirchen wenden.[400] Diese Kritik entsteht aus der Identifikation mit dem nach Moltmann im Namen politischer Religion Gekreuzigten. Moltmanns Kritik der politischen Religion trifft auch die Zivilreligion.[401]

In Moltmanns Bemerkungen lassen sich zwei Funktionen[402] politischer Religion identifizieren, die vom Kreuz her in den Fokus der Kritik rücken:

(a) Die erste Funktion bezieht sich vor allem auf den Staat. Politische Religion legitimiert laut Moltmann die Herrschaft, die Herrschaft der »Hohen, Mächtigen und Reichen«.[403] Auch wo das Volk politisch handlungsfähig geworden ist, könnten in Repräsentationsstrukturen wieder Entfremdungen und Entmündigungen entstehen, die mit politischem »Götzendienst« einhergehen:[404] Dies geschieht, »wenn die Repräsentanten denen über den Kopf wachsen, die sie repräsentieren sollen, und wenn sich das Volk vor seiner eigenen Regierung beugt.«[405] Gegen diese herrschaftslegitimierende und mit politischem Götzendienst und teilnahmslosem Volk verbundene Religion stellt Moltmann eine mit dem Gekreuzigten identifizierte Kirche, weil in der Auferstehung Gott dem Gekreuzigten, und damit gerade dem Beherrschten, dem unten Stehenden und von der »politisch-religiösen Autorität« Hingerichteten, recht gegeben hat.[406] Von Kreuz und Auferstehung her leuchtet die »Glorie Gottes [...] nicht auf den Kronen der Mächtigen, sondern auf dem Angesicht des Gekreuzigten. Die Autorität Gottes wird dann nicht mehr unvermittelt von den Hohen, Mächtigen und Reichen vertreten, sondern von dem ausgestoßenen Menschensohn, der zwischen zwei Elenden starb.«[407] Damit kann Herr-

399 Vgl. Moltmann 1972a, S. 301, dort auch die Zitate. Allgemeiner zu diesem Dilemma vgl. Chester 2006, S. 83.

400 Vgl. Moltmann 1972a, S. 301, dort auch der zitierte Begriff. Vgl. dort auch für das Folgende. Moltmann übernimmt diesen Begriff von Metz. Vgl. auch Moltmann 1972a, S. 305. Vgl. zum Begriff auch Dröge 2000, S. 42, 150.

401 Zur »civil religion« vgl. Moltmann 1972a, S. 301, 1973, S. 55. Zur Kritik von Hermann Lübbes »Zivilreligion« als politischer Religion vgl. Moltmann 1984, S. 70–78 (explizite Gleichsetzung mit politischer Religion: S. 73).

402 Es sind genau diese zwei Funktionen, die Bauckham als die zwei Formen politischen Götzendienstes bei Moltmann wiederfindet (vgl. Bauckham 1995, S. 111f.).

403 Vgl. Moltmann 1972a, S. 300, 304, Zitat auf S. 304.

404 Vgl. Moltmann 1972a, S. 304; zu dieser Gefahr vgl. auch Moltmann 1970a, S. 42f., 1970c, S. 184.

405 Moltmann 1972a, S. 304.

406 Vgl. Moltmann 1972a, S. 305.

407 Moltmann 1972a, S. 303f. Vgl. ähnlich Moltmann 1970a, S. 37, 1970c, S. 182.

schaft nicht mehr religiös »von oben« als gottgegeben legitimiert werden, sondern nur von den vormals beherrschten, unmündigen Untertanen als gerechtfertigt erscheinen, die nun als aktive Bürger an Entscheidungsprozessen verantwortlich partizipieren.[408] Auf diesem Wege verankert Moltmann seine Position »der Entsakralisierung, der Relativierung und der Demokratisierung«[409] von Herrschaft kreuzestheologisch.

(b) Die zweite Funktion bezieht sich auf die Integration und Stabilisierung der Gesellschaft.[410] Dabei erscheint diese Integration aber gerade als eine, die über Exklusion funktioniert. Das wird daran deutlich, dass politische Religion Menschen offenbar zu ihren Opfern machen kann[411] und ausstößt[412]. Es zeigt sich auch da, wo Moltmann in Konzepten politischer Religion das Carl Schmittsche »Freund-Feind-Schema« wiederfindet, das nun »auf die Unterscheidung von Bürger und Terrorist« angewendet wieder auftauche; so produziere die politische Religion »ihre eigenen Dissidenten und Ketzer«.[413] In der Auferstehung des Gekreuzigten hat Gott in Moltmanns Darstellung gerade dem Gekreuzigten recht gegeben, und damit einem Dissidenten, Ketzer, Ausgestoßenen und von der politischen Religion zum Opfer Gemachten.[414] Die schon angesprochene Forderung nach der Beteiligung der vormals Ausgestoßenen am gesellschaftlichen Leben liegt m. E. in der Konsequenz dieser Kritik.

3.2.2 *Kirche in der Kraft des Geistes*

In KKG zieht Moltmann weitere ekklesiologische Konsequenzen aus seinen kreuzestheologischen Arbeiten. Hier beschreibt er Kirche vom Kreuz her als

408 Vgl. Moltmann 1972a, S. 304f. Vgl.: »Diese Rechtfertigung geschieht aber gerade nicht als religiöse Legitimation der Politik ›von oben‹, sondern als Rechtfertigung der Politik vor dem Volk.« (Moltmann 1984, S. 75)

409 Moltmann 1972a, S. 305. Vgl. zu dieser Forderung auch Moltmann 1970c, S. 69.

410 Vgl.: »Politische Religionen gibt es überall, wo eine Gesellschaft sich mit Hilfe von Symbolen integriert und eine Nation oder Klasse in mythisierten Geschichten ihre Entstehung, ihre Kämpfe und ihre Bestimmung und damit ihr Selbstbewußtsein darstellt.« (Moltmann 1972b, S. 153) Moltmann spricht vom »Ort der rituellen Integration eines Volkes« und von »symbolische[r] Selbstbestätigung« (Moltmann 1972a, S. 301) Vgl. historisch: ebd., S. 299.

411 Vgl. Moltmann 1972a, S. 301.

412 Vgl. Moltmann 1972a, S. 304. Vgl. auch Bauckham 1995, S. 112. Das wird auch deutlich, wo Moltmann das Christentum der »National- und Klassenreligion« gegenüberstellt (vgl. ebd., S. 305).

413 Vgl. Moltmann 1984, S. 76, dort auch die Zitate.

414 Vgl.: »Der Gekreuzigte gehört zu keinem Volk, keiner Rasse und keiner Klasse. Als Bruder der Ausgestoßenen und der Verachteten und der Deklassierten faßt er die menschliche Gesellschaft an ihrem untersten Ende [...]« (Moltmann 1971, S. 36).

»Kreuzgemeinde« und macht dafür die Aufarbeitung der drei Beziehungen fruchtbar, in denen Jesu Weg zum Kreuz führte.[415]

Das bisher über die Kirche als »Institution gesellschaftskritischer Freiheit« Gesagte taucht dabei als Konsequenz aus Jesu Kreuzigung als Unruhestifter im Konflikt mit der Gewalt in Form der »römischen Besatzungsmacht« wieder auf.[416] Die hier entstandene Alternative zwischen Jesu Botschaft einerseits und der »religiös-politischen Wirklichkeit« andererseits wird für die Kirche »aktuell im ständigen Konflikt mit den politischen und bürgerlichen Religionen der Gesellschaften, in denen sie existiert«.[417] Die Kritik an der religiösen Legitimation wird hier explizit auch bezogen auf die »religiöse Legitimation ökonomischer, sozialer und politischer Herrschaftsverhältnisse«.[418]

Explizit zieht Moltmann in KKG ekklesiologische Konsequenzen aus den anderen beiden Beziehungen, in denen Jesu Weg zum Kreuz führte. So bringt Jesu Konflikt die sich mit ihm identifizierende Kirche in Opposition zu dem »Schema dieser Welt«: »Die Geburt der Kirche aus dem Kreuz Christi führt die Kirche, wenn sie konsequent bleibt, unter das Kreuz, in den Widerspruch zu den Lebenssystemen von Nomos und Ananke und in die Anfechtung durch diese Lebenssysteme, ihre Gesetze und Götter.«[419]

Theologisch grundlegend ist bei Moltmann die ekklesiologische Konsequenz aus der Beziehungsgeschichte zwischen Jesus und Gott, die trinitätstheologisch als Geschichte zwischen Gott und Gott erzählbar wird.[420] Am Kreuz gibt sich Jesus hin in die Gottverlassenheit, die »in Wahrheit das Elend im Elend aller verlassenen Menschen ist«.[421] Darin erleidet er den »Tod der Sünde, den Fluch, den Zorn und die Hölle«, und trinitätstheologisch nacherzählt erleidet der Vater »den Tod des Sohnes«, wobei sie in tiefster Verlassenheit gerade die Hingabe vereint:[422] »Die trinitarische Geschichte der Hingabe des Sohnes am Kreuz offenbart darum zusammengefaßt: ›Gott für uns‹ – für uns, die Gottlosen. ›Gott mit uns‹ – mit uns, den Gottverlassenen«.[423] Damit ist Gott am Kreuz nach Moltmann in die tödliche Gottverlassenheit gekommen, auf dass die Gottverlassenen und Gottlosen mit Gott sein und leben würden: Die Hoffnungslosen sollen am Leben beteiligt werden. Genau dieses Ge-

415 Vgl. dazu und zum Folgenden auch Müller-Fahrenholz 2000, S. 69f.

416 Vgl. Moltmann 1975, S. 108.

417 Vgl. Moltmann 1975, S. 108f., Zitate auf S. 109.

418 Vgl. Moltmann 1975, S. 109, dort auch das Zitat. Vgl. auch: »Wo immer aber die Erinnerung an die Kreuzigung Christi in der Kirche wieder lebendig wurde, bewirkte sie Entfremdung von den religiösen Legitimationen der politischen Autoritäten und Solidarität mit den von ihnen Erniedrigten und Verfolgten.« (ebd., S. 110f.)

419 Moltmann 1975, S. 107, kursiv im Original, dort auch das vorige Zitat.

420 Vgl. Moltmann 1975, S. 115f.

421 Vgl. Moltmann 1975, S. 112, dort auch das Zitat.

422 Vgl. Moltmann 1975, S. 113f., Zitate auf S. 113.

423 Moltmann 1975, S. 114.

schehen am Kreuz, das – so müsste man m. E. ergänzen – im eschatologischen Licht der Auferstehung rückblickend als trinitarisches Geschehen erzählbar wird, konstituiert bei Moltmann als Erlösungsgeschehen die Errettung des Einzelnen und das Sein der Kirche:

> Denn die »Gemeinde Christi [...] ist die Gemeinschaft jener Gottlosen, die durch Jesu Gottverlassenheit die Gottesgemeinschaft gefunden haben. Sie ist die Gemeinschaft jener Sünder, die durch den, der für sie zur Sünde gemacht wurde, zur Gerechtigkeit gekommen sind. Sie ist die Gemeinschaft der Verfluchten, die durch den stellvertretenden Fluchtod Jesu gesegnet wurden und zum Segen werden.«[424]

Von daher lässt sich nun das eingangs zitierte »doppelte Identifizierungsgeschehen«[425] besser verstehen: Im Kreuzesgeschehen hat sich Gott mit den Gottlosen und -verlassenen identifiziert und damit Gemeinschaft mit den Gottlosen hergestellt. Von daher kann Moltmann es in der Tat offen lassen, wer das Subjekt der zweiten Identifizierung im doppelten Identifizierungsgeschehen ist – schwingt hier doch zum einen mit, dass wir als die Gottverlassenen zunächst identifiziert werden,[426] für die der Sohn sich hingegeben hat, und zum anderen, dass wir uns mit dem gottverlassenen Gekreuzigten identifizieren – das aber wiederum nicht anders können als in gleichzeitiger Solidarisierung mit den anderen Gottverlassenen, Ausgeschlossenen und Entrechteten: »Die Gemeinschaft mit dem Gekreuzigten ist nicht anders zu leben als in der *Gemeinschaft mit den geringsten Brüdern des Menschensohns*«.[427] Das Kreuz benennt sozusagen den »soziale[n] Ort« der Hoffnung, »an welchem die Antizipationen der christlichen Hoffnung und der christlichen Liebe stattfinden sollen«: an den geringsten Brüdern.[428] Diese Gedanken hat Moltmann insofern ekklesiologisch noch stärker betont, als er von den »zwei Bruderschaften

---

424 Moltmann 1975, S. 114f.

425 Moltmann 1972a, S. 23. Vgl. ebendort inhaltlich: »Christliche Identität läßt sich nur als Akt der Identifizierung mit dem gekreuzigten Christus verstehen, weil und sofern einen die Verkündigung erreicht hat, daß in ihm Gott sich mit den Gottlosen und Gottverlassen identifiziert hat, zu denen man selbst gehört.«

426 So betont Moltmann, dass erst am Kreuz »die Gottlosigkeit und die Gottverlassenheit« als solche deutlich werden (vgl. Moltmann 1977a, S. 63). Vgl. auf Wirklichkeit bezogen: »Ist im Kreuz die ganze unverkürzte Wirklichkeit des Menschen von Gott angenommen, so wird dem Menschen im Kreuz doch zugleich auch seine Wirklichkeit als eine von Gott gerichtete und verlassene Wirklichkeit enthüllt.« (Moltmann 1968e, S. 154)

427 Vgl. Moltmann 1975, S. 116, dort auch das Zitat, kursiv im Original. Die Gemeinde lebt »in der Gemeinschaft mit Gott kraft der Hingabe Christi für sie. Dadurch ist auch ihr Leben zur Hingabe bestimmt, d. h. zur Liebe zur Stellvertretung und zur Fürbitte.« (ebd., S. 115) Es folgt für Moltmann zunächst »das allgemeine Priestertum der Gläubigen« (ebd., dort auch: »Die ganze Gemeinde lebt von der Hingabe Christi und in der Hingabe für die Versöhnung der Welt.«).

428 Vgl. Moltmann 1977a, S. 63, dort auch das Zitat.

Christi« und der »doppelten Gegenwart Christi« spricht und so neben der explizit christlichen Gemeinde die »unbekannte und verleugnete Bruderschaft der Geringsten« bedenkt.[429] Damit sind – wie Tripole betont – die »Geringsten« nicht nur als Adressaten von Wohltätigkeit im Blick, sondern bekommen »ecclesiological significance«.[430]

3.2.3 *Konsequenzen*

Formuliert man das bisher Referierte in Bezug auf die Kirche explizit als relationale Ekklesiologie, so ergibt sich folgende Zusammenfassung: Die Kirche verdankt sich der Beziehung zu Christus, in der aus den Gottverlassenen durch die Gottverlassenheit Gottes in Christo eine Gemeinde wird. Ausgeschlossene werden durch Christus beteiligt am Leben mit Gott und miteinander. Die Kirche erweist sich in den gesellschaftspolitischen Verhältnissen und damit in der Beziehung zur Macht, zur politischen Religion, zu den von dieser Ausgegrenzten und zu den Armen und Unterdrückten dort als Kirche, wo sie sich mit dem Gekreuzigten identifiziert, mit ihm identifizierbar wird und damit nicht als Institution der Herrschaft einer von oben religiös legitimierenden, die Nichtbeteiligung der Bürger befördernden und durch Exklusion integrierenden politischen Religion funktioniert, sondern gerade von dieser politischen Religion und ihren Zwängen befreit, für die Ausgegrenzten, Armen und Unterdrückten Partei ergreift und so als »Institution gesellschaftskritischer Freiheit« funktioniert.

> »Am Ort der bürgerlichen Religion in einer Gesellschaft macht die Vergegenwärtigung des im Namen einer solchen Religion einst Gekreuzigten die Kirchen zu Institutionen gesellschaftskritischer Freiheit, die sich auf seine Weise dysfunktional verhalten. Das geschieht theoretisch durch Kritik an den Idolen, Tabus, Feindbildern und Selbstrechtfertigungen der politischen Religion und praktisch durch Parteinahme für die jeweils ›anderen‹, die zu Opfern jener herrschenden politischen Religionen geworden sind.«[431]

Diese kreuzestheologischen Konsequenzen lassen sich folgendermaßen auf die Leitfrage beziehen: Als Institution gesellschaftskritischer Freiheit ist die Kirche Gestalt der Hoffnung, weil sie in Parteinahme für die Ausgeschlossenen und in Kritik des Ausschließens auf Veränderung hoffen lässt.

Versteht Öffentliche Theologie die öffentliche Kirche in der Tradition dieser Theologie, wird sie gerade in den Konsequenzen der Kreuzestheologie Orientierungen für die kritische wie für die konstruktive Dimension kirchli-

429 Vgl. Moltmann 1975, S. 148, dort auch die Zitate. Vgl. zur »doppelten Bruderschaft« auch schon Moltmann 1970a, S. 48. Tripole hat die exegetische Herleitung dieses Gedankens kritisiert: Tripole 1973, S. 32, 1981, S. 646–654.

430 Vgl. Tripole 1973, S. 28, dort auch das Zitat. Wir sprechen heute nicht mehr von »Bruderschaft«, sondern von »Geschwisterschaft«.

431 Moltmann 1972a, S. 301.

chen Handelns und kirchlicher Gestalt finden. Ihre Kritik wird auch zur Kritik politischen Götzendienstes und bürgerlicher Religion in Kirche und Gesellschaft. Diese fasse ich zusammen als Religionskritik-Orientierung (O4). Konstruktive Kehrseite der Religionskritik ist deren beschriebene Intention, nämlich die Beteiligung am gesellschaftlichen Leben zu ermöglichen. Dies fasse ich als Beteiligungs-Orientierung (O5) zusammen, die der noch zu erläuternden (3.3) Sympathie-Orientierung (O6) inhaltlich sehr nahe steht.

Ihre konstruktiven Beiträge werden sich orientieren an der Parteinahme für die Opfer, die Ausgegrenzten und anderen – mit anderen Worten an der vorrangigen Option der Armen.[432] Diese konstruktive Konsequenz aus der kreuzestheologischen Bestimmung der Ekklesiologie muss indes differenzierter gezogen werden. Fragt man nämlich positiv, in welche Beziehungen die Identifizierung mit dem Gekreuzigten die Kirche nach Moltmann bringt, ergeben sich zwei eng miteinander verbundene und ineinander übergehende Aspekte:[433] Kirche ist dann (1) Gemeinschaft der Gottverlassenen und (2) Gemeinschaft mit den »geringsten Brüdern des Menschensohns«. Beides hängt bei Moltmann eng zusammen und wird hier nur unterschieden, weil sich daraus unterschiedliche Orientierungen für eine Öffentliche Theologie der Kirche ableiten lassen:

(1) Einmal hat bei Moltmann wie beschrieben die Kirche ihren Grund in der Identifikation des Gekreuzigten mit den Gottlosen, was diese zur Gottgemeinschaft bringt und so zu Kirche macht. Aus der sozial verstandenen Rechtfertigungslehre wird bei Moltmann die Kirche notwendig zur vielfältigen und offenen Gemeinschaft, weil sie ihren Grund nicht in gemeinsamen Eigenschaften der Glieder findet:[434] Gott wird nicht im Ihm Entsprechenden offenbar, sondern dialektisch im Ihm Widersprechenden:[435] »Gott wird im Kreuz des gottverlassenen Christus offenbar.«[436] Die Gemeinschaft der »Kirche des Ge-

---

432 Für dieses Doppel von Kritik und Parteinahme vgl. Moltmann 1972b, S. 157. Hier steht mit Moltmann bewusst »der Armen« und nicht »für die Armen«, um zu betonen, dass es um Chancen der Armen auf aktive Teilnahme geht (vgl. dazu Moltmanns Kritik an dem Ausdruck »preferential Option for the Poor«: Moltmann 2011, S. 5).

433 Vgl. all die Stellen, wo Moltmann die »doppelte Bruderschaft Christi« erwähnt, etwa Moltmann 1972b, S. 156.

434 Explizit: »Die christliche Gemeinschaft, in der einer den anderen annimmt, gleichwie er von Christus angenommen ist zum Lobe Gottes (Röm. 15,7), ist die soziale Gestalt der Rechtfertigung aus Glauben. Sie soll eine Gemeinschaft von Personen mit Ich-Identität, frei von Ego-Identität sein, eine Gemeinschaft von Gerechtfertigten, die sich nicht mehr aus ihren Eigenschaften rechtfertigen müssen, deshalb eine Gemeinschaft von Ungleichen und Verschiedenen, die durch freie und zuvorkommende Anerkennung zusammengehalten wird.« (Moltmann 1975, S. 212f.)

435 Vgl. Moltmann 1972a, S. 31–33.

436 Moltmann 1972a, S. 32.

kreuzigten« entsteht nach Moltmann also gerade nicht einfach nur aus der Gemeinsamkeit ihrer Glieder untereinander und mit Gott,[437] nicht nach dem aristotelischen Prinzip »Gleich und Gleich gesellt sich gern«,[438] sondern aus der Identifikation mit dem Ausgestoßenen, Anderen, Fremden und einander Fremden: »Wird ein Wesen nur in seinem Gegenteil offenbar, so kann eine Kirche des Gekreuzigten nicht aus einer Versammlung von Gleichen bestehen, die sich gegenseitig bestätigen, sondern muß konstitutiv aus Ungleichen bestehen.«[439] Ihr Gemeinschaftsprinzip »ist die *Anerkennung des anderen* in seiner Andersartigkeit«.[440] Gerade damit wird Gemeinde m. E. zu einer Gestalt der Hoffnung, weil sie in der Gesellschaft vorlebt, dass andere als die gegenwärtig gängigen Gemeinschaftsformen möglich sind, was Hoffnung auf das in der Gemeinde exemplarisch antizipierte Erhoffte weckt und bestärkt.

In Anlehnung an und freierer Weiterführung von Moltmann lässt sich nun fragen, wie diese dialektische Identität der Kirche des Gekreuzigten anschaulich wird. Sie wird erstens (1.1) dort sichtbar, wo Christen und Kirche aus »Dankbarkeit für das erfahrene Gute« handeln.[441] Wenn christliche Existenz und Gemeinschaft eben nicht aus der Gerechtigkeit der Christen, sondern aus Gottesgerechtigkeit für Ungerechte entsteht,[442] dann ist sie verdankte und nicht selbst hergestellte Existenz und Gemeinschaft. Dies kann in der Öffentlichkeit der Kirche konkret deutlich werden, etwa dadurch, dass Kirchenvertreter explizit auf das verweisen, was ihr Leben und ihre öffentlichen Stellungnahmen ermöglicht.

Die besagte dialektische Identität wird zweitens (1.2) dort anschaulich, wo Kirche als eine vielfältige und bunte[443] Gemeinschaft von Verschiedenen – insbesondere auch von Fremden und gesellschaftlich Marginalisierten – sichtbar wird. Darin zeigt sich, dass ihr Geselligkeitsprinzip eben nicht die Gesellung von Gleichen, sondern die »Gesellung zu den anderen« ist.[444] Wo

---

437 Vgl. Moltmann 1972a, S. 30–33, Zitat auf S. 33. Die beiden Aspekte – Gemeinschaft untereinander und Gemeinschaft mit Gott – vermischen sich in Moltmanns Ausführungen. Dies verstehe ich hier als Betonung des untrennbaren Zusammenhangs zwischen beiden.

438 Zitiert in Moltmanns Abgrenzung dazu: Moltmann 1972a, S. 30, auch Moltmann 1972b, S. 156, 1977b, S. 23. Vgl. dort jeweils auch für den Gedanken im Haupttext.

439 Moltmann 1972a, S. 33, dazu auch: Moltmann 1970c, S. 103. Vgl. zur Entstehung der christlichen Gemeinschaft aus »common godlessness« auch Tripole 1973, S. 27.

440 Moltmann 1972b, S. 156, kursiv im Original.

441 Zu diesem Dankbarkeitsbegriff, seiner ethischen Relevanz und der inhaltlichen Herleitung aus Martin Luthers Freiheitsschrift vgl. Bedford-Strohm 2011, S. 74f., Zitat: S. 75.

442 Vgl. Moltmann 1972a, S. 32f.

443 Zu diesem Begriffspaar vgl. so Moltmann 1975, S. 323.

444 Vgl. Moltmann 1972a, S. 33, dort auch das Zitat.

Kirche beispielsweise nur als Gemeinde von Mittelständlern oder von Familien, nur als Gemeinde von Alten oder nur von Jungen besteht und wahrgenommen wird, bleibt sie hinter ihrem kreuzestheologischen Kriterium zurück. Dies gilt auch dann, wenn Kirche nur durch die Ausübenden eines Berufes repräsentiert wahrgenommen wird, etwa als Pastorenkirchen. In der Perspektive von Moltmanns Kreuzestheologie erscheint dies deshalb als problematisch, weil so der Eindruck entstehen kann, christliche Existenz habe ihre Identität und Kirche den Grund ihrer Gemeinschaft eher in den Gemeinsamkeiten ihrer Glieder – dem gemeinsamen Beruf, Milieu, Alter, Stand oder der gemeinsamen Lebenssituation oder ethnischen Herkunft – als im auferstandenen Gekreuzigten.

Auf die Leitfrage hin formuliert: Kirche kann nur als binnenplurale Gemeinschaft Gestalt der Hoffnung für alle sein. Mit innerer Homogenität droht sie einem anderen Grund ihrer Vergesellschaftung Gestalt zu geben als dem Grund ihrer Hoffnung. Diese Hoffnung kann auf voraussetzungslose universelle Erfüllung nur gerichtet sein, weil sie den Grund nicht in sich – etwa in ihrer eigenen Homogenität – hat. Das Orientierende an diesem Gedanken für kirchliche und öffentlich-theologische Praxis fasse ich im Folgenden als Heterogenitäts-Orientierung (O7) zusammen.

(2) Als Gemeinde der durch Gottes Gerechtigkeit gerechtfertigten Ungerechten kann die Kirche sich nicht selbstgerecht von Ausgegrenzten abgrenzen, sondern findet sich in kreuzestheologischer Perspektive in Solidarität mit den »geringsten Brüdern des Menschensohns« wieder. Dies bringt nach Moltmann wie gesehen der zweite Teil des doppelten Identifizierungsgeschehens – die Identifikation mit dem gekreuzigten Christus – mit sich: »Der Gekreuzigte wurde zum Bruder der Verachteten, Verlassenen und Bedrückten. Die Bruderschaft mit seinen ›geringsten Brüdern‹ gehört darum zur Bruderschaft Christi und der Identifikation mit ihm notwendig dazu.«[445] Was »theoretisch durch Kritik« der politischen Religion geschieht, »geschieht [nach Moltmann] praktisch durch Parteinahme für die, die draußen sind und ausgestoßen werden«.[446]

Diese Parteinahme kann anschaulich werden in konkreten Akten: Kirche setzt sich öffentlich für die Belange der Schwächsten ein. Ihre Stellungnahmen sind orientiert an der vorrangigen Option der Benachteiligten. In öffentlichen Diskussionen gibt sie den Stimmlosen und deren Interessen eine Stimme.[447] Die Parteinahme wird auch konkret in der (diakonischen) Suche nach Gemeinschaft mit Benachteiligten.

Deutlicher als dies beim frühen Moltmann der Fall ist, muss betont werden, dass die Parteinahme für die Schwachen eine theologische und soziologisch wie politikwissenschaftlich informierte Diskussion darüber voraussetzt,

445 Moltmann 1972a, S. 29.

446 Vgl. Moltmann 1972b, S. 157, dort auch das Zitat.

447 Vgl. dazu: Stammler 1978, S. 18.

wer in den Ambivalenzen der Gegenwart in jeweils konkreten Fragen die Opfer, Schwachen, Benachteiligten, Ausgegrenzten und Stimmlosen sind. Hier ist eine kritische Rekonstruktion der Selbstdarstellungen und Darstellungen von gesellschaftlichen Akteuren unerlässlich. Zum einen muss der, der sich auf eine konkrete Frage bezogen selbst als das benachteiligte Opfer darstellt, dies in einem weiteren Horizont als dem seiner Selbstwahrnehmung nicht tatsächlich sein. Zum anderen ist es gerade in personalisierten Mediendiskursen eine (bewusste oder unbewusste) Argumentationsstrategie, sich als Opfer darzustellen, um die Autorität des Benachteiligten in Anspruch zu nehmen. So mögen sich die Gegner einer innerkirchlichen Gleichberechtigung der auf Verbindlichkeit angelegten gleichgeschlechtlichen Lebensweisen etwa selbst durchaus ehrlich als Opfer von Modernisierungsprozessen wahrnehmen und darstellen. Eine kritische Rekonstruktion müsste dies in Frage stellen und erörtern, ob besagte Gegner nicht eher Verteidiger einer Position sind, die gleichgeschlechtlich liebende Glaubensschwestern und -brüder erst zu Opfern und Benachteiligten macht.

Die Parteinahme für die Benachteiligten setzt also erstens eine genaue Klärung dessen voraus, wer die Benachteiligten sind. Sie ist zweitens nicht situations- und kontextunabhängig möglich: Wer im Horizont einer Debatte oder eines bestimmten Kontextes Benachteiligter ist, mag im Horizont eines anderen Kontextes die Diskursmacht haben.

Zusammenfassend auf die Leitfrage hin formuliert: Nur in Parteinahme für Benachteiligte kann Kirche Gestalt der Hoffnung von Benachteiligten sein. Im Folgenden nenne ich diesen Gedanken Solidaritäts-Orientierung (O8).

Die hier erarbeiteten Orientierungen O7 und O8 sind insbesondere für die kritische Reflexion (A2) der Konstruktion der Realität von Kirche in Medien, Publika und Selbstdarstellung relevant. Diese Konstruktionen sind jeweils daraufhin kritisch zu befragen, inwieweit die Realität von Kirche in ihnen als die solidarische Gemeinschaft von und mit den »geringsten Brüdern« sichtbar und befördert wird. In kreuzestheologischer Perspektive wird die vorrangige Option der Benachteiligten zum Kriterium nicht nur für die inhaltlichen Stellungnahmen der Kirche, sondern auch für (Re-)Konstruktionen ihrer selbst und von gesellschaftlicher Realität in den medialen Personalisierungsdynamiken: Auch dort sollten benachteiligte Stimmen eine vorrangige Rolle spielen.

3.3 Die Bedeutung der Kreuzestheologie für die Anthropologie

Von einem Wechselverhältnis von Theologie und Anthropologie ausgehend, kann Moltmann nach einer kreuzestheologisch informierten Anthropologie fragen.[448] Dabei verortet er die christliche Theologie (und Anthropologie) im

---

448 »Theologie und Anthropologie stehen in einem Wechselverhältnis. Auch die Theologie des ›gekreuzigten Gottes‹ leitet deshalb zu einer ihr entsprechenden Anthropologie über.« (Moltmann 1972a, S. 255)

Spannungsfeld von griechischer, apathetischer Theologie und pathetischer Theologie jüdischer Religionsphilosophie[449] in deutlicher Nähe zu Letzterer. Den Gegensatz der beiden Pole fasst er folgendermaßen zusammen:

> »In der Sphäre des apathischen Gottes entfaltet sich der Mensch zum *homo apatheticus*. In der Situation des Pathos Gottes aber wird der Mensch zum *homo sympatheticus*. Das göttliche Pathos spiegelt sich in des Menschen Teilnahme, seinen Hoffnungen und Gebeten wider. Sympathie ist die Offenheit einer Person für die Gegenwart einer anderen. Sie hat dialogische Struktur. Im Pathos Gottes wird der Mensch vom Geist Gottes erfüllt.«[450]

Moltmann lässt die christliche Theologie an die pathetische Religionsphilosophie anknüpfen, wobei Christus nun als die voraussetzungslose Teilhabemöglichkeit an der »pathetisch-sympathetischen [Gottes-]Beziehung« gedacht wird:[451] »In Christus gestorben und zu neuem Leben erweckt, wie Paulus in Röm. 6,8 sagt, nimmt der Glaubende real an den Leiden Gottes in der Welt teil, weil er an der Leidenschaft der Liebe Gottes teilnimmt.«[452] Zwei Konsequenzen daraus für ein kreuzestheologisches Verständnis des Menschen scheinen hier wichtig:[453]

(1) In Moltmanns christlich-kreuzestheologischer Perspektive kommt der Mensch nicht da zur Menschlichkeit, wo er am Leben unbeteiligt und vom Leiden der anderen unberührt bleibt, sondern wo das andere ihn affiziert: »In der Sympathie mit dem Pathos Gottes wird er offen für das andere und das Neue.«[454] Damit tritt christliche Theologie in Opposition zu Dynamiken und Konstruktionen, die Menschen apathisch, unbeteiligt und unempfindlich füreinander machen[455] und die Moltmann gegenwärtig diagnostiziert[456].

---

449 Vgl. Moltmann 1972a, S. 255.

450 Moltmann 1972a, S. 261, kursiv im Original. Zur Leidenschaft Gottes vgl. auch Moltmann 1977b, S. 13–19. Vgl. auch Müller-Fahrenholz 2000, S. 59.

451 Vgl. Moltmann 1972a, S. 264, dort auch das Zitat.

452 Moltmann 1972a, S. 266.

453 Moltmann gewinnt diese Konsequenzen im Dialog mit der Freudschen Psychoanalyse. M. E. übernimmt er damit auch problematische Gedanken. Moltmanns von Scharfenberg vermittelte Freud-Rezeption kann im Zuge dieser Arbeit aber nicht weiter thematisiert oder problematisiert werden. Zu fokussieren ist auf die aus der Kreuzestheologie folgenden Konsequenzen für die Anthropologie.

454 Moltmann 1972a, S. 280.

455 In dieser Opposition verliert Moltmanns Theologie aber nicht den Blick für die »Ambivalenz psychischer Regulatoren« (Moltmann 1972a, S. 275, auch S. 278, vgl. dort auch für das Folgende), in concreto: So sehr diese zerstören und in Apathie führen, so sehr schützen sie zunächst auch. Der Bildersturm gegen Zwangshandlungen und ihre Götzen darf nicht selbst zur Zwangshandlung werden (vgl. ebd., S. 275).

456 Vgl. so 1977: »Die Werte und Ideale unserer Gesellschaft sind nicht sehr weit davon entfernt, nur daß die Apathie keine freiwillige Tugend mehr ist, sondern ein merkwürdiger Zwang, dem man sich nur schwer entziehen kann. Die Überwin-

(2) Zur Menschlichkeit kommt der Mensch, wo er die eigene Freiheit annimmt.[457] Nicht als Sklave eines übermächtigen und vor Schmerz schützenden, selbst leidensunfähigen Vatergottes soll der Mensch nach Moltmann Mensch sein, sondern befreit von Autorität und Rebellion gegen diesen: »Gott ließ sich im Sohn erniedrigen und kreuzigen, um die Unterdrückung von Unterdrückern und Unterdrückten hinwegzunehmen und ihnen die Situation freier, sympathetischer Menschlichkeit zu eröffnen.«[458] In Gemeinschaft und auf gleicher Ebene mit anderen Menschen ist der Mensch frei und damit – so kann man ergänzen – handlungsfähig, mündig und tätig.

Für die Doppelaufgabe Öffentlicher Theologie können diese Andeutungen zu einer kreuzestheologisch informierten Anthropologie als Sympathie-Orientierung (O6) fruchtbar gemacht werden:

(A1) Auf der Ebene des interdisziplinären Dialogs wird eine kreuzestheologisch informierte Öffentliche Theologie nach solchen sozialwissenschaftlichen Analysen suchen, die Menschen in ihrer Aktivität und Passivität sichtbar machen und so zeigen, wo Menschen schon handeln und empfindlich sind, aber auch, wo sie noch leidensunfähig und apathisch sind.

(A2) Auf der Ebene medialer, publikaler und organisationaler Wirklichkeitskonstruktionen werden diese theologisch daraufhin zu befragen sein, inwiefern der Mensch hier als Homo sympatheticus dargestellt wird und inwiefern Menschen durch diese Konstruktionen empfindlich bleiben für den anderen, sein Leid und seine Freude. Wo es sich etwa als zutreffend erweisen sollte, dass personalisierte Mediendarstellungen bei Rezipienten zu einer Abstumpfung gegenüber dem Leid anderer Menschen führen, wäre dies von einer kreuzestheologisch informierten Anthropologie her zu kritisieren.

4. Dynamik

Nachdem in den ersten beiden Programmschriften schon erste theologische Gedanken Moltmanns zur Kirche vorliegen, fokussiert die dritte Programmschrift nun ganz auf das Thema Kirche.[459] Dabei ist die Perspektive in Ergänzung der eschatologischen und kreuzestheologischen nun in erster Linie eine pneumatologische. Neu ist damit die zentrale Rolle, die der »Gegenwart des Heiligen Geist[es]« als »Vermittlung von Eschatologie und Geschichte« zukommt.[460]

---

dung von Bedürfnis, Abhängigkeit und Leiden durch Betrieb, Arbeit und Leistung ist für uns selbstverständlich.« (Moltmann 1977b, S. 11)

457 Vgl. Moltmann 1972a, S. 278–280.

458 Moltmann 1972a, S. 284f.

459 Eigentümlicherweise hat dieses Buch deutlich weniger Diskussionen ausgelöst als die ersten beiden Programmschriften (vgl. Bauckham 1995, S. 119).

460 Zitat: Moltmann 1975, S. 223. Schon früher in Moltmanns theologischer Entwicklung hat sich diese Rolle des Geistes angekündigt: Moltmann 1966, S. 267, 1967a,

Im Folgenden werde ich zunächst grob die Grundzüge der pneumatologischen, relationalen[461] Ekklesiologie von KKG (4.1) nachzeichnen, um auf dieser Grundlage dann in freierer Auseinandersetzung mit Moltmann nach Konsequenzen daraus für eine Öffentliche Theologie der Kirche zu fragen (4.2).

4.1 Grundzüge der Ekklesiologie in KKG

Weiterführend und ergänzend knüpft KKG an die TdH und gG (vor allem mit dem bereits referierten Kapitel zur »Kreuzgemeinde«) an. Dabei sind hier die Rolle der Kirche in der Geschichte des Geistes (1), die Wirkung des Geistes auf die Kirche (2) und der Christusbezug des Geistes (3) bei Moltmann wichtig und deshalb kurz auszuführen.

(1) Insbesondere die eschatologische Rahmung der Ekklesiologie aus der TdH ist – in begrifflicher Reformulierung – in KKG durchgehalten.[462] War in der TdH von der »Christenheit im Erwartungshorizont des Reiches Gottes« die Rede, taucht dieser Gedanke nun als Einordnung der Kirche in die trinitarische Geschichte Gottes wieder auf, die ihrerseits auf das Reich Gottes zielt.[463] In KKG will Moltmann »die Kirche im umfassenden Horizont der trinitarischen Geschichte Gottes mit der Welt darstellen«.[464] In diesem Horizont können auch »Sendung und der Sinn, die Existenz und die Funktionen der Kirche [...] ergründet werden«.[465]

In diesem Horizont ergibt sich so das bereits erläuterte (2.4) funktionale Verständnis der Kirche: Die Kirche findet sich in ihren Beziehungen wieder in »den Bewegungen der trinitarischen Geschichte Gottes mit der Welt«.[466] Sie ist nach Moltmann »ein Moment« in dieser Geschichte, eine Dienerin der Sendung;[467] sie ist weder die Geschichte noch die Sendung selbst. Daraus ergibt sich bei Moltmann, dass nicht die Geschichte des Geistes in der Geschichte der Kirche aufgeht, sondern die Kirche ein partikulares Moment in dieser Geschichte des Geistes ist.[468] Oder – in Moltmanns Worten gesagt: Nicht die

---

S. 236f. Auf Jesus bezogen stellt Dröge im Vergleich von gG und KKG fest: »Der Gedanke der gegenwärtigen *doxa* in der Gestalt des Irdischen hat also in gG die Funktion, die nun in KKG dem *Geist* zugesprochen wird, nämlich die Beschreibung der Gegenwart Gottes im Irdischen.« (Dröge 2000, S. 159, kursiv im Original) Zur pneumatologischen Perspektive siehe auch Bauckham 1995, S. 123; Müller-Fahrenholz 2000, S. 48; Harvie 2009, S. 57.

461 Für die relationale Ekklesiologie in KKG vgl. auch Bauckham 1995, S. 125f.

462 Vgl. dazu auch Bauckham 1995, S. 122f.

463 Vgl. Moltmann 1975, S. 76, 78, 80.

464 Moltmann 1975, S. 53.

465 Vgl. Moltmann 1975, S. 66, dort auch das Zitat.

466 Vgl. Moltmann 1975, S. 81, dort auch das Zitat.

467 Vgl. Moltmann 1975, S. 81, dort auch das Zitat. Zu diesem funktional-dienenden Kirchenverständnis vgl. auch Bauckham 1995, S. 127, 145; Müller-Fahrenholz 2000, S. 69.

468 Vgl. Moltmann 1975, S. 81.

Kirche »verwaltet den Geist als Predigtgeist, Sakramentsgeist, Amtsgeist oder Traditionsgeist. Der Geist ›verwaltet‹ die Kirche mit dem Geschehen von Wort und Glaube, Sakrament und Gnade, den Ämtern und Traditionen.«[469]

Zwei Konsequenzen dieser pneumatologischen Einordnung des Gegenstandes der Ekklesiologie scheinen hier besonders wichtig: (a) Erstens beschränkt Moltmann damit Gegenwart und Wirkungen des Geistes nicht auf die Kirche. Wenn der »Geist größer ist als die Kirche«, wenn von dem Schielen auf die »Heilswirkungen des Geistes außerhalb der Kirche« die Rede sein kann, wird offenbar auch von Geistwirkungen außerhalb der Kirche ausgegangen.[470] (b) Zweitens wird damit die theologische Bedeutung der Institutionen des kirchlichen Lebens (Predigt, Sakrament, Amt, Tradition) insofern relativiert, als die Gegenwart des Geistes nicht an den Ort dieser Institutionen gebunden ist; vielmehr sind es die Orte des Geistes, an denen Kirche geschieht.[471]

(2) Von dieser pneumatologischen Einordnung her liegt es nahe, nach der Rolle des Geistes in der Konstitution der Kirche zu fragen. Das Wirken des Geistes stellt Moltmann ansatzweise[472] auch auf die Kirche bezogen als ein Vielfältiges dar: »Der Geist ruft das Volk ins Leben, der Geist bevollmächtigt es zur Mission, der Geist wirkt seine Lebenskräfte und seine entsprechenden Dienste, der Geist einigt, ordnet und bewahrt das Volk. Die Gemeinde versteht darum sich, ihre Kräfte und Aufgaben aus und in der eschatologischen Geschichte des Geistes.«[473] Offenbar sieht Moltmann also das gesamte kirchliche Leben als Werk des Heiligen Geistes. So wundert es nicht, dass Moltmann die Kirche »als geschichtliche Christusgemeinschaft [als] eschatologisches Geistgeschöpf«[474] verstehen kann. Insofern die Kirche auf Christus gründendes Geistgeschöpf ist, ist sie also selbst eine eschatologische Größe: Im Geist ist

469 Moltmann 1975, S. 81.

470 Vgl. Moltmann 1975, S. 81, dort auch die Zitate. Auch Dröge betont diesen Gedanken: »Die *Macht* und die *Kraft des Geistes* wirken auch außerhalb der Kirche, und die Gegenwart Christi muss auch jenseits der Grenzen der sichtbaren Kirche gedacht werden.« (Dröge 2000, S. 236, kursiv im Original) Vgl. auch Bauckham 1995, S. 149; Harvie 2009, S. 77.

471 Vgl. Moltmann 1975, S. 81.

472 Dröge hat die dritte Programmschrift dafür kritisiert, dass sie hinter dem ekklesiologischen Potential ihres geist-christologischen Ansatzes zurückbleibt, der gerade eine dogmatische Wahrnehmung der pluralen Gestalten des Kircheseins ermöglicht hätte: »Wünschenswert wäre es demgegenüber, von der umfassenden Person Jesu Christi und den differenzierten Wirkweisen des Geistes auszugehen und ein Kirchenverständnis zu entwickeln, das vielfältigere Gestaltungsmöglichkeiten für das kirchliche Leben eröffnet.« (Dröge 2000, S. 232) Zumindest der Ansatz dazu ist bei Moltmann damit aber vorhanden.

473 Moltmann 1975, S. 321.

474 Moltmann 1975, S. 49. Den Begriff »Geistgeschöpf« übernimmt Moltmann von Hans Küng: Moltmann 1975, S. 321. Vgl. Harvie 2009, S. 61.

sie »selbst Anfang und Angeld der Zukunft der neuen Schöpfung«.[475] Der Geist gibt – wie Moltmann schon früher formuliert hat – die Kraft[476] zur Erfüllung der dreifachen Aufgabe der Kirche: »Die Zukunft Gottes wird präsent im Geist, der lebendig macht, und das heißt *als* Wort, *als* Gemeinschaft und *als* Tat.«[477] Der Geist wirkt die Entsprechungen: »Der liebende Vater entspricht sich im liebenden Sohn und schafft im Geist Entsprechungen der Liebe im widersprechenden Menschen.«[478] Der Geist also macht die Kirche zur Gestalt der christlichen Hoffnung.

Dabei ist zunächst entscheidend, dass Moltmann alle Bezüge zwischen Einzelnen und Gemeinde einerseits und Geschichte Christi andererseits als Wirken des Geistes denkt: Es ist der Geist, »der Christus offenbar macht, mit ihm vereinigt und ihn in Menschen verherrlicht«.[479] Gemeinschaft mit Christus »geschieht ›im Heiligen Geist‹«.[480] Im Lichte dieses pneumatologischen Ansatzes Moltmanns wird m. E. auch das doppelte Identifikationsgeschehen, in dem die Kirche zur Kirche des auferstandenen Gekreuzigten wird, als Geistgeschehen interpretierbar: »Jeder einzelne und sie alle zusammen leben aus dem Geist, in dem sie ihre Identität erfahren [...]«.[481]

Damit ist aber nicht nur das Handeln und Sein der Kirche als Geistgeschehen gedacht, sondern auch das Handeln und Sein jedes Einzelnen. Das »Verhältnis des Einzelnen zum Fundament der Kirche: der Glaube«[482] ist bei Moltmann ebenso Wirkung des Geistes wie der von ihm so genannte neue messianische Lebensstil, der ein Stil des Einzelnen wie der Gemeinde ist: »Dieser Stil wird vom Geist geschaffen, wo Menschen persönlich und gemeinsam ihr Leben und ihre Lebensgeschichte in der umgreifenden Geschichte Christi entdecken und an der Geschichte Gottes mit der Welt teilnehmen. Die Wiedergeburt des einzelnen und der Gemeinschaft wird dann zum Zeichen

475 Vgl. Moltmann 1975, S. 49, dort auch das Zitat.

476 Zum Kraftbegriff vgl. Dröge 2000, S. 170f.

477 Moltmann 1967a, S. 235, kursiv im Original.

478 Moltmann 1972a, S. 235.

479 Vgl. Moltmann 1975, S. 222, dort auch das Zitat. An anderer Stelle hatte Moltmann offener formuliert, dass »die Ereignisse der Geschichte und der Welt in Begegnung mit Gott durch den Geist erschlossen werden.« (Moltmann 1968e, S. 155) Zu Geistwirkungen vgl. auch Dröge 2000, S. 165, 172; Harvie 2009, S. 75.

480 Vgl. Moltmann 1975, S. 49, dort auch das Zitat. Die Wahrnehmung Gottes in Christus ist eine Wirkung des Heiligen Geistes (vgl. ebd., S. 49). »*Die Erfahrung des Geistes* liegt in den Erfahrungen, die Menschen in ihrer Geschichte mit der Geschichte Christi machen.« (ebd., S. 70, kursiv im Original) Der Geist verbindet »mit der Geschichte Christi« (vgl. in diesen Worten ebd., S. 73).

481 Moltmann 1975, S. 328.

482 Für dieses Zitat wie einen entsprechenden Glaubensbegriff vgl. Dröge 2000, S. 191, 194.

und Fragment der kommenden Wiedergeburt der ganzen Schöpfung.«[483] Das aber heißt, dass nach Moltmann die neue Schöpfung fragmenthaft und zeichenhaft[484] nicht nur am Leben der Kirche als Ganzes, sondern auch am Leben des Einzelnen (in seinen gemeinschaftlichen Bezügen) wahrnehmbar wird. Von der Leitthese her formuliert: Nicht nur die Kirche, sondern auch Einzelne können Gestalten der christlichen Hoffnung sein. Von daher können Personerzählungen von Kirche eben diese Einzelnen als Gestalten der Hoffnung darstellen.

(3) Gerade Pneumatologie steht in der Gefahr inhaltlicher Beliebigkeit, die alle möglichen Atmosphären als Geistgeschehen deutet und Gott zuordnet.[485] Moltmann entgeht dieser Gefahr dadurch, dass bei ihm Geist und Christus in der trinitarischen Geschichte immer miteinander verbunden bleiben. Der Geist ist zunächst insofern auf Christus bezogen, als er mit der Geschichte Christi verbindet.[486] Er ist die Kraft der Neuschöpfung jener Zukunft,[487] die sich auch als Zukunft Christi bezeichnen lässt. Der Geist »verherrlicht Christus in den Glaubenden und vereinigt sie mit ihm. Durch Vereinigung mit Christus im Heiligen Geist wirkt die kommende Herrlichkeit schon in das gegenwärtige Leben hinein.«[488] Der Sinn der Sendung Christi und der des Geistes sind derselbe, die »Verherrlichung Gottes und [die] Befreiung der Welt« nämlich.[489] Christus und Geist hängen also einmal eschatologisch zusammen. Sie hängen auch – und dies kommt in KKG wie Dröge kritisiert tatsächlich sehr kurz[490] – kreuzestheologisch zusammen. Der Geist ist bei Moltmann »Geist der Hingabe des Vaters und Sohnes« am Kreuz.[491]

---

483 Moltmann 1975, S. 314f. Einige Seiten zuvor erwähnt Moltmann explizit »den individuellen und gemeinsamen messianischen Lebensstil« (ebd., S. 305). Vgl. dazu auch Moltmann 1977b, S. 34–37, 49.

484 Vgl. zum Fragmentarischen und Zeichenhaften Moltmann 1977b, S. 37; Müller-Fahrenholz 2000, S. 101.

485 Moltmann selbst warnt vor dieser Gefahr, wenn er schreibt: »Eine von der Christologie abgelöste oder sie ersetzende Pneumatologie verliert ihre christliche Identifizierbarkeit und setzt sich der Kritik Christi aus.« (Moltmann 1973, S. 42)

486 Vgl. Moltmann 1975, S. 49. Siehe auch: »The significance of the Christ event in general in the history before the eschaton is mediated through the Word and Spirit of mission.« (Moltmann 1970b, S. 34) Vgl. dazu auch Dröge 2000, S. 172f.

487 Vgl. in ähnlicher Formulierung Moltmann 1975, S. 49.

488 Moltmann 1975, S. 75.

489 Vgl. Moltmann 1975, S. 76, dort auch die Zitate. Bauckham hat betont, dass Moltmann die Pneumatologie eben nicht der Christologie unterordnet, sondern beide in der Gleichgerichtetheit ihres »Gegenstandes« aufeinander bezieht (vgl. Bauckham 1995, S. 124).

490 Vgl.: »Die kreuzestheologische Perspektive von gG wird in KKG zu wenig einbezogen. In gG bekommen die pneumatologischen Begriffe durch die *Perspektive auf das Kreuz* eine besondere Bedeutung: In KKG aber wird diese Dimension des Geistes zu wenig hervorgehoben. Dadurch bekommt das Wirken des *pneumatischen*

Auf die Leitfrage bezogen lässt es sich damit theologisch als Wirkung des Geistes deuten, wenn die Kirche und Einzelne zu Gestalten christlicher Hoffnung werden, selbst von Hoffnung »infiziert« sind und andere damit »infizieren«.[492] Wie der Heilige Geist auf vielfältige Weise wirkt, wird auch Kirche als Gestalt der Hoffnung als vielgestaltige Kirche interpretierbar.

4.2 Charisma und Charismata

Besonders wichtig für die kritisch-konstruktive Reflexion (A2) der Realität der Kirche in medialen Personalisierungen ist die Frage nach der Gestalt der Kirche. Dass dies eine entscheidende Frage ist, betont auch Moltmann, wenn er die »Gemeinschaftsformen [der Kirche] und ihre öffentlichen Funktionen, die Gestaltung ihrer Ordnung und Ämter« nicht als theologisch gleichgültig bezeichnet, sondern als »nicht weniger wichtig als Wort und Sakrament«.[493] Auch die Existenz und Ordnung einer Kirche predigt nach Moltmann schon.[494] Deshalb müsse sich Kirche so ordnen und verhalten, dass »Menschen auch durch ihr leibliches, öffentliches Profil mit der Freiheit Christi konfrontiert und zum messianischen Reich eingeladen werden«.[495] Die Frage nach der Gestalt der Kirche soll hier fokussiert auf die Frage nach den Ämtern in der Kirche für das Personalisierungsthema fruchtbar gemacht werden.

Interessant und m. E. weiterführend ist, dass Moltmann zwar jedes »*Kirchenregiment*« als »nur aus seiner Entsprechung zum *Regiment Christi* legitimiert« sieht,[496] die Frage nach den Ämtern, Ordnungen, Aufträgen und Diensten in der Gemeinde aber vor allem pneumatologisch beantwortet.[497] Grundlage ist, dass die Kirche auch in ihrer Gestalt »Geistgeschöpf« ist.[498] Neben dem eschatologischen Horizont und der christologisch-kreuzestheologischen Fundierung von Amt und Ämtern deren pneumatologischen Ermög-

---

Christus praesens eine zu starke eschatologische Ausrichtung. Sein Wirken im Leiden der Gegenwart aber verblasst.« (Dröge 2000, S. 190, kursiv im Original)

491 Vgl.: »Was aus dem Geschehen zwischen dem Vater und dem Sohn hervorgeht, muß dann als der Geist der Hingabe des Vaters und des Sohnes verstanden werden, als der Geist, der den verlassenen Menschen Liebe schafft, als der Geist, der das Tote lebendig macht.« (Moltmann 1972a, S. 232)

492 Vgl. Moltmann 1975, S. 49. Ebendort heißt es etwa: »Sie [die Kirche] glaubt allein Christus, aber daß sie glaubt, ist bereits Zeichen der Hoffnung. [...] Dieses Verhältnis zwischen dem, was geschieht, und der Tatsache, daß es geschieht, läßt sich nur pneumatologisch fassen.« Zum Begriff des »Infizierens« mit Hoffnung siehe Kapitel II.2.1.3.

493 Vgl. Moltmann 1975, S. 317, dort beide Zitate.

494 Vgl. Moltmann 1975, S. 317.

495 Moltmann 1975, S. 317.

496 Vgl. Moltmann 1975, S. 320, dort auch die Zitate, kursiv im Original.

497 Zunächst in der Paulusrezeption (Moltmann 1975, S. 321–326), dann für sich genommen: Moltmann 1975, S. 328, 333.

498 Vgl. Moltmann 1975, S. 321.

lichungskontext zu betonen, hat eine große Stärke: So wird die Buntheit und Vielfalt der erfahrbaren Kirche[499] theologisch eingeholt. Der Gefahr einer Spiritualisierung von Kirche und Amt entgeht diese Amtstheologie dadurch, dass sie die Kirche in der Geschichte des Geistes und damit in einer trinitarischen Geschichte des Reiches Gottes einordnet, in der die Kirche gerade hinter ihrer öffentlichen Sendung zurückbleibt, wenn sie sich in vergeistigte Innerlichkeiten zurückzieht.[500]

Prägend für jede Amtstheologie ist schon ihre Begriffswahl. Ist die Rede von Berufen, Diensten, Ämtern, Aufträgen oder Charismen? Moltmann benutzt vor allem zwei dieser Begriffe: Wenn er mit Paulus die Gemeinde als »Ort der *Offenbarung des Geistes*«[501] thematisiert, spricht er in neutestamentlicher Begrifflichkeit von »*charismata*« und versteht darunter die »*Energien* des neuen Lebens [...], nämlich die Geisteskräfte«.[502] In dem Versuch, Entsprechungen der paulinischen Ordnung heute zu finden, spricht er dann von Auftrag und Aufträgen, »um die tatsächliche Funktion über den Status und die Person zu stellen«.[503] Schon in die Begriffswahl ist so ein pneumatologisches und funktionales Amtsverständnis eingelassen.

Beide Begrifflichkeiten rückt Moltmann insofern dicht aneinander, als er Charismen modal versteht:[504] Begabungen und Möglichkeiten, aber auch passives Leiden[505] sind nicht schon in sich Charismata, sondern werden dies durch ihren Gebrauch in Christus[506] und damit durch ihre Benutzung und Wahrnehmung im Auftrag und in Aufträgen in Christus. Dieser Gedanke entspricht der eben bereits herausgearbeiteten inhaltlichen Bestimmung des Geistwirkens: Die Geisteskräfte in der Gemeinde sind nur dort Kräfte des Heiligen Geistes, wo sie im Sinne der Beauftragung oder Berufung eingesetzt werden.[507] Geistbegabung und Beauftragung sind darum bei Moltmann untrennbar miteinander verbunden. Im Auftragsbegriff ist bei Moltmann m. E. die Ermöglichung der Auftragserfüllung im Geist mitgedacht, im Charismenbegriff die auftragsspezifische Verwendung der Geistgaben. Damit sind auch

---

499 Vgl. Moltmann 1975, S. 316, 323, 325. Zur Vielfalt vgl. auch bes. Dröge 2000.

500 Vgl. bei Moltmann dazu pointiert Moltmann 1975, S. 317f.

501 Moltmann 1975, S. 321, kursiv im Original.

502 Vgl. Moltmann 1975, S. 322, dort auch die Zitate, kursiv im Original.

503 Vgl. Moltmann 1975, S. 327, dort auch das Zitat. Zu den »Entsprechungen« vgl. ebd., S. 325.

504 Vgl. Moltmann 1975, S. 324.

505 Vgl. Moltmann 1975, S. 323.

506 Vgl. in ähnlichen Worten Moltmann 1975, S. 324.

507 Das wird etwa deutlich, wenn Moltmann Paulus interpretierend schreibt: »Die Charismata können als Konkretion und Individuation der einen, in Christus geschenkten Charis verstanden werden. Durch die Geisteskräfte gibt der eine Geist jedem einzelnen seinen spezifischen Anteil und seine ihm auf den Leib zugeschnittene Berufung im Prozeß der Neuschöpfung.« (Moltmann 1975, S. 322)

alle Aufträge immer schon in die Bewegung des Geistes in der trinitarischen Geschichte eingeordnet.[508]

Kirche kann sich nach Moltmann im Horizont dieser Geschichte »in der Kraft des Heiligen Geistes als die messianische Dienstgemeinschaft am Reich Gottes in der Welt« erfahren.[509] Von daher kommt zunächst der gemeinsame Auftrag der Kirche in den Blick und damit auch die Beauftragung jeder Christin und jedes Christen (4.2.1) und dann die unterscheidbaren Aufträge (4.2.2). Zu beiden Gliederungspunkten sollen jeweils von einer kurzen Rekonstruktion von Moltmanns Erwägungen ausgehend Konsequenzen für eine Öffentliche Theologie der Kirche und die Personalisierungsfrage gezogen werden.

4.2.1 Charisma und Auftrag

Zunächst betont Moltmann die gemeinsame Geistbegabung und Beauftragung der Gemeinde und damit auch, dass alle Gemeindeglieder geistbegabt und beauftragt sind.[510] Beides verbindet er mit dem reformatorischen Stichwort vom allgemeinen Priestertum aller Gläubigen: Erstens (1) sind alle Christen begabt und berufen.[511] So schreibt er schon in der TdH: »Mit der reformatorischen Wiederentdeckung des ›allgemeinen Priestertums aller Gläubigen‹ wurde deutlich, daß an jeden die Berufung durch das Evangelium ergeht.«[512] Jeder ist zur »Mitarbeit am Reiche Gottes« berufen.[513] Dieses allgemeine Priestertum grundiert Moltmann zunächst kreuzestheologisch,[514] um es dann pneumatologisch zu entfalten. So betont er, dass die Kräfte des Geistes in und durch jeden wirken: »Jedes Glied der messianischen Gemeinde ist ein Charismatiker.«[515] Wie bereits zitiert, denkt Moltmann die Gabe des einen eschatologischen Geistes als in »Konkretionen und Individuationen der einen in Christus geschenkten Charis« wirksam:[516] »Durch die Geisteskräfte« hat jeder Rinzelne »seinen spezifischen Anteil« daran.[517] Darin ist schon betont, dass zweitens (2) die Begabung und Beauftragung aller in der gemeinsamen Begabung und Beauftragung der Gemeinde zusammenhängt. Moltmann spricht vom »*gemeinsamen Dienst* des Reiches Gottes« und vom »*Auftrag der Gemeinde*«.[518] Auftrag und Gabe des Geistes sind das Gemeinsame der Gemeinde, worin die Gleichbe-

---

508 Vgl. Moltmann 1975, S. 316.

509 Vgl. Moltmann 1975, S. 316, dort auch das Zitat.

510 Vgl. Moltmann 1975, S. 327–329.

511 Vgl.: »Alle Glieder der messianischen Gemeinde sind Geistbegabte und also ›Amtsträger‹.« (Moltmann 1975, S. 324) Vgl. dazu auch Bauckham 1995, S. 139.

512 Moltmann 1966, S. 305. Zum »universal priesthood of all believers« vgl. auch Chester 2006, S. 79. Vgl. auch Müller-Fahrenholz 2000, S. 70f.

513 Vgl. Moltmann 1966, S. 307, dort auch das Zitat.

514 Vgl. Moltmann 1975, S. 327f.

515 Moltmann 1975, S. 323.

516 Vgl. Moltmann 1975, S. 322, dort auch das Zitat.

517 Vgl. Moltmann 1975, S. 322, dort auch die Zitate.

518 Vgl. Moltmann 1975, S. 327, dort auch die Zitate, kursiv im Original.

rechtigung[519] aller betont ist. Der Auftrag der Gemeinde ist gemeinsame Sache des ganzen Volkes, nicht nur der hauptamtlichen Amtsträger. Auf dieser Linie will Moltmann nicht nur vom allgemeinen Priestertum, sondern auch »vom allgemeinen Prophetentum und allgemeinen Königtum aller Glaubenden sprechen«.[520]

Die folgenden vier Punkte sollen das bisher entstandene Bild erweitern. Zunächst meint Moltmann mit der Beauftragung aller (3) auch, dass die Beauftragten an allen Orten und nicht nur in der Versammlung der Gemeinde beauftragt und berufen sind. So hatte er ja den Begriff Christenheit verwendet, um zu betonen, dass sich christliche Existenz »immer auch im alltäglichen Gehorsam, in ihren weltlichen Berufen und ihren sozialen Rollen darstellen muß«.[521] In KKG unterstreicht Moltmann dann, dass jedes Gemeindeglied »auch in der alltäglichen Verstreuung und Vereinzelung in der Welt« Charismatiker ist.[522] Dies ist von seiner kosmologischen Eschatologie her, in der sich die Geschichte Gottes mit den Menschen eben nicht auf die Geschichte der Kirche reduzieren lässt, folgerichtig.

Dann erscheint (4) das allgemeine Priestertum als ein vielfältiges und buntes: »Darum sind die Energien des neuen Lebens im Geist ebenso vielfältig und bunt, wie die Schöpfung es ist. Nichts soll übergangen, verdrängt und aufgegeben, sondern vielmehr alles ewig lebendig gemacht werden.«[523] Es sind die verschiedensten Begabungen, Möglichkeiten und Fähigkeiten, die in diesem eschatologischen Erwartungshorizont für die gemeinsame Arbeit gebraucht werden können. Es ist eine »offene [...] Vielzahl« von Berufen, die im Sinne der einen Berufung gestaltet werden können.[524] Hierin liegt eine zweite theologische Begründung der oben bereits kreuzestheologisch erarbeiteten Heterogenitäts-Orientierung (O7).

Dann (5) ergibt sich m. E. aus dem Gedanken der gemeinsamen Geistbegabung der Gemeinde der Schluss, dass die Gemeinde auch nur als Ganzes Offenbarung des Geistes ist; Moltmann schreibt: »Also ist das ganze Volk[[525]], vom Geist erfüllt, ›geistlich‹ geworden und zur prophetischen Verkündigung des kommenden Reiches berufen. Nur in seiner ungeteilten Ganzheit wird es zur Offenbarung des endzeitlichen Geistes, ›der auf alles Fleisch‹ kommt.«[526] Damit zeigt sich auch die Rolle der Kirche in der Geschichte des Geistes nicht

519 Vgl. Moltmann 1975, S. 328 unten.
520 Vgl. Moltmann 1975, S. 329, dort auch das Zitat.
521 Vgl. Moltmann 1966, S. 280, dort auch das Zitat.
522 Vgl. Moltmann 1975, S. 323, dort auch das Zitat.
523 Moltmann 1975, S. 323, dazu auch S. 325.
524 Vgl. Moltmann 1966, S. 307, dort auch das Zitat.
525 Mit Volk meint Moltmann hier das »Volk des neuen Bundes [...] in der Gemeinschaft Christi« (Moltmann 1975, S. 328).
526 Moltmann 1975, S. 328.

an dem Dienst eines Einzelnen, sondern an den Diensten aller im gemeinsamen Dienst der Kirche, die dann zusammenhängend gesehen werden können.

Schließlich (6) betont Moltmann die Freiheit im gleichberechtigten Dienst der Gemeindeglieder: Das zeigt sich besonders daran, dass Moltmann über den Begriff der Brüderlichkeit hinaus den der Freundschaft für die soziale Gestalt der Kirche verwendet. Hatte der »Ausdruck der ›*Brüderlichkeit*‹« nach Moltmann schon »die Sprache der Herrschaft und der Privilegierten« überwunden, verweist »Freundschaft« auf die Freiheit in und zu den gleichberechtigten Beziehungen:[527] »Der Freundschaftsbegriff betont gegenüber dem Begriff des Bruders die Freiheit. Recht verstanden ist der Freund der ›in Freiheit Liebende‹. Darum bringt der Begriff der Freundschaft auf die beste Weise das befreiende Gottesverhältnis und die Gemeinschaft der Menschen im Geist der Freiheit zum Ausdruck.«[528]

Ich fasse das über den einen Auftrag Gesagte zusammen: Beauftragung und Begabung gilt (1) jedem Gemeindeglied, (2) der Gemeinde als Ganzes und (3) an allen Orten, auch in der Zerstreuung der Gemeinde. Damit hängt zusammen (4) die Vielfalt und Buntheit des Lebens im Geist und, dass Gemeinde (5) in ihrer Rolle in der Geschichte des Geistes nur als Ganzes verständlich wird. (6) Dass die Gemeinde eine Gemeinde von Befreiten ist (zueinander und zum Dienst an anderen), drückt der Freundschaftsbegriff aus. Die so verfasste Kirche lässt sich von der Leitthese her als Gestalt der Hoffnung verstehen, weil sie mit diesen Binnenrelationen zum Ausdruck bringt, dass die Hoffnung eine Hoffnung für alle und auf eine Zukunft von allen in Freiheit ist. Im Blick auf eine Öffentliche Theologie der Kirche fasse ich diesen Gedanken als Orientierung »Beteiligung an Kirche« (O9) zusammen.

Diese Orientierung lässt sich wieder auf beide Teile der Doppelaufgabe Öffentlicher Theologie beziehen:

(A1) Die erste Ebene ist die der theoretisch-empirischen Beschreibung von Medienkommunikationsprozessen: Die sozialwissenschaftliche Wahrnehmung von Medienkommunikation bietet dann Anschlusspunkte für Öffentliche Theologie, wenn sie mit einem Kirchenbegriff arbeitet, der mit dem eben theologisch erarbeiteten kompatibel ist. Das bedeutet mindestens zweierlei:

(A1.1) Zum einen müsste eine mit diesem Kirchenbegriff arbeitende Medieninhaltsanalyse Kirche nicht nur in ihrer Versammlung als verfasste Kirche oder Gemeinde sehen können, sondern auch in ihrer Zerstreuung als Christenheit. Von diesem Kirchenbegriff her kann auch nicht zwischen Christen ohne Amt und mit Amt unterschieden werden, weil es Christen ohne Amt schlicht nicht gibt. Man würde alle Medienberichte und -formate miteinbezie-

527 Vgl. Moltmann 1975, S. 342f., Zitate auf S. 342, kursiv im Original.

528 Moltmann 1975, S. 343. Zum Freundschaftsbegriff bei Moltmann vgl. auch Moltmann 1977b, S. 53–70, 145f. und Bauckham 1995, S. 141; Dröge 2000, S. 160–162; Müller-Fahrenholz 2000, S. 72, 95–97; Chester 2006, S. 79.

hen müssen, in denen das christliche Handeln von Einzelchristen dargestellt wird, auch wenn diese nicht als Repräsentanten der verfassten Kirche erscheinen und wenn deren Kirchenmitgliedschaft nicht explizit mitkonstruiert wird. Das christlich motivierte Handeln der Christin Angela Merkel müsste dann etwa genauso als mediale Darstellung der Christenheit berücksichtigt werden wie der Bericht über einen unbekannten Altenpfleger, der Christ ist, oder über einen weniger unbekannten Bischof. Die unter IV.2. genannten Medieninhaltsanalysen zur medialen Darstellung der Kirche legen einen solchen weiten Kirchenbegriff nicht an. Das ist insofern verständlich, als alles andere als etwa eine Auswahl und Untersuchung der Berichte, die »durch Akteure oder Themen explizit Bezug zur institutionell verfassten Kirche besitzen«[529], forschungspraktisch unrealistisch scheint. Daniel Meier benennt das Problem und ist sich über die »Gefahr der kirchlichen Engführung« im Klaren.[530] Im Bewusstsein eines weiteren Kirchenbegriffs und damit im Bewusstsein forschungspragmatisch vollzogener Engführungen, können aber auch besagte Studien für eine Medienanalyse fruchtbar gemacht werden.

(A1.2) Zum anderen dürfen mit diesem Kirchenbegriff arbeitende Analysen von Medienkommunikation die Kirche nicht einseitig als Kommunikatorin oder als Gegenstand der Berichterstattung verorten, sondern müssen auch in gesellschaftlichen Publika und unter Medienproduzierenden mit Menschen rechnen, die sich als Teil der Christenheit und ihr Wahrnehmen und Handeln in der Geschichte des Geistes verstehen. So müsste etwa gerade die kritische Medieninterpretation miteinbeziehen, dass Rezipienten im Bewusstsein ihrer Beauftragung und Begabung selbständig mit Medienprodukten und Informationen umgehen und diese Medienstimuli auf sie vielleicht ganz andere Wirkungen entfalten als auf andere.

(A2) Die zweite Ebene ist diejenige medialer Realitätskonstruktionsdynamiken selbst. In theologischer Perspektive sind die medialen, publikalen und verfasst-kirchlichen Konstruktionen von kirchlicher Realität daraufhin kritisch zu befragen, inwiefern sie die Beauftragung aller, den Dienst von Christen in der Gesellschaft, die Buntheit und Vielfalt kirchlichen Lebens und die Gemeinde als Ganzes mit sichtbar machen, befördern und entsprechende Kommunikationsbedingungen reproduzieren. Personalisierungen, die die Aufmerksamkeit auf das vielfältige Engagement von Christen in Kirche und Gesellschaft richten, in denen die vielfältigen Begabungen, Meinungen, Perspektiven, Rollen und Berufe in der Christenheit sichtbar werden, können gerade vom reformatorischen Verständnis des allgemeinen Priestertums aller Gläubigen her begrüßt werden. Wenn es zur Kirche in der Kraft des Geistes gehört, dass in ihr jeder auf die unterschiedlichsten Weisen Anteil an diesem

529 Meier 2006, S. 112. Vgl. dort auch: »Die Erfassung der Beiträge mit christlicher Thematik, die nicht das Merkmal der institutionellen Dimension aufweisen, muss hinsichtlich des kirchlichen Gegenstandsbereiches der Arbeit entfallen.«

530 Vgl. Meier 2006, S. 112, dort auch das Zitat.

Geist und seinen Kräften hat, dann sollen diese unterschiedlichen Menschen mit ihren unterschiedlichen Charismen auch Anteil haben an der Realität und der Medienrealität der Kirche. Wird dies dargestellt, hat diese Darstellung möglicherweise (siehe IV.3.) auch die Wirkung, entsprechende Beteiligung zu befördern und die kulturellen wie persönlichen Ressourcen für diese Beteiligung zu reproduzieren.

Soll die Vielfalt christlichen Lebens medial rekonstruiert werden, stellt sich die Frage, woran Zugehörigkeit zur Kirche erkennbar wird. Wer als Repräsentant der verfassten Kirche auftritt, ist meist medial auch als solcher identifizierbar – sei es durch eine explizite Identifikation als Kirchenvertreter in Text oder Rede, oder sei es symbolisch, durch Kleidung etwa. Die zahlreichen Christen hingegen, die keine offiziellen Vertreter der verfassten Kirche sind, werden zwar Teil der medialen Wirklichkeitsdarstellung, aber sie werden nicht als Teil der kirchlichen Realität konstruiert.[531] Von daher wird die Kirche in Personalisierungsdynamiken eher als hierarchische Amtskirche erscheinen, weil meist nur die Vertreter der verfassten Kirche in Zuordnung zur Kirche dargestellt werden.

Lösungsversuche können bei Medienproduzenten, Publika und bei der verfassten Kirche ansetzen. Verfasste Kirche kann in ihrer Selbstdarstellung die Aufmerksamkeit auf das Engagement von Christen in Kirche und Gesellschaft lenken. Medien können in ihrer Kirchendarstellung dasselbe tun – und sie tun es auch schon. Schließlich können Rezipienten durch erworbenes Hintergrundwissen auch da Personen als Teil kirchlicher Realität konstruieren, wo Medien dies nicht tun. Gerade in der Lokalberichterstattung wird Letzteres eine wichtige Rolle spielen.

4.2.2 Aufträge

Nur auf der Grundlage des allen gemeinsamen Auftrages spricht Moltmann auch von unterscheidbaren Aufträgen: »Die vielfältigen und unterscheidbaren Aufträge in der Gemeinde entstehen nur kraft der gemeinsamen Beauftragung der Gemeinde selbst.«[532] Als wesentliche und notwendige »besondere [...] Aufträge« nennt Moltmann:[533] den »Auftrag zur Verkündigung des Evangeliums«, zum »Taufen und zur Feier des Herrenmahls«, zur »Leitung der Gemeindeversammlungen« und zur »Diakonie in der Gemeinde und an der Gesellschaft«. Wesentlich sind diese Aufträge, weil ohne sie die Kirche »ihrer Sendung durch Christus« nicht gerecht werden könne.[534] Wie diese Funktionen genau ausgefüllt werden, müsse dabei aber situationsabhängig geklärt werden.[535]

---

531 Diesen Gedanken habe ich so schon in meiner unveröffentlichten Examenshausarbeit formuliert.

532 Moltmann 1975, S. 329.

533 Vgl. auch für die folgenden Zitate Moltmann 1975, S. 334.

534 Vgl. Moltmann 1975, S. 334, dort auch das Zitat.

535 Vgl. Moltmann 1975, S. 334.

Alle diese besonderen Aufträge stellen die speziell Beauftragten m. E. in (unterschiedliche) Öffentlichkeiten: (1) Die Verkündigung des Evangeliums geschieht öffentlich: Sie geschieht in der Binnenöffentlichkeit der Kirche, befreit und motiviert Menschen für soziales und politisches Engagement im Hoffnungshorizont. Sie geschieht in breiteren Öffentlichkeiten, um dort mit Hoffnung zu infizieren und sich nach Moltmanns weitem Verkündigungsbegriff für Besserungen einzusetzen. (2) Die Sakramentsverwaltung geschieht in der Öffentlichkeit des Gottesdienstes und der Gemeinde. (3) Die Gemeindeversammlung ist selbst eine Öffentlichkeit und kann als solches exemplarische (Gegen-)Öffentlichkeit zu den gesellschaftlichen Öffentlichkeiten sein. (4) Schließlich hat auch das (gesellschafts-)diakonische Engagement der Kirche öffentliche Relevanz, gerade dann, wenn man die Teilnahme der Kirche an den ethischen Diskursen der Gesellschaft nicht unter die kerygmatische, sondern die diakonische Dimension kirchlichen Handelns fasst.

Zwei Intentionen lassen sich in Moltmanns Ausführungen zu diesen besonderen öffentlichen Aufträgen ausmachen: (1) Einmal ist es – wie das einleitende Zitat schon zeigt – seine Intention, die besonderen Aufträge in die Gemeinde und deren gemeinsamen Auftrag einzuordnen. Dies geschieht darüber, dass er die besonders Beauftragten in die Gemeinde der Gleichberechtigten einordnet: Der Auftrag der besonders Beauftragten »trennt sie nicht vom Volk und stellt sie auch nicht über das Volk, denn er wird ja in der Gemeinschaft des ganzen Volkes und im Namen seiner Beauftragung ausgeübt.«[536] Und: »Ohne den beständigen Bezug auf die Basis verlieren die besonderen Aufträge und Dienste ihre Kraft.«[537] Paulus interpretierend hatte Moltmann jede »Trennung von Amtsträgern und Volk« abgelehnt[538] und die »Rechtsgleichheit vor Gott« betont.[539]

Unterscheidbar werden die besonderen Aufträge nur funktional: »Die Witwe, die Barmherzigkeit übt, handelt ebenso charismatisch wie ein ›Bischof‹. Aber es gibt funktionale Differenzen, denn es entsteht keine Gleichheit im Sinne der Uniformität.«[540] Dass diese Differenzen rein funktionale und nicht etwa substantielle sind, zeigt sich bei Moltmann darin, dass mit der »Ausübung eines Auftrages« auch »der Unterschied der Charismen« endet.[541]

(2) Die zweite Intention ist, die relative Unabhängigkeit der Amtsträger von der Gemeinde im Horizont der Geschichte des Reiches Gottes zu betonen. Diese zeigt sich schon darin, dass die von besonders Beauftragten übernommenen Funktionen keine Funktionen der Gemeinde, sondern »Funktionen der

536 Moltmann 1975, S. 330.
537 Moltmann 1975, S. 336.
538 Vgl. Moltmann 1975, S. 324, dort auch das Zitat.
539 Vgl. Moltmann 1975, S. 325, dort auch das Zitat.
540 Moltmann 1975, S. 325.
541 Moltmann 1975, S. 334f.

messianischen Herrschaft Christi« sind.[542] Es kommen zwar die Personen, die beauftragt werden, als gleichberechtigte Glieder aus der Gemeinde;[543] »[d]ie Sache, zu der sie beauftragt werden, kommt aber auch nicht vom Volk selbst, sondern von dem Gott dieses Volkes, in dessen Namen sie sprechen und handeln.«[544] Deshalb haben sie auch kein »›imperatives Mandat‹ der Gemeinschaft«, sondern sind gebunden in dem »durch Christus befreiten und darum an ihn gebundenen Gewissen«.[545] Auf dieser Linie betont Moltmann auch etwa: »Der von der Gemeinde beauftragte Prediger ist aber nicht der ›Sprecher‹ der Gemeinschaft.«[546]

Beide Intentionen werden verständlich im Horizont der trinitarischen Geschichte Gottes mit den Menschen. In diesem Hoffnungshorizont sind Gemeinde und besonders Beauftragte im gemeinsamen Dienst unterschieden und verbunden. Im unterschiedenen Dienst bleiben sie aber der gemeinsamen, vom auferstandenen Gekreuzigten her inhaltlich bestimmten Sendung und nicht den in der Gemeinde vorhandenen Interessen und Meinungen verpflichtet.[547] Die besonders beauftragte Kirchenvertreterin ist in gesellschaftlichen Diskursen – auch wenn sie manchmal so wahrgenommen wird – nicht Repräsentantin eines Interessenverbandes, sondern Vertreterin einer Sache und einer Hoffnung, die die gemeinsame Sache und universale Hoffnung einer inklusiven Gemeinde in der Gesellschaft ist. Diese Orientierung an der Sache nicht im Horizont der Kirche, sondern im weiteren Horizont der Geschichte des Geistes gibt dem Prominenten die Freiheit, nicht nur Aussprecher von Konsensen, sondern auch wagender Vorsprecher prophetischer Rede zu sein, die sich in der Verantwortung vor der Zukunft als Ausdruck der gemeinsamen Sache Christi bewähren muss. Im Blick auf eine Öffentliche Theologie der Kirche und die Personalisierungsfrage fasse ich diese Gedanken als Sach-Orientierung (O10) zusammen.

Für beide Teile der Doppelaufgabe Öffentlicher Theologie kann dieses Verständnis der besonderen Beauftragung als in die Gemeinde eingeordnete und funktional differenzierte Beauftragung für die Interpretation von medialen Personalisierungen fruchtbar gemacht werden.

(A1) Auf der Ebene der sozialwissenschaftlichen Beschreibung medialer Kommunikationsprozesse ist es von diesem funktionalen Amtsverständnis her interessant zu fragen, wer denn in den medialen, publikalen und organisationalen Realitätskonstruktionen tatsächlich die benannten besonderen Funktio-

542 Vgl. Moltmann 1975, S. 330, dort auch das Zitat.

543 Vgl. Moltmann 1975, S. 330.

544 Moltmann 1975, S. 330.

545 Vgl. Moltmann 1975, S. 329, dort auch das Zitat.

546 Moltmann 1975, S. 331.

547 Vgl.: »Sie dienen dem Reich Gottes und nicht den Interessen der vorhandenen Kirche und den verschiedenen menschlichen Interessen in ihr.« (Moltmann 1975, S. 329)

nen übernimmt. Wer funktioniert in medialer Kommunikation tatsächlich als Verkünder des Evangeliums? Wer hilft tatsächlich hoffen im Hoffnungshorizont der Geschichte des auferstandenen Gekreuzigten? Wer führt tatsächlich zusammen und ermöglicht Gemeinschaft? Wer wird der Gesellschaft zur diakonischen Hilfe? Wenn diese Fragen von Eschatologie und Kreuzestheologie dahingehend beantwortet werden, dass die genannten Funktionsträger außerhalb der verfassten Kirche zu finden sind, wird Letztere dies als Herausforderung sehen können, sich in die von diesen Funktionsträgern konstituierte kirchliche Realität zu integrieren.[548]

(A2) Auf einer zweiten Ebene werden die Konstruktionen der Realität von Kirche daraufhin kritisch zu befragen sein, ob und inwieweit bei den darin als besonders beauftragt vorkommenden Personen deren Gemeindebezug (2.1), deren nur funktionale Unterscheidung von der Gemeinde (2.2) und deren Freiheit zum Vorangehen (2.3) mitkonstruiert und die Bedingungen dafür jeweils reproduziert werden.

Problematisch sind von daher (2.1) erstens Personalisierungsdynamiken, in denen Kirchenvertreter in völliger Abstraktion von Kirche und gemeinsamem Auftrag dargestellt werden. Dies geschieht rezipientenseitig beispielsweise in Konstruktionen, in denen die hier wahrgenommene Person als Erfüller eines Auftrages in Erscheinung tritt, der als nichts mit dem eigenen Beauftragtsein zu tun habend gesehen wird (siehe dazu die späteren Abschnitte zu delegativer Identifikation: IV.4.1.2).

Problematisch ist außerdem (2.2), wenn Personen als funktionsunabhängig herausgehoben konstruiert werden. Damit ist nicht gemeint, dass alle mitkonstruierten Personeigenschaften streng amtsbezogen sein müssen und so jede Berichterstattung über private Eigenschaften ausgeschlossen wäre. Es heißt aber, dass gerade die Privatorientierungen daraufhin befragt werden müssen, inwieweit sie noch Funktionen der gemeinsamen Sendung sind, also der Sache dienen, und inwieweit sie schon zu Funktionen anderer, etwa voyeuristischer Interessen geworden sind.

Problematisch sind schließlich (2.3) die Konstruktionen kirchlicher Realität durch die verfasste Kirche, durch Medien und Publika dann, wenn Kirchenvertreter in ihnen ausschließlich als Sprecher der vorhandenen Gemeinde oder Interessenvertreter der verfassten Kirche konstruiert werden. In solchen Konstruktionen ist verloren gegangen, dass sie ihre Beauftragung und Funktion in einem universalen Hoffnungshorizont und nicht im Horizont der Interessen einer kirchlichen Organisation gewinnen.

548 Zu dieser umgekehrten Integrationsbewegung vgl. auch Moltmann in Bezug auf die »geringsten Brüder«: »Es geht dann nicht um die Integration des außerkirchlich Christlichen in das kirchliche Christentum, sondern um die Integration der Kirche in die verheißene Gegenwart Christi« (Moltmann 1975, S. 149).

5. Ertrag: Theologische Grundorientierungen

Ich habe vorgeschlagen, Moltmanns Ansätze zur Ekklesiologie in seinem Frühwerk als Antwortansätze auf die Frage nach der »konkreten Gestalt gelebter eschatologischer Hoffnung in der modernen Gesellschaft«[549] zu verstehen. Der Gestaltbegriff bezieht sich in der in Anlehnung an Huber explizit gemachten Differenzierung (II.1.) auf die Ebene der wirklichen, also sichtbaren und erfahrbaren Kirche, die sich in den auch soziologisch beschreibbaren gesellschaftlichen Relationen als Binnen- und Außenrelationen wiederfindet. Im Zuge einer relationalen Ekklesiologie werden diese Bezugssysteme als jene gesehen, »innerhalb derer sich die *ecclesia visibilis* als *ecclesia vera* zu bewahrheiten hat«.[550] Damit wird gefragt, inwiefern in diesen Beziehungen der wirklichen Kirche die wahre Kirche schon zum Zuge kommt. Ich verstehe Moltmann von der Leitfrage aus der TdH so, dass dies dort geschieht, wo Kirche in der Kraft des Geistes und identifizierbar mit dem auferstandenen Gekreuzigten Gestalt der christlichen Hoffnung insbesondere für die Benachteiligten ist. Ist diese wirkliche Kirche eine Antwort auf die Frage nach der »konkreten Gestalt eschatologischer Hoffnung«, ist sie »selbst Anfang und Angeld der Zukunft der neuen Schöpfung«[551], dann ist in der wirklichen Kirche die wahre zum Zuge gekommen. Damit liefern die hier referierten Ansätze zur Ekklesiologie, die ich mir von der Leitfrage in der TdH unter dem Begriff »Gestalt der christlichen Hoffnung« zusammenzufassen erlaubt habe, genau das, was Moltmann in KKG von der »theologische[n] Lehre von der Kirche« fordert: nämlich nicht eine Rede »abstrakt vom zeitlosen Wesen der Kirche«, sondern »Ansatzpunkte für die Reform der Kirche zu einer glaubwürdigen Gestalt«.[552] Moltmanns Ekklesiologie thematisiert nicht ein geschichtsenthobenes Wesen, sondern immer wahre Kirche in Bezug auf wirkliche Kirche – genau hier kann eine öffentlich-theologische Beschreibung und Reflexion der medienöffentlichen Kirche anknüpfen.

Zehn mit dem Begriff »Gestalt der christlichen Hoffnung« verbundene Grundorientierungen für die Beschreibungen der Kirche in den Öffentlichkeiten der Gesellschaft und für deren kritisch-konstruktive Reflexion lassen sich aus dem bisher Gesagten zusammenfassen. Die ersten drei ergeben sich aus der Auseinandersetzung mit der TdH:

(O1) *Dynamik-Orientierung:* Kirche ist Gestalt der eschatologischen Hoffnung, wo sie sich selbst, soziale und personale Realitäten im christlichen Hoffnungshorizont als veränderlich versteht und darstellt, entsprechend dargestellt und wahrgenommen wird, daraufhin wirkt, dass sie selbst und gesellschaftliche Verhältnisse veränderlich bleiben und sich zum Besseren verän-

549 Moltmann 1966, S. 280.

550 Vgl. Dröge 2000, S. 213, dort auch das Zitat, kursiv im Original.

551 Moltmann 1975, S. 49.

552 Sämtliche Zitate: Moltmann 1975, S. 16.

dern, und schließlich in ihrer öffentlichen Kommunikation die Konstitutionsbedingungen dafür reproduziert, dass Veränderungsmöglichkeiten wahrgenommen, dargestellt, diskutiert und genutzt werden können (vgl. ausführlich dazu: 2.2).

(O2) *Relations-Orientierung:* Kirche ist Gestalt der eschatologischen Hoffnung, wo sie sich selbst, Personen und gesellschaftliche Realitäten in prägenden und geprägten Relationen im christlichen Hoffnungshorizont versteht und darstellt, selbst entsprechend verstanden und dargestellt wird, daraufhin wirkt, dass Menschen sich für Beziehungen öffnen und sich in Beziehungen verstehen, und schließlich mit ihrer Kommunikation Bedingungen reproduziert, die eine künftige Wahrnehmung, Darstellung und Ermöglichung von Relationalität ermöglichen (vgl. ausführlich dazu: 2.3).

(O3) *Funktions-Orientierung:* Kirche ist Gestalt der eschatologischen Hoffnung, wo sie sich selbst nicht als Selbstzweck, sondern als Funktion der Hoffnung versteht, darstellt, entsprechend handelt, darauf hinwirkt, entsprechend dargestellt und verstanden zu werden, und schließlich die Konstitutionsbedingungen für auftragsgemäßes Handeln und Kommunizieren reproduziert (vgl. ausführlich dazu: 2.4).

In gG wird die Identifizierbarkeit mit dem Gekreuzigten zum Kriterium für die christliche Existenz. Daraus ergeben sich folgende Orientierungen für Handeln und Selbstverständnis der Kirche:

(O4) *Religionskritik-Orientierung:* Kirche ist Gestalt kreuzestheologisch informierter Hoffnung, wo sie die Herrschaft von oben nach unten legitimierender und exklusiv integrierender politischer Religion in Gesellschaft und in ihr selbst kritisiert (vgl. ausführlich dazu: 3.2.3).

(O5) *Orientierung »Beteiligung an Gesellschaft«:* Positiv gewendet: Kirche ist Gestalt kreuzestheologisch informierter Hoffnung, wo sie sich für die aktive Beteiligung der Menschen an den sie betreffenden Entscheidungsprozessen einsetzt (vgl. ausführlich dazu: 3.2.3).

(O6) *Sympathie-Orientierung:* Kirche ist Gestalt kreuzestheologisch informierter Hoffnung, wo sie den Menschen nicht als apathisches, sondern als sympathetisches Wesen erscheint, sich so versteht und darstellt, entsprechende Verständnisse und Darstellungen fördert, und schließlich darauf hinwirkt, dass Menschen vom Leid anderer Menschen nicht unberührt bleiben (vgl. ausführlich dazu: 3.2.3 und 3.3).

(O7) *Heterogenitäts-Orientierung:* Kirche ist Gestalt kreuzestheologisch informierter Hoffnung, wo sie als vielfältige Gemeinschaft von unterschiedlichen, insbesondere den in der breiteren Gesellschaft Benachteiligten lebt, sich als solche versteht und darstellt, entsprechend verstanden und dargestellt wird und die Bedingungen für Heterogenität reproduziert (vgl. ausführlich dazu: 3.2.3).

(O8) *Solidaritäts-Orientierung:* Kirche ist Gestalt kreuzestheologisch informierter Hoffnung, wo sie in solidarischer Parteinahme für die Benachteiligten handelt, sich so versteht und darstellt, entsprechend verstanden und dargestellt wird, auf Darstellungen hinwirkt, die Benachteiligten Teilhabe ermöglichen und die Konstitutionsbedingungen für eine solche Beteiligung schafft (vgl. ausführlich dazu: 3.2.3).

Aus Moltmanns pneumatologisch-kreuzestheologischem Kirchenverständnis lassen sich folgende Orientierungen für die Gestalt der Kirche ziehen:

(O9) *Orientierung »Beteiligung an Kirche«:* Kirche ist Gestalt pneumatologisch vermittelter Hoffnung, wo sich ihre Mitglieder als begabt und beauftragt verstehen, wo die verfasste Kirche ein entsprechendes Kirchen- und Selbstverständnis ihrer Mitglieder fördert, Handlungsspielräume dafür eröffnet und darauf hinwirkt, dass die vielfältigen Begabungen und Aktivitäten ihrer Mitglieder (als kirchliche Realität) dargestellt, verstanden und wahrgenommen werden, und wo die verfasste Kirche die Kommunikationsvoraussetzungen dafür reproduzieren hilft (vgl. dazu ausführlicher 4.2.1).

(O10) *Sach-Orientierung:* Kirche ist Gestalt pneumatologisch vermittelter Hoffnung, wo sie spezielle Aufträge als nur funktional von anderen Aufträgen in der Kirche unterschieden versteht, darstellt und entsprechend handelt, und wo diese Funktionen nicht als Funktionen der Gemeinde, sondern als Funktionen der gemeinsamen Sache der Hoffnung behandelt werden, was den hervorgehoben Dienenden ermöglicht, in ihren Äußerungen auch über den Konsens der Gemeinde hinauszugehen (vgl. dazu ausführlicher 4.2.2).

In Weiterführung von Moltamnn wird Kirche als Gestalt der Hoffnung anhand dieser zehn Grundorientierungen konkreter vorstellbar. Um nun die Frage zu klären, ob die Personalisierungsdynamiken der Kirche die Möglichkeit geben, Gestalt der Hoffnung in dem hier rekonstruierten Sinne zu sein, benötigt Öffentliche Theologie im Dienste der oben als Leitlinien formulierten Zweisprachigkeit und Interdisziplinarität Begriffe, die die Übersetzung der theologisch begründeten Orientierungen in eine allgemein verständliche Sprache und gleichzeitig eine differenzierte und differenzierende Anwendung dieser Orientierungen erlauben. Eine solche Begrifflichkeit wird im Folgenden in der Sozialphilosophie von Jürgen Habermas gesucht und durch die mythentheoretische Arbeit von Roger Silverstone ergänzt.

III. Sozialphilosophische Orientierung: Diskurs und Mythos

Wurde gerade in Auseinandersetzung mit Jürgen Moltmanns Arbeit das Orientierungspotential eines Kirchenverständnisses theologisch expliziert, liegt nun der Fokus auf dem Öffentlichkeitsverständnis – die gesellschaftlichen Öffentlichkeiten waren ja in Vögeles Definition Öffentlicher Theologie das Gegenüber des Christentums in der zu beschreibenden und konstruktiv-kritisch zu reflektierenden Wirkbeziehung. Die Entfaltung des Öffentlichkeitsbegriffs soll es ermöglichen, die erarbeiteten Orientierungen differenziert auf öffentliche Personalisierungen zu beziehen.

In der Literatur kommt häufig die Unterscheidung insbesondere von zwei Öffentlichkeitsmodellen vor, die unterschiedliche normative Ansprüche an die Konstitution von Öffentlichkeit stellen.[553] (1) Das »systemtheoretische Spiegelmodell«[554], wie es Luhmann und andere, etwa Marcinkowski, entwickelt haben, sieht die Hauptfunktion der Öffentlichkeit darin, der Gesellschaft sozusagen einen Spiegel[555] vorzuhalten, sie durch strukturierte Informationen über sich selbst zu informieren und so eine Selbstbeobachtung der Gesellschaft zu

553 Vgl. Neidhardt 1994, S. 8f.; Jarren und Donges 2006, S. 98. Vgl. dort auch für das Folgende. Vgl. theologisch dazu Gabriel 1996. Alle drei hier im Folgenden genannten Öffentlichkeiten können in Parallelität zu Heesens »Systematik des Öffentlichkeitsbegriffs« gesehen werden: In ihrer Medienethik unterscheidet sie »*beobachtende Öffentlichkeit, sozialisierende Öffentlichkeit* und *politische Öffentlichkeit*« (vgl. Heesen 2008, S. 9–12, Zitate auch im vorigen Satz von S. 9). Dabei entspricht grob und ungefähr die beobachtende Öffentlichkeit dem Spiegelmodell, die politische dem Diskursmodell und die sozialisierende dem religionskulturtheoretischen Begriff von Öffentlichkeit.

554 Jarren und Donges 2006, S. 98. Vgl. dort auch für das Folgende.

555 Thomas hat diese Spiegelmetapher »angesichts der Verwechselbarkeit mit naiven Abbildtheorien der Medien« als »sehr unglücklich« bezeichnet (Thomas 1998, S. 534, Anm. 37). Diese Beurteilung halte ich insofern für überzogen, als der Spiegelmetapher schon auf Bildebene Widerstände gegen derartige Missverständnisse eingebaut sind: Spiegel liefern keine Eins-zu-eins-Abbildung der Wirklichkeit, sondern ein perspektivisch verzerrtes und lückenhaftes Bild wie jede andere Beobachtung auch – und zudem noch ein spiegelverkehrtes.

ermöglichen. Das Modell ist normativ »anspruchslos«[556]: Schon damit, öffentlich zu sein, ist die (normative) Aufgabe der Öffentlichkeit bereits erfüllt. Vorzug dieses Modells ist m. E., dass es den Blick für das schärft, was funktional ist.

(2) »Normativ anspruchsvoller« ist das zweite Modell, das Diskursmodell von Öffentlichkeit, das vor allem mit der Arbeit von Jürgen Habermas assoziiert ist.[557] Dieses Modell sieht Öffentlichkeit als Diskurs. Über die Spiegelfunktion hinaus werden normative Ansprüche an die Beteiligung an diesem Diskurs und die Kommunikationen im Diskurs gerichtet.[558] Öffentlichkeit »als ein Netzwerk für die Kommunikation von Inhalten und Stellungnahmen«[559] soll hier normativ den Austausch und die Kritik von Argumenten ermöglichen, vermittels derer Orientierungen gefunden und revidiert werden können.[560] Aufgrund konkreter inhaltlicher Ähnlichkeit bietet es sich an, dieses Modell – gerade in Habermas' Provenienz – einer kreuzes- und hoffnungstheologisch informierten Öffentlichen Theologie im bundesrepublikanischen Kontext als orientierende und begriffsdifferenzierende Öffentlichkeitstheorie zu empfehlen. Besagte Ähnlichkeit besteht besonders in folgenden Punkten: Der Dynamik-Orientierung (O1) entsprechend denkt Habermas die gegenwärtigen gesellschaftlichen Verhältnisse als veränderlich und stellt sie in den Horizont möglicher künftiger Entwicklungen. Das zeigt sich schon daran, dass Habermas theoretisch bei Veränderungspotentialen anknüpfen will, nämlich bei »Möglichkeiten von Lernprozessen«.[561]

Normativ erscheint bei Habermas immer der Grundgedanke, Handlungen über gewaltfreie Verständigung, über freie Stellungnahme zu kritisierbaren Geltungsansprüchen, also über die illokutionäre Bindungskraft von Argumenten, zu koordinieren. Öffentlicher Diskurs soll Herrschaft rationalisieren. Sieht man hier von der breit diskutierten Frage ab, was dies für die Öffentlichkeit der Religion bedeutet, zeigt sich diese Sicht als parallel zu Moltmanns kreuzestheologischer Begründung von Demokratie, die sich in den entsprechenden Orientierungen (O4 bis O8) niederschlägt. Hier wie da geht es um Beteiligung (O5) und um gewaltfreie, inklusive Integration.

Aufgrund dieser Ähnlichkeiten wundert es nicht, dass Habermas zumindest in westlichen Öffentlichen Theologien häufig herangezogen und diskutiert wird. Entsprechend und vor allem auf die Theorie der Moderne und ihrer Probleme bezogen hat etwa Scott Paeth in seinem Buch über »Public Theology

---

556 Jarren und Donges 2006, S. 98, vgl. inhaltlich Neidhardt 1994, S. 9. Vgl. dort auch für das Folgende.

557 Vgl. Jarren und Donges 2006, S. 99, dort auch das Zitat. Vgl. für das Folgende Jarren und Donges 2006, S. 99–101.

558 Vgl. inhaltlich auch Jarren und Donges 2006, S. 99, 101.

559 Habermas 1998, S. 436.

560 Vgl. zu diesem Öffentlichkeitsbegriff auch Peters 1994a, etwa auf S. 45.

561 Vgl. Habermas 1995a, S. 562, dort auch das Zitat.

and Social Theory in the Work of Jürgen Moltmann« in der Theorie des kommunikativen Handelns »a secular analogue to [Moltmann's] theological agenda« gesehen:[562] Wie Habermas habe auch Moltmann versucht, die emanzipativen Versprechen der Aufklärung zu bewahren und gleichzeitig die instrumentelle Vernunft zu kritisieren.[563] Entschließt man sich in Öffentlicher Theologie kontextuell dafür, Habermas' Öffentlichkeitsbegriff zu rezipieren, gewinnt man von Habermas eine begrifflich-differenzierte Konkretisierung von Orientierungen dafür, wie Kirche ihre materialen, christlichen Beiträge in den öffentlichen Diskurs einbringen kann. Salopp formuliert: Von bisher gefundenen Richtungsähnlichkeiten scheint es in öffentlich-theologischer Perspektive im hiesigen Kontext naheliegend, sich vorläufig von Habermas das Forum erklären zu lassen, in dem die eigenen materialen Diskursbeiträge eingebracht werden können und die zu thematisierenden Wirkbeziehungen entstehen. Das geschieht in diesem Kapitel. Welche Rolle dabei Personalisierungen spielen können, soll in Habermas' Theoriegebäude jeweils eingetragen werden.

(3) Quer zu Spiegel- und Diskursmodellen steht das Verständnis von Öffentlichkeit als Kultur oder als kultureller Raum. Von diesem Modell her soll aus religionskulturtheoretischer Perspektive nach der Einordnung von Personalisierungen gefragt werden. Dies geschieht in Auseinandersetzung vor allem mit Roger Silverstones Theorie[564] zum Mythischen in modernen Kulturen. Damit wird eine spezifische Dimension im Diskursmodell theoretisch klarer beschreibbar gemacht (III.4.).

Gerade im Horizont des diskurstheoretischen Öffentlichkeitsbegriffs, der Öffentlichkeit in demokratietheoretisch wichtigen Funktionen sieht,[565] ist Personalisierung immer wieder kritisiert worden – etwa als »ökonomische[s] Diktat« oder als »Entpolitisierung«.[566] Diese von einem normativen Öffentlich-

562 Vgl. Paeth 2008, S. 112, dort auch das zweite Zitat. Das erste ist der Untertitel des Buches.

563 Vgl. in ähnlichen Worten auch englisch Paeth 2008, S. 112. Ähnlich wie ich hier nutzt Paeth unter anderem auch Habermas' Arbeit, um Moltmanns Theologie auf eine die Theorie der Zivilgesellschaft miteinbeziehende (Öffentliche) Theologie weiterzuentwickeln. Ausgangspunkt dafür ist die Diagnose, dass Moltmann in seiner Theologie »the necessity for a well-developed model of society from which critique and affirmation might arise« nicht berücksichtige (vgl. ebd., S. 8).

564 Auf Silverstones Arbeit bin ich durch die Arbeit von Günter Thomas aufmerksam geworden.

565 Vgl. zu diesem Zusammenhang von Demokratiebezug und Normativität: Jarren und Donges 2006, S. 97.

566 Die Kritik übt etwa: Klingen 2008, S. 146. Klingen verweist (vgl. Klingen 2008, S. 146 Anm. 388) auf die ähnliche Kritik Richard Sennetts (Sennett 1999). Interessanterweise hat gerade Jürgen Habermas Sennetts Kritik überzeugend mit dem Argument abgewiesen, Sennett würde sich »an einem falschen Modell [zu] orientieren« (Habermas 1990, S. 17): »Sennett trägt nämlich Züge der repräsentativen

keitsbegriff herkommende kritische Perspektive auf Personalisierung soll in diese Arbeit vermittels der Öffentlichkeitstheorie von Jürgen Habermas eingespeist werden, deren großer Vorzug darin liegt, Kritik mit Ambivalenzsensibilität zu verbinden.[567]

In der kaum überschaubaren Fülle von Habermas-Veröffentlichungen konzentriere ich mich neben einzelnen Aufsätzen auf

(III.1.) seine Habilitationsschrift »Strukturwandel der Öffentlichkeit« (SdÖ), weil diese Darstellung historisch konkret und damit anschaulich ist und obwohl er später manche der auch hier relevanten Thesen überarbeitet hat,

(III.2.) sein »Opus magnum«[568], die »Theorie des kommunikativen Handelns« (TkH), weil darin ein ambivalenzsensibles Begriffsinstrumentarium erarbeitet wird (hier konzentriere ich mich auf Einleitung, Zwischenbetrachtungen und Schluss), und

(III.3.) dessen Anwendung[569] auf die Demokratietheorie in »Faktizität und Geltung« (FuG), weil hier der normativ-diskurstheoretische Öffentlichkeitsbegriff explizit auf die gegenwärtige Gesellschaft bezogen wird (hier insbesondere das Kapitel über die Rolle der Zivilgesellschaft).[570]

Öffentlichkeit in die klassische bürgerliche hinein; er verkennt die spezifisch bürgerliche Dialektik von Innerlichkeit und Öffentlichkeit, die mit der publikumsbezogenen Privatheit der bürgerlichen Intimsphäre im 18. Jahrhundert auch literarisch zur Geltung gelangt. [...] Der maskierte Auftritt, welcher private Gefühle, Subjektives überhaupt den Blicken entzieht, gehört aber zu dem hochstilisierten Rahmen einer repräsentativen Öffentlichkeit« (Habermas 1990, S. 17). Genau an dieser Dialektik wird die folgende Habermas-Interpretation eine auch positive Deutung von Personalisierungen anschließen.
Die mögliche Entpolitisierung an der Personalisierung kritisiert auch Sarcinelli, wenn er die Gefahr benennt, dass »sachpolitische Debatten völlig in den Hintergrund treten zugunsten der Orientierung an den politischen Führern« (Sarcinelli 1987, S. 179). Zu ähnlicher Personalisierungskritik vgl. auch: Planer-Friedrich 1996; Dörner 2001, S. 138–141. Für den im Haupttext erwähnten Zusammenhang von Personalisierungskritik und demokratietheoretischer Ausrichtung vgl. Hoffmann und Raupp 2006, S. 465; Eisenegger 2010, S. 12.

567 Ein weiterer Vorzug kann darin gesehen werden, dass Habermas' Theorie alle drei von Neidhardts (normativen) Funktionen von Öffentlichkeit beinhaltet: Transparenzfunktion, Validierungsfunktion und Orientierungsfunktion (vgl. dazu Jarren und Donges 2006, S. 99, für die Funktionen ebd., S. 98). Für Habermas selbst zu einem »normative[n] Begriff von Öffentlichkeit« vgl. etwa (neben vielen anderen Stellen) Habermas 1989, Zitat aus dem Untertitel, im Original kursiv. Den Hinweis auf diesen Text verdanke ich dem Literaturverzeichnis in Klingen 2008.

568 Horster 2001, S. 69.

569 Vgl. Reese-Schäfer 2001, S. 92.

570 Als Lese- und Verstehenshilfe für alle Werke von Habermas (SdÖ, TkH, FuG) wurde hier auch wahrgenommen: Dubiel 2001 (den Verweis auf Dubiel verdanke ich der Arbeit von Klingen); Horster 2001; Reese-Schäfer 2001; Klingen 2008. Die Siglen sind teilweise aus der Literatur übernommen.

Diese Texte werden jeweils auf ihr kritisches Deutungspotential für mediale Personalisierungen hin interpretiert. Ein Manko an der Textauswahl ist freilich, dass im ersten und insbesondere im dritten Text Öffentlichkeit primär in ihrem Staatsbezug vorkommt. Was an Personalisierung von einem auf Diskurs und Verständigung angelegten Öffentlichkeitsbegriff her verheißungsvoll und problematisch scheint, wird hoffentlich dennoch deutlich.

1. Personalisierung zwischen Räsonnement und Konsum

Die Normativität des Öffentlichkeitsbegriffs in SdÖ ist nicht offensichtlich, weil sie zunächst als Sozialgeschichte und »Analyse des Typus ›bürgerlicher Öffentlichkeit‹«[571] gelesen werden kann. Normativität ergibt sich aus dem »ideologiekritischen Ansatz«[572], den Habermas hier noch vertritt, in der Theorie des kommunikativen Handelns aber bereits revidiert haben wird. An einer »epochenspezifisch auftretenden Formation der Öffentlichkeit« deckt Habermas in SdÖ deren normatives und »utopisches Potential« auf, das insofern in bürgerlichen Idealen und Selbstverständnis von Öffentlichkeit liegt, als diese in historische Manifestationen und rechtliche Institutionalisierungen zwar eingehen, aber nicht in ihnen aufgehen, sondern bleibend über die hinter ihnen zurückbleibenden Wirklichkeiten hinausweisen und so die »Dynamik

---

571 Habermas 1971, S. 7. 1961 konzentrierte sich Habermas auf »Struktur und Funktion des *liberalen* Modells bürgerlicher Öffentlichkeit« (Habermas 1971, S. 8, kursiv im Original). Im Vorwort zur Neuausgabe von 1990 sieht er es als präziser an, von Publikum im Plural und von »konkurrierenden Öffentlichkeiten« (Habermas 1990, S. 15) zu sprechen. Für geschichtswissenschaftliche Kritik an Habermas' Geschichtsrekonstruktion vgl. Gestrich 2006, S. 30–39. Meine Darstellung zielt weniger auf historische Rekonstruktion als auf Hebung des normativen Potentials.

572 Habermas 1990, S. 33. Ideologiekritik ist auf geschichtsphilosophische Grundlagen (vgl. ebd., S. 34) angewiesen: »Ohne eine *Theorie* der Geschichte konnte es eine immanente, an den Gestalten des objektiven Geistes ansetzende *Kritik*, die ›zwischen dem, was der Mensch und die Dinge sein können, und dem, was sie faktisch sind‹, unterscheidet, nicht geben – sie müsste sich denn historisch an die *jeweiligen* Maßstäbe einer Epoche ausliefern. Das Forschungsprogramm der 30er Jahre stand und fiel mit dem geschichtsphilosophischen Vertrauen in ein Vernunftpotential bürgerlicher Kultur, das unter dem Druck der entwickelten Produktivkräfte in sozialen Bewegungen freigesetzt werden würde.« (Habermas 1995a, S. 560, kursiv im Original) M. E. entsprechend arbeitet Habermas in SdÖ an den historisch vorgefundenen Idealen und Realitäten bürgerlicher Öffentlichkeit deren Vernunftpotential heraus, das zum Maßstab ihrer selbst und der weiteren Entwicklung wird. Zum Ansatz der Ideologiekritik bei Habermas, dessen im Folgenden geschilderte Revision bei Habermas und dem hier geschilderten Zusammenhang vgl. Klingen 2008, S. 197–200; Reese-Schäfer 2001, S. 35, 46. Beiden verdanke ich hier ein besseres Verständnis.

der geschichtlichen Entwicklung« nähren.[573] Trotz der späteren Revision der Methode[574] hat dieses Verfahren den Vorteil, dass es Normativität im Konkreten sucht, was die Möglichkeit bietet, Personalisierungsphänomene auch da zu identifizieren, wo Habermas dies nicht explizit macht. Das tue ich, indem ich der Chronologie des Strukturwandels folge und zunächst den Typ repräsentativer Öffentlichkeit darstelle (1.1), dann die literarische (1.2) und politische Öffentlichkeit (1.3), in denen normatives Potential ausgemacht wird, und schließlich den damals von Habermas angenommenen Zerfall nachzeichne (1.4), in dem die Norm ex negativo deutlicher wird. Dass dabei insgesamt Elemente, die man am SdÖ zentral finden mag, gar nicht oder nur am Rande vorkommen – so etwa der Wandel hin zu einer Verbandsöffentlichkeit oder das Schlusskapitel zur öffentlichen Meinung –, erklärt sich aus dem Fokus auf unmittelbar für das Personalisierungsthema Relevantes.

1.1 Repräsentative Öffentlichkeit und Personalisierung

Die hochmittelalterliche, zur feudalen Gesellschaft gehörende Öffentlichkeit, die durch die modernen Begriffe einer öffentlichen und privaten Sphäre soziologisch nicht sinnvoll erfasst werden kann, rekonstruiert Habermas als »*repräsentative Öffentlichkeit*«.[575] Diese meint nun »keine Sphäre der politischen Kommunikation«[576], sondern vielmehr »so etwas wie ein Statusmerkmal«[577]: Sie ist die personalisierte Inszenierung von höherer Macht, Autorität und Herrlichkeit vor einer sprachlosen Menge von Zuschauern, vor einer »Umgebung«[578], wie Habermas schreibt. Der Fürst oder Grundherr »stellt sich dar als die Verkörperung einer wie immer ›höheren‹ Gewalt«.[579] Repräsentation ist hier also nicht im Sinne von Vertretung des Volkes gemeint, sondern umgekehrt als Repräsentation von höherer Autorität vor dem niederen Volk:[580] »Solange der Fürst und seine Landstände das Land ›sind‹, statt es bloß zu vertreten, können sie in einem spezifischen Sinne repräsentieren; sie repräsentieren ihre Herrschaft, statt für das Volk, ›vor‹ dem Volk.«[581] Diese Repräsentationsrichtung gibt dem Repräsentanten eine »Aura«[582], die »Aura feudaler Autorität«[583].

---

573 Vgl. für Zitate und Inhalt Habermas 1990, S. 34. Vgl. zum »normativ überschießende[n] Potential«: Reese-Schäfer 2001, S. 46.

574 Vgl. zu dieser Revision Klingen 2008, S. 199.

575 Vgl. Habermas 1971, S. 19, dort auch das Zitat, kursiv im Original.

576 Habermas 1971, S. 21.

577 Habermas 1971, S. 20.

578 Habermas 1971, S. 21, 23.

579 Vgl. Habermas 1971, S. 20, dort auch das Zitat.

580 Vgl. Habermas 1971, S. 20.

581 Habermas 1971, S. 20.

582 Habermas 1971, S. 20.

583 Habermas 1971, S. 21.

»Die Entfaltung der repräsentativen Öffentlichkeit ist an Attribute der Person geknüpft: an Insignien [...], Habitus [...], Gestus [...] und Rhetorik [...]«.[584] Von daher kann Habermas' Begriff einer »repräsentativen Öffentlichkeit« als der Begriff einer in jeder Dimension maximal personalisierten Öffentlichkeit verstanden werden: Öffentlichkeit ist hier die Öffentlichkeit personaler Repräsentanz von Macht. Gezeigt werden nicht Sachverhalte, Argumente oder in Beziehungsnetze eingebundene Personen, sondern Personen als Verkörperungen höherer Macht: Repräsentative Öffentlichkeit ist personenorientiert in Substitutionsrelation zu Inhalten. Nicht die Vernunft wird öffentlich, sondern die personale Autorität, die Gesetze macht. Sie ist prominenzorientiert, weil in ihr qua Repräsentation herausragende Machthaber zur Darstellung und Verklärung kommen. Sie ist im heutigen Sinne insofern privatorientiert, als sie als Statusmerkmal »gegenüber den Kriterien ›öffentlich‹ und ›privat‹ neutral«[585] ist: In allen Lebensvollzügen – auch den später der privaten Sphäre zugerechneten – repräsentiert der Herrscher. Besonders deutlich ist dies in den auch von Habermas genannten »›Zeremonien des Levers und Couchers‹«[586] am Hofe Ludwigs XIV.

Als charakteristische Elemente des Typs repräsentativer Öffentlichkeit seien zusammengefasst, dass sie entsteht als (1) personale Repräsentation höherer Autorität (2) vor einer rein passiv-rezeptiven Umgebung. Damit ist ein Öffentlichkeitstypus beschrieben, der sozialwissenschaftlich genau benennt, wogegen sich die theologisch erarbeitete Religionskritik-Orientierung (O4) wendet. Eine entsprechend verstandene Öffentliche Theologie wird Kirche also in kritischer Opposition zu Personalisierungen sehen, die im Rahmen repräsentativer Öffentlichkeit entstehen.

1.2 Literarische bürgerliche Öffentlichkeit

Zielpunkt von Habermas' Analyse ist die »politisch fungierende[n] Öffentlichkeit«.[587] Als deren »Vorform« beschreibt er die »literarische Öffentlichkeit«,[588] die insofern eine Brückenstellung[589] einnimmt, als sie in einer »gewisse[n] Kontinuität zu der repräsentativen Öffentlichkeit des fürstlichen Hofes«[590] steht.[591]

584 Habermas 1971, S. 20.

585 Habermas 1971, S. 20.

586 Alewyn zit. bei Habermas 1971, S. 23. Vgl. dazu auch Wilke 1998, S. 284.

587 Habermas 1971, S. 44.

588 Vgl. Habermas 1971, S. 44, dort auch das Zitat.

589 Zur literarischen Öffentlichkeit als »Brücke zwischen der Restform einer zerfallenden: der höfischen, und der Vorform einer neuen: der bürgerlichen Öffentlichkeit« vgl. Habermas 1971, S. 45.

590 Habermas 1971, S. 44.

591 Diese Kontinuität zeigt sich schon in den zwei Schritten, in denen Habermas die Entwicklung beschreibt: Zunächst (1) seien die »frühen Institutionen bürgerlicher Öffentlichkeit in ihrem Ursprung der vom Hof sich lösenden adligen Gesellschaft

Die Entwicklung der literarischen Öffentlichkeit steht bei Habermas im Zusammenhang mit einer »spezifischen Subjektivität«, die sich im Medium literarischer Formen und »öffentlichen Räsonnement[s] der Privatleute« reflektiert und deren »Heimstätte« die neu entstehende patriarchale[592] Kleinfamilie ist.[593] Das Bild, das die Kleinfamilie sich von sich selber machte – dessen Elemente »Freiwilligkeit«, »Liebesgemeinschaft« und »Bildung« lassen sich mit dem »Begriff der Humanität« zusammenfassen[594] –, entlarvt Habermas kritisch einerseits als Fiktion, sieht aber andererseits auch, dass es als Idee in Erfahrung gründend über das Bestehende hinausweist:[595]

> »Mit dem spezifischen Begriff der Humanität verbreitet sich im Bürgertum eine Auffassung vom Bestehenden, das ganz vom Zwang des Bestehenden Erlösung verspricht, ohne in ein Jenseits auszubrechen. Das Transzendieren der festgehaltenen Immanenz ist das Moment Wahrheit, das bürgerliche Ideologie über Ideologie selbst hinaushebt; am ursprünglichsten eben dort, wovon die Erfahrung der ›Humanität‹ ihren Ausgang nimmt: in der Humanität der intimen Beziehung der Menschen als bloßer Menschen im Schutz der Familie.«[596]

Ich verstehe dieses Wahrheitsmoment folgendermaßen: Ihrem eigenen Selbstbild nach begegnen sich in der Kleinfamilie Menschen frei von Zwang,[597] unabhängig von Eigentum und Standes- und Machtunterschieden als Menschen. Während diese Fiktion zwar keine Deckung in der Realität findet, hat sie doch Anhalt in Erfahrungen in Intimbeziehungen. Genau dieser Anhalt, diese Ahnung[598] transzendiert alle bestehenden Zwänge und Standesunterschiede.

---

verhaftet« (Habermas 1971, S. 60) gewesen. Es trafen sich in den Salons, Kaffeehäusern und ähnlich in den »gelehrten Tischgesellschaften« (ebd., S. 50, vgl. dort auch für diesen Zusammenhang) des späten 17. und frühen 18. Jahrhunderts die gebildeten Bürger mit Adligen zur literarischen Kritik (ebd., S. 46–51). Um 1750 wird dann zweitens (2) das in »Theatern, Museen und Konzerten sich bildende ›große‹ Publikum« relevanter, das »ein bürgerliches auch nach den Kriterien seiner sozialen Herkunft« ist (ebd., S. 60, dort beide Zitate).

592 Im Vorwort zur Neuausgabe von 1990 verweist Habermas auf die feministische Literatur, die nun auch die »Wahrnehmung für den patriarchalischen Charakter der Öffentlichkeit selbst geschärft« hat (Habermas 1990, S. 18), nicht nur der damaligen Kleinfamilie.

593 Vgl. Habermas 1971, S. 60f., Zitate auf S. 61. Vgl. auch: »Sie [die bürgerlichen Schichten, FH] bilden die Öffentlichkeit eines literarischen Räsonnements, in dem sich die Subjektivität kleinfamilial-intimer Herkunft mit sich über sich selbst verständigt.« (ebd., S. 69)

594 Habermas 1971, S. 64. Vgl. dazu auch Reese-Schäfer 2001, S. 41.

595 Vgl. Habermas 1971, S. 64–66. Vgl. auch Reese-Schäfer 2001, S. 41, dort sind auch Teile des folgenden Habermas-Zitats wiedergegeben.

596 Habermas 1971, S. 66.

597 Vgl. dazu auch Reese-Schäfer 2001, S. 41.

598 Dieser Begriff so nach Horkheimer nach Anm. 48 in Habermas 1971, S. 309.

Die in der »Sphäre der kleinfamilialen Intimität« möglichen »›rein menschlichen‹ Beziehungen« finden »literarische Form« in Brief und Tagebuch.[599] Diese Formen ermöglichen »Experimente mit der in den kleinfamilialen-intimen Beziehungen entdeckten Subjektivität«.[600] Schon in diesen Formen ist die Intimität und Subjektivität »publizitätsbezogen [...]«, was nach Habermas auch die Entstehung des »bürgerliche[n] Roman[s]« als »die psychologische Schilderung in autobiographischer Form« erklärt.[601] Dessen Fiktionalität erlaubt nun nach Habermas weitere Erkundungen der eigenen Subjektivität: »Der psychologische Roman schafft erst jenen Realismus, der jedem gestattet, in die literarische Handlung als Ersatzhandlung für eine eigene einzutreten, die Beziehungen zwischen den Figuren, zwischen Leser, Figuren und Autor als Ersatzbeziehungen der Wirklichkeit unterzuschieben.«[602] Damit könnten über Habermas hinaus die besagten literarischen Formen als hochgradig personalisiert bezeichnet werden.

Publikum entsteht nach Habermas nun zunächst aus dieser Intimität: aus der Intimität der eigenen Leseerfahrung und räumlich im Haus, in dem der Salon für Gesellschaftliches mit dem intimen Wohnzimmer unter einem Dach ist.[603] In Lektüre und Diskussion hat das Bürgertum im 18. Jahrhundert »eine literaturfähige und publizitätsbezogene Subjektivität kultivieren können«.[604]

In Habermas' historischer Betrachtung ist die literarische Öffentlichkeit also insofern Vorform der politischen, als in ihr Publikum und Diskussionsplattform entstehen, die politisch umfunktioniert und zur »Sphäre der Kritik an der öffentlichen Gewalt« werden.[605]

Im hiesigen Zusammenhang bezeichnend und von Habermas nicht hervorgehoben ist dabei, dass politische Öffentlichkeit damit auf dem Boden einer hochgradig personalisierten Öffentlichkeit entsteht: Zum einen sind die Publikationen der literarischen Öffentlichkeit personalisiert – in den Dimensionen Personorientierung und Privatorientierung. Zum anderen wurden diese Publikationen vom Publikum offenbar auch in personalisierter Rekonstruktion genutzt: Der »sich einfühlende Leser [wiederholt] die in der Literatur vorgezeichneten privaten Beziehungen«.[606] Diese von Habermas nicht explizit so benannten Personalisierungen stehen bei ihm nicht in einem Zerfallszusammenhang, sondern treten in enger Verbindung mit dem Wahrheitsmoment

599 Vgl. Habermas 1971, S. 66, dort auch die Zitate. Zum Tagebuch vgl. ebd., S. 67.

600 Vgl. Habermas 1971, S. 67, dort auch das Zitat.

601 Habermas 1971, S. 67, dort auch die Zitate.

602 Habermas 1971, S. 68.

603 Vgl. Habermas 1971, S. 68f.; Reese-Schäfer 2001, S. 41. Besonders: »Die Sphäre des Publikums entsteht in den breiteren Schichten des Bürgertums zunächst als Erweiterung und gleichzeitig Ergänzung der Sphäre kleinfamilialer Intimität.« (ebd., S. 68)

604 Vgl. Habermas 1971, S. 206, dort auch das Zitat.

605 Vgl. Habermas 1971, S. 69, dort auch das Zitat.

606 Habermas 1971, S. 68.

bürgerlich-kleinfamilialer Ideologie auf: Vermittels personalisierter Literatur begegnen sich Menschen ihrem Selbstverständnis nach rein menschlich – und somit frei von Zwang und unabhängig von Machtunterschieden. Vermittels personalisierter Literatur reflektieren und experimentieren sie mit einer entsprechenden Subjektivität und kultivieren diese so als publikumsbezogene. Lassen sich Habermas' Ausführungen über literarische Öffentlichkeit dahingehend interpretieren, dann käme in der von ihm erzählten Aufklärungsgeschichte an diesem Punkt den Personalisierungen insofern eine positive Funktion zu, als sich vermittels ihrer das Selbstverständnis des Menschen als freien und gleichrangigen bildet und verbreitet. Am Beispiel gesagt: Goethes »Die Leiden des jungen Werther« lesend, begegnet mir in der publizitätsbezogenen Darstellung der Intimität Werther unabhängig von allen äußeren Standesunterschieden als »rein menschlich«. In dieser Intimität wird eine Gleichrangigkeit erfahrbar, die für die politische Öffentlichkeit zunächst Fiktion bleibt.[607]

In weiterführender Auslegung von Habermas' historisch-soziologischer Arbeit ist am Typus der literarischen Öffentlichkeit damit eine auch vom normativen Öffentlichkeitsbegriff her positiv zu beurteilende Funktion der Personalisierung in den Blick gekommen: Personalisierungen können Menschen als bloße Menschen vorstellen und damit in einem Schein der Freiheit von Zwang und Standesunterschied.

1.3 Politisch fungierende bürgerliche Öffentlichkeit

»Die politische Öffentlichkeit geht aus der literarischen hervor; sie vermittelt durch öffentliche Meinung den Staat mit Bedürfnissen der Gesellschaft.«[608] In dieser Mittelstellung zwischen der Sphäre öffentlich-staatlicher Gewalt und dem Privatbereich der Gesellschaft mit Warenverkehr und Arbeit[609] ist die politische Öffentlichkeit auf beide Sphären bezogen, wobei sie eigentlich Teil des Privatbereichs bleibt,[610] insofern es Privatleute sind, die sich in der Sphäre bürgerlicher Öffentlichkeit zum Publikum versammeln.[611] Diese Öffentlichkeit hat die »Erfahrungen einer intimisierten Privatsphäre gleichsam im Rücken«[612] und kann sich (im Gegenüber zum herrschenden Staat) als »herrschaftsfreie

607 Vgl. Habermas 1971, S. 74.

608 Habermas 1971, S. 46. Den Anlass des »Politisierungsschubes einer zunächst literarisch und kunstkritisch geprägten Öffentlichkeit« sieht Habermas (später) in der Französischen Revolution (Habermas 1990, S. 14).

609 Für den Satz bis hier vgl. Habermas 1971, S. 45f. Vgl. dazu auch Reese-Schäfer 2001, S. 38.

610 Vgl. Habermas 1971, S. 45f. und: »Die bürgerliche Öffentlichkeit entfaltet sich im Spannungsfeld zwischen Staat und Gesellschaft, aber so, daß sie selbst Teil des privaten Bereiches bleibt.« (ebd., S. 172)

611 Vgl. Habermas 1971, S. 42.

612 Habermas 1971, S. 70.

Sphäre« verstehen[613]. Auf die öffentliche Gewalt ist sie bezogen, weil sich »das öffentliche Räsonnement«[614] nicht mehr nur mit Kulturgütern auseinandersetzt, sondern Herrschaft zu kontrollieren, zu kritisieren und damit letztlich zu rationalisieren sucht.[615]

Letzteres tut sie historisch nach Habermas darin, dass sich in »der bürgerlichen Öffentlichkeit [...] ein politisches Bewusstsein [entfaltet], das gegen die absolute Herrschaft den Begriff und die Forderung genereller und abstrakter Gesetze artikuliert, und schließlich auch sich selbst, nämlich öffentliche Meinung, als die einzig legitime Quelle dieser Gesetze zu behaupten lernt«.[616] Nicht mehr der Wille fürstlicher Autorität soll herrschen.[617] Vielmehr soll »Publizität der Durchsetzung einer auf ratio gegründeten Gesetzgebung dienen.«[618] Gesetz ist dabei verstanden als »Inbegriff der generellen, abstrakten und permanenten Normen«.[619] Gesetzgebung, als allgemeine und öffentlich kontrollier- und kritisierbare, soll diesem Bewusstsein nach an die Stelle von Willkürherrschaft treten.[620]

Der Idee nach soll Öffentlichkeit bei Habermas »Herrschaft überhaupt auflösen«, also rationalisieren.[621] Sie scheint dies zu können, weil sie selbst aus gewaltfreier »herrschaftsemanzipierte[r] Privatsphäre« entspringt, in der bei freiem Wettbewerb alle Macht- und Herrschaftsansprüche neutralisiert sind.[622] »Die gewaltlose Entscheidung des Marktes«, so formuliert Reese-Schäfer pointiert, »und die Auflösung politischer Herrschaft im leichtfüßigen Zwang der öffentlichen Meinung [...] werden parallel gesehen.«[623] Entsprechend könnte »das öffentliche Räsonnement der Privatleute« als »gewaltlose[n] Ermittlung des zugleich Richtigen und Rechten« erscheinen.[624] In der Fiktion einer Ge-

613 Vgl. Habermas 1971, S. 101, dort auch das Zitat.

614 Habermas 1971, S. 42.

615 Vgl. Habermas 1971, S. 72f., 105. Genau in den im Haupttext genannten beiden Grundzügen – dem »privaten und polemischen Charakter« – sieht Habermas die Differenzen zum »griechischen Modell der Öffentlichkeit«, welchem beide fehlten (vgl. ebd., S. 70, dort auch die Zitate). Zur »Rationalisierung der Herrschaft im Medium des öffentlichen Räsonnements der Privatleute« vgl. ebd., S. 249 und ähnlich ebd., S. 276. Zum »basisdemokratische[n] Impuls« vgl. Klingen 2008, S. 193.

616 Habermas 1971, S. 72.

617 Vgl. Habermas 1971, S. 72.

618 Habermas 1971, S. 72.

619 Habermas 1971, S. 71.

620 Vgl. Habermas 1971, S. 71–73, 104f.

621 Vgl. Habermas 1971, S. 104, dort auch das Zitat, auch zitiert bei Reese-Schäfer 2001, S. 42.

622 Vgl. Habermas 1971, S. 101, dort auch das Zitat. Der Zusammenhang von Gesellschaft »in der bürgerlichen Selbstbeschreibung als herrschaftsfreie Sphäre« verstanden und wirtschaftlicher Situation damals ist besonders klar dargestellt bei Reese-Schäfer 2001, S. 38f., 42, auf S. 42 dieses Zitat.

623 Reese-Schäfer 2001, S. 39.

624 Vgl. Habermas 1971, S. 104, dort auch die Zitate.

rechtigkeit nur durch freien Markt – oder zumindest einer materiellen Konfliktlosigkeit – war das öffentliche Räsonnement von der Lösung privater Interessenkonflikte weitgehend entlastet.[625]

Das bleibend Normative an der dann im »*bürgerlichen Rechtsstaat*« institutionalisierten[626] und damit auch der dem gegenwärtigen Medienrecht eingeprägten[627] Idee politischer Öffentlichkeit entwickelt sich in Habermas' Darstellung als Mehrwert einer Kritik des Selbstverständnisses der bürgerlichen Gesellschaft. Er weist auf die im Geschichtsverlauf deutlich zutage tretenden Widersprüche dieses Selbstverständnisses hin.[628] Gleichzeitig hatte es in dem, was Reese-Schäfer einen »normativen Augenblick«[629] nennt, eine Glaubwürdigkeit[630], die es »mehr als Ideologie« sein lässt. In Habermas' Worten:

> »Solange die genannten Voraussetzungen [m. E. insbesondere die situative Deckung von Klassen- und Allgemeininteresse,[631] FH] als gegeben angenommen werden konnten, solange Öffentlichkeit als Sphäre existierte und als Prinzip funktionierte, war das, was das Publikum zu sein und zu tun glaubte, Ideologie und zugleich mehr als Ideologie. Auf der Basis der fortwährenden Herrschaft einer

---

625 Vgl. Habermas 1971, S. 101, 236. Vgl.: »Innerhalb der politisch fungierenden Öffentlichkeit konnten die Konflikte nur darum auf einer Basis verhältnismäßig homogener Interessen und in verhältnismäßig räsonablen Formen der Deliberation ausgetragen [...] werden, weil die Fülle der materiellen Entscheidungen innerhalb einer als Privatsphäre neutralisierten Verkehrsgesellschaft durch den Marktmechanismus vermittelt und im Prinzip unpolitisch gefällt wurde.« (ebd., S. 235f.)

626 Vgl. Habermas 1971, S. 101, dort auch das Zitat, kursiv im Original. Später hat Habermas das unter diesem §11 vorgestellte »Modell der widerspruchsvollen Institutionalisierung der Öffentlichkeit im bürgerlichen Rechtsstaat« selbst als »zu starr« bezeichnet (vgl. Habermas 1990, S. 21, dort auch die Zitate). Vgl. zu dieser Institutionalisierung auch Reese-Schäfer 2001, S. 42f.

627 Habermas zeichnet nach, wie besagte Idee und besagtes politisches Bewusstsein institutionalisiert wurden: »Die politisch fungierende Öffentlichkeit erhält den normativen Status eines Organs der Selbstvermittlung der bürgerlichen Gesellschaft mit einer ihren Bedürfnissen entsprechenden Staatsgewalt.« (Habermas 1971, S. 95) Denn: »Der Rechtsstaat als ein bürgerlicher etabliert die politisch fungierende Öffentlichkeit als Staatsorgan, um den Zusammenhang von Gesetz und öffentlicher Meinung institutionell zu sichern.« (ebd., S. 103)

628 Vgl. etwa: Habermas 1971, S. 104, 106f., 109, 111, dazu auch Reese-Schäfer 2001, S. 43. Marxens Kritik, so Habermas, »zerstört alle Fiktionen, auf die sich die Idee der bürgerlichen Öffentlichkeit beruft.« (Habermas 1971, S. 152) Der entfesselte Wettbewerb hat anstatt sie zu neutralisieren neue Herrschaftsverhältnisse hervorgebracht (vgl. Habermas 1971, S. 152). »Marx denunziert die öffentliche Meinung als falsches Bewußtsein: sie verheimlicht vor sich selbst ihren wahren Charakter als Maske des bürgerlichen Klasseninteresses.« (ebd., S. 151)

629 Reese-Schäfer 2001, S. 41.

630 Vgl. Habermas 1971, S. 110.

631 Vgl. Habermas 1971, S. 109f. Vgl. dazu auch Reese-Schäfer 2001, S. 44.

> Klasse über die andere hat diese gleichwohl politische Institutionen entwickelt, die als ihren objektiven Sinn die Idee ihrer eigenen Aufhebung glaubhaft in sich aufnehmen: veritas non auctoritas facit legem, die Idee der Auflösung der Herrschaft in jenen leichtfüßigen Zwang, der nur mehr in der zwingenden Einsicht einer öffentlichen Meinung sich durchsetzt.«[632]

Genau in der beschriebenen Idee einer politischen Öffentlichkeit als Ort der Rationalisierung von Herrschaft, als Veränderung der »Herrschaft selbst«[633] durch Verständigung und vernünftiges Einverständnis, durch »gewaltlose[n] Ermittlung des zugleich Richtigen und Rechten«[634], ist m. E. der normative Kern der auf einem normativen Öffentlichkeitsbegriff ruhenden Kritik medialer Personalisierung freigelegt. Dieser normative Kern kann als sozialphilosophische Entsprechung zur theologisch erarbeiteten Religionskritik- und Beteiligungs-Orientierung (O4 und O5) gesehen werden, die begrifflich weiter gefasst die Beteiligung von Menschen an sie betreffenden Entscheidungsprozessen und die Kritik aller autoritativen Herrschaftslegitimitationen umfassen.

Die Merkmale einer Öffentlichkeit, die sich als Ort »gewaltlose[r] Ermittlung des zugleich Richtigen und Rechten« durch den Austausch und die Kraft vernünftiger Argumente[635] verstehen konnte, spürt Habermas historisch in einer »Reihe gemeinsamer institutioneller Kriterien«[636] bürgerlicher Öffentlichkeit auf. Die Kriterien sind:[637] (1) »Ebenbürtigkeit« (Absehung von Rängen) und Vernünftigkeit, (2) thematische Allgemeinheit und (3) allgemeine Zugänglichkeit[638]. Diese drei Kriterien spiegeln sich in den normativen Merkmalen von »Öffentlichkeit im emphatischen Sinn«, wie sie Peters für die Gegenwart beschrieben hat; auch hier sollen sie wie in SdÖ ein Verfahren markieren, das die freiwillig zwanglose Einigung auf vernünftige und bindende Entscheidungen ermöglicht.[639] Zumindest für deliberative Politik wird ein

---

632 Habermas 1971, S. 110f.

633 Habermas 1971, S. 104. Zu diesen Gedanken in ihrer späteren Relevanz bei Habermas vgl. Klingen 2008, S. 193f.

634 Habermas 1971, S. 104.

635 Vgl. Habermas 1971, S. 73.

636 Habermas 1971, S. 52. Mit »institutionellen Kriterien« ist gemeint, dass diese Öffentlichkeit in den Kaffee- und Salongesellschaften nicht schon ihre Verwirklichung fand; »wohl aber ist sie mit ihnen als Idee institutionalisiert, damit als objektiver Anspruch gesetzt und insofern, wenn nicht wirklich, so doch wirksam gewesen.« (So Habermas explizit für das erste Kriterium: ebd., S. 52)

637 Vgl. für das Folgende Habermas 1971, S. 52f. Vgl. dazu auch Reese-Schäfer 2001, S. 39f.

638 Dazu auch: »Die bürgerliche Öffentlichkeit steht und fällt mit dem Prinzip des allgemeinen Zugangs.« (Habermas 1971, S. 107)

639 Vgl. Peters 1994a, S. 45–48, Zitat auf S. 45, kursiv im Original. Peters nennt ebd. als Merkmale »*Gleichheit und Reziprozität*« (entspricht: (1) und (3)), »*Offenheit und adäquate Kapazität*« (2) und »[d]*iskursive Struktur*« (1) (Peters 1994a, S. 46f.,

von ähnlichen Kriterien bestimmtes Verfahren später für Habermas im Anschluss an Cohen entscheidend.[640] Diese Kriterien können darüber hinaus als öffentlichkeitstheoretische Entsprechungen zu den theologisch erarbeiteten Orientierungen O5 und O7 gesehen werden. Bei Absehung von sozialen Rängen und allgemeiner Zugänglichkeit entstünde eine Öffentlichkeit, an der sich alle (O5) in der Vielfalt ihrer Lebensperspektiven (O7) beteiligen können.

Zwei erläuternde Anmerkungen zu diesen Merkmalen leiten über zu einer Wahrnehmung der Ambivalenz von Personalisierungen. Die (potentielle) allgemeine Zugänglichkeit ist unter den Kriterien insofern besonders wichtig, als Habermas in einem viel zitierten Satz die Öffentlichkeit der Öffentlichkeit überhaupt von dieser abhängig macht: »Die bürgerliche Öffentlichkeit steht und fällt mit dem Prinzip des allgemeinen Zugangs. Eine Öffentlichkeit, von der angebbare Gruppen eo ipso ausgeschlossen wären, ist nicht etwa nur unvollständig, sie ist vielmehr gar keine Öffentlichkeit.«[641]

Ebenbürtigkeit und Vernünftigkeit können deshalb zusammengefasst werden, weil diese von jener ermöglicht wird: »Die Parität, auf deren Basis allein die Autorität des Arguments gegen die der sozialen Hierarchie sich behaupten und am Ende auch durchsetzen kann, meint im Selbstverständnis der Zeit die Parität des ›bloß Menschlichen‹.«[642] Vernünftigkeit kann danach das Räsonnement einer Sphäre nur dann hervorbringen, wenn sich in ihr die Menschen als Gleiche unter Absehung von in anderen Sphären relevanten Hierarchien begegnen und so die Vernünftigkeit ihrer Einlassung zählt – nicht ihr Status oder Herrschaftsstrukturen.

Neben anderem verbindet m. E. auch diese Idee der Ebenbürtigkeit die voneinander zu unterscheidende[643] literarische und politische Öffentlichkeit.[644] Dass diese Ebenbürtigkeit bloßen Menschseins sich in literarischer Öffentlichkeit gerade in personalisierten literarischen Formen vermitteln konnte, deutet darauf hin, dass nach der hier vorgelegten Habermas-Interpretation

---

kursiv im Original). Vgl. so auch im Rückgriff auf Peters, Gabriel und Habermas: Klingen 2008, S. 68.

640 Vgl. Habermas 1998, S. 369–372. Der Hinweis darauf ist angeregt durch einen entsprechenden Verweis in: Klingen 2008, S. 68, Anm. 320.

641 Habermas 1971, S. 107. Auch zitiert etwa bei Jarren und Donges 2006, S. 99.

642 Habermas 1971, S. 52.

643 Vgl. zu dieser Unterscheidung Habermas 1971, S. 211.

644 Das angesprochene Gesetzesverständnis und Selbstverständnis politischer Öffentlichkeit hatte nach Habermas »eine eigentümliche Evidenz« für die räsonierenden Privatleute der literarischen Öffentlichkeit haben müssen (Habermas 1971, S. 72, dort auch das Zitat). Begegneten sie sich dort dem Selbstverständnis nach als »bloße Menschen« unter Absehung von allen Zwängen und Rangunterschieden in einer »Parität der Gebildeten« und entfalteten sie so ihre Subjektivität, müsste ein Gesetzes- und Diskursverständnis naheliegen, das ebenso in Generalität und Abstraktion von Rangunterschieden absieht und dem Subjekt Raum zur freien Entfaltung gibt (vgl. Habermas 1971, S. 72f., dort auch die Zitate.)

Personalisiertes auch im Kontext politischer Öffentlichkeit als Ambivalentes wird erscheinen können.

Ambivalent ist es deshalb, weil der Personalisierung in literarischen Formen die politische Öffentlichkeit gegenübersteht: So erscheint die politisch fungierende Öffentlichkeit in Habermas' Darstellung als minimal personalisierte. In ihrem öffentliche Meinung generierenden Räsonnement soll es eben um Gesetze bzw. Gesetzesvorlagen gehen – und damit nicht mehr um (herrschende) Personen. Das zeigt insbesondere das Ende von Habermas' Schilderung des »*Modellfall*[s] *der englischen Entwicklung*«[645], das hier deswegen in einem längeren Stück zitiert sei:

> »Die Bedingungen für die vorübergehende Ära eines government by public opinion werden 1834 mit Peels sogenannten Tamworth Manifestum vollständig; zum erstenmal publiziert eine Partei ihr Wahlprogramm. Öffentliche Meinung bildet sich im Streit der Argumente um eine Sache, nicht unkritisch in der, sei es naiven, sei es plebiszitär manipulierten Zustimmung zu oder Abstimmung über Personen durch den common sense. Darum bedarf sie als ihren Gegenstandes der definierten Sachverhalte eher als der prominenten Personen. Die Konservativen veröffentlichten ihr Programm; die Whigs ermahnen zur gleichen Zeit in einem Wahlaufruf: ›Remember that you are now fighting for things, not men – for the real consequences of your reform‹.«[646]

Obwohl die damalige Öffentlichkeit in normativ mehrwertiger Realität und Idee minimal personalisiert war bzw. sein wollte, kann Personalisierung nach Habermas m. E. von der Kontinuität zur literarischen Öffentlichkeit her auch als Positives erscheinen – und damit insgesamt als ambivalent: Während politisch fungierende Öffentlichkeit einerseits Personalisierung der literarischen Öffentlichkeit als Medium der Konstitution der sie als solcher ermöglichenden Subjektivität voraussetzt, kann sie diese andererseits in sich aus einem kritisch-kontrollierenden Interesse an Sachfragen heraus kaum dulden. Für Personalisierung als Prominenzorientierung lässt sich dieses Dilemma auflösen, weil Prominenzorientierung für sich genommen besagte Konstitution von Subjektivität gar nicht vermitteln kann, da sie ja gerade Rangunterschiede und nicht gemeinsames Menschsein betont. Für Personalisierung als Person- und Privatorientierung bleibt die Spannung aber offen: Das in publizitätsbezogener Intimität – etwa durch person- und privatorientierte Romane – erfahrene gemeinsame, herrschaftsemanzipierte Menschsein müsste demnach in der politischen Öffentlichkeit als Voraussetzung politischer Öffentlichkeit wieder unsichtbar gemacht werden, um eine Thematisierung von Sachfragen zu ermöglichen, in der die Intimbeziehungen und Gemütszustände der Räsonierenden deren Argumenten genauso wenig Autorität verleihen dürfen wie ihr sozialer Status. Konkreter gesagt: Indem Personalisierung qua Person- und

645 Habermas 1971, S. 76, kursiv im Original.
646 Habermas 1971, S. 86f.

Privatorientierung im Vorfeld politischer Öffentlichkeit Mächtige als Menschen darstellt, schafft sie eine gemeinsame Ebene jenseits von Rang und Herrschaftsunterschied, auf der sich Menschen begegnen. Dieses herrschaftsemanzipative Moment sabotiert sich aber insofern selbst, als es wiederum unter die Herrschaft der Intimitäten und Gefühle stellt – nach dem Motto: »Was der sagt, kann nicht falsch sein – der ist so nett und uns verbindet emotional so viel.«

1.4 Der Zerfall der Öffentlichkeit

Wie stark Personalisierungen Idee und Realität liberaler Öffentlichkeit untergraben können, zeigt sich bei Habermas allerdings weniger in der Thematisierung liberaler Öffentlichkeit selber als in der Darstellung von deren Zerfall. Diesen beschreibt Habermas anhand eines sozialen Strukturwandels[647] und eines darauf gründenden politischen Funktionswandels.[648] Trotz der Veränderungen seiner Theorie hat Habermas »an der Beschreibung der veränderten Infrastruktur einer vermachteten Öffentlichkeit im großen und ganzen« festgehalten – seine Revisionen von 1990 beziehen sich vor allem auf seine »Einschätzung des veränderten Publikumsverhaltens«.[649]

Die bürgerliche Öffentlichkeit beruht auf der »Trennung des öffentlichen vom privaten Bereich«,[650] von »gesellschaftlicher Reproduktion und politischer Gewalt«[651], weil diese »Entflechtung«[652] erst dem Staat in der privaten Autonomie der Gesellschaft ein Gegenüber gibt und die Fiktion herrschaftsfreier und herrschaftsemanzipierender Privatsphäre ermöglicht.[653] Zerfall der Öffentlichkeit manifestiert sich nach Habermas dann in »fortschreitender Verstaatlichung der Gesellschaft« und »Vergesellschaftung des Staates«.[654] Dieser soziale Wandel lässt eine »repolitisierte Sozialsphäre, die sich der Unterscheidung von ›öffentlich‹ und ›privat‹ entzieht«[655], entstehen. Kurz gesagt manifestiert sich der Zerfall also in einer Vermachtung[656] als herrschaftsfrei postulierter Sphären.

Die komplexen, zahlreichen und miteinander verwobenen Entwicklungsstränge, die Habermas als Zerfall konstruiert, lassen sich hier auf zwei für das Personalisierungsthema relevante reduzieren. Der eine betrifft das Publikum,

---

647 Vgl. die entsprechende Kapitelüberschrift bei Habermas 1971, S. 172.

648 Vgl. Habermas 1971, S. 173. Zum Doppel von Struktur- und Funktionswandel vgl. auch Reese-Schäfer 2001, S. 35.

649 Vgl. Habermas 1990, S. 29, dort beide Zitate.

650 Habermas 1971, S. 211; vgl. auch S. 172f.

651 Habermas 1971, S. 172.

652 Habermas 1971, S. 172.

653 Vgl. zu Teilen davon Reese-Schäfer 2001, S. 42.

654 Vgl. Habermas 1971, S. 173, dort auch beide Zitate, ähnlich zitiert bei: Klingen 2008, S. 194.

655 Habermas 1971, S. 173; vgl. auch S. 180, 183, 211.

656 Vgl. dazu etwa Habermas 1971, S. 247.

dem durch sozialen Strukturwandel (nun erst) eher rezeptive Rollen zuwachsen (1), der andere die nun entstehende manipulative und demonstrative Öffentlichkeit (2) und damit einen politischen Funktionswandel der Öffentlichkeit.[657]

(1) Das Publikum entwickelt sich – so meint Habermas Anfang der 1960er Jahre – vom »*kulturräsonierenden zum kulturkonsumierenden*«.[658] Trotz der Revision[659] dieser These ist eine Behandlung hier instruktiv, weil sie auf die potentiellen Gefahren von Personalisierungen hinweist und den normativen Öffentlichkeitsbegriff ex negativo profiliert.

Im Strukturwandel gerät die einst aus dem Schutz der Privatsphäre erwachsene Öffentlichkeit zusammen mit jener in den »Kreislauf von Produktion und Konsum«.[660] Die Öffentlichkeit ist nicht mehr eigentlich solche, nicht mehr Raum des freien Räsonnements, sondern nun Sphäre kollektiver Bedürfnisbefriedigung.[661] In diesem sozialen Wandel ändert sich so die Rolle des Publikums: es wird – oder besser: das neu entstehende Publikum ist – rezeptiv.[662] Nicht mehr die Beteiligung an öffentlicher Diskussion, sondern Zuschauen, Zuhören und Lesen stehen im Mittelpunkt. Habermas' Ausführungen zu diesem Wandel legen es nahe, darin an zwei Stellen Personalisierungsphänomene als Momente dieses Wandels einzutragen, an einer dritten erwähnt er sie selbst.

(1.1) Erstens: Einerseits war nach Habermas zwar »die Kommerzialisierung der Kulturgüter einst *Voraussetzung* für das Räsonnement«[663], wohl weil sie den Lesestoff einem breiteren Publikum erst zugänglich machte.[664] Neu ist allerdings, dass nun das Räsonnement selbst zur Ware wird: »Heute wird das Gespräch als solches noch verwaltet: professionelle Dialoge vom Katheder, Podiumsdiskussionen, round table shows – das Räsonnement der Privatleute wird zur Programmnummer der Stars in Funk und Fernsehen, [...] gewinnt

---

657 Habermas benutzt die Begriffe »rezeptiv«, »manipulativ« und »demonstrativ« zur Beschreibung der im Zerfall entstehenden zweiten Gestalt von Öffentlichkeit (vgl. Habermas 1971, S. 278).

658 Für die Begriffe siehe Überschrift §18: Habermas 1971, S. 193, kursiv im Original. Vgl. auch Schicha 2003, S. 115; Klingen 2008, S. 194.

659 Vgl. insb.: »Kurzum, meine Diagnose einer geradlinigen Entwicklung vom politisch aktiven zum privatistischen, ›vom kulturräsonierenden zum kulturkonsumierenden Publikum‹ greift zu kurz. Die Resistenzfähigkeit und vor allem das kritische Potential eines in seinen kulturellen Gewohnheiten aus Klassenschranken hervortretenden, pluralistischen, nach innen weit differenzierten Massenpublikums habe ich seinerzeit zu pessimistisch beurteilt«, schreibt Habermas 1990. (Habermas 1990, S. 30, auch zitiert bei Schicha 2003, S. 115f.)

660 Habermas 1971, S. 193, 194.

661 Vgl. Habermas 1971, S. 194.

662 Vgl. zu diesem Begriff Habermas 1971, S. 278, zum Inhalt hier ebd., S. 194.

663 Habermas 1971, S. 198, kursiv im Original.

664 Vgl. Habermas 1971, S. 200.

Warenform [...]«.[665] Damit wird nicht mehr nur ein personalisiertes literarisches Werk gelesen. Vielmehr wird nun auch die Diskussion darüber nur rezipiert und nicht selbst geführt – und zwar als personalisierte: Konflikte zwischen Meinungen »werden auf die Ebene personeller Reibereien abgedrängt«.[666] Was einst der Widerstreit der Meinungen war, an dem man selbst teilhatte, ist als Ware nun nur der Streit von Personen, dem man zuschaut und zuhört. Wie beschrieben war auch die Literatur literarischer Öffentlichkeit schon personalisiert. Diese Personalisierung ist aber insofern eine andere, als die von Habermas hier der Sache nach beschriebene rezipientenseitig noch eine erkundend-aktivierende Identifikation nahelegte, die ich später »explorative Identifikation« nennen werde (IV.4.1.2), während sie mit dem Strukturwandel eine delegierend-deaktivierende wird: Vermittels personalisierter Literatur bildete sich publizitätsbezogene Subjektivität qua erkundender Identifikation mit den dargestellten Charakteren. Nun ersetzt die Rezeption räsonierender Personen das eigene Räsonnement. Entsprechendes hält Habermas fest, wenn er schreibt: »Das derart arrangierte Räsonnement erfüllt gewiß wichtige sozialpsychologische Funktionen, vorab die eines quietiven Handlungsersatzes«.[667] Personalisierungen erscheinen also als Zerfallssymptom und von daher kritikbedürftig, wo sie delegative Identifikation (IV.4.1.2) nahelegen und aktive Teilnahme am Räsonnement zu verhindern geneigt sind.

(1.2) Zweitens führt nach Habermas die Kommerzialisierung dazu, dass der »Zugang zu Kulturgütern« nicht nur »*ökonomisch erleichtert*« wird, sondern auch »*psychologisch*«:[668] Rezeptionshürden werden abgebaut, Kulturprodukte auf die Rezeptionsbedingungen zugeschnitten. Für die entstehende Massenpresse wird »›psychologische Erleichterung‹ zum Selbstzweck einer kommerziell fixierten Verbraucherhaltung«.[669] In dieses von Habermas beschriebene Phänomen kann Personalisierung von Medienprodukten insofern eingetragen werden, als sie auch als eine Strategie der psychologischen Erleichterung interpretiert werden kann: Die Rezeption medienwissenschaftlicher Studien (in IV.4.1.1) wird zeigen, dass Personalisierung humanen Rezeptionsbedingungen entgegenkommt. Problematisch daran ist nach Habermas, dass »der Verbrauch der Massenkultur keine Spuren hinterläßt«[670]: Wo sich der Rezeption kein anstrengender Widerstand mehr bietet, bildet diese auch nicht.

(1.3) Das wird noch verschärft durch die »Entpolitisierung des Inhalts«[671] der aufkommenden Massenpresse. Gerade die Privatisierung der Öffentlich-

665 Habermas 1971, S. 198.
666 Vgl. Habermas 1971, S. 198, dort auch das Zitat.
667 Habermas 1971, S. 198.
668 Vgl. Habermas 1971, S. 200, 203, Zitate auf S. 200, kursiv im Original.
669 Vgl. Habermas 1971, S. 203, dort auch das Zitat.
670 Habermas 1971, S. 200.
671 Habermas 1971, S. 203.

keit rückt als problematische in Habermas' Blickfeld, wobei er nun Personalisierung auch explizit erwähnt. »Die sozialisierten Muster der psychologischen Literatur des 18. Jahrhunderts« – also der hier als personalisiert verstandenen Literatur der literarischen Öffentlichkeit – werden nun auf »politische[.] Tatbestände« übertragen:[672]

> »Öffentlichkeit wird zur Sphäre der Veröffentlichung privater Lebensgeschichten, sei es, daß die zufälligen Schicksale des sogenannten kleinen Mannes oder die planmäßig aufgebauter Stars Publizität erlangen, sei es, daß die öffentlich relevanten Entwicklungen und Entscheidungen ins private Kostüm gekleidet und durch Personalisierung bis zur Unkenntlichkeit entstellt werden. Sentimentalität gegenüber Personen und der entsprechende Zynismus gegenüber Institutionen, die sich mit sozialpsychologischer Zwangsläufigkeit daraus ergeben, schränken dann natürlich die Fähigkeit kritischen Räsonnements gegenüber der öffentlichen Gewalt, wo es objektiv noch möglich wäre, subjektiv ein.«[673]

Der Gedanke, dass die nun massenmedial vermittelte Öffentlichkeit das Publikum nicht mehr in die Lage zum kritisch-teilnehmenden Räsonnement versetzt, leitet zum Funktionswandel der Öffentlichkeit über.

(2) In der Vermischung von öffentlicher und privater Sphäre verliert die politische Öffentlichkeit ihre Vermittlungsfunktion zwischen Staat und Gesellschaft und tritt diese an Parteien und Verbände ab.[674] Das Publikum ist so nicht mehr durch permanentes kritisch-kontrollierendes Räsonnement auf Politik bezogen, sondern »wird in diesen Kreislauf der Macht sporadisch und auch dann nur zu Zwecken der Akklamation einbezogen«[675]. In diesem Zusammenhang wird »[k]ritische Publizität [...] durch manipulative verdrängt«[676]: Publizität ist nicht mehr Medium der Herstellung, Kontrolle und Kritik von Politik. Sie wird in der Auseinandersetzung von Parteien, Verbänden und Staatsapparat nichtöffentlich hergestellt und dann massenmedial vermittelt, um Zustimmung des Publikums zu erhalten.[677] Gleichzeitig fluten private Inte-

---

672 Vgl. Habermas 1971, S. 206, dort beide Zitate.

673 Habermas 1971, S. 206. Vgl. zu einer teilweise ähnlichen Problematik schon: »Je mehr die Massenmedien das Bewußtsein der Bevölkerung an private Vorgänge und an personalisierte Beziehungen binden und je mehr sie öffentliche Interessen in die Anteilnahme an den einfühlbaren Konflikten von stellvertretenden Figuren ableiten, um so geringer ist der Legitimationszwang, den eine kritikfähige Öffentlichkeit auf die Entscheidungsinstanzen ausüben kann.« (Habermas 1981, S. 245; ich danke für den Hinweis auf diesen Aufsatz.)

674 Vgl. Habermas 1971, S. 211–213. Zur Vermittlungsfunktion der Öffentlichkeit vgl. auch Reese-Schäfer 2001, S. 38.

675 Habermas 1971, S. 212. Vgl. dazu auch Reese-Schäfer 2001, S. 45.

676 Habermas 1971, S. 213.

677 Vgl. Habermas 1971, S. 212f. Hier liegt die Unterscheidung von Politikherstellung und -darstellung zugrunde (vgl. Sarcinelli 1987, S. 66).

ressen die Öffentlichkeit.[678] »Die Öffentlichkeit übernimmt die Funktion der Werbung«,[679] ohne dass sich für diese Funktion eine separate ökonomische Öffentlichkeit differenziert.[680] So wundert es nicht, dass »ökonomische Reklame [...] in der Praxis der public relations zum Bewusstsein dieses ihren politischen Charakters«[681] kommt. Schließlich »wirbt auch die öffentliche Gewalt um publicity«[682], es kommt zur Entstehung des »politischen Marketing«[683].

Mit dem Wandel des Publikums entsteht auch eine anders funktionierende Öffentlichkeit – in Habermas' pointierenden Worten:[684] »Vor der erweiterten Öffentlichkeit werden die Verhandlungen [des Parlaments, FH] selbst zur Show stilisiert. Publizität verliert ihre kritische Funktion zugunsten der demonstrativen; noch die Argumente werden in Symbole verkehrt, auf die nicht wiederum mit Argumenten, sondern nur mit Identifikationen geantwortet werden kann.«[685]

In dieser neuen Funktion geht es nach Habermas der Öffentlichkeit also primär nicht um den Einbezug des Publikums in eine kritische Diskussion, sondern um die Werbung um dessen Zustimmung, die – wenn auf Partei bezogen – dann in Wahlentscheidung und Akklamation abgerufen werden kann.[686] Genau im Kontext dieses verbands- und parteiseitigen Werbens um publikale Zustimmung taucht nun als Nachahmung[687] eines Elementes der alten »repräsentativen Öffentlichkeit« nach Habermas etwas auf,[688] was man zunächst grob als »Personalisierung« bezeichnen kann: Um Zustimmung einzuwerben, werden Personen strategisch mit Prestige und Aura ausgestattet, um sozusagen als Magnet Zustimmung auf eine Partei (oder einen Verband) zu ziehen:[689] »Die verständige Kritik an öffentlich diskutierten Sachverhalten

---

678 Vgl. Habermas 1971, S. 225, 236.
679 Habermas 1971, S. 211, so auch: S. 225.
680 Vgl. Habermas 1971, S. 229.
681 Habermas 1971, S. 230.
682 Habermas 1971, S. 233.
683 Habermas 1971, S. 256.
684 Vgl. Habermas 1971, S. 244f.
685 Habermas 1971, S. 245.
686 Vgl.: »Diese Publizität taugt nun über eine Beeinflussung der Konsumentenentscheidungen hinaus auch zur politischen Pression, weil sie ein Potential unartikulierter Zustimmungsbereitschaft mobil macht, das notfalls in eine plebiszitär definierte Akklamation übersetzt werden kann.« (Habermas 1971, S. 239)
687 Nach Klingen kommt es im Zerfall zum »›Anti-Diskurs‹ einer nicht länger demokratischen und diskursiv geprägten, sondern nurmehr repräsentativen Öffentlichkeit« (Klingen 2008, S. 195). Habermas formuliert etwas vorsichtiger, wenn er schreibt: »Natürlich stellt sich dadurch die repräsentative Öffentlichkeit alten Typs nicht wieder her; aber sie leiht doch einer refeudalisierten bürgerlichen Öffentlichkeit gewisse Züge [...]. Die Aura persönlich repräsentierter Autorität kehrt als ein Moment der Publizität wieder« (Habermas 1971, S. 238f.).
688 Vgl. Habermas 1971, S. 233, 238f.
689 Vgl. ähnlich Habermas 1971, S. 233, 239, 258.

weicht einer stimmungshaften Konformität mit öffentlich präsentierten Personen oder Personifikationen.«[690] Die Personalisierung ist eine in Substitutionsrelation zum Inhalt und eine prominenzorientierte, insofern »die Präsentation des Führers oder der Führungsgarnitur« eine »zentrale Rolle spielt«.[691] Die Personen sind – in den Begriffen des bereits Zitierten formuliert – dann die Symbole, auf die nur mit Identifikation geantwortet werden kann.[692]

Eine spezifische Form der Personalisierung erscheint hier also als charakteristisches Moment einer demonstrativ (weil schon hergestellte Politik nur noch darstellenden) und manipulativ (weil um publikale Zustimmung werbenden)[693] funktionierenden Öffentlichkeit.

Damit wird beschreibbar, was im Kern der Kritik an Personalisierung als Zerfallsphänomen die Idee politischer Öffentlichkeit in Opposition zu Personalisierungen bringt: Letztere erscheinen dem kritischen Räsonnement der versammelten Privatleute entgegengesetzt, weil Bürger sich vermittels personalisierter Wirklichkeitskonstruktionen von der eigenen Teilnahme am Räsonnement entlasten (1.1), in ihrer publizitätsbezogenen Subjektivität nicht weitergebildet (1.2) und schließlich auch nicht zureichend über die Entwicklungen informiert werden, die sie als Bürgerinnen und Bürger kritisieren könnten (1.3). Personalisierung erscheint in allen drei Aspekten als ein Moment in der Entwicklung zum rein rezeptiven und »apathischen Bürger«[694]. Außerdem erscheint sie als (problematisches) Moment im Funktionswandel der Öffentlichkeit, sofern sie (2) eine an repräsentative Öffentlichkeit erinnernde Werbestrategie ist.

Gerade von der oben entwickelten Beteiligungs-Orientierung (O5) und der Kritik am apathischen Bürger von O4 und O6 her, kann eine Öffentliche Theologie der Kirche in diese Personalisierungskritik einstimmen. Gerade die Zusammenschau mit den Personalisierungen der literarischen Öffentlichkeit ergibt aber, dass mit dieser Kritik nicht Personalisierung an sich, sondern eine konkrete Form der Personalisierung gemeint ist, die sich mit den erarbeiteten Begriffen spezifizieren lässt. Auf Medieninhalte bezogen ist es Personalisierung in allen drei Dimensionen in Substitutionsrelation; entsprechend auf die Medienproduktion bezogen: Personalisierung als Routine, die politische Sachberichte verhindert oder Komplexität inadäquat reduziert; auf Rezipienten bezogen ist es Personalisierung, die von der Beteiligung am gesellschaftlichen Leben und an Entscheidungsprozessen entfremdet; auf die Selbstdarstellung von Verbänden bezogen erscheint Personalisierung allgemein und insbesondere als Prominenzorientierung problematisch, wo sie auf Manipula-

690 Habermas 1971, S. 232f.

691 Habermas 1971, S. 258.

692 Vgl. Habermas 1971, S. 245.

693 Zu den Begriffen »demonstrativ und manipulativ« vgl. Habermas 1971, S. 278.

694 Habermas 1971, S. 253.

tion des Publikums zur Zustimmung und nicht auf kritische Diskussion und Teilnahme zielt. Ob die in der Medienkommunikation real vorkommenden Personalisierungen tatsächlich solche in Substitutionsrelation sind und damit von dieser Kritik betroffen sind, wird in interdisziplinärer Aufnahme empirischer Studien zu klären sein (IV und V).

Ausgespart bleibt damit Personalisierung als Prominenzorientierung, insofern diese die Kritik und Kontrolle von politischen Amtsträgern erst ermöglicht;[695] als Privatorientierung, insofern diese die Bildung publizitätsbezogener Subjektivität ermöglicht; und als Personorientierung in Additions- oder Repräsentationsrelation.

2. Personalisierung zwischen Lebenswelt und System

Während sich Habermas' Habilitationsschrift in deutlicher Nähe zur Kulturindustriethese von Adorno und Horkheimer interpretieren lässt,[696] hat er sich spätestens in der Theorie des kommunikativen Handelns (TkH) kritisch davon abgegrenzt[697] und ein Begriffsinstrumentarium erarbeitet, das eine differenziertere und für Ambivalenzen sensible Theorie ermöglicht. Die TkH insgesamt verstehe ich (in Habermas' Begriffen ausgedrückt) als Versuch, den weiter gefassten Begriff des kommunikativen Handelns gegenüber einem verengten Handlungsbegriff zu entfalten, der auf strategisches, instrumentelles und zweckrationales Handeln reduziert ist, und dabei die (gegenwärtigen) Gefahren und Chancen für die Entfaltung des Rationalitätspotentials von Ver-

---

695 Bei aller Sensibilität für die Gefahren weist Sarcinelli auch auf diese positive Funktion von Personalisierungen hin: »Die auch personale Zurechnung politischer Verantwortung ist generell ein unver[z]ichtbares, nicht zuletzt auch verfassungspolitisch abgesichertes Element für eine Legitimitätsfeststellung in Wahlen.« (Sarcinelli 1987, S. 179)

696 Vgl. Klingen 2008, S. 193, 195.

697 In Anknüpfung an die Habermas-Kritik seines Doktorvaters Jürgen Manemann hat Henning Klingen der Neuen Politischen Theologie anempfohlen, Habermas' Kritik an der frühen Kritischen Theorie in entscheidenden Punkten nicht zu folgen und sich entsprechend ihrer normativen Maßstäbe auch nicht nur kommunikationstheoretisch-sprachphilosophisch zu versichern (wie Habermas das in Abkehr von den geschichtsphilosophischen Grundannahmen des ideologiekritischen Ansatzes tut); Klingen kehrt stattdessen zu Einsichten aus dem Denken Adornos zurück (vgl. Klingen 2008, S. 62f., insb. Anm. 300). Zu Klingens Vorbehalten vgl. auch: »Zweifeln lässt dabei gerade jener Schritt Habermas', in welchem er [...] der von Adorno absolut gesetzten ökonomischen Rationalität die Potentiale kommunikativer Rationalität und kommunikativen Handelns entgegenhält.« (ebd., S. 175f.) Während Einzelbeobachtungen dabei durchaus instruktiv sind, kann einer Öffentlichen Theologie, die kritisch-konstruktiv arbeiten will, kaum geraten werden, hinter Habermas' Kritik an der sich in Aporien verstrickenden Fundamentalkritik Adornos und Horkheimers zurückzufallen.

ständigung zu benennen. Als normatives Ziel scheint dabei durch: Schutz und Förderung von Verständigung und von dadurch zwanglos koordiniertem kommunikativem Handeln. Damit führt die TkH die im »Strukturwandel« begonnene Arbeit an einem normativen Öffentlichkeitsbegriff weiter[698] und knüpft zumindest inhaltlich an dem normativen Überschuss des Selbstverständnisses bürgerlicher Öffentlichkeit an. So sieht Habermas 1981 die »Züge einer Lebensform, in der das vernünftige Potential verständigungsorientierten Handelns entbunden wird, sich seit dem 18. Jahrhundert« gerade im Untersuchungsgegenstand von SdÖ spiegeln, nämlich »im Selbstverständnis des humanistisch geprägten europäischen Bürgertums, in seinen politischen Theorien, den Bildungsidealen, in Kunst und Literatur.«[699] Geändert hat sich freilich die Methodik, vor allem wegen der »Brüchigkeit der geschichtsphilosophischen Grundlagen«[700]: In der TkH hat Habermas die »normativen Grundlagen der kritischen Gesellschaftstheorie tiefer« gelegt und findet diese nun nicht mehr in »normativen Potentialen« der historisch konkreten bürgerlichen Öffentlichkeit, sondern in dem »in der kommunikativen Alltagspraxis selbst angelegte[n] Vernunftpotential«.[701]

---

698 Vgl. Reese-Schäfer 2001, S. 36. Zur Kontinuität vom frühen zum späten Habermas vgl. auch: Klingen 2008, S. 198f.

699 Vgl. Habermas 1995a, S. 485, dort auch das Zitat. Entsprechend lässt sich folgender Abschnitt der TkH als Anknüpfung und gleichzeitig als vertiefende Weiterführung der Kernthese von SdÖ verstehen, insofern der normative Überschuss bürgerlicher Ideologie im Blick bleibt, aber nun auf die sie bestimmenden lebensweltlichen Strukturen zurückgeführt wird: »Diese *Vernunftutopie des Aufklärungszeitalters* ist von den Realitäten des bürgerlichen Lebens nachhaltig dementiert, als *bürgerliche Ideologie* überführt worden. Diese freilich war niemals bloßer Schein, sondern ein objektiver Schein, der aus den Strukturen ausdifferenzierter, gewiß schichtspezifisch begrenzter, aber rationalisierter Lebenswelten selber hervorgegangen ist. In dem Maß wie, nach den übereinstimmenden Analysen von Mead und Durkheim, Kultur, Gesellschaft und Persönlichkeit auseinandertreten, wie die Geltungsbasis verständigungsorientierten Handelns die sakralen Grundlagen der sozialen Integration ersetzt, entsteht ein, von den Strukturen der Lebenswelt suggerierter, gleichsam transzendentaler, die bürgerliche Ideologie bestimmender und übersteigender *Vorschein einer posttraditionalen Alltagskommunikation*, die auf eigenen Füßen steht, die der Eigendynamik verselbständigter Subsysteme Schranken setzt, die die eingekapselten Expertenkulturen aufsprengt und damit den kombinierten Gefahren der Verdinglichung wie der Verödung entgeht.« (ebd., S. 486, kursiv im Original)

700 Habermas 1995a, S. 561. Widerlegt seien diese von den »Barbareien des 20. Jahrhunderts«: »Wenn die bürgerlichen Ideale eingezogen werden, wenn das Bewußtsein zynisch wird, verfallen jene Normen und Wertorientierungen, für die die Ideologiekritik Einverständnis voraussetzen muss.« (Habermas 1990, S. 34) Vgl. dazu auch: Klingen 2008, S. 199.

701 Vgl. Habermas 1990, S. 34, dort auch die Zitate. Vgl. auch Habermas 1995a, S. 562; Reese-Schäfer 2001, S. 36.

Deshalb liegt es nahe, nun (2.1) die m. E. auch in der Habilitationsschrift schon implizit angedeuteten Ambivalenzen (massen-)medialer Personalisierungen zu pointieren, indem die bereits sozialhistorisch beschriebenen Phänomene nun in die von Habermas theoretisch gewonnenen Begriffe gefasst werden, und daran die Ambivalenzen anzuschließen, die sich von der in der TkH präsentierten zweistufigen[702] Gesellschaftstheorie (2.2) und der Kolonisierungsthese (2.3) her benennen lassen.

2.1 Personalisierung zwischen Erfolgs- und Verständigungsorientierung

Folgende These bildet den Ausgangspunkt der hier vorgelegten Habermas-Interpretation: Personalisierungen erscheinen im Strukturwandel der Öffentlichkeit als Zerfallssymptome von Öffentlichkeit oder als Elemente von deren zu überwindender Vorform, wenn sie sich nicht durch den Begriff kommunikativen Handelns einordnen lassen, sondern eher durch den des strategischen Handelns.

Den Begriff des »*kommunikativen* Handelns« führt Habermas zunächst provisorisch[703] als vierten neben den Begriffen des »*strategischen*«[704], »*normenregulierten*« und »*dramaturgischen*« Handelns ein.[705] Dabei erscheint kommunikatives Handeln als integratives Modell, das Züge der anderen Modelle als eigene Aspekte aufweist,[706] die sich, so Habermas, wiederum als »Grenzfälle kommunikativen Handelns erweisen«[707]. Das Modell kommunikativen Handelns entwickelt Habermas aber nicht als pure Addition der anderen. Das zeigt sich insbesondere am für dieses Modell charakteristischen Mechanismus der Handlungskoordinierung: Kommunikatives Handeln meint über »Verständigung im Sinne eines kooperativen Deutungsprozesses« koordiniertes Han-

702 Für den Begriff des zweistufigen Gesellschaftskonzepts vgl. Habermas 1995a, S. 447; Klingen 2008, S. 210.

703 Vgl. Habermas 1995b, S. 143.

704 Das strategische Handlungsmodell beschreibt Habermas als Erweiterung des teleologischen (vgl. Habermas 1995b, S. 126f.).

705 Vgl. Habermas 1995b, S. 126–141, dort auch die zitierten Begriffe, kursiv im Original. Vgl. dazu und zum Folgenden auch Reese-Schäfer 2001, S. 50f. Habermas hat »kommunikatives Handeln« und »Diskurs« voneinander unterschieden: Im Diskurs wird bearbeitet, was im kommunikativen Handeln (selbstverständlich) handlungskoordinierend ist (vgl. Habermas 1995c, S. 122).

706 Während die ersten drei Modelle den Gebrauch von Sprache vereinseitigen, setzt kommunikatives Handeln »Sprache als Medium unverkürzter Verständigung voraus« (Habermas 1995b, S. 142). Im kommunikativen Handeln »integrieren [die Sprecher] die drei formalen Weltkonzepte, die in den anderen Handlungsmodellen einzeln oder paarweise auftreten« (ebd., S. 148).

707 Habermas 1995b, S. 143, auch ebd., S. 438; Reese-Schäfer 2001, S. 51.

deln.[708] Deshalb – nämlich zur Verständigung – bedarf es des Mediums der Sprache;[709] deshalb setzt es die Lebenswelt[710] als transzendentalen Horizont von Verständigungsprozessen voraus; deshalb kommt es nur über zwanglose Zustimmung zu den Vorschlägen eines anderen zur Handlungskoordination:[711] »Verständigung funktioniert als handlungskoordinierender Mechanismus nur in der Weise, daß sich die Interaktionsteilnehmer über die beanspruchte *Gültigkeit* ihrer Äußerungen einigen, d. h. *Geltungsansprüche,* die sie reziprok erheben, intersubjektiv anerkennen.«[712]

Während Habermas damit auch die teleologischen Aspekte kommunikativen Handelns in Betracht zieht,[713] tritt auf der Ebene »starker Idealisierungen«[714] das strategische Handeln als profilierender Gegenbegriff zum kommunikativen Handeln auf:[715] Im Modell strategischen Handelns wird Handeln nur

---

708 Vgl. Habermas 1995b, S. 151, dort auch das Zitat. Dabei geht das mit dem Begriff »kommunikatives Handeln« Gemeinte nicht in Sprechhandlungen auf: »Im Fall kommunikativen Handelns stellen die Interpretationsleistungen, aus denen sich kooperative Deutungsprozesse aufbauen, den Mechanismus der Handlungskoordinierung dar [...]. [...] Aber kommunikatives Handeln bezeichnet einen Typus von Interaktionen, die durch Sprechhandlungen koordiniert werden, nicht mit ihnen zusammenfallen.« (ebd.)

709 Zur zentralen Rolle der Sprache vgl. etwa Habermas 1995b, S. 128, 142, 148.

710 Vgl. Habermas 1995b, S. 142, 1995a, S. 192. Vgl. hier auch für die Lebenswelt als »transzendentale[n] Ort, an dem sich Sprecher und Hörer begegnen« und für das Folgende.

711 Zur »freien Zustimmung zum besseren Argument« bei Habermas vgl. Klingen 2008, S. 203. Zur Zwanglosigkeit vgl. Habermas selbst: »Ideal nennen wir im Hinblick auf die Unterscheidung des wahren vom falschen Konsensus eine Sprechsituation, in der die Kommunikation nicht nur nicht durch äußere kontingente Einwirkungen, sondern auch nicht durch Zwänge behindert wird, die sich aus der Struktur der Kommunikation selbst ergeben. [...] Nur dann herrscht ausschließlich der eigentümlich zwanglose Zwang des besseren Arguments [...].« (Habermas 1995c, S. 119)

712 Habermas 1995b, S. 148, kursiv im Original.

713 Vgl. Habermas 1995b, S. 150f., 1995a, S. 193.

714 Habermas 1995b, S. 441.

715 Vgl. zu diesem Paar Habermas 1995b, S. 384f. Auch nach der komplexitätssteigernden Empirieannäherung der Theorie des Kommunikativen Handelns (vgl. ebd., S. 441–444) bleiben grundsätzlich die *»strategischen Elemente innerhalb des verständigungsorientierten Sprachgebrauchs«* von *»strategischen Handlungen«* unterscheidbar (vgl. ebd., S. 444, dort beide Zitate, kursiv im Original). Das ist insofern naheliegend, als es ja sein Ziel ist, »diejenigen rationalisierungsfähigen Aspekte des Handelns, die in Webers offizieller Handlungstheorie vernachlässigt werden« (ebd., S. 384), herauszustellen. Die Theorie kommunikativen Handelns leistet dies insofern, »als sie nicht auf Zweckrationalität als einzigen Aspekt, unter dem Handlungen kritisiert und verbessert werden können, fixiert bleibt.« (ebd., S. 446f.) Dafür ist es sinnvoll, Handlungstypen unterscheidbar zu halten, die nicht im primären den zweckrationalen Handlungsaspekt pointieren. Zur Durchführung

über die »Merkmale unmittelbar erfolgsorientierten Handelns« beschrieben und als über das »Ineinandergreifen egozentrischer Nutzenkalküle« koordiniert verstanden.[716] Habermas spricht hingegen »von *kommunikativen* Handlungen, wenn die Handlungspläne der beteiligten Akteure nicht über egozentrische Erfolgskalküle, sondern über Akte der Verständigung koordiniert werden.«[717] Qua verständigungsorientierter Einstellung können Sprechhandlungen dann m. E. dem Zusammenhang kommunikativen Handelns zugeordnet werden. Habermas profiliert das Modell kommunikativen Handelns ja auch über konkrete verständigungsorientierte Einstellungen im Gegenüber zu erfolgsorientierten,[718] wobei »erfolgs- und verständigungsorientierte Handlungen auf dem Wege einer Analyse von Sprechhandlungen voneinander [abgegrenzt]«[719] werden.[720]

Dabei kommen bei Habermas zwei idealtypische Charakteristika vor,[721] die im Hinblick auf die Personalisierungsfrage wichtig sind. Erstens: »Kommunikatives Handeln zeichnet sich gegenüber strategischen Interaktionen dadurch aus, daß alle Beteiligten illokutionäre Ziele vorbehaltlos verfolgen, um ein Einverständnis zu erzielen, das die Grundlage für eine einvernehmliche Koor-

---

vgl. ebd., S. 447f. Vgl. zu der Grundunterscheidung von erfolgs- und verständigungsorientiert auch Dubiel 2001, S. 103.

716 Vgl. Habermas 1995b, S. 151, dort beide Zitate.

717 Habermas 1995b, S. 385, kursiv im Original. Die noch nicht genannten Handlungsbegriffe beziehen verständigungsorientierte Einstellungen mit ein: Der zitierten Reduktion im strategischen Handlungsmodell stellt Habermas gegenüber, dass »die übrigen Handlungsmodelle Bedingungen spezifizieren, unter denen der Aktor seine Ziele verfolgt – Bedingungen der Legitimität, der Selbstdarstellung oder des kommunikativ erzielten Einverständnisses, unter denen Alter seine Handlungen an die von Ego ›anschließen‹ kann.« (ebd., S. 151.) Damit ist m. E. der Einbezug verständigungsorientierter Einstellungen vorausgesetzt. Entsprechend steht in Habermas' Überblick über die reinen »*Typen sprachlich vermittelter Interaktionen*« der Typ strategischen Handelns als einzig primär erfolgsorientierter neben den verständigungsorientierten (vgl. ebd., S. 439, Fig. 16, kursiv im Original).

718 Vgl.: »Vielmehr lassen sich soziale Handlungen danach unterscheiden, ob die Beteiligten entweder eine erfolgs- oder eine verständigungsorientierte Einstellung einnehmen« (Habermas 1995b, S. 386). In diesem Zuge benutzt er die Worte »erfolgsorientiert« und »strategisch« einerseits sowie »kommunikativ« und »verständigungsorientiert« andererseits fast synonym (ebd., S. 385f.).

719 Habermas 1995b, S. 387.

720 Die »formalpragmatischen Merkmale der verständigungsorientierten Einstellung [können] am Modell der Einstellung von Kommunikationsteilnehmern [analysiert werden], von denen, im einfachsten Fall, einer einen Sprechakt ausführt und ein anderer mit Ja oder Nein dazu Stellung nimmt« (Habermas 1995b, S. 387), weil Habermas vorher Verständigung als den »Telos der menschlichen Sprache« (ebd., S. 387) identifiziert hat.

721 Vgl. zu diese beiden zusammenfassend Habermas 1995b, S. 410.

dinierung der jeweils individuell verfolgten Handlungen bietet.«[722] Der Sprechakt identifiziert nach Habermas die mit ihm verbundenen Ziele, so dass Hörer dazu Stellung nehmen können.[723] Wer hingegen strategisch und erfolgsorientiert handelnd perlokutionäre Ziele verfolgt, tut dies gerade nicht:[724] die Sprechhandlung wird zum Mittel.[725]

Zweitens sind für »kommunikatives Handeln [...] nur solche Sprechhandlungen konstitutiv, mit denen der Sprecher kritisierbare Geltungsansprüche verbindet.«[726] Im Sprechakt sind die mit ihm verbundenen Ziele nicht nur identifizierbar, der Hörer kann auch »*begründet* Stellung« nehmen.[727] Dies ist besonders bei »echten Imperativen« nicht der Fall:[728] Hier erhebt die Sprechhandlung keinen potentiell begründbaren Geltungsanspruch, sondern einen »Machtanspruch«, der »durch ein Sanktionspotential gedeckt sein« muß.[729] Wird nicht im Sinne dieser zwei Charakteristika kommunikativ gehandelt, »bleibt das in sprachlicher Kommunikation stets enthaltene Potential für eine durch Einsicht in Gründe motivierte Bindung brachliegen«.[730]

Die oben als Zerfallsphänomen oder Vorform identifizierten Personalisierungen lassen sich nun auf diesem Hintergrund theoretisch als primär erfolgsorientiert interpretieren und so in Zusammenhang mit strategischem Handeln bringen. Die Personalisierungen der repräsentativen Öffentlichkeit stellen Autorität auratisch dar und erheben so Machtansprüche, die nicht mit nachvollziehbaren Gründen, sondern mit Sanktionspotential belegt sind: eben dem der repräsentierten Macht. Im Zerfall bürgerlicher Öffentlichkeiten kann die Personalisierung massenmedial öffentlicher Wirklichkeitskonstruktionen dann insofern als erfolgsorientiert verstanden werden, als sie Ware ist und etwa das in dieser Konstruktion nicht explizit transparente Ziel der Auflagen- oder Quotensteigerung verfolgt oder beim Rezipienten ein Wohlgefühl der Unterhaltung erzeugen will, das diesen weiterlesen und -schauen lässt. Dann ist die personalisierte Wirklichkeitsdarstellung kein Mittel der Verständigung, sondern etwa der Auflagensteigerung.

Die von mir als Personalisierungen identifizierten Formate der literarischen Öffentlichkeit lassen sich hingegen als dramaturgisches Handeln darstellen, das wie kommunikatives Handeln verständigungsorientiert ist. Da für das Räsonnement der politischen Öffentlichkeit die Entlastung von Konflikten

722 Habermas 1995b, S. 397f.
723 Vgl. Habermas 1995b, S. 389f., 393, 410.
724 Vgl. Habermas 1995b, S. 390.
725 Vgl. Habermas 1995b, S. 393f.
726 Habermas 1995b, S. 410.
727 Vgl. Habermas 1995b, S. 410, dort auch das Zitat, kursiv im Original.
728 Vgl. Habermas 1995b, S. 410, dort auch das Zitat.
729 Vgl. Habermas 1995b, S. 408, dort auch die Zitate.
730 Habermas 1995b, S. 410.

der Privatinteressen essentiell ist,[731] erscheint es dann von daher auch verständlich, dass eine Entlastung von »egozentrischen Nutzenkalkülen« den Raum für verständigungsorientierten Diskurs öffnen kann.

Was in SdÖ zunächst implizit war und als normativer Überschuss aus der Kritik herausgearbeitet wurde, verwendet die TkH explizit »im Sinne eines normativen Begriffs«[732]: ungezwungene Verständigung[733] als Potential sprachlicher Kommunikation. Als den Darstellungen der Habilitationsschrift implizites Kriterium lässt sich mit diesen Begrifflichkeiten nun folgende Prüffrage formulieren: Wird Wirklichkeit primär aus verständigungsorientierter – und nicht primär aus erfolgsorientierter – Einstellung personalisiert konstruiert? Ambivalenzsensibel ist diese Perspektive insofern, als für einen weiter gefassten Personalisierungsbegriff als Personorientierung auf allgemein-abstrahierender Ebene sowohl eine verneinende als auch eine bejahende Antwort gegeben werden muss.

2.2 Personalisierung zwischen System und Lebenswelt

Einen weiteren Fortschritt in Ambivalenzsensibilität schafft Habermas in der TkH m. E. dadurch, dass die beschriebene Zweiheit von Handlungsorientierungen in ein zweistufiges Gesellschaftskonzept von Lebenswelt und System überführt wird:[734] Die beiden Bestimmungen – erfolgs- und verständigungsori-

---

731 Vgl. Habermas 1971, S. 236.

732 Habermas 1995b, S. 525.

733 Vgl. Habermas 1995b, S. 525.

734 Vgl. Habermas 1995a, S. 447. Vgl. dazu auch: Reese-Schäfer 2001, S. 60–63; Klingen 2008, S. 210, vgl. dort auch zum Folgenden. Im Zuge von Habermas' Argumentation ergibt sich der Lebensweltgedanke für die Formalpragmatik aus ihrer Begegnung mit »der Komplexität natürlicher Situationen« (vgl. Habermas 1995b, S. 441f., Zitat auf S. 441). Mit Searl nimmt Habermas die »Lehre der empirischen Pragmatik« (ebd., S. 449), auf, »daß das kollektive Hintergrund- und Kontextwissen von Sprechern und Hörern die Deutung ihrer expliziten Äußerungen in außerordentlich hohem Maße determiniert« (ebd., S. 449) und verarbeitet dies in seinem »zum Begriff des kommunikativen Handelns komplementäre[n] Lebensweltkonzept«, das die »Handlungstheorie für die Gesellschaftstheorie« anschlussfähig macht (ebd., S. 452, dort auch die Zitate). »Kommunikatives Handeln spielt sich innerhalb einer Lebenswelt ab, die den Kommunikationsteilnehmern im Rücken bleibt. Diesen ist sie nur in der präreflexiven Form von selbstverständlichen Hintergrundannahmen und naiv beherrschenden Fertigkeiten präsent.« (ebd., S. 449) Mit lebensweltlichem, kommunikativem Handeln, also mit verständigungsbasierter Handlungskoordination allein, lässt sich die tatsächliche Integration moderner Gesellschaften nach Habermas aber nicht beschreiben (obwohl dies sich aus lebensweltlicher Perspektive so darstellt) (vgl. Habermas 1995a, S. 225f.). »Tatsächlich werden aber ihre zielgerichteten Handlungen nicht nur über Prozesse der Verständigung koordiniert, sondern auch über funktionale Zusammenhänge, die von ihnen nicht intendiert sind und innerhalb des Horizonts der Alltagspraxis meistens auch nicht wahrgenommen werden.« (ebd., S. 225f.) Damit benennt Ha-

entiert – wendet Habermas nicht primär auf (individuelle) Handlungsorientierungen, sondern auf »Gesellschaftshandeln«,[735] also Mechanismen der Handlungskoordination und Gesellschaftsintegration, an.[736] Während sich kommunikatives Handeln durch lebensweltbasierte sprachliche Verständigung koordiniert, ermöglichen Steuerungsmedien wie Macht und Geld die entsprachlichte Koordination von Handlungsfolgen und so die »Ausdifferenzierung von Teilsystemen zweckrationalen Handelns«.[737] Dabei sind Interaktionen wiederum von der Lebenswelt abgekoppelt, weil sie deren Ressourcen zur sprachlichen Verständigung nicht mehr benötigen.[738] Die Konkurrenz zwischen »*Prinzipien der gesellschaftlichen Integration*« ist damit die entscheidende Spannung in der Entwicklung zur Moderne.[739] Dass dieses zweistufige Ge-

---

bermas zwei Mechanismen der Handlungskoordination und gesellschaftlichen Integration: soziale Integration, die von Handlungsorientierungen ausgeht und diesen qua »normativ gesicherten oder kommunikativen erzielten Konsens« koordiniert, und Systemintegration mit »systemischen Mechanismen, die nicht-intendierte Handlungszusammenhänge über die funktionale Vernetzung von Handlungs*folgen* stabilisieren« (vgl. ebd., S. 226, 179, dort beide Zitate, kursiv im Original).

Genau diese Zweistufigkeit hält Habermas davon ab, Massenmedien einseitig und ambivalenzblind als totalisierend vereinnahmende Kulturindustrie zu interpretieren. Er hält – wie Klingen schreibt – »der von Adorno absolut gesetzten ökonomischen Rationalität die Potentiale kommunikativer Rationalität und kommunikativen Handelns« entgegen und betont so die »›Widerspruchsmöglichkeiten‹« der Rezipienten (vgl. Klingen 2008, S. 176, dort beide Zitate). Klingens Kritik an Habermas setzt bei der These an, dieser würde (wie Glotz) »jene sich durch die Lebenswelt hindurch bis auf das Subjekt und seine Lebensvollzüge hin vollziehende Einflussnahme auf das Individuum unterschlagen« (ebd., S. 177). Für eine Öffentliche Theologie halte ich es dagegen für sinnvoll, auf theoretischer Ebene die ambivalenzsensiblen und differenzierten Begriffe von Habermas zu übernehmen, um den Fokus auf das, was Habermas nach Klingen »unterschlägt«, nicht schon festgestellt ins Beobachtungswerkzeug der Begriffsstruktur einzubauen, sondern erst an konkreten kontext- und milieuspezifischen Kommunikationen in den pluralen Medienöffentlichkeiten zu entdecken – oder eben nicht zu entdecken.

735 Vgl. Habermas 1995b, S. 457, dort auch das Zitat.

736 So auch: »Eine paradoxe Beziehung besteht nicht mehr zwischen verschiedenen Typen der Handlungsorientierung, sondern zwischen verschiedenen Prinzipien der Vergesellschaftung.« (Habermas 1995a, S. 470) Vgl. auch Habermas 1995a, S. 450, 1995c, S. 603f. Vgl. zu diesen Mechanismen auch Dubiel 2001, S. 106.

737 Vgl. Habermas 1995b, S. 458, dort auch das Zitat. Für die Rolle der Steuerungsmedien bei der Ausdifferenzierung von Systemen vgl. Habermas 1995a, S. 572f. Vgl. zur Grundunterscheidung auch Dubiel 2001, S. 98, 103.

738 Vgl. Habermas 1995a, S. 273.

739 Vgl. Habermas 1995b, S. 459, dort auch das Zitat, kursiv im Original. Gemeint ist in Habermas' Worten die Konkurrenz »zwischen dem aus der Rationalisierung der Lebenswelt immer reiner hervorgehenden Mechanismus einer an Geltungsansprüchen orientierten sprachlichen Kommunikation und jenen entsprachlichten Steuerungsmedien, über die Systeme erfolgsorientierten Handelns ausdifferen-

sellschaftskonzept auch inhaltlich an Luthers Zwei-Regimenten-Lehre erinnert, kann hier leider nur am Rande erwähnt werden.[740]

Mit diesen beiden konkurrierenden und komplementären[741] Mechanismen macht Habermas die »Pathologien der Moderne«[742] nun ambivalenzsensibel deutbar: Als entscheidenden Zug vom »Übergang zur Moderne« beschreibt er vor allem die von Weber »vernachlässigt[e]« »Rationalisierung der Lebenswelt«.[743] Das heißt: Eine Lebenswelt kann »in dem Maße als rationalisiert angesehen werden, wie sie Interaktionen gestattet, die nicht über ein normativ *zugeschriebenes* Einverständnis, sondern – direkt oder indirekt – über kommunikative *erzielte* Verständigung gesteuert werden.«[744] Rationalisierung der Lebenswelt meint also die »sukzessive Freisetzung des im kommunikativen Handeln angelegten Rationalitätspotentials«.[745] Mit fortschreitender Rationalisierung wächst so der normativ ungedeckte Verständigungsbedarf und steigt das Dissensrisiko.[746] Dem gegenläufig und verbunden ist die Tendenz der Systembildung[747]: »Steuerungsmedien ersetzen Sprache als Mechanismus der Handlungskoordinierung« und stellen soziales Handeln »auf mediengesteuerte Zweckrationalität um«.[748] Pathologien können sich nun daraus ergeben, dass eben diese Systeme wieder auf die Lebenswelt zurückwirken, deren Rationalisierung sie ermöglicht hatte.[749] Die unter 2.3 beschriebene Kolonialisierung ist gerade die eine Seite dieser Paradoxie der Rationalisierung der Lebenswelt.[750]

---

ziert werden.« (ebd., S. 459) Vgl. dazu auch Reese-Schäfer 2001, S. 63; Dubiel 2001, S. 103.

740 Helmut Dubiel hat, ohne dies weiter auszuführen, die zweistufige Gesellschaftstheorie von Habermas als eine »Art ›Zwei-Reiche-Lehre‹« bezeichnet (Dubiel 2001, S. 112, 117). Einen Ansatz für eine inhaltliche Parallelisierung mit Luther sehe ich darin, dass auch dieser wie Habermas zwischen dem Mensch als Person (im geistlichen Regiment bzw. lebensweltlich) und als erfolgsorientiert, zum Nutzen anderer handelnder Amtsträger (im weltlichen Regiment bzw. als Rollenträger im System), unterscheidet. Aus soziologischer Perspektive lässt sich Luthers Obrigkeitsschrift als Symptom einer beginnenden Differenzierung von System und Lebenswelt lesen.

741 Vgl. Habermas 1995b, S. 457.

742 Habermas 1995a, S. 554; Reese-Schäfer 2001, S. 63.

743 Vgl. Habermas 1995b, S. 456, dort auch die Zitate.

744 Habermas 1995b, S. 455, kursiv im Original.

745 Vgl. Habermas 1995a, S. 232, dort auch das Zitat; vgl. auch S. 238, 269, 485.

746 Vgl. Habermas 1995b, S. 456, 458, 1995a, S. 272. Vgl. auf der angegebenen Seite im zweiten Band (272) auch zu den Begriffen »Verständigungsbedarf« und »Dissensrisiko«.

747 Vgl. Habermas 1995b, S. 457.

748 Vgl. Habermas 1995b, S. 458, dort beide Zitate.

749 Vgl. Habermas 1995b, S. 459. Vgl. auch Reese-Schäfer 2001, S. 63. Dieser Ermöglichungszusammenhang wird bei Habermas etwa daran deutlich, dass Mechanismen der Systemdifferenzierung der institutionellen Verankerung in der Lebenswelt bedürfen, die dafür wiederum »hinreichend rationalisiert« sein muss: »Das

Entscheidend für die Ambivalenzen der Massenmedien bei Habermas ist – wie hier gezeigt werden soll – deren eigentümliche Zwischenstellung zwischen System und Lebenswelt. Dies wird bei genauerem Blick auf den Zusammenhang von System und Lebenswelt bei Habermas deutlich: Mit der Rationalisierung der Lebenswelt werden Selbstverständlichkeiten hinterfragt und zum (potentiellen) Gegenstand von Verständigungsprozessen: »die Zonen des Unproblematischen schrumpfen«.[751] Damit wachsen »Interpretationsaufwand« und »Dissensrisiko«.[752] Nach Habermas entstehen dafür »*zwei Sorten von Entlastungsmechanismen*«,[753] von denen die oben genannte Systembildung nur einer ist: Kommunikationsmedien[754] können (a) »die sprachliche Konsensbildung durch eine *Spezialisierung* auf bestimmte Geltungsaspekte und durch eine *Hierarchisierung* der Einigungsprozesse *raffen*«.[755] Es entstehen die »*generalisierten Formen der Kommunikation* wie etwa fachliche Reputation oder ›Wertbindung‹, also moralisch-praktische Führerschaft«.[756] Trotz der Generalisierung bleiben diese Medien bei Habermas auf sprachliche Verständigung bezogen: Sie »erfordern illokutionäre Akte und bleiben daher auf die Bindungseffekte eines verständigungsorientierten Sprachgebrauchs angewiesen.«[757]

Niveau möglicher Komplexitätssteigerung läßt sich, wie gezeigt, nur dadurch anheben, daß ein neuer Systemmechanismus eingeführt wird; jeder neu in Führung gehende Mechanismus der Systemdifferenzierung muß aber in der Lebenswelt verankert, über Status Amtsautorität oder bürgerliches Privatrecht *institutionalisiert* werden. [...] Diese Basisinstitutionen bilden nun eine Reihe von evolutionären Neuerungen, die nur unter der Bedingung eintreten können, daß die Lebenswelt hinreichend rationalisiert worden ist, daß vor allem Recht und Moral eine entsprechende Entwicklungsstufe erreicht haben.« (Habermas 1995a, S. 259, kursiv im Original)

750 Vgl.: »Uns stellt sich diese Frage in der Form, ob nicht die Rationalisierung der Lebenswelt mit dem Übergang zur modernen Gesellschaft paradox wird: – die rationalisierte Lebenswelt ermöglicht die Entstehung und das Wachstum der Subsysteme, deren verselbständigte Imperative auf sie selbst destruktiv zurückschlagen.« (Habermas 1995a, S. 277)

751 Vgl. Habermas 1995a, S. 272, dort auch das Zitat.

752 Vgl. Habermas 1995a, S. 272, dort auch beide Zitate.

753 Vgl. Habermas 1995a, S. 269, dort auch das Zitat, kursiv im Original.

754 Zu der folgenden Unterscheidung vgl. auch: »Ich habe die Steuerungsmedien, welche Sprache als Mechanismus der Handlungsorientierung ablösen, von den Formen generalisierter Kommunikation unterschieden, die überkomplexe Zusammenhänge verständigungsorientierten Handelns bloß vereinfachen, dabei aber von Sprache und von einer, wie immer auch rationalisierten, Lebenswelt abhängig bleiben.« (Habermas 1995a, S. 413)

755 Habermas 1995a, S. 272, kursiv im Original.

756 Habermas 1995a, S. 272, kursiv im Original.

757 Habermas 1995a, S. 417.

Medien als Steuerungsmedien hingegen können (b) auch Systeme entsprachlichter[758] Koordinierung bilden, also »die Handlungskoordinierung von *sprachlicher Konsensbildung* überhaupt *abkoppeln* und gegenüber der Alternative von Einverständnis oder fehlgeschlagener Verständigung neutralisieren.«[759] Das heißt konkret: »Steuerungsmedien wie Geld und Macht lenken Interaktionen über Egos Eingriffe in die Situation von Alter, gegebenenfalls über perlokutionäre Effekte.«[760]

Folgendes Beispiel illustriert diesen Unterschied: Vermittels des Steuerungsmediums Geld kann ich morgens die Herausgabe eines Schokoriegels durch den Verkäufer sprachfrei erwirken. Will ich dasselbe vermittels meiner persönlichen Reputation erreichen, komme ich um den Einsatz von Sprache genauso wenig umhin wie um das Risiko, ohne Schokoriegel gehen zu müssen.

In diesem Zusammenhang sind zwei Gedanken weiterführend:

(1) Einmal verfolgt Habermas die Bildung von sprachlichen und entsprachlichten Kommunikationsmedien bis zu »Ansehen und Einfluß [...] als primitive Generatoren von Folgebereitschaft« zurück:[761] Dass jemand angesehen und einflussreich ist, kann »*pauschal*« dazu motivieren, dessen »Interaktionsangebote[n]« zu folgen.[762] Beispiel:[763] »Ich tue, was du sagst, nicht weil wir uns darauf verständigt haben, sondern weil ich dich für weise und einflussreich halte.« Das Beispiel zeigt auch, wie diese Generalisierung von Verständigung entlastet bzw. der Verständigung gar nicht erst bedarf. Habermas unterscheidet nun zwei Quellen von Ansehen und Einfluss, auf die sich »generalisierte Annahmebereitschaft« beziehen kann:[764] Ansehen und Einfluss können (a) aus »empirisch motivierter Bindung« – etwa durch Angst vor Strafe oder Hoffnung auf Belohnung[765] –oder (b) aus »rational motivierte[m] Vertrauen« stammen.[766] Während die Bildung der entsprachlichten Steuerungs-

758 Vgl. etwa: Habermas 1995a, S. 269.

759 Habermas 1995a, S. 272, kursiv im Original.

760 Habermas 1995a, S. 417.

761 Vgl. Habermas 1995a, S. 270, dort auch das Zitat.

762 Vgl. Habermas 1995a, S. 267, dort auch die Zitate, kursiv im Original.

763 Das Beispiel konkretisiert Habermas' Beschreibungen an folgender Stelle: »Entweder geht Alter auf Egos Angebot ein, weil er sich an den Strafen und Belohnungen orientiert, die Ego verteilen kann, oder weil er darauf vertraut, daß Ego über das nötige Wissen verfügt und hinreichend autonom ist, um für die Einlösung der von ihm kommunikativ erhobenen Geltungsansprüche zu garantieren.« (Habermas 1995a, S. 271)

764 Vgl. Habermas 1995a, S. 270, dort auch das Zitat.

765 Vgl. Habermas 1995a, S. 271, dort auch das Zitat.

766 Vgl. Habermas 1995a, S. 270, dort auch das Zitat. Von rationalem Motivieren spricht Habermas sonst auch im Zusammenhang mit Argumenten, so etwa bereits 1970/71: »Substantielle Argumente haben die Kraft, die Anerkennung eines Geltungsanspruchs rational zu motivieren« (Habermas 1995c, S. 115).

medien Geld und Macht – und damit die Systembildung – nun bei den »empirisch motivierten Bindungen« ansetzt, ist es bei den sprachlichen Kommunikationsmedien – etwa »Reputation oder ›Wertbindung‹« – das »rational motivierte[n] Vertrauen«.[767]

In freier Weiterführung und den roten Faden seiner Argumentation kurz verlassend können hier im Anschluss an Habermas – gewendet nun auf Medienkommunikation in Rezipientenperspektive – entsprechend zwei Handlungsrelevanztypen von Personerzählungen unterschieden werden.[768] In beiden Fällen erscheint die Personalisierung des Kommunikationsinhaltes als Entlastung von Verständigung: Eine (mediale) Personerzählung kann (a) Annahmebereitschaft erzeugen, indem sie empirisch motiviert bindet, also eine Person besonders mächtig oder reich darstellt, so dass die Botschaft der Erzählung wegen der aus besagten Personeigenschaften entspringenden Angst vor Bestrafung oder Hoffnung auf Lohn angenommen wird, ohne im Einzelnen rationaler Prüfung oder Verständigungsprozessen unterworfen zu werden. Eine (mediale) Personerzählung kann zweitens (b) Annahmebereitschaft erzeugen, weil der dargestellten Person rational motiviert vertraut wird. Das heißt: Das Kommunikationsangebot des anderen wird (generalisiert motiviert) angenommen und damit nur zu diesem Zeitpunkt keinem Verständigungsprozess unterworfen, weil der Zurechnungsfähigkeit und dem Wissen des Anbietenden (zunächst) vertraut wird, weil er Reputation oder moralische Autorität hat. Während im ersten Fall die empirisch motiviert bindende Personalisierung zu einer Abkopplung der Handlungsorientierung von Verständigungsprozessen tendiert, bleibt der zweite, die rational motivierte Personalisierung, potentiell für zweitinstanzliche[769] Verständigung und Kritik offen. Am Beispiel: Wenn jemand die ethischen Überzeugungen eines Stars übernimmt, weil er diesen attraktiv findet und sich von der Überzeugungsübernahme größere emotionale Nähe zu dem »Star« verspricht, bleibt dies von Verständigungsprozessen (zwischen den beiden wie allgemein) abgekoppelt. Dass dabei theoretisch zweitinstanzliche Kritik möglich ist, weicht den Unterschied zum zweiten Typ (b) auf – eine Schwäche, die gleich unter (2) bearbeitet wird.

Übernimmt jemand gemäß des zweiten Typs (b) die ethischen Überzeugungen eines Intellektuellen zu einem Thema, weil er diese aus anderen Äußerungen als vernünftig und wissend kennt, bleibt dies späterer Revision prinzipiell zugänglich – wenn er diese Überzeugungen zu einem späteren

767 Vgl. Habermas 1995a, S. 272, dort auch die Zitate.

768 Vgl. Habermas 1995a, S. 271f.

769 Vgl. dazu: Kommunikationsmedien »wie Reputation oder Wertbindung [...] entlasten die Interaktion nur in erster Instanz von Ja/Nein-Stellungnahmen zu kritisierbaren Geltungsansprüchen.« (Habermas 1995a, S. 275) Entsprechend kann m. E. von einer zweitinstanzlichen Möglichkeit der Stellungnahme ausgegangen werden.

Zeitpunkt etwa aufgrund nun selbst erarbeiteten Wissens überprüft und für nicht sachgerecht oder unvernünftig befindet. Welcher der beiden Handlungsrelevanztypen für jeweilige Rezipienten(-gruppen) entscheidend ist, kann von Habermas herkommend dabei als schon im Kommunikationsangebot, also der Personerzählung, angelegt gesehen werden, was die Unterscheidung für empirische Untersuchungen anknüpfungsfähig macht: Eine Personerzählung kann eher auf empirisch motiviert Bindendes – also etwa Stärke, Attraktivität, instrumentelle Fertigkeit oder Besitz einer Person – oder eher auf rationales Vertrauen abheben – etwa Zurechnungsfähigkeit und Wissen.[770]

(2) Habermas ordnet die Massenmedien nicht den entsprachlichten Steuerungsmedien, sondern den »generalisierten Formen der Kommunikation« zu,[771] die wie Systeme von Verständigung entlasten, aber von der Lebenswelt abhängig bleiben.[772] In diesem Zuge kann er stärker als in SdÖ das »ambivalente Potential der Massenkommunikation«[773] und der von den Massenmedien hergestellten Öffentlichkeit sehen:

> »Diese *Medienöffentlichkeiten hierarchisieren* und *entschränken* den Horizont möglicher Kommunikationen zugleich; der eine Aspekt läßt sich vom anderen nicht trennen – und darin ist ihr ambivalentes Potential begründet. Die Massenmedien können, soweit sie Kommunikationsflüsse in einem zentralisierten Netzwerk einseitig, von der Mitte zur Peripherie oder von oben nach unten kanalisieren, die Wirksamkeit sozialer Kontrollen erheblich verstärken. Die Ausschöpfung dieses *autoritären Potentials* bleibt aber stets prekär, weil in den Kommunikationsstrukturen selber das Gegengewicht eines *emanzipatorischen Potentials* eingebaut ist. Die Massenmedien können Verständigungsprozesse gleichzeitig aufstufen, raffen

---

770 Vgl. diese Aufzählungen bei Habermas 1995a, S. 270.

771 Habermas 1995a, S. 573. Nach Habermas geben erst die »*Kommunikationstechnologien*« den Medien der generalisierten Formen der Kommunikation – Reputation und Wertbindung – ihr Steuerungspotential gegenüber kommunikativem Handeln, insofern sie »die kommunikativen Äußerungen bereits bei ihrem originären Auftreten in ein virtuell präsent gehaltenes Netz räumlich und zeitlich weit entfernter, aber prinzipiell zugänglicher Kommunikationsinhalte« einbetten (ebd., S. 274, dort auch die Zitate). Entsprechend ordnet er Massenmedien auch dem »institutionellen Kern der Öffentlichkeit« zu – und damit einem sozial und nicht systemhaft integrierten Handlungsbereich (vgl. ebd., S. 471, dort auch das Zitat). Vgl. zu der oben genannten Zuordnung auch: Wiegerling 1998, S. 123.

772 Vgl. zu dieser Unterscheidung und den Zusammenhang von Steuerungsmedien und Systembildung: »Ich habe zwei Sorten von Medien unterschieden, die den riskanten und aufwendigen Koordinationsmechanismus der Verständigung entlasten können. Auf der einen Seite *Steuerungsmedien*, über die Subsysteme aus der Lebenswelt ausdifferenziert werden; auf der anderen Seite *generalisierte Formen der Kommunikation*, die die sprachliche Verständigung nicht ersetzen, sondern bloß kondensieren und die deshalb lebensweltlichen Kontexten verhaftet bleiben.« (Habermas 1995a, S. 572f., kursiv im Original)

773 Habermas 1995a, S. 571. Vgl. dazu auch Wiegerling 1998, S. 122f.

> und verdichten, aber die Interaktionen nur in erster Instanz von den Ja/Nein-Stellungnahmen zu kritisierbaren Geltungsansprüchen entlasten; auch die abstrahierten und gebündelten Kommunikationen können nicht zuverlässig gegen die Widerspruchsmöglichkeiten zurechnungsfähiger Aktoren abgeschirmt werden.«[774]

Massenmedien bleiben also nach Habermas auf die lebensweltlichen Verständigungsprozesse des kommunikativen Handelns bezogen – darin gründet ihre Ambivalenz, nämlich auch ihr emanzipatives Potential: Insofern sie von Verständigungsbedarf entlasten, indem sie Kommunikationsprozesse hierarchisieren oder zentralisieren, haben sie autoritäres Potential. Insofern diese Entlastung aber nur erstinstanzlich, kritisierbar und letztlich sprachbezogen bleibt, unterscheiden sie sich von den aus der Lebenswelt ausdifferenzierten Subsystemen, die »Interaktionen in Raum und Zeit zu immer komplexeren Netzen [verknüpfen], ohne daß diese überschaut und verantwortet werden müssten«.[775]

Dieses ambivalente Potential von Massenmedien lässt sich zunächst mit der eben eingeführten Unterscheidung auf das Thema dieser Arbeit bezogen als ambivalentes Potential von Personalisierungen konkretisieren: Diese haben ein autoritäres Potential, insofern sie (a) die Mitte gegenüber der Peripherie bevorteilen und die Deutungsangebote einzelner, meist prominenter Personen zentral ohne direkten Rückkanal veröffentlichen und so in privilegierte Kommunikationspositionen bringen. Personalisierungsdynamiken haben ein emanzipatives Potential, insofern sie mit (b) rational motiviertem Vertrauen in Verbindung stehen und so von Verständigungsprozessen nicht entkoppeln, sondern nur erstinstanzlich entlasten: Der medial präsentierte Prominente kann Orientierungen nicht empirisch motiviert bindend den Rezipienten aufzwingen. Ambivalent sind Personalisierungsdynamiken selbst deshalb, weil das eine Potential nicht ohne das andere zu haben ist: Personerzählungen können medial weder auf eine Weise veröffentlicht werden, die das Ausbleiben von Verständigungsprozessen verhindert, noch so, dass Verständigungsprozesse garantiert sind.

Die Gefahr einer empirisch motiviert bindenden Personalisierung ist bei Habermas durch dessen großes Vertrauen in sprachliche Kommunikation und vor allem die Zuordnung von Massenmedien zu den generalisierten Formen der Kommunikation allerdings schon theoretisch entschärft und nicht in die-

---

774 Habermas 1995a, S. 573, kursiv im Original. Auch die anderen sprachgebundenen Kommunikationsmedien, »die, wie Reputation oder Wertbindung, Verständigungsprozesse aufstufen und kondensieren, aber nicht ersetzen, entlasten die Interaktion nur in erster Instanz von Ja/Nein-Stellungnahmen zu kritisierbaren Geltungsansprüchen.« (ebd., S. 275) Zum ambivalenten Potential der Medien bei Habermas vgl. auch Schicha 2003, S. 117.

775 Habermas 1995a, S. 275. Dort auch: »Mit den über Steuerungsmedien ausdifferenzierten Subsystemen schaffen sich die systemischen Mechanismen ihre eigenen, normfreien, über die Lebenswelt hinausragenden Sozialstrukturen.« (ebd.)

ser Ambivalenz präsent.[776] Die »Wirkungen« von Massenmedien und den in ihnen dargestellten moralischen und praktischen Führungsgestalten können danach eigentlich nicht mehr als empirisch motiviert bindende gedacht werden – dann wären Massenmedien ja als Subsysteme ausdifferenzierende Steuerungsmedien[777] konzeptualisiert. Damit sind auch die in Weiterführung von Habermas oben entwickelten empirisch motivert bindenden medialen Personalisierungen theoretisch eigentlich nicht möglich, weil sie nie von Verständigungsprozessen und Widerspruchsmöglichkeiten abgekoppelt sein können. Das markiert die bereits erwähnte Schwäche der unter (1) für empirisch motivert bindende Personalisierungen vorgetragenen Argumentation. Mit einer im Folgenden zu erarbeitenden Modifikation ist es jedoch plausibel, in Abweichung von Habermas von einem solchen Typ auszugehen, in dem zumindest kontextbezogen und näherungsweise eine Abkopplung geschieht, ohne dass damit grundsätzlich das Vertrauen in sprachliche Kommunikation denunziert werden muss:[778]

Neben vielen anderen hat etwa Frank Marcinkowski anders als Habermas Massenmedien[779] als System verstanden – und damit nicht nur als generalisierte Form von Kommunikation.[780] Entscheidend dafür ist, dass es mit Mar-

---

776 Ähnlich hat auch Klingen beobachtet: »Insofern jedoch sowohl sein Gesellschafts- wie sein Demokratiemodell 1990 bereits auf jenen Kategorien kommunikativen Handelns, der Diskursivität und einer nurmehr diskursiv einholbaren Rationalität basiert, wird der geschilderte Transformationsprozess der Öffentlichkeit [der auch Personalisierungstendenzen beinhaltet, FH] in weiten Teilen kommunikativ ›abgefedert‹ und damit zugleich die ursprünglich der Untersuchung vorausgehende, der attestierten Destruktivität der Transformationsprozesse entspringende *Sorge* abgeschwächt und der These auf diese Weise ein Teil ihrer gesellschaftskritischen Schärfe genommen.« (Klingen 2008, S. 198f., kursiv im Original) Zu Habermas' »Vertrauen in die Widerständigkeit kommunikativen Handelns« vgl. ebd., S. 206, dort auch das Zitat. Auf Massenmedien bezogen schlägt sich dieses Vertrauen offenbar nieder in dem »Vertrauen darauf, dass auch eine hochgradig funktional ausdifferenzierte massenmediale Kommunikation ›letztlich ein Element der kommunikativ strukturierten Lebenswelt‹ bleibt« (Klingen, teilweise Große Kracht zitierend: ebd., S. 233).

777 Zur Verbindung von empirischer Bindung und Steuerungsmedien einerseits und rational motiviertem Vertrauen und generalisierten Formen der Kommunikation andererseits vgl. Habermas 1995a, S. 272, 418f.

778 Und damit grenze ich mich gegen Klingens Habermas-Kritik und dessen Überschätzung der Medienmacht gegenüber der Lebenswelt ab.

779 Von Marcinkowskis eigener Aufgabenstellung her, »nämlich das Massenmediensystem der Bundesrepublik Deutschland unter der Prämisse funktional spezialisierter und operational geschlossener Funktionsbereiche der Gesellschaft zu beschreiben« (Marcinkowski 1993, S. 19), erscheint es legitim, auch im Dialog mit Marcinkowski von Medien- oder Massenmediensystem zu sprechen, obwohl Marcinkowski eher den Begriff Publizistik benutzt.

780 Zur systemtheoretischen Perspektive auf Medienkommunikation und politische Kommunikation vgl. Jakubowski 1998. Vgl. bes. seinen kurzen Exkurs in die Be-

cinkowski plausibel scheint, Publizität als systemdifferenzierendes Kommunikationsmedium zu identifizieren: Symbolisch generalisierte Kommunikationsmedien lösen nach Marcinkowski (und Niklas Luhmann) das Problem, dass der Kommunikationserfolg – also, dass eine Information angenommen wird – unwahrscheinlich ist.[781] Beim Mediensystem geschehe dies durch (unterstellte) Publizität.[782] Dass eine Information veröffentlicht ist, beinhaltet schon, dass ein Individuum diese Information »nicht mehr einfach ignorieren« kann, wenn davon ausgegangen werden muss, dass andere – also Dritte – sie vermeintlich nicht ignorieren:[783] Der Politiker wird nicht einfach ignorieren können, was über ihn geschrieben wird, weil er davon ausgehen muss, dass andere dies wahrnehmen. Der Autofahrer hat ein Interesse, Staumeldungen nicht zu ignorieren, weil diese den Verkehr beeinflussen könnten – unabhängig davon, ob sie zutreffen oder nicht: zumindest für überfüllte Umleitungen können sie sorgen.[784] Publizität wäre dann im Habermasschen Sinn ein Steuerungsmedium, weil sprachliche Verständigung insofern umgangen wird, als diese zwar möglich bleibt, aber nicht handlungskoordinierend wirkt.[785] Phänomene, die sich als »Third-Person-Effects«[786] (Davison) beschreiben lassen, machen das eben Gesagte anschaulicher: Person A kann die Geltung bean-

---

schreibung dieser Perspektive auf S. 35–40. Einen kurzen Überblick über die »Hauptrichtungen systemtheoretischer Massenkommunikationsanalyse« gibt: Marcinkowski 1993, S. 20–26, Zitat auf S. 20. Vgl. auch Thomas 1998, S. 537. Zur Erarbeitung der Systemtheorie wurden hier insb. folgende Quellen genutzt: Luhmann 1987; Kneer und Nassehi 2000; Marcinkowski 1993; Luhmann 1996; Baraldi et al. 1997; Wehner 1998; Jakubowski 1998; Thomas 1998. Gerade die Arbeiten von Thomas und Marcinkowski waren prägend.

781 Vgl. Marcinkowski 1993, S. 53–56, bes. 55f. Vgl. dort auch den Begriff. Dabei gilt einschränkend: »Die Annahmebereitschaft, der eigentliche Kommunikationserfolg, bezieht sich lediglich auf die Akzeptanz des Themas, auch wenn dazu ganz unterschiedliche Meinungen (Beiträge) vertreten werden können.« (ebd., S. 56) Das Erfolgsproblem ist das dritte neben dem Verstehens- und dem Erreichensproblem (vgl. ebd., S. 53).

782 Vgl. Marcinkowski 1993, S. 56. Zustimmend zur Publizität als symbolisch generalisiertes Kommunikationsmedium: Thomas 1998, S. 550.

783 Vgl. Marcinkowski 1993, S. 56, dort auch das Zitat.

784 Vgl. für das Stau- und Umleitungsbeispiel Marcinkowski 1993, S. 56f.

785 Natürlich heißt das – wie auch Marcinkowski betont – nicht, dass vermittels dieses Mediums Annahme oder Erfolg erzwingbar wären (vgl. Marcinkowski 1993, S. 59, ähnlich auch Thomas 1998, S. 551). Aber: »Das wird man auch bei den besser eingeführten Beispielen wie Geld, Macht oder Liebe kaum behaupten können.« (Marcinkowski 1993, S. 59)

786 Schenk 2007, S. 550. Vgl. auch Früh 1991, S. 70. Davison beschrieb unter diesem Stichwort den Effekt, dass Personen die Medienwirkungen auf andere Menschen (also auf Dritte) überschätzen, wobei gerade diese Einschätzung dann »Einstellungen und Verhaltensweisen« beeinflusst (vgl. Schenk 2007, S. 550, dort auch das Zitat).

sprucheпde Wirklichkeitsdeutung eines medial dargestellten Experten oder einer moralischen Führerin B zwar zweitinstanzlich kritisieren und mit »Nein« dazu Stellung nehmen – insofern liegt tatsächlich keine Abkopplung von Verständigung vor. Allerdings kann diese Nein-Stellungnahme für die Handlungen von A – und damit für die Handlungskoordinierung – irrelevant bleiben, wenn A diese Handlungen an der Vermutung orientiert, dass alle anderen mit »Ja« Stellung nehmen. Dann ist die Handlungskoordinierung durch Publizität von sprachlicher Verständigung abgekoppelt. Im Beispiel der Star-Dynamik: Übernimmt ein Rezipient etwa die ethischen Überzeugungen eines Stars, weil er sich davon mehr emotionale Nähe verspricht, so kann dabei durchaus von der Möglichkeit einer zweitinstanzlichen Kritik durch den Rezipienten ausgegangen und damit die Nähe zur rational motivierten Ja-Stellungnahme zum Kommunikationsangebot des Stars gesehen werden. Versteht man Publizität aber als Steuerungsmedium, wird klarer, wie hier auch empirisch motivierte Bindungen die (entscheidende) Rolle spielen können: Wenn nämlich der Rezipient das Angebot des Stars annimmt, weil er davon ausgeht, dass alle anderen es annehmen, und folglich Angst vor Bestrafung mit Gruppenausschluss hat, dann erfolgt die Übernahme der ethischen Überzeugungen des Stars wegen empirisch motivierter Bindung, nicht wegen rational motivierten Vertrauens;[787] zweitinstanzliche Kritik bleibt auch dann noch möglich, aber folgenlos und irrelevant für die Handlungskoordination.

Diese Möglichkeit kommt bei Habermas m. E. deshalb zu kurz, weil er relativ häufig vom Modell der Kommunikation zwischen zwei Personen ausgeht, ohne neben Alter und Ego noch eine dritte mit einzubeziehen. Tut man Letzteres, kann Publizität – auf Personen bezogen: Prominenz – als Steuerungsmedium fungieren, was die Rede von einer empirisch motiviert bindenden Personalisierung plausibel macht und es als ertragreich erscheinen lässt, Massenmedien zwar auch generalisierten Formen von Kommunikation zuzuordnen, aber zumindest kontextuell ihre Realität unter der Prämisse ihres Systemcharakters[788] zu deuten. Damit wird sichtbar, dass sich in Personalisierungsdynamiken Personalisierungen von Verständigungsprozessen abkoppeln können.

Das verschärft die bereits angesprochene Ambivalenz massenmedialer Kommunikation und Personalisierungsdynamiken. Sie besteht dann – in eigenen Worten gesagt – in dem Potential von Personalisierungen, einerseits Verständigungsprozesse und Kritik nach sich zu ziehen, vielleicht sogar zu

787 Vgl. entsprechend den Hinweis Marcinkowskis: »Danach beruht die beobachtbare Tatsache, daß Menschen oftmals bereit sind, publizistischen Aussagen, die sie als ›öffentliche Meinung‹ wahrnehmen, auch gegen ursprünglich entgegengesetzte Ansichten zuzustimmen, auf der Angst, sich durch die Äußerung abweichender Meinungen von der Mehrheit zu isolieren.« (Marcinkowski 1993, S. 61)

788 Auch Günter Thomas hat vom »Systemcharakter der Medien« gesprochen und dazu auf Marcinkowskis Arbeit verwiesen: Thomas 2003, o. S., Anm. 5.

ihnen anzuregen, und sich andererseits von ihnen abzukoppeln. Im zweiten Fall empirisch motiviert bindender Personalisierung werden Handlungen über die Entscheidung einer angesehenen, attraktiven, reichen oder mächtigen Person koordiniert, und diese Koordinierung geschieht – weil sie aus Angst vor Strafe oder um des Lohnes willen möglich wird – auch rezipientenseitig erfolgsorientiert. Wenn Personalisierung von lebensweltlichen Verständigungsprozessen dergestalt sich entkoppelt, weisen die derartige Kommunikationen beinhaltenden Medien Systemeigenschaften auf. Aus den empirisch motivierten Bindungen ließ Habermas ja auch die systembildenden Steuerungsmedien entstehen. Welches Potential stärker aktualisiert wird, kann nur bezogen auf einen konkreten Kontext, konkrete Rezipienten und Medieninhalte gesagt werden.

2.3 Personalisierung und Kolonialisierung

Bisher habe ich Personalisierung als Phänomen bei Habermas in den Kontext einer Generalisierung von Handlungsorientierungen und -motivationen eingetragen:[789] Reale einflussreiche und angesehene Personen und (mediale) Personerzählungen von ihnen können generalisiert, also vom konkreten Einzelfall und inhaltlichen Fragen abstrahiert, Annahmebereitschaft für das Kommunikationsangebot der Person oder Personerzählung erzeugen.[790] Diese Eintragungsmöglichkeit findet darin ihre Grenzen, dass nach Habermas Generalisierung auch von konkreten Personen abstrahiert und Annahmebereitschaft qua Gruppenzugehörigkeit, staatlicher Autorität und schließlich gar abstrakter Legalität erzeugt wird.[791]

So lassen sich Personalisierungsphänomene in Habermas' Theoriegebäude auch im Horizont dessen thematisieren, was Habermas »*Kolonialisierung der Lebenswelt*«[792] nennt. Diese ist gegeben, wo die durch Generalisierung, Abstraktion und Formalisierung möglich gewordenen »Subsysteme zweckrationa-

---

789 Habermas nimmt den Generalisierungsbegriff von Parsons' Begriff der »Wertgeneralisierung«: »›Wertgeneralisierung‹ nennt Parsons die Tendenz, daß Wertorientierungen, die den Handelnden institutionell angesonnen werden, im Lauf der Evolution immer allgemeiner und formaler werden. Dieser Trend ergibt sich mit struktureller Notwendigkeit aus einer Rechts- und Moralentwicklung; die eine für den Konfliktfall vorgesehene Konsenssicherung, wie wir gesehen haben, auf immer abstraktere Ebenen verschiebt.« (Habermas 1995a, S. 267)

790 Vgl. Habermas 1995a, S. 270f.

791 Vgl. sehr anschaulich dazu Habermas 1995a, S. 267f. Wertgeneralisierung setzt dabei »zwei gegenläufige Tendenzen« (ebd., S. 268) frei: Einmal ermöglicht sie die Rationalisierung der Lebenswelt, indem sie Konsense von religiöser Tradition entfesselt; gleichzeitig schafft sie erst den »Spielraum für Subsysteme zweckrationalen Handelns« (vgl. ebd., S. 268f., Zitat auf S. 269).

792 Oft, etwa: Habermas 1995a, S. 522, kursiv im Original. Vgl. dazu auch: Reese-Schäfer 2001, S. 64–67, dort auch überblickshaft für Teile des Folgenden.

len Handelns«[793] von außen auf die Lebenswelt zurückwirken[794] und »systemische Mechanismen Formen der sozialen Integration auch in jenen Bereichen [verdrängen], wo die konsensabhängige Handlungskoordinierung nicht substituiert werden kann: also dort, wo die symbolische Reproduktion der Lebenswelt auf dem Spiel steht«[795] und nicht nur materielle Reproduktion.[796] Systembildung und Entkopplung von System und Lebenswelt thematisiert Habermas hingegen nicht als pathologisches Phänomen, sondern als »normale[n] Bestandteil des Modernisierungsprozesses«.[797] Am Beispiel von Habermas selbst: Familiäre Bildungsprozesse laufen »über kommunikatives Handeln«.[798] Pathologische »Funktionsstörungen«, also Kolonialisierungseffekte, treten hier erst auf, wenn »die Struktur der Verrechtlichung administrative und gerichtliche Kontrollen erfordert, die sozial integrierte Zusammenhänge nicht nur durch Rechtsinstitutionen *ergänzen*, sondern auf das Medium Recht *umstellen*«.[799]

Was beinhalten besagte systemische Mechanismen und warum ist deren Vordringen für die Lebenswelt gefährlich? Die »›Dehumanisierung‹ [als] die durch Steuerungsmedien ermöglichte Abspaltung formal organisierter Handlungsbereiche von der Lebenswelt«[800] bedeutet nach Habermas neben anderem nämlich auch eine »Depersonalisierung im Sinne der Trennung organisierter Handlungssysteme von den Persönlichkeitsstrukturen«[801]; Personen werden »zu Leistungsträgern neutralisiert«.[802] Im System handeln Menschen – im Bild gesprochen – nicht als Menschen miteinander, sondern funktionieren wie Zahnräder in einem Getriebe[803] (der Bürokratie oder des Marktes).[804] Vom Le-

793 Habermas 1995a, S. 269. Zum Unterschied von System- und einfacher Zweckrationalität bei Habermas vgl. ebd., S. 454f.

794 Vgl. Habermas 1995a, S. 470.

795 Habermas 1995a, S. 293.

796 Vgl. Habermas 1995a, S. 269, 273, 277, 476, 522, 549.

797 So wörtlich für Bürokratisierung: Habermas 1995a, S. 471. Für »Monetarisierung und Bürokratisierung« spricht er von »Grenzen der Normalität« (ebd., S. 477).

798 Vgl. Habermas 1995a, S. 542, dort auch das Zitat.

799 Vgl. Habermas 1995a, S. 542, dort auch die Zitate, kursiv im Original. Zur Verrechtlichung vgl. auch Reese-Schäfer 2001, S. 66f.

800 Habermas 1995a, S. 455.

801 Habermas 1995a, S. 456. An dieser Stelle betont er eigentlich, dass nicht nur die Persönlichkeit, sondern auch »die beiden anderen Komponenten der Lebenswelt« betroffen sind.

802 Vgl. Habermas 1995a, S. 457, dort auch das Zitat. Vgl. dazu auch: »Im Magnetfeld des Kapitalismus wird die Person ›abstraktifiziert‹ zum Warenbesitzer, zum Rechtssubjekt und zum Staatsbürger.« (Dubiel 2001, S. 110, vgl. auch S. 115)

803 Webers »Bild einer *rational arbeitenden Maschine*« auf Bürokratie bezogen legt nach Habermas »bereits die Vorstellung eines Systems nahe« (vgl. Habermas 1995a, S. 454f., dort auch die Zitate, kursiv im Original).

804 Habermas arbeitet in der ganzen Untersuchung Lebenswelt, sprachliche Verständigung und soziale Integration als Gegenüber zu diesen Systembildungen heraus.

bensweltlich-Konkreten wird abstrahiert: »Die Medien Geld und Macht können nur in dem Maße die Austauschbeziehungen zwischen System und Lebenswelt regulieren, wie die Produkte der Lebenswelt *mediengerecht* zu Faktoreneingaben für das entsprechende Subsystem, das sich zu seinen Umwelten nur über das eigene Medium in Beziehung setzen kann, *abstrahiert* worden sind.«[805]

Wenn dies Effekte von Systemintegration sind, wird verständlich, wie bei Habermas die von Lukács beschriebene »Verdinglichung« in diesem Horizont nun als Effekt einer Kolonialisierung der Lebenswelt durch Systemimperative erscheinen kann.[806] Lukács beschreibt Habermas zufolge Verdinglichung »als eine eigentümliche Assimilierung von gesellschaftlichen Beziehungen und Erlebnissen an Dinge, d. h. an Objekte, die wir wahrnehmen und manipulieren können. Jene drei Welten [die subjektive, objektive und soziale, FH] sind im gesellschaftlichen Apriori der Lebenswelt so schief koordiniert, daß in unser Verständnis interpersonaler Beziehungen und subjektiver Erlebnisse *Kategorienfehler* eingebaut sind: wir fassen sie unter der Form von Dingen, also als Entitäten auf, die zur objektiven Welt gehören, obgleich sie in Wahrheit Bestandteile unserer gemeinsamen sozialen oder je eigenen subjektiven Welt sind.«[807] Genau diese Verdinglichung deutet Habermas eben gerade nicht als Effekt »einer wild gewordenen instrumentellen Vernunft«, sondern »vielmehr daraus, daß sich die losgelassene funktionalistische Vernunft der Systemerhaltung über den in der kommunikativen Vergesellschaftung angelegten Vernunftanspruch hinwegsetzt und die Rationalisierung der Lebenswelt ins Leere laufen läßt«[808] – also als Kolonialisierung: Während in den Bereichen mit »ökonomische[n] und politische[n] Funktionen« die Umstellung auf Steuerungsmedien Geld und Macht möglicht ist, führt sie bei der »kulturellen Reproduktion, der sozialen Integration und der Sozialisation« – also den Kernbereichen der Lebenswelt – zu »pathologischen Nebeneffekte[n]«.[809] Während die beschriebene Abstraktion[810] (m. E. etwa: Person zu einsetzbarem Mitarbeiter)

Er kritisiert entsprechend »Luhmanns Systemfunktionalismus« dafür, er nehme die vollzogene Kolonialisierung der Lebenswelt eigentlich schon als Voraussetzung (vgl. Habermas 1995a, S. 461, dort auch das Zitat) und theoretisiere so, »als *hätte* eine total gewordene Bürokratisierung die Gesellschaft im ganzen dehumanisiert, nämlich zu einem System zusammengeschlossen, das sich von der Verankerung in einer kommunikativ strukturierten Lebenswelt losgerissen hat« (ebd., S. 456, 462, kursiv im Original).

805 Habermas 1995a, S. 476, kursiv im Original. Entlang dieser Austauschbeziehungen induzieren die Medien dann Umformungen in der Lebenswelt, die sich als Kolonialisierung deuten lassen (vgl. ebd., S. 480).

806 Zur Verdinglichung als Kolonialisierungseffekt vgl. Habermas 1995a, S. 476, 483.

807 Habermas 1995b, S. 475.

808 Habermas 1995b, S. 533.

809 Vgl. Habermas 1995a, S. 476f., dort auch die Zitate.

810 Vgl. Habermas 1995a, S. 476.

im Wirtschafts- und Verwaltungssystem ein effektives Funktionieren ermöglicht, zerstört sie auf die symbolische Reproduktion der Lebenswelt angewendet genau diese symbolische Reproduktion und hemmt damit das Rationalitätspotential von Verständigung. Am eigenen Beispiel: Im Zuge des Erwerbs eines Schokoriegels den Menschen auf der anderen Seite der Theke zum Verkäufer zu abstrahieren und sich diesem gegenüber erfolgsorientiert zu verhalten, ist situativ effektiv. Den Lebenspartner als abstrakten Funktionsträger erfolgsorientiert zu behandeln, ist pathologisch.

Im Kontext von Verrechtlichungstendenzen weist Habermas diese »*Kolonialisierung der Lebenswelt*«[811] exemplarisch auf:[812] Während staatliche Sozialpolitikmaßnahmen wie die Sozialversicherung einerseits einen Freiheitsfortschritt »gegenüber der Tradition der Armenpflege« darstellen, bringen sie auch die Notwendigkeit mit sich, konkrete Lebenssituationen zu bürokratisch behandelbaren Tatbeständen zu abstrahieren:[813] »Die regelungsbedürftige, in den Kontext einer Lebensgeschichte und einer konkreten Lebensform eingebettete Situation muß einer gewalttätigen Abstraktion unterworfen werden, nicht allein weil sie rechtlich subsumiert werden muß, sondern damit sie administrativ bearbeitet werden kann.«[814] Pathologischer Effekt der Verrechtlichung ist eine »Bürokratisierung und Monetarisierung von Kernbereichen der Lebenswelt«.[815]

Trägt man mediale Personalisierungsdynamiken in den Horizont der damit angedeuteten Gesellschaftsdiagnose ein, zeigen diese eine neue Ambivalenz: Sie können einmal als (a) Kolonialisierungsphänomen gedeutet werden. Ökonomische Imperative[816] zwingen mediale Produkte und ihre Wirklichkeitskonstruktionen in die abstrahierende Form des gut Verkäuflichen. Personalisierung als Strategie der psychologischen Zugangserleichterung[817] wäre gerade Signum von guter Verkäuflichkeit des Medienprodukts. Auf dieser Linie lässt sich von der Kolonialisierungsthese her der in SdÖ behauptete Wandel vom kulturräsonierenden zum kulturkonsumierenden Publikum und die damit einhergehende Personalisierungstendenz medialer Wirklichkeitskonstruktionen neu verstehen als eine Kolonialisierung sozial integrierter Öffent-

---

811 Habermas 1995a, S. 522.

812 Vgl. Habermas 1995a, S. 523f.

813 Für Zitate und Inhalt vgl. Habermas 1995a, S. 531f.

814 Habermas 1995a, S. 532.

815 Vgl. Habermas 1995a, S. 534, dort auch das Zitat.

816 Diese Deutung liegt auf der Linie Klingens, der Medienöffentlichkeit von ökonomischen Imperativen und damit vom Steuerungsmedium Geld kolonialisiert und beherrscht sieht. Die »systemisch-monetären Imperative« entfalten sich danach »bis in die Frage nach dem ›Nachrichtenwert‹ und der Beurteilung nach spezifischen ›Nachrichtenfaktoren‹ hinein« (Klingen 2008, S. 137–140, Zitate auf S. 140). Personalisierung ist ein Nachrichtenfaktor.

817 Begriff angelehnt an: Habermas 1971, S. 200.

lichkeit und Privatsphäre[818] durch die Systemintegration des Wirtschaftssystems. Personalisierung meint dann klischeehafte Erzählungen von klischeehaften Menschen, die eben deshalb den einzelnen Menschen nicht als unverwechselbaren darstellen, weil sie die Erzählung von ihm an die Rezeptionsschemata des Publikums angepasst haben, um markttauglich zu sein:[819] Der konkrete Mensch verkäme auch hier zu einer Abstraktion, zum Vertreter der Gattung Arbeiter, Held, Ehefrau oder weinerlicher Sohn. Personalisierung aber ausschließlich auf diesem Wege in den Horizont von Kolonialisierung einzuordnen, widerspräche Habermas' Intention gerade gegenüber Horkheimer und Adorno, die »kommunikative Rationalität einer Lebenswelt, die sich im Gefolge der Rationalisierung von Weltbildern entwickelt haben mußte, bevor es zur Ausbildung formal organisierter Handlungsbereiche überhaupt kommen konnte« und deren Widerstandskraft herauszuarbeiten.[820]

Von daher lässt sich Personalisierung (b) auch positiv deuten, nämlich gerade als lebensweltlicher Widerstand gegen die Abstraktion gelebten Lebens in Systemzusammenhängen. Die Chance der Personalisierung liegt darin, Personerzählungen zu (re-)konstruieren, in denen Menschen gerade nicht auf die Abstraktion von ihnen in Systemzusammenhängen reduziert, nicht als Zahnräder, Leistungsträger oder Klienten, sondern als lebensweltlich verwurzelt, kommunikativ handelnde Menschen begegnen. Personalisierung stünde dann Bürokratisierungsexzessen entgegen. Das wiederum könnte qua explorativer Identifikation Rezipienten helfen, Identitäten auszubilden, die als lebensweltliche Ressource für kommunikatives Handeln fungieren können.[821] Am Beispiel: Gerade die personalisierende Mediengattung einer investigativen Reportage kann etwa am Fall eines ungerecht behandelten Arbeitslosen erzählen, wie sich die konkrete Lebenssituation des Menschen gegen Abstraktion sperrt, und so hinter dem bürokratischen Fall den unverwechselbaren, lebenden Menschen sichtbar machen.

Unter Umständen können Personalisierungen auch die Chance zur partiellen Wiedererlangung kolonialisierter Gebiete geben, indem sie auf Akteursseite die Verantwortlichen etwa für Verordnungen benennen und somit auf die dann kritisierbaren Geltungsansprüche von Akteuren zurückführen. Auf dieser Linie benennt Sarcinelli ein Argument für die mediale Nennung von Personen: »Die auch personale Zurechnung politischer Verantwortung ist generell

---

818 Die bürgerliche Privatsphäre und Öffentlichkeit aus SdÖ identifiziert Habermas explizit als sozial integriert: »In der bürgerlichen Gesellschaft formieren sich die sozial integrierten Handlungsbereiche gegenüber den systemisch integrierten Handlungsbereichen von Wirtschaft und Staat als Privatsphäre und Öffentlichkeit, die komplementär aufeinander bezogen sind.« (Habermas 1995a, S. 471)

819 Vgl. dazu IV.4.1 und Horkheimer und Adorno 2003, S. 132, 154, dort auch für das Folgende.

820 Vgl. Habermas 1995a, S. 491, dort auch das Zitat.

821 Zur Persönlichkeit als Komponente der Lebenswelt vgl. Habermas 1995a, S. 209.

ein unver[z]ichtbares, nicht zuletzt auch verfassungspolitisch abgesichertes Element für eine Legitimitätsfeststellung in Wahlen.«[822]

Insgesamt haben sich also drei Ambivalenzen von Personalisierungen gezeigt: Personerzählungen schillern erstens (1) – so lassen sich nun die Beobachtungen aus SdÖ pointiert formulieren – zwischen den erfolgs- und verständigungsorientierten Einstellungen ihrer Erzähler bzw. Hauptpersonen. Sie schillern zweitens (2) wie Massenmedien zwischen ihrem autoritären und emanzipativen Potential – das wird sich detaillierter anhand von Habermas' Anwendung der TkH auf die Demokratietheorie zeigen lassen. Das autoritative Potential wurde hier daran festgemacht, dass Personerzählungen qua Steuerungsmedium Publizität empirisch motiviert binden können und so die Kritik an ihrem Geltungsanspruch ins Leere läuft, weil sie nicht mehr handlungsrelevant werden kann. Personerzählungen schillern drittens (3) zwischen Kolonialisierungsphänomen und Widerstandsversuchen kommunikativen Handelns.

3. Personalisierung zwischen Peripherie und Zentrum

Der im »Strukturwandel der Öffentlichkeit« von 1961 rekonstruierte normative Öffentlichkeitsbegriff konnte den Eindruck erwecken, hier werde »eine bestimmte, längst Ideengeschichte gewordene Form von Aufklärungsöffentlichkeit nostalgisch stilisiert«.[823] In »Faktizität und Geltung« (FuG) von 1992 wird der demokratietheoretisch präzis eingeordnete normative Öffentlichkeitsbegriff nun auf jeden Fall in seiner Relevanz für gegenwärtige Demokratien deutlich.[824] Damit lässt sich FuG als »Anwendungsfall der *Theorie des kommunikativen Handelns*«[825] und entsprechend als »soziologische Übersetzung« von Habermas Diskurstheorie der Demokratie lesen.[826] Entsprechendes gilt auch für das Kapitel in FuG, das für mediale Personalisierung deshalb besonders relevant scheint, weil es die »Rolle von Zivilgesellschaft und politischer Öffentlichkeit«[827] und damit auch die Rolle von Medienöffentlichkeit

822 Sarcinelli 1987, S. 179. Danach benennt Sarcinelli auch gleich die Gefahren.

823 Vgl. Reese-Schäfer 2001, S. 100, dort auch das Zitat.

824 Vgl. dazu zusammenfassend Reese-Schäfer 2001, S. 100.

825 Reese-Schäfer 2001, S. 92, kursiv im Original.

826 Habermas 1998, S. 432, 433, 448, 451, das Zitat ist auf S. 433. Das soziologisch zu Übersetzende taucht an verschiedenen Stellen auf und scheint immer dasselbe zu sein, obwohl es unterschiedlich benannt wird, nämlich als »diskurstheoretische[n] Lesart von Demokratie« (S. 432), als »Diskursbegriff[s] der Demokratie« (S. 433), als »Begriff[s] deliberativer Politik« (S. 448f.) und als »diskurstheoretische Lesart radikaler Demokratie« (S. 451).

827 Vgl. die entsprechende Kapitelüberschrift (Habermas 1998, S. 399). Auch dabei zeigt sich die Verbindung zu SdÖ im Begriff der Zivilgesellschaft. So sieht Haber-

thematisiert. Beantwortet wäre die Frage nach der »soziologischen Übersetzung« der Diskurstheorie der Demokratie hier, wenn Habermas plausibel machen kann, »daß die Zivilgesellschaft unter bestimmten Umständen in der Öffentlichkeit Einfluß gewinnen, über eigene öffentliche Meinungen auf den parlamentarischen Komplex (und die Gerichte) einwirken und das politische System zur Umstellung auf den offiziellen Machtkreislauf [gemeint ist der rechtsstaatlich eigentlich vorgesehene, FH] nötigen kann.«[828]

Genau diese Frage nach soziologischer Übersetzung versucht Habermas ausgehend von Bernhard Peters'[829] Modell der »Prozesse der Problemverarbeitung im politischen System«[830] zu beantworten. Ich werde im Folgenden von einer kurzen, sich auf Habermas' Ausführungen beziehenden Darlegung dieses Modells ausgehend die Habermassche Argumentation zu Öffentlichkeiten und Medienöffentlichkeit nachzeichnen, um nach deren normativer Relevanz für die Rekonstruktion von Personalisierungsdynamiken zu fragen.

(1) Peters stellt politische Problemverarbeitungsprozesse nach Habermas auf einer »Achse Zentrum-Peripherie« dar, wobei sich im Zentrum Einrichtungen finden, die verbindliche und sanktionierte Entscheidungen treffen (Regierung, Verwaltung, Gerichte), und in der Peripherie in verschiedenen Abstufungen Körperschaften öffentlichen Rechts bis hin zu Verbänden, Organisationen und Kirchen und damit die »›Abnehmer‹ und ›Zulieferer‹« verbindlicher Entscheidungen.[831] Grob entspricht diese Achse damit der Zweistufigkeit von Habermas' Gesellschaftstheorie, die zwischen System und Umwelt – der (peripheren) Lebenswelt – unterschied.[832]

Soll eine Entscheidung sanktioniert-verbindlich werden, muss sie nach dem Modell das Zentrum passieren.[833] Nach Peters ist Habermas zufolge außerdem der Kommunikationsfluss auf den Kanälen zwischen Peripherie und Zentrum durch ein Schleusensystem geregelt, das keineswegs nur vom Zentrum kontrolliert wird.[834] An dieses Peripherie-Zentrum-Modell knüpft Habermas nun seine soziologische Übersetzung an: »Wenn man sich dieser soziolo-

---

mas im Vorwort zur Neuauflage von SdÖ 1990 »die zentrale Fragestellung des Buches [...] heute unter dem Titel einer ›Wiederentdeckung der Zivilgesellschaft‹« wiederaufgenommen (Habermas 1990, S. 45). Zur Zivilgesellschaft bei Habermas vgl. auch Reese-Schäfer 2001, S. 99f., 111.

828 Habermas 1998, S. 451, vgl. dort auch für das vorher in diesem Satz Paraphrasierte.

829 Habermas und Peters kannten sich aus einer »Frankfurter rechtstheoretischen Arbeitsgemeinschaft« (Reese-Schäfer 2001, S. 92).

830 So Peters' Kapitelüberschrift (Peters 1993, S. 344).

831 Vgl. Habermas 1998, S. 430, dort auch die Zitate. Zu den Kirchen vgl. auch S. 431. Zur »Peripherie« bei Habermas vgl. auch Reese-Schäfer 2001, S. 114.

832 Zur Zuordnung von Öffentlichkeit und Lebenswelt bei Habermas vgl. Dubiel 2001, S. 119.

833 Vgl. Habermas 1998, S. 431.

834 Vgl. Habermas 1998, S. 431.

gischen Übersetzung der diskurstheoretischen Lesart von Demokratie bedient, müssen bindende Entscheidungen, um legitim zu sein, von Kommunikationsflüssen gesteuert sein, die von der Peripherie ausgehen und die Schleusen demokratischer und rechtsstaatlicher Verfahren am Eingang des parlamentarischen Komplexes oder der Gerichte [...] passieren.«[835] Während Habermas betont, dass die damit formulierte Bedingung »zu stark« für den Normalbetrieb »in westlichen Demokratien« ist,[836] steckt doch in dieser Bedingung schon die auch für Habermas entscheidende normative Frage an Institutionen von Öffentlichkeit – nämlich die, ob sie auch den Kommunikationsfluss von der Peripherie zum Zentrum ermöglichen. Nur wenn das gegeben ist, kann auch verhindert werden, dass die Entscheidungsfindung sich verselbständigt, nur von Strukturen abhängt und sich so von der »kommunikativen Macht« löst, die als Entscheidung rechtsstaatlich legitimieren könnte.[837] Weil besagte Bedingung den Normalbetrieb westlicher Demokratien nach Habermas – wie gesagt – eigentlich überfordert, führt er noch Peters' Gedanken von »etablierten Mustern« im Zentrum und seine Unterscheidung zweier Problemverarbeitungsmodi – Normalfall und Krisenfall – ein:[838] Entscheidend ist dann unter »normativen Gesichtspunkten [...], welche Machtkonstellationen diese Muster widerspiegeln – und nach welchem Modus sie sich *ändern* lassen.«[839] Die oben genannte Bedingung ist dann zumindest erfüllt, wenn Öffentlichkeit den außerordentlichen Modus provoziert, in dem tatsächlich die kommunikative Macht des Parlaments zum Zuge kommt und nicht in Alltagsroutinen, sozialer Macht von Großorganisationen oder zweckrationaler Verwaltung untergeht.[840]

(2) Im Horizont dieser Demokratietheorie kommt der *Öffentlichkeit* dann eine »Signalfunktion« zu. Sie ist »Warnsystem«, soll »Probleme [aber] nicht nur wahrnehmen und identifizieren, sondern auch überzeugend und *einflußreich* thematisieren, mit Beiträgen ausstatten und so dramatisieren, daß sie vom parlamentarischen Komplex übernommen und bearbeitet werden«.[841]

Als Träger einer derartigen Öffentlichkeit tritt nun nicht die »bürgerliche Gesellschaft«, sondern die für Habermas mittlerweile zentral gewordene »Zivilgesellschaft« auf, die sich vor allem dadurch auszeichnet, im »institutionellen Kern« aus »nicht-staatlichen und nicht-ökonomischen Zusammenschlüssen und Assoziationen auf freiwilliger Basis« zu bestehen.[842] Damit ist

835 Habermas 1998, S. 432, teilweise auch zitiert bei Klingen 2008, S. 231.

836 Vgl. Habermas 1998, S. 432, in ähnlichen Worten, dort auch die Zitate.

837 Vgl. Habermas 1998, S. 432, 434, das Zitat auf S. 432.

838 Vgl. Habermas 1998, S. 432f., dort auch das Zitat.

839 Habermas 1998, S. 432, kursiv im Original.

840 Vgl. Habermas 1998, S. 433.

841 Habermas 1998, S. 435, kursiv im Original. Für eine ähnliche Bestimmung der Rolle der Öffentlichkeit vgl. auch Habermas 2008, S. 136.

842 Vgl. Habermas 1998, S. 443, dort auch die Zitate (auch zitiert bei Klingen, siehe weiter unten). Dass Habermas die Zivilgesellschaft als Träger einer solchen Öffentlichkeit sieht, schließe ich daraus, dass er besagte Öffentlichkeit als »angewie-

außerdem ein gegenwärtiger und nicht nur ein historisch in Kritik seines eigenen Selbstverständnisses thematisierter Träger benannt. Träger sind konkret die Zusammenschlüsse der Zivilgesellschaft, die »die Resonanz, die die gesellschaftlichen Problemlagen in den privaten Lebensbereichen finden, aufnehmen, kondensieren und lautverstärkend an die politische Öffentlichkeit weiterleiten.«[843]

(3) Medienöffentlichkeit. Eine derartig zivilgesellschaftlich basierte Öffentlichkeit stellt Habermas dabei vorrangig als nicht institutionalisierte und »*spontane*« vor.[844] Medienöffentlichkeit hingegen ermöglicht keine Kommunikation im Publikum und führt zu einer Differenzierung der »*Rollen der Akteure*, die in den Arenen auftreten, von den Rollen der Zuschauer auf der Galerie«.[845] Auch schon von daher und nicht erst von der »Soziologie der Massen-Massenkommunikation«[846] her, ist es zu verstehen, dass Habermas sich der massenmedialen Öffentlichkeit mit (kritischen) Vorbehalten nähert. Hinzu kommt das von Habermas mehrfach angesprochene Problem, dass die Wirkung von Massenmedien auf politische Prozesse und auf die Freiheit des Pub-

---

sen auf eine soziale Verankerung in zivilgesellschaftlichen Assoziationen« sieht (Habermas 1998, S. 434, vgl. auch S. 435).
Henning Klingen weist darauf hin (dabei bezieht er sich auf Große Kracht 1997, S. 352–355), dass sich zwischen dem Vorwort von 1990 (Habermas 1990, S. 46) und FuG (Habermas 1998, S. 443) Habermas' Begriff der Zivilgesellschaft verengt habe und so »Kirchen, Gewerkschaften, Berufsverbände, politische Parteien u. ä.« nicht mehr umfasse (vgl. Klingen 2008, S. 226, dort auch das Zitat und der Verweis auf die beiden Habermas-Stellen). Dies folgert er daraus, dass Habermas in FuG die Zivilgesellschaft »aus jenen mehr oder weniger spontan entstandenen Vereinigungen, Organisationen und Bewegungen zusammen[gesetzt sieht], welche die Resonanz, die die gesellschaftlichen Problemlagen in den privaten Lebensbereichen finden, aufnehmen, kondensieren und lautverstärkend an die politische Öffentlichkeit weiterleiten.« (Habermas 1998, S. 443, gleiches Zitat bei Klingen auf S. 226) Dass dies die Kirchen ausschließt, wie Klingen meint, unterstellt einen Kirchenbegriff, der Kirchen auf das reduziert, was institutionell von ihnen da ist. Beispielsweise Huber aber nennt »vier Gestalten der Kirche«: Ortsgemeinde, Initiativgruppe, Regionalkirche und Föderation (vgl. Huber 1988, S. 46; den Hinweis auf diese Unterscheidung verdanke ich Gesprächen während eines Stellenbosch-Besuchs im Frühjahr 2012). Mindestens in ihrer Gestalt als Initiativgruppe ist Kirche vom zitierten Zivilgesellschaftsbegriff mit umfasst. Insofern Habermas Kirche als Teil der Zivilgesellschaft begreift, bleibt problematisch, wie »undifferenziert« Kirche hier »in eine Reihe gestellt« wird mit »Interessengruppen, Debattierclubs, Freizeitvereine[n], Sportvereine[n etc.]« – darauf hat Bedford-Strohm mit Welker zu Recht verwiesen (vgl. Welker 1995, S. 23, dort auch die Zitate, und Bedford-Strohm 1999, S. 428).

843 Habermas 1998, S. 443. Zur Lautverstärkung vgl. auch Klingen 2008, S. 227.

844 Vgl. Habermas 1998, S. 434, dort auch das Zitat, kursiv im Original.

845 Vgl. Habermas 1998, S. 452f., Zitat auf S. 453, kursiv im Original.

846 Habermas 1998, S. 451, 458.

likums weiterhin ungeklärt ist.[847] In dieser Situation behilft er sich damit, aus normativen Erwartungen in Medienrecht und journalistischem Berufskodex eine »regulative Idee« herauszudestillieren, die er in »Übereinstimmung mit dem Konzept deliberativer Politik« sieht.[848] Demokratietheoretisch kommt Massenmedien damit normativ folgende Aufgabe zu: Sie »sollen sich als Mandatar eines aufgeklärten Publikums verstehen, dessen Lernbereitschaft und Kritikfähigkeit sie zugleich voraussetzen, beanspruchen und stärken; [...] sie sollen sich unparteilich der Anliegen und Anregungen des Publikums annehmen und den politischen Prozeß im Lichte dieser Themen und Beiträge einem Legitimationszwang und verstärkter Kritik aussetzen.«[849] Positiv kann Massenmedien also die Funktion zukommen, Lautverstärker gesellschaftlicher Probleme und Publikumsanliegen zu werden und dann den Einfluss der Lebenswelt auf das politische System zu sichern.[850]

Im Blick auf die Medienöffentlichkeit der Kirche ist neben dieser normativen Erwartung an Massenmedien auch Habermas' Unterscheidung zweier Akteursgruppen interessant, nämlich die zwischen »nur lose organisierten, gleichsam ›aus‹ dem Publikum hervortretenden Aktoren« und »lediglich ›vor‹ dem Publikum auftretenden Aktoren«.[851] Während diese »*von Haus aus* über Organisationsmacht, Ressourcen und Drohpotentiale verfügen«[852], sich »professionelle[r] Öffentlichkeitsarbeit«[853] bedienen und eine »bereits konstituierte Öffentlichkeit nur benutzen«[854] – also erfolgsorientiert handeln –, sind jene an der »Reproduktion der Öffentlichkeitsstrukturen beteiligt«[855] und handeln m. E. primär verständigungsorientiert.

Damit scheinen Erstere nach Habermas unter normalen Bedingungen eine weit größere Chance auf Medienöffentlichkeit zu haben als Letztere,[856] obwohl gerade eine größere Rolle Letzterer vom Peripherie-Zentrums-Modell her wünschenswert wäre. Im Blick auf eine Öffentliche Theologie der Kirche ist diese Unterscheidung schon deshalb interessant, weil sich kirchliche Realitäten weder eindeutig dieser noch jener Akteursgruppe zuordnen lassen. Das Potential dieser Ambivalenz soll der theologische Teil heben (vgl. III.5.1).

Weiterhin ist noch festzuhalten, dass Habermas die Hoffnung, diskurstheoretisch verstandene Demokratie soziologisch übersetzen und damit den situativen Einfluss der Zivilgesellschaft auf das politische System aufzeigen

---

847 Vgl. Habermas 1998, S. 453, 456.
848 Vgl. Habermas 1998, S. 457, dort auch die Zitate.
849 Habermas 1998, S. 457.
850 Vgl. Habermas 1998, S. 459–462. Vgl. zu dieser Sicht von Habermas auch Klingen 2008, S. 90f.
851 Vgl. Habermas 1998, S. 453, dort beide Zitate.
852 Habermas 1998, S. 453, kursiv im Original.
853 Habermas 1998, S. 454.
854 Habermas 1998, S. 454.
855 Habermas 1998, S. 454.
856 Das ist den Beschreibungen m. E. implizit: Habermas 1998, S. 455.

zu können, vor allem auf Peters' zweiten Problemverarbeitungsmodus, den Konfliktfall, setzt. Während im Normalfall der »inoffizielle Machtkreislauf« vorherrscht, Macht also eher bei »Regierung und Verwaltung als beim parlamentarischen Komplex« liegt, Medien vorproduzierte Informationen von mächtigen Großakteuren aufnehmen und ihr diskursives Niveau niedrig ist, kann sich genau dies im Konfliktfall umkehren:[857] »Strukturen, auf die sich die Autorität eines stellungnehmenden Publikums eigentlich stützt, [beginnen] zu vibrieren.«[858] Die Kräfteverhältnisse und Fließrichtungen von Kommunikation ändern sich, zivilgesellschaftliche Initiativen können Erfolg haben,[859] »weil mit der endogenen Mobilisierung der Öffentlichkeit eine sonst latent bleibende Gesetzmäßigkeit in Kraft tritt, die in der Binnenstruktur jeder Öffentlichkeit angelegt ist und im normativen Selbstverständnis der Massenmedien auch präsent gehalten wird: daß die Spieler in der Arena ihren Einfluß der Zustimmung der Galerie verdanken.«[860] Einfach gesagt: Sobald ein »*Krisenbewußtsein* an der Peripherie«[861] entsteht, funktioniert die Demokratie mit ihrer Öffentlichkeit wie sie eigentlich sollte und wie es in ihrer Struktur (latent) angelegt ist.

(4) Was bedeutet dieser so nun demokratietheoretisch eingeordnete und soziologisch konkretisierte normative Öffentlichkeitsbegriff für Personalisierungen? Ähnlich wie schon in SdÖ zeigt sich erneut, dass Personalisierung dem Begriff nach als Problematisches vorkommt, auf der Argumentationslinie von Habermas der Sache nach aber auch als Positives vorkommen könnte. Dabei sind – wie bei SdÖ auch – m. E. jeweils unterschiedliche Formen von Personalisierung im Blick.

(4.1) Als problematisches Phänomen erscheint mediale Personalisierung bei Habermas in FuG in expliziter Kontinuität zur Kulturindustriethese, weil sie Politik dethematisiert. Habermas formuliert für die elektronischen Medien[862]: »Die Personalisierung von Sachfragen, die Vermischung von Information und Unterhaltung, eine episodische Aufbereitung und die Fragmentierung von Zusammenhängen schießen zu einem Syndrom zusammen, das die Entpolitisierung der öffentlichen Kommunikation fördert. Das ist der wahre Kern der Theorie der Kulturindustrie.«[863] Diese Aussage ist sinnvoll, wenn man sie auf Personalisierung in jeder Dimension jeweils in Substitutionsrelationen versteht. Versteht man Personalisierung, wie in dieser Arbeit geschehen, weiter und differenzierter in Repräsentations- und Substitutionsrelationen, ist Thematisierung von Personen ja keineswegs gleichbedeutend mit Dethematisie-

857 Vgl. Habermas 1998, S. 459, dort auch die Zitate.

858 Habermas 1998, S. 458.

859 Vgl. Habermas 1998, S. 458, 461.

860 Habermas 1998, S. 461f.

861 Habermas 1998, S. 461, kursiv im Original.

862 Vgl. Habermas 1998, S. 456, Anm. 65.

863 Habermas 1998, S. 456.

rung von Sachfragen. Problematisch an der Dethematisierung bei Personalisierung in Substitutionsrelation zu Sachfragen ist, dass sie die Teilhabe der Peripherie an Entscheidungen des Zentrums erschwert oder gar verunmöglicht.

(4.2) In nicht substituierenden Formen und damit als politikbezogene Personalisierung kann diese auch im Horizont eines soziologisch übersetzten normativen Öffentlichkeitsbegriffs vorkommen, insbesondere in zwei Relationen:

(4.2.1) Erstens erwähnt Habermas personalisierte Wahrnehmungen der Sache nach im Zuge der zivilgesellschaftlich-öffentlichen Wahrnehmung von Problemen: »Die Probleme, die in der politischen Öffentlichkeit zur Sprache kommen, werden als Reflex eines gesellschaftlichen Leidensdrucks zuerst in den Spiegelungen persönlicher Lebenserfahrungen sichtbar.«[864] In alltäglichen Personerzählungen werden also Leiden, Ungerechtigkeit oder neutrale gesellschaftliche Wandlungen als Erstes manifest. Ihren ersten (personalisierten) Ausdruck finden solche Probleme literarisch, was Habermas in expliziten Zusammenhang mit der »literarischen Öffentlichkeit« aus SdÖ bringt.[865]

(4.2.2) Zweitens liegt es in der Fluchtlinie von Habermas' Argumentation, dass in der medialen Darstellung gegenüber der Politik und der organisationalen oder individuellen gegenüber den Medien Personalisierung als Mittel der Lautverstärkung eine positive Rolle spielen könnte. Wenn Personalisierung tatsächlich die Veröffentlichungschancen – wie die Untersuchungen zu den Nachrichtenfaktoren nahelegen werden – und die Chancen auf rezipientenseitige Beitragserinnerung – wie Christiane Eilders' Untersuchung zeigen wird (siehe Kapitel IV.4.1.1) – verstärkt, dann kann Personalisierung lautverstärkend wirken und Beiträgen Aufmerksamkeit verschaffen.

4. Ergänzung: Personalisierung zwischen Mythos und Logos

Andreas Dörner und Ludgera Vogt haben die »symbolische Funktion« des Wahlkampfes ausgemacht und ihn als »rituelle Inszenierung des ›demokratischen Mythos‹« bezeichnet.[866] Bereits 1987 hat Ulrich Sarcinelli sein vielzitiertes Buch über die »Bedeutung symbolischen Handelns in der Wahlkampfkommunikation«[867] vorgelegt. Schon die hier zur Beschreibung medienöffentlicher Politik verwendeten und noch näher zu erkärenden Begriffe – Symbol, Ritual, Mythos – legen nahe, dass die mediale Konstruktion von politischer

864 Habermas 1998, S. 441f.
865 Vgl. Habermas 1998, S. 442f.
866 Vgl. Dörner und Vogt 2002, Zitate auf S. 17.
867 So im Untertitel von: Sarcinelli 1987.

Realität eine religiöse, etwa eine zivilreligiöse Dimension[868] hat. In der bisherigen Auseinandersetzung mit Habermas kam diese religiöse Dimension der Öffentlichkeit noch nicht vor. Einen differenzierten Umgang mit der theologisch erarbeiteten Religionskritik-Orientierung (O4) ist aber ohne ein differenzierteres Verständnis dieser religiösen Dimension kaum vorstellbar.

Diese hier mit religionsnahen Metaphern beschriebene Dimension ist gerade auch eine Dimension von Personalisierungen: So bezeichnete etwa schon Sarcinelli »Personalisierung als eine zentrale Dimension symbolischer Politik«.[869] Es liegt also nahe, nach der religionskulturtheoretischen Einordnung von medialen Personerzählungen zu fragen.

Von zahlreichen Ansatzpunkten aus ließe sich Personalisierung religionskulturtheoretisch gewinnbringend beschreiben, insbesondere von ritual- oder mythentheoretischen Arbeiten[870] ausgehend. Die Theorie könnte zum einen (1) auf die von Massenmedien bereitgestellten Texte, Bilder und Töne in ihrer Produktion und Rezeption fokussieren und diese als religiöse Texte, Bilder und Töne interpretieren; dabei käme insbesondere das Fernsehen als Mythenproduzent[871] in den Blick. Sie könnte zum anderen (2) stärker auf die Rezeptionsvollzüge fokussieren und diese als religiöse Vollzüge deuten. Dabei kommt auch in der Literatur wieder insbesondere das Fernsehen in den Blick, diesmal allerdings als Ritualproduzent und weniger als Mythenproduzent. Ich konzentriere mich hier auf den ersten Ansatzpunkt, wobei der zweite am Rande im Blick bleibt. Den Zusammenhang von modernen Massenmedien, insbesondere dem Fernsehen,[872] und dem Mythischen werde ich im Dialog vor allem mit dem britischen Medientheoretiker Roger Silverstone näher zu beschreiben versuchen, der im Begriff des Mythischen Mythen wie Rituale zusammenfasst und so die ersten beiden Ansatzpunkte verbindet.[873] Dies ge-

868 Für die »religiöse Dimension der politischen Kultur« vgl. Schieder 1987.

869 Sarcinelli 1987, S. 177.

870 Vgl. zu Ritual- und Mythentheorie (auch in dieser Paarung) Pirner 2001, insb. S. 120f. Zu funktionalen, strukturellen und inhaltlichen Ähnlichkeiten von Medien und Religion vgl. auch Pirner 2005, S. 40–46.

871 Vgl. zum Fernsehen als Mythenproduzenten schon Schmidt 1991, S. 115.

872 Silverstones gleich zu referierende Thesen zu diesem Zusammenhang gelten in erster Linie für das Fernsehen. An einigen Stellen lässt er aber vermuten, dass sich prinzipiell auch andere Massenmedien ähnlich verhalten könnten. So schreibt er etwa: »And it is the present argument that it is television, supremely among the mass media, which articulates the mythic in contemporary society.« (Silverstone 1981, S. 70)

873 In diesem Dialog mit Silverstone beziehe ich mich wie Günter Thomas in seiner »Bestandsaufnahme des Diskussionsstandes« (so der Titel des zweiten Teils von Thomas' Dissertation, vgl. Thomas 1998; die Arbeit von Silverstone fasst er auf den Seiten 225–232 zusammen; Thomas verdanke ich auch Hinweise auf zitierte Werke und zentrale Aussagen Silverstones; die folgende Silverstone-Interpretation ist von der vorangegangenen Thomas-Lektüre geprägt) zu religiösen Aspekten des Fernsehens vor allem auf Silverstones 1981 erschienene Studie »The Message of

schieht nicht wegen, sondern trotz der Nähe von dessen Frühwerk zum Strukturalismus.[874]

Folgendes soll die religionstheoretische Perspektive im Allgemeinen und die Auseinandersetzung mit Silverstone im Besonderen hier zutage fördern: Silverstone konzeptualisiert das Mythische als etwas, das Gesellschaften auch die Arbeit an dem erlaubt, was von Habermas herkommend »Lebenswelt« genannt werden kann. Für Habermas meint »Lebenswelt« die Basis und Ressource für Verständigung und kommunikatives Handeln (III.2.2, vgl. dort insbesondere die Fußnote 734 zum Lebenswelt-Gedanken) – und damit deren konstitutive Bedingung: »Die Strukturen der Lebenswelt legen die Formen der Intersubjektivität möglicher Verständigung fest. [...] Die Lebenswelt ist gleichsam der transzendentale Ort, an dem sich Sprecher und Hörer begegnen.«[875] Damit werden im Mythosbegriff hier die vertikale, nämlich auf konstitutive Bedingungen bezogene Dimension medialer Kommunikationen thematisierbar.

In der Ausarbeitung des Lebensweltkonzeptes benennt Habermas drei »*strukturelle*[n] *Komponenten der Lebenswelt*«:[876] *Kultur* als »Wissensvorrat, aus dem sich die Kommunikationsteilnehmer, indem sie sich über etwas in einer Welt verständigen, mit Interpretationen versorgen«, *Gesellschaft* als »die legitimen Ordnungen, über die Kommunikationsteilnehmer ihre Zugehörigkeit zu

---

Television. Myth and Narrative in Contemporary Culture« (Silverstone 1981), in der Silverstone seine Thesen zu besagtem Zusammenhang ausführlich erläutert. An manchen Stellen werde ich die Gedanken aus Aufsätzen und jüngeren Werken Silverstones ergänzen. Die Darstellung konzentriert sich dabei auf die im Blick auf das Thema medialer Personalisierung wichtigen Grundgedanken Silverstones, die auch im Rückgriff auf Johan Huizinga pointiert auf Personalisierung bezogen werden können. Zur Zusammenfassung von Mythos und Ritual im Mythischen bei Silverstone vgl. Thomas 1998, S. 225. Für eine kurze Würdigung von Silverstones Arbeit vgl. Scannell 2007.

874 So haben sich viele neuere Ansätze in der Erzähltheorie, von der hier die Formulierung der Personalisierungsdimension entliehen wurde, vom Strukturalismus gelöst (vgl. Nünning und Nünning 2002, S. 20). Nünning und Nünning haben die Hauptunterschiede zwischen strukturalistischer Erzähltheorie und postklassischen, neueren Ansätzen pointiert zusammengefasst (ebd., S. 24). Der Vergleich zeigt im hiesigen Kontext die Problematik des strukturalistischen Ansatzes. So erscheint insbesondere dessen »ahistorische, synchrone und universalistische Ausrichtung« (ebd., S. 25) für eine kontextbewusste Öffentliche Theologie hier fragwürdig. Für die Prägung von Silverstones Frühwerk durch den Strukturalismus und eine Interpretation, die unabhängig von diesem Strukturalismus von Silverstone profitiert, vgl. Scannell 2007.

875 Habermas 1995a, S. 192. Zur Lebenswelt bei Habermas vgl. auch Reese-Schäfer 2001, S. 60f.

876 Für dieses und die in der Aufzählung folgenden Zitate vgl. Habermas 1995a, S. 209, kursiv im Original.

sozialen Gruppen regeln und damit Solidarität sichern« und *Persönlichkeit* als die »Kompetenzen, die ein Subjekt sprach- und handlungsfähig machen«.

Silverstone hat die Funktion des Mythischen für die Reproduktion der ersten beiden Komponenten diskutiert: Danach arbeiten Mythen über die Vermittlung von Wissen und Nichtwissen am Alltagswissen und so an der kulturellen Reproduktion (4.3) und über die Arbeit an (sozialer) Ordnung an sozialer Integration (4.2). Anschließend kann gefragt werden, ob und inwiefern diese Arbeit an wesentlichen Komponenten der Gesellschaft rational stattfindet (4.4). Die Rolle von Personerzählungen für die Sozialisation – also die symbolische Reproduktion der Komponenten von Persönlichkeit – werde ich unabhängig von deren möglicher Verortung im Kontext des Mythischen besprechen, wenn es um die identitätsrelevanten parasozialen Bezugnahmen gehen wird (IV.4.). Mehr in Weiterführung von als in Auseinandersetzung mit Silverstone lassen sich abschließend Typen von Handlungseinheiten identifizieren (4.5). Bevor dies thematisiert werden kann, muss geklärt werden, wie Personerzählungen und das Mythische überhaupt zusammenhängen.

4.1 Mythische Personifizierung und massenmediale Personalisierung

Um über den Zusammenhang von Personalisierung, Massenmedien und Mythos aufzuklären, wird zuerst nach der Beziehung von Mythos und Personalisierung (1) und dann nach der von Massenmedien und Mythos (2) gefragt. Da die dritte Seite dieses Dreiecks ausführlich in den folgenden Kapiteln beschrieben wird, kann nur im Vorgriff darauf eine These über den Zusammenhang entwickelt werden (3).

(1) Zunächst kann Personifizierung – noch nicht Personalisierung (vgl. I.5.) – als für Mythen typischer Zug der Vorstellung von Realität verstanden werden. Als prominenter Gewährsmann für diese These lässt sich der auch von Silverstone zitierte[877] Johan Huizinga anführen. In seiner bereits 1938 veröffentlichten Studie über das Spiel schreibt dieser im Kapitel über poetische Formgebung: »Unkörperliches und Lebloses als Person darzustellen ist das Wesen aller Mythenbildung und fast aller Dichtung.«[878] Dabei ist nach Huizinga die Personifizierung zunächst nicht nur sekundäres Stilmittel der Darstellung, sondern eine »uralte[n] Funktion[en] religiöser Formgebung [...], in der Kräfte und Mächte, von denen der Mensch sich umringt fühlte, noch keine menschenförmige Gestalt angenommen hatten. Noch ehe der Geist Götter in Menschengestalt konzipiert, gibt er, unmittelbar aus der Ergriffenheit durch das Geheimnisvolle und Ungeheure, mit dem ihn Natur und Leben bedrohen, den Dingen, die ihn bedrücken oder erheben, unbestimmte Namen.«[879]

---

877 Vgl. Silverstone 1981, S. 77.

878 Huizinga 1938, S. 219. Vgl. zur Personifizierung als Thema Huizingas auch Thomas 1998, S. 582. Vgl. dort auch einen Teil des ersten der folgenden Huizinga-Zitate.

879 Huizinga 1938, S. 222f.

Huizinga sieht in dieser Personifizierung nun einen Ausdruck des spielenden Geistes, der – und damit behauptet auch er die gegenwärtige Relevanz des Mythischen – heute keineswegs verschwunden sei: »Personifikation ist eine Gewohnheit des Geistes, der wir in unserem täglichen Leben ganz und gar nicht entwachsen sind.«[880] Günter Thomas hat einen ähnlichen Zusammenhang beschrieben, wenn er schreibt: »Mythen sind nicht eine Form begrifflichen, sondern narrativen kollektiven Denkens. Mythisches Denken personalisiert, verarbeitet auch strukturelle, institutionelle und soziale Probleme in Gestalt von Personen und weist daher eine auffallende Nähe zu fernsehtypischen Problembearbeitungen auf.«[881]

Ganz ähnlich, aber weniger spielerisch, erscheint der Zusammenhang bei Maurice Godelier, der »mythische[s] Denken« als Denken versteht, »das die Realität in Analogie denkt«,[882] um dann zu beschreiben, wie dieses primitive Denken die Natur und ihre Kräfte in Analogie zu Mensch und Kultur vorstellt und so als von »Personen« durchwirkt und gewirkt behandelt:[883] Das unverständliche und potentiell bedrohliche »Walten« der Natur wird als Übermensch vorstellbar und damit adressierbar.[884] Deshalb »verlangt das mythische Denken [...] nach einer magischen Praxis als Mittel der Einflußnahme auf das Bewußtsein und den Willen dieser imaginären, den Lauf der Dinge regelnden Personen«.[885]

Von daher liegen die Gemeinsamkeiten von mythischer Personifizierung und gegenwärtiger, medialer Personalisierung nun auf der Hand: Während mythisches Denken undurchsichtige Naturmächte personifiziert als anthropomorphe Personen vorstellt, werden in gegenwärtigen Medienkommunikationen komplexe und schwer durchschaubare soziale Tatbestände anhand von realen menschlichen Personen personalisiert dargestellt. Dieser Zusammenhang beinhaltet schon die wesentlichen Differenzen: Mythische Personifizie-

880 Huizinga 1938, S. 226, zum »Spielen des Geistes« vgl. S. 224.

881 Thomas 1998, S. 610, ähnlich auch Thomas 1996, S. 127.

882 Vgl. Godelier 1973b, S. 297, dort auch beide Zitate. Das Buchkapitel, aus dem ich hier zitiere, ist auch mit einigen Änderungen als Aufsatz erschienen: Godelier 1973a. Den Hinweis auf Godeliers Arbeit zum Thema verdanke ich Habermas 1995b, S. 75–79. Vgl. dort auch inhaltlich zu Godelier. Wie Silverstone arbeitet auch Godelier in enger Auseinandersetzung mit Claude Lévi-Strauss.

883 Vgl.: »Die unmittelbare Wirkung der Operationen eines Denkens, das sich Natur in Analogie zur Kultur, zur menschlichen Gesellschaft vorstellt, besteht darin, die überlegenen und mysteriösen Kräfte der Natur als ›*Subjekte*‹ zu behandeln, diese Kräfte also in Wesen der Natur – in Tieren, Pflanzen und Sternen – zu ›*personifizieren*‹, die sich folgerichtig, wie die gesamte Natur, in über-menschliche sinnliche und zugleich über-sinnliche Wesen verdoppeln und zu den über-menschlichen Personen der Mythen werden, deren Handeln die gegenwärtige Ordnung der Dinge hervorgebracht hat.« (Godelier 1973b, S. 298, kursiv im Original)

884 Vgl. Godelier 1973b, S. 298f.

885 Godelier 1973b, S. 299.

rung stellt A-Personales als fiktive Person vor, Personalisierung anhand von Erzählungen von realen Personen. Erstere stellt Natur anhand von menschlichen Beziehungen vor, Letztere hebt hingegen den Unterschied der Bezüge zu sozialer und objektiver Welt nicht auf,[886] weil sie vor allem soziale Tatbestände durch (sozial agierende) Personen darstellt. Ähneln mythische und massenmediale Realitätskonstruktionen sich also offenbar in ihrer anthropomorphen Konzentration auf Personen, liegt die Frage nach dem umfassenderen Zusammenhang von Massenmedien und Mythischem nahe.

(2) Dass massenmediale Kommunikation als mythisches Phänomen thematisiert wird, ist nicht selten. Dies gilt auch für den nachrichtlichen Programmbereich: »Study of news as myth has a rich tradition«,[887] stellt Jack Lule fest. Exemplarisch greife ich für diese Thematisierung auf Roger Silverstone zurück. Nachteil dabei ist, dass dessen Frühwerk dem Strukturalismus nahe stand.[888] Demgegenüber überwiegt der Vorteil, dass Silverstone auch eine Fülle anderer Arbeiten gewinnbringend zusammenführt und den »commonsense« des alltäglichen Lebens ins Zentrum seiner Theorie rückt,[889] was ihn besonders für die hiesige Frage nach der Lebenswelt interessant macht. Von der wichtigen Funktion des Mythischen ausgehend fragt Silverstone nach dem Mythischen heute. Silverstone formuliert sieben Jahre nach seiner Studie über Fernsehen und das Mythische diese Aufgabe so:

> »The search for the mythic in contemporary society is grounded only in the plausible expectation that we too perforce must find ways of expressing basic concerns, core values, deep anxieties; and equally we must find ways of expressing publicly and collectively our attempts at resolving them.«[890]

Silverstones zentrale These ist, dass diese Suche zu Massenmedien insbesondere zum Fernsehen führt. Insbesondere im Kommunikationsprozess »Fernsehen« hat sich »in form and in function« vieles von dem erhalten, »that we have previously granted only to oral or preliterate societies«.[891] Fernsehen ist auf vielen gleich noch zu beschreibenden Ebenen dem Mythischen primitiver Kulturen vergleichbar. Damit haben sich im Fernsehen auch »the emotions and the power of the sacred« erhalten, selbst wenn die Inhalte der Sendungen religionslos seien.[892] In der audiovisuellen Massenkommunikation über das

---

886 Vgl. zu dieser Unterscheidung und ihrer mythischen Aufhebung Habermas 1995b, S. 79.

887 Lule 2008, S. 3255.

888 Vgl. Scannell 2007, S. 100f.

889 Vgl. Silverstone 1981, S. 4.

890 Silverstone 1988, S. 24. Für den Verweis auf diesen Text in anderem Zusammenhang vgl. Thomas 1998, S. 230, Anm. 199.

891 Vgl. Silverstone 1981, S. 196, dort auch die Zitate. Zum Zusammenhang von Fernsehen und dem, was Walter Ong »secondary orality« genannt hatte, vgl. Silverstone 1991b. Vgl. Auch Thomas 1998, S. 226.

892 Vgl. Silverstone 1981, S. 181, dort auch das Zitat.

Fernsehen begegnet – so lässt sich Silverstones zentrale These zusammenfassen – die moderne Variante des Mythischen.[893] Damit meint er betontermaßen nicht, dass Fernsehen »just myth, or only myth, or all myth« ist.[894] Das gilt nicht nur (aber auch), weil sich Fernsehsendungen als Quasi-Mythen und so das Fernsehen als Lieferant moderner Mythen verstehen lässt,[895] sondern vor allem, weil die Botschaft des Fernsehens als Ganzes als mythisch betrachtet werden kann, »irrespective of any specific item of content«.[896] Wie Silverstone diese These begründet, zeigen die folgenden Abschnitte im Einzelnen.

(3) Gelingt die Plausibilisierung der These, Fernsehen sei eine moderne Variante des Mythischen, wird sich mythisch-analoges Denken nicht als primitive Weise des Denkens und Kommunizierens in primitive, orale, vorschriftliche Kulturen epochal einordnen lassen, sondern wird als gegenwärtige Weise des Denkens neben anderen erscheinen. Mediale Personalisierung wäre dann entsprechend die moderne Variante der mythischen Personifikation: Wie mythische Geschichten mit Personifikationen erzählten, so arbeiten moderne Mediengeschichten – sei es im Nachrichten- oder im Unterhaltungsbereich – mit Personalisierungen. Personalisierung wäre demnach keineswegs ein neues Phänomen. Das ist in der Tat naheliegend, wenn es sich dabei um einen Grundzug mythischen Denkens handelt, der in alten Mythen und Ritualen wie späteren Medienkulturen präsent ist.

4.2 Gesellschaft: Funktion des Mythischen

Der Versuch, die These vom Zusammenhang von Mythos und Massenmedien zu plausibilisieren, konfrontiert zunächst mit der Schwierigkeit, dass der Begriff »Mythos« unscharf ist.[897] Silverstone geht es dabei eigentlich nicht nur um einzelne mythische Überlieferungen oder erzählte Mythen, sondern allgemeiner um das Mythische, das neben einzelnen Mythen auch Rituale und Volksmärchen umfasst.[898] Was Silverstone mit dem Oberbegriff »mythic« meint, lässt sich von seiner Definition ausgehend entfalten und auf »Lebenswelt« beziehen:

> »The mythic dimension of culture contains traditional stories and actions whose source is the persistent need to deny chaos and create order. It contributes to the security of social and cultural existence. The mythic is a world apart, but it is also

---

893 Vgl.: »I am arguing that television is the contemporary expression of myth.« (Silverstone 1988, S. 37)

894 Vgl. Silverstone 1988, S. 29, dort auch das Zitat.

895 Vgl. Silverstone 1987, S. 2f.

896 Vgl. Silverstone 1981, S. 50, dort auch das Zitat, dort auf Englisch in ähnlichen Worten.

897 Diese Schwierigkeit sieht auch Silverstone: »Myth, ritual, magic, folktales [...] have so far denied us their essence.« (Silverstone 1981, S. 49)

898 Vgl. Silverstone 1981, S. 69.

close at hand. It acts as a bridge between the everyday and the transcendent, the known and the unkown, the sacred and the profane.«[899]

Zunächst zeigt sich schon in dieser Definition eine grundlegende Zweideutigkeit in Silverstones Mythos-Begriff:[900] Dieser bezieht sich offenbar zum einen (4.2) auf kommunikative Vollzüge und deren Texte (»stories and actions«) und (4.3) zum anderen auf kommunikative Räume (»a world apart«). Ersteres thematisiert, was sich von Habermas her als soziale Integration (Gesellschaftskomponente der Lebenswelt) identifizieren lässt, Letzteres die kulturelle Reproduktion (Kulturkomponente der Lebenswelt).

Zunächst meint der Begriff des Mythischen also »stories and actions«, bezieht sich also auf kommunikative Vollzüge bzw. deren Texte. Mythen sind, wie Silverstone an anderer Stelle formuliert, »a form of speech, distinct in its character, marked by definable narratives, familiar, acceptable, reassuring to their host culture. Myth are stories.«[901] Auf dieser Ebene ist die Narrativität charakteristisch für die Elemente des Mythischen: Rituale und Mythenerzählungen beinhalten »the communication of an ordered and rule governed text«.[902] Es geht um Geschichten, die allen Menschen einer Kultur vertraut sind.[903] Dieser Gedanke Silverstones verweist schon auf die erste grundlegende Ähnlichkeit von mythischen und massenmedialen Texten: beide haben narrativen Charakter.[904]

Damit ist zwar schon angedeutet, dass Mythen eine Form des Kommunizierens in Geschichten bzw. Erzählungen meinen, aber noch nicht gesagt, was eine Geschichte zum Mythos macht. Zunächst gibt Silverstone auf diese Frage eine Antwort, die kaum befriedigen kann: »What makes a story a myth is the social recognition that it is such, and mythic narratives are essentially collective properties, both anonymous and secure«.[905] Damit ist erst einmal hauptsächlich das Problem der Erfassung des Mythischen nur von der Werk- in die Rezeptionsästhetik verlagert. Eine genauere als die oben zitierte Definition dessen, was einen Text zu Mythos macht, hat Silverstone in besagter Studie meines Wissens nicht formuliert. In der Auseinandersetzung mit Theorien von Mythen und Narrativen, die letztlich in die exemplarische Analyse der Fern-

---

899 Silverstone 1981, S. 70.

900 Silverstone schreibt auch explizit, dass er den Begriff »Mythos« in einem weiten und vieldeutigen Sinne (»broad and multivalent sense«) benutzt (vgl. Silverstone 1988, S. 23).

901 Silverstone 1988, S. 23.

902 Vgl. Silverstone 1981, S. 70, dort auch das Zitat.

903 Vgl. auch Silverstone 1987, S. 2.

904 Vgl.: »Myth is a concept used to explore the storytelling practices of journalists« (Lule 2008, S. 3254). Vgl. zu Narrativität von Nachrichten: I.5. Auch Silverstone thematisiert Fernsehen grundlegend von dessen narrativem Aspekt her (vgl. explizit Silverstone 1981, S. 8).

905 Silverstone 1981, S. 70.

sehserie »Intimate Strangers« mündet, zeichnen sich aber vor allem zwei Präzisierungen dessen ab, was das Mythische ausmacht, wobei die erste eine funktional-motivationale und die zweite eine strukturlogische ist.[906] Die zweite bleibt wegen ihrer hohen Komplexität bei geringem Ertrag für das Thema hier außen vor.

Die funktional-motivationale Beschreibung klingt bereits in der zitierten Definition mit an: Mythisch sind nach Silverstone die Texte, die motiviert sind durch die menschliche Angst vor dem Chaos und das menschliche Bedürfnis, die Welt als eine sinnvoll geordnete zu deuten.[907] Entsprechend kann es die Funktion von Mythen sein, gerade diese Bedürfnisse zu erfüllen und bestehende soziale Ordnungen und Sinnsysteme zu stabilisieren.[908] Insofern Silverstone Mythen aber auf dieses Problem bezieht, lassen sie sich weiterführend als eines neben anderen Medien der Arbeit an gesellschaftlicher Ordnung als strukturelle Komponente der Lebenswelt verstehen. Problematisch wäre dies, wenn das Mythische damit jede gegenwärtige Ordnung gegen Kritik und Veränderung wirksam abdichten würde.

Eine Stärke von Silverstones Arbeit ist, die Rolle des Mythischen gerade nicht entsprechend problematisch auf Stabilisierungsfunktion engzuführen: »Equally absurd, of course, is the totalitarian theory of falsehood, also functional, but premised on the assumption that the mythic not only holds back the natural threat but also the social threat to the existing social structure.«[909] Silverstone betont dagegen, dass Mythen sehr wohl auch eine transformierende Funktion haben können. Dabei bleibt das Mythische auch funktional bestimmt, aber diese Funktion muss sich keineswegs immer auf die herrschende Gesellschafts- und Herrschaftsordnung, sondern kann sich auch auf ein revo-

---

906 Zur Unterscheidung von Mythen »in form« und »in function« vgl. auch Silverstone 1984, S. 98, dort auch die Zitate. Die Formulierung, dass sich diese Präzisierungen nur abzeichnen, soll verdeutlichen, dass hier eben keine das Wesen des Mythischen begrifflich fassende Definition vorliegt. Vgl. zur »Kombination der formalen und inhaltlichen Dimension des Fernsehens« bei Silverstone: Thomas 1998, S. 258.

907 Vgl. Silverstone 1981, S. 72, 75. In Silverstones Worten: »The mythic grows out of man's fear of chaos. [...] [I]t grows out of a desire to make enough sense of the world in order to stem the panic engendered by the unkown.« (Silverstone 1981, S. 72)

908 Vgl. Silverstone 1981, S. 74f. »Prompted, as I have argued by a desire for order and control, it attempts, in thought and deed, to generate just that. But it may be, and increasingly is, only one solution to that need and to the problems associated with it.« (ebd., S. 75) Vgl. auch: »Myths and folktales are traditional stories, distinct in form and distinct in function. Functionally they are stories that articulate a group's anxieties about the world and seek to resolve them.« (Silverstone 1984, S. 98)

909 Silverstone 1981, S. 74. Dafür, dass die Vollzüge im Mythischen »nicht nur als Ordnungsbeschaffung, sondern auch als Ordnungsauflösung« gesehen werden können: Thomas 1998, S. 230.

lutionäres Selbstverständnis – und damit sozusagen auf eine neue erhoffte Gesellschaftsordnung – beziehen:

> »Indeed mythic forms can be used precisely and paradoxically to aid this transformation as James L. Peacock (1968) has pointed out in his discussion of the Ludruk, the classic drama of Indonesia, which was adapted to meet the revolutionary needs of President Sukarno: the new message of social change was presented within the familiar form of the traditional play.«[910]

Mythen können also auch im Dienst sozialer Veränderungen und der Transformation von stabilisierenden Traditionen stehen. »Whether this is functional or not will depend on how one values those changes [...]«.[911] Damit bedarf die funktionale Bestimmung des Mythischen, um konkret theologisch-ethisch kritisch interpretierbar zu sein, der Präzisierung durch eine Zweckangabe und damit einer inhaltlichen Füllung: Funktionieren woraufhin? Abhängig davon können dann im Horizont einer ethischen oder theologischen Reflexion Stabilisierung oder Transformation als legitim erscheinen – etwa, wenn sich auch vermittels des Mythischen eine dem Fremden gegenüber sensible, Menschenrechte achtende und emanzipierende Ordnung in die Lebenswelt einschreibt.

Diese gegenüber einer rein auf Stabilität ausgerichteten funktionalen Bestimmung des Mythischen erweiterte Beschreibung, die auch die Möglichkeit eines transformierend funktionierenden Mythos kennt, ist zwar weniger eindeutig, aber als kultursoziologische Beschreibung von christlicher Religionskultur für eine theologische Selbstbeschreibung dieser Kultur eher anschlussfähig, weil sie – in Martin E. Martys[912] vereinfachender Unterscheidung ausgedrückt – nicht nur die priesterlich-affirmative, sondern auch die prophetisch-kritisierende Dimension der Narrative im christlichen Traditionsbestand erfasst und so die Gefahr funktionaler Religionsbegriffe, eben diese Dimension auszublenden, vermeidet. So könnte mit Silverstones funktionaler Beschreibung des Mythischen auch etwa die Rolle beschrieben werden, die das Exodus-Motiv – und damit in kulturgeschichtlicher Perspektive eine mythische Geschichte – in der Theologie der Befreiung gespielt hat.

Damit lässt sich nun auch präziser formulieren, dass sich die Religionskritik-Orientierung (O4) nicht per se gegen jede religiöse Dimension von Öffentlichkeit richtet, sondern erst dann greift, wenn öffentliche Mythen einen von den anderen Orientierungen her problematischen Status quo stabilisieren oder zu diesem hin transformieren.

---

910 Silverstone 1981, S. 74. Problematisch bleibt allerdings, dass Silverstone an anderer Stelle in einen rein auf das Stabilisierende zielenden Funktionsbegriff zurückzufallen scheint. So: Silverstone 1981, S. 15, 70.

911 Silverstone 1981, S. 75.

912 Vgl. Marty 1974, S. 145.

Fernsehen kann basierend auf dieser Funktionsbestimmung nach Silverstone in seiner Ähnlichkeit zum Mythischen gesehen werden:[913] Damit, dass mittels Fernsehen die Grenzen des Alltags bearbeitet, verschoben oder bestätigt werden,[914] erfüllt es die gleiche stabilisierende, ordnende und Gesellschaftsordnungen gegen das Chaos schützende Funktion wie Mythen.[915] Wichtig und interessant ist, dass Silverstone im Anschluss an seinen erweiterten Funktionsbegriff die den Status quo stabilisierende Funktion des Fernsehens genauso relativiert wie die des Mythos. Funktionalität des Mythischen kann sich nicht nur auf die Stabilitätssicherung, sondern auch auf die Transformation von Ordnungen beziehen.[916] Damit kann diese Theorie auch die prophetisch-kritische Funktion des Fernsehens wie des Mythischen erfassen.

Mythische Erzählungen lassen sich von daher als Erzählungen verstehen, die stabilisierend oder transformierend auch an der Integration der Gesellschaft und deren Ordnung arbeiten – und damit an der Gesellschafts-Komponente der Lebenswelt als transzendentaler Bedingung für verständigungsorientierte Kommunikation. Von der hier vorgelegten Habermas-Interpretation kommend erscheint dabei als normativ entscheidend, ob diese mythische Reproduktion zweitinstanzlicher Thematisierung und Kritik gegenüber offenbleibt, also in ihrer stabilisierenden und transformierenden Funktion reflektiert und kritisiert werden kann, oder sich demgegenüber abzudichten versucht.

4.3 Kultur: Alltagswissen und Mythos

Zum anderen bezieht sich der Begriff »mythisch« auf »a world apart« und damit auf einen (kognitiven und emotionalen) Raum.[917] Das Mythische markiert einen Grenzbereich und benennt insofern vermittelnde Phänomene. Das wird schon im letzten Satz der oben zitierten Definition deutlich: »It acts as a bridge between the everyday and the transcendent, the known and the unknown, the sacred and the profane.«[918] Da unter dem Oberbegriff des Mythischen auch Rituale fallen, liegt es nahe, dass Silverstone auf Victor Turners Begrifflichkeiten zurückgreift, um dies zu beschreiben: »The mythic is the

---

913 Vgl. Silverstone 1981, S. 11.

914 Vgl. dazu und insb. zum Verständnis der Grenze vom Common Sense bei Silverstone: Thomas 1998, S. 227, 231f.

915 Zur alltagsstabilisierenden und -strukturierenden Funktion des Fernsehens nach Silverstone vgl. auch Silverstone 1991b, 1993, S. 590–594.

916 So kann er zusammenfassen: »The relationship between television and society, just as the relationship between myth and society, is not simply functional, if by that we mean essentially and necessarily preservative of existing institutions.« (Silverstone 1981, S. 75)

917 Vgl. Silverstone 1988, S. 23. Zu der im Folgenden beschriebenen Raumgliederung vgl. auch die deutsche Zusammenfassung bei Thomas 1998, S. 226f.

918 Silverstone 1981, S. 70. Zur trennenden, grenzziehenden und vermittelnden Funktion des Fernsehens bei Silverstone vgl. auch Thomas 1998, S. 231.

domain of the liminal.«[919] Im Anschluss daran wird auch die Brücken- bzw. Vermittlungsrolle des Mythischen deutlich: »Mediation is the dynamic within the mythic. While avoiding the simply cognitive dimension of myth, Turner emphasises the power of the liminal: recovering the irrecoverable, illuminating the invisible, allowing the forbidden; those who are involved are suffused by this power and they are rich in it.«[920]

Die Grenzen zwischen Chaos und Ordnungen, die zeitlichen Grenzen zwischen Vergangenheit, Gegenwart und Zukunft, zwischen Vernunft und Emotion[921] sind nicht die einzigen, die nach Silverstone durch den Raum des Mythischen laufen. Die für den Fortgang von Silverstones Argumentation wichtigsten Grenzräume, die das Mythische benennt, tun sich vor allem in der Differenzierung von drei Wissens- bzw. Erfahrungstypen – eigentlich von drei Welten – auf.[922]

Zunächst nennt er (1) das Common-Sense-Wissen: »›Common-sense knowledge is the knowledge I share with others in the normal, self-evident matrices of everyday life.‹«[923] Common-Sense-Wissen ist danach den Menschen einer Kultur selbstverständlich und kann dabei bewusst oder unbewusst gewusst werden.[924] Es wird intersubjektiv geteilt und zunächst nicht problematisiert.[925] Es wurzelt im Alltag und beinhaltet das, was sich durch alltägliche Erfahrungen an Wissen über unsere Welt ansammelt.[926] Es ist dasjenige Wissen, das sich auf jenen Teil der Welt bezieht, den Menschen alltäglich erfahren und in dem sie alltäglich handeln und sich verhalten. Schon das Moment des (auch noch nicht gewussten) Selbstverständlichen, Unproblematischen lässt hier an das von Habermas »Lebenswelt« Genannte denken.[927] Ich gehe deshalb davon aus, dass das von Silverstone mit Common Sense gemeinte kulturelle Wissen eine Schnittmenge mit dem »Wissensvorrat« hat, den Habermas als Kultur als eine Komponente der Lebenswelt identifiziert – wenn auch beide nicht komplett zusammenfallen.[928] Beide beziehen sich auf alltägliches, geteiltes, »kulturell überlieferte[s] Hintergrundwissen«.[929]

---

919 Silverstone 1981, S. 78. Dabei ist hier mit Günter Thomas zu betonen, dass Silverstone im Gegensatz zum Begriff des Liminalen den Begriff des Liminoiden von Turner nicht übernimmt (vgl. Thomas 1998, S. 230, Anm. 199).

920 Silverstone 1981, S. 78.

921 Vgl. in ähnlichen englischen Worten Silverstone 1981, S. 78.

922 Vgl. Silverstone 1981, S. 81. Diese drei Welten sind nicht mit den Habermasschen identisch.

923 Zitat von Berger und Luckmann in: Silverstone 1981, S. 79.

924 Vgl. Silverstone 1981, S. 81.

925 Vgl. Silverstone 1981, S. 79.

926 Vgl. Silverstone 1981, S. 79.

927 Vgl. Habermas 1995a, S. 189.

928 Vgl. Habermas 1995a, S. 209. Dafür spricht neben dem Genannten auch, dass beide sich auf die gleichen Autoren beziehen und dabei die gleichen Aspekte hervorheben: Silverstone bezieht seine Bestimmung des Common Sense von Peter

An das Alltagswissen grenzen – so Silverstone – sich leicht überschneidend zwei Bereiche, die nicht Teil des Alltagswissens und Menschen also nicht alltäglich vertraut sind.[930] Auf der einen Seite – nach unten hin sozusagen – ist dies das Nichtwissen, das nicht Kontrollier-, nicht Vorhersag- und nicht Wissbare.[931] Etwas ausführlicher beschreibt Silverstone diesen Erfahrungsbereich so:

> »The nonsensical consists in what is rejected by a culture, the mythical of earlier societies, but also the mythical, the alien or the phoney, of other, contemporary societies, as well as the distortions, unacceptabilities and objects of fear that always bubble up beneath the crust of the safe and the acceptable.«[932]

Gleichzeitig ist dieser Bereich mit dem Affektiven und Emotionalen assoziiert: »the mythic boundary between non-knowledge (the world of nature) and common sense is essentially an affective one«.[933]

Der dritte Wissensbereich ist bei Silverstone deutlich konturierter: Sozusagen nach oben grenzt das Alltagswissen an den Bereich des »spezialisierte[n] Wissens«.[934] »The specialised consists in the particular forms of art, science and politics which we might call professional.«[935] Dieser Wissensbereich zeichnet sich nach Silverstone zum einen durch einen hohen Komplexitätsgrad aus.[936] Zum anderen ist er insofern esoterisch, als er nur von bestimmten exklusiven Gruppen gewusst wird,[937] von Experten und Spezialisten. Diesen Bereich assoziiert Silverstone mit dem Kognitiven. Für den Grenzbereich gilt: »reason is the transformer, the appeal is to intellect«.[938]

Genau diese Überschneidungsräume von Alltagswissen und Nichtwissen einerseits und Alltagswissen und Spezialistenwissen andererseits identifiziert Silverstone nun als Räume des Mythischen.[939] »The mythic bridges, mediates

---

Berger, Thomas Luckmann und Alfred Schutz, während Habermas in Auseinandersetzung mit den beiden Letztgenannten die Kultur-Komponente von Lebenswelt entfaltet (ebd., S. 198–203).

929 Vgl. Habermas 1995a, S. 204, dort auch Zitat. Vgl. Silverstone 1981, S. 79, dort vor allem: »Common sense is sedimentary; it contains within it the accumulated experiences of man faces with similar problems at different times.« Zur Lebenswelt als Hintergrundwissen bei Habermas vgl. Habermas 1995a, S. 188f., 192; Reese-Schäfer 2001, S. 60. Zu den Komponenten der Lebenswelt vgl. Habermas 1995a, S. 209.

930 Vgl. Silverstone 1981, S. 81.

931 Vgl. Silverstone 1981, S. 81, teilweise in ähnlichen Worten auf Englisch.

932 Silverstone 1981, S. 3.

933 Silverstone 1981, S. 82, vgl. dort auch für den vorangegangenen Satz.

934 Thomas 1998, S. 226.

935 Silverstone 1981, S. 3.

936 Vgl. Silverstone 1981, S. 3.

937 Vgl. Silverstone 1981, S. 3.

938 Silverstone 1981, S. 82, vgl. dort auch für den vorangegangenen Satz.

939 Vgl. Silverstone 1981, S. 82.

and translates the unknown [also das Spezialistenwissen, FH] and the unknowable [also das Nichtwissbare, FH] into terms which are accessible and forms which are familiar.«[940] Insofern dieser mythische Raum eine Brücke meint, können Geschichten und Aktionen, die sich diesem Raum zuordnen lassen, die oben beschriebene stabilisierende oder transformierende Funktion erfüllen: Sie stabilisieren, insoweit sie die Grenze zwischen Alltagswelt und den die Alltagswelt überschreitenden Welten bestätigen, und sie transformieren, indem sie diese Grenze durch ihre Vermittlungsleistung verschieben. Es geht in ihnen um eine »Definition und Neudefinition der Grenzen zum Common sense«,[941] wie Thomas zusammenfasst.

Wie lassen sich dieses Vermitteln und damit auch die einzelnen Bereiche konkreter vorstellen? Nach meinem Verständnis von Silverstone lässt sich diese Frage mit folgenden Beispielen beantworten: (1) Das Ritual der Beerdigung mit den darin kommunizierten mythischen Texten könnte demnach aus religionskulturtheoretischer Perspektive auch als mythische Bearbeitung der Grenze von Alltagswissen und Nichtwissen gesehen werden. Das Angstmachende, Verunsichernde und die Alltagsnormalität Bedrohende – nämlich der Tod – wird mythisch thematisiert und im Modus symbolischer Kommunikation geklärt, was in (unbewußtes) alltägliches Hintergrundwissen integriert und was aus diesem Bereich ausgegrenzt bleiben soll: Die mythisch vermittelte Einstellung zum Tod wird zur (unbewussten) Grundlage alltäglichen Handelns.

(2) Wie ein Atomkraftwerk funktioniert oder die Kommunikationsprozesse im Bundestag ablaufen, liegt im Bereich des Spezialistenwissens. Es gibt aber Mythen, die zwischen dem Bereich des Spezialwissens und des Alltagswissens vermitteln: die Reportage, die die Arbeit des Abgeordneten begleitet, oder die Dokumentation, die die Technik eines Atomkraftwerkes erklärt. Insoweit dies geschieht, gibt es eben auch hier einen Überschneidungsbereich von Spezialwissen und Alltagswissen, der dasjenige umfasst, was auch Nichtspezialisten über Spezialgebiete wissen, ohne selbst Alltagserfahrungen in diesen Gebieten zu machen. Damit wird ein (unbewusstes) Hintergrundwissen angelegt, das in neuen Situationen – etwa einem Bundestagsbesuch – kommunikationsermöglichend abgerufen werden kann.

Weil die beschriebenen und veranschaulichten mythischen Räume an den Grenzen der Alltagserfahrung liegen und zwischen Räumen vermitteln, ist es auch naheliegend, dass sie einen Doppelcharakter haben. Sie sind ein »marked element in culture«, wie Silverstone schreibt: »By that I mean that the mythic is a form of expression which is both different from and at the same time similar to, as well as distant from and close to, the world of every-

940 Silverstone 1981, S. 83.
941 Thomas 1998, S. 227.

day experience.«[942] Das Unbekannte und Unvertraute wird in Erzählungen mit den Mitteln des Vertrauten und Bekannten thematisiert.

Silverstone hat das Mythische nicht ausschließlich als individuelles Phänomen, sondern auch und gerade als gesellschaftlich-kulturelles im Blick. Mythisch bearbeitet nach Silverstone erst einmal nicht der Einzelne die Probleme individueller Existenz, sondern eine Kultur die zu ihr gehörenden Grenzen und Ambivalenzen. Das wird exemplarisch besonders deutlich, wenn er schreibt:

> »We may not, as individuals, be particularly anxious about problems of science or aesthetics on the one hand, or life, death and identity on the other, but our culture, like any other, is.«[943]

Insgesamt erscheint bei Silverstone auch von dieser räumlichen Bestimmung her Fernsehen als mythisches Phänomen. Es arbeitet im selben Bereich wie das Mythische, nämlich in den Übergängen des alltäglich Gewussten zum Nichtwissbaren und zum Spezialistenwissen.[944] Anschaulich formuliert Silverstone im Anschluss an Turner und Eliade: »the mythic is the site where chaos and order, past, future and present, reason and emotion meet, if only momentarily. It is the nature of this meeting, one which unites television with the mythic [...] which I want to consider in the next and final section of this chapter«.[945] Wie Mythen ist das Fernsehen doppelseitig.[946] Es ist der Alltagserfahrung nah und ähnlich: Der Fernseher steht in vertrauter Umgebung, zeigt vertraute Gesichter; Gleichzeitig ist Fernsehen alltagsfremd und -fern, insofern es Bilder fremder und unbekannter Welten zeigt.[947] »The shift into the ›as-if‹ [...] world of television both in its factual and fictional programming is both a part of, and not a part of, the everyday (see Turner (1969), on the betwixt and between-ness of the liminal as a characterisation of the ritual)«.[948] In späteren Arbeiten hat Silverstone vor allem die Rolle des Fernsehens »in unserem sozialen und kulturellen Leben«, insbesondere die je individuell verschiedenen Alltagsleben und Haushalte untersucht.[949]

---

942 Silverstone 1981, S. 75f., dort auch das vorangegangene Zitat.

943 Silverstone 1981, S. 84.

944 Vgl.: »Television like myth occupies the middle ground and in so doing defines in its particular way the basic categories and content of the culture of the everyday world.« (Silverstone 1981, S. 4) Vgl. auch ebd., S. 12.

945 Silverstone 1981, S. 78f.

946 Zur Doppelseitigkeit der Mythen siehe Silverstone 1981, S. 76.

947 Vgl. Silverstone 1981, S. 12; Thomas 1998, S. 227.

948 Silverstone 1994, S. 20f. Zu Silverstones Turner-Rezeption, insb. seiner Nichtverwendung des Begriffs vom »Liminoiden« vgl. Thomas 1998, S. 230, Anm. 199; vgl. Thomas' Silverstone-Kapitel auch insgesamt zu einer entsprechenden Verortung des Fernsehens.

949 Vgl. Silverstone 1991a, 1994, 2007, S. 15, dort auch das Zitat.

Zusammengefasst gesagt: Im Mythischen – mittels Mythen, Märchen und Ritualen – und im Fernsehen werden die Grenzen alltäglich selbstverständlichen (bewussten und unbewussten) Hintergrundwissens bestätigt, verfestigt und/oder erweitert. Auf diesem Wege arbeitet eine Gesellschaft – in Habermas' Begriffen formuliert – an der symbolischen Reproduktion der kulturellen Komponente der Lebenswelt und so an den Voraussetzungen von Verständigung. Dies geschieht nicht begrifflich zugreifend, sondern mythisch, narrativ und in Analogien.

Von Habermas herkommend wird das zunächst problematisch erscheinen, weil eine mythisch vermittelte Reproduktion der kulturellen Komponente der Lebenswelt deren Rationalisierung entgegenzustehen scheint. Wie problematisch es tatsächlich ist, hängt von zwei Faktoren ab:

(1) Analog zu Habermas' Thematisierung von massenmedial kommunizierten Geltungsansprüchen lässt sich nach der Möglichkeit zweitinstanzlicher Kritik des erstinstanzlich von Verständigung Entlastenden fragen. Im Verhältnis von Alltagswissen zu Expertenwissen kann mythische Vermittlung in ihrer Entlastungsfunktion betrachtet werden, ohne gegenüber zweitinstanzlicher Kritik zu verschließen: Die Verständigung etwa über die friedliche Nutzung von Atomkraft wird in gesellschaftlichen Diskursen das entsprechende Expertenwissen nur insofern nutzen können, als es sich auch mythisch-massenmedial dem Alltagswissen als lebensweltlicher Verständigungsressource vermittelt hat. Dies kann nun als unproblematisch erscheinen, wenn das Expertenwissen zweitinstanzlich – also etwa im Konfliktfall und nun genügend Zeit der Einarbeitung voraussetzend – kritisiert werden kann.

Im Verhältnis von Alltagswissen zum Nichtwissbaren wird mythisch vermittelt bearbeitet, was sich Verständigungsprozessen und Rationalisierungen bleibend entzieht. Hier kann zweitinstanzliche Kritik sich nur auf Wirkungen des Mythischen beziehen: Verschiedene Gottesbilder etwa können kaum über gegenseitig kritisierbare Geltungsansprüche integriert werden; deren politische Konsequenzen können aber sehr wohl kritisiert werden.

(2) Zum zweiten hängt die Problemhaftigkeit von der Beantwortung der Frage ab, ob dieses mythische »Nachdenken« einer Kultur über ihr Alltagswissen irrational, alogisch und willkürlich zwingend geschieht, oder ob es nur anders rational und logisch als begrifflich zugreifendes Denken ist[950] und folglich analog zum »zwanglose[n] Zwang des besseren Arguments«[951] motiviert. Inwiefern also kann bei der mythischen Bearbeitung von Ordnung und Wissen überhaupt von »Denken« die Rede sein?

---

950 Zur Gegenüberstellung von »begriffliche[m] und narrative[m] Denken« vgl. Thomas 1998, S. 610. Zur Möglichkeit von »non-discursive yet nonetheless rational forms of public theologies« vgl. Thomas 2013, S. 320, dort auch das Zitat. Zum Verhältnis von »Mythos« und »Logos« vgl. Keller 2008, S. 226.

951 Habermas 1995c, S. 119.

4.4 Mythisches Denken

Interessant an den strukturalistischen (und neostrukturalistischen) Denkern wie Maurice Godelier, Julian Greimas und Roger Silverstone ist, dass sich mit ihnen das Mythische als eigene Weise des Denkens mit einer entsprechenden Logik verstehen lässt. Darin kann ein Wahrheitskern gesehen werden, ohne deren strukturalistischen Abzweigungen im Einzelnen folgen zu müssen. So hat der bereits zitierte Godelier mythisches Denken näher als ein Denken in Analogien qualifiziert: »Die Analogie ist zugleich eine bestimmte Art zu sprechen und zu denken, eine Logik die sich in den Formen der Metapher und der Metonymie ausdrückt.«[952] Eine ähnliche Vorstellung vom mythischen Denken als Denken in konkreten Analogien hat Silverstone von Greimas referiert: »Central to Greimas's understanding of narrative is what he terms its anthropomorphic nature. By this he means that the narrative consists in a logic which is a translation of the abstract categories of contrariety, correlation and contradiction into the dynamic and concrete categories of actor and action.«[953] Versteht man mythisches Denken dergestalt als Denken in Analogien und konkreten Handlungen von handelnden Figuren, lässt sich Silverstones von dessen Lévi-Strauss-Rezeption herkommende Medieninterpretation als Versuch lesen, in einer konkreten Fernseherzählung die Logik des mythischen Denkens aufzufinden, die sich damit eben nicht nur vorschriftlichen Kulturen manifestiert, sondern auch in der gegenwärtigen Medienkultur.[954]

In diesem Zusammenhang übernimmt Silverstone von Lévi-Strauss vor allem folgende zwei Gedanken:[955] Silverstone sieht das Mythische auch als ein rationales und als zu gegenwärtigen Gesellschaften gehörendes grundlegend elementares Phänomen. Das Mythische ist erstens (1) »a basic element of

---

952 Godelier 1973b, S. 297, vgl. dort auch für den vorangegangenen Satz.

953 Silverstone 1981, S. 92.

954 So schreibt Silverstone: »In advocating a *pensée bourgeoise*, [Marshall Sahlins] suggested that the way it was expressed was no less in terms of a logic of felt and lived categories as was any in primitive society. For him the significance of such an observation and indeed such a demonstration in the case of food and fashion, was to establish both a common logic and a distinct content within contemporary culture. This indeed, is also my intention, and the narrative of *Intimate Strangers* supports it. It is a visible logic of place, sex and work through which the dilemmas of the strange, the contradictory and the appropriate are worked through, although in *Intimate Strangers* one set of cultural categories seems dominant – that between the country and the city [...]. The characters which play within these categories are, of course, perfectly contemporary, their actions limited by what in the real world they would be. But in the compression of the play, that world becomes mythic; its concreteness suffused and defined by its eternal logic.« (Silverstone 1981, S. 186) Vgl. auch ebd., S. 196.

955 Vgl. Silverstone selbst dazu: Silverstone 1988, S. 28f. Dort ist allerdings von »three things« die Rede. Vgl. dort auch für das Folgende.

culture«.[956] In Mythen drückt sich nicht (nur) eine vergangene und mit Rationalisierungsprozessen überwundene Art zu denken aus, sondern eine elementare, grundsätzliche Logik, die auch heute noch Teil kultureller Prozesse ist.[957] Zweitens (2) hält er Lévi-Strauss' Arbeit für wichtig »for suggesting that myths, despite their manifest implausibilities, are coherent and logical and represent, above all, a culture thinking about itself.«[958] Seine entsprechende Lévi-Strauss-Interpretation fasst Silverstone folgendermaßen zusammen:

> »The other, the ›primitive,‹ is rational. The collective products of that rationality in their purest form are the myths that display in the juxtaposition of their elements a logic, a basic, even a biologically defined, logic. This logic is a concrete logic; its terms are taken from the material world, the lived experience of the teller. This logic is a systemic logic, descernible in the body of myths in their own juxtaposition and in their transformational relationship to each other. It is this systemic logic that gives the unique text its meaning.«[959]

Das Mythische meint damit eine zunächst oralen, vorschriftlichen Kulturen[960] eigene rationale Art der Kommunikation über die grundlegenden Fragen und

956 Silverstone 1988, S. 29. Dabei ist wichtig: »Lévi-Strauss is not really concerned with the texts of specific myths but with the system within which these are to be found. The texts which he takes as the objects for analysis are only the means to an end – the identification of the basic thought processes of the primitive, as they are manifested in the mythic narratives.« (Silverstone 1981, S. 98) Zu diesem Gedanken bei Lévi-Strauss in kurzer Zusammenfassung vgl. Leach 2006, insb. S. 62. Vgl. dort auch für das Folgende. Die Arbeit von Leach wurde hier auch als Hilfe benutzt, um Silverstone besser zu verstehen.

957 Vgl. dazu auch Silverstone 1981, S. 60. Das mythische System präsentiert »essentially a synchronic, a static structure of meaning.« (ebd., S. 59)

958 Silverstone 1988, S. 29.

959 Silverstone 1988, S. 28.

960 »Mythical thought, the evidence for which is presented in the myth, therefore defines the world not so much in terms of things, but in terms of a body of common properties ›expressible in geometrical terms and transformable one into another by means of operations which constitute a sort of algebra‹ [...]. The narratives with which we (and he) are concerned are reducible to, and themselves constitute, primary units of a field of abstract relations whose interaction is a clue to the activity of the mind of man [...]. There is, then, in the patterning of these categories an identification of a certain level of communication, let us call it mythic. In its independence of a specific chronology, and even in its precedence over that chronology, it seems very much the property of an oral culture, whose tales are not so rigidly informed by the linearity of a literate society [...].« (Silverstone 1981, S. 105) Mit anderen Worten: Eben gerade daran, dass für mythische Geschichten nicht eine spezifische chronologische Anordnung der Geschehnisse charakteristisch ist, sondern die Logik der Botschaft, die in verschiedenen Chronologien erzählt werden kann, wird deutlich, dass diese mythischen Geschichten zunächst Teil mündlicher, vorschriftlicher Kulturen waren.

Dichotomien der Existenz, des Lebens und des Zusammenlebens.[961] Mythische Geschichten kommunizieren (zusammengenommen) »symbolic messages«, die sich auf die Lösungen beziehen, »which a particular culture offers to the universal dilemmas of human existence«.[962] So können Kulturen mittels dieser Geschichten über sich selbst nachdenken.[963] Mythisches Denken kann von daher als logisch und als keineswegs nur mit »primitiven« Kulturen verbunden gesehen werden.

Zum anderen betont die Zusammenfassung, dass die Elemente, mit denen mythische Logik arbeitet, der konkreten materiellen Welt und der Lebenserfahrung des Erzählers entnommen sind. Mythen sind insofern anthropomorph, weil sie mit diesen konkreten Elementen – Personen und deren Handlungen – operieren.[964] Wie das genauer vorstellbar ist, erhellt Silverstones Modell von Narrativen.[965] Silverstone unterscheidet zunächst Ausdruck (»expression«) und Inhalt, um der Tatsache Rechnung zu tragen, dass die gleiche Geschichte wiedererkennbar auf verschiedene Weisen in verschiedenen Medien erzählt werden kann:[966] »Romeo und Julia« lässt sich als Drama lesen, im Theater anschauen oder als Film rezipieren. Auf den Inhalt bezogen unterscheidet er weiter zwischen Form (»narration«) und Substanz, wobei Substanz sozusagen das Material meint, mit dem die Narration erzählt wird: »Romeo und Julia« kann mit gegenwärtigen oder historischen Figuren und Kostümen erzählt werden. Form meint demgegenüber »the narration as such«.[967] Narrationen will Silverstone wiederum in zwei Dimensionen betrachten: Chronologie und Logik. Chronologie meint dabei den Ablauf der Handlungen in ihrer unterschiedlichen Relevanz und Funktion füreinander. Mit dem Fortgang der Handlungen werden auch die Motive hinter diesen Handlungen relationiert und bewegt. Die Bewegung und Transformation des Helden bestimmt nicht nur die Chronologie einer Geschichte, sondern beinhaltet auch eine logische Bewegung.[968]

> »Narratives, and especially mythic narratives, contain therefore a double movement, and the actions of the hero, in their sequence, do not by themselves contain the full measure of meaning. These actions are metaphoric – in Greimars terms

---

961 Vgl. Silverstone 1981, S. 60, oben und unten auf der Seite. Vgl. auch: »They [Mythen] are the product of society as ruminator, masticating the essential categories and contradictions in its way of life through a system of stories that preserve and legitimate its identity.« (Silverstone 1988, S. 29)

962 Vgl. Silverstone 1981, S. 13, dort auch die Zitate.

963 Vgl. in ähnlichen englischen Worten Silverstone 1988, S. 29.

964 Vgl. Silverstone 1981, S. 110.

965 Für das Folgende vgl. Silverstone 1981, S. 107–112. Ich fasse in eigenen, teilweise an Silverstones englische Termini angelehnten Worten zusammen.

966 Vgl. Silverstone 1981, S. 107.

967 Silverstone 1981, S. 109.

968 Vgl. Silverstone 1981, S. 110.

they are anthropomorphic – and they enact logical transformations much more central to the integrity of mythic communication.«[969]

Wiederum dahinter meint Silverstone nun eine Logik nicht nur dieser und jener Erzählung, sondern des mythischen Erzählens überhaupt ausmachen zu können, eine grundlegende Grammatik des Erzählens überhaupt: »This involves a reduction of the logic of narrative, indeed the reduction of the logic of any semiotic system, to the play of an abstract formula. And this reduction, finally, suggests and attempts to define in what narrative's basic units consists; its balance and its equilibrium.«[970] Während dieser Schritt zu einer hochformalen Logik fraglich scheint, bleibt interessant, dass Denken in Geschichten so vorstellbar wird, dass mit den Bewegungen auf Handlungsebene die Motive, Vorstellungen und Zusammenhänge auf logischer Ebene mitbewegt werden – und das nicht willkürlich, sondern regelhaft.[971]

Silverstone versucht, darüber auch die Ähnlichkeit von Fernsehen und Mythischem herauszuarbeiten.[972] Danach haben die vom Fernsehen gezeigten Geschichten in ihrer Struktur die »relatively simple logic of event and meaning« erhalten, die für das Mythische typisch ist.[973] Es gelingt ihm tatsächlich in einer Fernsehserie dieselbe Logik herauszuarbeiten, die Claude Lévi-

---

969 Silverstone 1981, S. 110.

970 Silverstone 1981, S. 110f. Von dieser Logik aus lassen sich dann auch Texte als »mythisch« identifizieren: »Insofar as these texts do indeed display and preserve something of this processual and systemic logic, I have been inclined to regard them as mythic – in the Lévi-Straussian sense.« (Silverstone 1988, S. 33)

971 Insbesondere Silverstones Universalitätsbehauptung erscheint mir fragwürdig. Er geht von folgender These aus: »[...] the narrative structures which we have been discussing, the chronologic and the logic of cultural communication, are universal in the sense that they persist across cultures and through time« (Silverstone 1981, S. 14). Diese These bringt zahlreiche epistemologische, wissenschaftstheoretische und kulturtheoretische Probleme mit sich. Zudem ist die Universalitätsbehauptung m. E. auch keine notwendige Voraussetzung für die These von der Äquivalenz zwischen Fernsehen und Mythischem, die zumindest im hiesigen Kontext wenig verliert, wenn ihre Reichweite auf einen Kulturkreis eingeschränkt wird. Die Behauptung von kulturellen Kontinuitäten zwischen oralen und massenmedialen Kulturen, die gerade im Kommunikationsprozess »Fernsehen« analysierbar werden, kann von dieser Einschränkung unberührt bleiben. Zur Abkehr von der »ahistorische[n], synchrone[n] und universalistische[n] Ausrichtung der strukturalistischen Narratologie« in der Erzähltheorie vgl. Nünning und Nünning 2002, S. 25.

972 Vgl. Silverstone 1981, S. 11, 70. Für die »Mythosähnlichkeit der Medienerzählungen« vgl. aus theologischer Perspektive neben anderen etwa Pirner 2005, S. 43, dort auch das Zitat. Ebendort schreibt er: »Die Grundstruktur fast aller Medienerzählungen ähnelt darin religiösen Mythen, dass in der Regel ein Held/eine Heldin das Böse bekämpft und schließlich durch höchsten opfervollen Einsatz [...] den Sieg erringt [...].« Pirner benennt mit Seeßlen auch die Differenzen.

973 Vgl. Silverstone 1981, S. 70, dort auch das Zitat.

Strauss für mythische Geschichten analysiert hatte.[974] Die entscheidende Gemeinsamkeit ist, dass beide – Mythen und Fernsehgeschichten – strukturiert und strukturierend[975] sind: »Mythic narratives are, in everything but detail, largely predictable. In television this is also the case. Mythic narrative also, despite the unique chronology of a given text, is buried within an eternally recursive system in which endings are relativised and beginnings insubstantial. Television is, equally, both endless and beginningless.«[976]

Zusammengefasst gesagt: Mythisches Denken ist, wie Silverstone zeigt, auch eine Art von Rationalität. Nur operiert diese Rationalität eben nicht – so ließe sich in freierer Interpretation Silverstones sagen – mit abstrakten Begriffen und Sätzen, sondern mit Personen und deren Handlungen. Mythisches Denken heißt, in Geschichten denken – einst in mythisch personifizierenden, heute in medial personalisierenden.

4.5 Typische Handlungseinheiten und archetypische Personen

Jack Lule versteht Mythen folgendermaßen: »Myth is a story that a society produces by drawing on archetypal figures and forms to express prevailing beliefs, ideals, and values.«[977] Mythen arbeiten mit archetypischen Figuren, Helden etwa, Bösewichten und Weisen.[978] Einen ähnlichen Gedanken hat Silverstone – trotz aller Kritik[979] – von Greimas übernommen: das Konzept von »acting units«, der Handlungseinheiten. Danach ist es die Akteursstruktur einer Geschichte, die »the function and the qualification, the act and the category, the temporal and the atemporal« und damit Chronologie einer Geschichte und Logik des Mythischen aufeinander bezieht.[980] Akteursstruktur meint dabei nicht die konkret handelnden Charaktere, sondern die davon abstrahierten Schemen, Charaktertypen oder »acting units«.[981] Menschliche und nichtmenschliche Wesen spielen typische, schematische Rollen in Geschichten und verbinden die Handlungsebenen so mit der Logik-Ebene. Vermittels der Erzählung von Beziehungen zwischen »Personen« und deren Handlungen denken Kulturen also mythisch über sich selbst nach, legitimieren oder transformieren soziale Ordnung, bestätigen oder erweitern ihre hintergründig gewussten alltäglichen Deutungsmuster – arbeiten also an dem, was für kommunikativ Handelnde als Lebenswelt relevant wird.

---

974 Vgl. Silverstone 1981, S. 158, 186.

975 Vgl.: »Television, like myth, is both structuring and structured« (Silverstone 1981, S. 17).

976 Silverstone 1981, S. 112.

977 Lule 2008, S. 3254.

978 Vgl. zu verschiedenen Figur-Listen Silverstone 1981, S. 94f.

979 Vgl. Silverstone 1981, S. 97.

980 Vgl. Silverstone 1981, S. 111, dort auch das Zitat; vgl. auch S. 95.

981 Vgl. (in teilweise ähnlichen Worten auf Englisch) Silverstone 1981, S. 95.

Von da aus scheint es nun interessant, konkrete Handlungseinheiten oder Typen zu benennen, als die funktionierend konkrete Personen medial mythische Bedeutung gewinnen. Dies lässt sich m. E. in Anlehnung an Silverstones Drei-Welten-Modell tun, das nicht mit der Habermasschen Drei-Welten-Theorie zu verwechseln ist. Die folgende Aufzählung möglicher Handlungseinheiten erhebt keinen Anspruch auf Vollständigkeit, sondern soll als Benennung exemplarischer Typen verstanden werden. Sie kann hier nicht aus einer ausführlichen Analyse von Mediennarrativen hergeleitet werden, sondern soll aus dem Silverstoneschen Drei-Welten-Modell deduziert werden, um sich danach in einer exemplarischen Beschreibung von Personalisierungsdynamiken als Heuristik zu bewähren (vgl. V).

Silverstones Drei-Welten-Modell, bestehend aus den drei Bereichen Alltagswissen, Nichtwissen und Spezialistenwissen sowie deren Überschneidungsbereichen im Mythischen, ist bereits erläutert worden (III.4.3). Interessant ist nun, dass auch Silverstone den jeweiligen Überschneidungsbereichen Fernsehgattungen zuordnen kann.[982] In Anlehnung daran lassen sich auch entsprechende Handlungseinheiten entwerfen.

(A) Dem Emotional-Mythischen als Grenzbereich von Alltagswissen und Nichtwissen bzw. Mysteriösem ordnet Silverstone die Show zu:

> »The show is pure emotion, pure entertainment and the constraints of song, dance and the joke reach out to the edge of ritual, for our participation is necessarily intense but impotent. The mystery, however, is intense, and it is perhaps in the show, above all, that television creates its own canon of stars and idols. The content of the show is itself close and familiar; indeed in light entertainment nothing is new except the style. The very familiarity demands its heroes, and its extravagance: what is near is pushed away; in the news what is far away is brought home.«[983]

Damit ist auch schon nahegelegt, welche Handlungseinheit diesem entspricht: der Held oder der Star. Als Star funktionieren dementsprechend Personen, die im Grenzbereich von Alltagswissen und Nichtwissen, Mysteriösem oder urtümlich Natürlichem handeln und dies vor allem im Modus des Emotionalen tun. In Spiel- und Talkshows etwa stellen sich Stars Prüfungen aller Art – fiktiven wie realen – und berichten über ihre Erfahrungen damit. Spezifisch ist dabei immer die genuine Dialektik von Distanz und Nähe:[984] Stars sind ihren Fans nah und ähnlich und erlauben insofern Anknüpfungen aus dem Bereich des Alltagswissens und Identifikation. Sie sind gleichzeitig Stars, weil sie extravagant, fremd und »etwas Besonderes« sind. Als Distante ragen sie hinein in den Bereich des mysteriösen Nichtwissens, der vom Alltag unterschieden bleibt. Insofern eine Personerzählung als eine Starerzählung funktio-

---

982 Vgl. Silverstone 1981, S. 82, dort auch für das Folgende.

983 Silverstone 1981, S. 83f.

984 Vgl. dazu Silverstone-Zitate oben und IV.4.2.

niert, verläuft durch sie die verbindende Grenze von Alltag und Nichtwissen. Der Star lässt sich nach seiner Bewertung in zwei Untertypen differenzieren: Der Star als Star ist primär Gegenstand des Sehnens und Identifizierens. Damit wird die dem Nutzer abgewandte, distante Seite des Stars, sein extraordinäres Herausragen aus dem Alltag zum Grund, mehr Nähe zu erstreben, das Alltagswissen also um das vom Star repräsentierte zu erweitern. Vermittels von Erzählungen von Stars, Helden und Abenteurern kann die Grenze des Alltäglichen zum nichtwissbar Chaotischen, Mysteriösen und Fremden bedacht, versichert oder verschoben werden.

Der Star als Anti-Star ist primär Gegenstand des Ablehnens und Delegierens. Bei ihm wird die dem Nutzer zugewandte und ähnliche Seite zum Grund, größere Distanz und damit eine Ausgrenzung aus dem Alltag zu ersehnen. Ein typisches Beispiel für den Anti-Star ist der Sündenbock, der zunächst mit dem Unliebsamen, aber Vertrauten, belegt und dann mit kathartischer Intention aus dem Dorf gejagt wird.

(B) Dem Kognitiv-Mythischen als Grenzbereich von Alltagswissen und Spezialistenwissen ordnet Silverstone die Gattung Dokumentation zu: »But documentary treats of particular knowledge and particular worlds – the scientific, aesthetic or political – and it does so in an attempt to broaden horizons of everyday culture.«[985] Damit ist die Handlungseinheit, die diesem Grenzbereich entspricht, der Wissende, Weise, Experte oder Intellektuelle. Er arbeitet an der Grenze von Alltagswissen und Spezialwissen. Einerseits ist er selbst Mensch und also auch »alltäglich«. In dem, was er erklärt, bezieht er sich auch immer auf das Alltagswissen. Andererseits bezieht er sich auf Spezialistenwissen. Dessen Vermittlung ist vor allem eine kognitive. Erzählungen von ihm erlauben ein mythisches Nachdenken an der Grenze zum nicht Gewussten, aber Wissbaren.

(C) Eine dritte Handlungseinheit möchte ich über Silverstones Gattungszuordnung hinaus, aber in Anlehnung an seine drei Bereiche einführen: das Exemplar. Das Exemplar handelt gar nicht in den Grenzbereichen des Alltags, sondern genuin alltäglich. Es hat keine außergewöhnlichen Fähigkeiten, besteht keine außergewöhnlichen Prüfungen und verfügt über kein herausragendes Wissen. Es ragt dadurch heraus, dass es eben nicht herausragt, sondern das nicht herausragende Alltägliche repräsentiert. Exemplare können schon deshalb keine dauerhafte Medienpräsenz erlangen, weil sie gerade dadurch ja ihre genuine Eigenschaft, nicht herauszuragen, normal und alltäglich zu sein, verlören. Exemplare kommen sowohl in Shows wie in Dokumentationen vor, häufig als die Stimme des Volkes oder eines Betroffenen.

985 Silverstone 1981, S. 83.

5. Ertrag im Horizont theologischer Orientierung

Abschließend sollen die wichtigsten Erträge aus der Auseinandersetzung mit Habermas' Öffentlichkeitstheorie (III.5.1) und Silverstones' Mythentheorie (III.5.2) zusammengefasst und weiterführend in den Horizont der theologischen Orientierungen gestellt werden.

5.1 Zum diskurstheoretischen Ertrag

Bei Habermas zieht sich als normativ orientierend, wie an den einzelnen Stationen von seiner Entwicklung gezeigt, ein Öffentlichkeitsbegriff durch, nach dem Öffentlichkeit ein Forum, Raum oder Netzwerk ist, in dem Gleichrangige sich sprachlich und gewaltfrei verständigen, um sich durch die zwanglose Bindungskraft des besseren Argumentes[986] auf Handlungsorientierungen zu einigen, ohne sich diese noch von Tradition, Staatsmacht oder Gewohnheit zwingend vorschreiben zu lassen. Bereits eingangs (III) war dieses Öffentlichkeitsverständnis als sozialphilosophische Entsprechung zu den kreuzestheologisch gefundenen Orientierungen für Gestalt und Handeln der Kirche in der Öffentlichkeit eingeführt worden.

Diese diskursive Öffentlichkeit wird von Habermas in SdÖ als Ideal der bürgerlichen Öffentlichkeit einer kritischen und Herrschaft rationalisierenden Publizität entdeckt. Sie wird mit den Begriffen der TkH differenzierter, komplexer und ambivalenzsensibler beschreibbar, insofern als das für ihre Normativität essentielle, lebensweltbasierte und verständigungsorientierte kommunikative Handeln in seinem Rationalitätspotential deutlich wird. Der normative, diskursive Öffentlichkeitsbegriff findet in FuG eine soziologische Übersetzung in die Verhältnisse einer Massendemokratie.

Unterschiedlichste Formen der Personalisierung konnten dabei sowohl als Teil diskursiver Öffentlichkeit, als Teil von deren Zerfall oder Gefährdung als auch in ihrer Ambivalenz herausgestellt werden. So hatte sich mehrfach eindeutig gezeigt, dass Personalisierungen in Substitutionsrelationen immer problematisch sind. Zusammenfassend benenne ich die wichtigsten Ambivalenzen und Spannungen:

Zu III.1.: Mediale Personerzählungen können sowohl die Gleichrangigkeit der Kommunikationspartner als Diskursvoraussetzung vermitteln wie Intimitäten eine Bindungskraft geben, die jene von Argumenten ersetzt.

Zu III.2.: Mediale Personerzählungen können sowohl aus einer verständigungsorientierten wie aus einer erfolgsorientierten Einstellung heraus erzählt werden (1). Sie können Annahmebereitschaft erzeugen, indem sie empirisch motiviert binden oder rational motivieren (2). Sie können sowohl als instrumentalisierende Abstraktionen vom konkreten Menschen Gehorsamsleistungen gegenüber ökonomischen Imperativen sein als auch Bürokratisierung, Formalisierung und Abstraktion in Frage stellende Konkretionen (3).

986 Vgl. Habermas 1995c, S. 119.

Zu III.3.: Mediale Personerzählungen können erfolgsorientierte Manipulationsversuche politisch etablierter Klassen genauso sein wie lautverstärkende Darstellungen zivilgesellschaftlicher Problemlagen.

Ganz basal bedeuten die benannten Spannungen, dass sich Personalisierungen von den entwickelten Orientierungen her auf theoretischer Ebene weder insgesamt begrüßen noch insgesamt verurteilen lassen. Vielmehr zeigen die theoretisch nun entfalteten Deutungsmöglichkeiten und Begrifflichkeiten, dass es erstens des Blickes in empirische Forschungen bedarf, um herauszufinden, in welchen Wirkbeziehungen Personalisierungen jeweils welche Rollen spielen. Zweitens werden sich öffentlich-theologische Orientierungsversuche dann nicht auf das Phänomen Personalisierung an sich beziehen, sondern auf jeweils konkrete und kontextuelle Personalisierungen, bei denen jeweils ausgemacht werden kann, wo in dem gerade mit Habermas eröffneten orientierenden Spannungsfeld diese konkreten Personalisierungen jeweils zu verorten sind.

Die im Horizont des emphatischen Öffentlichkeitsbegriffs sichtbar werdenden Spannungen und Ambivalenzen medialer Personerzählungen liegen auf zwei Ebenen, die sich in einer konkreten (personalisierenden) Kommunikation schneiden und deren Unterscheidung nun auf dem Hintergrund der Habermas-Interpretation möglich wird:[987]

a) Auf der ersten Ebene kommunizieren Menschen miteinander. In diesen konkreten Kommunikationssituationen und -beziehungen können Personerzählungen daraufhin befragt werden, ob sie verständigungsorientiert erzählt werden, ob sie auf rational motivierte Annahme zielen oder ob sie erfolgsorientierte Manipulationsversuche oder lautverstärkende Darstellungen sind. Ethisch zu verantworten ist also auf dieser horizontalen Ebene die situative Wirkung auf die anderen Kommunikationsteilnehmer.

b) Auf der zweiten Ebene liegen die Wirkungen, die Menschen kommunizierend auf die Konstitutionsbedingungen ihrer Kommunikation haben. Indem

987 Die folgende Unterscheidung ist inspiriert von Günter Thomas' Hinweis auf »Forms of Non-discursive Public Theology« (vgl. Thomas 2013, Zitat aus dem Untertitel). Thomas' These lautet: »For that reason, my central thesis in this short essay is the following: Any discursive public theology, armed with arguments and good moral intentions, always comes in some sense ›too late‹. Whatever theologians or outspoken Christians engage in public debates about issues of political and social public importance, they enter a space already saturated with other messages conveyed in *other symbolic forms.*« (ebd., S. 301f., kursiv im Original) Während Thomas sich zu Recht von der Gegenüberstellung von rationalen und symbolischen Kommunikationsformen abwendet (vgl. ebd., S. 308), regt sie gleichzeitig dazu an, nicht nur die Vielfalt der auch nonverbalen Medien wahrzunehmen, in denen sich die »communication of faith« vollzieht (ebd., S. 308, dort auch das Zitat), sondern auch die symbolische, nichtdiskursive Dimension kirchlicher Diskursbeitrage wahrzunehmen. Dies soll durch die im Haupttext eingeführte vertikale Wirkbeziehungsebene geschehen.

Menschen sich verständigen, reproduzieren sie die Lebenswelt als transzendentale Bedingung für diese Verständigung.[988] Damit sind auf dieser Ebene Personerzählungen daraufhin zu befragen, inwiefern sie die Gleichrangigkeit der Kommunikationspartner als Diskursvoraussetzung vermitteln oder als Teil einer Kolonialisierung der Lebenswelt zu verstehen sind. Ethisch zu verantworten ist also auf dieser vertikalen Ebene der eigene Anteil an der Wirkung auf die Kommunikationsbedingungen, die sich implizit vollzieht. Diese Ebene ist bei den oben formulierten Orientierungen bereits berücksichtigt.

Eingangs hatte ich vorgeschlagen, Kirche solle ihre (Medien-)Öffentlichkeit vermittels des Habermasschen Begriffs von diskursiver Öffentlichkeit öffentlich-theologisch verantworten. Daraus ergeben sich für die Personalisierungsfrage folgende Konkretionen von theologischen Orientierungen.

Entspricht Habermas' Norm diskursiver Öffentlichkeit als Netzwerk der argumentativen Verständigung und rationalen Herrschaftskritik dem, was auch im weiteren christlichen Hoffnungshorizont für die Gesellschaft geplant und gehofft werden kann, wird Kirche nur dort Gestalt der Hoffnung sein, wo sie entsprechende Öffentlichkeiten befördert und sich selbst in dieser Öffentlichkeit so verhält, dass sie deren Ermöglichungsbedingungen reproduziert.

Das heißt zunächst, dass Kirche öffentlich selbst primär verständigungsorientiert handeln und eine entsprechende Einstellung bei anderen befördern wird. Personerzählungen, in denen kirchliche Realität rekonstruiert wird und vermittels derer Kirche öffentlich gesellschaftliche Realität rekonstruiert, sind damit dann vereinbar, wenn sie kommunikativem Handeln zuordenbar bleiben, also »illokutionäre Ziele vorbehaltlos verfolgen« (III.2.1) und kritisierbare Geltungsansprüche erheben. Ist dies der Fall, drückt die Diskursteilnahme der Kirche auch auf performativer Ebene aus, was sie erhofft: Zwanglose, aktive Beteiligung (O5, auf Kirche bezogen O9), Inklusion (O5, auf Kirche bezogen auch O7) und Kritik jeder autoritären Legitimation von oben (O4).

Mediale Personerzählungen sind von daher nicht mehr mit einem Verständnis der Kirche als Gestalt der Hoffnung vereinbar, wo mit ihnen ausschließlich Ziele verfolgt werden, die sie intentional nicht transparent machen und wo vermittels Personalisierung – etwa qua Prominenz- oder Privatorien-

---

988 Dies betont Habermas, wenn er schreibt: »Indem sich die Interaktionsteilnehmer miteinander über ihre Situation verständigen, stehen sie in einer kulturellen Überlieferung, die sie gleichzeitig benützen und erneuern; indem die Interaktionsteilnehmer ihre Handlungen über die intersubjektive Anerkennung kritisierbarer Geltungsansprüche koordinieren, stützen sie sich auf Zugehörigkeiten zu sozialen Gruppen und bekräftigen gleichzeitig deren Integration; indem die Heranwachsenden an Interaktionen mit kompetent handelnden Bezugspersonen teilnehmen, internalisieren sie die Wertorientierungen ihrer sozialen Gruppe und erwerben generalisierte Handlungsfähigkeiten.« (Habermas 1995a, S. 208) Zur »transzendentale[n] Stellung« des lebensweltlichen Wissens vgl. auch Habermas 1995c, S. 591. Dort unterscheidet Habermas auch die »*kontextbildende* Funktion« der Lebenswelt von ihrer »*konstitutiv*[en]« (ebd.).

tierung – gerade versucht wird, den eigenen Geltungsanspruch der Kritik zu entziehen. Personalisierungen sind da problematisch, wo sie sich von sprachlicher Verständigung abkoppeln: Unvereinbar sind empirisch motiviert bindende, vereinbar rational motivierende Personerzählungen (vgl. III.2.2).

Mit Blick auf die Stimmen mancher evangelischen Christen, die die Papstkirche im Kontext der Medienöffentlichkeit im Vorteil sehen, weil sie dem vermeintlichen Personalisierungsdruck der Massenmedien aus der eigenen Struktur heraus besser entsprechen kann, darf an dieser Stelle den evangelisch-reformiert geprägten Ansätzen Moltmanns folgend und im Dialog mit Habermas festgehalten werden: Wo Kirche personalisiert rekonstruiert in der Weise medienöffentlich wird, dass sich mit der Personerzählung keine diskursoffenen, revidierbaren weil kritisierbaren Geltungsansprüche, sondern die Herrschaftsansprüche einer repräsentativen Öffentlichkeit verbinden, ist sie nicht Gestalt christlicher Hoffnung. Ermöglicht eine autoritäre Zentralisierung von Entscheidungen der Kirche medienöffentlich zu sein, ist darin performativ gerade nicht die angestrebte Öffentlichkeit als Netzwerk partizipativer, verständigungsorientierter und damit vermittels zwangloser Zustimmung zustande kommender Handlungsorientierungen reproduziert, sondern deren Gegenteil. Ausgeschlossen ist damit auch Personalisierung als Darstellungsstrategie einer kirchlichen Öffentlichkeitsarbeit, die primär und als oberstes Ziel das Image verfasster Kirche pflegen will, weil sie eben dieses Ziel nicht mitkommunizieren wird.

Quer zu dieser Orientierung macht die hier vorgelegte Habermas-Interpretation sensibel für die Ambivalenz der Personalisierung insbesondere als Privatorientierung: Während Privatorientierung einerseits die Konstitutionsbedingungen einer normativ bejahten Öffentlichkeit reproduziert, sofern sie das gemeinsame Menschsein der Diskursteilnehmer unter Absehung von Standesunterschieden vergegenwärtigt, droht sie genau damit Intimitäten eine Bindungskraft zu geben, die die Bindungskraft von Argumenten ersetzt.

Habermas spricht – ohne Systembildung an sich zu denunzieren – von einer »Kolonialisierung der Lebenswelt« (III.2.3), der gegenüber auch die Kirche als Gestalt der Hoffnung in normativer Orientierung an Verständigung Widerstandspotentiale stärken wird. Insofern sich Personalisierungen diesem Widerstandspotential der Lebenswelt zuordnen lassen, können sie der Kirche als Gestalt der Hoffnung sogar positiv geboten sein. Wo Personerzählungen, in denen kirchliche Realität personalisiert rekonstruiert wird oder vermittels derer Kirche gesellschaftliche Verhältnisse personalisiert darstellt, der Abstraktion gelebten Lebens in Systemfunktionen Grenzen aufzeigen, wird Kirche diese fördern (für eine konkrete Darstellung vgl. III.2.3 (b)). Solche Personerzählungen von gelebtem Leben entsprechen auch den oben genannten Orientierungen, insofern sie Menschen als lebendige Beziehungswesen zeigen (O1, O2), ihre Schilderungen von Freud und Leid andere nicht unberührt lassen (O6) und sie Benachteiligten eine Stimme geben (O8).

Auf der anderen Seite sind dann diejenigen Personerzählungen mit der Kirche als Gestalt der Hoffnung nicht vereinbar, die sich Kolonialisierungsprozessen zuordnen lassen, weil sie klischeehafte Erzählungen von klischeehaften Menschen sind, die von konkreten Menschen aufgrund von systemischen Imperativen selbst abstrahieren.

Ob Personalisierungen jeweils eher dem Widerstandspotential der Lebenswelt oder eher Kolonialisierungsprozessen zuzuordnen sind, wird situativ zu prüfen sein. Die interdisziplinäre Beschreibung von Personalisierungen im folgenden Kapitel soll bei dieser situativen Prüfung helfen.

Bisher war die Kirche allgemein als Teilnehmerin an den öffentlichen Diskursen in den Blick gekommen. Habermas' demokratietheoretische Anwendung des normativen Öffentlichkeitsbegriffs ermöglicht es auch, enger nach der demokratietheoretisch spezifizierten Rolle zu fragen, die der Kirche als Gestalt der Hoffnung in der Zivilgesellschaft entspricht, und von daher zu eruieren, welche Personalisierungen dann als Chance bzw. als Gefahr erscheinen.

Habermas hatte zwischen zwei Akteursgruppen in der Öffentlichkeit unterschieden – zwischen spontan aus dem Publikum hervortretenden Akteuren und institutionell verfassten Akteuren, die mit Organisationsmacht vor die Öffentlichkeit treten (vgl. III.3.). Kirche ließ sich hier nicht eindeutig zuordnen. Versteht man mit Moltmanns Kapitel zur Exodusgemeinde den Gegenstand der Ekklesiologie weit als Christenheit und nicht nur als verfasste Kirche (vgl. II.1.), wird dies genauso deutlich, wie von den »vier Gestalten« der Kirche her, die Huber beschrieben hat.[989] Von Moltmanns Ansätzen zur Ekklesiologie kann Kirche diese Doppeldeutigkeit auch theologisch insofern annehmen, weil sie die Möglichkeit bietet, der eigenen Funktion nachzukommen und der kreuzestheologisch problematischen Teilnahmslosigkeit entgegenzusteuern (O5 und O6) und auf Kirche bezogen O8 zu entsprechen: In dem ganz Deutschland abdeckenden Netz von Ortsgemeinden und in den thematisch arbeitenden Initiativgruppen werden gesellschaftliche Problemlagen offensichtlich[990] und bilden sich in Präsenzpublika öffentliche Meinungen. Genau den so wahrgenommenen Problemlagen und Meinungen kann die verfasste Kirche als Institution – also als kollektive Akteurin vor Publikum – zu einer Medienöffentlichkeit verhelfen. Das gilt auf lokaler, regionaler wie überregio-

989 Vgl. Huber 1988, S. 46. Es sind die Gestalt »der *Ortsgemeinde*, der *Initiativgruppe*, der *Regionalkirche* und der *Föderation*.« (ebd., kursiv im Original) Den Hinweis darauf verdanke ich Gesprächen in Stellenbosch im Frühjahr 2012.

990 In Ansätzen – nämlich nur auf die Religion bezogen – sieht Habermas dies auch, wenn er festhält, dass Religion die Erstartikulation von lebensweltlichen Problemen ermöglicht: »Außer Religion, Kunst und Literatur verfügen einzig die ›privaten‹ Lebensbereiche über eine existentielle Sprache, in der gesellschaftlich erzeugte Probleme *lebensgeschichtlich bilanziert* werden können.« (Habermas 1998, S. 441, kursiv im Original)

naler Ebene. Im Dienste der Lautverstärkung kann verfasste Kirche sich dabei all des Ansehens bedienen, das sie trotz zurückgehender Mitgliederzahlen genießt, um diesen Problemlagen, den von ihnen betroffenen Personen, diesen Meinungen und denen, die sie vertreten, Gehör zu verschaffen. Genau dies kann vermittels Personerzählungen geschehen, die dann zwar als bedingt erfolgsorientierte Lautverstärkungsstrategie auftreten, dabei aber Geltungsansprüche erheben, die rezipientenseitig kritisierbar bleiben und verständigungsorientiert erfolgen.

Diese Aufgabenbestimmung richtet sich an die in der Öffentlichkeit stehenden Kirchenvertreter: Sie können dank ihrer Prominenz, dank ihres Zugangs zu Medienöffentlichkeit und ihrer Medienkompetenz die Problemlagen und Stimmungen, die auf Gemeinde- und Initiativebene wahrgenommen werden, lautverstärkend an eine breitere Öffentlichkeit weitertragen. Sie richten sich aber auch und vor allem an die professionalisierte Öffentlichkeitsarbeit der Kirche, die diese dezentrale Problemwahrnehmungskompetenz der Kirche in ihrer Vielfalt genauso zu beachten hat wie die Vielfalt der Meinungen in Christenheit und Kirche.

5.2 Zum mythentheoretischen Ertrag

Mit Hilfe von Silverstones Ansatz lässt sich Personalisierung in den Medien als Teil einer eigenen Art zu denken verstehen, des mythischen Nachdenkens einer Kultur über sich selbst, das sowohl Stabilisator wie auch Veränderungsmotor sein kann. In dieser Denkungsart hat sich die Denkweise oraler Kulturen erhalten. Durch diese Denkweise – also vermittels medialer personalisierter Mythen – arbeiten Gesellschaften an dem, was für Kommunizierende Komponenten ihrer Lebenswelt sind – und zwar insofern Mythen soziale Ordnung legitimieren oder in Frage stellen und alltägliches Hintergrundwissen an den Grenzen des Alltags mit Deutungsmustern versorgen. Wo sie von kommunikativer Verständigung und Dissenzrisiko entlasten, müssen sie sich darauf befragen lassen, ob sie selbst und ihre Wirkungen zweitinstanzlicher Kritik zugänglich bleiben. Die mythisch-religiöse Dimension medialer Personerzählungen verweist also auf die Wirkbeziehung zwischen Personerzählung und lebensweltlichen Konstitutionsbedingungen für Kommunikation.

Personen in der Medienrealität können – das war eine weitere These – mit mythischer Bedeutung aufgeladen sein, wenn sie als Handlungseinheiten für mythisches Denken funktionieren. Als Heuristik für Personalisierungsdynamiken wurden im Lichte von Silverstones Drei-Welten-Modell folgende drei Handlungseinheiten deduziert: Star – Anti-Star, Experte/ Intellektueller und Exemplar. Vermittels medialer Erzählungen von den Handlungen dieser Typen etwa wird – so die entwickelte These – hintergründig und unbewusst an Komponenten der Lebenswelt gearbeitet.

Basierend auf diesem mythen- und damit auch religionstheoretischen Ansatz lässt sich nun gerade die Religionskritik-Orientierung (O4) differenzierter fassen. Es war vor allem die politische und bürgerliche Religion,[991] in Beziehung zu der Moltmann die Kirche zu Selbst- und Gesellschaftskritik aufrief. Die für diese Religion relevante Dimension medialer Kommunikation rückt unter dem Begriff »Medienreligion«[992] ins Blickfeld: Spätestens seit Mitte der 1980er Jahre[993] wird unter diesem Begriff über religiöse Funktion und Substanz[994] massenmedialer Kommunikation diskutiert. Solche medialen Funktions- und Substanzäquivalenzen zu Religionen – im Folgenden der Einfachheit halber Medienreligion genannt – können in ihrer politischen Dimension als politische Religion angesehen werden.[995] Damit ist nicht gesagt, dass alle medienreligiösen Phänomene mit Moltmanns Begriff der politischen Religion ganz erfasst sind, wohl aber, dass ihnen eben eine politische Dimension eignet. Dann kann sich Theologie als Öffentliche Theologie auf Medienreligion bezogen nicht auf eine Religionshermeneutik zurückziehen, sondern muss O4 entsprechend zur Religionskritik vordringen.

Geht es nun um die politisch-gesellschaftliche Dimension von Medienreligion, so werden (nach dem in III.4. im Anschluss an Habermas Festgestellten) die Wirkbeziehungen der Medien zur Lebenswelt thematisiert, also zu den Konstitutionsbedingungen und Ressourcen öffentlicher Kommunikationen in der Gesellschaft. Das ermöglicht auch eine (selbst-)kritische Bezugnahme der Christenheit auf die politisch-religiösen Konnotationen der Medienkommunikation, was im Kontext dieser Arbeit besonders interessant ist, weil Personalisierung als mythisches Phänomen interpretiert (III.4.) wurde. Die der Religionskritik-Orientierung (O4) entsprechende (Selbst-)Kritik der Kirche an den medienreligiösen Konnotationen und ihren Personalisierungen kann idealty-

---

991 Auch in Gesellschaften mit »demokratischer Trennung von Kirche und Staat« (Moltmann 1972a, S. 299) kann es nach Moltmann politische Religionen und Theologien geben, etwa die »Ausbildung neuer bürgerlicher Religionen« oder Zivilreligionen (ebd., S. 299–301): »Man wird darum in der Annahme nicht fehl gehen, daß auch moderne Gesellschaften politische Religionen brauchen und produzieren, – wenn nicht mit Hilfe der etablierten Kirchen, dann ohne oder gegen sie.« (ebd., S. 301)

992 Für einen kurzen Überblick über die Diskussion zu diesem Begriff vgl. Hurth 2008. Ich danke Daniel Meier für den Hinweis auf diesen Aufsatz.

993 Vgl. Schmidt 1976–2007, S. 325. Schmidt zufolge hat es bereits in den 1960er Jahren erste theologische Arbeiten zur religiösen Bedeutung der Mediennutzung gegeben, die aber versandeten (vgl. ebd.). 1972 hat etwa Hans-Jürgen Benedict die Medienrezeption als religionsparalleles Ritual beschrieben (Benedict 1972). Den Verweis auf Benedicts Arbeit zum Thema verdanke ich: Thomas 1998, S. 300–305; Uden 2004, S. 76.

994 Vgl. zu dieser Unterscheidung kurz: Laube 2002, S. 13–16; Buntfuß 2003, S. 98, 102. Zum »funktionalen Religionsverständnis« bei Schmidt vgl. Otto 1988, S. 278.

995 Zur Fernsehreligion als »zu prüfender Kandidat« für eine Zivilreligion vgl. Thomas 1998, S. 605.

pisch eine fundamentalkritische (1) und eine materialkritische Form (2) annehmen: Nach Ersterer zieht schon das Dass einer Medienreligion und damit das Dass medialer Eingriffe in die Lebenswelt Kritik auf sich, nach Letzterer richtet sich die Kritik konkret gegen das Was und Wie der Medienreligion und ihre spezifizierbaren Wirkungen auf die Lebenswelt.

(1) Die Arbeit von Günter Thomas weist durchaus in der Fluchtlinie von Moltmanns Theologie Tendenzen zur Fundamentalkritik auf, wobei er – das sei betont – keine fundamentalkritische Position vertritt, weil die von ihm in Barthianischer Tradition angenommene kontingente Möglichkeit der »›Gleichnisse des Himmelreiches‹« auch in der Fernsehkultur einer »grundsätzlichen und durchgehenden Ablehnung des Fernsehens als kulturell prägender symbolischer Verständigung und Weltbewältigung« entgegensteht.[996] Die Tendenz zur Fundamentalkritik liegt zunächst darin, dass Thomas' analytischer »Zugang über ›Liturgie‹ wie auch der über ›Kosmologie‹ [...] auf einer elementaren Ebene ›unterhalb‹ spezifischer Sendeformen und -typen« ansetzt,[997] und dann auch in den entsprechend grundlegenden Vorbehalten dagegen, dass sich Kirche zum Teil der medialen und durch Personalisierung sich ausbreitenden Kosmologie macht.[998] Kirchentheoretisch wird damit m. E. Thomas' zunächst

996 Vgl. Thomas 1998, S. 618f., dort auch die Zitate.

997 Vgl. Thomas 1998, S. 602, dort auch das Zitat.

998 Vgl. Thomas 1998, S. 615. Ebendort schreibt er: »Die Aufnahme der Kirche in die Kosmologie des Mediensystems erfordert einen Preis der nicht steuerbaren und nicht rückholbaren Selbsttransformation, den eine sich ihrer theologischen Identität gewisse und ihrer gesellschaftlichen Wirksamkeit bewusste Kirche schwerlich bereit sein wird zu bezahlen.« Besser könne »Kirche der Gesamtkultur« dienen, wenn sie den (religiösen) »Anspruch des Fernsehens [bestreitet], die dominierende kulturelle Instanz der Festlegung des ›Wirklichen‹ zu sein.« (ebd., S. 616) Während seine Warnung vor den unvorhersehbaren und unkontrollierbaren (Selbst-) Transformationen in medialen Dynamiken berechtigt sein kann, scheint mir an der zitierten Feststellung problematisch, dass sie die Gefahren der Alternative unterbetont: Auch eine Kirche, die mediale Aufmerksamkeit nicht sucht oder gar vermeiden will und sich auf mediale Selektionslogiken nicht bewusst einlässt, wird sich in »nicht steuerbaren und nicht rückholbaren Selbsttransformation[en]« wiederfinden – nur eben in anderen Transformationen, die komplementäre Gefahren aufweisen werden, etwa die, der Gesellschaft ein relevantes und verständliches Zeugnis von verstörenden und hoffnungstiftenden christlichen Grundorientierungen schuldig zu bleiben. Nach Thomas' »*mehrdimensionale*[r] Bestimmung von Religion« (ebd., S. 366, kursiv im Original) kann Fernsehen deshalb als religiös konnotiert gesehen werden, weil es »eine Funktion übernimmt, die Kaufmann in vormodernen Gesellschaften der Religion zugeschrieben hat: Eine alle Lebensvollzüge durchwebende und übergreifende Kosmisierung. [... Das Fernsehen] verspricht, die fragmentarisierte und funktional zersplitterte Gesellschaft der Moderne zumindest noch collagenförmig augenblicksorientiert und prozeßhaft als Einheit erlebbar zu machen.« (ebd., S. 603f.) Neben etwa Visualisierung erwähnt Thomas die Personalisierung der Wirklichkeit dann als eine Strategie, »wie das Mediensystem in einer Vielfalt der Wirklichkeiten seine Wirklichkeit zur ›wirkli-

ambivalenzsensible Perspektive auf die implizite Religion des Fernsehens in eine tendenziell fundamentalkritische Warnung vor der Integration der Kirche in die Fernsehreligion überführt.

Diese Warnung hat ihre Berechtigung darin, dass sie die Unabhängigkeit der Kirchen betont, die ihrer christlichen Sendung verpflichtet bleiben und sich von daher den Erwartungen des Mediensystems nicht unterwerfen müssen. Horizont der Kirche bleibt – an Moltmann angelehnt formuliert – die Zukunft des auferstandenen Gekreuzigten und darf nicht der Relevanzrahmen der Fernseh- oder Medienreligion werden. Insofern muss sie den »Anspruch des Fernsehens, die dominierende kulturelle Instanz der Festlegung des ›Wirklichen‹ zu sein«, tatsächlich bestreiten.[999] Es besteht die Gefahr, dass Kirchen durch ihre Präsenz im Fernsehen implizit Fernsehreligion predigen, anstatt von der befreienden Hoffnung zu zeugen, von der sie eigentlich leben. Von daher müssen der Rückzug aus jeder Pressearbeit und die Enthaltung von jedem Versuch, Gegenstand von Berichterstattung zu werden, auch immer eine Option kirchlichen Handelns in der Gesellschaft bleiben.

Basierend auf dieser grundlegenden Zustimmung sehe ich Mängel bei der fundamentalkritischen Option, die nach einer Alternative fragen lassen.

(a) Von dem von Thomas exemplarisch gewählten Ansatzpunkt »auf einer elementaren Ebene ›unterhalb‹ spezifischer Sendeformen und -typen« aus, der für eine fundamentalkritische Position zum einzig möglichen würde, kann die Pluralität von Spartensendern, Sendeformaten, Medienkommunikationsinhalten, Zielpublika und Rezeptionsweisen nur allzu leicht als sekundär erscheinen. Ein Blick auf die jeweils konkreten und materialen medienreligiösen Vollzüge, deren Inhalte und Wirkungen ist schon deshalb nötig, weil dieser ermöglicht – was auch Thomas fordert –, dass die »Auseinandersetzung mit dem Phänomen des Fernsehens [...] auch mit der selbstkritischen theologischen Wahrnehmung und Prüfung möglicher ›Gleichnisse des Himmelreiches‹ rechnen«[1000] muss. Die so geforderte Unterscheidung von medienreligiösen Phänomenen scheint auch von der dargelegten kulturtheoretischen Arbeit Roger Silverstones her nötig, hatte dieser doch an einer Stelle betont, dass Mythen keineswegs nur die (politisch-religiöse) Stabilisierungsfunktion zukomme, sondern auch Funktionen für Transformationen. Von daher müssen auch Medienreligionen daraufhin überprüft werden, ob sie im theologischen Erwartungshorizont als sinnvoll erkannte Veränderungen hin zu Freiheit, Gerechtigkeit und Leben ermöglichen oder blockieren.

(b) In mehreren Richtungen scheint die »Aufnahme der Kirche in die Kosmologie des Mediensystems«[1001] kaum zu verhindern zu sein und längst

---

chen Wirklichkeit‹ verobjektiviert« (ebd., S. 574; vgl. dazu ausführlicher die bei Thomas folgenden Seiten zur Personalisierung, S. 581–583).

999 Vgl. Thomas 1998, S. 616, dort auch das Zitat.

1000 Thomas 1998, S. 137f., dazu auch ebd., S. 618f.

1001 Thomas 1998, S. 615.

geschehen. Einmal wird Kirche unfreiwillig Gegenstand medialer Berichterstattung, die ihre Fremd- wie Selbstwahrnehmung mitprägt. Auch werden Kirchenmitglieder die Realität von Kirche massenmedial vermittelt wahrnehmen, ohne dass verfasste Kirche dies verhindern könnte. Zum anderen könnte Kirche umso mehr Berichterstattungsgegenstand werden, je mehr sie sich im Sinne Öffentlicher Theologie öffentlich engagiert und die Teilnahme an gesellschaftlichen Diskursen sucht. Von daher wird es wichtig, die Dynamiken, in denen sich Kirche in der Medienkommunikation wiederfindet, zu analysieren, zu unterscheiden, kritisch zu rekonstruieren, um daraus je und je konkrete Handlungsorientierungen zu entwickeln. Dann ist die entscheidende Frage, an welchen medienreligiösen Vollzügen Kirche teilnehmen kann, welche sie kritisieren muss und wie diese Kritik wirksam vorzubringen ist.

2) Deshalb schlage ich vor, das kreuzestheologische Kriterium zunächst materialkritisch auf die konkreten Inhalte und Wirkungen medienreligiöser Vollzüge anzuwenden, woraus sich eine theologische Fundamentalkritik der Medienreligion ergeben kann, aber nicht immer muss. Kritik bezieht sich also auch nicht auf die Tatsache, dass mythisch-personalisiert gedacht wird, sondern auf das, was in mythischer Rationalität gedacht wird. Ekklesiologisch bedeutet das, dass Kirche dadurch ihrem inneren Kriterium des Kreuzes gerecht wird, dass sie sich dysemanzipativen medienreligiösen Vereinnahmungen gegenüber verschließt und diese kritisiert, an befreienden medienreligiösen Vollzügen aber durchaus teilnehmen kann.

Überträgt man also Moltmanns kreuzestheologisch informierte Kritik der politischen Religion auf medienreligiöse Phänomene, dann sind Medienreligionen insofern zu kritisieren und in Opposition zu kirchlichen Öffentlichkeiten zu sehen, als sie die politisch-religiöse Funktion übernehmen, Herrschaft zu legitimieren und Gesellschaft exklusiv zu integrieren. Dass mediale Mythen auch diese Funktion haben können, war in der Auseinandersetzung mit Silverstone deutlich geworden. Kritikwürdig wird Medienreligion dort, wo sie »[p]olitischer Götzendienst«[1002] ist, damit Ausdruck wie Beförderer der Entfremdung der Bürger von ihren Repräsentanten und der Entwicklung von Bürgern zu apathischen Untertanen.[1003] Dies geschieht, wo Repräsentanten – oder allgemeiner: öffentlich handelnde Menschen – der Bevölkerung »über den Kopf wachsen«.[1004] Diese Entfremdung, die (mediale) Konstruktion von Menschen als »Menschen da oben«, drängt nach Moltmann Bürger in Passivität und damit in »Apathie« zurück[1005] und hat somit – in Habermas' Begrifflichkeit – einen korrumpierenden Einfluss auf die lebensweltlichen Ressourcen kommunikativen Handelns. Soziale, ökonomische und politische Herrschaftsverhältnisse werden reproduziert: Die Idolisierung von Personen

1002 Dazu Moltmann 1972a, S. 304.
1003 Vgl. Moltmann 1972a, S. 304.
1004 Vgl. Moltmann 1972a, S. 304, dort auch das Zitat.
1005 Vgl. Moltmann 1972a, S. 304, dort auch das Zitat.

mit Macht und gesellschaftlichem Einfluss schirmt diese ab gegen Kritik und Mitspracheversuche und schafft damit eine Kommunikationssituation, in der die für Kritik nötigen Ressourcen entsprechend verloren gehen. Mit solchen Idolisierungen findet sich die Kirche vom Kreuz her im Konflikt.[1006]

Im Widerstand gegen politische Religion wird kreuzestheologisch informierte politische Theologie zur »radikale[n] Durchführung des alttestamentlichen Bilderverbotes«[1007] werden, das sich dann auch gegen idolisierende Formen der Personalisierung richtet: »Götzendienst, Aberglaube, Abgötterei, Fetischismus, Personenkult usw. entstehen nach dem zweiten Gebot daraus, daß Menschen sich ein sichtbares Bild des unsichtbaren, doch hörbaren Gottes ›machen‹ und sich dem Machwerk ihrer Hände unterordnen, um von ihm bestätigt und gesichert zu werden.«[1008]

Mediale Personalisierungen sind damit noch nicht aufgrund mythischer Personorientierung Ziel kreuzestheologischer Kritik an Medienreligion, sondern da, wo sie Personen religiös überhöhen, als Übermenschen und so als über Menschen Stehende darstellen – und damit nach dem hier vertretenen relationalen Personbegriff (O2) eben nicht mehr als Personen in Beziehungsnetzen. Kreuzestheologisch problematisch ist nicht schon die Konzentration auf Personen, sondern der Personenkult.

Ekklesiologisch gewendet heißt das: Die sich mit dem Gekreuzigten identifizierende Kirche wird Personalisierungen zu widerstehen suchen, die Personen religiös überhöhen. Gerät Kirche in solche Dynamiken, ist sie nicht mehr mit dem Gekreuzigten identifizierbar, sondern wirkt – in Anlehnung an Habermas formuliert – korrumpierend auf die lebensweltlichen Grundlagen kommunikativen Handelns.

1006 »Sie [Die »Alternative ›aut Christus – aut Caesar‹«] ist für die Kirche, die sich auf den Gekreuzigten beruft, aktuell im ständigen Konflikt mit den politischen und bürgerlichen Religionen der Gesellschaften, in denen sie existiert. Die Idolisierung politischer Macht und die religiöse Legitimation ökonomischer, sozialer und politischer Herrschaftsverhältnisse sind Zwänge, denen kein Volk und keine Gesellschaft und kaum eine politische Bewegung entgehen.« (Moltmann 1975, S. 109)

1007 Moltmann 1970a, S. 38. Früher schon hatte Moltmann das Bilderverbot als Freiheitsgebot interpretiert: »Das Bilderverbot – die differentia specifica Israels – wahrt die Freiheit Gottes und des Menschen vor allen Götzen und Fetischen der Begrenzung und der Definition. Darum ist endlich die erwartete Zukunft der Gottesherrschaft in allen Landen verbunden mit der Zukunft des freien Menschen in einer freien Welt.« (Moltmann 1968d, S. 191) Vgl. auch Moltmann 1970c, S. 183.

1008 Moltmann 1970a, S. 39. Zur kreuzestheologischen Kritik des Personenkultes vgl. auch Moltmann 1970c, S. 143, 186. Zur Kritik an der »Vergottung des Menschen« siehe anthropologisch auch: Moltmann 1971, S. 154.

IV. Interdisziplinäre Wahrnehmung und Orientierung: Relationen

Um Personalisierung behandeln zu können, sollte in dieser Arbeit der Fokus einer Öffentlichen Theologie der Kirche auf die Wirkbeziehungen zwischen Kirche, Medien und dispersen Medienpublika (I.3) gerichtet werden, in denen Personerzählungen eine Rolle spielen. Nachdem in den vorangegangenen Kapiteln (II und III) Orientierungen für die Wahrnehmung und eine kritisch-konstruktive Reflexion dieser Wirkbeziehungen erarbeitet wurden, sollen diese Wirkbeziehungen in den folgenden zwei Kapiteln näher beschrieben werden – einmal von den in diesen Beziehungen relevanten Beziehungspartnern her (IV) und einmal von den Dynamiken dieser Beziehungen her (V). Dies geschieht in interdisziplinärer Auseinandersetzung mit medien- und politikwissenschaftlichen Arbeiten. An die folgenden Beschreibungen werden jeweils direkt die kritisch-konstruktiven Reflexionen des gerade Beschriebenen anschließen. In dieser Reflexion sollen die bereits formulierten Grundorientierungen als relevante Praxisorientierungen erwiesen werden. Grundlegend für diese Beschreibungen und Reflexionen ist ein theoretisches Verständnis davon, was Wirkungen und insbesondere Medienwirkungen sind und wie diese funktionieren. Deshalb ist zunächst der Wirkungsbegriff zu klären.

1. Wirkbeziehungen

Gesucht wird ein Wirkungsbegriff, der zu fragen erlaubt, wie Personalisierung als Bewirktes und wie die Wirkungen von Personalisierungen in den Beziehungen von Medien, verfasster Kirche und Medienpublika verstanden werden können. Diesen konzeptuellen Rahmen stellt hier der dynamisch-transaktionale Ansatz (DTA) bereit, den insbesondere Früh und Schönbach seit Ende der 1970er, Anfang der 1980er Jahre entwickelt haben.[1009] Mit die-

1009 Vgl.: »Ende der 1970er, also vor fast 30 Jahren, diskutierten Klaus Schönbach und ich über Entwicklungen und Probleme der Medienwirkungsforschung, die uns aus verschiedenen Gründen Unbehagen bereiteten.« (Früh 2009, S. 47) Die

sem dynamisch-transaktionalen Ansatz verbinde ich eine grundlegende These über die Ursachen und Wirkungen von Personalisierungen, die durch die in diesem Kapitel (IV.2.–4.) zitierten Einzelstudien und deren Gesamtschau auf ihre Plausibilität überprüft werden soll.

Zuerst sollen aber die Grundgedanken des dynamisch-transaktionalen Ansatzes beschrieben werden; darauf folgt die Rechtfertigung und Begründung der Wahl eben dieses Ansatzes (IV.1.1). Daran schließt sich eine grobe Skizze des medialen Kommunikationsprozesses und der darin stattfindenden Wirkungen an, die in die bereits angekündigte These zur Personalisierung mündet (IV.1.2). Bedeutung und Konsequenzen des so erarbeiteten Wirkungsbegriffs sind dann in den Horizont der theologisch erarbeiteten Orientierungen zu stellen (IV.1.3).

1.1 Der dynamisch-transaktionale Ansatz

Der dynamisch-transaktionale Ansatz (DTA) geht auf die Arbeit von Klaus Schönbach und Werner Früh zurück. Insbesondere um die »›Wirkungssymbiose‹« der »Einflüsse von Medium, Rezipient und Kontext« in Medienwirkungsprozessen »konzeptuell angemessen[.]« beschreiben zu können, griffen sie auf den etwa durch Raymond A. Bauer, Sidney Kraus und Dennis K. Davis bereits in die Diskussion eingeführten Transaktionsbegriff zurück.[1010] Sie publizierten ihre erste Arbeit dazu 1982[1011] und entwickelten Ansatz und Modell seitdem weiter. 1991 erschien unter Mitarbeit etwa von Hans-Bernd Brosius, Joachim Staab und Werner Wirth eine Monographie, die eine umfassendere theoretische Begründung von Modell und Ansatz vorlegte, Begriffe präzisierte und Operationalisierungen vorschlug.[1012] 2005 konnten Früh und Schönbach auf 23

---

erste Veröffentlichung der beiden um DTA ist dann folgender Aufsatz: Früh und Schönbach 1982.

1010 Für die Zitate und Frühs Erinnerung an die Entwicklung des Transaktionsbegriffs vgl. Früh 2009, S. 47. Für den Bezug zu Bauer (und Kraus) vgl. Früh und Schönbach 1982, S. 80, Anm. 33; Früh 1991, S. 41, 2009, S. 47; Jäckel 2011, S. 95. Schönbach und Früh widersprechen dem Missverständnis von Transaktion als »rational kalkulierendes ›Aushandeln‹« (Früh 1991, S. 41). Dabei ist ihr Verständnis von Transaktionen auf das anderer Denker bezogen, insbesondere auf John Dewey (zur Auseinandersetzung mit Dewey vgl. ebd., S. 171f.) und den symbolischen Interaktionismus (vgl. ebd,, S. 173). Winfried Schulz betont vor allem den Einfluss des symbolischen Interaktionismus, wenn er schreibt: »Das dynamisch-transaktionale Modell der Medienwirkung von Früh und Schönbach ist eine gelungene Synthese und Fortführung der vom symbolischen Interaktionismus inspirierten Ansätze [...].« (Schulz 2011, S. 65)

1011 Vgl. Früh und Schönbach 1982. Früh und Schönbach identifizieren diesen Text selbst als ihren ersten veröffentlichten Aufsatz zu diesem Ansatz: Früh und Schönbach 2005, S. 4.

1012 Vgl. Früh 1991. In diesem Band findet sich auch der zuerst 1984 veröffentlichte Aufsatz »Der dynamisch-transaktionale Ansatz II« von Schönbach und Früh, den ich hier aus dem Band von 1991 zitiere.

Jahre dynamisch-transaktionalen Ansatz (DTA) zurückblicken und resümieren: »Die Resonanz auf den DTA ist erstaunlich stark gewesen.«[1013] In aktuellen Einführungswerken zur politischen Kommunikation und zur Medienwirkungsforschung wird der Ansatz behandelt.[1014] Die Festschrift zu Werner Frühs 60. Geburtstag führt die aktuellen Denkrichtungen bei Früh-Schülern und -Kollegen vor Augen.[1015]

Auch in der Perspektive von Früh und Schönbach selbst war es ein Verdienst der 1991 erschienenen Monographie, klarer zwischen Ansatz und Modell zu unterscheiden.[1016] Mit »Ansatz« sind dabei nur die »zugrundeliegenden Denkmuster« gemeint, die wiederum im dynamisch-transaktionalen Modell konkretisiert werden können und von Früh und Schönbach konkretisiert wurden.[1017] Interessant im Kontext dieser Arbeit ist weniger das hochkomplexe Modell, das empirische Forschungen anregen und modellieren soll, sondern vielmehr der Denkansatz, der m. E. eine für die öffentlich-theologische Diskussion produktive Interpretation und Einordnung von Einzelstudien zu Medieninhalten und -wirkungen erlaubt.

Der dynamisch-transaktionale Ansatz als Denkmuster wird durch drei Grundpostulate charakterisiert, anhand derer er hier – wie dies auch Früh und Schönbach selbst und in deren Folge Eilders tun – näher theoretisch gefasst werden kann.[1018] Es sind dies (1) der Transaktionsbegriff, (2) die molare Sichtweise sowie (3) die dynamische Sichtweise. Ich beziehe mich in der Darstellung vor allem auf besagte Monographie von 1991.

(1) *Transaktion.* Der 1982 erschienene Aufsatz grenzt den dynamisch-transaktionalen Ansatz gegen die bis dahin diskutierten Modelle für Medien-

---

1013 Früh und Schönbach 2005, S. 15. Dieser Aufsatz enthält auch einen umfassenden Überblick über die Arbeiten, die bis dato mit dem dynamisch-transaktionalen Modell oder angeregt vom DTA gearbeitet haben. Ebenfalls hier findet sich eine Diskussion der wichtigsten Kritikpunkte.

1014 Vgl. Schenk 2007, S. 55; Schulz 2011, S. 65; Jäckel 2011, S. 95–99. Die meines Wissens einzige Rezeption des Ansatzes in der Theologie findet sich bei: Uden 2004, S. 160–162. Adolf, Mahrt und Rhomberg zählen den DTA zu den »kanonischen Modellen und Theorien der Mediennutzungs- und -wirkungsforschung« (Adolf et al. 2009, S. 15). Sämtlicher hier genannter Sekundärliteratur verdankt die vorliegende Arbeit ein besseres Verständnis des DTA.

1015 Vgl. Wirth et al. 2007. An Arbeiten, die den dynamisch-transaktionalen Ansatz als Grundlage oder Rahmen nehmen, seien nur exemplarisch genannt: Eilders 1997; Milde 2009 (ich danke Daniel Meier, der mich auf die Arbeit von Eilders aufmerksam gemacht hat; den genannten Arbeiten verdanke ich hier auch grundlegende Einsichten in den DTA). Zum DTA als Grundlage für eine Theorie der Unterhaltung: Früh 2002, S. 67, 2003, S. 14.

1016 Vgl. Früh und Schönbach 2005, S. 6.

1017 Vgl. Früh 1991, S. 85, dort auch die Zitate.

1018 Vgl. Früh 1991, S. 86, 1994, S. 69; Eilders 1997, S. 75f. Vgl. kürzer zu den gleichen Punkten auch die Rekonstruktion bei: Wünsch 2007, S. 19–23. Vgl. dort jeweils auch für das Folgende.

wirkungen ab. Nach den früheren Modellen würden Medienwirkungen entweder gemäß dem Wirkungsansatz als ein um Bedingungen erweiterter Stimulus-Response-Vorgang gesehen oder in der Tradition des Nutzen- und Belohnungsansatzes untersucht.[1019] Gemeinsam sei beiden, von einer festen, unabhängigen Variable – etwa dem Stimulus Medienprodukt – auszugehen und dann nach der (unter Umständen durch andere Variablen gestörten) Wirkung auf abhängige Variablen – etwa die Einstellungen der Mediennutzer – zu fragen.[1020] Die Integration von Wirkungs- und Nutzenansatz,[1021] die Früh und Schönbach vornehmen, lässt nun einen dritten, eigenständigen Ansatz mit einem eigenen Relationstypus entstehen, der Transaktion:

> »Ursache und Wirkung, abhängige und unabhängige Variable sind in einem oszillatorischen Wechselspiel aufs engste miteinander verwoben. Die Medienbotschaft, die den geschilderten Kommunikationsprozeß in Gang setzt, ist nicht nur ein objektiver und damit vom Rezipienten unabhängiger Stimulus, sondern sie verändert ihre Identität im Prozeß des Verstehens: dieselbe Information ist für verschiedene Interpreten und zu verschiedenen Zeiten nicht dieselbe. Ihr werden [...] verschiedene Bedeutungen zugewiesen. Damit ist die Wirksamkeit des Stimulus nicht geleugnet, auch wenn er unterschiedliche Reaktionen auslöst [...]. So entsteht aus der Vorgabe der Medienbotschaft (Wirkungsperspektive) und der gleichzeitigen aktiven Bedeutungszuweisung durch den Rezipienten (Nutzenperspektive) das eigentliche Wirkungspotential der Medien [...].«[1022]

Damit ist nun keine der Variablen mehr permanent und eindeutig unabhängig-wirkend oder abhängig.[1023] Vielmehr sind alle Variablen im Wirkungspro-

---

1019 Vgl. Früh und Schönbach 1982, S. 76.

1020 Vgl. Früh und Schönbach 1982, S. 76. So scheibt Früh zum Nutzenansatz: »Eine solche ›Rezipientenperspektive‹ tastet jedoch die logische Funktion der Medienaussage als Ursache und die Eindrücke beim Rezipienten als Wirkung nicht an. Die Bedürfnisse des Publikums fungieren nur als Verteilungskriterium bei der aktiven Zuweisung von Wirkungschancen durch das Publikum. Der nach wie vor kausale Wirkungszusammenhang Medienaussage –> Rezipient wird lediglich final erklärt: Wirksam kann diejenige Medienaussage werden, von der das Publikum hinreichende Gratifikationen erwartet.« (Früh 1991, S. 15)

1021 Zu Begriff und Sache bei Früh und Schönbach vgl. Früh 1991, S. 28, 31. Später sprechen sie über die »*systematische* Integration von Kommunikator- und Rezipientenperspektive im DTA« (Früh und Schönbach 2005, S. 13, kursiv im Original). Vgl. auch Früh 2009, S. 48f. Dabei geht diese Integration, wie Eilders betont, über eine »schlichte Integration« hinaus, indem die Autoren »die transaktionale, die dynamische und die molare Perspektive« einführen (Eilders 1997, S. 75f.).

1022 Früh und Schönbach 1982, S. 78.

1023 Vgl.: »Im dynamisch-transaktionalen Modell kann jedoch die Funktion der Variablen permanent wechseln, und sie sind oft als abhängige Variablen gar nicht mehr voneinander zu isolieren. Wichtiger ist noch, daß sie ihre Identität und Bedeutung im Wirkungsprozeß selbst erst erhalten, vorab also noch gar nicht eindeutig bestimmt und als experimenteller Stimulus gezielt eingeführt werden kön-

zess voneinander auch abhängig und jeweils zu unterschiedlichen Anteilen passiv-bewirkt oder aktiv-wirkend.[1024] In diesem Kontext fällt schon 1982 der Begriff »Transaktion«, den Früh dann 1991 so definiert:

> »Eine Transaktion ist bekanntlich eine simultane Wechselwirkung zwischen A und B, bei der die beiden transitiven Wirkungsaspekte A -> B und B -> A sich gegenseitig erst durch den jeweils komplementären Wirkungsaspekt definieren: Indem A -> B entsteht, ist B -> A darin bereits berücksichtigt, d. h. jede der beiden nur analytisch isolierbaren Teilbeziehungen existierte nicht ohne die ›selbstreflexive Koorientierung‹.«[1025]

In anderen Worten lässt sich dies folgendermaßen illustrieren: Die Aussagen »Ich schaue einen Film, weil er mich interessiert« (Nutzenansatz, B -> A) und »Mich interessiert ein Film, weil ich ihn schaue und er damit mein Interesse weckt« (Wirkungsansatz, A -> B) widersprechen einander nicht, sondern bedingen sich gegenseitig. Sie sind zwei Seiten ein und derselben Transaktion. Damit sind jeweils beide an einer Transaktion beteiligten Elemente sowohl Wirkung als auch Wirkursache: »Wirkungen treten nicht nur beim Rezipienten, sondern bei allen beteiligten Faktoren auf«.[1026] So spricht Früh im Falle von Transaktionen auch von »doppelseitigen (nicht wechselseitigen!) Kausalität[en]«.[1027] Entscheidend dafür, die Beziehung zweier Variablen als Transakti-

---

nen.« (Früh und Schönbach 1982, S. 86) Vgl. auch: »Wesentlich ist, daß nicht ein Faktor wirkt und ein anderer beeinflußt wird, sondern zwei Größen in einer Beziehung zueinander stehen, die das Resultat gleichzeitiger aktiver Prägungen von beiden Seiten ist. [...] Nur wenn diese transaktionale Interpretation des Wirkungsbegriffs beachtet wird, kann man beim dynamisch-transaktionalen Modell wenigstens teilweise zurecht von einer Integration der Kommunikator- und Rezipientenperspektive sprechen. Die Einschränkung betrifft den Tatbestand, daß das dynamisch-transaktionale Modell Wirkungen nicht allein auf die Beziehung Kommunikator–Rezipient beschränkt. Wirkungen treten vielmehr bei allen am Kommunikationsprozeß beteiligten Faktoren auf.« (Früh 1991, S. 17) Vgl. auch ebd., S. 38, 61, 126. Eilders formuliert pointiert: »Der Begriff Transaktion verzichtet auf eine Differenzierung zwischen Ursache und Wirkung.« (Eilders 2007, S. 63) Vgl. entsprechend auch: Milde 2009, S. 21.

1024 Vgl.: »Wenn bei transaktionalen Zusammenhängen keine Variable wirken kann, ohne sich nicht auch zugleich selbst zu verändern, dann ist immer auf beiden Seiten einer solchen zwei-Variablen-Konstellation sowohl nach der aktiv-beeinflussenden als auch nach der passiv-beeinflußten Komponente zu suchen.« (Früh 1991, S. 160) Vgl. auch später: »Wirkungen entstehen nicht nur am Ende einer kausal gerichteten Beziehung, sondern an allen relevanten Teilen des Kommunikationszusammenhangs [...].« (Früh 2009, S. 49) Vgl. dazu auch Eilders 1997, S. 76.

1025 Früh 1991, S. 123.

1026 Früh 2002, S. 72. Ähnlich auch: Früh 1991, S. 61, 2009, S. 50.

1027 Früh 1991, S. 187. Früh hat entsprechend betont: »Dass solche gegenseitigen Beziehungen [Transaktionen, FH] keine Interaktionen sind, ist daran erkennbar,

on bezeichnen zu können, ist, »daß der beeinflussende Faktor sich, indem er beeinflußt, selbst verändert und das beeinflußte Element gleichzeitig noch auf andere Elemente einwirkt, die dessen Identität wiederum mitdefinieren.«[1028]

Nun geht Frühs und Schönbachs Ansatz offenbar aber nicht davon aus, dass es »[i]n der konkreten Forschung« sinnvoll ist, alle Wirkbeziehungen als doppelseitige, also transaktionale zu betrachten,[1029] sondern stellt logisch den Transaktionen kausale Stimulationen gegenüber:[1030] Idealtypisch meinen kausale Stimulationen dann lineare Ursache-Wirkung-Kausalitäten, in denen es zu keiner Selbstveränderung des Wirkenden kommt, eine Variable also tatsächlich unabhängig ist. In Transaktionen liegen hingegen wie beschrieben Selbstveränderungen vor. Diese idealtypische Unterscheidung spannt, den Autoren zufolge, praktisch allerdings ein Kontinuum fließender Übergänge auf.[1031] Eigentlich verändert sich jeder wirkende Faktor durch sein Wirken.[1032] In Früh und Schönbachs Beispiel gesprochen: Auch die Sonne verliert Energie, wenn sie »einen Stein erwärmt«.[1033] Damit ist aber noch nicht gesagt, dass es forschungspraktisch sinnvoll ist, die Wirkung der Sonne auf den Stein auch als Transaktion zu beschreiben. Vielmehr zeigt das Beispiel, dass die Grenze zwischen dem, was sich pragmatisch[1034] sinnvoll aus Transaktionen beziehungsweise als kausale Stimulation betrachten lässt, fließend ist. Das Entscheidende an dieser Differenz ist, dass der DTA so die Identifikation von medienrelevanten Wirkbeziehungen und Transaktionen m. E. zwar grundsätzlich nahelegt, aber eben nicht schon im theoretischen Ansatz als zwingend voraussetzt. Es werden die von diesem theoretischen Ansatz her arbeitenden empirischen Untersuchungen sein, die klären können, ob Wirkbeziehungen eher als Transaktionen oder eher als Stimulation plausibel interpretierbar

---

dass sie analytisch nicht in einzelne, wechselweise Kausalbeziehungen (›Zug um Zug‹) zerlegt werden können.« (Früh 2002, S. 69)

1028 Früh 1991, S. 126. Später dann sogar als Definition: »Transaktionen sind Wirkungen, bei denen sich der beeinflussende Faktor A, indem er Faktor B beeinflußt, selbst verändert – und umgekehrt.« (ebd., S. 141) Vgl. auch Früh 2002, S. 69. Auf die Medienbotschaft bezogen vgl. Früh 2011, S. 114.

1029 Vgl.: »Wenn bei den Beispielen aus der Kommunikationswissenschaft die Transaktionen besonders im Blickpunkt standen, dann soll damit nicht der Eindruck erweckt werden, alles sei nur noch Transaktion. Ganz im Gegenteil: In der konkreten Forschung wird man vermutlich viel häufiger auf Mischformen stoßen, und auch Stimulationen haben als sequentielle oder kybernetische Interaktion durchaus ihren Platz.« (Früh 1991, S. 188) Später schreibt Früh: »Transaktion als eigener Relationstyp soll nicht anstatt, sondern ergänzend zu Kausalität eingeführt werden.« (Früh 2009, S. 54)

1030 Vgl. Früh 1991, S. 141.

1031 Vgl. Früh 1991, S. 155f. Vgl. dort auch für das Folgende.

1032 Vgl. Früh 1991, S. 155.

1033 Vgl. Früh 1991, S. 155, dort auch das Zitat.

1034 Vgl. Früh 1991, S. 156.

sind. Dass Personerzählungen in Transaktionsbeziehungen entstehen, ist deshalb im Folgenden als zu belegende These formuliert.

Berücksichtigt man auch die Dimension Zeit, ergibt sich in Entsprechung zur graduellen Unterscheidung von Stimulationen und Transaktionen die logische Differenz von sequentiellen Interaktionen[1035] und Transaktionen. Interaktionen meinen dabei zeitlich aneinandergereihte Stimulationen: A wirkt auf B, woraufhin B auf A wirkt.[1036] Der Übergang zwischen Transaktion und Interaktion ist wiederum fließend,[1037] insofern Früh und Schönbach »›simultan‹ und ›oszillatorisches Wechselspiel‹ synonym zur Bezeichnung von Transaktionen benutzen«.[1038] Damit wird es wiederum pragmatisch von der Beobachtungsebene abhängig, ob zwei Wirkungen simultan – also transagierend – oder wechselseitig nacheinander – also interagierend – ablaufen:[1039] Genauso wie ein Stein »mit dem bloßen Auge« betrachtet als »statisches Objekt« erscheinen kann, obwohl er mikroskopisch gesehen eine Wandlungen unterworfene Molekülkonstellation ist, können andersherum schnell aufeinanderfolgende Wirkungen dem Beobachter als gleichzeitig – also transaktional – erscheinen: »Deshalb ist es möglich, Beziehungen als Transaktionen zu identifizieren, die auf einer bestimmten Betrachtungsebene simultan sind, obwohl sie auf der nächst niedrigeren Betrachtungsebene in kausale Sequenzen aufgelöst werden können.«[1040] Es ergeben sich also zusammengefasst grob

---

1035 Vgl. Früh 1991, S. 151.

1036 Vgl. Früh 1991, S. 151. Zur Unterscheidung von Transaktion und Interaktion in diesem Sinne vgl. Früh 2002, S. 69.

1037 Vgl. Früh 1991, S. 157f.

1038 Früh 1991, S. 156. Früh beschreibt an anderer Stelle, Schönbach und er hätten in der Diskussion zwei mögliche Verständnisse von Transaktion gefunden: einmal als »›oszillatorisches Wechselspiel‹« und einmal als »simultanes Ineinandergreifen«. Dabei habe Schönbach als Empiriker eher das erste und Früh eher das zweite bevorzugt (vgl. auch für die Zitate: Früh 2009, S. 47). In eigenständigen Veröffentlichungen hat Früh in der Tat die Simultaneität betont (vgl. Früh 2002, S. 69).

1039 Vgl. dazu und zum folgenden Beispiel (mit Zitaten) Früh 1991, S. 157.

1040 Früh 1991, S. 157. Dieser Satz scheint zunächst der These zu widersprechen, Transaktionen seien »ein eigenständiger, nicht auf Kausalität reduzierbarer Beziehungstypus« (Früh 2009, S. 48, vgl. dort auch für das Folgende). Dieser scheinbare Widerspruch macht die offen gelassene Frage relevant, ob Transaktionen nun »ein komplexes und hoch frequentes, d. h. nicht mehr wahrnehmbares Wechselspiel von Ursache und Wirkung (›oszillatorisches Wechselspiel‹) oder aber ein simultanes Ineinandergreifen, ja geradezu ›Verschmelzen‹ diverser Einflussgrößen« (ebd., S. 47) meint. In letzterem Fall ließen sich Transaktionen auch bei noch so hoch auflösender Betrachtung nicht in Kausalsequenzen zerlegen. In ersterem Fall wäre das zwar möglich; genau damit wäre aber die Abgrenzung von Transaktion und Kausalität zurückgenommen (vgl. ähnlich ebd., S. 48). Insbesondere die erste, zweite und vierte Anmerkung Frühs zu genau dieser Problemstellung – zu der Frage nämlich: »*Lassen sich Transaktionen bei ›hochauflösender‹ Betrachtung in zwei Kausalbeziehungen differenzieren?*« (ebd., S. 56, kursiv im Original) – lassen

zwei Idealtypen von Wirkbeziehungen: einmal kausale Stimulationen, denen als Reaktion kausale Stimulationen folgen können (usw.), wodurch eine sequentielle Interaktion entsteht; und zum anderen Transaktionen.

Früh betont außerdem noch: Während etwas aus der Perspektive des Kommunikators als Transaktion erscheinen kann, könnte es etwa aus der Perspektive des Rezipienten eher als Stimulation wirken: »Die Beziehung zweier Personen [...] A und B kann aus der Sicht von A eine Transaktion, aus der Perspektive von B jedoch eine passive Beeinflussung sein. Dies ist z. B. immer dann der Fall, wenn A auf B einwirkt und die mutmaßliche Reaktion von B in seinem Handeln bereits berücksichtigt, während B überhaupt nicht bemerkt, daß es (er/sie) Handlungsobjekt von A ist.«[1041] Eine Wirkbeziehung lässt sich damit nur bei gleichzeitiger Angabe der Perspektive als Transaktion identifizieren.

So lassen sich zunächst die wichtigsten von Früh und Schönbach genannten Konkretionen des Relationstypus »Transaktion« als Transaktionen aus der Perspektive des Kommunikators oder Rezipienten jeweils konkreter erläutern: Sie unterscheiden zunächst zwischen Inter- und Intra-Transaktionen.[1042] (a) »*Inter*-Transaktionen sind imaginäre oder reale Interaktionsprozesse zwischen Kommunikatoren und Rezipienten, im Falle medialer Kommunikation

---

sich m. E. auf folgende plausible Antwort hin weiterdenken. Der oben formulierte scheinbare Widerspruch, durch den die Auflösbarkeit von Transaktionen in wechselseitige Kausalität mittels Verfeinerung der Betrachtungsinstrumente als Einspruch gegen die Abgrenzung von Transaktionalität und linearer Kausalität vorgebracht werden kann, setzt eine Entkopplung der jeweiligen Betrachtung vom Betrachtungsgegenstand voraus, der der DTA gerade widerspricht: Lässt sich ein Gegenstand aber nicht beobachten, ohne dass dieser beobachtet wird, macht die Beobachtung auf einer niedrigeren Ebene vielleicht etwas sichtbar, was auf höherer Ebene als noch Unsichtbares auch anders hätte sein können. So betont Früh von Heisenberg herkommend: »Vielmehr lösen sich beide [Kausalität und Transaktion, FH] bei höchster Auflösung auf – oder besser gesagt: sie verschwinden. Damit müssen wir eingestehen, dass uns diese grundlegende Erkenntnis in der konkreten Forschungsarbeit nicht weiterbringt. Das Abgleiten ins Absurde kann nur verhindert werden, wenn man einen Grenzwert für den Auflösungsgrad festlegt. [...] Wir müssen die Seinsebenen und Funktionszusammenhänge beachten – und dort bleiben Kausalitäten, aber auch Transaktionen als Bestandteile menschlicher Weltentwürfe erhalten.« (ebd., S. 61) Anders formuliert: Dass auf einer gegebenen Betrachtungsebene kausale und transaktionale Beziehungen unterscheidbar sind, macht deren Unterscheidung schon sinnvoll. Dass dabei der Unterschied zwischen simultan und oszillierend unsichtbar bleibt, kann diesen auch pragmatisch irrelevant machen. (Vgl. ebd., S. 56–62)

1041 Früh 1991, S. 158f.

1042 Dieser Unterscheidung entspricht die zwischen Transaktion 1 und 2 im älteren Modell (vgl. für das ältere Modell: Früh und Schönbach 1982, S. 78, für den Bezug der neuen auf die alte Unterscheidung Früh 1991, S. 42; Milde 2009, S. 25). Zu dieser Unterscheidung vgl. auch Schenk 2007, S. 48; Jäckel 2011, S. 97.

meist vermittelt über die Medienbotschaft. [...] Basis *und* Produkt von Inter-Transaktionen sind das ›Bild vom Rezipienten beim Kommunikator‹ bzw. das ›Bild vom Kommunikator beim Rezipienten‹«.[1043]

Im folgenden Sinne[1044] transagiert der Rezipient in Rezipientenperspektive mit einer Kommunikationsaussage (des Kommunikators): Die Medienbotschaft wirkt nicht direkt auf den Rezipienten, sondern wird erst im Prozess des Wirkens zu einer auch vom Rezipienten bewirkten Ursache. Das »Wirkpotential der Medien« entsteht erst aus »Medienbotschaft und aktiver Bedeutungszuweisung durch den Rezipienten«.[1045] Aktiv sind Rezipienten in Selektion und Elaboration[1046] – also darin, aus dem Angebot auszuwählen und Unverbundenes zu einem »subjektiv sinnvollen Ganzen zusammenzufügen«.[1047] Die Medienbotschaft wirkt also als rezipientenseitig rekonstruierter Stimulus, wobei diese Rekonstruktion von den Merkmalen des Stimulus nicht völlig unabhängig ist.[1048] Damit bleiben einmal die Merkmale der Medienbotschaft für die Wirkung relevant. Zum anderen ist aber »dieselbe Information [...] für verschiedene Interpreten und zu verschiedenen Zeiten nicht diesel-

---

1043 Früh 1991, S. 42, kursiv im Original. Auch zitiert bei: Jäckel 2011, S. 97.

1044 Früh und Schönbach beschreiben diese Transaktion an dieser Stelle nicht explizit als Inter-Transaktion. Es handelt sich aber m. E. um eine solche, weil es um Beziehungen des Rezipienten zum Kommunikator bzw. dessen Aussage geht. Im alten Muster meint »Transaktion 1« (die später »Inter-Transaktion« heißt) genau diese Beziehung zur Medienbotschaft (Früh 1991, S. 29, 42).

1045 Früh 1991, S. 38. Vgl. auch: »Allerdings wird im Verlauf der Transaktion eine der Ursachen – die Kommunikationsaussage – im kognitiven System des Rezipienten erst als Stimulus konstituiert« (ebd., S. 43). Siehe auch: »Die Medienbotschaft, die einen Kommunikationsprozeß in Gang setzt, ist nicht nur ein objektiver, vom Rezipienten unabhängiger Stimulus, sondern sie erhält und verändert ihre Identität im Prozeß des Verstehens« (ebd., S. 123, ähnlich auch schon: Früh und Schönbach 1982, S. 78. Vgl. auch Früh 1991, S. 51). Entsprechend fasst Eilders zusammen: »Medieninhalte wirken erst, indem Rezipienten sie verarbeiten, wenn sie sie also interpretieren, in ihr Vorwissen integrieren und zusätzliche Aspekte elaborieren. [...] Die Transaktion bezeichnet damit den Prozess einer gleichzeitigen wechselseitigen Beeinflussung von kommunizierten Inhalten und den Vorstellungen von diesen.« (Eilders 2007, S. 63) Zu diesem Zusammenhang vgl. auch Eilders 1997, S. 76f. 80; Schenk 2007, S. 47; Jäckel 2011, S. 96.

1046 Zu diesem Begriffspaar vgl. etwa Früh und Schönbach 1982, S. 79; Früh 1991, S. 43; Eilders 1997, S. 76, 85; Schenk 2007, S. 47. An anderer Stelle nennt Früh »drei prinzipiell unterschiedliche[n] Strategien der Rezeption und Informationsverwendung [...]: *Reduktion, Modifikation bzw. Transformation i. e. S. und Elaboration.*« (Früh 2011, S. 115, kursiv im Original. Vgl. auch Früh 1994, S. 76)

1047 Früh und Schönbach 1982, S. 79.

1048 Vgl. etwa Früh 1991, S. 43. So hält Früh zum Transformationsmodell der Rezeption auch später fest: »Die Freiheitsgrade der subjektiven Bedeutungstransformation werden dabei durch die konventionalisierte Bedeutungspotenz des Stimulus eingeschränkt.« (Früh 2011, S. 114)

be.«[1049] Ein Beispiel: Nicht ein Text wirkt auf mich, sondern mein je aktuelles und individuelles Verständnis des Textes. So liegt in der Perspektive des Rezipienten (im Beispiel: mir) hier eine Transaktion vor. Dabei deutet sich auch an, dass sich Transaktionen »bewußt oder unbewußt« vollziehen können.[1050]

In der Perspektive des Kommunikators transagiert dieser während der Produktion der Medienaussagen mit den Rezipienten, insofern dabei sein Bild vom Rezipienten und die Antizipation von dessen Erwartungen und Interessen verhaltensorientierend ist. Früh und Schönbach sprechen in diesem Zusammenhang von »Para-Feedback«.[1051] Dabei kann dem Kommunikator die Beziehung zum Rezipienten eine Transaktion sein, weil er sich ja auf dessen antizipierte Erwartung einstellt, während sie dem Rezipienten auch als Stimulation erscheinen kann, insofern er den objektiven Inhalt der Medienaussage nicht aktiv ändern kann. Ein Beispiel: Der Film weckt nicht einfach Interesse bei Zuschauern. Vielmehr wird in der Filmproduktion schon antizipiert, was das Interesse des Zuschauers wecken könnte, was die Filmproduktion selbst wiederum verändert. Insofern »wirkt« der Zuschauer in Produktionsperspektive virtuell an der Produktion mit, obwohl er faktisch nur Zuschauer ist. Insofern berücksichtigt dieser Ansatz außerdem eben nicht nur Erwartungen, sondern auch »Erwartungs-Erwartungen«.[1052]

(b) Intra-Transaktionen meinen die innerpsychischen Vorgänge etwa zwischen »Aktivationsniveau« und »Wissensstand«[1053] und sind im Rahmen dieser Untersuchung weniger wichtig.[1054]

(c) In der weiteren Entwicklung des Modells beschreibt Früh außerdem neben diesen horizontalen[1055] auch vertikale Transaktionen, die »zwischen hierarchisch unterschiedlichen Ebenen, zwischen dem System und seinen Teilen«[1056] stattfinden. Der Journalist transagiert in seiner Perspektive des Kommunikators mit dem System »Journalismus« und seinen Regeln und Routinen, indem er diese (aktiv) antizipiert und sich dann (passiv) danach rich-

---

1049 Früh und Schönbach 1982, S. 78; Schenk 2007, S. 47.

1050 Ich schließe das aus folgendem Zitat: »Beide beteiligten Gruppen am Kommunikationsprozeß versuchen in der Inter-Transaktion bewußt oder unbewußt (s. o.), ihre jeweiligen Gratifikationen aus der Kommunikation zu maximieren [...].« (Früh 1991, S. 42) Vgl. auch das Milde-Zitat in der nächsten Fußnote.

1051 Vgl. Früh und Schönbach 1982, S. 80; Früh 1991, S. 53, Abb. 3. Zum Verständnis des Para-Feedbacks als Inter-Transaktion vgl. auch: »Inter-Transaktionen beinhalten verhaltenssteuernde indirekte Feedback-Prozesse oder Para-Feedback-Prozesse, die bewusst oder unbewusst ablaufen.« (Milde 2009, S. 26)

1052 Vgl. Schulz 2011, S. 65.

1053 Früh 1991, S. 42.

1054 So auch Eilders 2007, S. 63.

1055 Inter- und Intra-Transaktionen sind horizontale Transaktionen (vgl. Früh 1991, S. 71).

1056 Früh 1991, S. 71, dort auch der Begriff.

tet.[1057] Ähnlich transagieren Rezipienten in der Perspektive des Rezipienten mit dem übergeordneten System eines dispersen Publikums, insofern sie »eine Vorstellung von Publikum bzw. Öffentlichkeit entwickeln, die im selben Moment des kognitiven Vollzugs bereits sie selbst wieder in ihrem Denken und Handeln beeinflußt«.[1058] Entscheidend dabei ist, dass diese Antizipationen wirksam werden, unabhängig davon, ob sie zutreffen: »Das System der öffentlichen Meinung ist auch als reine Fiktion wirksam.«[1059]

Aus diesen Perspektiven verweist der Begriff »Transaktion« also zunächst auf den Umstand, dass Rezipienten und Kommunikatoren sich ein Bild voneinander, ihren Kontexten und den Aussagen des anderen machen und dass dann äußerliche Realitäten – Botschaften oder Kommunikationspartner – nicht direkt-linear auf sie wirken, sondern die nach eigenen Mustern gefertigten Bilder davon, wobei das entsprechende Bild nicht nur auf den Einzelnen wirkt, sondern auch von ihm mitbewirkt ist. Während dies wie bereits gesehen in der Tat ein wichtiger Aspekt von »Transaktionen« ist, umfasst der Begriff auch die sich aus diesen »selbstreflexiven Koorientierungen«[1060] ergebenden doppelseitigen Wirkungen, die in der Perspektive eines Dritten sichtbar werden – etwa Veränderungen des Systems Journalismus, des Konsumverhaltens oder der Medieninhalte.[1061] So arbeiten Früh und Schönbach für Beziehungen auf horizontaler Ebene heraus, wie Kommunikator und Rezipient in diesen jeweils »passiv und aktiv« sind und sich so gegenseitig (real) Bedingungen setzen.[1062] Für die Beziehung zu Subsystemen, die eine vertikale ist, wird betont, dass hier die »transaktionale Sichtweise« auch die »Frage nach den Auswirkungen des Rezipientenverhaltens« bzw. des »kollektive[n] Kom-

---

1057 Früh nennt dazu folgendes anschauliches Beispiel: »Vor die Frage gestellt, ob eine vermutlich aufsehenerregende ›story‹ aus ethischen Gründen besser nicht publiziert werden solle, wird sich mancher Journalist mit dem Argument ›dann publiziert sie morgen ein anderer‹ *für* die Veröffentlichung entscheiden. Die Tatsache, daß gewiß nicht jeder Journalist dem Druck des imaginären Systems nachgibt, dies gleichwohl aber vermutlich von vielen seiner Kollegen annimmt[,] zeigt, daß hier keine einseitige Determiniertheit, sondern eine echte vertikale Transaktion vorliegt.« (Früh 1991, S. 72, kursiv im Original)

1058 Früh 1991, S. 71.

1059 Früh 1991, S. 70.

1060 Zu diesem Begriff vgl. Früh 1991, S. 123.

1061 Dass die Autoren auch diesen Aspekt umfasst wissen wollen, lässt sich auch daraus ableiten, dass sie eben nicht nur von vorgestellten oder imaginären Beziehungen sprechen, sondern von »vorgestellten oder tatsächlichen [...] Beziehungen«, von »imaginäre[n] oder reale[n] Interaktionsprozesse[n]« (beide Zitate: Früh 1991, S. 42).

1062 Vgl.: »Kommunikator wie Rezipient setzen also einerseits im Prozeß der Massenkommunikation Bedingungen und werden andererseits mit den Bedingungen des Gegenparts konfrontiert; beide sind somit passiv und aktiv zugleich.« (Früh und Schönbach 1982, S. 79) Vgl. Früh 2009, S. 49.

munikatorverhalten[s] auf die gesellschaftlichen Subsysteme« nahelegt.[1063] Während etwa Kommunikatoren aus ihrer Perspektive sich jeweils ihrem Bild des Systems entsprechend verhalten, sind sie zugleich »auch Subjekte, das heißt aktive, konstituierende Teile dieser Systeme [...], so daß bei ihrer individuellen Veränderung das übergeordnete System nicht ganz unberührt bleiben kann.«[1064] Die im Anschluss beschriebene molare Perspektive betont auch diesen Zusammenhang.

Der dynamisch-transaktionale Ansatz geht also zusammengefasst davon aus, dass es Wirkungen gibt, die sich als Transaktion, also als doppelseitige Veränderungen und Beeinflussung der beteiligten Faktoren, beschreiben lassen.

(2) *Molare Sichtweise:* Eng mit diesem Transaktionsbegriff hängt zusammen, was Früh et al. die »Molare bzw. ökologische Sichtweise«[1065] nennen. Kurz und vereinfacht gesagt meint diese unter anderem, dass der »relevante[n] Kontext« immer mitbetrachtet werden und eine »sinnbezogene[n] Auswahl relevanter Faktoren« stattfinden muss.[1066] Einen frühen Typ dieser molaren Sichtweise finden die Autoren in Lewins Feldtheorie wieder.[1067] Damit ließen sich die am Wirkungsprozess beteiligten Faktoren nicht isoliert verstehen, sondern nur als Teil eines »vernetzten Feldes«, in dem alles mehr oder

---

1063 Für Inhalt und Zitate vgl. Früh 1991, S. 68, 74. Auf S. 68 heißt es auch: »Interessant ist dabei vor allem die Frage, ob ein alternierender Einfluß zwischen System und Individuum stattfindet oder ein gegenseitig simultaner, den wir Transaktion nennen.« Nach solchen Einflüssen hat vor allem Christiane Eilders gefragt, der ich auch den Hinweis auf die Wichtigkeit dieses Themas verdanke: Eilders 2007, S. 64f., 66, 77. So schreibt sie explizit zum Verständnis des Verhältnisses von »Kommunikator und Öffentlichkeit als vertikale[r] Transaktion«: »Eine solche Modellierung erscheint besonders angemessen, da der Kommunikator als konstituierender Teil des Systems begriffen wird, welches er beeinflusst und dessen Einflüssen er gleichzeitig unterliegt« (ebd., S. 75, dort verweist sie auch auf die von mir zitierte Stelle aus der Früh-Monographie von 1991 (S. 74)).

1064 Früh 1991, S. 74. An andere Stelle hat Früh betont, dass das System durch die Teile, die mit ihm transagieren, selbst konstituiert wird: »[...] Allerdings läßt sich hier nicht eindeutig entscheiden [...], ob sich die beiden Teilchen sozusagen wechselseitig ›beobachten‹ und sich auf einen bestimmten Ort und Bewegungsmodus ›einigen‹ oder ob es übergeordnete Systembedingungen gibt, an denen sich beide gemeinsam orientieren. Eine Transaktion ist auch das letztere, weil das System keine dritte, einflußnehmende Instanz ist, sondern durch die Teilchen und ihre Beziehungen selbst konstituiert wird.« (ebd., S. 123)

1065 Früh 1991, S. 126, 2002, S. 69f., 2003, S. 16. Vgl. dazu und für das Folgende auch: Eilders 1997, S. 78f.; Wünsch 2007, S. 19–21.

1066 Vgl. Früh 1991, S. 131, dort auch die Zitate; vgl. auch S. 147.

1067 Vgl. Früh 1991, S. 130.

weniger stark mit allem zusammenhängt.[1068] Damit ist ein wesentliches Charakteristikum der molaren oder ökologischen Sichtweise benannt, wobei die unterschiedliche Stärke der jeweiligen Verbindungen die Möglichkeit einer sinnvollen Komplexitätsreduktion eröffnet:

> »Es ist richtig, daß durch lokale und globale Vernetzung jedes Element mit allen anderen verbunden ist, so daß es auch deren Einflüssen ausgesetzt ist. Aber die Einflüsse können stärker oder schwächer, kontinuierlich oder diskret, häufig oder selten und damit letztlich relevant oder irrelevant sein.«[1069]

In die Analyse müssten dann jeweils die »unmittelbar relevanten Randbedingungen« einbezogen werden.[1070] Diese Reduktion bleibt aber sozusagen gefährlich, weil relevante Faktoren leicht ausgeblendet werden können.[1071] Dass einzelne Faktoren immer miteinander und mit dem großen Ganzen zusammenhängen, ähnlich verschiedenen Magneten und magnetischen Gegenständen in einem Magnetfeld,[1072] bedeutet auf die Medienkommunikation bezogen:

> »Da Vorgänge der Massenkommunikation, speziell Wirkungsprozesse, immer verbunden sind mit anderen Kommunikationsvorgängen und eingebettet in andere Lebensvollzüge, ist das dynamisch-transaktionale Modell ein molarer bzw. ökologischer Ansatz: Die Medien werden als eine Informationsquelle neben anderen gesehen und das Informationsverhalten als eine Form des alltäglichen Lebensvollzugs neben anderen.«[1073]

In molarer Perspektive können nicht mehr nur die Transaktionen von A und B untersucht werden, vielmehr erscheinen beide Faktoren als Teil eines Feldes von Faktoren und als Teil eines Gesamtsystems, mit denen jeweils wieder Transaktionen stattfinden. Früh und Schönbach schreiben die molare Perspektive aufgreifend über kombinierte Transaktionen:

> »Jeder Faktor ist also eingebunden in ein Netz gleichartiger Größen, so daß die Veränderung eines Elements ein simultanes Revirement aller Feldfaktoren bedeutet (horizontale Transaktion). Gleichzeitig muß man sich jedoch vorstellen, daß derselbe Faktor A auch Teil eines Gesamtsystems (und darüber hinaus einiger, hierarchisch gegliederter Subsysteme) sein kann. Dadurch beeinflußt seine Veränderung ebenso die globalen Systembedingungen wie eine Veränderung der Sys-

---

1068 Vgl. Früh 1991, S. 61, 100, 128, 147, Zitat auf S. 61; auf S. 147 ist vom »Kräftefeld der Kommunikation« die Rede. Vgl. zur Massenkommunikation als »Beziehungsfeld« wie bereits zitiert auch Maletzke 1963, S. 37.

1069 Früh 1991, S. 128.

1070 Vgl. Früh 1991, S. 129, dort auch das Zitat.

1071 Vgl. Früh 1991, S. 129.

1072 Zur Kommunikation als »Kräftefeld« vgl. Früh 1991, S. 147.

1073 Früh 1991, S. 130.

> tembindungen seine Kontextbedingungen [...] beeinflußt (vertikale Transaktion).«[1074]

Als molare oder ökologische Sichtweise geht der dynamisch-transaktionale Ansatz also von einem Verständnis des Kommunikationsprozesses als Kräftefeld[1075] einander beeinflussender und voneinander beeinflusster Faktoren aus. Einzelne Faktoren sind jeweils in ihrem relevanten Kontext zu betrachten.

(3) *Dynamische Sichtweise:* Dynamisch-transaktionales Denken enthält eine zweite Komplexitätssteigerung, nämlich jene durch die »[d]ynamische Sichtweise«[1076] eintretende. Danach sind Objekte, Faktoren und deren Relationen immer »Verlaufsgestalten«, also ständig in unterschiedlich schnellen Bewegungen begriffen.[1077] Damit schlägt der Ansatz eine »grundsätzliche Umorientierung des wissenschaftlichen Denkens hin zu strikt prozeßorientierten Sichtweisen«[1078] vor. Primärer Forschungsgegenstand könnten so nicht mehr einzelne Zustände in der Massenkommunikation sein, sondern die »Dynamik der Massenkommunikation« mit ihren typischen Prozessabläufen und »Verlaufscharakteristiken«.[1079]

Auf dem Hintergrund dieser kurzen Darstellung dynamisch-transaktionalen Denkens kann nun explizit gemacht werden, warum dieser Ansatz für eine Beschreibung der (personalisierten) Medienkommunikation über und mit der Kirche so attraktiv ist.

Der Denkansatz vermeidet die Einseitigkeiten eines rein medienorientierten oder rein empfängerorientierten Ansatzes und erscheint damit zunächst sachgerechter als reine Wirkungs- oder Nutzenansätze.[1080] Die Fragen »Was machen die Menschen mit den Medien?« und »Was machen die Medien mit den Menschen?« erscheinen jeweils für sich genommen einseitig.[1081] Sachgerechter scheint mir in der Tat die Frage »Was machen Medien und Menschen miteinander?«, die ja weiterhin auch asymmetrische Wirkbeziehungen von Medien und Menschen theoretisch beschreiben kann. Ähnlich fasst Schenk

---

1074 Früh 1991, S. 149.

1075 Vgl. Früh 1991, S. 147.

1076 Früh 1991, S. 131.

1077 Vgl. Früh 1991, S. 132, dort auch das Zitat, das im Original fett, in Großbuchstaben und kursiv gesetzt ist.

1078 Früh 1991, S. 136.

1079 Vgl. Früh 1991, S. 134, 136.

1080 Für einen kurzen Überblick über die Wirkungsvorstellungen besagter zwei Ansätze vgl. Schenk 2007, S. 44–46, dort auch die Unterscheidung von medien- und empfängerorientierten Ansätzen. Der DTA stellt eben nicht nur eine Addition beider Ansätze dar, sondern deren sinnvolle Erweiterung. (Vgl. Eilders 1997, S. 75f.; Uden 2004, S. 160.)

1081 Die Formulierungen der Fragen, die als Kurzfassung für nutzen- bzw. wirkungszentrierte Ansätze geläufig sind, ist hier übernommen von: Schenk 2007, S. 45.

den möglichen Vorzug des Ansatzes zusammen, nachdem er auf die forschungspragmatische Problematik des Modells verwiesen hat: »Als ›multikausaler Ansatz‹ kann das dynamisch-transaktionale Modell dabei nicht nur relativ leicht an die Kausalmodelle anschließen und diese aufgrund der anderen Perspektive befruchten, sondern das Transaktionsmodell kann hinsichtlich seiner Erklärungskraft einem reinen Kausalmodell sogar überlegen sein.«[1082] Außerdem erlaubt es der Transaktionsbegriff so, auf Passivitäts- und Aktivitätselemente bei allen Beteiligten in Medienkommunikationsprozessen hinzuweisen. Damit wird der Anforderung an die Beobachterperspektive entsprochen, die im Anschluss an die Sympathie-Orientierung (O6) formuliert wurde (II.3.3) und die sich aus den Beteiligungs-Orientierungen folgern lässt.

Wie auch Eilders betont, ermöglicht es der Begriff der »vertikalen Transaktion« im dynamisch-transaktionalen Ansatz, Mikro- und Makroebene in ihrer konstitutiven Bedeutung füreinander zusammenzudenken.[1083]

In der dynamischen Perspektive des DTA werden die Veränderungen und Dynamiken in der Mediengesellschaft sichtbar. Die Verflüssigung der einst statischen Unterscheidung von abhängigen und unabhängigen Variablen in Wirkbeziehungen dynamisiert gerade den vorher als statisch angenommenen Faktor und das gesamte Netz von Beziehungen. Damit entspricht dieser Ansatz der aus der Dynamik-Orientierung (O1) gefolgerten Anforderung an Beschreibungswerkzeuge (II.2.2).

Von der Betonung der ökologischen Perspektive her verlangt der Ansatz nach einem Bedenken mehrerer am Kommunikationsprozess beteiligter Faktoren. Da diese Faktoren in unterschiedlichen Wissenschaften thematisiert werden, ist der Ansatz grundlegend auf interdisziplinäre Verständigung angelegt.[1084] Dies entspricht der Grundanlage des hier vertretenen Verständnisses Öffentlicher Theologie (I.1.). Außerdem macht eine dem DTA folgende Wirklichkeitskonstruktion sichtbar, was auch in eschatologischer Perspektive sichtbar zu machen ist: die Verhältnisse, Beziehungen und Zusammenhänge – und zwar potentiell von allem mit allem. Der DTA enspricht damit den im Anschluss an die Relations-Orientierung (O2) formulierten Anforderungen an Beschreibungswerkzeuge für Kommunikationsprozesse (II.2.3).

1082 Schenk 2007, S. 50.

1083 Zur intendierten Verbindung von »Mikro- und Makroebene« vgl. Früh 1991, S. 60. Insofern Klaus Schönbach zunächst eher »›makroskopische‹ Themen« und Werner Früh eher mikroskopische behandelte, verbanden sich die Perspektiven auch in der gemeinsamen Arbeit der beiden Wissenschaftler (Früh 1991, S. 11, für den Verweis auf diese Seite auch: Eilders 2007, S. 61). Thematisch relevant werden die »Beziehungen zwischen den Mikro- und Makrogrößen« auch für Eilders besonders im »Konzept der *vertikalen Transaktion*« (ebd., S. 64, kursiv im Original). Zur »Verbindung der Mikro- und Makroperspektive« in der weiteren Forschung von Früh vgl. auch Früh 1994, S. 13.

1084 Dies hat Früh selbst betont: Früh 2002, S. 69f.

Im Kontext dieser Arbeit, die zahlreiche Einzelstudien zum Thema Personalisierung zu rezipieren und zueinander in Beziehung zu setzen haben wird, erscheint die Flexibilität des dynamisch-transaktionalen Ansatzes pragmatisch als großer Vorteil. Hier muss nicht von einer fertigen Modellierung des Kommunikationsprozesses ausgegangen werden, die sich gegen die Integration einzelner Ergebnisse empirischer Studien sperren könnte. Vielmehr kann vom Denkansatz, nicht vom Modell, her eine grobe Skizze entworfen werden, die eine Relationierung verschiedenster Einzelperspektiven erlaubt.

1.2 Skizze medialer Kommunikationsprozesse

Auf diesem Hintergrund kann nun eine Skizze des medialen Kommunikationsprozesses und der in ihm präsenten Wirkbeziehungen entworfen werden. Ich gehe dabei primär vom dynamisch-transaktionalen Denkansatz aus, in freierer Anlehnung an das dynamisch-transaktionale Grundmodell von 1991.

Das 1991 beschriebene »[a]*usdifferenzierte*[s] *Grundmodell*« von Früh und Schönbach geht von vier miteinander transagierenden Größen aus: Rezipient, Kommunikator, Medium, Mitteilung/Aussage.[1085] Transaktionen finden danach etwa zwischen Kommunikator und Rezipient, zwischen Kommunikator und Aussage, zwischen Rezipient und Aussagen oder zwischen Medium und Aussagen statt.[1086] Der Unterscheidung von Aussage und Medium liegt dabei die Unterscheidung von Form und Inhalt zugrunde, die allerdings durch deren angenommene Transaktionsbeziehung gleich wieder relativiert wird. Der Inhalt (etwa: Kriegsgeschehen) prägt die mediale Darstellungsform (etwa: Dokumentation) und umgekehrt.[1087] Für die hiesigen Zwecke können Medium und Aussage, wie in früheren Modellen von Früh und Schönbach,[1088] also weiterhin als Medienbotschaft zusammengefasst werden.

Da aus öffentlich-theologischer Perspektive die berichtenden, journalistischen Programmbereiche der Medien im Mittelpunkt stehen, müssen die Akteure, über die berichtet wird bzw. von denen die Medienbotschaften handeln, noch in dieses Feld mit aufgenommen werden, da auch bei ihnen Wirkbeziehungen zu Medien vermutet werden können.[1089] Dass auch zwischen Medien-

---

1085 Früh 1991, S. 61, kursiv im Original. Zu diesem Modell vgl. ausführlicher Milde 2009, S. 23–28.

1086 Zwischen Medium und Rezipient liegt in dieser Darstellung eine Stimulationsbeziehung vor, wie Milde im Anschluss an Früh/Schönbach betont und erklärt: »So verlangt eine Fernsehsendung, dass der Rezipient diese sowohl über den auditiven als auch über den visuellen Kanal wahrnehmen und in entsprechender Weise rezipieren muss.« (Milde 2009, S. 28)

1087 Vgl. dazu und zu diesem Beispiel Früh 1991, S. 62.

1088 Vgl. Früh 1991, S. 61.

1089 Damit greife ich auch einen Gedanken von Eilders auf: Die nötige Differenzierung von Journalisten und (auf Politikberichterstattung bezogen) politischen Akteuren fehlt – wie Eilders festhält – im DTA zunächst, weil es diesem »um das mediale Ausgangsmaterial des Rezipienten im Wirkungsprozess geht« (Eilders 2007,

berichterstattung und Berichterstattungs-»Gegenständen« Transaktionsbeziehungen bestehen, haben Früh und Schönbach selbst angedeutet – wenn auch nicht dem Begriff so doch der Sache nach.[1090] So betonen sie, dass das Wissen um Medienbeobachtung das Verhalten der Beobachteten beeinflusst, was gleichzeitig die Medienbeobachtung beeinflusst; Pressekonferenzen oder Pseudo-Events werden medienbedingt und medienprägend inszeniert: »Einerseits bestimmt das Verhalten der Betroffenen die Medienberichterstattung, andererseits bestimmt die Medienberichterstattung das Verhalten der Betroffenen.«[1091]

So ergeben sich vier Größen im Kommunikationsfeld, wobei die Medienbotschaft eigentlich das Mittel ist, durch das die (indirekte) Transaktion von Rezipient und Kommunikator[1092] sich vollzieht: Transaktionen finden statt zwischen Rezipient und Aussage sowie zwischen Kommunikator und Aussage (Produktion der Aussage), während die Transaktion zwischen Rezipient und Kommunikator »*[i]maginäre Para-Feedback-Prozesse*«[1093] meint: Der Kommunikator steht nicht mit dem tatsächlichen Rezipienten in direkter Beziehung, sondern mit seinem »Bild vom Rezipienten«, das sein Handeln transagierend geprägt hat und gleichzeitig im Prozess des Handelns konstruiert wurde.[1094] Die Beziehung von Kommunikator und Beobachtern lässt sich so insgesamt als Transaktionsbeziehung verstehen, die sich aufgliedern ließe in die Trans-

---

S. 67). Genau diese Berichterstattungs-»Gegenstände«, wie auch im Folgenden geplant, zum Thema zu machen, schlägt Eilders vor, wenn sie schreibt: »So zeigt sich etwa für die Antizipation von Medienlogik und öffentlicher Meinung durch die politischen Akteure noch Bearbeitungsbedarf. Die Beziehung zwischen politischen Akteuren und Öffentlichkeit ist dabei mithilfe einer Konzeptualisierung als vertikale Transaktion (entsprechend der Beziehung zwischen Kommunikator und Öffentlichkeit) zu modellieren.« (ebd., S. 79) Auch Frühs ausführliche Studie »Realitätsvermittlung durch Massenmedien« fokussiert leider nicht auf den Prozess, der zur Medienrealität führt, und konzentriert sich auf die »nachfolgende Phase, in der aus der Medienrealität Publikumsrealität entsteht.« (Früh 1994, S. 53) Dass auch die Beziehung zwischen Berichterstattungsgegenstand und medialer Wirklichkeitskonstruktion relevanter Gegenstand sein kann, legt aber schon Frühs Begrifflichkeit nahe: Er spricht von Realität, Medienrealität und Publikumsrealität (vgl. Früh 1994, S. 16).

1090 Vgl. Früh 1991, S. 87.

1091 Früh 1991, S. 87. Vgl. dort für den gesamten Zusammenhang.

1092 Vgl. so etwa auch das Modell von 1984 (Früh 1991, S. 53, Abb. 3) und angedeutet in der Überblicksdarstellung Früh 1991, S. 77. Die Inter-Transaktionen, die ja genau die Beziehung zwischen Rezipient und Kommunikator meinen, beschreiben Früh und Schönbach entsprechend wie folgt: »*Inter*-Transaktionen sind imaginäre oder reale Interaktionsprozesse zwischen Kommunikatoren und Rezipienten, im Falle medialer Kommunikation meist vermittelt über die Medienbotschaft« (ebd., S. 42, kursiv im Original).

1093 Früh 1991, S. 79, kursiv im Original.

1094 Vgl. Früh 1991, S. 42, 74, 77–79.

aktionen von Beobachtern und Kommunikatoren mit der Medienaussage. Die Medienaussage ist in dem von mir skizzierten Feld des Kommunikationsprozesses anders als bei Früh und Schönbach nicht gesondert aufgeführt, weil sie als essentieller Teil der Transaktion zwischen Kommunikator und Beobachtern verstanden wird und weil sie kategorial auf einer anderen Ebene liegt als Kommunikator, Rezipient und Beobachtete.

Es bleiben also vor allem drei Größen, die miteinander in transaktionalen Wirkbeziehungen stehen: Rezipient, Kommunikator, Beobachtete.[1095] Jede dieser Größen könnte man »in eine Unzahl verschiedener Kontexte einbetten bzw. ›nach innen‹ immer feiner analytisch ausdifferenzieren«.[1096] Für Rezipienten und Kommunikator haben Früh und Schönbach dies gemacht, gleiches ließe sich analog für Beobachtete vornehmen:[1097] Mikroanalytisch spielten dann Vorwissen, Motivationen oder etwa Gewohnheiten eine Rolle, makroanalytisch die Einbettung in »diverse gesellschaftliche Subsysteme [...], in denen er je eine spezifische Rolle ausführt. Die wichtigsten Subsysteme sind das politische, wirtschaftliche, berufliche und private.«[1098] Hinzu kommt für den Rezipienten das informelle System »*disperse[s] Publikum[s]*« als Bezugsgröße und für den Kommunikator das System »*Journalismus*«.[1099] Dabei stehen Beobachteter, Rezipient und Kommunikator jeweils immer in vertikalen Transaktionsbeziehungen[1100] zu diesen Kontexten: Sie sind von der eigenen Vorstellung ihres Kontextes geprägt, prägen und reproduzieren ihn gleichzeitig aber auch. Insgesamt ergibt sich so ein hochkomplexes Modell, das Früh (et al.) in grafische Darstellungen gefasst haben.[1101]

Das Modell lässt sich präzisieren und vereinfachen, indem man es mit dem Konstruktionsbegriff kombiniert. Diesen Begriff verwende ich im Folgenden für Vorstellungen, Definitionen[1102], Darstellungen oder Bilder von Wirklichkeit, um zu betonen, dass alle Wahrnehmungen und Darstellungen durch Selektions- und Elaborationsprozesse[1103] konstituiert sind, ohne mich dabei ausführlicher auf die damit verbundene philosophische Tradition des Kon-

---

1095 Vgl. für diese Unterscheidung in Organisation, Medien und Publikum auch Eisenegger 2010, S. 13. Auch in Holtz-Bachs eingangs zitierter (I.5.) Definition von Personalisierung tauchten diese drei Größen auf.

1096 Früh 1991, S. 63.

1097 Die folgende Darstellung und ihre Gliederung orientieren sich an der Rezipientenbeschreibung bei: Früh 1991, S. 63–71.

1098 Früh 1991, S. 67.

1099 Früh 1991, S. 68, 72, kursiv im Original.

1100 Vgl. etwa für Politiker bzw. Kommunikatoren und Öffentlichkeit: Eilders 2007, S. 79.

1101 Vgl. Früh 1991, S. 69, 73, 77.

1102 Zum Begriff »Definition von Realität« vgl. Schulz 1990, S. 28.

1103 Zu diesem Begriffspaar siehe IV.1.1.

struktivismus und dessen Diskussion zu beziehen.[1104] Für diesen Konstruktionsbegriff spricht hier auch schlicht, dass dessen Verwendung für mediale wie publikale Wahrnehmungen und Darstellungen in Untersuchungen zu Rezeption, zu Medieninhalten und zur Selbstdarstellung gesellschaftlicher Organisationen und Personen verbreitet ist.[1105] So hat Jens Woelke etwa in einer neueren Modellierung der Nachrichtenwerttheorie im Rückgriff auf Ruhrmann und Merten entsprechend von »drei Typen von Wirklichkeitskonstruktion« gesprochen:[1106] Mit »Konstruierter sozialer Wirklichkeit« meint er die Ereignisse der sozialen Welt, unter die – so ergänze ich[1107] – auch die Selbstkonstruktionen medial beobachteter Akteure fallen. Mit »Re-Konstruierter sozialer Wirklichkeit« ist journalistische Rekonstruktion der sozialen Wirklichkeit angesprochen, mit der »Re-Rekonstruierte[n]« die medienrezeptionsbasierte Wirklichkeitskonstruktion der Rezipienten. Dass Woelke hier von Re- und Re-Rekonstruktionen spricht, hat auch damit zu tun, dass er die (Re-)Rekonstruktionen offenbar jeweils als »Untermenge« der vorangegangenen (Re-)Konstruktion begreift.[1108] Das halte ich nicht für hilfreich, weil so die Selektionsprozesse in der Konstruktion einseitig gegenüber den Elaborationen betont werden und dieses Modell damit hinter den dynamisch-transaktionalen Denkansatz zurückfällt. Weil ich wie gesagt mit dem Konstruktionsbegriff auch die elaborative Dimension, also die Bedeutungsproduk-

---

1104 Vgl. zur Konstruktivismusdebatte im Kontext einer theologischen Medientheorie: Uden 2004, S. 120–127.

1105 Vgl. beispielsweise für die Verwendung des Begriffs implizit auf alle drei Wahrnehmungen und Darstellungen bezogen Holtz-Bacha et al. 1998, S. 241. In ihrer Rezeptionsanalyse benutzt Eilders auch manchmal den Konstruktionsbegriff in Aufnahme des dynamisch-transaktionalen Modells (vgl. Eilders 1997, S. 81, 91). Schulz verwendet den Konstruktionsbegriff im Titel einer Berichterstattungsanalyse, wohl um sich gegen den »Falsifikationsansatz« in Untersuchungen zu medialen Wirklichkeitsdarstellungen abzugrenzen, demzufolge Medienrealität im Vergleich mit »›faktischer‹ Realität« falsifiziert werden sollte; vergleichen ließen sich nur verschiedene Bilder oder Definitionen von Realität (Schulz 1990, S. 25–29, in erster Auflage: Schulz 1976). In seiner Arbeit zur Nachrichtenwerttheorie spricht auch Staab von Medienrealität (vgl. Staab 1990, S. 214). Schmitt-Beck und Pfetsch sprechen von den Versuchen politischer Akteure, »auf den Prozeß der massenmedialen Realitätskonstruktion [...] einzuwirken« (Schmitt-Beck und Pfetsch 1994, S. 113), Kindelmann spricht über »Image-Konstrukt« und »Konstrukt ›Politiker in den Medien‹« (vgl. Kindelmann 1994, S. 28f.). Lengauer spricht von der »Logik der Konstruktion der Medienrealitäten« (Lengauer 2007, S. 24).

1106 Vgl. Ruhrmann et al. 2003, S. 146 (ich verdanke Daniel Meier den Hinweis auf dieses Buch). Vgl. hier auch für die folgenden Zitate der einzelnen Typbeschreibungen; kursiv jeweils im Original.

1107 Über Woelke hinaus muss hier betont werden, dass auch Ereignisse der »objektiven« Welt schon bewusst auf mediale Aufmerksamkeitsstrukturen hin konstruiert werden können – so etwa in Pseudo-Events (vgl. IV.3.1.3 und Früh 1991, S. 87).

1108 Vgl. Ruhrmann et al. 2003, S. 146f.

tivität der Wirklichkeitskonstruktion, betonen will, verwende ich das »Re« nur, um den Bezug zu und nicht die Nachordnung unter die vorangegangene Konstruktion zu betonen.[1109]

Mit dem Konstruktionsbegriff lässt sich – wie bisher implizit auch schon geschehen oder explizit im Vorgriff formuliert (I.3. und I.5.) – Personalisierung als »Selektions- und Konstruktions- bzw. Rekonstruktionsmechanismus« verstehen:[1110] Personalisierung beschreibt dann das »Wie« des Konstruierens, also sowohl des (unbewussten) Auswählens als auch des Ausarbeitens.

Gilt das Interesse den (ineinandergreifenden) Ursachen und Wirkungen personalisierter Wirklichkeitskonstruktionen, ist es naheliegend, die Größen im Kommunikationsfeld nicht auf Akteure, sondern spezifischer auf deren Konstruktionsaktivitäten zu fokussieren. So lässt sich vom dynamisch-transaktionalen Denkansatz aus auf den medialen Kommunikationsprozess bezogen von transagierenden Wirklichkeitskonstruktionen sprechen.

Medienmacher konstruieren, indem sie wahrnehmen, recherchieren und darstellen, ihr Realitätsbild, das in der Medienbotschaft sichtbaren Ausdruck findet. *Rezipienten* konstruieren wiederum ihre Realitätswahrnehmung unter anderem, indem sie aktiv, selektiv und elaborativ die Medienbotschaft rekonstruieren. *Beobachtete* konstruieren ein Bild von sich selbst, das wiederum Gegenstand medialer Kommunikation werden kann. Einfacher ließe sich der Zusammenhang auch so formulieren: Die Selbstdarstellung von gesellschaftlichen Akteuren, die mediale Darstellung gesellschaftlicher Realität und die Wahrnehmungen und Vorstellung derselben in den verschiedenen Milieus des Publikums beeinflussen sich wechselseitig und doppelseitig.

Als Operationen der genannten drei Akteure sind besagte Konstruktionsleistungen genauso in die jeweiligen Kontexte eingebunden wie die Akteure selbst. Das heißt: Die jeweiligen Konstruktionsprozesse transagieren nicht nur miteinander, sondern jeweils auch mit den für sie relevanten kontextuellen Feldfaktoren. Damit sind die Anforderungen der molaren Perspektive erfüllt.

Auch wenn sie nicht ganz trennscharf ist, legt die Unterscheidung von horizontalen und vertikalen Transaktionen dabei folgende Differenzierung nahe, die sich parallel zu der bereits eingeführten Unterscheidung von Wirkungen in Kommunikationssituationen und Wirkungen auf Konstitutionsbedingungen verhält (vgl. III.5.1.): Konstruktionen transagieren auf gleicher Ebene mit situativ relevanten Faktoren. In der Transaktion mit einer medialen Personerzählung beispielsweise vom SPD-Parteitag rekonstruiert der Rezipient eine Vorstellung von diesem Parteitag. Gleichzeitig transagieren Konstruktionen mit den umfassenderen Kontexten von Kommunikation: Politisches Wissen wird erweitert, Darstellungsroutinen werden reproduziert und Normen, Werte und Rollenerwartungen transformiert oder stabilisiert. Schon die Beispiele

1109 Zum Votum für den Rekonstruktionsbegriff anstelle des Konstruktionsbegriffs vgl. Uden 2004, S. 124f.

1110 Vgl. Bentele und Fähnrich 2010, S. 53, dort auch das Zitat.

zeigen, dass Faktoren sowohl in horizontaler als auch in vertikaler Beziehung zu einer konkreten Konstruktion stehen. Der begrifflichen Einfachheit halber werde ich hier tun, was auch von der für vertikale Transaktionen bestimmenden Ebenenunterscheidung her sinnvoll scheint: Transaktionen mit Kontextbedingungen werden im Folgenden vertikale Transaktionen genannt. Damit steht jede der zu thematisierenden Darstellungen, Wahrnehmungen und Vorstellungen in zwei Wirkbeziehungen, in denen sie wechselseitig und doppelseitig wirkt und bewirkt wird: in einer horizontalen Transaktion mit Kommunikationspartnern auf der gleichen Ebene und in vertikaler Transaktion mit Kommunikationsbedingungen.

Ausgehend von dieser Skizze des Feldes medialer Kommunikationsprozesse in Anknüpfung an eine molare wie dynamisch-transaktionale Perspektive können nun die Einzeluntersuchungen zum Thema Personalisierung in den Medien sortiert und gerahmt dargestellt werden. Dies geschieht geordnet nach den miteinander in Beziehung stehenden Konstruktionsaktivitäten: der medialen Darstellung (IV.2.), der Selbstdarstellung gesellschaftlicher Akteure (IV.3.) und der publikalen Wahrnehmungen (IV.4.). Dabei sollen jeweils zunächst zwei beschreibende Abschnitte in interdisziplinärer Auseinandersetzung klären, ob, wie und in welchen wechselseitigen Wirkbeziehungen mit welchen Faktoren es zu Personerzählungen kommt. Dies geschieht zunächst allgemein (2.1, 3.1, 4.1) und dann fokussiert auf die Kirche (2.2, 3.2, 4.2). Dieses Vorgehen greift den Gedanken von Günter Thomas auf, »daß sich eine detaillierte, realistische Abschätzung der Transformation [der ›dauerhaft medial vergegenwärtigten[n] Kirche‹[1111], FH] an der Veränderung politischer Prozesse und Diskurse durch das Fernsehen orientieren kann und muß.«[1112] Der Ertrag dieser Beschreibungen soll dann jeweils in den Horizont von theologischen Orientierungen kritisch-konstruktiv reflektiert werden (2.3, 3.3, 4.3). Damit werden beide Aufgabenteile Öffentlicher Theologie – zu beschreiben und kritisch-konstruktiv zu reflektieren – erfüllt.

In den beschreibenden Abschnitten wird die zentrale These zu Ursachen und Wirkungen von Personerzählungen plausibel, die hier eingangs nun vor dem Hintergrund des DTA formuliert werden kann: *Die Personalisierung der Selbstdarstellung gesellschaftlicher Akteure, die Personalisierung medialer Wirklichkeitskonstruktionen und die Personalisierung publikaler Konstruktionen lassen sich besser als Teil von Transaktionen denn als Ergebnis von kausalen Stimulationen verstehen. Personalisierungen entstehen in einem Feld von transagierenden Faktoren und sind nur mit einem multikausalen Ansatz beschreibbar. Das erklärt auch die Eigendynamik von Personalisierungen.*

1111 Thomas 1998, S. 615.
1112 Thomas 1998, S. 615, Anm. 24.

Bevor ich wie eben beschrieben zu den Medienproduktion, gesellschaftliche Akteure und Rezipienten beschreibenden Teilen komme, sei das bislang zum Wirkungsbegriff Erarbeitete in den theologischen Horizont gestellt.

1.3 Ertrag im Horizont theologischer Orientierungen

Der Ertrag aus der Rezeption des DTA lässt sich – wie im Folgenden zu zeigen sein wird – als ein dreifacher formulieren. Insofern sich Personerzählungen tatsächlich als Teil von Transaktionsbeziehungen verstehen lassen, wird in der Beschreibung ein besseres Verständnis von Personalisierungen möglich (1.3.1). Dynamisch-transaktionale Wirkbeziehungen können zudem theologisch als Veranschaulichungen dogmatischer Begriffe gedeutet werden (1.3.2). Im Blick auf die Orientierungsaufgabe führt die Grundanlage des DTA zu einer Klärung der Frage, wer mit besagten Orientierungen zu adressieren ist, wobei diese Klärung mit den Orientierungen selbst kompatibel ist (1.3.3).

1.3.1 Deskriptiver Ertrag: Personerzählungen im Netz dynamischer Transaktionsbeziehungen

Personalisierte Wirklichkeitskonstruktionen können – so die These – vom dynamisch-transaktionalen Ansatz her als multikausales Phänomen identifiziert werden, das vor allem in transaktionalen Wirkbeziehungen entsteht. Personalisierung in Medien allein auf medieninterne Gründe zurückzuführen, erscheint von daher genauso wenig plausibel, wie sie allein mit der Personalisierung publikaler oder organisationaler Wirklichkeitskonstruktionen zu erklären.

Das erklärt auch, warum Personalisierungen und mediale Thematisierungen von einzelnen Akteuren nicht mehr kontrollierbare Eigendynamiken entwickeln: Nach dem Moment ihres Auftretens sind zahlreiche miteinander transagierende Faktoren an der medialen Wirklichkeitskonstruktion beteiligt. Durch Ausschalten eines Faktors – etwa: Interesse der dargestellten Person daran, dargestellt zu werden – verändert sich die Dynamik, insofern sich eine Feldgröße verändert, worauf sich die anderen Feldgrößen in transaktionalen Beziehungen zueinander einstellen. Die Dynamik bricht jedoch nicht einfach ab – sie kann sich sogar noch intensivieren. Ein naheliegendes Beispiel dafür ist der Tod eines Stars, der nicht zu einem Abbruch der Medienpräsenz und des parasozialen Bezugnehmens führt, sondern sogar die Intensivierung derselben zur Folge haben kann (z. B. Michael Jackson).[1113] Diese eigendynamischen Zusammenhänge und wechselseitigen Beeinflussungen beschreibbar zu machen, ist hier mit der wichtigste Ertrag des dynamisch-transaktionalen Denkansatzes.

1113 Vgl. zu den Eigendynamiken von Star-Karrieren und der Auswirkung des Todes eines Stars Keller 2008, S. 130f.

1.3.2 Theologischer Ertrag: Deutung dynamischer Transaktionen

Unter dem Vorbehalt, dass sich die zentrale These empirisch plausibilisieren lässt, können die Wirkbeziehungen zwischen Kirche, Medien und Medienpublika, in denen es zu Personerzählungen kommt, als dynamische Transaktionen (und nicht als Stimulationen) verstanden werden. Damit sind die konkreten Binnen- und Außenrelationen der Kirche, die eine relationale Ekklesiologie als Beitrag zu einer Öffentlichen Theologie der Kirche thematisiert, zumindest in Bezug auf mediale Personerzählungen als Transaktionen gedeutet.

Da in der hier rezipierten relationalen Ekklesiologie Moltmanns der Heilige Geist und seine Wirkungen eine zentrale Rolle für die Beziehungen und die Gestalt der Kirche spielen (II.4.), liegt die Frage nahe, ob und wann die transaktionalen Wirkbeziehungen der Kirche als Geistwirkungen zu verstehen sind: Lassen sich also transaktionale Dynamiken als Wirkung und Gegenwart des Heiligen Geistes deuten? Und lassen sich dann andersherum die Transaktionen und die in ihnen stattfindenden Koorientierungen[1114] als konkretere Vorstellungen darüber in die Argumentation einbringen, wie der Geist wirken kann? Zwei Typen von bejahenden Antworten darauf lassen sich formulieren.

(1) Erstens kann der »Hl. Geist als ›Gemeingeist‹ der christlichen Kirche« gedacht werden.[1115] Geist wäre dann die Kraft im »Kommunikationszusammenhang«[1116] Kirche. So gesehen können alle binnenkirchlichen transaktionalen Beziehungen als Wirkmedien des Geistes aufgefasst werden, insofern in ihnen die Kirchenmitglieder miteinander und mit Christus verbunden wären. Geschieht dies vermittels personalisierter Wirklichkeitskonstruktionen in Transaktionen, so können auch diese als Geistwirkungen verstanden werden.

Dieser Typ steht m. E. im Hintergrund, wenn Wilhelm Gräb in seiner Medientheologie der Kirche einen Kirchenbegriff nahelegt, in dem diese »pneumatologisch, partnerschaftlich, kommunikativ« organisiert ist.[1117] Denn vor diesem pneumatologischen Hintergrund wird klar, wie Gräb eine Klärung von »Wesen und Auftrag der Kirche« an die Kommunikation unter den Kirchenmitgliedern und -mitarbeitern verweisen kann:[1118] Sind diese Kommunikatio-

---

1114 Zu diesem Begriff vgl. Schulz 2011, S. 61–66.

1115 So Schleiermacher. Vgl. die kurze Darstellung bei Gräb 1989, Zitat auf S. 244. Vgl. dazu auch Rieger 2007, S. 254; Rieger war mit prägend für die Gräblektüre. Das Folgende soll weder eine ausführliche Schleiermacher- noch eine ausführliche Gräb-Interpretation vorlegen, sondern lediglich in Aufnahme von deren Begriffen eine grob-typisierte Antwortmöglichkeit auf die Frage nach dem Verhältnis von Geist und Kirche vorstellen. Anspruch ist also nicht, besagten Autoren hier gerecht zu werden.

1116 Für diesen Begriff in Anwendung auf die Kirche vgl. Gräb 1989, S. 244.

1117 Vgl. Gräb 2002, S. 259, dort auch das Zitat.

1118 Vgl. Gräb 2002, S. 258f., Zitat auf S. 258. So schreibt Gräb: »Die Konzeption bzw. das Leitbild kirchlicher Arbeit wird vielmehr in der Kommunikation zwischen den haupt- und ehrenamtlichen Mitarbeitern, in der Kommunikation mit den Kir-

nen immer schon als geistgewirkt gedacht, ist es eben auch das Werk des Geistes, dass sich in ihnen christliche Identität historisch vermittelt.

Auf Personalisierungsdynamiken bezogen könnte aus diesem grob typisierten Ansatz damit folgendes Kriterium für deren pneumatologische Interpretation gefolgert werden: Entsteht in Transaktion in und mit der Kirche eine Dynamik, in der medial personalisierte Konstruktion kirchlicher Realität den Gemeingeist ausdrückt, wird diese als Geistwirkung interpretiert werden können. Geistgewirkt wäre eine Mediendynamik also dann, wenn in ihr Konstruktionen von Kirche entstehen, die dem theologisch reflektiert und kritisiert zustande gekommenen Konsens der Kirchenmitglieder bzw. dem in deren kommunikativen Transaktionen entstandenen Leitbild von Kirche entsprechen. Geistgewirkt sind also Personalisierungsdynamiken, in denen Personen ähnlich wie in Preuls Kommuniqué-Modell (II.2.4) gefundene Konsense darstellen oder (ebenfalls in Anlehnung an Preul gesagt:) exemplarisch im Geist mögliche Freiheiten wahrnehmen.

Stark an diesem Ansatztyp sind m. E. der hierarchiekritische Impetus und das pneumatologisch begründete Votum für eine partnerschaftlich organisierte Kirche. Problematisch an diesem Typ sind die Gefahr inhaltlicher Unterbestimmtheit (a) und die Gefahr eines Ekklesiozentrismus (b). Zum einen (a) kann die Rede vom Geist als Gemeingeist der Kirche leicht so missverstanden werden, dass es zu der innerkirchlichen Geist-Kommunikation kein theologisch verantwortetes Außen mehr gibt, von dem her eine Bewahrheitung oder Zurechtbringung der in menschlichen Kommunikationen gefundenen Identität erwartet werden könnte. Wenn Kirche aber nur wäre, was ihre Mitglieder im kommunikativen Austausch darunter verstehen, bliebe der Kirchenbegriff theologisch-inhaltlich unterbestimmt.

Zum anderen (b): Wird der Heilige Geist als Gemeingeist der Kirche verstanden, kann sich Kirche nicht mehr in einem weiteren über sie hinausgehenden Horizont der Geschichte des Geistes verstehen, in der der Geist vielfältig in und außerhalb der Kirche wirkt und die Kirche nur ein Moment der Geschichte Gottes mit den Menschen ist.

(2) Zweitens kann mit Moltmann der Heilige Geist als Geist Christi und von daher auch als Gegenüber zum Gemeingeist der Kirche verstanden werden.[1119] Zwar gibt es bei Moltmann in gewisser Ähnlichkeit zum ersten Ansatztyp auch Formulierungen, die Heiligen Geist und Gemeinschaft gleichset-

---

chenmitgliedern, auch den distanzierten Kasual- und Feiertagschristen, ermittelt.« (ebd., S. 259) Damit erfüllt seine Theologie seine eigene Forderung von liberaler Theologie: »Demgegenüber ging und geht es liberaler Theologie keineswegs um eine Vergleichgültigung der theologischen Identitätsvergewisserung kirchlichen Handelns. Sie weiß lediglich, daß solche Identitätsvergewisserung nur dergestalt zu leisten ist, daß sie dabei deren historischer Vermittlung mit ansichtig bleibt.« (Gräb 1993, S. 142) Vgl. die zitierten Stellen jeweils auch für das Folgende.

1119 Vgl. dafür und für das Folgende auch Dröge 2000; Harvie 2009, S. 57f.

zen.[1120] Dabei aber bleibt der Geist stets als über die Kirche und den Gemeinschaftsgeist hinausgehender gedacht, so dass er auch kritisches Gegenüber zum Gemeingeist sein kann. Das ist auch notwendig, weil sein Wirken durch die Verbindung mit Christus inhaltlich durch Kreuzestheologie und christliche Eschatologie bestimmt ist.[1121] So schreibt Moltmann: »Die besonderen Aufträge in der Gemeinde stehen in der Freiheit und Autorität Christi und bringen darum nicht einfach die Vorstellungen der vorhandenen Gemeinschaft zum Ausdruck. Sie stehen in der Kraft des Heiligen Geistes und können darum nicht unkritisch die Kräfte des jeweiligen Gemeingeistes zum Ausdruck bringen.«[1122]

Von diesem Verständnis des Geistes bei Moltmann, wonach der Geist erstens nicht auf kirchliche Gemeinschaft begrenzt und zweitens in seinem Wirken qua Christologie kreuzestheologisch und eschatologisch bestimmt ist, lassen sich nun die Binnen- und wie gesagt auch die Außenrelationen der Kirche pneumatologisch in den Blick nehmen. Diese transaktionalen Beziehungen und die sich in ihnen ergebenden Dynamiken können sich dann dort als Wirkungen und Kraft – als Dynamik – des Heiligen Geistes erweisen, wo in ihnen Identifikationen mit dem auferstandenen Gekreuzigten im Erwartungshorizont des kommenden Reiches geschehen und Christenheit so zur Gestalt der christlichen Hoffnung wird, ohne dass dabei ein Bezug zum Gemeingeist der Kirche zwingend wäre. Die pneumatologische Deutung bleibt damit inhaltlich an die kreuzestheologisch und eschatologisch gewagten Kriterien gebunden:[1123] Kann die Kirche in medialen Personalisierungsdynamiken Gestalt der Hoffnung für die Benachteiligten sein? Wo dies geschieht, können Personalisierungsdynamiken als Wirkungen des Geistes re-konstruiert werden. Andererseits kann die Kraft des Geistes der Kraft in Personalisierungsdynamiken kritisch entgegenstehen, wenn Menschen überhöht oder ent-

---

1120 Vgl. etwa: »Der Geist ist diese Gemeinschaft.« (Moltmann 1975, S. 49)

1121 Vgl. etwa: »Entsprechend müssen die Geisteskräfte der Gemeinde als schöpferische Lebenskräfte verstanden werden. Als Auferweckungsmacht ist der Geist die erweckende Gegenwart der Zukunft ewigen Lebens mitten in der Geschichte des Todes, die Gegenwart der Zukunft der neuen Schöpfung mitten im sterbenden Unwesen dieser Welt.« (Moltmann 1975, S. 322)

1122 Moltmann 1975, S. 329.

1123 Diese Kriterien lassen sich beispielhaft in folgenden Fragen ausdrücken: Können in Personalisierungsdynamiken Möglichkeiten für mehr Leben, Gerechtigkeit, Freiheit und Frieden (so die Begriffe bei Moltmann) ergriffen werden oder sogar erst entstehen? Kann die Kirche in Personalisierungsdynamiken einer Verbesserung der gesellschaftlichen Verhältnisse dienen? Kann in Personalisierungsdynamiken die Solidarität der Christenheit mit den Armen, Schwachen und Ausgegrenzten so sichtbar werden, dass ihnen mehr Teilhabe ermöglicht wird und die homogenisierend integrierenden politischen Religionen gestört werden? Können in Personalisierungsdynamiken die Stummen eine Stimme bekommen?

menschlicht, Teilhabe verhindert und ungerechte Verhältnisse stabilisiert werden.

Nach diesem Antworttyp entscheidet sich die Geistgewirktheit einer Personalisierungsdynamik also nicht am Verhältnis der medialen Darstellung zu den in kirchlicher Kommunikation ermittelten Leitbildern, sondern inhaltlich daran, inwieweit in ihnen die Kirche mit dem gekreuzigten Auferstandenen identifizierbar und Gestalt der christlichen Hoffnung wird. Von daher können nun im Gegensatz zum ersten Antworttyp auch solche Dynamiken als geistgewirkt rekonstruiert werden, in denen Personen (in Preuls Modellen, siehe II.2.4) weder nach dem Kommuniqué-Modell noch exemplarisch Kirche repräsentieren, sondern es im Anspruch, die Sache der Kirche zu vertreten, wagen, eine (prophetische) Botschaft zu äußern, die nicht den Konsensen in der Kirche entspricht – solange diese Botschaft sich als der Kirche in der Geschichte des Geistes vorangehend erweist.[1124]

Kritisch vorbringen lässt sich gegen diesen Antworttypus, was Gräb der dialektischen Theologie vorwirft, dass sie nämlich die Identität offenbarungspositivistisch bestimme, ohne den Offenbarungs- und Kirchengründungsvorgang selbst historischen Bedingungen unterstellt zu sehen.[1125] Dieser Kritik begegnen m. E. die Offenheitsmomente in Moltmanns verheißungstheologisch-eschatologischer Zuspitzung des Offenbarungsbegriffs. Der Offenbarungs- und Kirchenbegründungsvorgang ist danach historischen Bedingungen unterstellt – aber den Bedingungen einer Geschichte, die die Offenbarung als Verheißung selbst in Gang setzt und vorantreibt. Christliche Existenz in Kirche und Lebensstil ist nach Moltmann m. E. im offenen Prozess dieser Geschichte zu verstehen. Damit weiß christliche Existenz aber auch nicht um ihre Entsprechung zur Christusoffenbarung, sondern glaubt und erhofft diese. Die Identifizierung in Handeln, Rede und Gestalt mit dem gekreuzigten Auferstandenen bleibt ein Wagnis – diesen Gedanken unterstreichen die oben herausgearbeiteten Offenheitsmomente, die in die Dialogoffenheit verweisen. Das gilt nun aber für den Einzelnen genauso wie für die Gemeinde: Auch der in Kommunikationen in der Kirche gefundene Konsens sichert öffentliche Rede und öffentliches Handeln nicht dagegen ab, sich von der Zukunft Christi her nicht als christlich zu erweisen. Kommunikativ gefundene Konsense sind genauso wie die Zeugnisse von Einzelnen Wagnisse. Einzelmeinungen wie in Kommunikation gefundene Konsense können damit gleichermaßen hinter den gegenwärtigen Möglichkeiten zurückbleiben. Es sind aber auch beide – und nicht nur die Zeugnisse von Einzelnen –, die prophetisch und wagend vorangehen können.[1126]

1124 Vgl. für Gedanken in eine ähnliche Richtung Marty 1981, S. 52; Huber 1985, S. 199 und in dieser Arbeit I.2.3.3.2.

1125 Vgl. Gräb 1993, S. 142.

1126 Sowohl Marty als auch Huber haben in ihren Reflexionen zur (öffentlichen) Kirche die Möglichkeit betont, dass Einzelne neben der kirchlichen Gemeinschaft

Zusammengefasst lässt sich nun also in Weiterführung von Moltmann feststellen: Wird die Kirche in transaktionalen Beziehungen – seien es binnenkirchliche oder Beziehungen zwischen Kirche und Gesellschaft – zur Gestalt der christlichen Hoffnung, so lassen sich diese Transaktionen als Ausschnitt aus dem vielfältigen Wirken des Heiligen Geistes deuten.

1.3.3 Ethischer Ertrag: Konsequenzen für die Adressatenfrage

Schließlich liefert der dynamisch-transaktionale Ansatz noch einen Ertrag für die Beantwortung der Frage, an wen die öffentlich-theologischen Grundorientierungen gerichtet sind. Insofern der DTA die theoretische Beschreibung bewusst oder unbewusst einander bewirkender und beeinflussender Faktoren erlaubt, kann eine daran anschließende ethische Reflexionen von aufeinander bezogenen und unterschiedlich gewichteten Verantwortlichkeiten ausgehen und so etwa auf Medienethik bezogen publikums- und produzentenethische Ansätze[1127] integrieren: Wenn die Ursache für eine Medien-»Wirkung« nicht allein beim Journalisten oder allein beim Rezipienten auszumachen ist, sondern in deren Zusammenspiel, kann auch die Verantwortung für die entsprechende Wirkung bei beiden ausgemacht werden. Damit werden auch beide zu Adressaten der öffentlich-theologisch formulierten Orientierungen.

Dieser Ertrag aus der Auseinandersetzung mit dem DTA trifft sich mit Moltmanns weitem Kirchenbegriff (II): Der Begriff »Christenheit« hat es Moltmann ermöglicht, nicht nur die verfasste Kirche und die versammelte Gemeinde, sondern auch das Leben der Christen in ihren gesellschaftlichen Rollen zum Gegenstand der ekklesiologisch-theologischen Reflexion zu machen. Gerade in ihren weltlichen Berufen soll sich bei Moltmann die Christenheit ja als »Exodusgemeinde« und damit als Gestalt der eschatologischen Hoffnung erweisen. Von daher kann die Reflexion sich nun auch nicht auf die verfasste Kirche und deren Rollen für die öffentliche Wahrnehmung und Darstellung der Kirche beschränken, sondern muss Medienproduzierende und Rezipienten insofern mitbedenken, als diese sich als aktive Kirchenmitglieder und Christen verstehen können. Dieses Anliegen trifft sich mit dem Ertrag aus dem dynamisch-transaktionalen Denkansatz, Personalisierungsdynamiken als multikausale Phänomene zu sehen, die sich eben nicht nur mit organisationaler Selbstdarstellung allein, medialer Darstellung allein oder publikaler Wahrnehmung allein erklären lassen, sondern vielmehr im kaum vorhersehbaren Zusammenspiel dieser Konstruktionen und damit im Zusammenspiel verschiedener Verantwortlichkeiten entstehen.

---

oder dieser voran Entscheidungen treffen oder Zeugnis ablegen (vgl. Huber 1985, S. 199; Marty 1981, S. 52).

1127 Für einen kurzen Überblick über verschiedene medienethische Ansätze (wie diese beiden) vgl. etwa Uden 2004, S. 187–192. Uden greift dabei auf ein nicht veröffentlichtes Manuskript von Roland Rosenstock zurück, das auch im Internet unter der angegebenen Adresse nicht mehr zugänglich ist.

Die zehn Grundorientierungen richten sich also – wenn sie sich für die Praxis relevant formulieren lassen – an alle am medialen Kommunikationsprozess Beteiligten, die vom DTA her ja alle auch als aktiv gedacht werden müssen und daher alle mitverantwortlich für die entstehenden Wirkbeziehungen sind. Die vom DTA eröffnete graduelle Unterscheidung von Transaktionen und Stimulationen ermöglicht es zudem, diese Verantwortung abzustufen: Je größer die Rolle eines Akteurs in einer Transaktionsbeziehung ist, je mehr eine Transaktionsbeziehung also plausibel auch als Stimulation und besagter Akteur als Stimulusgeber gedeutet werden kann, desto größer wird auch seine Verantwortung sein – und umgekehrt.

Adressaten der öffentlich-theologischen Orientierungen sind von daher dann alle am Kommunikationsprozess beteiligten transagierenden Größen nach dem Maße ihrer Verantwortlichkeit. Bei Medienkommunikationen hat es Öffentliche Theologie danach mit einem Netz abgestufter Verantwortlichkeiten zu tun.

2. Mediale Darstellungen[1128]

Unter der Überschrift »mediale Darstellung« fasse ich die (wichtigsten) Faktoren und Kommunikationen zusammen, in deren Transaktion und abwechselnd gegenseitiger Stimulation mediale Konstruktionen von Wirklichkeit und damit personalisierte Konstruktionen entstehen. Hier geht es um medieninterne Faktoren im Produktions- und Konstruktionsprozess, also um die Feldgröße, die bei Früh und Schönbach »Kommunikator« hieß.

Die Publizistik- und Medienwissenschaft fragt unter anderem nach der Medienproduktion, also danach, wie und wieso was medienöffentlich wird. Von dem öffentlich-theologischen Interessenschwerpunkt auf der Ebene gesellschaftlicher und politischer Öffentlichkeit legt sich dabei erneut der Fokus auf den Programmbereich Information nahe. Medienproduktion wird hier also auf diesen Programmbereich als Nachrichtenproduktion spezifiziert. Dabei meint der Begriff Nachricht zunächst »eine Mitteilung über ein aktuelles Ereignis, für das ein öffentliches Interesse besteht« und noch nicht in speziellerer Form nur die »nach bestimmten Regeln gestaltete journalistische Darstel-

1128 Für dieses Kapitel haben besonders folgende Arbeiten einen Überblick und die Recherche weiterer Literatur ermöglicht: Schulz 1990; Staab 1990; Eilders 1997; Maier et al. 2010, sowie die Texte von Kepplinger im Literaturverzeichnis. Viele Hinweise auf (auch in anderen Kapiteln zitierter) Literatur allgemein zur Personalisierung verdanke ich besonders den von Holtz-Bacha im Literaturverzeichnis genannten Texten sowie: Lass 1995; Hoffmann und Raupp 2006; Maurer und Reinemann 2006; Huß 2007; Lengauer 2007; Wippersberg 2007; Maier et al. 2010; Eisenegger und Wehmeier 2010; Eisenegger 2010. Zur Einführung in grundsätzliche Zusammenhänge politischer Kommunikation wurden genutzt: Jarren und Donges 2006; Lengauer 2007.

lungsform«.[1129] Nachrichten in diesem weiteren Sinne als Mitteilung verstanden können also in Zeitung, Radio oder Fernsehen die Form einer Nachricht im engeren Sinne annehmen.

Zur Beantwortung der Frage, welche Faktoren und Kommunikationen die Nachrichtenproduktion bestimmen, hat Maxwell McCombs die Metapher einer Zwiebel verwendet:

> »The core of the onion, the daily news report, is surrounded and shaped by several layers of influence. At the outer layer are the news makers and events, including the pseudo-events arranged for news coverage, that provide much of the grist for the daily news. But all this is shaped in turn by the values, practices, and traditions of journalism as profession.«[1130]

Frank Esser greift – wie vor ihm auch schon Siegfried Weischenberg – auf diese Zwiebelmetapher zurück, um ein journalismustheoretisches Modell zu entwickeln, das die »Einflußfaktoren« gliedert, die die Nachrichtenproduktion – in seinen Worten: »Selektionsentscheidungen« – bestimmen.[1131] Die Stärke von Essers Modell ist, dass es eine Gliederung für besagte Faktoren bereitstellt, ohne den Blick zu verengen. Im Anschluss an dynamisch-transaktionales Denken ist von Transaktionen innerhalb und zwischen seinen Faktorengruppen auszugehen.[1132] Esser nennt vier konzentrische Schalen, die hier in Transaktion gedacht werden sollen:[1133]

(1) Die äußerste Schale ist der gesellschaftliche Horizont. Hier fasst Esser das traditionelle und historisch gewachsene gesellschaftliche (Selbst-) Verständnis von Presse und Medien wie weitere gesellschaftliche Rahmenbedingungen zusammen.

(2) Auf der nächstinneren Schale der »Medienstruktursphäre« liegen die konkreten ökonomischen, rechtlichen und moralischen Rahmenbedingungen journalistischen Arbeitens.

1129 Vgl. Schulz 2000b, S. 307, dort auch beide Zitate. Es ist nicht dieser engere, sondern der zuvor genannte etwas weitere Begriff, auf den sich der Gegenstand der Nachrichtenwertforschung m. E. beziehen lässt. Ich verdanke Daniel Meier diesen Hinweis.

1130 McCombs 1994, S. 13.

1131 Vgl. Esser 1998, S. 21, dort auch der Verweis auf McCombs, Weischenberg und Shoemaker/Reese. Für ein ähnliches Modell zur Beschreibung von »influences on media content« siehe: Shoemaker und Reese 1991, S. 4–6, 54, 86, 117, 149, 185. Den Verweis darauf verdanke ich der Dissertation von Christian Kolmer: Kolmer 2000, S. 19.

1132 Früh und Schönbach haben innerhalb des dynamisch-transaktionalen Modells ein eigenes Modell der Feldgröße »Kommunikator« entworfen, dem aber für diesen Kontext wichtige Binnendifferenzierungen des Journalistischen Systems fehlen (vgl. Früh 1991, S. 73, Abb. 9). Deshalb gehe ich hier den Umweg über Esser.

1133 Vgl. hierfür und das Folgende: Esser 1998, S. 25–27.

(3) Auf der »Organisationsebene« folgen dann redaktionelle Strukturen, Arbeitsabläufe und Berufsbilder.[1134]

(4) Die innerste Ebene bildet die »Individualebene« oder »Subjektsphäre« mit etwa den persönlichen Werten des konkreten Journalisten.

In der Nachrichtenwertforschung wird das Zusammenwirken aller vier Ebenen (2.1.6) bei der Entstehung und Wirksamkeit von Nachrichtenfaktoren exemplarisch thematisiert (2.1). Darauf aufbauend kann beschrieben werden, wie die Medienrealität von Kirche konstruiert wird (2.2) und welche Orientierungen für die Medienproduktion wie relevant werden (2.3).

2.1 Nachrichtenwertforschung

Die Forschungstradition seit den 1950er Jahren zur medialen Nachrichtenproduktion lässt sich in Aufnahme der Überblicksdarstellungen in der Literatur in drei einander teilweise überschneidende Ansätze gliedern:[1135]

(1) Der Gatekeeper-Ansatz geht zunächst vom individuellen Journalisten – also der innersten Sphäre in Essers Modell – und dann auch von den ihn beeinflussenden und einschränkenden redaktionellen Strukturen aus (Esser: Ebene (3)) und erklärt von daher den Prozess der Medienproduktion.[1136]

(2) Der News-Bias-Ansatz hingegen fokussiert auf den »Zusammenhang zwischen den politischen Einstellungen von Journalisten und ihrer Nachrichtenauswahl«.[1137]

(3) Die Nachrichtenwerttheorie versuchte, unabhängig von der individuellen Prägung des Journalisten zunächst von bestimmten »Merkmalen des *Ereignisses*«[1138] aus zu erklären, wieso Ereignisse zu Nachrichten werden oder nicht. Während die ersten beiden Ansätze akteursbezogen vorgehen – also vom agierenden Journalisten und dessen Rahmenbedingungen ausgehen –, lässt sich die Nachrichtenwerttheorie als ereignisbezogen beschreiben.[1139]

Um die Rolle der Personalisierung in der Nachrichtenproduktion zu klären, greife ich hier in erster Linie auf die Nachrichtenwerttheorie zurück. Das hat folgende Gründe: Personalisierung ist als Faktor der Nachrichtenauswahl in dieser Theorie und ihrer empirischen Überprüfung ausführlich diskutiert worden. Die Nachrichtenwerttheorie ist in ihrer europäischen Fassung im

---

1134 Zum »Einfluss des Faktors Organisation« auf den Nachrichteninhalt vgl. ausführlich: Boetzkes 2008, Zitat auf S. 317.

1135 Vgl. Kepplinger 1989b, S. 3f.; Staab 1990, S. 11–92; Maier et al. 2010, S. 31, 116–124, dort jeweils auch für das Folgende.

1136 Vgl. Maier et al. 2010, S. 117. Einen Überblick über die Geschichte und ein eigenes Modell liefert: Shoemaker 1991. Bei Shoemakers eigenem Modell wird auch das Problem des Gatekeeper-Ansatzes deutlich, sehr stark von einem linearen Kommunikationsprozess auszugehen, in dem die Nachricht von ihrer Quelle zu Rezipienten zahlreiche Hindernisse und Verzerrungsinstanzen passiert.

1137 Staab 1990, S. 203.

1138 Maier et al. 2010, S. 117, kursiv im Original.

1139 Vgl. Maier et al. 2010, S. 31.

Rahmen der Friedensforschung entstanden und damit für ethische Fragen anschlussfähig. Schließlich ist die Nachrichtenwerttheorie gerade in Deutschland stärker rezipiert worden als die beiden anderen Ansätze.

Die Nachrichtenwerttheorie zielt auf die Erklärung von »drei Sachverhalte[n]«: »die Auswahl, die Platzierung und der Umfang von Nachrichten«.[1140] Schon 1999 konnten Christiane Eilders und Werner Wirth festhalten, dass die Nachrichtenwerttheorie »für die journalistische Selektion als empirisch bestätigt« gelten könne.[1141] Einigkeit besteht in der Nachrichtenwertforschung darüber, dass Personalisierung in mindestens einer der oben angesprochenen Formen (I.5.) als Faktor in der Produktion von Nachrichten eine Rolle spielt. Um die Beschreibung dieser Rolle zu präzisieren, muss zunächst geklärt werden, auf welcher theoretischen Grundlage was genau mit Nachrichtenfaktoren gemeint ist, um von dort aus zu klären, was in diesem Kontext mit Personalisierung gemeint ist und ob sich diese in der Nachrichtenproduktion als Faktor empirisch und historisch nachweisen lässt.

Die moderne Nachrichtenwertforschung geht auf die erste Verwendung des Begriffs »news value« im heute gebräuchlichen Sinne in dem 1922 erschienenen Buch »Public Opinion«[1142] des US-amerikanischen Journalisten Walter Lippmann zurück.[1143] Davon ausgehend haben sich ein amerikanischer und ein europäischer Strang der Nachrichtenwertforschung entwickelt.[1144] Ich beziehe mich hier vor allem auf Letzteren, der auf die Arbeit am Norwegischen Peace Research Institut Oslo (PRIO), insbesondere von Einar Østgaard, Mari Halmboe Ruge und dem Institutsgründer Johan Galtung, zurückgeht.[1145] Als einer der Ersten in Deutschland hat der spätere Nürnberger Kommunikationswissenschaftler Winfried Schulz die Nachrichtenwerttheorie überarbeitet und auf Deutschland angewandt. Den Anstoß zu einer »3. Generation« von Nachrichtenwertforschung (nach PRIO und Schulz) gab in den 1980er Jahren Hans-Mathias Kepplinger.[1146] In deutlicher Nähe zu dessen These der »instrumentellen Aktualisierung« steht Joachim Friedrich Staabs Finalmodell.[1147] Aus den zahlreichen empirischen Studien, die seitdem erschienen sind, sticht vor allem die Arbeit von Christiane Eilders heraus, die die Idee der Nachrichtenfaktoren nicht nur auf journalistische Verarbeitungs-, sondern auch auf Re-

---

1140 Kepplinger und Bastian 2000, S. 462.

1141 Vgl. Eilders und Wirth 1999, S. 35, dort auch das Zitat.

1142 Lippmann 1949 (Tb-Ausg. 1965), Erstausg. 1922.

1143 Vgl. Maier et al. 2010, S. 28. Zur Geschichte der Nachrichtenwertforschung vgl. Schulz 1990, S. 15–24; Fretwurst 2008, S. 13–56; Boetzkes 2008, S. 55–67; Maier et al. 2010, S. 28–42. Diesen Arbeiten verdanke ich zahlreiche Hinweise auf die im Folgenden rezipierte Literatur.

1144 Vgl. Staab 1990, S. 42–92. Vor allem auf den europäischen Strang konzentriert sich der Überblick in: Maier et al. 2010.

1145 Dazu: Maier et al. 2010, S. 31–38.

1146 Vgl. Staab 1990, S. 209.

1147 Zu diesem Zusammenhang vgl. Maier et al. 2010, S. 40.

zeptions- und Erinnerungsprozesse bezogen hat und sich dabei explizit auf den dynamisch-transaktionalen Ansatz bezieht.[1148]

2.1.1 *Theoretische Grundüberlegung*

Nach diesem Überblick über die forschenden Personen komme ich nun zu den Inhalten der Theorie:[1149] Die Nachrichtenwerttheorie geht eigentlich dem DTA ähnlich von der erkenntnistheoretischen Grundüberlegung aus, dass menschliche Wahrnehmung immer eine Selektions- und Interpretationsleistung[1150] beinhaltet. Menschen nehmen nie alles wahr. Genauso wenig berichten Medien über alles. Bereits 1690, also lange vor der Erfindung elektronischer Nachrichtenübermittlungsmedien wie etwa der Telegraphie, hat Tobias Peucer in seiner theologischen Dissertation zum Zeitungswesen feststellen können, dass der Nachrichtenstoff »fast unendlich« sei und damit eine »gewisse Auswahl« unerlässlich.[1151] 1922 schreibt dann besagter Erstbenutzer des Nachrichtenwert-Begriffs, Walter Lippmann, anschaulich: »All the reporters in the world working all the hours of the day could not witness all the happenings in the world. There are not a great many reporters. And none of them has the power to be in more than one place at a time.«[1152] Grundlegend ist also eigentlich die Einsicht, dass Nachrichtenproduktionsprozesse immer Selektionsprozesse sind, die Komplexität reduzieren.[1153] Die Nachrichtenwerttheorie geht – und das ist hier das Neue – implizit davon aus, dass sich diese journalistische Komplexitätsreduktion nicht willkürlich vollzieht, sondern zumindest teilweise benennbaren Prinzipien folgt. Diese Prinzipien (unbewusst) gesteuerter medialer Komplexitätsreduktion in Nachrichtenfaktoren zu fassen und empirisch nachzuweisen, ist das Ziel der Nachrichtenwertforschung. Insofern Personalisierung als eines dieser Faktoren nachweisbar wird, kann Personalisierung als komplexitätsreduzierend verstanden werden.[1154]

1148 Vgl. Eilders 1997; Eilders und Wirth 1999. Den Hinweis auf diese Arbeiten verdanke ich Daniel Meier.

1149 Dazu zum Folgenden vgl. Maier et al. 2010, S. 13–16. Insgesamt verdankt die Darstellung der folgenden Unterkapitel der Arbeit von Maier et al. grundlegende Einsichten. Instruktiv für die Ausführungen hier war auch Schulz 1990.

1150 Am Beispiel: Schulz 1990, S. 25.

1151 Vgl. dazu: Wilke 1984, S. 56. Dort auch die Peucer-Zitate. Peucers Text von 1690 ist auf Latein und in deutscher Übersetzung abgedruckt bei: (auf diese Ausgabe verweist auch Wilke ebd.) Kurth 1944. Bei Peucer vgl. etwa zur These aus dem Haupttext auf Latein (Zitat auf Deutsch teilweise auch bei Wilke): Peucerus 1944, S. 171.

1152 Lippmann 1949 (Tb-Ausg. 1965), S. 214.

1153 Vgl. etwa Schulz 1990, S. 8f., 25. Zur medialen Komplexitätsreduktion in systemtheoretischer Hinsicht vgl. Marcinkowski 1993, S. 118.

1154 Vgl. zur komplexitätsreduzierenden Funktion von Personalisierungen Wehner 1998, S. 322; Holtz-Bacha et al. 1998, S. 241; Holtz-Bacha 2003, S. 20.

Obwohl sie Selektionsprozesse beschreiben, werden die ersten europäischen Arbeiten zur Nachrichtenwerttheorie dieser Grundeinsicht nicht in aller Tiefe gerecht, indem sie ihrer Medientheorie implizit und normativ noch eine Abbildtheorie zugrunde legen und damit ja gerade nicht anerkennen, dass jede Form von Wahrnehmung selektiv – also nicht abbildend – ist.[1155] So ist es das erklärte Ziel von Østgaard, der 1965 die europäische Nachrichtenwertforschung mitbegründet hat, die Faktoren zu beschreiben, »which cause the ›picture of the world‹ as it is presented through the news media to differ from ›what really happened‹«.[1156] Dass solche Faktoren »negative factors«[1157] genannt werden, erklärt sich m. E. am besten durch die Annahme einer impliziten normativen Funktionsbestimmung der Medien bei Østgaard, möglichst »realitätsgetreu« abzubilden, was geschah.[1158] Während Galtung und Ruge deutlich vorsichtiger von »the adequacy of the image the news media give of the world«[1159] gesprochen haben, ist Karl Erik Rosengrens Kritik noch deutlicher als Østgaard implizit der Abbildtheorie verpflichtet:[1160] Faktoren der Nachrichtenauswahl lassen sich nach Rosengren nur über den Vergleich von Medienberichterstattung und Realität, also den Vergleich von »Intra-Media-Daten« und »Extra-Media-Daten« ermitteln.[1161] Damit ist auch schon die Forschungsmethode genannt, die eigentlich dieser erkenntnistheoretischen Grundlage entspricht.

Winfried Schulz hat in diesem Zusammenhang von einer »Art Falsifikationsversuch« gesprochen, bei dem die Medienrealität durch das, »was wirklich geschah« falsifiziert werden soll.[1162] Diesen Versuch nennt Schulz jedoch zu Recht unmöglich: »Denn Realität kann nicht in ›Reinkultur‹ registriert und als Prüfstein der Nachrichtenberichterstattung bereitgestellt werden«.[1163] Es lasse sich allenfalls untersuchen, ob das mediale Bild einem anderen Bild – etwa

1155 Zu dieser Problematik und zum Folgenden vgl. Schulz 1990, S. 25–29.

1156 Østgaard 1965, S. 39.

1157 Østgaard 1965, S. 39.

1158 Diese Funktionsbestimmung macht so explizit Schulz 1990, S. 27.

1159 Galtung und Ruge 1965, S. 64.

1160 Vgl. zu Rosengren Schulz 1990, S. 22f.

1161 Vgl. Schulz 1990, S. 22f. Vgl. Rosengren über Galtungs und Ruges Ansatz: »This is a fresh and stimulating approach which has already attracted its followers. In the terms suggested in the preceding part of the paper, it is a theory about the relationship between extra and intra media data. In the present writer's opinion, that is exactly the kind of theory needed in the study of the flow and structure of foreign news. However, when testing and discussing hypotheses derived from their theory, Galtung and Holmboe Ruge fail to apply the distinctions between extra and intra media data and between events and reports of events.« (Rosengren 1970, S. 100.)

1162 Vgl. Schulz 1990, S. 25, dort auch die Zitate.

1163 Schulz 1990, S. 26.

einem normativ erhobenen – entspricht.[1164] Die von Schulz 1976 geforderte »[t]heoretische Neuorientierung« in der Nachrichtenwertforschung meint also die Abkehr von der alten Abbildtheorie.[1165] Nachrichten bilden Realität nicht ab, sondern konstruieren sie erst. Das von den Medien konstruierte Realitätsbild ist eine »Definition von Realität [...] (eine Definition freilich neben anderen [...])«.[1166] Als Forschungsgegenstand interessant ist die Medienrealität dann ihrer Wirkung wegen, also weil sie eine besonders wirksame Definition oder »Hypothese von Realität« ist.[1167] Es ist diese von Schulz geforderte Neuorientierung, die auch diese Arbeit aufgreift, wenn sie den Konstruktionsbegriff verwendet (vgl. IV.1.2).

Meines Erachtens lässt sich der Aufsatz »The Structure of Foreign News« von Johan Galtung und Mari Holmboe Ruge, der in Aufnahme von Østgaard eine systematische Nachrichtenfaktorenliste aufstellt und so zur Grundlage der europäischen Nachrichtenwertforschung geworden ist, zumindest teilweise in besagtem Sinne lesen.[1168] Vergleichspunkt für die durch Nachrichtenselektion konstruierte Medienrealität sind hier in der theoretischen Modellierung explizit zwar auch die »world events« – also das, »was wirklich geschah«.[1169] Das Erkenntnisinteresse der Autoren gilt aber m. E. letztlich nicht dem Abgleich von Wirklichkeit und »media image«, sondern dem Abgleich von empirisch beschriebenem »media image« einerseits und dem impliziten, als für adäquates Handeln als Grundlage notwendigen und damit für die Friedensforscher normativ gebotenen »media image« andererseits: »Since the adequacy of an action is often, but by no means always, positively related to the adequacy of the image on which it is based, research into the adequacy of the image the news media give of the world is of primary importance.«[1170] Normativer Zielpunkt auch der »policy implications«, die die beiden aus ihrer Theorie ableiten,[1171] ist also eine Medienberichterstattung, die einzelnen wie

1164 Vgl. Schulz 1990, S. 27f. Zu Schulz in diesem Zusammenhang auch: Staab 1990, S. 205.

1165 Vgl. Schulz 1990, S. 25, dort auch das Zitat. Zur Abkehr von der Abbildtheorie vgl. auch ebd., S. 28.

1166 Vgl. Schulz 1990, dort auch das Zitat.

1167 Vgl. Schulz 1990, S. 28f.

1168 Das liegt auch daran, dass die beiden eben keine Vergleiche mit Extra-Medien-Daten vollziehen, weil ihnen diese fehlen: »In general this means that the cumulative effects of the factors should be considerable and produce an image of the world different from ›what really happened‹ – for instance in the ways indicated by Östgaard. However, since we have no base-line in direct reports on ›what really happened‹ on which this can be tested we shall proceed in a different direction.« (Galtung und Ruge 1965, S. 71)

1169 Vgl. Galtung und Ruge 1965, S. 65, Fig. 1. Vgl. dort auch für die im Folgenden zitierten Begriffe.

1170 Galtung und Ruge 1965, S. 64.

1171 Galtung und Ruge 1965, S. 84f.

kollektiven Akteuren adäquates Handeln ermöglicht. Damit vergleichen Galtung und Ruge zumindest implizit und im Schlussteil ihres Aufsatzes die durch die Logik der Nachrichtenfaktoren konstruierte Realität, die inhaltsanalytisch nachgewiesen werden kann, mit ihrer eigenen Konstruktion der Realität nach der Konstruktionslogik »Was ist zum adäquaten Handeln zu wissen nötig«. Nicht im Modell, wohl aber im Schlussteil des Aufsatzes wird hier also – auch nach Schulz legitim[1172] – Konstruktion mit Konstruktion verglichen. Deshalb kann von der einen impliziten und normativen Konstruktion her über die empirisch vorgefundene gesagt werden: »try and counteract all twelve factors.«[1173] Gerade mit seinen normativen Schlussbemerkungen, die meines Wissens in der weiteren Nachrichtenwerttheorie-Diskussion relativ wenig Beachtung gefunden haben, ist Galtungs und Ruges Ansatz für eine theologische Reflexion weiterführend.

Die hier angedeuteten erkenntnis- und medientheoretischen Grundentscheidungen haben Auswirkungen auf die theoretische Bestimmung von Ort, Funktion und Geltungsbereich der Nachrichtenfaktoren.

2.1.2 Nachrichtenfaktoren und Nachrichtenwerte[1174]

Der Begriff »Nachrichtenwert« bzw. »news value« geht auf den bereits zitierten amerikanischen Journalisten Walter Lippmann zurück.[1175] Lippmann geht davon aus, dass Reporter die besagte Informationsflut mittels einer »standardized routine«[1176] bewältigen. In der Erörterung dessen fällt dann auch der Begriff »news value«[1177] als Bezeichnung für das, was ein Ereignis für den Journalisten berichtenswert macht. Am Beispiel von schlechten Arbeitsbedingungen und einem möglichen Streik von Arbeitern erklärt Lippmann:

> »The bad conditions as such are not news, because in all but exceptional cases, journalism is not a first hand report of the raw material. It is a report of that material after it has been stylized. Thus bad conditions might become news if the Board of Health reported an unusually high death rate in an industrial area. Failing an intervention of this sort, the facts do not become news, until the workers organize and make a demand upon their employers. Even then, if an easy settlement is certain the news value is low [...]. But if industrial relations collapse into a strike or lockout the news value increases. If the stoppage involves a service on which the

---

1172 Vgl. Schulz 1990, S. 27.

1173 Galtung und Ruge 1965, S. 84. Ich danke Daniel Meier für den Hinweis auf diese Stelle.

1174 Vgl. dazu auch Maier et al. 2010, S. 18–22.

1175 Vgl. zu Lippmann, Nachrichtenwerten und den im Folgenden zitierten Werken Maier et al. 2010, S. 28f. Vgl. zur Rückführung der Nachrichtenwerttheorie auf Lippmann auch Kepplinger 1998, S. 19.

1176 Lippmann 1949 (Tb-Ausg. 1965), S. 214.

1177 Lippmann 1949 (Tb-Ausg. 1965), S. 220.

readers of the newspapers immediately depend, or if it involves a breach of order, the news value is still greater.«[1178]

Dabei sind schon wesentliche Faktoren genannt, die den Nachrichtenwert eines Ereignisses steigern: statistische Fassbarkeit einer Veränderung, Steigerung, Negativismus, Konsonanz, Relevanz für Leser etc.

Den Begriff Nachrichtenfaktoren (»news factors«) haben die Norwegischen Friedensforscher 1965 in die europäische Diskussion eingeführt. Schon Østgaard hatte in seinem Artikel von »factors which impair the ›free flow of news‹«[1179] gesprochen, Galtung und Ruge schreiben neutraler von »factors influencing the flow of news from abroad«[1180] und benutzen erstmals[1181] den Begriff »*news factors*«[1182], allerdings ohne diesen zu definieren. Gemeint sind damit als Ereignismerkmale gefasste Kriterien für die Selektion und Gestaltung von Nachrichten.[1183] So überschreiben sie ihre Faktorenliste mit dem Satz: »Events become news to the extent that they satisfy the conditions of [...]«.[1184] Der Ort, an dem diese Faktoren als Entscheidungs- und Gestaltungskriterien wirken, bleibt dabei zunächst unspezifisch, weil Galtung und Ruge die Größe »Nachrichtenmedien« im Kommunikationsprozess als Blackbox behandeln, ohne zwischen einzelnen Journalisten, Korrespondenten und Redaktionen zu unterscheiden.[1185] Deshalb liegt es m. E. auf der Linie von Galtung und Ruge, ihren Nachrichtenfaktorenkatalog als individuell wie kollektiv wirksame journalistische Nachrichtenauswahl- und Gestaltungsroutine zu verstehen.

Seit der konstruktivistischen Neuorientierung der Nachrichtenwerttheorie in Deutschland durch Winfried Schulz erscheint das bei Galtung und Ruge implizierte Ausgehen von Ereignismerkmalen als problematisch: Einmal kann nach Schulz' Dekonstruktion eines intersubjektiven Konsens über Realität auch nicht mehr von einem solchen Konsens über Merkmale der Realität ausgegangen werden. Zudem ist die Untersuchungseinheit Ereignis (»event«), wie Staab zu Recht kritisiert hat, selbst schon eine mediale Definition:[1186] Welche Geschehensaspekte zu einem Ereignis gehören, wird danach erst im Nachrichtenproduktionsprozess bestimmt.[1187] Entsprechend hat Kepplinger auf dieser Linie pointiert definiert:

1178 Lippmann 1949 (Tb-Ausg. 1965), S. 219f.
1179 Østgaard 1965, S. 39, dazu: Maier et al. 2010, S. 33.
1180 Galtung und Ruge 1965, S. 64.
1181 Vgl. Maier et al. 2010, S. 36.
1182 Galtung und Ruge 1965, S. 80, kursiv im Original.
1183 Vgl. Maier et al. 2010, S. 18.
1184 Galtung und Ruge 1965, S. 70.
1185 Vgl. Galtung und Ruge 1965, S. 65.
1186 Vgl. Staab 1990, S. 100–106, insb. S. 104. Vgl. dort auch für das Folgende.
1187 Vgl. Staab 1990, S. 104f.

> »Der Begriff ›Nachrichtenfaktoren‹ bezeichnet Merkmale von Nachrichten über Ereignisse und Themen, die dazu beitragen, dass diese publikationswürdig bzw. mit Nachrichtenwert versehen werden. [...] Je mehr Nachrichtenfaktoren eine Nachricht aufweist, umso größer ist ihr Nachrichtenwert.«[1188]

Die dieser Definition zugrunde liegende Unterscheidung von Nachrichtenwert und -faktoren ist international nicht üblich – in den USA etwa werden die Begriffe heute noch eher synonym verwendet[1189] –, aber m. E. zunächst hilfreich, weil sie dem dynamisch-transaktionalen Denkansatz stärker entspricht.

Die Schulzsche Neuorientierung der Nachrichtenwertforschung hat in Deutschland dazu geführt, dass der ursprünglich angenommene Kausalzusammenhang von Ereignismerkmalen und Selektionsentscheidung durch seine eigene Invertierung ergänzt wurde und damit den Elementen einer akteurstheoretischen Perspektive mehr Beachtung geschenkt werden konnte.[1190] Den Arbeiten der ersten Generation, insbesondere Galtungs und Ruges Aufsatz, liegt ein Kausalmodell zugrunde,[1191] das die Wirkursache betont: Eine spezifische Kombination von Ereignismerkmalen,[1192] also Nachrichtenfaktoren, bewirkt die Selektionsentscheidung und darüber hinaus die Gestaltung und Platzierung der Nachricht.[1193] Die Arbeit von Kepplinger zur »instrumentellen Aktualisierung«[1194] durch Journalisten ergänzend hat Staab ein Modell finaler Kausalität entwickelt und somit der individuellen und kollektiven Prägung von Journalisten wie ihren politischen Einstellungen auch in der Nachrichtenwerttheorie eine Rolle eingeräumt.[1195] Danach gehen Journalisten von Publikationsentscheidungen aus und gestalten auf die Publikation zielend die Berichterstattung entsprechend den Nachrichtenfaktoren.[1196] Dieses Modell ist so auch eher in der Lage, das intentionale Handeln[1197] von Journalisten zu beschreiben, und offener für die Integration akteurstheoretischer Ansätze. Da

---

1188 Übersetztes Zitat übernommen von Maier et al. 2010, S. 18. Im englischen Original: Kepplinger 2008, S. 3245.

1189 Vgl. Maier et al. 2010, S. 19.

1190 Vgl. dazu Staab 1990 (s. Anm. 1195).

1191 Vgl. Maier et al. 2010, S. 19f.

1192 Vgl. entsprechend die Additions-, Exklusions- und Komplementaritätshypothese bei Galtung und Ruge 1965, S. 71f.

1193 Zur Rekonstruktion des Wirkungsbegriffs bei Galtung und Ruge hier vgl. auch Eilders 1997, S. 75.

1194 Vgl. Kepplinger 1984. Seine Definition lautet: »Eine instrumentelle Aktualisierung liegt vor, wenn eine instrumentelle Gegebenheit, die objektiv in einem Zusammenhang mit dem zentralen Konfliktgegenstand steht oder subjektiv so wahrgenommen wird [...], öffentlich in den Vordergrund gerückt wird.« (Kepplinger 1989a, S. 205) Dazu auch: Maier et al. 2010, S. 20.

1195 Vgl. Staab 1990, insb. S. 207, 213–215.

1196 Vgl. Staab 1990, S. 98, 207, 213–215; Fretwurst 2008, S. 48f., 150; Maier et al. 2010, S. 20.

1197 Vgl. Staab 1990, S. 207.

das erste Modell mit einer Wirk-, das zweite mit einer Zweckursache argumentiert, ergänzen sie sich in der Tat. Die empirische Überprüfung von Hypothesen, die das Modell finaler Kausalität hervorbringt, ist aber auch ohne den theoretisch voraussetzungsreichen Bezug zu Extra-Media-Daten möglich.

Obwohl Staab von »unabhängigen Variablen« spricht,[1198] ähnelt die Kombination von Kausal- und Finalmodell den Grundgedanken eines dynamisch-transaktionalen Ansatzes:[1199] Nun können die in der Zeitungsmeldung nachgewiesenen Nachrichtenfaktoren sowohl als Wirkung der Gestaltungsaktivität des Journalisten als auch als Wirkung auf die Gestaltungsaktivität des Journalisten gesehen werden – Letzteres nämlich insofern die Faktoren schon Merkmal der dem Zeitungstext zugrunde liegenden Agenturmeldungen waren und etwa den Umfang der Berichterstattung beeinflusst haben. Gerade in der Kombination von Final- und Kausalmodell erscheinen Wirkungen hier als doppelseitig und die Nachrichtenproduktion damit als transaktional bestimmt.

Ähnliches gilt für Kepplingers Zwei-Komponentenmodell, das Nachrichtenfaktoren als Ereignismerkmale und Nachrichtenwerte als mediengattungsspezifische Zuschreibungen zu diesen Faktoren unterscheidet.[1200]

1198 Vgl. etwa: Staab 1990, S. 208.

1199 Vgl. zur Kombination etwa: »Überblickt man die Ergebnisse der verschiedenen Analyseschritte, so ist eine rein kausale Betrachtungsweise der Nachrichtenfaktoren, nach der diese ausschließlich als Ursachen der Nachrichtengebung fungieren, kaum haltbar. Das Finalmodell, das die Nachrichtenfaktoren auch als Folgen von Publikationsentscheidungen betrachtet, erwies sich in zumindest gleicher Weise zur Interpretation ihrer Bedeutung in der politischen Berichterstattung geeignet.« (Staab 1990, S. 214) Das Finalmodell sei »als Ergänzung des Kausalmodells verstanden« (ebd., S. 215). Vgl. auch ebd., S. 98.

1200 Hans Mathias Kepplinger hat ein Modell entwickelt, das einerseits die konstruktivistische Neuorientierung aufnimmt und andererseits einen Ansatz für die Integration von den Modellen wirkender und finaler Kausalität gibt. In diesem Modell werden zwei Komponenten im Nachrichtenfaktorenbegriff unterschieden, die oben noch vermischt vorkamen – daher auch der Name »*Zwei-Komponenten-Modell*« (Kepplinger und Bastian 2000, S. 464, kursiv im Original). Nach Kepplingers Angaben verwendete er diesen Begriff zuerst in einem Aufsatz, der den Unterschied von Ereignislage und Selektionskriterien betont: Kepplinger und Weissbecker 1991. Vgl. zum Modell auch Kepplinger 1998, S. 20, 31. Zu differenzieren ist danach zwischen »Kriterien der Selektion« und »Merkmale[n] der auszuwählenden Objekte« (Kepplinger und Bastian 2000, S. 463). Kepplinger erklärt dies an einem anschaulichen Beispiel: »Beim Sortieren von Äpfeln sind das z. B. als Selektions-Kriterium die Größen-Klassen und als relevante Objekt-Merkmale die Umfänge. Ohne Selektions-Kriterien kann man ebenso wenig eine gezielte Auswahl treffen wie ohne Objekt-Merkmale.« (Kepplinger und Bastian 2000, S. 463; vgl. dazu auch schon: Kepplinger 1998, S. 20) Auf Nachrichtenwerttheorie bezogen, entsprechen die Nachrichtenfaktoren dann nach Kepplinger den potentiell relevanten Objektmerkmalen, den Merkmalen einer Meldung also; Selektionskriterien sind die Nachrichtenwerte, die Journalisten den Nachrichtenfaktoren kollektiv zuschreiben (vgl. Kepplinger und Bastian 2000, S. 464). Kepplinger geht noch nicht

Eilders wendet den dynamisch-transaktionalen Ansatz auf die Nachrichtenwerttheorie an und bezieht diese außerdem allgemein auf Wahrnehmungs- und Verarbeitungsprozesse.[1201] Damit geht sie über Kepplinger hinaus. Danach ist schon der Nachrichtenfaktor nicht nur Ereignis- oder Meldungsmerkmal, sondern auch im konkreten Verarbeitungsprozess eine rezipientenseitige Zuschreibung: »Nachrichtenfaktoren eines Beitrages [...] werden [...] in einem transaktionalen Prozeß dem Stimulus vom Rezipienten erst zugewiesen: Nachrichtenfaktoren sind als Stimulusmerkmale Ursachen für die Wahrnehmung der Rezipienten, gleichzeitig aber als ›Wahrnehmungsresultat‹ und Bestandteil der Rezipientenvorstellungen bereits Wirkung. Die Zuweisung erfolgt aufgrund des individuellen Vorwissens und der Ziele der Rezipienten und kann folglich interindividuell unterschiedlich ausfallen.«[1202] Auf journalistische Verarbeitung bezogen hieße das, dass Redakteure nicht Nachrichtenfaktoren wie bei Kepplinger Nachrichtenwerten zuschreiben, sondern Ereignissen Nachrichtenfaktoren. Das ist schon deshalb plausibler, weil es einfacher ist. Außerdem können damit ähnlich wie in Staabs Finalmodell auch die individuellen Ziele und Einstellungen von Journalisten in den Blick kommen. Dass auch Eilders einen relativ einheitlichen Nachrichtenfaktorenkatalog benennen kann, liegt daran, dass sie Nachrichtenfaktoren als Indikatoren für kollektiv zugeschriebene Relevanz versteht.[1203]

---

so weit, diese zu nur individuellen Zuschreibungen zu machen. Nachrichtenwertzuschreibung bleibt mediengattungsspezifisch: »Der Nachrichtenwert eines Nachrichtenfaktors ist wahrscheinlich keine allgemein gültige Größe. Gleiche Meldung, d. h. Meldung mit den gleichen Nachrichtenfaktoren, haben vielmehr für unterschiedliche Mediengattungen eine unterschiedliche Relevanz.« (ebd., S. 465) Damit betont Kepplinger, dass sowohl Nachrichtenfaktoren als auch Nachrichtenwerte unabhängige Variablen sind (vgl. ebd.), von denen wiederum die Variablen Auswahl, Platzierung und Umfang abhängen. Das Vorkommen von Nachrichtenfaktoren bestimmt also nicht eins zu eins den Nachrichtenwert. (Für Literatur von Kepplinger – auch Teile der hier zitierten – vgl. auch den bereits erwähnten Überblick von Maier et al. (2010).)

Der große Vorzug dieses Modells ist, dass es theoretisch miteinbeziehen kann, was Galtungs und Ruges Modell eigentlich noch hätte ausblenden müssen: die mediengattungsspezifische Relevanz einzelner Nachrichtenfaktoren. Solange der Nachrichtenwert und die daraus folgende positive Selektion direkt von der Konstellation der Nachrichtenfaktoren abhängige Variablen sind, ist in diesem Modell eigentlich nicht erklärbar, warum FAZ und Bild-Zeitung mit demselben Agenturmaterial so unterschiedlich umgehen. Im Zwei-Komponenten-Modell ist dies erklärbar: Dem Nachrichtenfaktor Prominenz wird etwa von Bild-Zeitungsredakteuren ein deutlich höherer Nachrichtenwert zugemessen als von FAZ-Redakteuren.

1201 Siehe ausführlicher IV.4.1.1.

1202 Eilders 1997, S. 80.

1203 Siehe ausführlicher IV.4.1.1.

Vom dynamisch-transaktionalen Denkansatz her können Nachrichtenfaktoren also verstanden werden als Merkmale, die Journalisten in transaktionalen Prozessen zwischen Journalist, individuellen wie kollektiven Einflussfaktoren und Ereignis oder Meldung eben jenen Ereignissen und Meldungen zuschreiben. Als Zuschreibungen beeinflussen sie die mediale Konstruktion von Realität, in der sie als Strukturmerkmale der Konstruktion analysierbar sind. Sie können nach der Schulzschen »Neuorientierung«[1204] nicht mehr als Störfaktoren im Nachrichtenfluss verstanden werden, sondern als Konstruktionsprinzipien.

2.1.3 Geltungsbereiche und Relevanzebenen

Mit der Klärung der Begriffe ist schon angedeutet, auf welchen Ebenen die Beurteilung von Nachrichtenfaktoren relevant ist. Die Ebenen-Unterscheidung von Galtung und Ruge aufnehmend, soll dies hier am Beispiel des Faktors Personalisierung noch einmal systematisiert werden.

(1) Nachrichtenfaktoren spielen bei der Nachrichtenselektion eine Rolle: »*The more events satisfy the criteria mentioned, the more likely that they will be registered as news* (selection)«.[1205] Sobald ein Ereignis, eine Pressemitteilung oder Agenturmeldung also als personalisiert gesehen wird, steigen damit ihre Chancen, als Nachricht veröffentlicht zu werden. Diese Ebene wurde mit dem Kausalmodell erklärt. Nachrichtenfaktoren mögen auf dieser Ebene sehr wohl eine Rolle spielen, seit der »theoretische[n] Neuorientierung« durch Schulz 1976 ist aber klar, dass diese Ebene eigentlich außerhalb des Geltungsbereichs einer empirisch prüfbaren Nachrichtenwerttheorie liegt.[1206] So kann Staab das Ergebnis der Auseinandersetzung zwischen Schulz und Rosengren so zusammenfassen: »Die Nachrichtenwert-Theorie erwies sich folglich genaugenommen nicht als Theorie der Nachrichtenselektion, sondern als ein Modell zur Beschreibung und Analyse von Strukturen in der Medienrealität.«[1207] Untersucht wird nicht die Auswahl sondern die »Nachrichtengestaltung, die Gewichtung von Beiträgen durch Umfang, Platzierung oder Aufmachung«.[1208] Obwohl weder empirisch noch theoretisch nachprüfbar,[1209] lässt sich der Einfluss von Nachrichtenfaktoren auf Selektionsprozesse mit Galtung und Ruge aber plausibel vermuten. Diese Vermutung lässt sich auch damit stützen, dass die Nachrichtenfaktorenkataloge in journalistischen Lehrbüchern vorkommen[1210] und also in der Journalistenausbildung auch dazu ver-

---

1204 Schulz 1990, S. 25; Staab 1990, S. 205.

1205 Galtung und Ruge 1965, S. 71, kursiv im Original.

1206 Vgl. Staab 1990, S. 205.

1207 Staab 1990, S. 208.

1208 Vgl. Staab 1990, S. 208, dort auch das Zitat.

1209 Vgl. auch Fretwurst 2008, S. 186.

1210 Für Beispiele siehe die Übersicht bei Maier et al. 2010, S. 44f.

wendet werden, die Intuition dafür zu stärken, was eine Nachricht sein könnte und was nicht.

Empirische Studien seit Schulz beziehen sich nun eigentlich auf die zweite Ebene: (2) Hier spielen Nachrichtenfaktoren eine Rolle dafür, wie das Ereignis dargestellt wird: »*Once a news item has been selected what makes it newsworthy according to the factors will be accentuated* (distortion).«[1211] Lässt man unbeachtet, dass in dem Begriff »distortion«[1212] noch die alte Abbildtheorie zum Ausdruck kommt, werden hier Nachrichtenfaktoren als Darstellungsmittel angesprochen. Dies ist umso wichtiger, wenn man stärker als Galtung und Ruge mit der neueren Nachrichtenwertforschung betont, dass Medien nicht nur vorhandene Ereignisse aufgreifen, sondern durch ihre spezifische Wahrnehmung Ereignisse erst als solche fassen[1213] – und dann gemäß besagter Nachrichtenfaktoren konstruieren.[1214] Bei Galtung und Ruge kommt der Journalist in erster Linie als passiv Auswählender in den Blick, nicht als aktiv Recherchierender. Die Aktivität des Journalisten wird von dem Konstruktionsargument stärker in den Blick gerückt. Konkret heißt dies in Anlehnung an Galtung/Ruge und über diese hinaus: Journalisten wählen nicht nur passiv aus der Informations- und Ereignisflut aus, sie wählen aktiv aus, indem sie selbst Informationen recherchieren und so generieren.[1215] Auf Personalisierung bezogen bedeutet das zweierlei.

(2a) Mit Galtung/Ruge und Staabs Finalmodell gilt: Personalisierte Ereignisse und Meldungen werden massenmedial veröffentlicht als intensiver personalisiert dargestellt. Personalisierung ist ein Darstellungsmittel, das bei Rezipienten Interesse wecken soll. Beispiel: In einer Pressemeldung der Evangelischen Kirche in Deutschland über eine neue Mitgliederstatistik kommt neben vielen anderen Fakten auch ein Zitat vom Ratsvorsitzenden Nikolaus Schneider vor. Damit entspricht die Meldung einem der im Anschluss aufgelisteten Nachrichtenfaktoren (F11: »*reference to persons*«[1216]) und

---

1211 Galtung und Ruge 1965, S. 71, kursiv im Original.

1212 Eilders und Wirth schlagen zu Recht vor, hier besser von »Akzentuierungshypothese« als von »Verzerrungshypothese« zu sprechen (Eilders und Wirth 1999, S. 36f.).

1213 Vgl.: »Faßt man diese aus verschiedenen Perspektiven formulierten Überlegungen zusammen und überträgt sie auf das Problem der Erkenntnis und Definition von Ereignissen, so zeigt sich, daß ein Ereignis nicht an sich besteht, sondern nur in Hinsicht auf ein dieses Ereignis erkennendes Subjekt, das damit das Ereignis als solches erst definiert.« (Staab 1990, S. 102) Vgl. zur »*Problematik des Ereignisbegriffes in der Nachrichtenwert-Theorie*«: ebd., S. 100-106 (Zitat auf S. 100, kursiv im Original).

1214 Vgl. dazu etwa: Staab 1990, S. 98f.

1215 Schon das Finalmodell von Staab betont ja etwa das aktive Gestalten der Journalisten. Zur Wirksamkeit von Personalisierung »in der Aufbereitungsform von Themen« vgl. auch Bentele und Fähnrich 2010, S. 55.

1216 Galtung und Ruge 1965, S. 71, kursiv im Original.

hat so eine höhere Chance auf Veröffentlichung (Selektion). Sollte es zur Veröffentlichung kommen, wird die öffentliche Nachricht das Zitat von Schneider betonen, indem dieses an den Anfang, vielleicht sogar in die Überschrift oder den Teaser rückt. Das Meldungsmerkmal »Personalisierung« wird betont.

(2b) Über Galtung und Ruge hinaus kann der Nachrichtenfaktor »Personalisierung« auch zum Rechercheprinzip werden, das ein unpersönliches Ereignis oder eine unpersönliche Meldung erst im Medienproduktionsprozess personalisiert. Um bei unserem Beispiel zu bleiben: Die EKD gibt eine Pressemitteilung zur Mitgliederstatistik heraus, ohne Nikolaus Schneider zu zitieren. Die Journalistin ruft daraufhin in Hannover an und bittet um ein Kurzinterview mit dem Ratsvorsitzenden: Eine zunächst nicht personalisierte Meldung ist personalisiert worden.

(3) Die genannten Ebenen zur Wirkung der Nachrichtenfaktoren werden bei Galtung und Ruge noch durch eine dritte – in meiner Darstellung also eine vierte – verstärkt. Die Norweger gehen von einer Nachrichten-»Kette von Ereignis zum Leser« aus.[1217] Diese Kette kann unterschiedlich viele Instanzen beinhalten. Man kann sich diese Kette ähnlich vorstellen wie das Weitersagen bei dem Spiel »Stille Post«. Bei jeder Instanz arbeiten die Nachrichtenfaktoren auf den genannten zwei bzw. drei Ebenen. »In other words, we hypothesize that every link in the chain reacts to what it receives fairly much according to the same principles.«[1218] Eine solche Nachrichtenkette könnte – um ein zugegebenermaßen etwas konstruiertes Beispiel zu bringen – etwa so aussehen: Ein Bürger fühlt sich von der Arge ungerecht behandelt, hält das für berichtenswert (Instanz 1) und ruft deshalb einen Lokalredakteur an (Instanz 2), der es für so berichtenswert hält, dass er nicht nur eine Geschichte recherchiert, sondern zugleich eine Meldung an eine Nachrichtenagentur (Instanz 3) schickt, die wiederum die Geschichte für einen überregional relevanten Skandal hält und sich dazu entschließt, die Nachricht deutschlandweit über den Ticker zu schicken, wo auch Redakteure überregionaler Zeitung diese lesen (Instanz 4) usw. Dazu stellen Galtung und Ruge fest: »*Both the process of selection and the process of distortion will take place at all steps in the chain from event to reader*«.[1219] Damit verstärkt sich also die Wirksamkeit der relevanten Nachrichtenfaktoren, je länger die Nachrichtenübermittlungskette wird.

Nachdem nun beschrieben ist, dass die Nachrichtenwerttheorie für mehrere Ebenen des Nachrichtenproduktionsprozesses gilt, wirft der letztgenannte Zusammenhang eine weitere Frage nach dem Geltungsbereich der Theorie auf. Galtung und Ruge vermuten die Wirksamkeit von Nachrichtenfaktoren für die Auslandsberichterstattung, der meist relativ lange Nachrichtenketten zugrunde liegen. Dieser Gedanke stellt infrage, ob die These überhaupt für

---

1217 Vgl. Galtung und Ruge 1965, S. 71, Englisch dort: »chain from event to reader« (im Original kursiv). Vgl. zu dieser »Kette« auch Eilders und Wirth 1999, S. 37.

1218 Galtung und Ruge 1965, S. 71.

1219 Galtung und Ruge 1965, S. 71, kursiv im Original.

Inlandsberichterstattung und unpolitische Nachrichten gilt, wo die Nachrichtenketten deutlich kürzer sein können. Für Deutschland hat dies 1976 Winfried Schulz mit modifizierten Theoriegrundlagen und einem leicht modifizierten Katalog von Nachrichtenfaktoren nachgewiesen.[1220] Nachdem theoretische Grundlagen, Begriffe und Geltungsbereiche der Theorie geklärt sind, kann nun nach der Personalisierung gefragt werden.

2.1.4 Personalisierung als Nachrichtenfaktor

Personalisierung kommt in sämtlichen Untersuchungen zur Nachrichtenwerttheorie in mindestens einer der unter I.5. beschriebenen Dimensionen vor.[1221] Um die empirischen Ergebnisse der wichtigsten Studien[1222] einordnen zu können, will ich zunächst beschreiben, welche Dimension von Personalisierung jeweils vorkommt.

Die Diskussionsgrundlage für alle weiteren Listen von Nachrichtenfaktoren bietet der Katalog von Galtung und Ruge in ihrem Aufsatz »The Structure of Foreign News«.[1223] Bereits in dem Aufsatz von Østgaard war Personalisierung als ein Unterfaktor vorgekommen: Østgaard nennt drei der Nachrichtenproduktion inhärente Faktoren: »*Simplification*«, »*Identification*« und »*Sensationalism*«.[1224] Unter »*Identification*« nennt er auch die Tendenz der Medien, sich an großen Namen zu orientieren und so einseitig personenorientierte Nachrichten aufzugreifen:

> »That identification as a process which has far-reaching consequences for the news flow is even more obvious when looking at what has been termed the tendency to ›personify the news‹. Acting on the presumption that ›only one thing interests all human beings always, and that is the human being itself‹, or on the advice to ›get interviews with people in the news‹, people working for the news media write about what other people say or do, about how they act and how they look, and even, sometimes, about what they think and what they feel! Asking newsmen in Washington do define ›news‹, Bernhard C. Cohen found that ›the most common of these classification [of news] is that ›big names‹ make news‹«.[1225]

Østgaard fasst bereits alle drei Dimensionen von Personalisierung als einen Unteraspekt des Faktors Identifikation, also des Versuchs der Medien, Aufmerksamkeit der Rezipienten einzufangen:[1226] Personorientierung drückt sich

1220 Vgl. Schulz 1990.

1221 Vgl. den Überblick bei Maier et al. 2010, S. 81. Vgl. dazu auch Bentele und Fähnrich 2010, S. 53.

1222 Den Hinweis auf die im Folgenden gesichteten Studien verdanke ich teilweise: Maier et al. 2010.

1223 Vgl. so auch Maier et al. 2010, S. 18.

1224 Østgaard 1965, S. 45–51, kursiv im Original.

1225 Østgaard 1965, S. 47f.

1226 Vgl. ähnlich auf Englisch formuliert Østgaard 1965, S. 46.

in der Beachtung des menschlichen Interesses für Menschen aus, Intimisierung in der Tendenz, Gefühle zu thematisieren, und Prominenzorientierung in den »big names«.

Differenzierter fällt dann der Faktorenkatalog von Galtung und Ruge aus. Von einer Radiometapher und wahrnehmungspsychologischen Beobachtungen[1227] ausgehend, formulieren sie zunächst acht kulturunabhängige Faktoren[1228] und dann vier kulturspezifische, die sich mindestens auf die »northwestern corner of the world«[1229] beziehen. Unter diesen vier lässt sich der Faktor 10 (F10) als Prominenzorientierung identifizieren (»*The more the event concerns elite people, the more probable that it will become a news item.*«[1230]) und F11 als Personorientierung (»*The more the event can be seen in personal terms, as due to the action of specific individuals, the more probable that it will become a news item.*«[1231]) Dass hier bloße Personorientierung gemeint ist, zeigt sich besonders an Galtungs und Ruges Beschreibung des Gegenteils: »The alternative would be to present events as the outcome of ›social forces‹, as structural more than idiosyncratic outcomes of the society which produced them.«[1232]

Wichtig für den Umgang mit Galtungs und Ruges Katalog ist, dass nach ihrer Theorie die Faktoren nicht einzeln »wirken«, sondern in Beziehung zueinander. So kann beispielsweise die hohe Intensität eines Faktors die niedrige eines anderen ausgleichen.[1233] Es sind nun auch exemplarische Beziehungen der Faktoren untereinander, die sie empirisch anhand von der Berichterstattung über drei internationale Konflikte untersuchen.

Winfried Schulz hat dann die Rolle der Nachrichtenfaktoren für die mediale Konstruktion von Realität in Deutschland untersucht. Er hat dafür den Katalog von Galtung und Ruge im Dienste einer besseren Operationalisierbarkeit überarbeitet und in sechs Faktorendimensionen gegliedert.[1234] Dabei ordnet er »*persönlicher Einfluß*« und »*Prominenz*« – also die Personalisierungsdimension Prominenzorientierung – der Faktorendimension »Status« zu, den »Faktor *Personalisierung*« übernimmt er »praktisch unverändert« von Galtung und Ruge in der Dimension »*Identifikation*«.[1235]

In Bezug auf Personalisierung hat sich seit 1976 an dem Nachrichtenfaktorenkatalog wenig geändert: Es kommen die erwähnten beiden Dimen-

---

1227 Zu beidem vgl. auch: Maier et al. 2010, S. 34–36.
1228 Vgl. Galtung und Ruge 1965, S. 65–68.
1229 Galtung und Ruge 1965, S. 68.
1230 Galtung und Ruge 1965, S. 68, kursiv im Original.
1231 Galtung und Ruge 1965, S. 68, kursiv im Original.
1232 Galtung und Ruge 1965, S. 68.
1233 Vgl. Galtung und Ruge 1965, S. 72.
1234 Vgl. Schulz 1990, S. 32.
1235 Vgl. Schulz 1990, S. 33f., kursiv im Original. In einer Studie von 1982 hat Schulz diese Zuordnung überarbeitet, wobei sich an der Platzierung von Prominenz und Personalisierung nichts ändert. Vgl. für eine vergleichende Übersicht Maier et al. 2010, S. 99.

sionen – Prominenzorientierung unter dem Stichwort »Prominenz«, »persönlicher Einfluß« und Personorientierung unter dem Stichwort »Personalisierung« – vor. Das gilt für die Arbeiten von Staab, Kepplinger und Bastian sowie Kolmer.[1236]

Insgesamt bestätigen zahlreiche der empirischen Arbeiten zu Printmedien, Agenturen und Fernsehen die Relevanz des Faktors Prominenzorientierung, manche auch den Faktor Personorientierung.[1237] Staabs Arbeit bestä-

---

1236 Vgl. Kolmer 2000, S. 121. In den 1980er Jahren hatte ein Forscherteam im Rahmen des DFG-Projektes »Instrumentelle Aktualisierung« den Katalog erneut überarbeitet (Kepplinger und Bastian 2000, S. 466, 462, Anm. 1, vgl. dort auch für das Folgende): Zur Forschergruppe gehörten neben erwähntem Staab: Hans Mathias Kepplinger, Hans-Bernd Brosius und Günter Linke. Das Ergebnis – eine Liste mit insgesamt 22 Nachrichtenfaktoren – wurde von Joachim Friedrich Staab veröffentlicht. Unter ihnen finden sich – wie schon bei Schulz auch – Prominenz, persönlicher Einfluss und Personalisierung (vgl. das Codebuch bei Staab 1990, S. 220f.). Kepplinger und Bastian arbeiten mit elf Faktoren, darunter »x_3 = persönlicher Einfluss« und »x_4 = Personalisierung« (Kepplinger und Bastian 2000, S. 466). Vgl. auch dazu Maier et al. 2010, S. 97f.

1237 In der 1976 veröffentlichten Studie, für die 6.000 Meldungen von Tageszeitungen, Fernseh- und Hörfunksendern und der Nachrichtenagentur dpa analysiert wurden, zeigt sich, dass sich die journalistische »Definition von Realität« tatsächlich an einem »weitgehend allgemeinverbindlichen Kanon von Selektions- und Interpretationsregeln« orientiert (vgl. Schulz 1990, S. 117, dort auch die Zitate). Unter den Faktoren, die dabei vor allem als »Determinanten für hohen Nachrichtenwert« gelten können, ist auch »Persönlicher Einfluß (Elite-Status)«, also die Prominenzorientierung (vgl. ebd., S. 116, dort auch die Zitate).
Die 2000 veröffentlichte Studie von Kepplinger und Bastian zur prognostischen Kraft der Nachrichtenwerttheorie hat nicht nur ergeben, dass sich mittels dieser Theorie der Umfang von veröffentlichten Meldungen relativ gut vorhersagen lässt (vgl. Kepplinger und Bastian 2000, S. 473), sondern auch, dass fünf der elf Nachrichtenfaktoren einen signifikanten »stabilen Nachrichtenwert« für Printjournalisten besaßen; darunter sind beide angesprochenen Personalisierungsdimensionen (vgl. ebd., S. 467, 469. Untersucht wurde die Deutschlandberichterstattung von FAZ, Welt und SZ von 1951 bis 1995 in verschiedenen Stichproben (vgl. ebd., S. 466).
Die von Georg Ruhrmann geleiteten LfM-Studien zum »Wert von Nachrichten im deutschen Fernsehen« (Ruhrmann et al. 2003. Die Nachfolgestudien sind Maier et al. 2006; Maier et al. 2009. Daniel Meier verdanke ich den Hinweis auf diese Studien) arbeiten mit einem an die bisherigen Studien angelehnten Katalog, in dem auch die Faktoren »Prominenz« bzw. »Einfluss« und »Personalisierung« vorkommen. Der Faktor »Prominenz« bestätigt sich dabei: »*Die Analyse der Häufigkeit ihres Vorkommens der einzelnen Nachrichtenfaktoren hat gezeigt, dass die öffentlich-rechtlichen Fernsehveranstalter im Jahr 2007 im Rahmen ihrer Hauptnachrichtensendungen bevorzugt über einflussreiche Personen (Einfluss) und bekannte Gruppen oder Persönlichkeiten (Prominenz) berichten.* [...] *Bei der Themenauswahl der privaten Sender setzt sich hingegen der Trend zur Visualisierung deutlich durch. Darüber hinaus ist auch hier die Beteiligung von einflussreichen Gruppen und Persönlichkei-*

ten entscheidend.« (Maier et al. 2009, S. 38, kursiv im Original. Für 2001 war sie zu einem ähnlichen Ergebnis gekommen, wobei hier nur die »*einflussreiche[n] Personen*«, nicht die Prominenten vorkommen (vgl. Ruhrmann et al. 2003, S. 80).) Der Faktor Personorientierung wird hier für die Inhaltsanalyse aber so operationalisiert, dass die Ergebnisse nur mit Einschränkung im Rahmen der hier verwendeten Begriffe ausgewertet werden können: Anders als Galtung/Ruge und Schulz geht Michaela Maier m. E. von einer Substitutionsrelation zwischen Person und Gruppe aus und baut diese fest in die Operationalisierung des Faktors Personalisierung ein (vgl. Ruhrmann et al. 2003, S. 56; Maier et al. 2006, S. 16; Maier et al. 2009, S. 16). Bei Galtung und Ruge lag der Faktor Personalisierung vor, wenn ein Ereignis anhand von handelnden Personen erzählbar ist: »The thesis is that news has a tendency to present events as sentences where there is a subject, a named person or collectivity consisting of a few persons, and the event is then seen as a consequence of the actions of this person or these persons.« (Galtung und Ruge 1965, S. 68) Bei Schulz musste eine Person »handelndes Subjekt, Ursache oder Mittelpunkt des Ereignisses« sein (vgl. Schulz 1990, S. 45, dort auch das Zitat). Bei Maier et al. hingegen bezeichnet Personalisierung »die Bedeutung, die Einzelpersonen in einem Ereignis zugesprochen wird« (Ruhrmann et al. 2003, S. 56; Maier et al. 2006, S. 16; Maier et al. 2009, S. 16, vgl. dort auch für das Folgende). Die »große Personalisierung« scheint danach nur vorzuliegen, wenn »im Beitrag genannte Personen als Einzelpersonen dargestellt werden«, wohingegen ihr Vorkommen als Stellvertreter für eine bestimmte Institution offenbar als geringe Personalisierung gilt. Voll-personalisiert ist ein Beitrag hiernach m. E. erst, wenn die Darstellung der Person die Thematisierung eigentlicher Vorgänge und Zusammenhänge ersetzt und nicht schon, wenn diese Vorgänge und Zusammenhänge wie im Galtung-Rugeschen Personalisierungsbegriff durch personale Handlungen dargestellt und gedeutet werden. Diese Interpretation der Operationalisierung von Personalisierung wird auch gestützt von deren Konkretisierung des mit Personalisierung Gemeinten im Zuge der Auswertung der empirischen Daten für 2007. Dort heißt es über die Rolle dieses Faktors bei der Berichterstattung über »innenpolitische und unpolitische Ereignisse« in privaten Fernsehsendern: »Hier werden zumindest fünf, bzw. zwölf Prozent der Meldungen in personalisierter Form dargestellt – das heißt, Personen werden entweder unabhängig von ihrer Funktion oder im Rahmen eines Interviews oder Porträts dargestellt.« (Maier et al. 2009, S. 41) Mit dieser Operationalisierung erfasst Personalisierung dann nur substituierende und nicht repräsentierende Personalisierungen (Maier et al. 2006, S. 40; Maier et al. 2009, S. 36; Maier et al. 2006, S. 42; Maier et al. 2009, S. 38). Wenn Maier also sowohl für die untersuchten Fernsehnachrichten von 2001 als auch für die von 2007 feststellt, dass der »Nachrichtenfaktor *Personalisierung* [...] gemessen an der Häufigkeit seines Vorkommens [...] lediglich bei der Themenwahl der privaten Fernsehveranstalter über [innenpolitische und] unpolitische Ereignisse eine gewisse Rolle« spielt (vgl. Ruhrmann et al. 2003, S. 83; Maier et al. 2009, S. 41, dort auch das Zitat, kursiv im Original), ist damit noch nichts über Personalisierung in Repräsentationsrelationen gesagt, die hier auch als Personalisierung verstanden wurde.

Benjamin Fretwurst hat in einer breit angelegten, komplexen, theoretischen wie empirischen Arbeit den Einfluss der Faktoren auch auf die Selektionsentscheidung geprüft, soweit dies angesichts des Ausschlusses der »empirische[n] Prüf-

tigt den Einfluss der Nachrichtenfaktoren auf den Umfang von Artikeln.[1238] Andere empirische Arbeiten bleiben aufgrund ihrer thematischen Zuspitzung hier irrelevant.[1239]

Als Indiz dafür, wie wichtig Personalisierung als Person-, Prominenz- und Privatorientierung jeweils in der medialen Realitätskonstrukion sind, können auch jene Studien zur Politikberichterstattung gelten, die diese Berichterstattung speziell auf ihren Personalisierungsgrad untersuchen.

Die große Relevanz der *Prominenzorientierung* für die mediale Wirklichkeitskonstruktion haben die genannten Untersuchungen der Nachrichtenwertforschung bereits erwiesen. Untersuchungen zur Wahlkampfberichterstattung bestätigen dies insofern, als sie eine Orientierung an Spitzenkandidaten

---

barkeit der vollständigen Selektionsprozesse« möglich ist (vgl. Fretwurst 2008, S. 186, dort auch das Zitat; vgl. dort auch zur Methode). Für den Faktor Prominenz findet er einen »signifikant positiven Einfluss auf die Selektionsentscheidung« (vgl. ebd., S. 188, dort auch das Zitat). Personalisierung spiele – so interpretiert er seine Ergebnisse plausibel – eher bei der »Aufbereitung für Ereignisse mit geringerem Nachrichtenwert« eine Rolle (vgl. ebd., S. 188, dort auch das Zitat).

1238 Staab hat die Berichterstattung über politische Ereignisse von »sechs Mediengattungen« – dies waren »vier überregionale Qualitätszeitungen, vier regionale Abonnementzeitungen, zwei Straßenverkaufszeitungen, der Abendnachrichten von fünf Hörfunksendern, der Hauptnachrichtensendungen von ARD und ZDF sowie der Meldungen des dpa-Basisdienstes« (Staab 1990, S. 210) – zu verschiedenen Zeiträumen des Jahres 1984 daraufhin untersucht, welche Rolle Nachrichtenfaktoren für die Gestaltung der Berichterstattung spielten. Die Studie ergab unter anderem, »daß sich Umfang und Plazierung von Beiträgen auf die Nachrichtenfaktoren zurückführen ließen, wobei diese einen relativ starken Einfluß hinsichtlich des Umfanges [...], und einen relativ schwachen Einfluß hinsichtlich der Plazierung [...] besaßen.« (Staab 1990, S. 211)

1239 Kolmer kann in seiner Input-Output-Analyse zur Berichterstattung über die Treuhandanstalt in den Jahren 1992 und 1993 »in neun Tageszeitungen« keinen »Einfluß der Gesamtintensität der Nachrichtenfaktoren« in Pressemeldungen der Treuhandanstalt auf die »Zahl der Beiträge und damit auf die *Auswahl* der Nachrichten« feststellen (Kolmer 2000, S. 3, 104–107, 215, kursiv im Original). Die personalisierungsrelevanten Nachrichtenfaktoren waren allerdings auch in den Pressemitteilungen schon »[s]elten oder nur in schwacher Ausprägung« präsent (ebd., S. 181: so persönlicher Einfluss und Prominenz) oder stark gestreut in der Intensitätsverteilung (so Personalisierung, vgl. ebd., S. 182). Damit sagt das kumulierte Ergebnis der Untersuchung nur wenig über diese Faktoren aus. Bei der Einzelbetrachtung der Faktoren zeigt sich mit Ausnahme der Mainzer Zeitungen keine »signifikante Korrelation« von Intensität eines personalisierungsrelevanten Nachrichtenfaktors und Zahl der veröffentlichten Beiträge (vgl. ebd., S. 192–194). Allerdings ist das Themenfeld der untersuchten Medieninhalte mit der Berichterstattung über die Treuhandanstalt doch sehr eingeschränkt.
Emmerichs Untersuchung zur Nachrichtenauswahl beim Saarländischen Rundfunk und der Saarbrücker Zeitung scheint wegen ihrer regionalen Einschränkung hier nicht relevant (vgl. Emmerich 1984).

nachweisen.[1240] Gleichzeitig hat eine Untersuchung von Volker Greger ergeben, dass das Gegenteil der Prominenzorientierung – nämlich die Exemplarorientierung (vgl. I.5.) – seit der Einführung des dualen Rundfunksystems vermutlich auf Initiative der privatrechtlichen Sender zugenommen hat.[1241] Interessant ist auch, dass diejenigen, die ich »Exemplare« genannt habe, in einem »bestimmten Rollenverhalten« vorkommen, nämlich als »passiv betroffene[n] Person, die auf die unterschiedlichsten Maßnahmen, auf Ereignisse von außen und dessen Folgen zu reagieren hat.«[1242] Auf alle Akteursgruppen bezogen kann Greger zusammenfassen: »Augenfällig ist, daß sich zwei Akteursgruppen, und zwar Personen oder korporative Akteure aus dem politisch-administrativen System und aus dem eher privaten Umfeld, zu zwei zentralen Personenkreisen in der politischen Berichterstattung entwickelt haben und im Gegensatz zu Akteuren aus der ›politischen Öffentlichkeit‹ von einer Ausweitung der Personalisierung politischer Berichterstattung am deutlichsten profitieren.«[1243]

Über die Relevanz der *Personorientierung* in der Politik- und Wahlkampfberichterstattung lässt sich von den gesichteten Studien her Folgendes sagen: Personorientierung spielt in der Wahlkampfberichterstattung von Qualitätszeitungen eine kontinuierlich wichtige Rolle.[1244] Die Zunahmen von Personori-

---

1240 Vgl. Kamps 1999, S. 120f., 127f.; Krüger und Zapf-Schramm 1999, S. 226; Genz et al. 2001, S. 407; vgl. auch: »Die deutsche Politik-Berichterstattung erweist sich ebenfalls als äußerst eliten-zentriert. Nicht weniger als 32,1 Prozent der PolitikerInnen-Nennungen entfallen auf die beiden Kanzlerkandidaten Kohl und Schröder.« (Lengauer 2007, S. 159)

1241 Volker Greger hat die »Akteursstruktur in politischen Informationssendungen von 1986 bis 1994« (so der Untertitel des Aufsatzes: Greger 1998, S. 251) im dualen Rundfunksystem untersucht und kommt dabei zu einem hochinteressanten Ergebnis. Er untergliedert die fernsehpräsenten Akteure in drei Gruppen: »Akteure aus dem politisch-administrativen System«, »Akteure der ›politischen Öffentlichkeit‹« (Kirchen, Vereine, Initiativen, Wirtschaftsvertreter) und »Akteure der ›privaten Öffentlichkeit‹« (»Senioren, Kinder, Ausländer, Konsumenten, einzelne ethnische Gruppen etc.«) (vgl. ebd., S. 258, dort auch die Zitate). Seit der Einführung des dualen Rundfunksystems kommen gerade Akteure der privaten Öffentlichkeit immer häufiger vor (vgl. ebd., S. 258), und zwar durchaus im Kontext politischer Themen (vgl. ebd., S. 261). Gestiegen sind sowohl ihre »Publizitätschancen in den politischen Themen« als auch die Häufigkeit ihres Vorkommens pro Thema (vgl. ebd., S. 260, dort auch das Zitat). Daraus, dass die Publizitätschancen dieser Gruppe zunächst bei den privat-kommerziellen Rundfunkanbietern höher sind als bei den öffentlich-rechtlichen, schließt er, dass jene »eine Art Vorreiterrolle [übernahmen], auf die die beiden öffentlich-rechtlichen Anbieter mit einer zeitlichen Verzögerung reagierten« (ebd., S. 279; vgl. auch ebd., S. 270).

1242 Greger 1998, S. 266f.

1243 Greger 1998, S. 272.

1244 Für die Wahlen seit 1949 vgl. Wilke und Reinemann 2000, S. 81f. Für die Wahlen 2002 und 2005 siehe Wilke und Reinemann 2006, S. 320, für 2009 siehe Wilke

entierung bei einzelnen Wahlkämpfen scheinen dabei auf den jeweiligen Kontext des Wahlkampfes zurückzuführen zu sein.[1245] Beides gilt auch für die Fernsehberichterstattung.[1246] Die Fragen, ob diese Personorientierung auf Kosten der Sachorientierung geht, ob also eine Substitutionsrelation zwischen Person und Thema vorliegt, lässt sich mit den gesichteten Studien nicht eindeutig beantworten. Es ist deshalb davon auszugehen, dass sowohl Substitutions- als auch Repräsentationsrelationen eine Rolle spielen.

Zur *Privatorientierung*: Nach den gesichteten Studien zur Politikberichterstattung in Fernsehsendern[1247] und Qualitätszeitungen[1248] lässt sich weder von

---

und Leidecker 2010, S. 353, Abb. 4. Verwunderlich ist dies – wie auch die Autoren für 2009 schreiben – in der Tat nicht, weil Kandidatenbezug »eines der Aufgreifkriterien der Inhaltsanalyse war« (vgl. Wilke und Leidecker 2010, S. 352, dort auch das Zitat). Den Verweis auf diese (wie auf viele andere der hier ausgewerteten) Arbeiten verdanke ich Lengauer 2007, S. 145.

1245 Wilke et al. finden folgende Ausreißer einzelner Wahlberichterstattungen: 1961, (1980), 1990 und 2002 erscheint in den Zeitungen ein außergewöhnlich hoher Anteil von Beiträgen mit Kandidatenbezug (vgl. Wilke und Reinemann 2003, S. 43, Schaubild 8, 2000, S. 82). Dies erklären Wilke und Reinemann mit zeitungsexternen Faktoren: 1961 arbeitete die SPD mit einem professionellen Wahlkampfmanagement und kürte mit Willy Brandt erstmals überhaupt einen Kanzlerkandidaten (vgl. Wilke und Reinemann 2000, S. 83). 1980 spitzte der Wahlkampf auf die Auseinandersetzung zwischen Schmidt und Strauß zu (vgl. ebd.). 1990 sei die starke Personalisierung auf die große Beachtung Kohls als »Kanzler der Einheit« zurückzuführen (vgl. ebd., S. 84) und 2002 fanden TV-Duelle statt, die stark in Zeitungsberichten reflektiert wurden (vgl. Wilke und Reinemann 2003, S. 44).

1246 Zu hohen Zahlen von Beiträgen mit Kandidatenbezügen kommen Krüger und Zapf-Schramm für die Fernsehnachrichten in der heißen Phase des Wahlkampfes 1998 (vgl. Krüger und Zapf-Schramm 1999, S. 226). Für die Wahlkampfberichterstattung in den Hauptnachrichtensendungen von ARD, ZDF, RTL und Sat1 der Wahlen von 1990 bis 2005 konnte sogar eine Zunahme der Personorientierung als Häufigkeit des Vorkommens von (bestimmten) Personen nachgewiesen werden, wobei der Anteil von Beiträgen mit Kandidatenbezug für 2005 wieder leicht hinter 2002 zurückfällt, aber noch über 50 Prozent liegt (vgl. Schulz und Zeh 2006, S. 285; hier ist zu lesen: »Offensichtlich hat der Nachrichtenanteil mit Bezug zu beiden Kandidaten im Lauf der Zeit deutlich zugenommen, wenngleich es 2005 keine weitere Steigerung mehr gab.«) Nach den 2010 von denselben Autoren veröffentlichten Studienergebnissen ist der Anteil 2009 weiter zurückgegangen und sogar unter 50 Prozent gefallen (vgl. Schulz und Zeh 2010a, S. 321., Abb. 1). Der Grad der Personorientierung scheint eher wahl-, situations-, themen- und konstellationsabhängig als grundsätzlich zunehmend (Indizien dafür liefern Schulz und Zeh 2006, S. 284f., 2010a, S. 322).

1247 Vgl. Kepplinger und Rettich 1996, S. 86; Greger 1998, S. 280; Wirth und Voigt 1999, S. 150; Marcinkowski und Greger 2000, S. 193; Brettschneider 2002, S. 270; Schulz und Zeh 2010a, S. 330.

1248 Vgl. Wilke und Reinemann 2000, S. 98; Wilke und Leidecker 2010, S. 369; anders noch: Wilke und Reinemann 2006, S. 323.

einer starken Privatorientierung dieser Berichterstattung noch zu einem starken Trend zu einer reinen Privatorientiertheit sprechen. Wo es zu Schwankungen kommt, also zu Phasen stärkerer Privatorientierungen, scheint dies situations- und personbedingt.[1249] Am ehesten kann noch bei den privatkommerziellen Fernsehsendern von Privatorientierung in der Politikberichterstattung die Rede sein.[1250] Für die Wahlkampfberichterstattung in der Regionalpresse konnten Jens Tenscher und Sonja Schmid in ihrer auf 2005/06 bezogenen Studie kein großes Ausmaß von Privatorientierung feststellen.[1251]

Ich fasse den bisherigen Ertrag zusammen: Es wurde also empirisch nahegelegt, dass sich unter Bezugnahme auf Nachrichtenfaktorenkataloge und insbesondere auch auf die personalisierungsrelevanten Faktoren die Gestaltung medialer Berichterstattung erklären lässt. Auf Personalisierung bezogen heißt das: Dass von Journalisten als personalisiert angesehene Ereignisse deshalb mit einem stabilen Nachrichtenwert versehen werden und sich dies positiv auf die Gestaltung der Berichterstattung (und besonders den Umfang der personalisierten Meldung) auswirkt, kann als empirisch plausibilisiert gelten. Im Blick sind dabei die Personalisierungsdimensionen Personorientierung und Prominenzorientierung. Interessant ist, dass seit Einführung des dualen Rundfunksystems auch die Exemplarorientierung zugenommen hat. Intimisierung wird nicht separat als Nachrichtenfaktor beschrieben, kommt auch in neueren Untersuchungen allenfalls unter dem Punkt »Emotionen« vor[1252] und spielt nach den zitierten Untersuchungen in der medialen Wirklichkeitskonstruktion in Deutschland zwar eine Rolle, aber keine große oder zunehmend wichtige. Darüber hinaus kann vermutet werden, dass Personalisierung sich auf die Selektion von Nachrichten auswirkt. Offen bleibt damit allerdings noch die Frage, warum gerade diese Nachrichtenfaktoren eine Rolle spielen.

2.1.5 Nachrichtenauswahl historisch

Jürgen Wilke hat mit seiner Studie »Nachrichtenauswahl und Medienrealität in vier Jahrhunderten«[1253] die Nachrichtenwerttheorie um eine historische Perspektive ergänzt.[1254] Die Untersuchung zeichnet anhand ausgewählter Zeitungen die Entwicklung der Prinzipien printmedialer Wirklichkeitskonstruktion – in Nachrichtenauswahl und Darstellung – zwischen 1622 und 1906

1249 Vgl. Wilke und Reinemann 2000, S. 98.

1250 Vgl. Brettschneider 2002, S. 270.

1251 Vgl.: »In der Berichterstattung der regionalen Tageszeitungen über die Landtagswahlkämpfe spielt auch [...] Privates eine deutlich geringere Rolle als die Auseinandersetzung mit politischen Sachverhalten und Standpunkten der Hauptakteure.« (Tenscher und Schmid 2009, S. 68, vgl. auch Abb. 2 auf S. 69)

1252 Vgl. Maier et al. 2006, S. 18.

1253 Wilke 1984.

1254 Vgl. Wilke 1984, S. 29.

nach, exemplarisch anhand der Jahrgänge 1622, 1674, 1736, 1796, 1856, 1906.[1255] Vom Nachrichtenfaktorenkatalog Galtungs und Ruges ausgehend, untersucht er dabei auch die Personalisierungsdimensionen Personorientierung und Prominenzorientierung.

Personalisierung in seiner einfachsten Form als *Personorientierung* ist nach Wilkes Untersuchung »in der Nachrichtenberichterstattung offenkundig ein vergleichsweise stabiler Faktor.«[1256] Es sind in allen untersuchten Jahrgängen zwischen 68 und 78 Prozent der Nachrichten, in denen »Personen als Träger oder Beteiligte des berichteten Geschehens« vorkommen.[1257] Auch die Ergebnisse der zum Vergleich herangezogenen Studie von Schulz für 1975 liegen nur leicht über diesen Werten.[1258] Dieses Ergebnis erscheint umso erstaunlicher, wenn man die Pressegeschichte miteinbezieht: Nicht nur die gewaltigen gesellschaftlichen Veränderungen wie Industrialisierung und Modernisierung, auch die Diversifizierung der Presse sowie die Entstehung des hauptberuflichen Journalismus hatten offenbar keine deutlichen Auswirkungen auf den Personalisierungsgrad in den untersuchten Zeitungen. Es scheint unabhängig von alldem, zumindest bei den Zeitungsproduzenten, ein Interesse an Personorientierung zu geben – und zwar fast seit Beginn der Zeitungsgeschichte: Personorientierung ist tatsächlich nichts Neues.[1259]

Anders liegt der Fall nun bei der *Prominenzorientierung:* Diese erscheint nicht als stabiler Faktor. Unter den Texten mit »identifizierbare[n] Personen als Handlungsträgern« hat insbesondere seit Ende des 18. Jahrhunderts die Dominanz prominenter Personen abgenommen:[1260] Kamen in den untersuchten Jahrgängen von 1622 bis 1796 jeweils in mindestens 90 Prozent der Nachrichten prominente Personen als Handlungsträger vor, waren es 1906 nur noch 63 Prozent.[1261] »Langfristig muß man demnach«, so Wilke, »von einer abnehmenden Fixierung der Massenmedien auf Elitepersonen sprechen.«[1262] Schaut man auf die Handlungsträger in den Texten, zeigt sich, wie die »in der frühen deutschen Zeitungspresse dominierende Kriegs- und Hofberichterstattung [...] abgebaut worden« ist:[1263] Befassten sich 1622 noch 24 Prozent der Nachrichten mit Kaiser, König oder Staatsoberhäuptern, waren es 1906 nur noch 8 Prozent. Bei »Militär« sank der Wert von 28 auf 5 Prozent, für die politisch-militärische Elite insgesamt von 92 auf nur 41 Prozent.[1264] Stattdessen

---

1255 Vgl. das Schaubild bei Wilke 1984, S. 81.
1256 Wilke 1984, S. 140.
1257 Vgl. Wilke 1984, S. 140, dort auch das Zitat.
1258 Vgl. Wilke 1984, S. 140, Anm. 158.
1259 Vgl. zu diesem Fazit auch Lengauer 2007, S. 154.
1260 Vgl. Wilke 1984, S. 141: Tabelle 21, Zitat aus der Tabelle.
1261 Vgl. Wilke 1984, S. 141: Tabelle 21.
1262 Wilke 1984, S. 142.
1263 Wilke 1984, S. 144, dort auch das Zitat.
1264 Vgl. auch für den vorangegangenen Satz Wilke 1984, S. 143: Tabelle 22.

kommen Personen der gesellschaftlichen Elite – also Verbandsvertreter, Adlige, Wissenschaftler oder etwa Künstler – und »nicht organisierte [...] ›einfache Leute‹« deutlich häufiger als Handlungsträger vor.[1265]

Die Entwicklung der medialen Wirklichkeitskonstruktion spiegelt – so lassen sich diese Ergebnisse in Anlehnung an Wilke interpretieren – sowohl die Trennung von Staat und Gesellschaft als auch die Ausdifferenzierung der Gesellschaft selbst.[1266] Auch in der Medienrealität verselbständigt sich die Gesellschaft als eigenständige Größe mit eigenständiger Elite gegenüber dem Staat. Hatten zu Beginn der Pressegeschichte mit den Monarchen und Militärführern Staatsrepräsentanten noch quasi ein »Monopol der Nachrichtenwürdigkeit« und waren Prominenz und Aufmerksamkeit statusbedingt,[1267] kommen nun verstärkt Personen aus der Gesellschaft vor, was die Ortientierung an »statusbedingter Prominenz« abschwächt.[1268]

In der von Habermas übernommenen Begrifflichkeit lässt sich die früher starke Prominenzorientierung in absoluter Monarchie als Teil »repräsentativer Öffentlichkeit« verstehen; die von Wilke erhobene Dominanz prominenter Personen – etwa Monarchen – in der Zeitungsberichterstattung bis weit ins 18. Jahrhundert hinein erscheint dann als Ausläufer repräsentativer Öffentlichkeit.[1269] Von Habermas (III.1.3) her werden Wilkes Forschungsergebnisse zur zurückgehenden Prominenzorientierung in der Zeitungsberichterstattung nach 1796 auch interpretierbar als Wandel der Öffentlichkeit von einer repräsentativen hin zu einer politisch fungierenden, bürgerlichen. Zu erwarten gewesen wäre allerdings auch ein Rückgang der Personalisierung als Personorientierung zugunsten von mehr Sachorientierung. Diesen konnte Wilke, wie beschrieben, insofern nicht feststellen, als sich in seiner Untersuchung Personorientierung als ein »vergleichsweise stabiler Faktor«[1270] zeigt. Zumindest für die untersuchten Zeitungen scheint damit Sach- statt Personorientierung auch schon im 18. und 19. Jahrhundert eher der Anspruch eines normativen Öffentlichkeitsbegriffs als Realität gewesen zu sein.

Vor diesem Hintergrund erscheinen die oben zitierten Ergebnisse zur Prominenzorientierung der Wahlkampfberichterstattung der Bundesrepublik in einem anderen Licht: Pressegeschichtlich bedeutete – so ließe sich interpretieren – die deutliche Spitzenkandidatenorientierung dann eine Rückkehr zu den Konstruktionsprinzipien unter den Bedingungen der Monarchie, wenn auch jeweils mit einem anderen Prominenzbegriff. Dann erscheint das Wie-

1265 Vgl. Wilke 1984, S. 143: Tabelle 22, Zitate aus der Tabelle.

1266 Vgl. Wilke 1984, S. 145.

1267 Vgl. Wilke 1984, S. 144, dort auch das Zitat.

1268 Vgl. Wilke 1984, S. 145, dort auch das Zitat.

1269 So hat Habermas in den »Hofnachrichten« der frühen Zeitungen »eine Art Umsetzung der Repräsentation in die neue Gestalt der Öffentlichkeit« gesehen (Habermas 1971, S. 36).

1270 Wilke 1984, S. 140.

dererstarken von Prominenzorientierung als Rückkehr eines Elements repräsentativer Öffentlichkeit.

2.1.6 Nachrichtenproduktion im Kommunikationsfeld: Personalisierung als Wirkung

Insbesondere die frühen Aufsätze zur Nachrichtenwerttheorie haben sich auch der Frage gewidmet, warum bestimmte Merkmale, die Journalisten in Ereignissen bzw. Meldungen sehen, für die Nachrichtenauswahl und Gestaltung besonders relevant und so Nachrichtenwerte sind. Für die mit dem Oberbegriff Personalisierung beschreibbaren Werte sind vor allem folgende einander nicht ausschließende Gründe zu nennen:

(1) Das journalistische Interesse an personalisiert wahrgenommene Meldungen und Ereignisse kann als Ausrichtung des Publizierten auf das angenommene Publikumsinteresse verstanden werden.[1271] So schreibt schon Østgaard: »Usually such factors are explained by the necessity of making the news ›newsworthy‹, ›interesting‹, or ›palatable‹ to the public.«[1272] Dass Nachrichten »audience-oriented« gestaltet werden, erklärt die Relevanz der Nachrichtenfaktoren im Nachrichtenproduktionsprozess.[1273] Auf Personalisierung konkretisiert heißt das: Weil Nachrichtenproduzenten dem Publikum unterstellen, sich besonders für das Handeln von Personen (Personorientierung), besonders für einflussreiche und prominente Personen (Prominenzorientierung) und besonders für das Privatleben von Menschen (Privatorientierung) zu interessieren, messen sie genau diesen wahrgenommenen Faktoren einen Nachrichtwert zu und räumen diesen Faktoren in der Berichterstattung einen größeren Raum ein. Wichtig an dieser Erklärungsfigur ist, dass zunächst nicht das tatsächliche Interesse des Zielpublikums in der journalistischen Auswahl und Gestaltung von Nachrichten handlungsleitend ist, sondern die mehr oder weniger qualifizierte, individuelle oder kollektive Annahme eines bestimmten Publikumsinteresses:[1274] Früh und Schönbach haben hier von »[i]*maginäre*[n] *Para-Feedback-Prozesse*[n]« gesprochen.[1275] Journalisten konstruieren aus den Fragmenten realen Publikums-Feedbacks – beispielsweise Leserbriefen, Einschaltquoten, wissenschaftlichen Untersuchungen, Gesprächen mit Lesern oder Freunden[1276] – ein Bild dessen, was Rezipienten interessiert. Dieses konstruierte Bild wirkt gleichzeitig handlungsleitend für die Nachrichtenauswahl

---

1271 Für eine Untersuchung der empirisch erhebbaren Rezeptionsprinzipien und deren Zusammenhang mit den Nachrichtenfaktoren vgl. Eilders 1997 und die Ausführungen in IV.4.1.

1272 Østgaard 1965, S. 45.

1273 Vgl. Østgaard 1965, S. 45.

1274 Vgl. grundsätzlich dazu, dass Beeinflussendes nicht »tatsächlich vorhanden«, sondern auch »eine journalistische Fiktion« sein kann: Früh 1991, S. 72.

1275 Vgl. Früh 1991, S. 79, dort auch das Zitat, kursiv im Original. Vgl. auch IV.1.2.

1276 Vgl. für diese Beispielliste Früh 1991, S. 74.

und Gestaltung. Deshalb kann hier von einer Transaktionsbeziehung gesprochen werden.

Dieses konstruierte Bild des Rezipienten und die (entsprechende) Nachrichtenauswahl sind im Sinne einer molaren Perspektive nicht unabhängig von den anderen Transaktionsbeziehungen, in denen Journalisten stehen: In vertikaler Transaktion mit dem imaginären System »Journalismus« konstruiert der Einzelne, was die imaginären anderen annehmen oder entscheiden würden, und orientiert sich dann daran.[1277] So kann die Annahme, dass eine hochgradig personalisierte Meldung von allen Journalisten sofort publiziert würde, auch den Einzelnen dazu bewegen dies zu tun, weil – täte er es nicht – es die anderen ja täten.[1278]

Das tatsächliche Publikumsinteresse, etwa die tatsächlich erzielte Einschaltquote, als objektives Feedback steht nun nach Früh und Schönbach in einer einseitigen Kausalbeziehung: Darauf, dass jemand seinen Artikel liest, hat der Journalist nach Publikation keinen Einfluss mehr.[1279] Deshalb haben Journalisten ein Interesse daran, dass tatsächliches und unterstelltes Publikumsinteresse konvergieren. Dass das unterstellte Publikumsinteresse dem sozialwissenschaftlich erhebbaren Wahrnehmungsschema der Rezipienten denn auch nahekommt, wird unter IV.4. zu thematisieren sein. Dort soll auch erwähnt werden, dass mit der Personalisierung auch dem Identifikationsbedürfnis im Publikum entsprochen wird.[1280] Wenn den bei Nachrichtenauswahl und -gestaltung unterstellten Rezeptionsschemata beim Publikum tatsächlich solche Schemata im Publikum entsprechen, ergibt sich die kaum beantwortbare Frage nach der Kausalitätsrichtung: Haben die Faktoren menschlicher Wahrnehmung historisch zu den Faktoren medialer Wahrnehmung geführt oder andersherum? (Siehe IV.4.1)

Hintergrund der Orientierung am (angenommenen) Zielpublikum, ist das Ziel der Medienproduktion, »the attention or interest of the readers, listeners or viewers« zu wecken,[1281] also möglichst viele Menschen zu erreichen, möglichst viele Zeitungen zu verkaufen, möglichst hohe Einschaltquoten zu erzielen und – positiv formuliert – eine möglichst breite Öffentlichkeit herzustellen. Dieses Interesse lässt sich nun sowohl systemextern wie -intern bedingt erklären. Systemintern ist es das Motiv des Medienhandelns, eine zahlenmäßig größtmögliche Öffentlichkeit herzustellen, weil das Öffentlichkeit-Herstellen als Systemfunktion der Medien interpretiert werden kann, die ihnen historisch wie normativ zukommt. Systemextern ist es das ökonomische Interesse an einer möglichst hohen Auflage oder hohen Einschaltquoten. Als systemexternes kann dieses Interesse nun offenbar die journalistische Aus-

1277 Vgl. Früh 1991, S. 72.
1278 Das Beispiel ist angelehnt an ein Beispiel bei Früh 1991, S. 72.
1279 Vgl. dazu Früh 1991, S. 74.
1280 Vgl. Galtung und Ruge 1965, S. 69.
1281 Vgl. Østgaard 1965, S. 46, dort auch das Zitat.

wahl nach systeminternen Kriterien ähnlich stören wie der systemexterne Faktor staatlicher Zensur.[1282] Wo der ökonomische Imperativ, das breitestmögliche Publikum zum niedrigsten Preis zu erreichen, dominant wird, scheint gerade dieses Ziel genauso verfehlt zu werden wie die Orientierung an Nachrichtenwerten.[1283] Grundsätzlich legen aber beide Motive – das systeminterne wie -externe – gleichzeitig und gleichermaßen eine Orientierung am Publikum nahe.

(2) Darüber hinaus ließe sich die Bedeutung des Faktors Personalisierung mit der technischen und organisatorischen Struktur von Massenmedien erklären. In Anlehnung an Galtung und Ruge lassen sich hier drei Aspekte nennen:

(2.1) Der Handlungsrhythmus von Menschen entspricht dem Veröffentlichungsrhythmus von Tageszeitungen oder Fernsehnachrichten. Während sich Strukturen und diskursive Prozesse[1284] über lange Zeiträume erstrecken und es folglich schwer fällt, sie zu einem bestimmten Veröffentlichungstermin zu thematisieren, sind die Handlungen einzelner Personen beobachtbar und erzählbar. Das zeigt sich schon daran, dass prozesshaftes Geschehen oder Strukturen, auch wenn sich nicht personalisiert über sie berichten lässt, doch zumindest personifiziert thematisiert werden: »Der Wald stirbt« oder »Die Natur schlägt zurück«. Galtung und Ruge formulieren diesen Zusammenhang so: »Personification is an outcome of the *frequency-factor:* Persons can act during a time-span that fits the frequency of the news media, ›structures‹ are more difficult to pin down in time and space.«[1285]

(2.2) Die Entwicklung der Technik zu audiovisuellen Medien hin hat Personalisierung befördert. Während ein Text abstrakt sein kann, müssen Bilder immer etwas Sichtbares zeigen. Während sich gesellschaftliche Strukturen, Prozesse und abstrakte Ideen nicht fotografieren lassen, ist das bei Personen sehr wohl möglich.[1286] Wenn also technischer Fortschritt die Visualisierung ermöglicht – sei es durch Fotos in Zeitungen und Internet oder durch bewegte Bilder in Fernsehen und Internet –, entstehen dadurch neue Personalisierungsmöglichkeiten und -notwendigkeiten. Visualisierung und Personalisie-

---

1282 Zu diesem Ergebnis kommen Shoemaker und Cohen in einer international vergleichenden Studie zur Nachrichtenauswahl: »Still, our study suggests a forth relationship between the audience and news content – that the attempt of businesses to maximize profits by giving the audiences what they want is not working. [...] So if jounalists are trying to give the audience what it needs, they're not doing a very good job of it« (Shoemaker und Cohen 2006, S. 338, vgl. dort auch für Zensur am Beispiel Chinas). Dabei gehen sie gar von einer wachsenden Kluft zwischen Nachrichten und Nachrichtenwert aus (vgl. ebd.).

1283 Vgl. Shoemaker und Cohen 2006, S. 338.

1284 Das Begriffspaar »Strukturen und Prozesse« übernehme ich auch im Folgenden dem Ansatz von Jarren und Donges: Jarren und Donges 2006, S. 30f., 36.

1285 Galtung und Ruge 1965, S. 69, kursiv im Original.

1286 Vgl. dazu und zum Folgenden: Galtung und Ruge 1965, S. 69.

rung hängen also zusammen.[1287] In welcher Richtung Kausalität verläuft, muss offen bleiben, wie auch Galtung und Ruge feststellen: »Obviously there is an egg-chicken argument implied here since it may also be argued that personification came first and that techniques, the whole structure of news communication, were developed accordingly.«[1288] Vom dynamisch-transaktionalen Denkansatz her muss dieses Henne-Ei-Problem insofern nicht gelöst werden, als Personalisierungstendenz und technische Entwicklung in transaktionaler Beziehung gedacht werden können: Sie bedingen sich oszillierend gegenseitig.

(2.3) Ein weiterer Aspekt betrifft Personalisierung als Rechercheprinzip. Personalisierung ist hier eine Strategie, ein komplexes Thema möglichst zeitsparend aufzubereiten. So kostet es beispielsweise deutlich mehr Zeit, das Thema »betrügerische Absichten bei Anbietern von Kaffeefahrten« sauber durchzurecherchieren, als einfach personalisiert vorzugehen und ein Opfer solchen Betrugs oder eine Verbraucherschützerin zu interviewen.[1289]

(3) Galtung und Ruge unterscheiden zwischen kulturspezifischen und allgemeinen Nachrichtenfaktoren. Die für die Personalisierung relevanten Faktoren (»*elite people*« und »*personification*«) fallen beide unter die kulturspezifischen, die Geltung haben »at least in the north-western corner of the world«.[1290] Deshalb ist es naheliegend, auch kulturelle Gründe für die Bedeutung des Faktors Personalisierung anzunehmen. Einen kulturellen Grund sehen Galtung und Ruge im »*cultural idealism*« der nordwestlichen Welt, nach dem der Mensch freier Herr seines Schicksals und der Geschichte ist.[1291] Von diesem Idealismus aus ist es tatsächlich naheliegend, Geschichte auch anhand von handelnden Personen zu erzählen. Damit lässt sich Personalisierung als kulturpezifische Technik verstehen, mit Nichtfassbarem und Nichtwissbarem umzugehen (vgl. mehr zu dieser mythischen Art des Denkens in modernen Gesellschaften in III.4.). Auch für diesen Zusammenhang lässt sich eine dop-

---

1287 Vgl. dazu auch Lengauer 2007, S. 156. Zum empirischen Nachweis des Zusammenhangs von Bebilderung und Personalisierung vgl. die Untersuchung zu den »Bilderdienste[n] der Nachrichtenagenturen« von Anja Fechter und Jürgen Wilke: Fechter und Wilke 1998, Zitat aus dem Titel. Ebendort: »In den Nachrichtenfotos der Agenturen werden überwiegend Personen abgebildet. Der Nachrichtenfaktor Personalisierung gilt hier noch mehr als für die Wortnachrichten. Oder anders gewendet: Die Fotografie ist ein ›Medium‹, das diese Personalisierung begünstigt, ja fördert.« (ebd., S. 106) Zum Zusammenhang vom »Siegeszug des Fernsehens« und Personalisierung vgl. Eisenegger 2010, S. 22, dort auch das Zitat. Und: Brettschneider und Vollbracht 2010, S. 137.

1288 Galtung und Ruge 1965, S. 69.

1289 Vgl. einen ähnlichen Punkt bei: Galtung und Ruge 1965, S. 69.

1290 Galtung und Ruge 1965, S. 68, kursiv im Original.

1291 Vgl. Galtung und Ruge 1965, S. 68, dort auch das Zitat, kursiv im Original. Zu einer kritischen Perspektive auf die »ideologische Funktion des personalisierenden Geschichtsverständnisses« vgl. etwa die geschichtsdidaktische Arbeit von Bergmann 1972, S. 19, 22, 26, Zitat auf S. 19.

pelseitige Wirkbeziehung vermuten: Während besagter kultureller Idealismus sicher die Personalisierung von Medieninhalten der entsprechenden Kultur fördert, wird andererseits dieser Idealismus auch durch die Personalisierung der kommunizierten Realitätskonstruktionen befördert.

(4) Die Ergebnisse von Jürgen Wilkes historischer Forschung zur Nachrichtenauswahl legen nahe, dass neben kulturspezifischen Faktoren auch die gesellschaftspolitischen Rahmenbedingungen eine entscheidende Rolle gerade für den Nachrichtenfaktor Prominenz spielen. Trifft vorgestellte Interpretation von Wilkes Ergebnissen zu (2.1.5), dann hängen die Verselbständigung und Ausdifferenzierung der Gesellschaft gegenüber dem Staat und die Bedeutung des Nachrichtenfaktors Prominenzorientierung zusammen.

2.2 Personalisierte Medienrealität und personalisierende Medienproduktion der Kirche

Mit der Nachrichtenwerttheorie sind zunächst allgemeine Wirkbeziehungen in und auf Medien beschrieben worden, in denen die mediale Wirklichkeitskonstruktion als personalisierte entsteht. Inwieweit ist auch die Medienrealität der Kirche als Teil dieser Wirkbeziehungen personalisiert? Das soll nun im Hinblick auf die drei Dimensionen Personorientierung (2.2.1), Privatorientierung (2.2.2) und Prominenzorientierung (2.2.3) anhand der existierenden Medieninhaltsanalysen geklärt werden. Ausgewertet wird dabei insbesondere die bislang ausführlichste Studie zur printmedialen »journalistischen Wahrnehmung von Kirche«[1292] von Daniel Meier (Untersuchungszeitraum: 15.12.2000 bis 20.04.2001[1293]). Anders als viele der bereits zitierten Studien berücksichtigt diese auch Lokalzeitungen. Eine Schwäche dieser Studie im hiesigen Kontext ist, dass sie zwar die Quantität der Berichterstattung nach Konfession aufschlüsselt, bei der Analyse von Personalisierungsgrad, Themen- und Akteursstruktur aber nicht zwischen evangelischer und katholischer Kirche in Deutschland differenziert.

2.2.1 Personorientierung

Für die Kirchenberichterstattung in den von Meier analysierten Medien Süddeutsche Zeitung (SZ), Bild-Zeitung, Nürnberger Nachrichten (NN) und Leipziger Volkszeitung (LVZ) kann Meier feststellen, dass Personalisierung als Personorientierung dabei übereinstimmend eine gewichtige Rolle spielt.[1294] Auffällig ist dabei, dass die Berichte in den analysierten Lokalzeitungen immer noch sehr häufig personalisiert sind, aber nach Meier »etwas schwä-

---

1292 So im Untertitel von Meiers Arbeit: Meier 2006. Meiers Arbeit verdanke ich auch den Hinweis auf viele andere der hier zitierten Arbeiten.

1293 Vgl. Meier 2006, S. 110.

1294 Vgl. Meier 2006, S. 337f.

cher«.[1295] Erwartungsgemäß ist die Personalisierung der Kirchenberichterstattung in der Bild-Zeitung besonders stark ausgeprägt.[1296]

Ob in der Berichterstattung diese personalen Akteure Inhalte oder Institutionen repräsentieren oder substituieren, lässt sich anhand von Meiers Ergebnis nicht eindeutig sagen. Einige Indizien deuten jedoch auf eine Repräsentationsbeziehung hin: Zum einen spielt das Thema Personalia bzw. Personen selbst als Hauptthema von Berichten in der Kirchenberichterstattung keiner Zeitung eine große Rolle.[1297] Auch Textgattungen, die Personen unabhängig von Institution und Inhalt thematisieren könnten – wie das Porträt oder Interview –, sind nicht häufig.[1298] Zum anderen kommen kollektive Akteure – also etwa »Die Kirche« oder eine freie Initiative – in NN, LVZ und der Lokalberichterstattung der SZ im Untersuchungszeitraum jeweils mindestens so häufig als Handlungsträger vor wie individuell-personale Akteure.[1299]

Personorientierung in der printmedialen Kirchenberichterstattung scheint genauso wenig wie Personorientierung allgemein (2.1.5) ein neues Phänomen zu sein. So ergab Marlies Findeisens Untersuchung der »Zeitungsberichte über den 19. Deutschen Evangelischen Kirchentag Hamburg 1981«[1300] eine große Häufigkeit personenorientierter Artikel: »Herausragendes Merkmal der Berichterstattung zum Thema ›Ökumene‹ ist, daß weitestgehend nicht über die genannten Verbindungen zwischen Ökumene und Kirchentag berichtet wird, sondern 88 Prozent aller Artikel beziehen sich auf Äußerungen von Personen.«[1301] Ähnliches gilt für die Berichte über den Schlussgottesdienst.[1302]

Schwikarts Untersuchung des Vorkommens von Religion in den Fernsehnachrichtensendungen »Tagesschau« und »heute« 1992/93 lässt zwar aufgrund geringer Fallzahlen kaum repräsentative Aussagen zu, liefert aber zumindest Indizien dafür, dass die Fernsehberichterstattung ebenfalls deutlich personalisiert ist:[1303] Von den Themen, die der evangelischen Kirche zurechenbar waren, handelte mehr als die Hälfte zentral von Einzelpersonen: etwa

1295 »Korrespondierend mit dem hohen Anteil institutioneller Handlungsträger ist die *Personalisierung* bei den *Nürnberger Nachrichten* (77 Prozent) und in der *Leipziger Volkszeitung* (67 Prozent) etwas schwächer ausgeprägt.« (Meier 2006, S. 292, kursiv im Original)

1296 Vgl. Meier 2006, S. 236.

1297 Es könnte allenfalls unter der Überschrift »Verwaltung und Organisation« eine gewisse Rolle spielen (Meier 2006, S. 161, 276f., 416f.).

1298 Vgl. Meier 2006, S. 156, 220.

1299 Vgl. Meier 2006, S. 165, 280f. In der Bild-Zeitung und der politischen Berichterstattung der SZ waren es etwas weniger (vgl. Meier 2006, S. 164, 225).

1300 So ein Teil des Untertitels ihrer Arbeit: Findeisen 1991.

1301 Findeisen 1991, S. 92.

1302 Vgl. Findeisen 1991, S. 125.

1303 Vgl. Schwikart 1998.

der Fall Stolpe, die Bischofswahl von Maria Jepsen, Bischof Krusches Stasi-Überprüfung oder Engelhardts Äußerungen zur Flüchtlingsproblematik.[1304]

Auch über die Kirche berichten Zeitungen und Fernsehnachrichten also personenorientiert, wobei Indizien eher für eine Repräsentations- als eine Substitutionsrelation gegenüber Inhalten und Institution sprechen.

2.2.2 Privatorientierung

Welche Rolle das Privatleben der Personen, anhand derer die mediale Realität von Kirche konstruiert wird, in der Kirchenberichterstattung spielt, ist meines Wissens bislang nicht untersucht worden, so dass hier keine sicheren Aussagen darüber gemacht werden können. Zumindest aber kann dieses Forschungsdefizit angesichts von existierenden Forschungen zur Medienrealität der Kirche als schwaches Indiz dafür verstanden werden, dass Privatorientierung in der Kirchenberichterstattung wohl keine dauerhaft signifikante Rolle spielt: Wäre dies der Fall, hätte dieses Phänomen sicher ein größeres Forschungsinteresse auf sich gezogen. Dass Privatorientierung auch in der medialen Konstruktion kirchlicher Realität eine Rolle spielen kann, wird insbesondere die exemplarische Beschreibung des Falles Käßmann als Beispiel für die Personalisierungsdynamik Star zeigen (siehe V.1.1).

2.2.3 Prominenzorientierung

Prominenz lässt sich zunächst weit als »Herausragen« verstehen.[1305] In der Politikberichterstattung fallen verschiedene Maßstäbe dafür, wer herausragt, zusammen: Spitzenkandidaten und -politiker sind meistens sowohl Inhaber hoher Ämter (in Staat oder Partei) als auch herausragend, was ihre Medienpräsenz angeht. In der Kirchenberichterstattung ist das anders. Während manche im gebräuchlichen Sinne des Wortes prominente und sehr bekannte Christen – wie Peter Hahne, Jürgen Fliege oder Eugen Drewermann – kein hohes Amt in Kirchenorganisationen bekleiden, sind andere Inhaber wichtiger kirchlicher Ämter so gut wie unbekannt. Dieser Umstand lässt sich plausibel auch so interpretieren: In Bezug auf die Kirche ist die Berichterstattungsintensität stärker von der Person abhängig als in der Politik. Jeder interessiert sich für den Bundeskanzler, unabhängig von der Person, aber für den Ratsvorsitzenden interessiert man sich nur, wenn er als Person interessant ist.

Unter Prominenzorientierung in der Kirchenberichterstattung soll hier ab jetzt die Orientierung an Inhabern kirchenleitender Ämter verstanden werden. Der Begriff »Inhaber kirchenleitender Ämter« im Gegenüber zu »Nichtin-

---

1304 Vgl. Schwikart 1998, S. 151–153.

1305 Auch Julia Wippersberg schlägt in ihrer Arbeit über Prominenz vor, den Begriff zu »entrümpel[n]« und wieder auf seine »Ursprungsbedeutung zurückzugehen: das Herausragen« (Wippersberg 2007, S. 37). Zur lateinischen Grundbedeutung vgl. ebd., S. 19; Schneider 2004, S. 54. Zum »Herausragen« vgl. auch Schneider 2004, S. 21, 23.

haber kirchenleitender Ämter« soll in anderen Untersuchungen vorkommende, aber theologisch problematische Unterscheidungen und Begriffe ersetzen. So kann aus evangelischer Perspektive und von einem allgemeinen Priestertum her nicht von »Laien«, aber auch nicht von »Christen ohne Amt« die Rede sein.[1306]

Inhaberinnen und Inhaber kirchenleitender Ämter spielen in der Kirchenberichterstattung der von Meier untersuchten Printmedien durchaus eine Rolle, keineswegs aber so dominant, wie die These von der Tendenz zu mehr Personalisierung es hätte erwarten lassen. So kann Meier zusammenfassen: »Eine einseitige Konzentration auf die kirchlichen Amtsträger im Sinne einer wahrgenommenen evangelischen ›Pastorenkirche‹ oder einer katholischen ›Papstkirche‹ besteht nicht.«[1307] Nichtinhaber kirchenleitender Ämter hätten gerade in der SZ, aber auch in den anderen Zeitungen »starkes Gewicht«.[1308] »Demgegenüber liegt der Anteil kirchenleitender Personen, einschließlich des Papstes, auch im Politikressort stets nur bei einem knappen Drittel.«[1309] Dies gelte auch und gerade für den Lokaljournalismus.[1310] Insbesondere bei der SZ spiele auf »der lokalen Ebene [...] die kirchliche (zum Beispiel Friedrich Kardinal Wetter oder Regionalbischöfin Susanne Breit-Keßler) wie allgemeine Prominenz (etwa Münchens Oberbürgermeister [Christian] Ude) nur eine untergeordnete Rolle«.[1311] Auch bei der Bild-Zeitung »ist eine Orientierung an der kirchlichen Hierarchie nur bedingt erkennbar [...]. So stehen an der Spitze der Akteure nicht der Papst oder andere kirchenleitende Organe, sondern mit etwa 15 Prozent jeweils Pfarrer und Laien prominenter Art, aus dem Bereich der Popmusik, des Sports, der Medien und (seltener) der Politik.«[1312] Während sich bei den Lokalzeitungen der Politikteil stark an Inhabern kirchenleitender Ämter orientiere, stimme dies laut Meier für den Lokal- und Regionalteil wiederum nicht.[1313] Die »Langzeitanalyse des Institutes ›Medien-Tenor‹ für die Jahre 2001–2004«[1314] bestätigt diese Ergebnisse, die Meier so zusammenfasst: »Insgesamt liegt die Zahl der Artikel, die einen kirchlich prominenten Handlungsträger aufweisen, bei unter 20 Prozent; der Nachrichtenfaktor der Prominenz ist demnach wichtig, jedoch längerfristig nicht allein entscheidend für die journalistische Selektion.«[1315]

1306 Diese Kritik habe ich bereits in meiner unveröffentlichten Examensarbeit zu den »Repräsentanten der evangelischen Kirche in den Medien« geäußert.

1307 Meier 2006, S. 335.

1308 Vgl. Meier 2006, S. 335f., Zitate auf S. 336.

1309 Meier 2006, S. 336.

1310 Vgl. Meier 2006, S. 336.

1311 Vgl. Meier 2006, S. 181, 336, Zitat auf S. 181.

1312 Meier 2006, S. 225.

1313 Vgl. Meier 2006, S. 281.

1314 Meier 2006, S. 317.

1315 Meier 2006, S. 324.

Wie sieht es nun mit bekannten oder populären Christen aus, die nicht Inhaber kirchenleitender Ämter sind? Sie spielen nach Meiers Ergebnissen in der Kirchenberichterstattung der SZ und NN eine kleinere Rolle als die Inhaber kirchenleitender Ämter, aber sie spielen eine Rolle.[1316] Aus der bereits zitierten nichtrepräsentativen Untersuchung zu Fernsehnachrichten 1992/93 von Schwikart ließe sich eine ähnliche Schlussfolgerung ziehen: Danach kamen Jepsen und Engelhardt als Inhaber kirchenleitender Ämter zwar in den Nachrichten vor, genauso aber Weizsäcker oder EKD-Mitarbeiter.[1317]

Für die Kirchenberichterstattung des Spiegel in den Jahren 1991/92 kommt Johannes Eissing zu einem deutlich anderen Ergebnis: Danach kommt die Kirche »in erster Linie als Amtskirche« vor; 82 Prozent der erfassten Akteure seien kirchliche Funktionäre, nur 5,2 Prozent »Laien«.[1318] Allerdings bezieht sich dieses Ergebnis insofern stark auf die katholische Kirche, als diese vom Spiegel deutlich häufiger thematisiert wird.[1319] Ebenfalls von Meiers Ergebnissen abweichend, war Findeisen zufolge die Zeitungsberichterstattung über den evangelischen Kirchentag in Hamburg 1981 deutlich prominenzorientiert: »Prominente kirchliche und politische Amtsträger stehen im Mittelpunkt. Durch die Konzentration auf Amtsträger erhält das publizistische Kirchenbild starke Züge einer Amtskirche.«[1320] Für den Unterschied zwischen Meier und Findeisen bieten sich zwei Erklärungsansätze an. (1) Erstens könnte der Unterschied durch Unterschiede in der erforschten Realität begründet

---

1316 Vgl. Meier 2006, S. 164, 280.

1317 Vgl. Schwikart 1998, S. 151f. Ein Artikel von Christian Kolmer bestätigt insgesamt indirekt den geringeren Prominenzorientierungsgrad der medialen Konstruktion der Realität evangelischer Kirche: Kolmers Analyse der Medien-Tenor-Daten zu den »Fernsehnachrichten 2001 bis 2008« beschäftigt sich zwar vor allem mit dem Medienbild der katholischen Kirche, legt in diesem Zuge aber implizit nahe, dass die katholische Kirche bei medialer Prominenzorientierung mehr zu bieten habe als die evangelische. So sei das Medienbild der katholischen Kirche klar an Episkopat und Kirchenleitung orientiert, wobei die katholische Kirche auch deutlich häufiger in den Nachrichten vorkommt als die evangelische (Kolmer 2008, S. 413–416): »Die stärkere inszenatorische Kraft katholischer Gottesdienste und der sichtbar höhere Status des katholischen Klerus spiegeln sich auch in der Medienpräsenz der katholischen und evangelischen Geistlichkeit: Während neben dem Papst auch führende katholische Bischöfe durch ihre Präsenz im Fernsehen in der Öffentlichkeit bekannt sind, laufen ihre evangelischen Amtsbrüder unter ferner liefen [...].« (ebd., S. 416) Der einzige evangelische Bischof, der nennenswert häufig in den Nachrichten präsent war, ist nach Kolmers Analyse Wolfgang Huber gewesen.

1318 Vgl. Eissing 1995, S. 475, dort auch die Zitate.

1319 Vgl. Eissing 1995, S. 474f.

1320 Findeisen 1991, S. 161.

sein. Das hieße, dass (1a) die von Findeisen untersuchten Zeitungen[1321] stärker prominenzorientiert berichtet haben als die von Meier untersuchten, dass (1b) die Prominenzorientierung zwischen den beiden Untersuchungszeiträumen (Findeisen 1981, Meier 2000/01) abgenommen hat oder dass (1c) die von Findeisen untersuchte Berichterstattung über ein besonderes Ereignis prominenzorientierter ist als die von Meier untersuchte Berichterstattung zu Zeiten normaler Ereignislage.[1322] Die Erklärung 1b und 1c halte ich für deutlich plausibler als die Erklärung 1a, weil es kaum wahrscheinlich scheint, dass eine große Gruppe von Tageszeitungen über einen längeren Zeitraum völlig anders arbeitet als eine andere, sich mit dieser überschneidenden Gruppe von Tageszeitungen im selben Kulturraum. (2) Zweitens könnten diese Unterschiede in einem unterschiedlichen Forschungsdesign, also Unterschieden in der Operationalisierung, begründet sein. Tatsächlich rechnet Findeisen offenbar prominente politische Amtsträger unter die Kategorie »Prominente«[1323], während sie bei Meier in die Kategorie »Sonstiges Gemeindemitglied«[1324] fallen. Plausibel wären damit die Erklärungen 1b, 1c und 2 bzw. eine Mischung aus denselben.

Insgesamt kann Meier zusammenfassen, dass sich die Fremdwahrnehmung der evangelischen Kirche durch die Tageszeitungen im Untersuchungszeitraum 2000/01 weniger stark an der »protestantischen Hierarchie« orientiert als die Selbstwahrnehmung der Kirche.[1325] Von einer generellen und starken Prominenzorientierung als Orientierung an Inhabern kirchenleitender Ämter kann in der Kirchenberichterstattung – auch speziell auf die in den zitierten Daten enthaltene evangelische Kirche bezogen – kaum die Rede sein. In dem von Meier untersuchten Zeitraum kam etwa der »höchste« Repräsentant der evangelischen Kirche, Manfred Kock als der Ratsvorsitzende der EKD, in der Berichterstattung der SZ nur in fünf Beiträgen als Akteur vor.[1326] Die Kirche ist bzw. war zumindest 2000/01 in der Vielfalt ihrer Ämter und keineswegs nur über das kirchenleitende Amt in der Medienrealität präsent.[1327]

Dieser Befund muss durch den Umstand eingeschränkt werden, dass die Person, die ein kirchenleitendes Amt füllt, diesem in bestimmten Situationen sehr wohl zu einer breiteren Medienöffentlichkeit verhelfen kann, dass also der Inhaber eines kirchenleitenden Amtes sehr wohl häufig in der Zeitung steht, wenn er oder sie selbst eine prominente oder mediengerecht agierende

1321 Findeisen greift auf die »Quellensammlung des Deutschen Evangelischen Kirchentages« als Pressematerial zurück und überprüft diese anhand einiger Zeitungen, unter anderem auch der Süddeutschen Zeitung (Findeisen 1991, S. 16).

1322 Vgl. Meier 2006, S. 110. Vgl. Meier auch für die »problematische Gleichsetzung der journalistischen Wahrnehmung eines protestantischen (Groß-)Ereignisses mit der Kirchenberichterstattung überhaupt« bei Findeisen (Meier 2006, S. 28).

1323 Vgl. Findeisen 1991, S. 161.

1324 Meier 2006, S. 419.

1325 Vgl. Meier 2006, S. 398, dort auch das Zitat.

1326 Vgl. Meier 2006, S. 180.

1327 Vgl. Meier 2006, S. 180, 405.

Person ist. Dies legt Meiers Auswertung der Medien-Tenor-Analyse nahe: Danach waren in den Jahren 2001 bis 2004 in fünf überregional erscheinenden Zeitungen die berlin-brandenburgische (30,1 %) und die hannoversche Landeskirche (12,5 %) am häufigsten präsent. Dies führt Meier größtenteils auf die starke Präsenz des Bischofs bzw. der Landesbischöfin zurück: Wolfgang Huber und Margot Käßmann.[1328]

Die Medienpräsenz von Inhabern kirchenleitender Ämter ist also – so meine daraus folgende These – nicht von der Wichtigkeit des Amtes, sondern vielmehr von der Person abhängig, die das Amt füllt. Auch Situation und Themenlage scheinen eine größere Rolle zu spielen als Amtsstatus.[1329] Das Amt »Ratsvorsitzender«, »Bischof«, »Landesbischof« oder »Präses« allein scheint keine stärkere Präsenz in der medialen Wirklichkeitskonstruktion zu begründen. Das bestätigt den oben schon angedeuteten Unterschied zu Parteipolitikern und Staatsvertretern: Während diese häufig qua Amt zumindest mit einer gewissen Medienpräsenz rechnen können,[1330] ist diese bei Amtsträgern in kirchenleitender Position offenbar deutlich stärker von deren Person abhängig.

Mit anderen Worten: Insgesamt kommt die Prominenzorientierung der Medien den kirchlichen Amtsträgern nicht primär qua Amt und Institution, sondern qua Person und Themenkonstellation zugute. Auch Christen ohne kirchenleitendes Amt sind medial präsent.

2.2.4 Einordnung der Ergebnisse

Insgesamt lässt sich zusammenfassen: Die von Massenmedien konstruierte Realität der Kirche ist (1) personenorientiert, wobei die Personen vor allem im Zusammenhang mit Sachthemen vorkommen und deren Vorkommen nicht substituieren. Die konstruierte Realität scheint hingegen (2) nicht deutlich privatorientiert zu sein. Nach den zitierten Ergebnissen ist sie (3) auch offenbar nicht so stark wie vermutet am kirchenleitenden Amt orientiert. Prominenzorientierung spielt insofern eine Rolle, als einzelne Christen qua persönlicher Bekanntheit oder qua Wichtigkeit bzw. Expertise zu einem gewissen Thema hervorragen. Ein hervorragendes Amt scheint weniger relevant.

Dieses Ergebnis ist in doppelter Hinsicht einzuschränken: Die vorliegenden empirischen Untersuchungen zur journalistischen Medienrealität der Kirche beziehen sich vorwiegend auf einen Untersuchungszeitraum bis 2004.

1328 Vgl. Meier 2006, S. 322.

1329 So kommt Huber in besagter Zeit etwa nennenswert mit Stellungnahmen zur Gentechnik-Debatte vor (vgl. Meier 2006, S. 322).

1330 Sicher ist auch die Personalisierung der Politikberichterstattung von den Persönlichkeiten abhängig, wie etwa die Studien von Wilke und Reinemann gezeigt haben. Dass ein Kanzler(-kandidat) von der deutschen Medienlandschaft fast völlig ignoriert wird, ist allerdings kaum vorstellbar. Vgl. dazu auch die Ausführungen zum Kanzlerbonus oben.

Damit ist die Zeit des Ratsvorsitzes Wolfgang Hubers nur in den Anfängen und des Ratsvorsitzes Margot Käßmanns gar nicht erfasst. Schon alltäglicher Medienkonsum legt die Vermutung nahe, dass sich insbesondere mit Käßmanns Medienpräsenz einiges an dem hier zitierten Befund geändert hat. Es liegen allerdings meines Wissens keine medieninhaltsanalytischen Arbeiten zur Medienrealität der Kirche in dieser Zeit vor, auf die hier rekurriert werden könnte. Hinzu kommt die Einschränkung, dass sich die zitierten Untersuchungen, von einer Ausnahme abgesehen, auf Printmedien beziehen und nicht auf das schon wegen seines Visualisierungsdruckes personalisierungsaffinere Medium Fernsehen.

Trotz dieser Einschränkungen ist eine Einordnung der Konstruktion kirchlicher Realität in die Konstruktion politischer Realität in Medien möglich: Insgesamt erscheint die Medienrealität der Kirche ähnlich personenorientiert wie die der Politik. Prominenzorientierung als Orientierung am hervorgehobenen Amt und Privatorientierung spielen hingegen beide in der Politik eine deutlich größere Rolle. Die Kirche kommt in den Medien mit ihren Personen themenorientiert vor und bis 2004 nicht wie politische Parteien auch personenorientiert anstatt von themenorientiert.

Für die Zeit nach 2004 kann plausibel ein Ratsvorsitzenden-Bonus vermutet werden, ohne dass dies bislang in einer eigenen Studie empirisch validiert wäre. Die Vermutung ist allerdings von einem dynamisch-transaktionalen Denkansatz her naheliegend: Meier konnte in Auswertung der Medien-Tenor-Daten die große Medienpräsenz der berlin-brandenburgischen wie der hannoverschen Landeskirche auf die Personen Käßmann und Huber zurückführen, die beide Ratsvorsitzende wurden (Huber 2003 in Trier[1331], Käßmann 2009 in Ulm[1332]). Schon zu deren Nur-(Landes-)Bischofszeiten hatten sie also im EKD-Vergleich ihren Landeskirchen zu einer größeren Medienpräsenz verholfen und waren deutlich häufiger Gegenstand von Medienberichterstattung als andere Bischöfe, Landesbischöfe oder Präsides. Von einem dynamisch-transaktionalen Denkansatz, nach dessen molarer Perspektive alle Faktoren im Kommunikationsfeld mehr oder weniger stark miteinander vernetzt sind, ist nun davon auszugehen, dass Bischofsamt bzw. Ratsvorsitzendenamt, die Rolle dieses Amtes in der medialen Wirklichkeitskonstruktion von Kirche und die Person, die dieses Amt jeweils ausfüllt, in abwechselnden Stimulations- und oszillierenden Transaktionsbeziehungen stehen. So wie Amt und Medienaufmerksamkeit Personen verändern, wirken diese Personen gleichzeitig auf das Amt und die mediale Aufmerksamkeit für das Amt. Von daher ist anzunehmen, dass der Ratsvorsitz Hubers und Käßmanns die Medienaufmerksamkeit für den oder die Ratsvorsitzende mittelfristig erhöht hat. Eine Randbeobachtung in der »Hart aber fair«-Sendung vom 23. Februar 2011 illustriert

---

1331 Vgl. http://www.ekd.de/synode2003/pm230_2003_rv_und_stellvertreterwahl.html [Abruf: 21.02.2013].

1332 Vgl. http://www.ekd.de/synode2009_ulm/67544.html [Abruf: 21.02.2013].

dies: Thema der Sendung waren die Plagiatsvorwürfe gegen den Verteidigungsminister und damit auch der Umgang mit Fehlverhalten. Teilnehmer der Gesprächsrunde war auch der Ratsvorsitzende Nikolaus Schneider, den die Einblendung als »Nachfolger von Margot Käßmann als Ratsvorsitzender der EKD« vorstellte. Da es auch um die Alkoholfahrt Käßmanns ging, ist diese Vorstellung in der Tat naheliegend. Sie zeigt aber genau, worauf in dieser konkreten Situation bei diesem Thema die Einladung Schneiders zur Talkshow und damit die Medienaufmerksamkeit für den Ratsvorsitzenden zurückzuführen ist: eben mindestens auch auf die Person Margot Käßmann.

2.3 Ertrag im Horizont theologischer Orientierungen

Personalisierung insbesondere in den Dimensionen Personorientierung und Prominenzorientierung wird in der Nachrichtenwertforschung als Nachrichtenfaktor (mit Nachrichtenwert), und damit als Prinzip medialer Komplexitätsreduktion, verstanden und ist empirisch plausibilisiert worden. Damit ist es Teil der individuellen wie kollektiven journalistischen Gestaltungs-, Auswahl- und Rechercheroutine, personalisiert Wahrgenommenes besonders zu betonen und entsprechend eine personalisierte Wirklichkeitskonstruktion zu erarbeiten. Es konnte darüber hinaus festgehalten werden, dass die Personalisierung dieser Konstruktion in den Transaktionen der Journalisten entsteht. Bereits genannt waren die Transaktionen mit den Rezipienten, mit den technischen Rahmenbedingungen, mit imaginären oder konkreten Journalistenkollegen und mit kulturellen Routinen. Mit dem ökonomisch bedingten Zeitbudget und dem tatsächlichen Publikumsinteresse sind eher kausale Stimulationen angesprochen, die ebenfalls Personalisierungen befördern.

Von Nachrichtenfaktoren als Routinen in der Medienproduktion ist auch die Konstruktion der Medienrealität von Kirche betroffen. Diese ist deutlich personenorientiert, zumindest bis 2004 kaum privatorientiert und personenabhängig prominenzorienieniert.

Diese Ergebnisse können nun in den Horizont der zehn theologisch erarbeiteten Orientierungen gestellt werden. Das geschieht insbesondere für den Theorierahmen der Nachrichtenwertforschung (2.3.1) und für die mehr oder weniger relevanten Dimensionen der Personalisierung (2.3.2).

2.3.1 Voraussetzungen einer praxisrelevanten Orientierung der Medienproduktion

Drei Aspekte erscheinen mir besonders relevant, wenn die Erkenntnisse der Nachrichtenwerttheorie zur Personalisierung in den Horizont der christlichen Hoffnung gestellt werden. In der Reflexion dieser Aspekte werden zugleich die Voraussetzungen dafür geklärt, dass die zehn Orientierungen (2.3.2) auch praxisrelevant werden können.

(1) In der Auseinandersetzung mit den theoretischen Grundlagen der Nachrichtenwerttheorie wurde klar, dass menschliche Wahrnehmung im Allgemeinen und journalistische im Besonderen immer ein selektiver und elaborativer Vorgang ist. Bei Galtung und Ruge taucht dann ein im Erwartungs-

horizont christlicher Hoffnung weiterführender Gedanke auf, da die Friedensforscher ihr Konzept von Nachrichtenfaktoren aus einem ethisch-normativen Interesse heraus gewinnen: »Since the adequacy of an action is often, but by no means always, positively related to the adequacy of the image on which it is based, research into the adequacy of the image the news media give of the world is of primary importance.«[1333] Die empirisch nachgewiesenen Konstruktionsprinzipien von Medienrealität explizit zu machen, ermöglicht dann deren (sozial-) ethische Kritik, wie sie Galtung und Ruge leider nur kurz und appellartig am Ende ihres berühmten Aufsatzes eingebracht haben. Weiterführend daran ist nun weniger deren Pauschalkritik selbst – »try and counteract all twelve factors«[1334] – sondern die Möglichkeit ethischer Kritik an den einmal erhobenen Faktoren, die dann freilich differenzierter und ambivalenzsensibler vollzogen werden kann: Insoweit die Logik medialer Wirklichkeitskonstruktion bewusst und explizierbar wird, wird sie auch reflektier- und kritisierbar. Maßstab der Reflexion und Kritik des Konstruktionsprinzips Personalisierung mit seinen drei Dimensionen sind hier die zehn theologisch erarbeiteten Orientierungen.

(2) Will man die unter II.5. formulierten Orientierungen als Orientierungen für journalistische Arbeit verstehen, so setzt dies voraus, dass sich Journalisten auch gegen die Konstruktionslogik der Nachrichtenfaktoren entscheiden können und diese Entscheidung auch für die mediale Realitätskonstruktion relevant wird. Das ist von der Nachrichtenwerttheorie her gedacht keineswegs selbstverständlich. Versteht man Nachrichtenfaktoren als Ereignismerkmale, die im Sinne linearer Kausalität eine positive Selektionsentscheidung zur Folge haben, bleibt die abweichende Entscheidung von (einzelnen) Journalisten entweder unmöglich oder aufs Gesamte gesehen irrelevant. Neuere Arbeiten der Nachrichtenwerttheorie (so etwa Staabs und Eilders') sind dagegen offener für die Integration akteurstheoretischer Ansätze. In Anknüpfung an diese Arbeiten hatte sich angeboten, Nachrichtenfaktoren vom dynamisch-transaktionalen Ansatz her zu verstehen. Damit tun sich zwei Spielräume in der journalistischen Arbeit auf: Transaktional verstanden, schreiben Redakteure Ereignissen Nachrichtenfaktoren zu und halten die Ereignisse wegen dieser Zuschreibung für veröffentlichungswürdig. Stimulus und Journalist transagieren, ohne dass ein dem Stimulus inhärentes Merkmal oder der Journalist allein die Veröffentlichung verursacht. Schon von daher können Orientierungen auf die journalistische Arbeit bezogen werden, weil diese bewussten und unbewussten Zuschreibungen orientierungsbedürftig sind: Es wird etwa von Grundorientierungen abhängen, wen ich für prominent halte. Ein zweiter orientierungsbedürftiger Spielraum entsteht in den vertika-

1333 Galtung und Ruge 1965, S. 64.

1334 Galtung und Ruge 1965, S. 84. Den Verweis auf diese Stelle und damit auf die hier betonten normativen Implikationen bei Galtung und Ruge verdanke ich Daniel Meier.

len Transaktionen zwischen einzelnem Journalist oder einzelner Redaktion und allgemeinen Berufsroutinen. Vom Transaktionsverständnis her zeigt sich, dass der einzelne Journalist und die einzelne Redaktion in ihren Veröffentlichungsentscheidungen nicht nur von ihrem Bild journalistischer Routine beeinflusst werden, sondern sie diese Routine bzw. genauer die Anhaltspunkte, die sich anderen für die Rekonstruktion dieser Routine bieten, durch ihre eigenen Entscheidungen reproduzieren oder verändern. Damit entsteht hier ein über die Imperative der rekonstruierten Routine hinausgehender Orientierungsbedarf, weil die Routine durch das eigene Handeln – und sei es nur in Nuancen – verändert werden kann.

(3) Schließlich ist bei der Frage nach den Gründen für die Nachrichtenfaktoren Person- und Prominenzorientierung deren Rolle in der transaktionalen Wirkbeziehung zwischen Medienproduzenten und -rezipienten in den Blick gekommen. Als ein plausibler Grund für die Personalisierung erschien die medienseitige Unterstellung einer Publikumserwartung, die Selektion und Gestaltung der Berichterstattung beeinflusst, weil die Berichterstattung ein möglichst breites Publikum erreichen soll.

Bei diesem Ziel kommen wie gesehen (2.1.5) ökonomische und systemimmanente Imperative zusammen. Im Horizont christlicher Hoffnung erscheint dieses Ziel zunächst auch für Journalisten erstrebenswert: Mit einer möglichst weiten Verbreitung und einer möglichst verständlichen Aufbereitung von Informationen wird die Grundlage dafür gelegt, dass sich Rezipienten am gesellschaftlichen (O5) und kirchlichen Leben (O9) beteiligen können. Insofern sich dieses Ziel in den Hoffnungshorizont derartig einordnen lässt, können auch Maßnahmen zur Zielerreichung – etwa die Personalisierung – als funktional erscheinen. Eine Grenze findet die journalistische Arbeit auf dieses Ziel hin in denselben Orientierungen. Wird die journalistische Wirklichkeitskonstruktion so stark personalisiert, dass keine beteiligungsermöglichenden Informationen mehr rezipierbar werden, verfehlt sie das Ziel, tatsächlich eine breitere Öffentlichkeit herzustellen, die Beteiligung ermöglicht. Führen ökonomische Imperative dazu, sind sie auch aus theologischer Perspektive problematisch.

2.3.2 Praxisorientierungen für Personalisierung in der Medienproduktion

Nachdem nun geklärt ist, warum es sinnvoll ist, Orientierungen auf personalisierende Medienproduktion zu beziehen, kann Letzteres für die drei Personalisierungsdimensionen nacheinander geschehen. Dabei werden die Ambivalenzen der Personalisierungsdimensionen deutlich – und zwar sowohl für Personerzählungen, vermittels derer Kirche gesellschaftliche Verhältnisse darstellt und wahrnimmt (a), wie für solche, die die Realität der Kirche medial, organisational wie publikal rekonstruieren (b).

(1) Personalisierung als *Personorientierung* ist diesseits der Unterscheidung von Substitutions- und Repräsentationssrelationen ambivalent. Vermittels dieser Unterscheidung lässt sich die Ambivalenz aber in zwei Eindeutig-

keiten auflösen: Substitutionsrelation erscheint von den Orientierungen her immer problematisch, Repräsentationsrelationen können den Orientierungen entsprechen. Ersetzt die Darstellung und Wahrnehmung von Personen langfristig diejenige von sachlichen Inhalten, Gruppen und Gruppenzugehörigkeiten, werden die Personen entgegen O2 und O6 nicht mehr in ihren Beziehungsnetzen, entgegen O3 nicht mehr in ihrer Aufgabenerfüllung und entgegen O4 potentiell als Übermenschen dargestellt. Information über Sachthemen und soziale Zusammenhänge findet dann nicht statt, was die informierte Teilnahme am sozialen und politischen Leben entgegen O5 behindert. Auf die Konstruktion der Realität der Kirche (b) bezogen, widerspricht eine solche Rekonstruktion der Heterogenitäts-Orientierung (O7) – wenn Personerzählungen der Kirche nicht mehr zugeordnet werden können, stellen sie auch nicht deren Vielfalt dar – sowie der Beteiligungs- (O9) und der Sach-Orientierung (O10), weil Personen eben auch nicht mehr als Funktionsträger der Hoffnung, sondern selbstzweckhaft um ihrer eigenen Prominenz willen medial thematisiert werden.

Stehen Personen in Wirklichkeitskonstruktionen hingegen für Inhalte und Gruppen oder kommen zumindest in Relationen vor, besteht die Möglichkeit, dass allen genannten Orientierungen entsprochen wird.

(2) In der Print- und TV-Berichterstattung spielt Personalisierung als *Privatorientierung* wie gesehen zwar eine gewisse Rolle, insbesondere bei privatkommerziellen Fernsehsendern, ein deutlicher Verstärkungstrend zeigt sich aber nicht. Privatorientierte Darstellungen von Personen als Teil der Konstruktion gesellschaftlicher und/oder kirchlicher Realität erscheinen von den oben zusammengestellten Orientierungen her als ambivalent: Wo sie die Thematisierung von sozialen, ethischen und politischen Themen ersetzen, verhindern sie die Informiertheit von Menschen, beschränken damit deren Ressourcen zur Beteiligung und widersprechen so den Beteiligungs-Orientierungen (O5 und auf Kirche bezogen O9). Das Gleiche gilt, wenn sie zur Generierung emotionaler Bindungen eingesetzt werden, die die Bindungskraft von Argumenten ersetzen sollen. Privatorientierungen lassen sich zudem etwa als Teil der Idolisierung von Personen repräsentativer Öffentlichkeit (vgl. III.1.1) zuordnen und sind damit als Darstellungsprinzipien einer dezidiert vordemokratischen Öffentlichkeit beteiligungswidrig.

Gleichzeitig entspricht Privatorientierung aber dann der Relations- (O2), der Religionskritik- (O4) und der Beteiligungs-Orientierung (O5), wenn sie die Idolisierung von Repräsentanten und Prominenten verhindert, indem sie sie als »bloße« Menschen in sie prägenden und von ihnen geprägten Beziehungen darstellt. Personalisierung als Privatorientierung ist – wie die Auseinandersetzung mit Habermas' Verständnis literarischer Öffentlichkeit gezeigt hat (III.1.2) – auch eine Chance, die Gleichrangigkeit der Kommunikationsteilnehmer zu kommunizieren und so insbesondere der Beteiligungs-Orientierung (O5) zu entsprechen.

Gerade kreuzestheologisch ließ sich mit Moltmann noch nicht die Personorientierung, sondern vor allem der Personenkult als problematisch identifizieren (vgl. III.5.2). Die fehlende Darstellung persönlicher Seiten eröffnete zudem die Möglichkeit unkritischer und damit idolisierender Identifikation. Horst Pöttker hat dies für den Personalisierungfokus auf Adolf Hitler im Nationalsozialismus eindrucksvoll beschrieben.[1335] Dem können Privatorientierungen entgegenwirken, indem sie eine Person als konkreten Menschen mit Stärken und Schwächen präsentieren, der zwar Grund zu Vertrauen, aber nicht zu bedingungslosem Gehorsam und Idolisierung geben kann. Gerade damit können Privatorientierungen Idolisierungen entgegenwirken.

Zusammengefasst gesagt: Solange Privatorientierungen in der Medienrealität Menschen als Menschen in ihrer Gleichrangigkeit mit den Kommunikationsteilnehmern darstellen und Sachorientierungen nicht ersetzen, erscheinen sie aufgrund der hier entwickelten Kriterien als wünschenswert, insbesondere, wenn sie Idolisierungen und Personenkult verhindern helfen. Unter dieser Bedingung erscheint es als problematisch, wenn die Medienrealität von Kirche nicht oder nur kaum als privatorientiert konstruiert wird. Dass dies so ist, ließ sich aber begründet vermuten (vgl. IV.2.2.2).

(3) Die empirischen Untersuchungen (IV.2.1.4) hatten gezeigt, dass sich die Politikberichterstattung stark an prominenten Personen orientiert, wobei auch nicht Herausragende als Exemplare des alltäglichen Lebens (zunehmend) mediale Aufmerksamkeit finden. Zunächst komme ich hier zu Personerzählungen von gesellschaftlicher Realität (a), dann zur Kirche (b).

(3a) Sowohl die Prominenz- wie die Exemplarorientierung erscheinen als Konstruktionsprinzipien für die Darstellung und Wahrnehmung gesellschaftlicher Wirklichkeit ambivalent: Einerseits kann Prominenzorientierung die Gesellschaft als von aktiven, starken und herausragenden Männern gelenkt darstellen und wahrnehmen lassen. Dem entspricht eine Exemplarorientierung, die sonst nicht medienpräsente Bürger nicht als aktive Teilnehmer am gesellschaftlichen Leben darstellt, sondern nur als passive »Betroffene« von staatlichen Maßnahmen (vgl. IV.2.1.4). In dieser Weise stehen Prominenz- und Exemplarorientierung im Gegensatz zur Religionskritik- (O4), Beteiligungs- (O5) und Sympathie-Orientierung (O6). Entgegen diesen Orientierungen stellen sie Gesellschaft als Masse der vielen Passiven und von wenigen Aktiven beherrschte dar, ohne die passiven Zuschauer und Leser aus dieser apathisierenden Rolle zu emanzipieren. Die von besagten Orientierungen her nötige Kritik an der gegenwärtigen Prominenzorientierung gewinnt von zwei Seiten her weiter an Gewicht: Erstens hatte die geschichtliche Entwicklung der Nachrichtenauswahl in Habermas' Begriffen formuliert gezeigt, wie Prominenzorientierung mit der Entwicklung von der repräsentativen zur bürgerlichpolitischen Öffentlichkeit zurückging (2.1.5). Die gegenwärtig starke mediale

1335 Vgl. Pöttker 1998, S. 214f.

Prominenzorientierung, die empirische Studien nachgewiesen hatten (IV.2.1.4), erschien damit als Rückkehr eines Elements vordemokratischer, weil repräsentativer Öffentlichkeit. Das gilt umso mehr, als sich zweitens gezeigt hatte, dass mit der Einführung des dualen Rundfunksystems die Exemplarorientierung zugenommen hat, wobei Exemplare aber überwiegend in passiven Rollen Teil der Medienrealität werden. Damit ähneln entsprechend hergestellte Medienöffentlichkeiten noch stärker der repräsentativen Öffentlichkeit, in der ein aktiver Herrscher sich vor passivem Publikum präsentiert. Das widerspricht den genannten Orientierungen, insbesondere der Religionskritik- und Beteiligungs-Orientierung (O4 und O5), scharf.

Andererseits bietet die Prominenzorientierung die Chance, dass diejenigen in Machtpositionen und mit Verantwortung als solche sichtbar und damit adressierbar werden. Dann wird Beteiligung ermöglicht (O5), weil Regelungen und Ansprüche personal zurechenbar und kritisierbar werden.[1336] Exemplarorientierung bietet die Chance, die Geschichten derer darzustellen, die zu Opfern der gegenwärtigen gesellschaftlichen Verhältnisse geworden sind (O8), Sympathie zu wecken (O6) und so Veränderung zu ermöglichen (O5, O1).

Von diesen Orientierungen her ist in der Praxis der Medienproduktion jeweils zu prüfen, ob bei der Prominenzorientierung in einer konkreten Situation jeweils die chancenhaften oder die gefährlichen Aspekte überwiegen.

(3b) Darüber hinaus sind Prominenzorientierungen auch als Konstruktion kirchlicher Realität zusätzlich ambivalent: Einmal kann die Darstellung und Wahrnehmung der Kirche anhand ihrer (prominenten) Amtsträger zur Identifikation von Kirche und Amtskirche führen, was der Orientierung »Beteiligung an Kirche« (O9) genauso widerspricht wie der Heterogenitäts-Orientierung (O7). Wo Kirchenvertreter wegen ihrer Prominenz medial präsent sind, können sie auch unabhängig von ihrer Funktion und unabhängig von ihrer Einbindung in die Gemeinde dargestellt und wahrgenommen werden, was der Relations- (O2) und Funktions-Orientierung (O3) widerspricht. Andererseits haben sie darin gerade die Möglichkeit, wirklich als durch Gewissen und nicht durch imperatives Mandat der Gemeinde Gebundene zu reden (O10). Zudem bietet die durch Prominenz gewonnene Aufmerksamkeit die Chance, öffentlich für Benachteiligte Partei zu ergreifen und ihnen eine Stimme zu geben (O8) sowie die Funktion der Kirche, Hoffnungsimpulse zu geben, inhaltlich zu erfüllen (O3). Damit erscheint eine moderate Prominenzorientierung, wie sie die empirischen Arbeiten im Hinblick auf die Medienrealität der Kirche nahelegten, als nicht problematisch: Kirche war offenbar – zumindest den wenigen Arbeiten zu diesem Thema zufolge – vielfältig und nicht ausschließlich auf einzelne Ämter konzentriert medienpräsent.

1336 Zur »personale[n] Zurechnung von politischer Verantwortung« vgl. Sarcinelli 1987, S. 179. Gleich nach diesem Verweis benennt Sarcinelli die Gefahren der Personalisierung.

3. Selbstdarstellung gesellschaftlicher Akteure

Medien beobachten und beschreiben gesellschaftliche wie politische Realitäten. Das gilt mindestens für den Programmbereich »Nachrichten und Berichte«. Der Gegenstand dieser Beobachtung ist nun keineswegs statisch und beobachtungsunabhängig: Medien beobachten unter anderem Organisationen in der Gesellschaft. Medien wie Organisationen handeln nach eigenen Logiken und mit eigenen Interessen. Organisationen registrieren die Tatsache, dass sie medial beobachtet werden, und arbeiten damit. Das hat Rückwirkungen auf das mediale Beobachten. Von daher müssen auch die beobachteten Realitäten bzw. Organisationen als Größe im Feld medialer Kommunikation wahrgenommen werden, obwohl diese in Frühs und Schönbachs dynamisch-transaktionalem Modell fehlten. Aber wie schon angedeutet, kommt es zwischen Medien und beobachteten Realitäten zu Transaktionsbeziehungen, in denen sich die Beobachteten durch das Beobachtetwerden verändern und damit gleichzeitig die auf sie wirkende Beobachtung verändern.

Besonders interessant im Blick auf die Beschreibung der Kirche in medial-personalisierten Wirkbeziehungen erscheint mir, in welcher Wirkbeziehung die Selbstdarstellung der verfassten Kirche (3.2.1), ihre Strukturen (3.2.2) und Öffentlichkeitsarbeit (3.2.3) zu den Medienproduzenten stehen. Damit die Bandbreite möglicher Beschreibungen klar wird und die Beschreibung der Kirche eingeordnet werden kann, werden dieselben Wirkbeziehungen zunächst für politische Parteien und das politische System der Bundesrepublik Deutschland untersucht (3.1). Die orientierende Ertragssicherung schließt dieses Unterkapitel ab (3.3).[1337]

3.1 Beobachtete Parteien

3.1.1 Personalisierte Selbstdarstellung

Das vorige Unterkapitel hat gezeigt, dass Massenmedien soziale und politische Realität auch anhand von Personerzählungen, also personalisiert, konstruieren. Die im Folgenden dargestellten Ergebnisse der Untersuchungen zur Wahlkampfkommunikation von Parteien in Deutschland werden darüber hinaus zeigen, dass auch die Selbstdarstellung der Politik personalisiert ist. Insbesondere für Wahlkampfzeiten lässt sich sagen, dass Politik durch Medien-, Themen- und Ereignismanagement genauso wie durch Werbekampagnen mit Plakaten, Anzeigen oder Fernsehwerbespots ihre eigene Realität in der Öffentlichkeit personalisiert konstruiert bzw. eine personalisierte Selbstdarstellung konstruiert.[1338] Zunächst ist also die These von der personalisierten

1337 Für viele der hier verwendeten Begriffe vgl. auch Jarren und Donges 2006, S. 22–38.

1338 Mit Selbstdarstellung ist hier das Gleiche gemeint, was in älteren Arbeiten »Politikvermittlung« (Sarcinelli 1987, S. 18f.) hieß. Genau wie »politische Kommunika-

Selbstdarstellung für historische wie aktuelle Wahlkämpfe zu belegen (1). Dann kann nach Gründen (2) und Gefahren (3) gefragt werden.

(1) Auch bei der Selbstpersonalisierung der Politik handelt es sich um kein neues Phänomen:[1339] »Politische Führer als Verkörperung politischer Ideale und Ziele und als Vertreter politischer Bewegungen und Parteien hat es zu allen Zeiten gegeben. Die Personalisierung der Politik ist so alt wie die Politik selbst«, schreibt Peter Radunski in seinem 1980 erschienenen Buch über Wahlkampfführung.[1340] Das Buch selbst ist aus heutiger Perspektive ebenfalls ein Beleg dafür, dass Personalisierung der politischen Kommunikation kein neues Phänomen ist: Bereits 1980 konnte der ehemalige CDU-Bundesgeschäftsführer und Wahlkampfmanager Peter Radunski[1341] Personalisierung als Strategie in der Wahlkampfführung sowohl diagnostizieren als auch implizit empfehlen.

Spätestens seit 1953 ist die Wahlkampfführung der Großparteien in der Bundesrepublik Deutschland in mindestens einem der oben differenzierten Sinne personalisiert.[1342] Das zeigt eindrucksvoll die groß angelegte »Längsschnittanalyse der Wahlkampagnen von CDU und SPD« in Deutschland der Jahre 1949 bis 1998, die Volker Hetterich 2000 vorgelegt hat.[1343] Danach gehört der »Einsatz von Spitzenpolitikern als Werbesymbole [...] zum festen Repertoire der Akteure in Bundestagswahlkämpfen«.[1344] Waren im Wahlkampf 1949 Personen »noch Randerscheinungen« und die Plakatierung von Texten und Botschaften dominierend, so konzentrierte die CDU bereits 1953 ihre Kampagne mit Plakaten und Broschüren auf Konrad Adenauer.[1345] Damit lässt sich hier in der Selbstdarstellung der CDU sowohl Personalisierung als Personorientierung als auch als starke Prominenzorientierung, nämlich als Orientierung am Spitzenpolitiker und Kanzler Adenauer, diagnostizieren. Wäh-

---

tion« meint der Begriff »alle Informationen, Ereignisse und Symbole [...], die von politischen Kommunikatoren und Institutionen, vor allem Parteien, mit politischer Relevanz in Umlauf gesetzt werden, den politischen Prozeß strukturieren und ihm Sinn verleihen« (Schenk und Tenscher 1998, S. 340). Den Begriff »Selbstdarstellung« benutze ich hier in Aufnahme der zitierten Personalisierungsdefinition von Holtz-Bacha et al.

1339 Vgl. Holtz-Bacha 2003, S. 21. So stellen etwa auch Jürgen Graner und Eva Stern fest: »Schon seit den 50er Jahren gehört Personalisierung zur Strategie bei bundesdeutschen Wahlkämpfen, wird den ›Spitzenkandidaten‹ ein Potenzial zur Stimmaximierung eingeräumt, und zwar durchaus nicht unter ferner liefen« (Graner und Stern 2002, S. 147; in Bezug auf Volker Hetterich vgl. auch Huß 2007, S. 7–14).

1340 Radunski 1980, S. 15; vgl. ähnlich auch: Radunski 1996, S. 40.

1341 Zu seinen Funktionen vgl. aktuell: http://www.sueddeutsche.de/politik/wahlstratege-radunski-ohne-emotionen-laeuft-es-nicht-1.466070 [Abruf: 26.02.2013].

1342 Vgl. Hetterich 2000, S. 295.

1343 Vgl. Hetterich 2000, Zitat aus dem Untertitel.

1344 Hetterich 2000, S. 56.

1345 Vgl. Hetterich 2000, S. 295f.

rend in späteren Kampagnen von CDU oder SPD Personalisierung als Prominenzorientierung insofern etwas zurücktreten konnte, als eine »Mannschaft« oder ein Team von Politikern in den Mittelpunkt der Kampagne gestellt wurde (und nicht nur der Kanzler(-kandidat) allein),[1346] blieb die Personorientierung seither ein bestimmendes Merkmal der Wahlkampagnen beider Parteien. Aus Hetterichs Analyse wird auch immer wieder deutlich, dass das jeweilige Wahlkampfmanagement der Partei Personalisierung bewusst strategisch einsetzte:[1347] Wenn etwa die Union 1953 die »demoskopischen Ergebnisse« so interpretierte, »daß Vertrauen vor allem über die die Union präsentierenden Persönlichkeiten zu gewinnen sei«, fokussierte sie den Wahlkampf auf diese Persönlichkeiten.[1348] Konnte man sich von starker Personalisierung nur auf die Spitzenkandidaten keinen Erfolg erhoffen, wie etwa die SPD 1965 angesichts »des Popularitätsvorsprungs von Erhard« gegenüber Willy Brandt, wurde dieser stärker in eine Mannschaft eingerahmt und damit in der dritten Dimension schwächer personalisiert.[1349] Es kann also von einem instrumentellen Einsatz von Personalisierung die Rede sein.

Einige Wahlkampfjahre erscheinen in der Darstellung Hetterichs als Schlüsseljahre, in denen die Personalisierung der Kampagnen stark zugenommen oder eine neue Dimension gewonnen hat, so dass insgesamt trotz anderer Studienergebnisse[1350] die Rede von einer Tendenz zu mehr Personalisierung durchaus gerechtfertigt scheint – wenn auch nicht von einer kontinuierlichen Entwicklung. Es sind dies nach dem Schlüsseljahr 1953 vor allem die Jahre 1961, 1980 und 1994.

1961 hatte die SPD zum ersten Mal einen »Kanzlerkandidaten gekürt«, vorher gab es dieses »Amt« so nicht.[1351] Hinzu kam, dass die SPD mit Willy Brandt einen »attraktiven Spitzenkandidaten« hatte, auf den sich gut personalisieren ließ.[1352] »Die Personalisierung konzentrierte sich auf Brandt, der Mar-

---

1346 So beispielsweise die CDU-Kampagnen 1957 und 1961, die SPD-Kampagnen 1965 und 1969 oder die Troika-Kampagne 1994 (vgl. Hetterich 2000, S. 297–329).

1347 Diese Schlussfolgerung zieht auch Holtz-Bacha aus ihrer Längsschnittanalyse von Wahlwerbespots der Jahre 1957 bis 1998: »Für die Wahlspots im Fernsehen nicht nachweisbar ist ein Trend zur verstärkten Personalisierung. Das Auf und Ab von Wahlkampf zu Wahlkampf spricht eher für strategische Entscheidungen im Kontext der Kampagne und in Abhängigkeit vom jeweiligen Spitzenkandidaten.« (Holtz-Bacha 2000, S. 200; vgl. auch S. 192)

1348 Vgl. Hetterich 2000, S. 296, dort auch die Zitate.

1349 Vgl. Hetterich 2000, S. 302.

1350 Holtz-Bacha kann in ihrer Längsschnittuntersuchung zu Fernseh-Wahlspots keinen »Trend zur verstärkten Personalisierung« nachweisen (Holtz-Bacha 2000, S. 200, dort auch das Zitat). Grundlegend kann sie aber festhalten (ebd.): »Eine Personalisierung im Sinne einer Kandidatenorientierung findet durchaus statt, von einer Privatisierung kann allerdings kaum die Rede sein.«

1351 Vgl. Hetterich 2000, S. 299.

1352 Vgl. Hetterich 2000, S. 299, dort auch das Zitat.

kenzeichen für den Reformkurs der Partei sein und als wirksamstes Werbemittel ihr Bild in der öffentlichen Meinung verändern sollte«.[1353] Die Kampagnenführung der SPD orientierte sich stark an der »Kennedy-Kampagne«, die der »Brandt-Berater Klaus Schütz« in den USA 1960 erlebt hatte.[1354] Dies trug der SPD schon damals den Vorwurf der Amerikanisierung ein, den ihr Adenauer in einer Sitzung machte.[1355] Damit zeigt sich, dass die Diagnose Personalisierung und der Vorwurf Amerikanisierung selbst Wahlkampfmittel sein können. 1961 erreichte die Personalisierung der Wahlkampagnen also durch den Reformkurs der SPD in den Dimensionen Personorientierung und Prominenzorientierung eine neue Intensität. Stark kam diesmal Personalisierung auch in der zweiten Dimension – als Privatorientierung – in der CDU-Kampagne vor, die systematisch versuchte, »Brandt durch Hinweise auf seine familiäre Herkunft und politische Vergangenheit zu desavouieren«.[1356] Damit, dass Brandts nichteheliche Geburt zum Wahlkampfthema gemacht wurde, wurde ein persönliches, politikfernes Merkmal Gegenstand der öffentlichen Realitätskonstruktion.

1980 erscheint insofern als ein Schlüsseljahr, als dass hier die Verbindung von »Negative Campaigning« und Personalisierung in neuer Intensität vorkam:[1357] Die Personalisierung der SPD-Kampagne richtete sich stark auf den Gegenkandidaten zum amtierenden Kanzler Schmidt: »Die Imagedefizite von Strauß bestimmten im Wahlkampf in erheblichem Maße die Eigenwerbung der SPD mit und für Bundeskanzler Schmidt.«[1358] Dabei setzte die CSU-Kampagne auch stark auf die Personalisierung in zweiter Dimension, die Privatorientierung, indem sie Strauß zu vermenschlichen versuchte und dessen Ehefrau und die »18-jährige Tochter Monika« mit in den Wahlkampf einband.[1359]

1994: »Nach übereinstimmender Ansicht von Beobachtern erreichte 1994 die Personalisierung der Wahlkampfführung einen bis dahin nicht gekannten Zenit«.[1360] Das gilt insbesondere in der Weise, dass die CDU-Kampagne stark auf Bundeskanzler Helmut Kohl zugeschnitten war – und zwar sowohl in der Dimension Personorientierung wie Prominenzorientierung: »Alle Wahlkampfaktivitäten [also etwa Medienmanagement, »Plakate und Spots«,[1361] FH] konzentrierten sich auf die Person des Amtsinhabers. Politische Themen und

1353 Hetterich 2000, S. 300.
1354 Vgl. Hetterich 2000, S. 300.
1355 Vgl. Hetterich 2000, S. 300.
1356 Hetterich 2000, S. 300f.
1357 Hetterich 2000, S. 312.
1358 Vgl. Hetterich 2000, S. 312.
1359 Vgl. Hetterich 2000, S. 315, dort auch das Zitat.
1360 Hetterich 2000, S. 373.
1361 Jarren und Bode 1996, S. 86.

andere Spitzenpolitiker [...] standen demgegenüber zurück.«[1362] Kohl war zentraler »Markenartikel« und zentrales Werbesymbol der CDU.[1363] Aussagekräftiger Beleg dafür ist ein extrem personalisiertes Wahlplakat der CDU, das damals – wie Hetterich schildert – großflächig geklebt wurde: Es zeigt Kohl »ohne jeden weiteren Text, sogar ohne Parteizeichen, beim Bad in der Menge«.[1364] »Die Person selbst war die Botschaft, die keiner weiteren Erklärung bedurfte«,[1365] so die CDU-Bundesgeschäftsstelle laut Hetterich. Hinzu kam, dass das Fernsehen durch »neue Formate« stark zur Betonung der »privaten Seiten und menschlichen Qualitäten« des Kanzlers beitrug.[1366] Ingesamt haben die »Fernsehauftritte in der Zeit nach 1994 [...] bestätigt, daß die ›Privatisierung der Politik‹ weiter zunimmt.«[1367]

Alex Jakubowskis Analyse der Wahlwerbespots im Wahlkampf 1994 hat bestätigt, dass Personalisierung als »Kommunikationsstrategie« eine Rolle spielte, wobei Jakubowski betont, dass die Politiker nicht zur Selbstdarstellung, sondern in der Mehrheit zur Darstellung ihrer Partei vorkamen.[1368] Das legt nahe, dass, zumindest hinsichtlich der Fernsehspots, Personorientierung hier als Repräsentation von Kollektivakteuren, nicht als Substitution vorlag: »Die hier verfolgten Personalisierungen unterstützten in der Mehrzahl der Fälle eben nicht die Darstellung einzelner Politiker, sondern sie dienten als Platzhalter für die Darstellung von Aussagen und Zielen der gesamten Partei.«[1369]

Auch im Wahlkampf 2002 waren – wie Holtz-Bacha herausstellt – die Wahlkampfführungen insbesondere der SPD, der FDP und der Grünen[1370] stark personalisiert: Die Kampagne der SPD kreiste ganz um Gerhard Schröder[1371] und die FDP nominierte mit Guido Westerwelle erstmals einen Kanzlerkandidaten[1372]. »Über die allgemeine Personalisierung der Kampagnen hinaus ließ der Bundestagswahlkampf 2002 deutliche Privatisierungsstrategien erkennen, das heißt, die Kandidaten inszenierten auch ihre private Seite im Dienste der Kampagne.«[1373] So spielten etwa die Ehefrauen der Kandidaten eine bedeuten-

1362 Jarren und Bode 1996, S. 102.
1363 Vgl. Hetterich 2000, S. 325f.
1364 Vgl. Hetterich 2000, S. 326, dort auch das Zitat.
1365 Zitiert nach: Hetterich 2000, S. 326.
1366 Vgl. Hetterich 2000, S. 327, dort auch die Zitate.
1367 Hetterich 2000, S. 373.
1368 Vgl. Jakubowski 1998, S. 249, 251.
1369 Jakubowski 1998, S. 251.
1370 Vgl. Holtz-Bacha 2003, S. 14f.
1371 Vgl. Holtz-Bacha 2003, S. 11, 13.
1372 Vgl. Holtz-Bacha 2003, S. 14.
1373 Holtz-Bacha 2003, S. 15.

de Rolle im Wahlkampf.[1374] Insbesondere das Image von Stoiber sollte mit dieser Privatisierungsstrategie vermenschlicht werden.[1375]

Holtz-Bachas Längsschnittanalyse von Fernseh-Werbespots von 1957 bis 1998 konnte die Entwicklungsthese zur Personalisierung nicht bestätigen.[1376] Allerdings kann auch sie festhalten: »Sehr wohl aber entfällt ein gewichtiger Anteil der Selbstdarstellung der Parteien in der Wahlwerbung auf die Kandidaten. Dies gilt [interessanterweise] mehr noch für die großen als für die kleineren Parteien.«[1377] Dabei scheinen Repräsentations- und nicht Substitutionsrelationen zwischen Personen einerseits und Partei und Inhalten andererseits dominant.[1378] Eine deutliche Privatisierung in den Wahlwerbespots konnte sie bis 1998 nicht nachweisen.[1379]

(2) Warum personalisieren politische Parteien ihre Kommunikationsbemühungen mit der breiten Öffentlichkeit so stark und mit möglicherweise zunehmender Tendenz? Die nächstliegende Begründung dafür wäre die Medialisierungsthese, wie sie besonders Thomas Meyer vertreten hat.[1380] Um eine breitere Öffentlichkeit zu erreichen, sind Parteien mittlerweile gezwungen, sich auf die mediale Öffentlichkeit einzulassen, weil sie sich auf die Funktion ihres eigenen Parteiapparates,[1381] Öffentlichkeit herzustellen, nicht mehr verlassen können. Sich auf mediale Öffentlichkeit einzulassen beinhaltet nach der Medialisierungsthese auch, die Medienlogik und die Handlungsimperative des Mediensystems zu übernehmen (vgl. dazu I.4.). Parteien personalisieren ihre Selbstdarstellung – also ihre Konstruktion sozialer und politischer Realität – dann deshalb, weil die Medien dies auch tun und Parteien so mit der Personalisierung ihrer Realitätskonstruktion die Chancen erhöhen, dass das Mediensystem diese vorgeschlagenen Konstruktionen übernimmt und veröffentlicht. Agens der Personalisierungstendenz politischer Kommunikation

---

1374 Vgl. Holtz-Bacha 2003, S. 15.

1375 Vgl. Holtz-Bacha 2003, S. 16f.

1376 Vgl.: »Aufgrund unserer Daten läßt sich also nicht sagen, daß die Politikvermittlung einem Prozeß wachsender Personalisierung unterliegt.« (Holtz-Bacha et al. 1998, S. 248, dazu auch Holtz-Bacha 2000, S. 200)

1377 Holtz-Bacha et al. 1998, S. 248f. Vgl. dazu auch: Holtz-Bacha 2000, S. 200.

1378 Vgl. Holtz-Bacha 2000, S. 200.

1379 Vgl. Holtz-Bacha 2000, S. 197, 193.

1380 Vgl. Meyer 2002, dazu auch Sarcinelli 1998. Vgl. beide jeweils auch für das Folgende. Zur Medialisierungsthese siehe I.4. Auf Organisationen bezogen haben Bentele und Fähnrich eine These mit ähnlicher Kausalitätsrichtung vertreten: Sie gehen davon aus, »dass mediale Personalisierung, also die personengebundene und personenfokussierende Vermittlung journalistischer Inhalte, die wichtigste und die eigentliche Ursache von organisatorischer Personalisierung darstellt.« (Bentele und Fähnrich 2010, S. 52) Für diese Kausalitätsrichtung vgl. auch Eisenegger und Konieczny-Wössner 2010, S. 117.

1381 Vgl. Sarcinelli 1998, S. 279.

wären demnach in erster Linie die Medien.[1382] Es läge eine Stimulationsbeziehung vor, in der Medien und gesellschaftliche Entwicklung Parteien zu mehr Selbstpersonalisierung stimulieren.

Als eine Erklärung für die Personalisierung politischer Kommunikation halte ich diesen Ansatz für plausibel, als einzige Erklärung reicht er allerdings nicht. Gegen die Alleinstellung dieser einseitigen Kausalrichtung spricht Folgendes:

1) Zunächst ist mit Radunski ein historischer Grund zu nennen: »Die Personalisierung der Politik ist so alt wie die Politik selbst.« (siehe 3.1.1) Damit ist sie zweifelsohne älter als die technische Entwicklung moderner Massenmedien. Das lässt die Existenz medienunabhängiger Personalisierungsgründe vermuten.

2) Hinzu kommt, dass empirische – genauer: medieninhaltsanalytische – Studien Zweifel an der Einlinigkeit besagter Kausalrichtung wecken. Wolfgang Donsbach ist mit einer empirischen Studie der Frage nachgegangen, wer im Prozess medialer Realitätskonstruktion im Wahlkampf »eher die treibende Kraft«[1383] ist, und hat dafür die Pressemitteilungen von Union und SPD einerseits und Medienbeiträge andererseits im Wahlkampf 1998 in Deutschland miteinander verglichen.[1384] Das Ergebnis mag überraschen: Die Nachrichtenmedien »haben mehr über Sachthemen berichtet als dies in den Selbstdarstellungen der Parteien der Fall war. Die Nachrichtenmedien haben damit die Personalisierung und die Wahlkampforientierung der Parteien teilweise konterkariert.«[1385] Das legt zwei verschiedene Deutungen nahe, die einander nicht ausschließen:

(2.1) Die erste ergibt sich vom dynamisch-transaktionalen Denkansatz her. Danach ist die tatsächliche Medienlogik nicht der prägende Stimulus der Personalisierung politischer Kommunikation, sondern die von Partei-Akteuren unterstellte Medienlogik, die Personalisierung stärker fordert, als dies in der tatsächlichen Medienlogik der Fall ist. Ähnlich wie in der Beziehung von Medienmachern zu Rezipienten ist zunächst nicht das reale Feedback handlungsleitend, sondern Para-Feedback. Von daher kann plausibel von einer Transaktionsbeziehung von Beobachteten und Medien ausgegangen werden. Entsprechend schreibt auch Christiane Eilders: »So lässt sich etwa die Antizipation der Medienlogik durch die politischen Akteure einerseits sowie die aktive Interpretation und die selektive Verarbeitung der politischen Botschaf-

---

1382 Freilich ist damit nicht ausgeschlossen, dass es sich bei dem Vorgang als Ganzes um einen »dialektischen Vorgang« handelt – das betont Meyer: »Dabei handelt es sich um einen wahrhaft dialektischen Vorgang, denn die Politik unterwirft sich den Regeln der Medien nur, um auf diesem Wege die Kontrolle über die Öffentlichkeit zu gewinnen, also aus genuin politischen Gründen.« (Meyer 2002, S. 8)

1383 Donsbach 1999, S. 142.

1384 Vgl. Donsbach 1999, S. 147f.

1385 Donsbach 1999, S. 171.

ten durch die Journalisten andererseits als Transaktion fassen.«[1386] Ist die Selbstdarstellung stärker personalisiert als die mediale Fremddarstellung, weicht die Konstruktionslogik der Medien offenbar von der Unterstellung der politischen Akteure ab. Dass dieses Abweichen über späteres reales Feedback offenbar die politik-seitige Unterstellung der Medienlogik nicht zureichend korrigiert, deutet darauf hin, dass zusätzlich wohl eine zweite Beziehungsform existiert.

(2.2) Zweitens: Parteien haben medienunabhängige Gründe zur Personalisierung ihrer Kommunikationsbemühungen und sind damit selbst mindestens auch Agens in transaktionalen Wirkbeziehungen, in denen es zu Personalisierungen kommt. Die teilweise der politischen Handlungslogik immanenten, mindestens aber medienunabhängigen Gründe sind etwa die Folgenden:

(2.2.1) Mesoebene[1387] (hier: Partei): Unabhängig von ihrer medialen Vermittlung kann Personalisierung aus der Perspektive der Politik als sinnvolle Strategie in der Beziehung von Politik und Wählern gesehen werden. Im Anschluss an Max Webers Ausführungen zum »Typus der ›Charismatischen Herrschaft‹« hält Radunski fest: »In jeder Wahl werden Wähler deshalb auch Kandidaten aufgrund ihrer persönlichen Ausstrahlung wählen und nicht nur wegen der Partei oder der politischen Gruppierung, die sie vertreten.«[1388] Entsprechend ist es auch für Parteien sinnvoll, Personen als Argumente für die Wahl eben der eigenen Partei einzusetzen.

(2.2.2) Mikroebene (Kandidaten): Auf der Mikroebene, also für den individuellen Kandidaten, kann Personalisierung auf seine Person nicht nur deshalb als sinnvoll erscheinen, weil sie seine Wahlchancen gemäß des Grundes auf der Mesoebene erhöht, sondern auch, weil es seine Machtposition in der eigenen Partei stärken kann. Radunski hat darauf hingewiesen, dass der Politiker, der (via Personalisierung) ein »positives Image in der Öffentlichkeit« aufbaut, damit ein wichtiges innerparteiliches Führungsinstrument in der Hand hat.[1389]

(2.2.3) Eigentlich nur für die Dimension »Privatorientierung«, tatsächlich aber auch für andere Personalisierungsdimensionen, hat Holtz-Bacha eine Reihe von überzeugenden Motiven aus der »Perspektive der Politiker«[1390] und Parteien benannt. Danach ist die »Privatisierung der Politikdarstellung«[1391] für Politiker attraktiv, weil sie a) den Politiker vermenschlicht und so dessen

---

1386 Eilders 2007, S. 66. In der dortigen Arbeit mit dem DTA finden sich auch manche der hier verwendeten Begriffe. Zur »Antizipation der Medienlogik« vgl. auch Schulz und Zeh 2010b, S. 59.

1387 Zur Differenzierung von »Mikro-, Meso- und Makroebene«: Jarren und Donges 2006, S. 22.

1388 Radunski 1980, S. 16. Auf derselben Seite benennt Radunski auch die Gefahren medialer Personalisierung.

1389 Vgl. Radunski 1980, S. 16f.

1390 Holtz-Bacha 2001, S. 23.

1391 Holtz-Bacha 2001, S. 23.

Image der Volksnähe pflegt oder befördert.[1392] Zweitens b) vereinfachen Privatorientierung wie Personalisierung von Politik – oder sie lenken gar von einem unliebsamen Thema ab.[1393] Als Emotionalisierung kann Privatorientierung c) der »Sympathiewerbung« dienen, indem es etwa einen »Lebensstil und Politikerpersönlichkeit verschmelzen« lässt (»Generation Guido«).[1394] »Schließlich [d)] setzen Politiker das Private ein als Strategie zum Aufbau, zum Erhalt und zur Mehrung ihrer Prominenz.«[1395]

Insgesamt erscheint es damit plausibel, im Verhältnis von organisationaler Selbstdarstellung und medialer Darstellung nicht von einer einlinigen Kausalitätsrichtung – also nur einer Stimulation – auszugehen, sondern vor allem von einer transaktionalen Wirkbeziehung.[1396]

Gleichzeitig ist es naheliegend, dass in der transaktionalen Beziehung von medial stark vertretenen Organisationen und Medien eine personalisierende Konstruktionsroutine entsteht, die dann medial weniger stark vertretene Organisationen relativ einseitig unter Druck setzt, ihre Selbstdarstellung zu personalisieren. Trotz des Machtgefälles läge hier aber eine transaktionale Beziehung vor, weil besagter Druck nicht direkt auf die Organisationen wirkt, sondern in organisationaler Rekonstruktion.

(3) Bei allen diesen Gründen bürgt die Personalisierungsstrategie auch aus der Perspektive des Wahlkampfmanagements Gefahren, die sich vor allem mit Radunski benennen lassen.[1397]

(3.1) Einmal kann übertriebene Personalisierung den Politiker leicht verbrauchen und so seiner Popularität wiederum schaden, wenn er als »leerer Stereotyp, fast als Karikatur« erscheint.[1398]

(3.2) Darüber hinaus besteht die Gefahr, dass die Auseinandersetzung mit der Person die Auseinandersetzung mit Politik und Sachthema so ersetzt, dass der Wähler auch nicht mehr die Notwendigkeit sieht, durch Wahlen am politischen Prozess teilzunehmen. Dann verkehrt sich die Mobilisierungsstrategie Personalisierung in ihr Gegenteil: »Wenn die Personalisierung aber an die Stelle von politischer Auseinandersetzung tritt, Rollen und Masken der Kandidaten anstelle politischer Ziele und Programme treten, dann ist das Ergebnis nicht [...] etwa der Triumph professioneller politischer Kommunikation, sondern in der Regel allenfalls ein vordergründiger Unterhaltungseffekt für das

---

1392 Vgl. Holtz-Bacha 2001, S. 23.

1393 Vgl. Holtz-Bacha 2001, S. 24.

1394 Vgl. Holtz-Bacha 2001, S. 24.

1395 Holtz-Bacha 2001, S. 24.

1396 Auch Marcinkowski und Greger wollen »eher von wechselseitiger Verstärkung als von einseitiger Beeinflussung« ausgehen (vgl. Marcinkowski und Greger 2000, S. 194, dort auch das Zitat).

1397 Vgl. für das Folgende Radunski 1980, S. 22. Auch Eisenegger hat neben den »Funktionen« gerade die »Dysfunktionen der Personalisierung« betont (vgl. Eisenegger 2010, S. 23, Zitate dort aus der Überschrift, im Original gefettet).

1398 Vgl. Radunski 1980, S. 22, dort auch das Zitat.

Publikum, der nicht zu einer durchgreifenden Politisierung und Mobilisierung in der Wahlentscheidung führt.«[1399]

(3.3) Eine wichtige Gefahr für die Organisation hat noch Eisenegger benannt: »Intensive Personalisierung behindert den kohärenten und berechenbaren Reputationsaufbau und sie führt zu einer unstabilen Reputationsentwicklung der Organisationen.«[1400]

Ich fasse zusammen: Die Selbstdarstellung der Politik ist stark personalisiert. Diese Selbstpersonalisierung steht in transaktionaler Beziehung zur medialen Personalisierung: Insofern politische Akteure situationsbezogen Gründe zur Personalisierung haben, spielen sie eine aktive Rolle. Insofern politische Akteure die Medienlogik antizipieren, spielen sie sowohl eine aktive als auch eine passive Rolle.

3.1.2 Personalisierende Strukturen: Präsidentialisierung

Politische Akteure konstruieren insbesondere in Wahlkampfzeiten ihre Selbstdarstellung – wie gesehen – in allen Dimensionen personalisiert. Dies hat Gründe in und Auswirkungen auf die Strukturen, in denen sich politische Kommunikation vollzieht. Zu fragen ist hier nach beiden möglichen Kausalrichtungen in dieser Interdependenz, also erstens: Fördern oder hemmen die Strukturen in einem gegebenen politischen System die personalisierte Selbstdarstellung von Politik? Und zweitens: Wie beeinflusst die personalisierte Selbstdarstellung von Politik die Strukturen, in denen sich politische Kommunikation vollzieht? Antworten auf diese Fragen können hier nur exemplarisch anhand zweier Stichworte gegeben werden, die in sozialwissenschaftlichen Arbeiten diskutiert werden: zunächst bezogen auf das politische System (3.1.2) und dann auf die Parteien selbst (3.1.3). Übernimmt man die folgende Unterscheidung,[1401] geht es hier also nicht nur um die Frage nach der »Darstellung von Politik«, sondern auch nach der Personalisierung der Herstellung von Politik.

Zunächst kann auf der Makroebene die Frage gestellt werden, in welcher Beziehung die Normen, Strukturen, Institutionskonstellationen und Prozesse im politischen System der Bundesrepublik Deutschland zur personalisierten Selbstdarstellung politischer Akteure stehen. Unter dem Begriff des »politischen Systems« im weiteren Sinne wird nach Karl-Rudolf Korte nicht nur der »Funktionszusammenhang zwischen Legislative, der Exekutive und der Judikative« verstanden, sondern auch politisch relevante »öffentliche und private Organisationen« in der Gesellschaft.[1402] Die Analyse des politischen Systems beschäftigt sich danach damit, wie politische Entscheidungen getroffen, wie

1399 Radunski 1980, S. 22.

1400 Eisenegger 2010, S. 23f.

1401 Vgl. Sarcinelli 1987, S. 66, dort auch das folgende Zitat, im Original Fettung von »Darstellung«.

1402 Vgl. Korte 2001, S. 68, dort auch die Zitate.

politische Akteure beauftragt und kontrolliert, wie Bürger beteiligt werden und welche Aufgaben das politische System erfüllt.[1403]

Zwei historische Beispiele zeigen, wie stark die Normen, Strukturen und Prozesse in einem politischen System personalisiert und personalisierend sein können. (1) Jürgen Wilke hat die Monarchie unter »Ludwig XIV. (1639–1715)« in Frankreich als extreme Personalisierung von Politik beschrieben, die besonders in dem berühmten Satz »l'état c'est moi« zum Ausdruck kommt:[1404] Staat und ritualisierte Prozesse am Hof waren auf den König bezogen. Alle möglichen »›Medien‹ in einem weiteren Sinne« wie auch »Medaillen, Wandgemälde, Tafelbilder, Gobelins, Standbilder und Kupferstiche [...] dienten der Personifikation der absoluten Monarchie« – so Wilke im Anschluss an Peter Burke.[1405] Dabei bezogen gerade die ritualisierten Prozesse auch die zweite Personalisierungsdimension, also die Orientierung an dem, was wir heute »privat« nennen würden, mit ein: »Beispielsweise war beim ›lever‹ und ›coucher‹, beim Aufstehen und Zubettgehen des Monarchen, eine größere Menge von Menschen im Louvre zugegen.«[1406]

(2) Horst Pöttker hat – um das Bewusstsein für das möglicherweise »Illegitime der medialen Personalisierung von Politik« zu schärfen – die »im NS-Regime praktizierte Personalisierung von Politik« exemplarisch analysiert.[1407] Damit nimmt er ein politisches System in den Blick, in dem eben eine extrem personalisierte Selbstdarstellung des totalitären Staates mit einer extremen Personalisierung sämtlicher Entscheidungsstrukturen auf Hitler selbst oder auf untergeordnete »Führer« einherging. Das »Führerprinzip« kann als die extreme Personalisierung von Herrschaft verstanden werden, weil danach die Gültigkeit einer Entscheidung nicht von ihrer sachlichen Richtigkeit oder Wahrheit abhängig ist, sondern allein von der entscheidenden Person.

Es ist sicher bezeichnend, dass diese Extrembeispiele personalisierter Entscheidungs- und Repräsentationsprozesse und -strukturen aus nichtdemokratischen Systemen stammen.[1408] So kann Wilke nach seinem Beispiel von Ludwig XIV. auch fragen, ob »die Demokratisierung im Geiste der Aufklärung insofern nicht eher zu einer ›Entpersonalisierung‹ des Politischen geführt« habe.[1409]

Aber auch auf die zeitgenössischen demokratischen Systeme bezogen gilt, dass unterschiedliche politische Systeme unterschiedlich stark personalisie-

1403 Vgl. teilweise in den gleichen Worten Korte 2001, S. 69.
1404 Vgl. Wilke 1998, S. 284.
1405 Vgl. Wilke 1998, S. 284, dort auch die Zitate.
1406 Wilke 1998, S. 284.
1407 Vgl. Pöttker 1998, S. 211, dort auch die Zitate.
1408 Vgl. für diesen Hinweis auch Wilke 1998, S. 284.
1409 Vgl. Wilke 1998, S. 284, dort auch das Zitat.

ren:[1410] »Präsidialsysteme etwa sind stärker als Repräsentativsysteme durch Personalisierung geprägt.«[1411] Ich verstehe diesen Zusammenhang auch vor dem Hintergrund der genannten Beispiele so: Je stärker Wahlprozesse an einzelnen Personen und einem zu besetzten Spitzenamt ausgerichtet sind, je größer die mit diesem Amt einhergehenden Machtbefugnisse, desto stärker können entsprechende Strukturen als personalisiert gelten. Je stärker diese Strukturen und Prozesse personalisiert sind, desto plausibler ist auch eine personalisierte Selbst- und Fremddarstellung von Politik. Und umgekehrt: Je stärker Selbst- und Fremddarstellung von Politik personalisiert sind, desto stärker wird dies personalisierte Strukturen befördern.[1412]

Vor diesem Hintergrund ist auch der Begriff »›Präsidentialisierungstendenzen‹ in parlamentarischen Systemen«[1413] zu verstehen. Gemeint ist nach Jürgen Lass damit die Tendenz, dass »der wichtigste politische Führer in parlamentarischen Systemen dem amerikanischen Präsidenten zunehmend ›ähnlicher‹ wird«.[1414] Besonders drei Aspekte dieses angenommenen Trends wurden laut Lass diskutiert: (1) »Dem Kabinettsleiter wächst in der Executive mehr Gewicht zu.«[1415] (2) Die Wahlkämpfe werden immer stärker an den Spitzenkandidaten ausgerichtet und (3) Medien stellen Politik »zunehmend anhand der zentralen Persönlichkeiten« dar.[1416]

Während die Frage, wie präsidial und personalisiert das Normen-, Institutionen-, Struktur- und Prozessgefüge im politischen System der Bundesrepublik heute ist, hier nicht ausführlich diskutiert werden kann, soll zumindest exemplarisch angedeutet werden, dass die verfassungsrechtlich kodifizierten Legitimationsstrukturen für politische Herrschaft einer Personalisierung gegenüber ambivalent sind:[1417] Der Bundeskanzler wird einerseits nicht direkt vom Volk gewählt, sondern von dem vom Volk gewählten Bundestag (Art. 38 und Art. 63 GG).[1418] Bei Bundestagswahlen geht es folglich eigentlich nur um die Zusammensetzung des Bundestags und nur vermittels dessen um die

---

1410 Für diese Rückführung vom Personalisierungsgrad auf die jeweilige »Herrschaftsordnung« vgl. Wilke 1998, S. 285.

1411 Wilke 1998, S. 285. Graner und Stern haben auf dieser Linie etwa betont, dass in den USA das »präsidentielle Regierungssystem sowie das Wahlrecht« Personalisierung fördern (Graner und Stern 2002, S. 154).

1412 Diesen Zusammenhang hat etwa auch der ehemalige CDU-Bundesgeschäftsführer Peter Radunski formuliert: Radunski 1980, S. 22.

1413 Lass 1995, S. 11. Dort findet sich auch Literatur zur Diskussion, die unter diesem Begriff in der englischsprachigen Wahlforschung geführt wird.

1414 Lass 1995, S. 11.

1415 Lass 1995, S. 12.

1416 Zu diesen Aspekten und dem Zitat vgl. Lass 1995, S. 12.

1417 Vgl. hierzu und zum Folgenden Schmidt 2010.

1418 Vgl. Schmidt 2010, S. 45–50, 166. Vgl. für die Betonung, dass bei Wahlen »Parteien gewählt werden und nicht ein Bundeskanzler« als Aussage Adenauers: Hetterich 2000, S. 300.

Wahl des Bundeskanzlers. Damit ist diese Wahl eigentlich weniger an herausgehobenen Personen – den Spitzenkandidaten – orientiert, als wenn der Kanzler direkt oder über Wahlmänner gewählt würde. Eine mediale Personalisierung auf Kanzlerkandidaten entspricht dieser Struktur nicht. Auf der anderen Seite bezeugen zahlreiche Rechte des Bundeskanzlers die »Liebe des Verfassungsgebers zum Amt des Bundeskanzlers und die Neigung, die Freiheitsgrade des Bundespräsidenten wie auch die des Parlaments im Verhältnis zum Kanzler geringer zu halten«.[1419] Dem Kanzler kommt das »organisatorische Kabinettsbildungsrecht«, die »Richtlinienkompetenz« und »im Verteidigungsfall die Befehls- und Kommandogewalt über die Bundeswehr zu«.[1420] Zwar gibt es zu diesen Rechten in der Verfassungswirklichkeit jeweils Abstriche – die Richtlinienkompetenz kann laut Schmidt etwa in Spannung zum Koalitionsvertrag stehen.[1421] Dennoch ist der Bundeskanzler ein sehr »einflussreiche[r] Akteur[.]«.[1422] Besagte Strukturen legen es nun wieder nahe, dass Medienberichterstattung gerade zu Wahlkampfzeiten darauf fokussiert, welche Person dieses wichtige Amt ausfüllt.

Insgesamt ist eher von einer transaktionalen Wirkbeziehung zwischen politischen Strukturen und Prozessen einerseits und personalisierter Selbst- und Fremddarstellung andererseits auszugehen: Während Strukturen, die einzelne Personen ins Zentrum stellen, entsprechend eine Personalisierung der Darstellung von Politik und davon stimuliert eine personalisierte mediale Konstruktion der politischen Wirklichkeit befördern, reproduziert oder produziert eine personalisierte Konstruktion der politischen Wirklichkeit in den Medien wiederum diese personalisierenden Strukturen.[1423] Allein schon durch den Prominenz-Vorsprung kann dem Spitzenpolitiker etwa auch größerer Einfluss zukommen.[1424] Als anekdotischer Beleg hierfür seien die Rücktrittsdrohungen Gerhard Schröders genannt, die Schröder als Machtinstrument nutzte, um Druck auf Abgeordnete auszuüben.[1425]

1419 Vgl. Schmidt 2010, S. 170f., dort auch das Zitat.

1420 Vgl. Schmidt 2010, S. 170f., dort auch die Zitate.

1421 Vgl.: »Vor allem in Koalitionen mit jeweils starken Partnern herrscht eine beträchtliche Spannung zwischen der Richtlinienkompetenz und den im Koalitionsvertrag festgeschriebenen oder in informellen Koalitionsausschüssen getroffenen Vereinbarungen zwischen den Regierungsparteien.« (Schmidt 2010, S. 172f.)

1422 Vgl. Schmidt 2010, S. 172f., dort auch das Zitat.

1423 Vgl. zu dem hier zugrunde gelegten Verständnis des Zusammenhangs von Handlungen und Strukturen: Jarren und Donges 2006, S. 69.

1424 Vgl. Radunskis Grund für den einzelnen Politiker, Personalisierung zuzulassen, unter IV.3.1.1.

1425 Vgl. etwa den Bericht: http://www.spiegel.de/politik/deutschland/0,1518,167491,00.html [Abruf 27.02.2013].

3.1.3 Personalisierende Strukturen: Professionalisierung

Auf der Mesoebene[1426] ist zu fragen, welche organisatorischen Strukturen in einer politischen Partei – und damit unter Umständen analog in anderen politisch relevanten gesellschaftlichen Organisationen – Personalisierung der Selbstdarstellung begünstigen und welche Auswirkungen personalisierte Selbstdarstellung möglicherweise auf die Organisation der Partei hat. Auch diese Fragen können hier nur mit einigen exemplarischen Gedanken beleuchtet werden, die sich auf die sogenannte Professionalisierung beziehen.

Was ist Professionalisierung? Gleich mehrere strukturelle Veränderungen sind in der kommunikations- und politikwissenschaftlichen Debatte unter dem Begriff »Professionalisierung« diskutiert worden.[1427] Weil der Begriff wegen dieser Weite die »analytische Qualität« verliere,[1428] hat Donges sich für »neue Begriffe« ausgesprochen.[1429] Da der Begriff allerdings relativ etabliert ist, werde ich hier an ihm festhalten und beschreiben, was darunter inhaltlich verstanden werden kann. Donges zufolge hatte Sarcinelli mit dem Begriff die »Ausweitung und organisatorische Ausdifferenzierung von Pressestellen oder Öffentlichkeitsreferaten« beschrieben.[1430] Holtz-Bacha bezieht den Begriff, durchaus kompatibel mit Sarcinellis Verständnis, auf den Wahlkampf bzw. eigentlich die Wahlkampforganisation: »Die Professionalisierung des Wahlkampfes bedeutet in erster Linie die Verlagerung der Kampagnenorganisation aus den Parteien hin zu Spezialisten der persuasiven Kommunikation, also Engagement und zunehmender Einfluß von politischen Beratern, die außerhalb des politischen Systems stehen«.[1431] Unabhängig davon, ob diese Kommunikationsexperten[1432] tatsächlich »außerhalb des politischen Systems stehen«[1433] oder als bei Parteien arbeitende Pressesprecher und Öffentlichkeitsarbeiter in das System integriert sind,[1434] meint Professionalisierung also, dass sich Kommunikationsexperten ausdifferenzieren, die meist stark mit dem

---

1426 Zur Differenzierung von »Mikro-, Meso- und Makroebene«: Jarren und Donges 2006, S. 22.

1427 Vgl. Donges 2008, S. 97, 225. Vgl. etwa auch die Erwähnungen bei Jarren und Bode 1996, S. 65; Steiner und Jarren 2009, S. 252.

1428 Vgl. Donges 2008, S. 97, dort auch das Zitat.

1429 Vgl. Donges 2008, S. 225.

1430 Vgl. Donges 2008, S. 97, dort auch das Zitat. Donges greift hier auf Sarcinelli zurück. Vgl. Sarcinelli dazu: Sarcinelli 1998, S. 285f., 292f.

1431 Holtz-Bacha 1999, S. 10. Vgl. dazu auch Donges 2000, S. 30.

1432 Den Begriff verwendet auch: Donges 2008, S. 98f.

1433 Holtz-Bacha 1999, S. 10.

1434 Donges hatte vorgeschlagen, Professionalisierung indirekt auch nach dieser Frage zu differenzieren in Professionalisierung als »Externalisierung« von Kommunikationsaufgaben und »*Professionalisierung als Merkmal von Kommunikationsexperten*«, also als Begriff für die Herausbildung einer Profession unter Kommunikationsstrategen (vgl. Donges 2008, S. 98f., kursiv im Original).

»Arsenal erprobter Werbe- und Marketingmethoden«[1435] arbeiten, stärker die Politikdarstellung als die Politikherstellung[1436] bearbeiten und deren Handeln – wie Klaus Kamps es formuliert – von einem »vom politischen Inhalt abgehobenen, systematischen, durchaus planerisch-analytischen Vorgehen«[1437] bei der Politikvermittlung geprägt ist. Folgende Entwicklung fasst Kamps unter die Überschrift Professionalisierung bzw. Kommunikationsmanagement:[1438] (1) »Intensivierung der Politikberatung«, insbesondere insofern sie sich auf mediale Vermittelbarkeit bezieht, (2) Steigerung des Bewusstseins für die Wichtigkeit medialer Kommunikation für den politischen Erfolg, (3) die »Berufung von Medienstrategen und Kommunikationsexperten in hohe, z. T. neugeschaffene Ämter« und (4) schließlich der Versuch, die Medien in der Kommunikation mit den Bürgern zu umgehen.[1439] Als wichtige Folge dieser Professionalisierung nennt Holtz-Bacha den zunehmenden »Inszenierungscharakter des Wahlkampfes«:[1440] »Inszenierung von Politik ist an sich ein uraltes Geschäft [...], mit dem Zuschnitt auf das Fernsehen gewinnt dieses jedoch eine neue Qualität.«[1441]

Zusammenfassend kann Professionalisierung also als die Tendenz verstanden werden, der (politischen) Kommunikation als eigenständigem Arbeitsfeld in und neben der personellen wie organisatorischen Struktur einer Partei einen (hervorgehobenen) Platz einzuräumen.

Dafür finden sich anekdotische wie empirische Belege. Als Beispiel für eine sehr professionalisierte Wahlkampfführung kann etwa die SPD-Kampagne von 1998 gelten, die mit der »Kampa« über eine »zentrale Organisation« der Kampagne verfügte.[1442] Der bereits zitierte ehemalige CDU-Bundesgeschäftsführer Peter Radunski kann nach Holtz-Bacha als früher »Spin Doctor«, also als professioneller Kampagnenmanager gelten.[1443] Donges hat die organisatorische Einbindung der Pressearbeit in die SPD beschrieben und anhand dieser den »Bedeutungsgewinn der Kommunikation für die Partei« in den vergangenen 20 Jahren gezeigt.[1444]

Warum wird professionalisiert? Zwei zusammenhängende Begründungen werden diskutiert und sollen hier referiert werden: Professionalisierung wird als Reaktion auf den Medienwandel und auf soziale Veränderungen interpre-

---

1435 Holtz-Bacha 1999, S. 11. Zum politischen Marketing vgl. auch Schenk und Tenscher 1998.

1436 Das gilt, insofern sich Politikherstellung und -darstellung differenzieren lassen. Zur Herkunft der Begriffe siehe Anm. 677.

1437 Kamps 2002, S. 108.

1438 Vgl. Kamps 2002, S. 107–109.

1439 Vgl. Kamps 2002, S. 108f., dort auch die Zitate.

1440 Holtz-Bacha 1999, S. 10.

1441 Holtz-Bacha 1999, S. 10.

1442 Vgl. Holtz-Bacha 1999, S. 16.

1443 Vgl. Holtz-Bacha 1999, S. 16.

1444 Vgl. Donges 2008, S. 188, dort auch das Zitat.

tiert.[1445] (a) Die Expansion der Massenmedien hat Medien für die Erlangung von Aufmerksamkeit unter den Bürgern immer wichtiger gemacht.[1446] Aufmerksamkeit ist im Wesentlichen Medienaufmerksamkeit.[1447] Um Aufmerksamkeit der Bürger zu erlangen, müssen politische Akteure daher in der von den Medien konstruierten Realität vorkommen. Um die Chancen dafür zu erhöhen, passen sie sich der unterstellten Selektions- und Darstellungslogik der Medien an.[1448] Politik habe den Ausführungen des CDU-Wahlkampfmanagers Radunski zufolge »gezielt Ereignisse zu schaffen [...], an denen die Medien mit ihrer Berichterstattung nicht vorbeikönnen«.[1449] Damit werde der »Katalog der Nachrichtenfaktoren« zur »Anleitung zur Kreation von Medienereignissen«.[1450] Ereignisse werden für Medien und deren Selektions- wie Präsentationslogiken[1451] inszeniert. Schulz nennt als Beispiele »Staatsakte, Gipfeltreffen und Gedenkveranstaltungen«.[1452] Daniel Boorstin hatte bereits 1973 in diesem Zusammenhang von »Pseudo-Ereignissen« gesprochen.[1453] Professionalisierung beschreibt die Schaffung der organisatorischen und personellen Voraussetzungen, diese Anpassungs- und Vermittlungsleistung im Alltagsgeschäft erbringen zu können.[1454] »Da Politik und zumal Wahlkampf die Menschen überwiegend durch die Massenmedien erreichen, geht mit der Professionalisierung der Kampagne deren weitgehende Ausrichtung auf die Medien einher.«[1455] Vom DTA ausgehend müsste dieser Begründungstyp dahingehend kritisiert werden, dass es nicht der Medienwandel oder der Katalog von Nach-

---

1445 Vgl. Kamps 2002, S. 107; Sarcinelli 1998, S. 287, 292; Holtz-Bacha 2002, S. 26.

1446 Zur Medienexpansion und zum angedeuteten Zusammenhang vgl. Schulz 2011, S. 19–31 und die Darstellung unter I.4. Zur Angewiesenheit der Politik auf Massenmedien vgl. Meyer 2002, S. 7.

1447 Vgl. Kamps 2002, S. 108.

1448 Diesen Zusammenhang formulieren Schulz und Zeh so: »Die Personalisierungsstrategie ist nicht nur auf die Wahrnehmung des Kandidatenimages gerichtet. Sie dient mehr noch dem wichtigen Ziel, Medienbeachtung zu erzielen und dabei vor allem im Fernsehen mit seiner hohen Reichweite und Glaubwürdigkeit präsent zu sein. Eine personalisierte Kampagne antizipiert ein wichtiges Selektionskriterium der Medien und kommt ihren Darstellungsbedürfnissen entgegen. Es läßt sich demnach eine Reziprozität – vielleicht sogar eine sich selbst verstärkende Wechselwirkung – zwischen Kampagnenmanagement und Kampagnenberichterstattung annehmen.« (Schulz und Zeh 2010b, S. 59)

1449 So zusammengefasst bei: Holtz-Bacha 2002, S. 25.

1450 Holtz-Bacha 2002, S. 25.

1451 Zu diesem Begriffspaar und dem genannten Zusammenhang vgl. Meyer 2002, S. 7f.

1452 Schulz 2011, S. 35.

1453 Vgl. Schulz 2011, S. 35. Nach Früh und Schönbach tat Boorstin dies sogar schon 1961 (Früh 1991, S. 87, vgl. dort auch zur dynamisch-transaktionalen Perspektive auf Pseudo-Ereignisse).

1454 Vgl. ähnlich Holtz-Bacha 1999, S. 11f, 2002, S. 25f.

1455 Holtz-Bacha 1999, S. 12.

richtenfaktoren ist, der zu Professionalisierung führt und Öffentlichkeitsarbeit prägt, sondern vielmehr die parteiseitige Rekonstruktion von Medienwandel und Nachrichtenfaktoren.

(b) Auch der soziale Wandel befördert diese Entwicklung, wenn man die folgende Interpretation für zutreffend hält: Traditionell waren Parteien, genauso wie gesellschaftliche Verbände und Medien, Teil »eines intermediären Systems« in der Gesellschaft und stellten damit Strukturen her, in denen sich Interessen, Meinungen und Probleme gegenüber der Politik formulierten.[1456] Parallel zum »Rückgang der Parteiidentifikation«[1457] – »*ideologische Bindungen*« nehmen genauso ab wie Mitgliederzahlen und Engagement – haben sich die Medien zum entscheidenden Ort besagter Artikulationen entwickelt.[1458] Anders formuliert: In dem Maß, in dem Parteien und andere gesellschaftliche Verbände weniger in der Lage sind, selbst Öffentlichkeit herzustellen, sind sie auf die massenmediale Repräsentation von Öffentlichkeit angewiesen – und müssen sich stärker der Medienlogik anpassen und also professionalisieren.[1459] Hinzu kommt, dass mit der »Labilität von Parteibindungen« dem Wahlkampf als Ort der Stimmwerbung eine größere Bedeutung zukommt – und damit auch der Qualität der Wahlkampagne.[1460]

1456 Vgl. Kamps 2002, S. 104f., Zitat auf S. 104.

1457 Sarcinelli 1998. Vgl. dort auch für das Folgende. Vgl. dazu auch Lengauer 2007, S. 44; Steiner und Jarren 2009, S. 253.

1458 Vgl. Kamps 2002, S. 105, dort auch das Zitat, kursiv im Original.

1459 Vgl.: »Parteien operieren zudem in einem öffentlichen Raum, in dem sie beim bloßen Einsatz parteieigener Medien kaum mehr über Thematisierungskompetenz verfügen. Sie sind – wie das Publikum auch – nahezu ausschließlich auf die Massenmedien angewiesen, die – weithin von sozialen und politischen Institutionen entkoppelt – nicht selten auch als eigene Akteure operieren.« (Sarcinelli 1998, S. 279, dazu auch im selben Aufsatz S. 283) Vgl. zum »Niedergang der Parteipresse«: Steiner und Jarren 2009, S. 253, dort auch das Zitat. Einen ähnlichen Zusammenhang (allerdings m. E. mit anderen Kausalrichtungen) hat Thomas E. Patterson in seinem »heute schon zu den Klassikern zählenden Buch ›Out of Order‹« v. a. für das amerikanische Vorwahlsystem beschrieben (vgl. Donsbach 1999, S. 143, vgl. dort auch für das Zitat und eine kurze deutsche Zusammenfassung von Pattersons These). So schreibt Patterson: »The press's role in presidential elections is in large part the result of a void that was created when America's political parties surrendered their control over the nominating process.« (Patterson 1993, S. 30) Medien hätten damit eine neue Aufgabe von den Parteien übernommen, nämlich: »the task of bringing the candidates and voters together in a common effort« (ebd., S. 34; zum Satz davor vgl. auch S. 52). Das Problem dabei: »the press is not equipped to give order and direction to a presidential campaign. [...] [T]he press is not a political institution and has no capacity for organizing the election in a coherent manner.« (ebd., S. 28) Von daher erscheinen die Medien in besagter Rolle als »Miscast Institution« (ebd.).

1460 Vgl. Holtz-Bacha 1999, S. 11, dort auch das Zitat. Zum Zusammenhang von nachlassender Parteibindung, Wahlentscheidung und professionalisierter Medienarbeit

Damit ist auch schon angeklungen, was *Professionalisierung und Personalisierung* miteinander zu tun haben. Wenn Professionalisierung die Schaffung der organisatorischen Voraussetzungen für die alltägliche Anpassung an die angenommene Medienlogik beschreibt, dann schafft sie damit auch einen Teil der Voraussetzungen für die Personalisierung der Selbstdarstellung. Politik, die sich im Fernsehzeitalter an der Werbekunst ausrichtet, wird auf Emotionalisierung, Visualisierung und vor allem Personalisierung setzen:[1461] »Die zentrale Rolle, die dem Fernsehen im Wahlkampf beigemessen wird, und dessen sich daher auf die Politik übertragende[r] Bilderzwang sind ein wichtiger Grund für die Personalisierung der Politik. Abstrakte Politik läßt sich im Fernsehen nicht zeigen.«[1462] Außerdem hat Personalisierung in der Perspektive vom Kampagnenmanagement den Vorzug, dass Kandidaten »als Sympathie- und Identifikationsobjekte Ideologien ersetzen, die heute ihre Funktion der Sinnvermittlung verloren haben«.[1463]

Auf der einen Seite lässt sich Professionalisierung und die damit verbundene Personalisierung also als transaktionale Reaktion auf gesellschaftlichen Wandel (nachlassende Parteibindung) und Medienentwicklung verstehen.[1464] Auf der anderen Seite schafft die Professionalisierung in den Organisationen der Gesellschaft die Voraussetzung dafür, die Selbstdarstellung dieser Organisationen weiter zu personalisieren, die Personalisierung der medialen Realität weiter voranzutreiben und damit auch einen gesellschaftlichen Wandel zu befördern,[1465] in dem Menschen sich zunehmend weniger verbindlich an Parteien binden.

Die Verbindung von Professionalisierung und Personalisierung in dieser Entwicklung hat eine gewichtige Folge für Parteien wie für andere gesellschaftliche Organisationen: Ein professionelles personalisiertes Medienmanagement umgeht die »mittlere Parteiebene«.[1466] Die Organisationsspitze adressiert direkt Organisationsbasis und Öffentlichkeit und verschafft sich damit auch direkt Zuspruch und Legitimität.[1467] So fasst Ulrich Sarcinelli mit Franz Walter zusammen: »Medienversierte und erfolgreiche Personen ›ersetzen einen Teil der herkömmlichen Parteistrukturen. Die Parteiorganisationen sind zu schwerfällig, um auf die rasch wechselnden Herausforderungen schnell reagieren zu können. Das ist mittlerweile Aufgabe der modernen politischen Führungsfigur, die in Habitus, Symbolik, Stil und Sprache flexibel auf

---

und personalisierter Politikdarstellung vgl. auch Genz et al. 2001, S. 402; Lengauer 2007, S. 138; Steiner und Jarren 2009, S. 261.

1461 Vgl. Holtz-Bacha 1999, S. 12f.

1462 Holtz-Bacha 1999, S. 13.

1463 Holtz-Bacha 2002, S. 27.

1464 Vgl. Sarcinelli 1998, S. 287.

1465 Zu dieser Kausalrichtung vgl. Sarcinelli 1998, S. 291f.

1466 Sarcinelli 1998, S. 292, vgl. dort auch für das Folgende.

1467 Vgl. Sarcinelli 1998, S. 292.

gewandelte Erwartungslagen und verschiedene Milieus reagieren muß. Sie wird zur Schlüsselgestalt, durch die sich Parteien darstellen und über die Medien den Wählern präsentieren‹.«[1468] Die »Marginalisierung der politischen Parteien« durch die Anforderungen der »Medienzeit« hat etwa auch Thomas Meyer betont.[1469] Unter dem »Druck der ultraschnellen Medienzeit« bleibe eben keine Zeit für lange Diskurse und Meinungsfindungsprozesse der Organisationsmitglieder. Stattdessen könnten Spitzenrepräsentanten sofort reagieren.[1470] Die Verbindung von Professionalisierung und Personalisierung führt also – so lässt sich nun strukturiert zusammenfassen – gleich auf zwei Ebenen zu einem Bedeutungsverlust der Parteiorganisation:

(a) Ebene der Repräsentation: Wo die Repräsentation der Partei nach außen weniger über Face-to-Face-Kommunikation und mehr über Massenkommunikation abläuft,[1471] verlieren die zahlreichen Parteimitglieder mit ihrer direkten Kontaktarbeit tendenziell an Bedeutung. Die Partei wird über »Schlüsselgestalten« repräsentiert, die auch als für die Wahlentscheidung wichtig angesehen werden.

(b) Ebene der Entscheidungsfindung: Professionalisierung und Personalisierung bringen die Tendenz mit sich, in Sachfragen binnenorganisationale Meinungsbildungsprozesse zumindest kurzfristig zu umgehen.[1472] Im Zeitdruck der Medien reagieren Spitzenvertreter und deren professionelle Beraterteams unmittelbar auf neue Fragen. Diese Reaktionen können nur noch nachträglich innerhalb der Organisation diskutiert werden.

Auf dieser Grundlage prognostiziert Sarcinelli für die Zukunft nicht nur eine weitere »›Präsidialisierung‹ der Parteien«, sondern naheliegenderweise auch »*Spannungen zwischen ›Zentrum‹ und parteipolitischer ›Peripherie‹*«.[1473] Es ist davon auszugehen, dass das hier für Parteien Gesagte auch für andere gesellschaftliche Organisationen gilt, unter Umständen allerdings in etwas abgeschwächter Form, insoweit diese weniger der medialen Beobachtung

1468 Sarcinelli 1998, S. 291.

1469 Vgl. Meyer 2002, S. 13, dort auch die Zitate.

1470 Vgl. Meyer 2002, S. 13, dort auch das Zitat.

1471 Vgl.: »Im Prozess der Mobilisierung und Meinungsbildung der Wähler sind dabei zunehmend Funktionen der Parteien auf die Medien übergegangen. So lassen sich nicht-mediale Kontakte zwischen Politikern und ihren Wählern nicht nur durch Medieneinsatz steigern, sondern auch ersetzen.« (Schulz 2011, S. 35) Vgl. dazu den Verweis auf einen ähnlichen Zusammenhang, allerdings im Vergleich zum Haupttext hier in umgekehrter Kausalrichtung: »Nachlassende Parteibindungen führten außerdem dazu, daß Wahlkämpfe ohne die ›freiwilligen Fußsoldaten der Parteiorganisation‹ organisiert werden müßten – statt ihrer mit den ›Söldnern der Marketingfirmen‹« (Genz et al. 2001, S. 402, Zitate im Zitat von Savage).

1472 Zum Verhältnis von Binnenkommunikation und Professionalisierung vgl. Sarcinelli 1998, S. 294.

1473 Sarcinelli 1998, S. 295, kursiv im Original.

unterliegen als Parteien. Ob das auch für die evangelische Kirche gilt, wird gleich diskutiert (3.2).

Insgesamt ist zu betonen, dass die Beziehungen von Professionalisierung, Personalisierung, Medienentwicklung und Organisation wie bereits angedeutet als transaktionale Beziehungen gelten können: Professionalisierung und Personalisierung sind nicht nur als Ursachen für eine nachlassende Bedeutung der Organisation und insbesondere ihrer mittleren Ebene angesprochen worden; sie waren ja zugleich Reaktion der Organisation auf die nachlassende Parteibindung und damit auch auf den Bedeutungsrückgang der Organisation. Gleiches gilt in Beziehung zu den Medien: Natürlich begegnet Organisationsvertretern seitens der Medien ein großer Zeitdruck. Gleichzeitig reproduzieren sie für andere Organisationen denselben Zeitdruck, indem sie diesem nachkommen. Hier liegt also das vor, was bei Früh und Schönbach »vertikale Transaktion« hieß. Was gemeint ist, lässt sich mit einem Gedankenexperiment kurz illustrieren: Wenn kein Partei- und Organisationsvertreter sich mehr sofort zu aktuellen Fragen äußern, sondern immer zunächst auf den nötigen binnenorganisationalen Konsultationsprozess verweisen würde, könnten Medien Aktualitätsdruck nicht mehr wirksam ausüben. Weil aber jede einzelne Organisation damit rechnen muss, dass die imaginierten anderen Organisationen sich sehr wohl äußern, beugt sie sich selbst dem Aktualitätsdruck und reproduziert damit wiederum das System, dessen Teil sie ist, transagiert also vertikal.

3.2 Beobachtete Kirche

Nun kann gefragt werden, inwieweit für die evangelische Kirche Analoges gilt wie für politische Parteien. Dies soll anhand von drei Fragen analysiert werden: Wie personalisiert ist die Selbstdarstellung der Kirche gegenüber den Medien (3.2.1)? Inwieweit legen die Rechtsstrukturen der Kirche eine Selbstpersonalisierung nahe (3.2.2)? Und gibt es Indizien dafür, dass das für Parteien beschriebene Zusammenwirken von Professionalisierung, Personalisierung, Medienwandel, nachlassender Parteienbindung und Bedeutungsrückgang der Organisation auch analog für evangelische Kirchen zutrifft (3.2.3)?

3.2.1 Personalisierte Selbstdarstellung

Lässt sich massenmediale Konstruktion von Kirche (IV.2.2) auch als Außenwahrnehmung beschreiben, erscheint die Öffentlichkeitsarbeit der verfassten Kirche als deren Selbstdarstellung. Unter dem Stichwort Öffentlichkeitsarbeit ließen sich nun die Kommunikationskampagnen der Kirche und deren Pressearbeit untersuchen. Da die bislang umfassendste Studie zu Kommunikationskampagnen deren Personalisierung nicht gesondert analysiert hat,[1474] konzentriere ich mich stattdessen auf die Presse- bzw. Medienarbeit.

Um Selbstdarstellung und Fremdwahrnehmung der Kirche miteinander vergleichen zu können, hat Daniel Meier in seiner Dissertation auch die Öffentlichkeitsarbeit der Kirche am Beispiel Bayerns untersucht. Dieses Beispiel lasse – so Meier – »Rückschlüsse auf andere Regionen Deutschlands« zu.[1475] Gegenstand seiner Untersuchung sind der »Evangelische Pressedienst (epd)« und die Arbeit der »Abteilung Presse- und Öffentlichkeitsarbeit / Publizistik im Landeskirchenamt München (P.Ö.P.)«.[1476] Interessant ist hier nur Letztere, da der epd einen »kirchenamtlich ungebundenen Agenturjournalismus«[1477] und damit keineswegs Öffentlichkeitsarbeit als kirchenamtlich gebundene Selbstdarstellung betreibt. Die Themen der Pressemitteilungen des P.Ö.P. im »Untersuchungszeitraum (September 2001 bis November 2003)«[1478] sind relativ breit gestreut.[1479]

Auf die Personalisierungsdimensionen hin untersucht, lassen sich nur Aussagen über die Dimensionen Personorientierung und Prominenzorientierung machen, weil die Privatorientierung nicht untersucht wurde. Meier hält die Häufigkeit und Ausprägung der Personalisierung der Pressemitteilungen fest: »Die Wahrnehmung der kirchlichen Akteure ist jeweils hierarchisch geprägt, jedoch beim P.Ö.P. von erheblich stärkerer Intensität [...]. So ist Landesbischof Johannes Friedrich in einem Drittel *Haupthandlungsträger* oder Autor von Stellungnahmen und Predigten [37,6 % laut Meier,[1480] FH] und leitete fast jede fünfte Überschrift ein (›Landesbischof Dr. Johannes Friedrich im Presse Club München zu Gast‹, ›Landesbischof Dr. Friedrich begrüßt CSU-Position zu PID‹ oder ›Landesbischof Friedrich wieder in den Rat der EKD gewählt‹).«[1481] Meiers Auszählung der »*Äußerungen*« fällt deutlich aus: »In 58,0 Prozent aller Stellungnahmen ist Friedrich *Autor kirchlicher Äußerungen* [...]. Stellungnahmen der Synode respektive des Landessynodalausschusses werden nur am Rande wahrgenommen.«[1482] Beachtlich zudem: »Die knapp 2000 Geistlichen auf lokaler Ebene sind nur in einem einzigen Fall Hauptakteure einer Pressemitteilung. Laien mit oder ohne Prominenz [...] agieren in

1474 Vgl. Blanke 2010. Implizit kommt das Thema vor, wo Blanke die »Testimonial-Strategie« erwähnt (ebd., S. 328, dort auch das Zitat). Einen kurzen Einblick in die theologische Reflexion kirchlicher Kampagnenarbeit gibt: Blanke 2008.

1475 Vgl. Meier 2006, S. 349, dort auch das Zitat. Vgl. Meier auch für den Wahrnehmungsbegriff.

1476 Vgl. Meier 2006, S. 349.

1477 Meier 2006, S. 349.

1478 Meier 2006, S. 358.

1479 Vgl. Meier 2006.

1480 Vgl. Meier 2006, S. 365, Abb. 66.

1481 Meier 2006, S. 363, kursiv im Original.

1482 Meier 2006, S. 369, kursiv im Original.

der Wahrnehmung des P.Ö.P. ebenfalls marginal.«[1483] Eine ekklesiologisch-kirchentheoretische Kritik am geringen Vorkommen der lokalen »Geistlichen« und »Laien« als Hauptakteure würde sich dadurch relativieren lassen müssen, dass das P.Ö.P seinem Selbstverständnis nach »Pressearbeit speziell ›für die vier kirchlichen Organe der Landeskirche – Landesbischof, Landeskirchenrat, Landessynodalausschuss und Landessynode‹ zu betreiben« sucht,[1484] während lokale und regionale Stellen für die Pressearbeit auf Gemeinde- und Dekanatsebene in der Pflicht gesehen werden können.[1485] Auch vor diesem Hintergrund bleibt jedoch das geringe Vorkommen von Synode und Landessynodalausschuss als Autoren von Stellungnahmen bedenklich.

Zumindest für den Untersuchungszeitraum lässt sich zusammenfassen: Die landeskirchliche Pressearbeit konstruiert eine hochgradig personenorientierte und hochgradig prominenzorientierte Realität der bayerischen Landeskirche. Diese kirchenamtliche Realitätskonstruktion orientiert sich deutlich an der kirchlichen Hierarchie bzw. am Landesbischof – und dies nach Meier sogar stärker als die massenmediale.[1486] Was nach Donsbach wie unter 3.1.1 beschrieben für die Wahlkampfberichterstattung galt, scheint also auch für die Kirchenberichterstattung zu gelten: Motor der Personalisierung sind nicht primär die Medien, sondern die beobachtete Institution, in diesem Fall die bayerische Landeskirche.

3.2.2 Personalisierende Strukturen: Kirchenrechtlicher Rahmen

Lässt sich für die Kirche analog zur Präsidentialisierung von einer Episkopalisierung reden? Über kirchliche Strukturen können auch die Grundordnungen, Kirchenordnungen, Ordnungen und Kirchenverfassungen[1487] der Landeskirchen, der Evangelischen Kirche in Deutschland und der gliedkirchlichen Zusammenschlüsse Auskunft geben. Dies gilt aus mindestens zwei Gründen nur eingeschränkt: Einmal sind Grundordnungen keine empirische Beschreibung von Realität, sondern »Normengesamtheit[en]«.[1488] »Ordnender Wille« kommt hier zum Ausdruck, nicht vorfindliche Realität.[1489] Zum anderen kommen Grundordnungen nicht über einen gewissen Allgemeinheitsgrad hinaus und stellen keine das Einzelne regelnde Rechtssätze auf.[1490] Dennoch geben sie eine gewisse Auskunft über Kirchenstrukturen. Ob und – wenn ja – wie viel

1483 Meier 2006, S. 364.

1484 Vgl. Meier 2006, S. 355f., dort auch das Zitat. Das Zitat in diesem Zitat stammt laut Meier aus »P.Ö.P. vom 20.8.2002«.

1485 Die Anregung zu diesem Einwand verdanke ich dem Berliner theologischen Kolloquium 2012.

1486 Vgl.: »Stärker als die Zeitungen orientiert sich die kirchliche Pressearbeit an der kirchlichen Hierarchie der Akteure.« (Meier 2006, S. 395)

1487 Zu diesen Begriffen vgl. Kraus 2001a, S. 13.

1488 Kraus 2001a, S. 13.

1489 Vgl. Kraus 2001a, S. 13, dort auch das Zitat.

1490 Vgl. Kraus 2001a, S. 13.

und welche Personalisierungen diese Grundordnungen der strukturellen Realität evangelischer Kirche vorschreiben, soll hier exemplarisch an der Ordnung einer lutherischen (Bayern[1491], kurz: ELKB) und einer unierten Landeskirche (Berlin-Brandenburg-schlesische Oberlausitz[1492], kurz: EKBO) sowie der Evangelischen Kirche in Deutschland (EKD[1493]) untersucht werden.

Zur *EKBO:* Zunächst sprechen gegen eine Personalisierung in den beschriebenen Dimensionen zwei Strukturmerkmale der Grundordnung(en): die auftragsorientierte Fundierung und die Elemente synodaler Strukturierung, die jeweils mehrheitlich mit nicht für die Kirche beruflich Tätigen[1494] besetzten Gremien Leitungsverantwortung überträgt und nicht repräsentativen Einzelpersonen.

Auftragsorientierte Fundierung: Die Arbeit der EKBO wird streng von ihrem Auftrag als Kirche her verstanden.[1495] Die Betonung dieser Auftragsorientierung wird für jede Organisationsebene erneut wiederholt: für die Kirchengemeinde (Art. 8 Abs. 1 GO.EKBO), den Kirchenkreis (Art. 39 Abs. 1 GO.EKBO) und die Landeskirche (Art. 66 Abs. 1 GO.EKBO). Damit ist die Zentralstellung von heute lebenden Personen in der Konstruktion kirchlicher Realität schon grundsätzlich insofern eingeschränkt, als die zitierte Formulierung die Sachthematik – nämlich die Bezeugung des Evangeliums – in den Mittelpunkt stellt. Nur in Relation zu diesem Auftrag wäre nach der GO Personali-

---

1491 Ich zitiere nach: Kraus 2001b, S. 160–184. Ggf. mit der Aktualisierung nach http://www.kirchenrecht.net/de/evkir/index.htm [Abruf 24.10.2010].

1492 Für die EKBO beziehe ich mich dabei auf folgende Fassung der GO: »Grundordnung der Evangelischen Kirche Berlin-Brandenburg-schlesische Oberlausitz. Vom 21./24. November 2003 (KABl.-EKiBB S. 159, ABl.-EKsOL 2003/3, S. 7), zuletzt geändert durch Kirchengesetz vom 17. November 2012 (KABl. S. 238)«, für den Text vergleiche: http://www.kirchenrecht-ekbo.de/showdocument/id/361 [Abruf: 28.02.2013], dort auch das Zitat des Titels.

1493 Dafür beziehe ich mich auf die Fassung »Grundordnung der Evangelischen Kirche in Deutschland vom 13. Juli 1948 (ABl. EKD S. 233), zuletzt geändert am 6. November 2003 (ABl. EKD S. 407, 408), neu bekannt gemacht am 20. November 2003 (ABl. EKD 2004, S. 1)«. Ich zitiere aus dem Text »Aktualisierung/Ergänzung zu: Dieter Kraus (Hg.), Evangelische Kirchenverfassungen in Deutschland. Textsammlung mit einer Einführung, Berlin 2001. Dokument von http://www.kirchenrecht.net/de/evkir (Mai 2005).«, abgerufen über: http://www.kirchenrecht.net/de/evkir/plus/EvKir_EKD_GO1948_NBek2003.pdf [letzter Abruf: 28.02.2013].

1494 Vgl. Grundartikel II, Abs. 4, GO.EKBO.

1495 Vgl.: »(1) $_1$ Die Kirche lebt von der Zusage ihres Herrn Jesus Christus: ›Siehe, ich bin bei euch alle Tage bis an der Welt Ende‹ (Matt 28,20). $_2$ Bestimmt von seinem Auftrag, das Evangelium in der Welt zu bezeugen, gestaltet sie ihr Leben in der Nachfolge Jesu Christi. (2) $_1$ Allein an diesen Auftrag gebunden, urteilt die Kirche frei über ihre Lehre und bestimmt selbstständig ihre Ordnung. $_2$ In dieser Bindung und Freiheit erfüllt sie ihre Aufgaben, überträgt sie ihre Dienste und gestaltet sie ihre Einrichtungen.« (Art. 1 Abs. 1–2 GO.EKBO)

sierung denkbar, nie um ihrer selbst willen. Gleichwohl liegt damit eine auftragsgemäße Personalisierung als Person- wie als Privat- oder Prominenzorientierung sehr wohl im von der GO umrissenen Strukturrahmen.

Synodale Strukturelemente: Bereits die Grundartikel der GO der EKBO schreiben synodale Elemente vor. So heißt es im 4. Absatz des II. Abschnitts der Grundartikel:

> »1 Alle Leitung in der Kirche ist demütiger, geschwisterlicher Dienst im Gehorsam gegenüber dem guten Hirten. 2 Sie wird von Ältesten und anderen dazu Berufenen gemeinsam mit den Pfarrerinnen und Pfarrern ausgeübt. 3 In gewählten Leitungsgremien sollen ehrenamtlich Tätige die Mehrheit haben. 4 Die Ausstattung von Leitungsämtern mit Herrschaftsbefugnissen verstößt gegen die Heilige Schrift.« (Grundartikel II, Abs. 4 GO.EKBO)

Diese Form der gemeinschaftlichen Leitung wird auf alle drei Organisationsebenen der Kirche bezogen: Die Kirchengemeinde wird vom Gemeindekirchenrat (GKR) geleitet (Art. 15 und 16 GO.EKBO). Dieser nimmt auch »die Verantwortung der Kirchengemeinde für die schriftgemäße Verkündigung des Evangeliums wahr« (Art. 15 Abs. 2 Satz 1). Der Kirchenkreis wird geleitet von Kreiskirchenrat und Kreissynode (Art. 41, 42 und 49 GO.EKBO). Die Leitung der Landeskirche obliegen Kirchenleitung und Landessynode (Art. 69 und 80 GO.EKBO). Dies alles steht einer Prominenzorientierung insofern entgegen, als der einzig Hervorragende hier der »gute Hirte« ist. Durch Herrschaft ragt kein Einzelner hervor, der Dienst ist gemeinsam und geschwisterlich. Kirche lässt sich demnach nicht auf Amtskirche reduzieren.

Die ordnungsgemäße Strukturierung kirchlicher Binnenöffentlichkeit in die genannten Gremien steht so insgesamt einer Personalisierung als Prominenzorientierung entgegen: Synodale Strukturen spielen die entscheidende Rolle und in den synodalen Leitungsgremien »sollen ehrenamtlich Tätige die Mehrheit haben«. Nach innen wird Kirchenleitung immer von Gremien, also von einer Vielfalt von Gesichtern und Personen, wahrgenommen.

Interessant ist nun, dass die Grundordnung auf mehreren Ebenen eine Personalisierung als Prominenzorientierung in der breiten und damit auch außerkirchlichen Öffentlichkeit sehr wohl befürwortet: So ist es Aufgabe des Superintendenten, »den Kirchenkreis in der Öffentlichkeit zu vertreten« (Art. 54 Abs. 1 Nr. 9 GO.EKBO). Und über den Bischof bzw. die Bischöfin heißt es: »Die Bischöfin oder der Bischof vertritt die Evangelische Kirche Berlin-Brandenburg-schlesische Oberlausitz in den gliedkirchlichen Zusammenschlüssen, in der Ökumene und im öffentlichen Leben.« (Art. 88 Abs. 2 GO.EKBO) Gleichzeitig werden ähnliche Aufgaben aber auch für Kreis- und Landessynode benannt: Die Landessynode kann sich etwa »mit Erklärungen an außerkirchliche Stellen und an die Öffentlichkeit wenden« (Art. 69 Abs. 4 GO.EKBO) und die Kreissynode »hat die Aufgabe, gesellschaftliche Entwicklungen im Bereich des Kirchenkreises zu beobachten und von ihrem kirchlichen Auftrag her zu ihnen Stellung zu nehmen« (Art. 41 Abs. 4 Satz 2 GO.EKBO).

Zur *ELKB:* Ähnlich wie in der GO der EKBO stehen auch in der Verfassung der ELKB Auftragsorientierung (Grundartikel und Art. 1 KiVerf) und synodale Strukturierung Extremformen von Personalisierung in allen Dimensionen entgegen. Allerdings fällt auf, dass den Amtsträgern im Vergleich zu den nicht für die Kirche beruflich Tätigen eine gewichtigere Rolle zukommt: Ähnlich wie in der EKBO spielen auch in der ELKB synodale Strukturen auf allen Ebenen eine Rolle, allerdings besitzen in diesen synodalen Strukturen die ordinierten Amtsträger ein größeres Entscheidungsgewicht. Während in Bayern zunächst der geschäftsführende Pfarrer jeweils qua Amt »Vorsitzender bzw. Vorsitzende des Kirchenvorstandes ist« (solange der KV keine »abweichende Regelung« beschließt) (Art. 23 Abs. 1–2 KiVerf), wählt in der EKBO der Gemeindekirchenrat seinen Vorsitz (Art. 22 Abs. 1 GO.EKBO). Geleitet wird die Landeskirche von Landessynode, Landessynodalausschuss, Landesbischof und Landeskirchenrat (Art. 41 Abs. 1 KiVerf). Diese Form der Leitung steht einer Personalisierungstendenz wieder insofern entgegen, als dass mehrere Personen und nicht eine hervorgehobene Person mit Leitungsverantwortung betraut sind.

Was die außerkirchliche Öffentlichkeit angeht, verhält es sich ähnlich wie bei der EKBO: Der Landesbischof bzw. die Landesbischöfin »vertritt die Evangelisch-Lutherische Kirche in Bayern in der Öffentlichkeit« (Art. 61 Abs. 1 Nr. 5 KiVerf). Dies hat insofern noch stärkeres Gewicht, als es – anders als in der EKBO – in Bayern nicht zu den explizit genannten Aufgaben der Landessynode gehört, sich mit Erklärungen an die Öffentlichkeit zu wenden (Art. 43 Abs. 2 KiVerf). Erwähnt sind nur die Gemeinden als binnenkirchliche Öffentlichkeit (Art. 43 Abs. 1 Satz 3 KiVerf).[1496]

Es lässt sich also zusammenfassen: Auftragsorientierung und synodale Elemente stehen in beiden analysierten Grundstatuten[1497] einer Personalisierung der Realität der Kirche durch die Kirchenorganisation insofern begrenzend entgegen, als der Auftrag die zu kommunizierenden Inhalte und die Synodalität die Kollektivität der Leitung betont. Durch die (exklusive) Aufgabe des Bischofs, der Bischöfin, der Landesbischöfin oder des Landesbischofs, die Kirche in der Öffentlichkeit zu vertreten, schreiben die Grundstatuten der Kirchen ihnen aber auch eine gewisse Selbstpersonalisierung sowohl als Personorientierung wie als Prominenzorientierung vor. Dieser starken Personalisierung der öffentlichen Selbstdarstellung entspricht, wie gezeigt, insbesonde-

---

1496 Beide genannten Inhalte bzw. Nicht-Inhalte des Art. 43 sind von dessen Änderungen vom 6.4.2006 und 29.3.2010 unberührt geblieben. Vgl. die entsprechenden Änderungsgesetze, die über folgende Website verlinkt sind: http://www.kirchenrecht.net/de/evkir/index.htm [Abruf am 28.02.2013].

1497 Zu diesem Begriff vgl. Kraus 2001a, S. 13.

re in der EKBO keine starke Personalisierung der binnenkirchlich öffentlichen Realitätskonstruktion.

Über die Aufgabenbeschreibung der Bischöfin oder des Bischofs bzw. der Landesbischöfin oder des Landesbischofs legen die analysierten Grundstatuten eine Personalisierung der öffentlichen Selbstdarstellung der Kirche nahe. An dieser Stelle ist nun der Vergleich mit der »Grundordnung der Evangelischen Kirche in Deutschland« (GO) interessant. Entspricht also der Zentralstellung des (Landes-)Bischofs in der außerkirchlichen Öffentlichkeit auf Landesebene eine Zentralstellung des Ratsvorsitzenden der EKD auf Bundesebene? Legt auch die Grundordnung der EKD diese Personalisierung öffentlicher Selbstkonstruktion nahe?

In der GO der *EKD* heißt es in Art. 29 Abs. 1:

> »Der Rat hat die Aufgabe, die Evangelische Kirche in Deutschland zu leiten und zu verwalten. Soweit die Befugnisse nicht anderen Organen beigelegt sind, ist er für alle Aufgaben der Evangelischen Kirche in Deutschland zuständig. Der Rat vertritt die Evangelische Kirche in Deutschland nach außen. Er kann Kundgebungen erlassen, wenn die Synode nicht versammelt ist. Er legt der Synode auf jeder ordentlichen Tagung einen Rechenschaftsbericht vor, der zu besprechen ist.«[1498]

Anders als (Landes-)Bischöfe ist der Ratsvorsitzende kein selbständiges Organ (Art. 22 Abs. 1 GO) und auch nicht mit einer gesonderten Aufgabenbeschreibung in der GO bedacht. Die öffentliche Außenvertretung übernimmt der Rat der EKD: Die Selbstkonstruktion der EKD in breiter, auch außerkirchlicher Öffentlichkeit erfolgt also ordnungsgemäß nicht anhand einer Leitungsperson – wie auf Landeskirchenebene –, sondern anhand eines Kollektivs, des Rates nämlich. Zum Thema Personalisierung der in einer breiten (Medien-)Öffentlichkeit beobachteten Selbstkonstruktion bzw. Selbstdarstellung von Kirche kann also festgehalten werden: Die GO der EKD legt eine Selbstpersonalisierung der Kirche in außerkirchlicher Öffentlichkeit auf Bundesebene deutlich weniger nahe als die analysierten Grundstatuten der Landeskirchen für ihre (regionalen) Öffentlichkeiten. Die Personalisierung der Evangelischen Kirche in Deutschland auf den Ratsvorsitzenden bzw. die Ratsvorsitzende in der breiteren medialen Öffentlichkeit ist von der Grundordnung der EKD zumindest explizit so zunächst nicht vorgesehen.

3.2.3 Personalisierende Strukturen: Professionalisierung – Kirchenbindung – Personalisierung

Für Parteien war auch ein transaktionaler Zusammenhang von nachlassender Parteibindung und Organisationsbedeutung einerseits und Professionalisierung und Personalisierung andererseits konstatiert worden. Sollte sich dieser Zusammenhang auch bei der evangelischen Kirche wiederfinden, wäre für sie

1498 Zitiert nach: http://www.kirchenrecht.net/de/evkir/plus/EvKir_EKD_GO1948_NBek2003.pdf; [Abruf am 28.02.2013].

dominant geworden, was Preul als »autoritative[s] Modell« der Repräsentanz im Gegenüber zu »exemplarischer Repräsentanz« und »Kommuniqué-Modell« beschrieben hat (vgl. ausführlich II.2.4). Während das Kommuniqué-Modell kommunikative Prozesse unter aktiven Mitgliedern voraussetzt und das Modell exemplarischer Repräsentanz m. E. ein in sich vielfältiges Erscheinungsbild nach außen mit sich bringt, ist für Parteien unter dem Stichwort Professionalisierung Gegenteiliges beschrieben worden, nämlich eine zunehmende Entkopplung des Spitzenpersonals von binnenorganisationalen Kommunikationsprozessen und eine Konzentration auf das Spitzenpersonal in der Außendarstellung (und damit nicht auf exemplarische Personenvielfalt). Gibt es Indizien dafür, dass sich der für Parteien beschriebene Zusammenhang und damit auch das Preulsche Modell autoritativer Repräsentanz (siehe II.2.4) in der evangelischen Kirche durchsetzen? Zwei Beobachtungen hierzu:

(1) Als ein Indiz kann gelten, dass immer noch zahlreiche Menschen aus der evangelischen Kirche austreten: In den zehn Jahren zwischen 1998 bis 2008 waren dies pro Jahr immer weit über 100.000 Austritte, also insgesamt weit mehr als eine Million.[1499] Und: »Das Instabile in aller sichtbaren Stabilität der Kirchenmitgliedschaft könnte« – nach Höhmann und Krech – »darin begründet sein, dass christlicher Glaube und Kirchlichkeit nach reformatorischer Überzeugung [...] nicht deckungsgleich sind«.[1500] Danach ist schon im protestantischen Kirchenbegriff eine geringe Kirchenbindung angelegt, insofern die Kirche etwa nicht mehr Heilsanstalt ist.[1501] Die Austrittszahlen kön-

---

1499 Folgende Tabelle fasst die Austritte in den EKD-Gliedkirchen über die Jahre 1998–2008 zusammen:

Jahr	Austritte	Quelle
2008	169 728	http://www.ekd.de/download/kirch_leben_2008.pdf
2007	130 331	http://www.ekd.de/download/kirch_leben_2007.pdf
2006	121 598	http://www.ekd.de/download/kirch_leben_2006.pdf
2005	119 561	http://www.ekd.de/download/kirch_leben_2005.pdf
2004	141 567	http://www.ekd.de/download/kirch_leben_2004.pdf
2003	177 482	http://www.ekd.de/download/kirch_leben_2003%28 1%29.pdf
2002	174 227	http://www.ekd.de/download/kirch_leben_2002.pdf
2001	174 731	http://www.ekd.de/download/kirch_leben_2001%28 1%29.pdf
2000	188 557	http://www.ekd.de/download/kirch_leben_2000.pdf
1999	192 880	http://www.ekd.de/download/kirch_leben_1999.pdf
1998	182 730	http://www.ekd.de/download/kirch_leben_1998.pdf

[Abruf jeweils 28.02.2013].

1500 Höhmann und Krech 2004, S. 11. Ich danke Peter Bubmann für den Hinweis auf diesen Aufsatz.

1501 Vgl. dazu auch: »Nach reformatorischer Einsicht übernimmt nun aber die Kirche keinerlei Mittelfunktion [...], weil die Gottesbeziehung immer als eine unmittelbare zwischen Gott und Mensch gedacht und verstanden wird. Aus diesem Grunde

nen als Indikator für nachlassende oder nicht vorhandene Kirchenbindung gelten, zumindest in bestimmten Milieus. Damit ist bei der evangelischen Kirche ein der nachlassenden »Parteiidentifikation« analoges Phänomen beobachtbar, eine »›De-Institutionalisierung‹«[1502] und Entkirchlichung. Gegenwärtige Kirchenreformbemühungen lassen sich als Reaktion auf diese Entwicklungstendenzen deuten.[1503]

(2) Hinzu kommt, dass in der evangelischen Kirche m. E. tatsächlich eine Professionalisierung der Öffentlichkeitsarbeit – im Sinne einer »Ausdifferenzierung von Pressestellen« zur professionellen Bezugnahme auf nichtkirchliche Produzenten medialer Öffentlichkeitsentwürfe – stattgefunden hat. Wie bei den Parteien eine Verlagerung der Kampagnenorganisation weg von der Parteiorganisation hin zu professionalisierten Referaten zu beobachten war, so ist auch bei der evangelischen Kirche eine Verlagerung weg von der binnenkirchlichen Herstellung von Öffentlichkeit unter den Mitgliedern hin zum professionalisierten Umgang mit nicht von Kirchen hergestellten Medienöffentlichkeiten zu sehen – mit der unterstellten Absicht, die weniger an Institution und Organisation Gebundenen (siehe Punkt (1)) nun auf diesem Wege zu erreichen.[1504]

Als Indikator dafür kann der Vergleich dreier kirchlicher Papiere dienen:[1505] des Publizistischen Gesamtplans der EKD von 1979[1506], des Publizistischen Gesamtkonzeptes von 1997[1507] und schließlich des Impulspapiers von 2006[1508]. Der Vergleich muss die Gattungsunterschiede miteinbeziehen. Gesamtplan und Gesamtkonzept sind unmittelbar vergleichbar: Beide gehören derselben Textgattung an; das Gesamtkonzept versteht sich als Weiterführung des Gesamtplans.[1509] Das Impulspapier hingegen gehört einer anderen Textgattung an. Hauptunterschied ist m. E., dass hinter Gesamtplan und -konzept lange diskursive Prozesse stehen und die Papiere so einen fortgeschrittenen Diskussionsstand markieren. Das Impulspapier ist hingegen eher – wie der Name schon sagt – als Anstoß für lange diskursive Prozesse zu sehen und

können die Individualisierungsbedürfnisse der Menschen [...] nicht aus theologischen Gründen prinzipiell abgewiesen werden.« (Beckmann 2007, S. 407)

1502 So Sarcinelli für »politische[r] Beteiligung« (Sarcinelli 1998, S. 287). Vgl. dazu referierend auch Eisenegger 2010, S. 12. Vgl. allgemein zur »›Krise der Intermediären‹« und der »allmählichen Auflösung korporatistischer Strukturen« bei Verbänden Steiner und Jarren 2009, S. 251, dort auch die Zitate.

1503 So hält Beckmann fest, dass gegenwärtige Reformen auf das Mitgliederverhalten fokussieren und den selbst diagnostizierten »Erosionsprozess des Mitgliederbestandes« bearbeiten wollen (vgl. Beckmann 2007, S. 401–403, Zitat auf S. 403).

1504 So für die kirchliche Kampagnenarbeit: Blanke 2010, S. 206, 319, 321.

1505 Die Auswahl der Quelltexte ist hier übernommen von: Blanke 2010, S. 206, 210.

1506 Evangelische Kirche in Deutschland 1979.

1507 Evangelische Kirche in Deutschland 1997.

1508 Kirchenamt der Evangelischen Kirche in Deutschland (EKD) o. J. (2006).

1509 Vgl. Evangelische Kirche in Deutschland 1997, S. 7.

weniger als deren Ergebnis. Dennoch bleiben die Unterschiede der drei auf den Professionalisierungsgrad der Pressearbeit bezogen bezeichnend.

Am Gesamtplan von 1979 lässt sich ablesen, dass eine Professionalisierung von Öffentlichkeitsarbeit gegenüber nichtkirchlicher Medienöffentlichkeit in der evangelischen Kirche begonnen hat: In dem Kapitel »Werbung und Public Relations (PR)« werden »[m]oderne Kommunikationstechniken im Dienst der Kirche« diskutiert.[1510] Darunter werden, wie die Formulierung »im Dienst der Kirche« schon nahelegt, in erster Linie diejenigen Medien besprochen, mit denen die Kirche selbstbestimmt Öffentlichkeit herstellt und für sich werben kann: Bei »Werbung und Public Relations« geht es eben um »Print-Medien inclusive Handzettel und Plakate, direct mail, Filme, AV-Medien, Inserate, TV-Spots, Beihefter, dazu Ausstellungen und Werbegeschenke«.[1511] Noch kaum im Blick sind mögliche professionelle Bemühungen der Kirche, in Medienöffentlichkeiten vorzukommen, die sie nicht selbst herstellt: Professionalisiertes Themen- und Ereignismanagement und Pressearbeit gegenüber »säkularen Medien« kommen nur am Rande vor.[1512] Auch zur »Ausdifferenzierung von Pressestellen« (siehe 3.1.3) bei Landeskirchen ist es nach der Beschreibung des Gesamtplans erst »gelegentlich« gekommen.[1513] Gleichzeitig war schon damals zu beobachten, dass »*die verfaßte Kirche ihre eigene Informationsarbeit erheblich ausgebaut*«[1514] hat.

Das Gesamtkonzept von 1997 fordert nun nicht nur eine »professionelle Öffentlichkeitsarbeit«,[1515] sondern differenziert diese – anders als im Gesamtplan von 1979 – gleich in »indirekte Kommunikation« mit den »Multiplikatoren« der Mediengesellschaft und »direkte Öffentlichkeitsarbeit«.[1516] Damit wird Erstere nun gleichberechtigt gegenüber der Letzteren geführt. »Pressestellen« finden im Gegensatz zum Gesamtplan von 1979 nun sogar mit einer eigenen Überschrift Erwähnung.[1517] Darunter heißt es: »Kirchenleitungen, aber auch

---

1510 Vgl. Evangelische Kirche in Deutschland 1979, S. 213, dort auch das Zitat.

1511 Evangelische Kirche in Deutschland 1979, S. 214.

1512 Vgl. Evangelische Kirche in Deutschland 1979, S. 219, dort auch das Zitat.

1513 Vgl.: »Das hat gelegentlich zur Aufgliederung der landeskirchlichen Öffentlichkeitsarbeit in einen gemeindebezogenen und einen auf die säkularen Medien bezogenen Teil geführt, wobei die jeweils anfallenden Aufgaben von zwei unabhängig voneinander existierenden Ämtern (z. B. *Pressestelle* und *Amt für Gemeindedienst*) wahrgenommen werden.« (Evangelische Kirche in Deutschland 1979, S. 219, kursiv im Original)

1514 Evangelische Kirche in Deutschland 1979, S. 35, kursiv im Original. Die darauffolgende Formulierung einer Empfehlung lässt auf einen beginnenden Konflikt zwischen der direkt von der verfassten Kirche getragenen Informationsarbeit und der unabhängigen evangelischen Publizistik schließen.

1515 Evangelische Kirche in Deutschland 1997, S. 87; vgl. auch ebd., S. 95. Zur Professionalisierungsforderung für PR in dieser Schrift vgl. auch Blanke 2010, S. 215.

1516 Vgl. Evangelische Kirche in Deutschland 1997, S. 88, dort auch die Zitate.

1517 Vgl. Evangelische Kirche in Deutschland 1997, S. 93.

die Leitungen größerer kirchlicher oder diakonischer Einrichtungen haben nach dem Vorbild staatlicher oder wirtschaftlicher Institutionen amtliche Pressestellen eingerichtet.«[1518] Ein einschränkendes »gelegentlich« fehlt.

Das Impulspapier von 2006 geht mit seinen Forderungen über diesen Professionalisierungsgrad weit hinaus, wenn hier in einem eigenen »Leuchtfeuer« (Nr. 9) von der Kirche »Themenmanagement und Agendasetting«[1519] gefordert wird und das Papier so implizit Techniken professioneller Wahlkampfführung für die Kirche übernehmen will. In der »Leuchtfeuer«-Zusammenfassung wird Professionalisierung sogar explizit genannt: »Im Jahre 2030 ist die evangelische Kirche in der öffentlichen Wahrnehmung dadurch stark, dass sie gemeinsame Themen und Positionen vorgibt, die in die Gesellschaft hineingetragen und vertreten werden. Die professionelle Reflexion dieser Themen in Zuschnitt und Abfolge sowie die öffentliche Kommunikation der Themen sind die wichtigsten Voraussetzungen für eine starke und profilierte Präsenz.«[1520] Dass mit Professionalisierung der Pressearbeit auch Personorientierung und Prominenzorientierung einhergehen, zeigte sich schon 1979: Dort wird empfohlen, dass *»führende Persönlichkeiten des kirchlichen Lebens regelmäßig mit Verlegern, Chefredakteuren und Redaktionen der überregionalen und regionalen Tages- und Wochenzeitungen sowie der Publikumszeitschriften zusammentreffen«*.[1521] Dass Pressearbeit auch heute mit der Tendenz zur Person- und Prominenzorientierung einhergeht, hat die Arbeit Daniel Meiers exemplarisch gezeigt (vgl. IV.3.2.1).

Es kann also zusammenfassend festgehalten werden, dass sich auch für die evangelische Kirche Indizien für das zunächst für Parteien festgestellte Zusammentreffen von Personalisierung, Professionalisierung und nachlassender Organisationsbindung finden lassen. Offenbar sind Kirchen nicht nur von derselben gesellschaftlichen Entwicklung betroffen wie Parteien, sondern sie reagieren auch ähnlich – wenn auch etwas verzögert und weniger stark –, nämlich unter anderem mit Professionalisierung und Personalisierung der Selbstdarstellung gegenüber externen Medien.

3.3 Ertrag im Horizont theologischer Orientierungen

Wird das bisher Erarbeitete in den Horizont der theologischen Orientierungen gestellt, so zeigt sich zunächst, wie ambivalent die Personalisierung der öffentlichen Selbstdarstellung der verfassten Kirche ist (3.3.1). Dass gerade die Prominenzorientierung in dieser Selbstdarstellung eine große Rolle spielt, macht die Fragen interessant, ob diese Selbstdarstellung exemplarorientierter sein sollte (3.3.2) und ob sie stärker auf nichtordinierte Christen fokussieren sollte (3.3.3). Schließlich wird der vermutete Zusammenhang von Personali-

---

1518 Evangelische Kirche in Deutschland 1997, S. 93.

1519 Kirchenamt der Evangelischen Kirche in Deutschland (EKD) o. J. (2006), S. 85.

1520 Kirchenamt der Evangelischen Kirche in Deutschland (EKD) o. J. (2006), S. 85.

1521 Evangelische Kirche in Deutschland 1979, S. 61, kursiv im Original.

sierung, Professionalisierung und Episkopalisierung in den Orientierungshorizont gestellt (3.3.4).

3.3.1 Selbstdarstellung

Die verfassten Kirchen in Deutschland konstruieren Medien gegenüber eine im Sinne von Person- und Prominenzorientierung personalisierte Selbstdarstellung. Empirisch hat Meier dies exemplarisch für die bayerische Landeskirche und einen gewissen Zeitraum nachgewiesen. Ähnliche Befunde für andere Landeskirchen sowie die lokale, regionale oder überregionale Ebene sind erwartbar. Über die Privatorientierung ließen sich keine Aussagen machen (3.2.1).

Einerseits ist Kirche in diesen personalisierten Selbstdarstellungen unter anderem Gestalt der Hoffnung: Insofern ihre personalisierten Selbstdarstellungen den Wahrnehmungs- und Darstellungsmustern von Medienproduzierenden entgegenkommen, erhöhen sie die Chance für die Kirche, mit ihren Themen und orientierenden Beiträgen Teil der medialen Wirklichkeitskonstruktion zu sein. Mit dieser Medienöffentlichkeit kann Kirche Diskussionen anregen, Probleme aufwerfen, Orientierungen beisteuern und so zu einer Transformation im Sinne christlicher Hoffnung für die Benachteiligten beitragen. Personalisierte Wahrnehmungen und Darstellung von Kirche bieten zudem die Chance, Anker für Identifikationen durch die Rezipienten zu sein (IV.4.). Auch auf diesem Wege können Personerzählungen von Kirche Hoffnung wecken und zu transformierendem Engagement einladen. Die durch Personalisierung gewonnene Aufmerksamkeit bietet die Chance, Partei für Benachteiligte zu ergreifen. Vermittels der Personalisierung als Exemplarorientierung könnte kirchliche Medienarbeit Benachteiligten in Kirche und Gesellschaft zu einer eigenen öffentlichen Stimme verhelfen.

Andererseits ist die Kirche in personalisierten Selbstdarstellungen als Gestalt der Hoffnung gefährdet. Diese Gefährdungen ergeben sich jeweils aus der Negativseite der Ambivalenzen der jeweiligen Personalisierungsdimensionen (vgl. IV.2.3.2). Insbesondere eine (zu) stark an den »Spitzen« der innerkirchlichen Ämterordnung orientierte Selbstdarstellung gefährdet die Orientierung an Beteiligung (O5 und O9), an Religionskritik (O4) und vor allem an der Darstellung und Ermöglichung kirchlicher Vielfalt (O7). Von daher erscheint es als problematisch, dass die kirchliche Selbstdarstellung stärker an der innerkirchlichen Ämterordnung orientiert ist als die mediale Darstellung der Kirche auf gleicher Öffentlichkeitsebene (vgl. IV.3.2.1).

3.3.2 Mehr Exemplarorientierung?

Entgegen dieser faktischen Prominenzorientierung in Selbstdarstellungen verfasster Kirche könnte gerade die Solidaritäts-Orientierung (O8) eine stärkere Exemplarorientierung als wünschenswert erscheinen lassen. Dass dies keineswegs so eindeutig ist, und wie ambivalent auch Exemplarorientierungen sind, wird sich gleich zeigen.

Die positive, solidarische Beziehung zu den Benachteiligten kann in weiterführender Reflexion von Moltmanns kreuzestheologischer Ekklesiologie (vgl. v. a. II.3.2) auf zwei Weisen (re-)konstruiert werden: Insofern die Kirche erstens (1) selbst Gemeinschaft der Armen, Schwachen und Benachteiligten ist, können diese in der medialen, publikalen oder verfasst-kirchlichen Konstruktion direkt vorkommen. Die Stummen erhalten dann eine Stimme, indem sie in medialen Öffentlichkeiten selbst zu Wort kommen. Von ihrem kreuzestheologisch spezifizierten Grund in Christus her weiß sich die verfasste Kirche dazu beauftragt, dies zu fördern. Das war als Heterogenitäts-Orientierung zusammengefasst worden (O7). Insofern die Kirche zweitens (2) Gemeinschaft mit den Schwachen ist und sich mit ihnen solidarisch identifiziert (O8), können Christen in besagten Konstruktionen als Anwälte und Fürsprecher der Benachteiligten vorkommen. Die Stummen erhalten dann eine Stimme dadurch, dass andere ihnen eine Stimme geben und ihre Interessen wie ihre Perspektive in den öffentlichen Diskurs einbringen.

Beide Konstruktionstypen beinhalten in (kreuzes-)theologischer Perspektive komplementäre Chancen und Gefahren, was insbesondere dort relevant wird, wo diese Typen in Handlungsstrategien kirchlicher Öffentlichkeitsarbeit übersetzt werden. Der erste Konstruktionstyp – direktes Vorkommen – beinhaltet die Gefahr, dass das medial dargestellte Opfer durch diese mediale Darstellung erneut verletzt[1522] wird, gerade eben weil es als Opfer, Benachteiligter oder Schwacher zu Wort kommt und nicht als Subjekt und gleichberechtigter Gesprächspartner. »Es« bleibt in der Darstellung eben das Objekt und Opfer gesellschaftlicher Entwicklungen, ohne zu deren Mit-Subjekt emanzipiert zu werden – und wird damit gerade in der kreuzestheologisch kritisierten Apathie belassen (entgegen O6). Dies gilt insbesondere, wo voyeuristische Bedürfnisse aus dem Publikum bedient werden und so die Menschenwürde des Dargestellten verletzt wird.[1523] Die Chance dieses Typs ist freilich, dass Benachteiligte tatsächlich mit der eigenen Stimme zu Wort kommen und sich selbst vertreten.

Im zweiten Typ ist die Gefahr des ersten vermieden. Das Opfer wird nicht durch mediale Darstellung möglicherweise erneut zum Opfer, weil seine Perspektive stellvertretend in einer anderen Person zur öffentlichen Darstellung

1522 Zu dieser Verdopplung vgl. Huber 1994a, S. 184, 1993, S. 22. Ich zitiere im Folgenden aus der ersten der beiden Textfassungen.

1523 Vgl. Huber 1994a, S. 184. Ebendort schreibt er: »Unzweifelhaft kann auch eine – unter anderen Gesichtspunkten vertretbare, ja vielleicht notwendige – Darstellung von willkürlicher Gewalt den Angriff auf die Menschenwürde noch einmal verdoppeln, indem fremdes Leid zum Objekt der Sensationsgier und fremder Schmerz zum Gegenstand des Voyeurismus werden.« Huber macht hier die Intention einer Gewaltdarstellung zum ethisch entscheidenden Faktor: Geschieht sie, um Rechtsverletzungen zu überwinden, oder um mit ihnen zu unterhalten? (vgl. Huber 1994a, S. 184).

kommt. Dafür besteht hier nun eine zur Chance des ersten Typs komplementäre Gefahr paternalistischer Bevormundung: Gerade in dem Akt des »für einen anderen Sprechen« liegt ein autoritär-bevormundendes Element: Schließlich kommt der Stumme ja selbst wieder nicht zu Wort, die unverwechselbar eigene Stimme erklingt nicht.[1524] Wie kommen die zu eigener Mündigkeit, für die ständig andere sprechen? Wo diese Frage offen bleibt, hat auch der zweite Typus eine nicht emanzipative Wirkung.

Beide Strategien beinhalten Chancen und Gefahren. Im Bewusstsein dessen wird jeweils situations- und medienkontextbezogen eine zu verantwortende Entscheidung zu treffen sein. Dabei ist von einem dynamischen Ansatz in Theologie und Medienwirkungsforschung her zu berücksichtigen, dass auch die anderen Kontextfaktoren variabel sind. Für die Praxis kann das konkret bedeuten: Bildungsveranstaltungen können Benachteiligten ermöglichen, sich eine Medienkompetenz anzueignen, die ihnen vermeiden hilft, erneut zum Opfer zu werden, und erlaubt, Viktimisierungsdynamiken zu stören. Ein ständiger Dialog und eine enge Beziehung zwischen öffentlich sprechenden Christen und benachteiligten Christen oder Nicht-Christen kann es erlauben, dass die in Stellvertretung öffentlich geäußerte Stellungnahme authentisch die Perspektive der Benachteiligten wiedergibt und ihnen damit tatsächlich dient.

3.3.3 Mehr Nichtordinierte Christen in kirchlicher Selbstdarstellung?

Während Teile der bisherigen Ausführungen schon implizit amtstheologisch waren, wurde eine einschlägige Frage evangelischer Amtstheologie, nämlich die nach dem Pfarramt (und dadurch auch nach dem Bischofsamt[1525]) nicht explizit genannt. Das war insofern Absicht, als dass diese Arbeit gegen jede amtstheologische Verengung Personalisierungsdynamiken gerade im Horizont der christlichen Hoffnung und einer ihr entsprechenden Ekklesiologie reflektieren und damit ihre Vielfalt wahrnehmen will, die vom Begriff des (ordinierten) Amtes unzureichend erfasst wird: Verfasste Kirchen finden sich medienöffentlich in Personalisierungsdynamiken wieder. Von allen Personalisierungen können Pfarrerinnen und Pfarrer, kirchliche Mitarbeiter und kirchlich Engagierte ohne Arbeitsvertrag betroffen sein. Allerdings zeigen schon die Fallbeispiele (etwa: Kapitel V.), dass faktisch ordinierte Amtsträger wohl mit größerer Wahrscheinlichkeit in Kirche repräsentierenden Personerzählungen vorkommen dürften als Nichtordinierte ohne herausgehobene Ämter.

Soll verfasste Kirche im Horizont der Hoffnung die Personalisierung auf Ordinierte und/oder auf Nichtordinierte fördern? Für beides gibt es theologische wie pragmatische Argumente:

Für eine öffentliche, personalisierte Selbstkonstruktion anhand von Ordinierten und Trägern von kirchenrechtlich gefassten Ämtern der verfassten

---

1524 Vgl. zu einer ähnlichen Problematik Taylor 2013, S. 288.

1525 Zum »Bischofsamt der evangelischen Kirche« vgl. Norbert Roths jüngst erschienene Erlanger Dissertation (Roth 2012).

Kirche spricht, dass hier die Rückbindung an Gemeinde und Basis in Form von zu Strukturen geronnener Amtstheologie gegeben ist und die zur Sach-Orientierung (O10) nötige theologische und kommunikative Kompetenz durch institutionell abgesicherte Vermittlung und Prüfung idealiter vorausgesetzt werden kann: Amtsträger sind durch demokratisch-synodale Auswahlprozesse gegangen, haben sich im Theologiestudium theologische Kompetenzen aneignen können, die in Examina abgeprüft worden sind. Das Ordinationsversprechen verpflichtet sie auf evangeliumsgemäße Verkündigung. Im theologischen Diskurs kritisierbare Amtstheologien begründen ihren besonderen Auftrag der öffentlichen Lehre, etwa auch im Bezug auf CA XIV. Damit haben sie die Voraussetzungen, nicht als Träger eines imperativen Mandates (vgl. II.4.2.2) der Gemeinde zu handeln, sondern sind in erster Linie der Sache der Hoffnung verpflichtet (O10). Insofern die Rückbindung über Auswahlprozesse, kirchenrechtliche (IV.3.2.2) und amtstheologische Legitimierung (CA XIV) gewährleistet ist, wird der Beteiligungs-Orientierung (O9) entsprochen. Komplementär dazu besteht bei der Personalisierung auf Nichtordinierte stärker die Gefahr, dass diese theologischen Kompetenzen fehlen und sie, etwa als Prominente, die Rückbindung an die gemeindliche Basis verlieren.

Für eine öffentliche, personalisierte Selbstkonstruktion anhand von Nichtordinierten spricht, dass darüber stärker die Vielfalt der kirchlichen und gesellschaftlichen Berufe, denen Christen nachgehen, und damit auch die Vielfalt der Begabungen breiter zum Ausdruck kommt. Während bei Ordinierten die Gefahr delegativer Identifikationen (siehe IV.4.1.2) größer ist, bieten Nichtordinierte in Personerzählungen Ansatzpunkte für explorative Identifikationen (siehe IV.4.1.2): Dadurch, dass Beruf oder Milieu ähnlich sind, können sich Menschen in Kirche und Gesellschaft mit nichtordinierten Christen unter Umständen leichter identifizieren und sich durch diese zu eigenem Engagement motiviert fühlen. Wird Kirche anhand des Engagements und der Diskursbeiträge von Nichtordinierten in unterschiedlichen Berufen dargestellt, werden damit zugleich die vielfältigen Beteiligungsmöglichkeiten am kirchlichen und gesellschaftlichen Leben sichtbar. Bei der Konzentration auf Ordinierte besteht die Gefahr, dass in publikalen Rekonstruktionen Beteiligungschancen an Kirche (und Gesellschaft) nur mit in besonderen Ämtern Hervorgehobenen in Verbindung gebracht werden. Wo anhand von Nichtordinierten personalisiert wird, leben diese öffentlich vor, dass hoffendes Engagement in einer Vielfalt von Berufen mit einer Vielfalt von Expertisen möglich ist – nicht nur als Pfarrerin oder Pfarrer.

Die Konzentration auf Ordinierte oder Nichtordinierte weist also komplementäre Chancen und Risiken auf. Empfehlenswert scheint es von daher, dass beides gefördert wird, dass sich kirchliche Medienarbeit also für die Konstruktion der Kirche anhand von Nichtordinierten einsetzt und zusammen damit auch die Konstruktion der Kirche anhand von ordinierten Amtsträgern fördert. Dabei schadet es von einem pneumatologischen Amtsverständnis her nicht, wenn auch die binnenkirchliche Meinungsvielfalt zum Ausdruck kommt – dies ermöglicht Kirche im Gegenteil, exemplarische Formen der Streit- und Diskurskultur öffentlich vorzuleben (und birgt natürlich die Gefahr, genau diesen positiven Vorbildcharakter nicht zu haben).

3.3.4 Professionalisierung und Episkopalisierung

Unter Professionalisierung hatte ich mit politikwissenschaftlichen Ansätzen die »Ausweitung und organisatorische Ausdifferenzierung von Pressestellen oder Öffentlichkeitsreferaten«, also die Professionalisierung von Medienkontakten,[1526] verstanden und Anzeichen dafür genannt, dass sich diese Tendenz auch bei der verfassten Kirche zeigt (vgl. IV.3.2.3). Den Begriff »Episkopalisierung« hatte ich nur als kirchliches Analogon zur politischen Präsidentialisierung am Rande eingeführt und damit die Konzentration von Entscheidungsprozessen auf Einzelpersonen gemeint. Beides, insbesondere die Professionalisierung, ließ sich für Parteien und andeutungsweise auch für die Kirche mit dem gesellschaftlichen Wandel hin zu nachlassender Institutionenbindung in Zusammenhang bringen. Welche Chancen und Gefahren bieten diese personalisierenden Tendenzen im Hoffnungshorizont für die Kirche als Gestalt der christlichen Hoffnung der Benachteiligten? Ich komme zuerst zur Professionalisierung (1) dann zum Zusammenhang der Episkopalisierung (2).

(1) Die Ausdifferenzierung professionalisierter Pressearbeit kann einerseits im Hinblick auf den Auftrag der Kirche im Horizont der Hoffnung als Chance gesehen werden, insofern diese eine stärker wahrnehmbare Präsenz des Beitrags der verfassten Kirche in den gesellschaftlichen Debatten ermöglicht. Insofern Personalisierungen in allen Dimensionen und Personalisierungsdynamiken auch Chancen für die Kirche bieten, gilt dies entsprechend auch für Pressestellen, die sozusagen die organisatorische Grundlage innerhalb der Kirche dafür bilden, sich auf die unterstellten Selektionslogiken der Medienproduzenten einzustellen. Damit haben sich natürlich auch Stellen ausdifferenziert, die die Selektionslogiken der Medien übertrieben antizipieren können und so die Selbstdarstellung der Kirche gegenüber Medien viel stärker prominenzorientiert ausfallen lassen, als dies von Medien erwartet wird.

Andererseits bieten sie auch die organisatorische Grundlage dafür, dass diese überzogenen Antizipationen korrigiert werden, weil so Stellen vorliegen, die für die Selbstdarstellung der verfassten Kirche verantwortlich gemacht werden können. Durch die kontinuierliche Arbeit von Pressestellen kann dort ein sich idealiter in der Praxis laufend selbst korrigierendes Wissen um die Selektionslogiken und Funktionsweisen von Medien entstehen und gleichzeitig ein theologisch verantwortbares Wissen um die Kirche bestehen. Die Ausdifferenzierung derartig kontinuierlich und professionalisiert arbeitender

---

1526 Vgl. Donges 2008, S. 97, dort auch das Zitat, mit dem sich Donges explizit auf Sarcinelli bezieht. Für Sarcinelli dazu vgl. etwa Sarcinelli 1998, S. 292f. Vgl. Sarcinelli auch für die Professionalisierung der Medienkontakte.

Stellen ermöglicht erst eine sinnvolle, weil medienkundlich informierte, und gleichzeitig kritisierbare Mitarbeit am Medienbild der Kirche. Wenn es sich, wie oben argumentiert, theologisch als sinnvoll erweist, auch Exemplarorientierungen und die mediale Rekonstruktion der Kirche anhand von Nichtordinierten zu fördern, dann sind Pressestellen ja gerade eine wichtige organisatorische Ermöglichung für solches »Fördern«. Wenn sie ihre Mitarbeit am Medienbild der Kirche und deren Vorkommen in medialen Diskursen explizit als theologisch und ekklesiologisch zu verantwortende verstehen, stellt die Einrichtung von professionalisiert arbeitenden Pressestellen eine große Chance für die verfasste Kirche dar, in den Ambivalenzen medialer Dynamiken als Gestalt der Hoffnung zu funktionieren.

Die Gefahr der Einrichtung von Pressestellen liegt, auf Personalisierung bezogen, neben der gleich noch zu thematisierenden Episkopalisierung in der Tendenz zu strategischen Kommunikationshandlungseinstellungen.[1527] Das Ziel, die Selbstdarstellung der Kirche auf ein häufigeres Vorkommen in medialen Wirklichkeitskonstruktionen hin zu gestalten, kann eine instrumentell-strategische Handlungsrationalität bedingen, die den einzelnen Kommunikationsakt als Mittel zur Erreichung eines Ziels behandelt. Öffentlich-theologisch problematisch sind Elemente solch strategischer Rationalität noch nicht, solange sie formal kommunikativem Handeln und inhaltlich den mit dem Auftrag der Kirche verbundenen Zielen zugeordnet werden können. Unterscheidbar wird erstens die Zuordenbarkeit zu kommunikativem Handeln in Abgrenzung zum Dominantwerden strategischen Handelns anhand der in Auseinandersetzung mit Habermas erarbeiteten Charakteristika der Verständigungsorientierung: Problematisch werden Kommunikationen auf formaler Ebene dann, wenn ihre Ziele nicht mehr offen liegen, sogar bewusst der Kritik entzogen werden sollen oder wo kirchliche Presse- und Öffentlichkeitsarbeit Journalisten und Rezipienten zu manipulieren sucht. Dies ist mit der Kirche als Gestalt der Hoffnung nicht vereinbar, weil diese Hoffnung ja auf die freie und herrschaftsfreie Beteiligung des anderen an gesellschaftlichen Transformationen gerichtet ist. Ebenso problematisch wird strategisches Kommunizieren, wo zwar die Ziele transparent, aber nicht mehr mit dem christlich Erhofften vereinbar sind.

Insgesamt erscheint also die Einrichtung von Pressestellen als organisatorische Grundlage für die Personalisierung der Selbstdarstellung der Kirche auch als Chance, wobei in der konkreten Arbeit besagte Gefahren auftreten.

(2) Wo Pressestellen einzig den kirchenleitenden Amtspersonen (und etwa nicht Synoden) unterstützend zugeordnet werden, ohne dass es andere

---

1527 Vgl. auf Politikvermittlung bezogen ähnlich Sarcinelli, der schreibt: »Die Binnenkommunikation der Mitglieder ist eher für Verständigungsorientierung offen als die auf innerparteilichen Machtaustrag und strategisch-instrumentelles Handeln angelegte Politikvermittlung seitens des Parteimanagements.« (Sarcinelli 1998, S. 283)

Einrichtungen gibt, die die Medienöffentlichkeit anderer Personen aus der Kirche fördern, kann Professionalisierung in den Zusammenhang mit Episkopalisierung gebracht werden. Dann transagieren personalisierte und damit vor allem prominenzorientierte mediale Konstruktionen kirchlicher Realität nicht nur binnenkirchlich mit den Selbstdarstellungen von Kirche den Medien gegenüber, sondern auch diese Selbstdarstellungen mit sie zunächst ermöglichenden Entscheidungsprozessen und -strukturen, die dann entweder schon prominenzorientierend sind oder dies in Transaktion mit medialer Konstruktion und Selbstdarstellung werden. Am Beispiel illustriert: Kommt es dazu, dass eine Kirchengemeinde dauerhaft nur durch ihren Pfarrer medienpräsent ist, so dass dieser sich eine Prominenz erwirbt, die ihn auch unabhängig von kirchlichen Angelegenheiten und unabhängig von seiner Funktion medienöffentlich sein lässt, was ihm zunächst erstinstanzlich die Macht gibt, den Inhalt der Stimme der Kirche in besagter lokaler Öffentlichkeit zu bestimmen, und bleibt dies auch zweitinstanzlich innergemeindlich unkritisiert oder problematisiert, können sich eben in Transaktion mit dem medienöffentlichen Erscheinungsbild der Kirche auch in der nicht massenmedialen innergemeindlichen Öffentlichkeit Entscheidungsprozesse einschleifen, die dieser Machtposition entsprechen. Prominenzorientierung schreibt sich als Hierarchisierung dann in die binnenkirchlichen Kommunikationsbedingungen ein. Es ließe sich zwar argumentieren, dass dies doch der von Moltmann geforderten Teilautonomie der Amtsträger (O10) entspricht. Schwerwiegender ist hier aber, dass über die Transformation der Kommunikationsbedingungen hier langfristig Beteiligung an Kirche (O9) erschwert wird. Eine Gefahr von professionalisierter Pressearbeit ist es damit, derartig hierarchisierende transaktionale Dynamiken dadurch zu befördern, dass sie Medien gegenüber ein prominenzorientiertes Bild von Kirche konstruiert.

Gibt es den für Parteien beschriebenen und für Kirche vermuteten Zusammenhang von Professionalisierung, nachlassender Bindung der Mitglieder und Personalisierung tatsächlich, dann würde sich hier das Preulsche Modell autoritärer Repräsentanz gegen dessen andere beide Modelle als dominant durchsetzen (siehe II.2.4). Damit würde sich, wie für politische Parteien beschrieben, auch kirchlich eine zunehmende Entkopplung des Spitzenpersonals von binnenorganisationalen Kommunikationsprozessen und eine Konzentration auf das Spitzenpersonal in der Außendarstellung (und damit nicht auf exemplarische Personenvielfalt) ergeben.

Nur mit viel Wohlwollen lässt sich auch in dieser Entwicklung eine Chance finden, diejenige nämlich, dass der Sach-Orientierung entsprochen wird (O10), dass öffentliche Kirchenvertreter also nicht nur Nachsprecher innerkirchlich schon gefundener Konsense sind, sondern auch wagende Vorsprecher prophetischer Rede. Von der Leitthese der Kirche als Gestalt der Hoffnung überwiegen eindeutig die Gefahren dieser möglichen Entwicklung, die vor allem von der Beteiligungs- und der Religionskritik-Orientierung her deutlich werden (O4 und O9). Wenn der Spalt zwischen in Kirche und Gesellschaft zunehmend aktivem und zunehmend medial präsentem Führungspersonal einerseits und einer Menge von Kirchenmitgliedern – gemeindlich ehrenamtlich Engagierte eingeschlossen –, die sich nicht mehr als am kirchlichen und gesellschaftlichen Leben aktiv Beteiligte verstehen, weiter aufgeht und so das eintritt, was der vermutete Zusammenhang von Personalisierung, Professionalisierung, Episkopalisierung und Entbindung beschreibt, dann bekommt das kirchliche Leben eine Gestalt, die nicht mehr die in Anlehnung an Moltmann beschriebene Gestalt der christlichen Hoffnung ist. Dann würde die von Moltmann kreuzestheologisch kritisierte politische Religion in der Kirche dominant, die die Herrschaft weniger über viele Apathische legitimiert (gegen O4), dann wären Beteiligungschancen am kirchlichen Leben und an Entscheidungsfindungsprozessen reduziert bis verunmöglicht (gegen O9). In Personalisierungsdynamiken kann gegen solche Entwicklungen durch die hier beschriebenen Orientierungen gegengesteuert werden: durch eine Rückbindung von »Stars« an Gemeinde, durch eine Förderung von Exemplarorientierungen.

Diese Kritik einer (möglichen) Entwicklungsdynamik, in der sich Professionalisierung, Personalisierung, Episkopalisierung und Auflösung von Institutionenbindungen und Beteiligungschancen transaktional gegenseitig verstärken, ist von der Leitthese der Kirche als Gestalt der Hoffnung her formuliert. Sie setzt nicht das aktive Verhalten hochengagierter ehrenamtlicher Kirchenmitglieder als normativ für alle Kirchenmitglieder. Sie wendet sich von besagter Leitthese vielmehr dagegen, dass Entwicklungen stattfinden oder gefördert werden, die die Chancen und Bedingungen für aktive Teilnahme am kirchlichen Leben und Entscheidungsprozesse nachhaltig verschlechtern, so wie das etwa bei einseitig prominenzorientierten Selbstdarstellungen verfasster Kirche durch professionalisierte Medienarbeit der Fall wäre.

4. Publikale Wahrnehmungen

Wenn es nun um Medienpublikum und Personalisierung geht, rückt der klassische Gegenstand der Medienwirkungsforschung in den Fokus: Die (empirische) Medienwirkungsforschung hat sich stark auf die »einzelnen Rezipienten«[1528] und damit auf die publikumsseitigen Wirkungen konzentriert. Auf wie viele verschiedene Ebenen hier wie viele verschiedene Qualitäten von Veränderung in Zusammenhang mit Massenmedien gebracht werden können, illustriert das Inhaltsverzeichnis von Schenks Überblicksdarstellung:[1529] Thematisiert werden etwa »*Wirkungen der Massenmedien*« auf »*Einstellungen, Emotionen und Kognitionen*«, auf »*Interpersonale Kommunikation*« oder auf die Gesellschaft (so über die Thematisierungsfunktion der Medien). Hier soll nur

1528 Schenk 2007, S. 32. Vgl. dort auch für diesen Fokus.

1529 Für die folgende Auflistung und die zitierten Begriffe vgl. Schenk 2007, S. X–XVII, kursiv im Original.

der Ausschnitt der möglichen Wirkbeziehungen zwischen Medien und Rezipienten betrachtet werden, der in der Frage nach der Personalisierung relevant scheint.

Diese Arbeit legt dabei mit dem dynamisch-transaktionalen Denkansatz ein Wirkverständnis zugrunde, das das ältere Stimulus-Response-Modell und den Nutzen-und-Belohnungsansatz (Uses-and-Gratification-Approach) kombiniert und damit sowohl von Medienwirkungen als auch von einem aktiven Publikum ausgehen kann (IV.1.). Zu fragen ist also, was personalisiert konstruierte Medienrealitäten mit dem Publikum machen und was das Publikum mit diesen personalisierten Konstruktionen macht,[1530] wobei diese Vorgänge wechselseitig oder gleichzeitig sein können.

Wirkungen medialer Personalisierung auf Publika und der Nutzen medialer Personalisierung für Publika lassen sich gegliedert nach den Typen der Publikumsaktivität beschreiben, die Mark R. Levy und Sven Windahl in den 1980er Jahren zur Klärung der Forschung innerhalb des Uses-and-Gratification-Approach entwickelt haben.[1531] Levy und Windahl sortieren Typen von Publikumsaktivität in eine Matrix mit qualitativer und zeitlicher Dimension. In der Spalte »qualitative orientation« gibt es drei Werte: »(1) audience selectivity, (2) audience involvement, and (3) audience ›use‹«.[1532]

In Anlehnung daran lässt sich hier gliedern:[1533] Das Publikum nimmt erstens (1) selektiv wahr, verarbeitet und erinnert selektiv.[1534] Auf Personalisierung bezogen, stellt sich auf dieser Ebene die Frage, wie personalisiert publikales Wahrnehmen und Verarbeiten bzw. Erinnern ist. Sollte es personalisiert sein, stellt sich die Frage, ob dies eine Folge aus medialer Personalisierung ist oder ob mediale Personalisierung eine Folge publikaler Personalisierung ist. Diese Fragen sollen in Auseinandersetzung mit kommunikationswissenschaftlichen Ansätzen, die kognitionspsychologische Theorien aufgreifen, bearbeitet werden (4.1.1 und für Kirche 4.2.1).

1530 Diese Formulierung spielt auf die Frageformulierungen an, mit denen der Stimulus-Response-Ansatz (»Was machen die Medien mit den Menschen?«) und der Nutzen-und-Belohnungsansatz (»Was machen die Menschen mit den Medien?«) pointiert zusammengefasst werden. Diese Formulierungen sind entnommen aus: Schenk 2007, S. 45.

1531 Vgl. Levy und Windahl 1984. Vgl. die Zusammenfassung des Folgenden auch bei Schenk 2007, S. 653f. Schenk verdanke ich den Verweis auf die Arbeit von Levy und Windahl.

1532 Levy und Windahl 1984, S. 53. Dazu vgl. auch die tabellarische Darstellung bei Levy und Windahl 1984, S. 53, auf Deutsch: Schenk 2007, S. 654.

1533 Die folgende Darstellung nimmt Inhalte der bereits zitierten Gliederungen bei Levy und Schenk auf: Levy und Windahl 1984; Schenk 2007, S. 653f.

1534 Vgl. Levy und Windahl 1984, S. 55.

Der zweite Wert (2) bezieht sich darauf, wie stark Publikumsmitglieder in die medial konstruierte Wirklichkeit psychologisch involviert sind.[1535] Formen dieses Involviertseins sind etwa »parasocial interaction and identification«[1536] (zur Klärung des Begriffs »parasozial« siehe IV.4.1.2). Diese beiden Formen des Involviertseins setzen eine personalisierte Medienrealität voraus: Es bedarf der Medienpersonen, damit Zuschauer sich mit diesen identifizieren können bzw. parasozial interagieren können. Damit können Identifikation und parasoziale Interaktion grundsätzlich als Wirkungen von bzw. als Nutzen aus der Personalisierung medialer Realitäten gesehen werden. Geklärt werden soll die Frage, wie die Beziehungen zwischen Rezipient und Medienperson beschaffen sein können, was dies für Auswirkungen haben kann und welchen Nutzen sie für Rezipienten haben könnten (4.1.2 und für Kirche 4.2.2).

Der dritte Aktivitätstyp (3) meint das, was das Publikum mit der Medienrealität tut und wie es sie nutzt. Ein möglicher »use« wäre beispielsweise Gelesenes in einem Gespräch anbringen zu können, um so die Freude an diesem Gespräch zu steigern.[1537] Ich fasse hier unter diesem Punkt den Nutzen für und die Wirkungen auf das Verhalten von Rezipienten zusammen. Inwieweit werden personalisierte Medienrealitäten handlungsrelevant? Auf die personalisierte Medienrealität der Kirche bezogen, lassen sich auf diese Frage in vorhandenen Untersuchungen kaum relevante und weiterführende Antworten finden, weshalb diese Frage hier nicht eigens behandelt wird.

Levy und Windahl gliedern diese drei Aktivitätstypen noch weiter nach verschiedenen Zeitwerten, die früher auch schon Maletzke[1538] verwendet hat: So können alle drei Aktionsarten sowohl vor der jeweiligen Medienrezeption (»before exposure«), während (»during exposure«) und nach ihr (»after exposure«) relevant sein.[1539] Diese Unterscheidung scheint im hiesigen Kontext weniger relevant und wird nur bei der Selektion aufgegriffen, insofern hier zwischen selektiver Wahrnehmung (»during exposure«) und selektiver Erinnerung (»after exposure«) unterschieden wird. Bei den anderen Typen kommt es jeweils hauptsächlich auf die »postkommunikative Phase«[1540] an.

1535 Vgl.: »The second type of audience activity under consideration here focusses on the degree of psychological involvement audiences exhibit during exposure« (Levy und Windahl 1984, S. 55, kursiv im Original).

1536 Levy und Windahl 1984, S. 56.

1537 Vgl. Levy und Windahl 1984, S. 57.

1538 Vgl. Maletzke 1963, S. 147.

1539 Vgl. Levy und Windahl 1984, S. 53, dort auch die Zitate. Vgl. auch Schenk 2007, S. 653.

1540 Maletzke 1963, S. 147.

4.1 Ereignisse und Personen in der Medienrezeption

4.1.1 Personalisiertes Wahrnehmen und Erinnern

Zahlreiche Arbeiten gehen davon aus, dass das Publikum personalisiert wahrnimmt, erinnert oder politische Wirklichkeit auch personalisiert rekonstruiert. So verbindet Donsbach etwa mit der Personalisierung als Prominenzorientierung eine größere Aufnahme- und Verarbeitungsbereitschaft des Publikums: »Meldungen und Programme, in denen prominente Personen vorkommen, werden vom Publikum eher aufgenommen als die Behandlung von reinen Sachthemen.«[1541] Sarcinelli hat im Anschluss an Behrmann Personalisierung als »eine Grunddimension der Wahrnehmung von Politik schlechthin«[1542] verstanden, und Koch-Gombert hat festgehalten, »dass die Rezipienten die Angebotsvielfalt des Fernsehens vor allem nach Personen strukturieren«[1543]. Eine mögliche Erklärung für den Nachrichtenfaktor Personalisierung war ja, dass Journalisten damit ein Publikumsinteresse antizipieren (vgl. IV.2.1.6).

Schon als Galtung und Ruge ihren Katalog von zwölf Nachrichtenfaktoren formulierten, taten sie dies im Rückgriff auf die Wahrnehmungspsychologie und nahmen entsprechend an, dass diese Faktoren auch während der Medienrezeption wirksam sind.[1544] Auf dieser Linie wurde dann durchaus noch im Sinne Galtungs und Ruges weiter angenommen, dass sie zumindest mit einem Teil ihrer Faktoren Prinzipien menschlicher Weltwahrnehmung überhaupt formuliert haben.[1545] Bezöge man dies auch auf die bei Galtung und Ruge kulturspezifischen personalisierungsrelevanten Faktoren, hieße dies: Nicht nur Medien konstruieren Realität anhand von (prominenten) Personen. Vielmehr tun dies alle Menschen mindestens in einem bestimmten Kulturkreis so. Denselben Zusammenhang hat Jens Woelke wie folgt formuliert: »Wenn nun aber alle Beobachter ihre Wirklichkeitskonstruktionen nach bestimmten Prinzipien organisieren, dann müssten Nachrichtenfaktoren als Selektionskriterien nicht nur bei Journalisten, sondern auch in der Rezeption sichtbar werden.«[1546]

1541 Donsbach 1999, S. 145.

1542 Sarcinelli 1987, S. 178.

1543 Koch-Gombert 2005, S. 297.

1544 Vgl.: »The journalist scans the phenomena (in practice to a large extent by scanning other newspapers) and selects and distorts, and so does the reader when he gets the finished product, the news pages, and so do all the middle-men.« (Galtung und Ruge 1965, S. 71) Für den Bezug zur Wahrnehmungspsychologie vgl. ebd., S. 65; Eilders 1997, S. 73, 74f., 85f., 263. Vgl. Eilders dort auch für das Folgende. Für die Allgemeinheit der Nachrichtenfaktoren bei Galtung und Ruge vgl. Eilders und Wirth 1999, S. 37. Ich danke Daniel Meier für den Hinweis auf die Arbeiten von Eilders und die Zusammenhänge von Nachrichtenfaktoren und Wahrnehmung allgemein.

1545 Vgl. Eilders und Wirth 1999, S. 35.

1546 Ruhrmann et al. 2003, S. 146.

Zwar haben Galtung und Ruge diese Anregung selbst nicht weiter verfolgt,[1547] Kommunikationswissenschaftler haben sie aber später aufgenommen. Nach einem kurzen Überblick über diese Arbeiten können Eilders und Wirth 1999 zusammenfassen: »Die Sichtweise von Nachrichtenfaktoren als allgemein menschliche Selektionskriterien kann damit in den Grundzügen als bestätigt angesehen werden«,[1548] wobei die Einflussstärke der verschiedenen Faktoren deutlich variiert. Damit ist nicht gesagt, dass die Nachrichtenfaktoren die einzigen relevanten Faktoren bei der Medienrezeption sind. Gerade die »Kontextmerkmale des Rezipienten [...] wie Alter, soziale Schicht und Lebensstil«,[1549] aber auch die politische Informiertheit[1550] spielen eine wichtige Rolle und relativieren unter Umständen den Einfluss der Nachrichtenfaktoren: »Nachrichtenfaktoren werden von Rezipienten auf der Basis ihres Vorwissens, ihrer situationsspezifischen Ziele und anderer personaler Merkmale einerseits sowie Stimulusmerkmalen andererseits erst zugewiesen.«[1551]

Diese wahrnehmungs- und kognitionspsychologische Perspektive auf Personalisierung will ich hier in ihrer Konkretisierung auf mediale Kommunikation aufgreifen und anhand von zwei Theoretikern vorstellen, die sich gegenseitig ergänzen:[1552] Während Christiane Eilders (1) den Theorierahmen klärt und die Gültigkeit für die Medienrezeption empirisch prüft, hat Pamela Shoemaker (2) ausführlicher die möglichen Gründe für die wahrnehmungspsychologischen Konstanten in der journalistischen Selektion beschrieben.

(1) *Christiane Eilders* hat in ihrer Dissertation die Rolle von Nachrichtenfaktoren für die Rezeption politischer Nachrichten empirisch analysiert. Dabei geht sie davon aus, dass ähnlich wie bei der Nachrichtenproduktion auch bei der Rezeption verschiedene Faktoren auf mehreren Ebenen wirken, nämlich einmal auf die Selektion – also darauf, welche Beiträge überhaupt wahrgenommen werden (»before exposure« und »during exposure«) – und zum anderen auf die Verarbeitung – also darauf, welche Beiträge langfristig wie erinnert werden (»after exposure«). Sie betont mit dem dynamisch-transaktionalen Ansatz, dass »bei der Informationsverarbeitung durch die Rezipienten sowohl

1547 Vgl. Eilders 1997, S. 73.

1548 Eilders und Wirth 1999, S. 39. Vgl. dort auch für den folgenden Halbsatz. Fretwurst kommt hier m. E. zu einem anderen Ergebnis, wenn er schreibt: »Eignet sich ein Ereignis für die ›Personalisierung‹, so wird es in mehr Nachrichtensendungen berichtet und besonders aufbereitet, aber die Rezipienten interessieren sich nicht dafür.« (Fretwurst 2008, S. 7)

1549 Ruhrmann et al. 2003, S. 22. Ich verdanke Daniel Meier den Hinweis auf diesen Absatz.

1550 Vgl. Eilders 1997, S. 266.

1551 Eilders 1997, S. 264.

1552 Für einen Überblick über die Forschungen zur Anwendung der Nachrichtenwerttheorie auf die Rezeption vgl. Fretwurst 2008, S. 56–89, dort auch Verweise auf die hier rezipierten Arbeiten.

reduktive als auch konstruktive und elaborative Prozesse stattfinden.«[1553] Deshalb spricht sie auch von Verarbeitungs- und nicht nur von Selektionskriterien.[1554] An einem einfachen Beispiel verdeutlicht: Bei der Zeitungslektüre beschränken Menschen sich nicht nur auf manche Artikel bzw. Aspekte in Artikeln (Reduktion), sondern interpretieren und verarbeiten diese auch kreativ auf dem Hintergrund ihres Vorwissens.

Dabei legt Eilders ihrer Version einer auf Rezipienten bezogenen Nachrichtenwerttheorie das dynamisch-transaktionale Modell nach Früh und Schönbach zugrunde.[1555] Während Galtung und Ruge wahrscheinlich implizit von einem linearen Wirkungsmodell ausgehen, nach dem gleichartige Stimulusmerkmale gleichartig auf das Publikum wirken,[1556] bezieht dieses Modell die »subjektive Interpretation der Rezipienten« als »zentrale Wirkungsbedingung« mit ein.[1557] Bezogen auf die Wirkung von Nachrichtenfaktoren auf die Rezeption heißt das vor allem: »Nachrichtenfaktoren sind als Stimulusmerkmale *Ursachen* für die Wahrnehmung der Rezipienten, gleichzeitig aber als ›Wahrnehmungsresultat‹ und Bestandteil der Rezipientenvorstellung bereits *Wirkung*. Die Zuweisung erfolgt aufgrund des individuellen Vorwissens und der Ziele der Rezipienten und kann folglich interindividuell unterschiedlich ausfallen.«[1558] Als solche Wirkung einer Zuschreibung könnten sie selbst wieder – so Eilders weiter – Ursachen für Verarbeitungsprozesse sein: »Wird tatsächlich Überraschung empfunden, wird tatsächlich jemand als Elite-Person wahrgenommen etc., so kann das die Selektion im Sinne der Nachrichtenwerttheorie beeinflussen.«[1559]

Da es bei den Nachrichtenfaktoren ja auch für Eilders eigentlich um (individuell angewendete, aber) allgemeine Rezeptionsprinzipien und nicht um individuelle Kriterien gehen soll, muss sie erklären,[1560] wie von Gemeinsamkeiten zwischen individuellen Zuschreibungen von Nachrichtenfaktoren und Ereignissen und damit von kollektiven Selektionskriterien die Rede sein kann. Dies geschieht für beide Phasen der Rezeption – (1.1) Selektion und (1.2) Verarbeitung –,[1561] vor allem aber für die Selektion.

(1.1) Die Beitragsauswahl in der Rezeption interpretiert Eilders kognitionspsychologisch im weiteren Kontext des Problems »selektiver Aufmerksamkeit«, also des Problems der Allokation begrenzter kognitiver Ressour-

---

1553 Eilders 1997, S. 85; vgl. dazu auch S. 80.

1554 Vgl. Eilders 1997, S. 85.

1555 Vgl. IV.1.1. Wie dort nennt auch Eilders die drei Charakteristika dieses Modells: Eilders 1997, S. 75–79.

1556 Vgl. Eilders 1997, S. 75.

1557 Vgl. Eilders 1997, S. 75, dort auch beide Zitate.

1558 Eilders 1997, S. 80, kursiv im Original, vgl. dort auch für das Folgende.

1559 Eilders 1997, S. 80.

1560 Vgl. Eilders 1997, S. 81, 91.

1561 Vgl. dazu bei Eilders: Eilders 1997, S. 85f. Sie spricht von »Beitragsauswahl« und »selektive[r] Erinnerung an Beitragsinhalte«.

cen:[1562] »Selektive Aufmerksamkeit ist ein notwendiger komplexitätsreduzierender Mechanismus der Umweltwahrnehmung.«[1563] Ziel des Prozesses sei die Konzentration auf Relevantes bei gleichzeitiger Ignoranz des Irrelevanten. Wenn die konzeptuell als »*allgemein-menschliche* Selektionskriterien« verstandenen Nachrichtenfaktoren sich als Indikatoren[1564] allgemein menschlicher Relevanz nachweisen lassen,[1565] ist die Erklärung des Allgemeinheitsgrades der Faktoren geglückt. Dies gelingt insofern, als Eilders drei plausible Erklärungsansätze[1566] dafür zitiert, dass es eine kollektive Relevanzzuweisung »als Schnittmenge oder gemeinsamer Nenner der individuellen Relevanzen«[1567] gibt. Als Erklärungen nennt Eilders die (gemeinsame) »evolutionäre Entwicklung« von Menschen, von »allgemein-menschliche[n] psychologische[n] Gesetzmäßigkeiten« und sozialisationsbedingt ähnlicher Werte und Normen.[1568] Die Erklärungen werden für jeden Nachrichtenfaktor einzeln durchbuchstabiert. Der Faktor »*Elite-Person*« (Prominenzorientierung) erscheint als plausibler Indikator kollektiver Relevanz, weil die »Handlungen von Eliten in der Regel folgenreicher sind als Handlungen anderer Personen« und damit Wahrnehmende mit großer Wahrscheinlich betreffen.[1569] Der Faktor Personalisierung (Personorientierung) könne Relevanzindikator sein, weil sein Vorkommen Identifikationsprozesse ermöglicht (vgl. 4.1.2) und »auf Basis allgemeiner psychologischer Gesetzmäßigkeiten« erklärbar wird.[1570] Damit wären sowohl für Prominenz- wie für Personorientierung Gründe benannt, die deren Relevanz für Rezipienten erklären und damit auf ihren Nutzen verweisen, nämlich auf folgenreiche Handlungen vorbereitet zu sein (Prominenzorientierung) und sich identifizieren zu können (Personorientierung).

(1.2) Für die theoretische Behandlung der Verarbeitungsprozesse, also Wissenserwerb, Beitragserinnerung und Übernahme in »langfristige Rezipientenvorstellungen«[1571], greift Eilders auf die Schema-Theorie zurück[1572] und versteht Nachrichtenfaktoren dann als »Bestandteile bestehender Schemata«:[1573] »Nicht nur durch eigene Erfahrung, sondern vor allem durch die Zuwei-

1562 Vgl. Eilders 1997, S. 86f.

1563 Eilders 1997, S. 90.

1564 Zu »*Nachrichtenfaktoren als Relevanzindikatoren*« bei Eilders vgl. Eilders 1997, S. 98, kursiv im Original.

1565 Vgl. Eilders 1997, S. 91.

1566 Vgl. Eilders 1997, S. 97.

1567 Eilders 1997, S. 94. Das Wort »Relevanzzuweisungen« ist auch von Eilders übernommen.

1568 Vgl. Eilders 1997, S. 97, dort auch die Zitate.

1569 Vgl. Eilders 1997, S. 100, dort auch beide Zitate, kursiv im Original. Vgl. dort auch für den Rest dieses Satzes bis hier.

1570 Vgl. Eilders 1997, S. 103, 264, Zitat auf S. 264.

1571 Eilders 1997, S. 106.

1572 Vgl. für den Satz bis hier Eilders 1997, S. 106f.

1573 Vgl. Eilders 1997, S. 119, dort auch das Zitat.

sung von Relevanz durch die Medienberichterstattung [...] haben Rezipienten die entsprechenden Relevanzcharakteristika gelernt und als Schema intern abgespeichert.«[1574] Hier sind Faktorenzuschreibungen also nicht nur individuell, sondern Teil kollektiv erlernter Schemata.

Eilders' empirische Analyse orientiert sich an dem »DFG-Projekt ›*Realitätsvermittlung durch Massenmedien*‹«[1575] und geht von dem Staabschen Faktorenkatalog aus[1576]. Sie vergleicht dabei für die Beitragsauswahl die von den Rezipienten »*genutzten Beiträge mit den nicht-genutzten Beiträgen*«[1577] und für die Beitragserinnerung Medienprimärbeiträge mit deren Reproduktion durch Rezipienten.[1578]

»[L]ediglich« bei den »Faktoren Etablierung und Kontroverse« stellt sie einen erklärkräftigen positiven Einfluss auf die Beitragsauswahl fest.[1579] Auf die Verarbeitung bezogen konnte die empirische Untersuchung aber auch den Einfluss der personalisierungsrelevanten Faktoren plausibel machen; Eilders fasst zusammen: »Bei der Untersuchung der Beitragserinnerung konnten die Faktoren Kontroverse, Überraschung, Einfluss/Prominenz, Personalisierung und Schaden als Verarbeitungskriterien gemäß der Hypothese bestätigt werden«.[1580]

1574 Eilders 1997, S. 119.

1575 Eilders 1997, S. 148, kursiv im Original.

1576 Vgl. Eilders 1997, S. 162.

1577 Eilders 1997, S. 153, kursiv im Original.

1578 Vgl. Eilders 1997, S. 157. Mit Reproduktion ist die Wiedergabe des Primärbeitrags in eigenen Worten gemeint (vgl. ebd., S. 150). Vgl. zur Methode Eilders' ebd., S. 151–159, insb. S. 158f.

1579 Vgl. Eilders 1997, S. 259, dort auch die Zitate. Vgl.: »Die anderen Nachrichtenfaktoren zeigten keinen Einfluß auf die Beitragsauswahl.« (ebd.) Und vor allem: »Auch die Faktoren Einfluß/Prominenz und Personalisierung wirkten nur bei der Beitragserinnerung als Verarbeitungskriterien. Bei der Beitragsauswahl konnten sie über den Beachtungsgrad hinaus keine zusätzliche Varianz erklären.« (ebd., S. 260)

1580 Eilders 1997, S. 260. Eilders hat dabei unterschieden zwischen dem reinen Vorkommen und der Intensität des Vorkommens (vgl. ebd., S. 227). Analyseeinheit bei der Erinnerungsuntersuchung sind nun nicht ganze Beiträge, sondern innerhalb der Beiträge sogenannte »*kommunikative Proposition*[en]«, also »kleinstmögliche Ereignisabgrenzung[en]« (vgl. ebd., S. 168, dort auch die Zitate, kursiv im Original). Vgl. mehr dazu: Eilders 1997, S. 168–172. Der Anteil von Propositionen, die den Faktor Personalisierung oder Prominenz/Einfluss enthalten, nahm in den Reproduktionen im Vergleich zum Primärbeitrag ab; wo Propositionen mit personalisierungsrelevanten Faktoren aber erinnert wurden, nahm die Ausprägung der Faktoren deutlich zu (vgl. ebd., S. 227f.). Auf den Faktor Prominenz bezogen bedeutet das beispielsweise konkret, »daß die Versuchspersonen anteilig weniger Inhalte mit einflussreichen und prominenten Personen erinnerten, wenn sie solche Inhalte jedoch erinnerten, erinnerten sie überproportional viele Inhalte mit *besonders* einflussreichen und prominenten Handlungsträgern.« (ebd., S. 227, kursiv im Original)

Insgesamt konnte Eilders bestätigen, dass Nachrichtenfaktoren die Informationsverarbeitung von Rezipienten bestimmen und so tatsächlich als Relevanzindikatoren interpretiert werden können.[1581] Auffällig dabei ist (auch nach Eilders), dass mit dem politischen Wissen der jeweiligen Rezipienten der Einfluss der Nachrichtenfaktoren abnahm: »Je besser Rezipienten informiert sind, desto eher gehen sie mit eigenen situationsspezifischen und möglicherweise themenabhängigen Vorstellungen davon, welche Aspekte eines Ereignisses relevant sind, an Medieninformationen heran.«[1582]

Christiane Eilders hat die Ergebnisse ihrer Doktorarbeit zusammen mit Werner Wirth 1999 um eine experimentelle Untersuchung ergänzt. Die ersten »Feldstudien« hätten danach nicht ausschließen können, »dass Faktoren wie etwa die Aufmachung eines Artikels oder die anderen Nachrichtenfaktoren im Beitrag als Alternativerklärungen für Wirkungen auf Selektion und Erinnerung verantwortlich waren.«[1583] Das ist insofern besonders folgenschwer, als die Nachrichtenwerttheorie ja auch von einer Korrelation von Aufmachung und Nachrichtenfaktoren ausgeht.[1584] Das Experiment mit 123 Studenten als Probanden fokussierte auf die Beitragserinnerung und ergab, »dass *Personenstatus, Personalisierung* und *Überraschung* besonders einflussstarke Nachrichtenfaktoren darstellen«.[1585] Sie haben »unabhängig vom Gesamtnachrichtenwert einer Meldung als kritische Faktoren zu einer Verbesserung der Erinnerung beigetragen.«[1586]

Zusammenfassend lässt sich also sagen, dass sich der Einfluss personalisierungsrelevanter Nachrichtenfaktoren auch auf allgemein menschliche Wahrnehmung, vor allem aber die Verarbeitung und Erinnerung von Nachrichten beziehen lässt. Für die Beitragsauswahl (Wahrnehmung) konnte Eilders keine eindeutige und eigenständige Relevanz der Personalisierung nachweisen. Wichtig aber ist, dass sich die personalisierungsrelevanten Faktoren gerade auf die Erinnerung auswirken. Was mit Personen, insbesondere mit Prominenten, zu tun hat, wird offenbar in der Erinnerung besonders akzentuiert. Insbesondere durch dieses Akzentuieren in der Erinnerung prägt Personalisierung als Personorientierung Vorstellungsbilder:[1587] Rezipienten rekonstruieren Medienrealität damit offenbar personalisiert. Empirisch konnte Eilders diese Wirkung vor allem für die Verarbeitung bereits wahrgenommener Beiträge nachweisen.

1581 Vgl. Eilders 1997, S. 265.

1582 Eilders 1997, S. 266.

1583 Eilders und Wirth 1999, S. 35.

1584 Vgl. Eilders und Wirth 1999, S. 35. Vgl. für eine Problemanzeige in diese Richtung schon Eilders 1997, S. 260.

1585 Eilders und Wirth 1999, S. 54, kursiv im Original.

1586 Eilders und Wirth 1999, S. 54.

1587 Vgl. Eilders und Wirth 1999, S. 51f., dort auch zu »akzentuierende[r] Wirkung«.

(2) *Pamela Shoemaker* hat sich ausführlicher mit den Gründen für diese Wahrnehmungs- und Erinnerungspräferenzen auseinandergesetzt. Sie hat vorgeschlagen, die Informationsfunktion der Medien und damit auch den Nachrichtenwert von Medieninhalten evolutionsbiologisch und kulturgeschichtlich zu erklären.[1588] Danach ist journalistische Bewertung von Nachrichtenfaktoren als Nachrichtenwerte nicht in erster Linie eine spezifisch mediale Weltwahrnehmung, sondern eine allgemein menschliche. Evolutionsbedingt sind Menschen »[h]ardwired for News«.[1589] So sind nach Shoemaker das Nachrichteninteresse und die wesentlichen journalistischen Selektionskriterien und Darstellungsmittel Ausdruck eines allgemein menschlichen Interesses: »The media give people the type of news in which human beings are more or less universally interested.«[1590] Dabei wird dieses Interesse nur nachgeordnet mit Medienwirkungen erklärt.[1591] Vielmehr erscheint das menschliche Interesse als Grund für Medienkommunikation: »The growth of the mass media is a natural outcome of the human obsession with news.«[1592]

Den Nachrichtenwert bzw. das journalistische Interesse an einer Meldung macht Shoemaker an nur zwei Faktoren fest, wobei die rein medientechnisch oder ökonomisch bedingten Faktoren außen vor bleiben: »Deviance« und »Social Significance« eines Ereignisses oder einer Nachricht seien es, die das menschliche Interesse an diesem Ereignis oder dieser Meldung bestimmen und die gleichzeitig auch ein Vorkommen in medialer Öffentlichkeit wahrscheinlich machen.[1593] »Events that are both deviant and socially significant get the most prominent news coverage and are, therefore, assumed to be the most newsworthy.«[1594] Eine international groß angelegte, auf zehn Länder bezogene Studie, deren Ergebnisse von Shoemaker und Cohen 2006 publiziert wurden, hat diese Theorie weitestgehend bestätigt: Während die Faktoren »deviance« und »social significance« die »variability in news item prominence«[1595] nicht so gut wie erwartet erklären konnten, spielten sie in den Befragungen von Journalisten, PR-Arbeitern und Publikumsmitgliedern eine große Rolle:[1596] »Participants said they want news that is both deviant and socially significant, but the content analysis of the news media shows that

---

1588 Vgl. Shoemaker 1996, S. 38.

1589 Vgl. Shoemaker 1996. Den Hinweis auf diese Arbeit verdanke ich Eilders und Wirth 1999, S. 37, Anm. 2.

1590 Shoemaker 1996, S. 32f.

1591 Vgl. Shoemaker 1996, S. 40. Hier werden Massenmedien in einer Liste von für die Sozialisation relevanten Institutionen genannt.

1592 Shoemaker 1996, S. 35.

1593 Vgl. Shoemaker und Cohen 2006, S. 7, dort auch beide Zitate, im Original teilw. Fettung.

1594 Shoemaker 1996, S. 37.

1595 Für alle drei Zitate und das wiedergegebene Ergebnis vgl. Shoemaker und Cohen 2006, S. 336.

1596 Für die Aufzählung der drei Gruppen vgl. Shoemaker und Cohen 2006, S. 337.

both constructs are present in only modest proportion.«[1597] Erklärt wird das auch mit medienexternen Faktoren, wie etwa staatlicher Zensur oder ökonomischen Interessen.[1598] Aufgrund dieser werde nicht notwendigerweise veröffentlicht, was von Menschen als »*newsworthy*« eingeschätzt wird.[1599] Wenn die besagten Faktoren für die Wahrnehmungspräferenzen von Publikumsmitgliedern sogar eine noch größere Rolle spielten als in den Medieninhalten, stützt das m. E. die These, dass die Nachrichtenwerte von »deviance« und »social significance« allgemein menschlich und nicht mediensystem-spezifisch sind.

Um zu belegen, dass Menschen allgemein »hard-wired« sind, Nachrichten und insbesondere deviante, also abweichende, Nachrichten wahrzunehmen und zu erinnern, zitiert Shoemaker auch psychologische Studien, die gezeigt hätten, dass Menschen Neues besser erinnern als Gewohntes und dass sie lebendige, also etwa personalisierte Nachrichten mit größerer Wahrscheinlichkeit wahrnehmen und erinnern.[1600] Dabei erwähnt Shoemaker auch den Faktor Personalisierung als Personorientierung und zitiert besagte allgemein menschliche Gründe für diese: »We are more likely to pay attention to vivid information than pallid because vivid information fires our imagination in one of three ways: First, it is interesting and involves our emotions. Second, it is concrete and evokes images. Third, it is information about something that is proximate, if not in terms of geographical closeness, then in terms of time or our senses.«[1601] Auch der Faktor Prominenz kommt unter der Überschrift »Deviant News« vor, weil er ebenfalls auf das vom Alltag Abweichende abhebt.[1602] Leider bezieht sie aber weder ihre evolutionsbiologische Erklärung noch die kulturhistorische explizit auf den Faktor »Personalisierung«, so dass sich hier Konkretionen nur vermuten lassen.

Zur Erklärung der »human propensity toward surveillance and the shaping of news to emphasize deviance and social significance« diskutiert sie genetische Evolution und kulturelle Sozialisation.[1603]

1597 Shoemaker und Cohen 2006, S. 336.

1598 Vgl. Shoemaker und Cohen 2006, S. 338.

1599 Vgl. Shoemaker und Cohen 2006, S. 337, dort auch das Zitat, kursiv im Original.

1600 Vgl. teilweise in ähnlichen Worten auf Englisch: Shoemaker 1996, S. 37.

1601 Shoemaker 1996, S. 37. Vgl. auch Shoemaker und Cohen 2006, S. 11. An beiden genannten Stellen wird auch Personalisierung als Weg benannt, Nachrichten »more vivid« zu gestalten.

1602 Vgl. Shoemaker 1996, S. 36. Als Nachrichtenwertdimension wird genannt: »*prominence* (normative deviance)« (kursiv im Original).

1603 Vgl. Shoemaker 1996, S. 38, dort auch das Zitat. Sie spricht an derselben Stelle von »genetic evolution« und »cultural socialization«. Später hat Shoemaker deutlicher noch als in diesem Aufsatz den Faktor »deviance« vor allem auf biologische und den Faktor »social significance« vor allem auf kulturelle Einflüsse bezogen (vgl. Shoemaker und Cohen 2006, S. 9). Dies deutet sich in dem Aufsatz von 1996 schon an, wenn sie schreibt: »An interest in news is probably the result of an interaction between these two pure models, with humans both innately interested in

Evolutionsbiologisch ist das gesteigerte Interesse für Abweichendes, Neues oder Böses nach Shoemaker damit erklärbar, dass dieses Interesse einen Überlebensvorteil verschafft. So schreibt sie in Aufnahme von Charles Darwin: »The surveillance function, the gathering and dissemination of news, would have been quite adaptive for early humans, with those who were on the lookout for predators being more likely to survive and to reproduce than others in the same population.«[1604]

Obwohl Shoemaker dies nicht erörtert, ließen sich in Anlehnung daran auch evolutionsbiologische Gründe für eine allgemein menschliche Prädisposition für die Wahrnehmung und Erinnerung personalisierter Nachrichten vermuten:[1605] Prozesse und Ereignisse anhand der beteiligten Personen wahrzunehmen, könnte schon früh geholfen haben, die Gefährlichkeit oder Nützlichkeit dieser Ereignisse vermittels der Gefährlichkeit oder Wohlgesinntheit der beteiligten Personen einzuschätzen, und hätte damit einen Überlebensvorteil verschafft. So haben wahrnehmungspsychologische Studien auch gezeigt, dass die Fähigkeit von Menschen, Gesichter wahrzunehmen, zu erkennen und zu unterscheiden, im Normalfall sehr früh entwickelt ist.[1606] Das ermöglicht die Wiedererkennung eher wohlgesinnter Personen (Mutter, Familienmitglied, Freund) und feindlich gesinnter Personen. Ein Beispiel, das sich an Shoemaker orientiert, soll diese Vermutung erklären: Die Sonne scheint, Tiere grasen, ein Mensch rennt mit einer Keule bewaffnet über die Wiese. Diese Szene personalisiert wahrzunehmen – also auf den rennenden Menschen zu achten, und nicht auf die Sonne oder die grasenden Tiere - und danach zu beurteilen, ob der Mensch mir normalerweise freundlich gesinnt (und also wohl den Tieren nach dem Leben trachtet) oder mir normalerweise unbekannt oder feindlich gesinnt ist (und also vielleicht mir nach dem Leben trachtet), könnte nun in der Tat ganz im Shoemakerschen Sinne einen Überlebensvorteil verschaffen. Das wiederum könnte Personalisierung als allgemein menschliches Wahrnehmungs- und Realitätskonstruktionsprinzip verständlich machen.

---

deviant events and socialized to attend to events that have some significance to their particular culture and society.« (Shoemaker 1996, S. 44) Gerade von der Interaktionsthese her schien es mir aber plausibler, beides mit beidem zu erklären.

1604 Shoemaker 1996, S. 39. Vgl. zu diesem Zusammenhang auch Shoemaker und Cohen 2006, S. 9–12.

1605 Anders als hier vorgeschlagen meint Eilders (leider ohne Gründe dafür anzugeben), dass sich die Aufmerksamkeitspräferenz für Personalisiertes gegenüber Abstraktem nicht durch »einen klaren Überlebensvorteil« erklären lasse (vgl. Eilders 1997, S. 103, dort auch das Zitat).

1606 Säuglinge etwa können vermutlich »bereits kurz nach der Geburt« das »Gesicht ihrer Mutter« erkennen (vgl. Goldstein 2008, S. 398, dort auch die Zitate). Von daher ist es naheliegend, dass Studien auch einen speziellen, »angeborenen Mechanismus für die Gesichtererkennung« empirisch zu plausibilisieren versucht haben (vgl. ebd., S. 399, dort auch das Zitat). Zur Entwicklung der Gesichtserkennung vgl. auch den Überblick bei Flin und Dziurawiec 1989.

Auch kulturelle Sozialisation, also nach der Geburt erworbene Eigenschaften und Routinen, können nach Shoemaker den Nachrichtenwert von Außergewöhnlichem erklären. Anschaulich zählt sie auf, wie Kinder zu erhöhter Aufmerksamkeit für »deviance« erzogen werden:

> »We are taught to attend to the world around us and to cognitively process information about possible threats. Especially where a deviant event, or ›bad news,‹ is concerned, the identification of deviant people (›stay away from strangers‹), events (›don't use drugs‹), and ideas (›who told you that?‹) is functional not only for maintaining the status quo [...], but also for the safety of the individual involved. We learn what can hurt us. We learn what is right and wrong by our culture's standards. We learn what our culture emphasizes as noteworthy.«[1607]

Ähnlich, wie es sich menschheitshistorisch als nützlich erwiesen habe könnte, Vorgänge personalisiert wahrzunehmen, könnte dies individual-biographisch und als Teil kulturbedingter Sozialisation der Fall sein. In Shoemakers Beispielen deutet sich das schon mit der Elternfrage »Who told you that?« an, die dazu anhält, die Botschaft nicht aus sich heraus zu beurteilen, sondern von ihrem Botschafter und dessen Vertrauenswürdigkeit her.

Welchem dieser beiden Erklärungsmodelle ist nun der Vorzug zu geben? Shoemaker und Cohen beantworten diese Frage mit einem Verweis auf die Interaktion von genetischen Anlagen und kultureller Sozialisation: »The best answer is almost surely that they interact, with each setting the bounds for the other [...].«[1608] Und: »The newborn child is not a blank slate upon which to be written solely by culture but rather is programmed through its genetic heritage with the potential of behaving in certain ways. Through cultural socialization, these potentialities are either encouraged or discouraged«.[1609] Beide Erklärungsmodelle, besonders aber das evolutionsbiologische, sind in theologischer Perspektive nur in ihrem eingeschränkten Geltungsbereich relevant: Es geht hier um die sozialwissenschaftliche, biologische und psychologische Plausibilisierung des Ist-Zustandes. Als solches können die Modelle zu einem besseren Verständnis von Selektionsvorgängen in menschlicher Wahrnehmung beizutragen. Besagte Plausibilisierungen dürfen jedoch nicht als in sich schon normativ missverstanden werden.

Interessant im Zusammenhang mit der theologisch-ethischen Frage nach medialer Personalisierung ist auch weniger die Unterscheidung zwischen genetischen Anlagen und Sozialisation, sondern zwischen medieninduzierten Wahrnehmungs- und Verarbeitungsschemata und solchen, die nicht durch Massenmedien induziert sind. Versteht man Sozialisationsprozesse so engge-

---

1607 Shoemaker 1996, S. 40.
1608 Shoemaker und Cohen 2006, S. 16.
1609 Shoemaker und Cohen 2006, S. 17.

führt auf Mediensozialisation[1610] und setzt diese anderen Wirkursachen wie genetischen Anlagen gegenüber, entsteht die interessantere Frage, ob die personalisierte Rekonstruktion der Realität durch Rezipienten vermittels Sozialisationsprozessen eine langfristige Wirkung von Medieneinflüssen, genauer von medialer Personalisierung, ist. Ich schlage vor, diese Frage analog zu Shoemaker/Cohen und vom dynamisch-transaktionalen Denkansatz her folgendermaßen zu beantworten: Die Anlage zur personalisierten Wahrnehmung ist insofern als Stimulus zu interpretieren, als sie sich nur sehr langfristig verändert.[1611] Dieser Stimulus wird jeweils aber erst sozialisations-, situations- und kontextbedingt sowie subjektspezifisch wirksam.[1612] Diese Transaktion wiederum steht in Perspektive des Rezipienten in Transaktion zur medialen Wirklichkeitskonstruktion: Während er diese (nicht) personalisierend rekonstruiert, wirkt diese Rekonstruktion zugleich darauf zurück, inwieweit er seine etwaigen Anlage eines Personalisierungspotentials aktualisiert.

Der Vorzug dieser theoretischen Lösung ist m. E., dass sie erstens (1) die Wirkungen der Medien auf Realitätskonstruktionen der Rezipienten erfassen kann, ohne Letztere immer gleich zum Opfer Ersterer zu machen. Gleichzeitig kann sie zweitens (2) die Wirkung evolutions- und sozialisierungsbedingter Anlagen fassen, ohne den Einzelnen diesen deterministisch zu überliefern. Drittens (3) kann sie so die Freiheits- und damit Verantwortungsräume des Einzelnen fassen, ohne die auf ihn wirkenden Fremdbestimmungen zu übersehen.

4.1.2 Sich auf Personen beziehen

Einen wichtigen Nutzen von Personalisierungen für Rezipienten, beziehungsweise eine wichtige Wirkung jener auf diese, besteht darin, dass erst die Personalisierung der Medienrealität sogenannte parasoziale Interaktion und Beziehungen ermöglicht, also Beziehungen zu Medienpersonen, die Face-to-Face-Beziehungen ähneln.[1613] Während von der Eskapismusthese her oder in erre-

---

1610 Zur Deutung der Nachrichtenfaktoren als rezipientenseitiger Selektionsmechanismus, der durch Mediensozialisation entsteht, vgl. etwa Ruhrmann et al. 2003, S. 21. Daniel Meier verdanke ich den Hinweis auf diese Stelle.

1611 So weist etwa Shoemaker auf den Hauptunterschied von Evolution und Sozialisation hin, der darin bestehe, dass Erstere über »over thousands–even millions–of years« sich vollziehe, während Letztere sich in kürzeren Zeiten verändern könne (vgl. Shoemaker und Cohen 2006, S. 16).

1612 Vgl. ähnlich Shoemaker und Cohen: »Although our genetic heritage may determine what types of social behaviors are possible and probable, culture determines the form and expression of those behaviors [...]« (Shoemaker und Cohen 2006, S. 16).

1613 So führt etwa Uli Gleich die Tatsache, dass das »Fernsehangebot [...] von Personen dominiert« wird, als Grund dafür an, dass das »*Verhältnis zwischen Zuschauer und Fernsehpersonen*« medienpsychologisch reflektiert werden müsse (Gleich 1996, S. 113, kursiv im Original). Parasoziale Interaktion wird also zum Thema

gungsphysiologischer wie einstellungstheoretischer Perspektive noch andere Nutzen und Motive vorstellbar sind,[1614] die Rezipienten mit Unterhaltungskonsum im Allgemeinen und der Rezeption personalisierter Medienrealitäten im Besonderen verbinden, scheint gerade beim Thema Personalisierung der Fokus auf parasoziale Interaktion naheliegend. Damit kommen die Gratifikationen in den Blick, die sich nicht primär aus dem Inhalt des Gezeigten, sondern aus der Beziehung zum Gezeigten ergeben.[1615]

Das Konzept parasozialer Interaktion geht auf einen 1956 erschienenen Aufsatz von Donald Horton und R. Richard Wohl[1616] zurück und ist »eigentlich *ein symbolisch-interaktionistisches Modell zur Analyse der Rezeption von Massenkommunikation*«[1617], wie Krotz festhält. Grundgedanke des Konzepts ist, dass Fernsehrezipienten sich zu Personen, die im Fernsehen dargestellt werden, in Beziehung setzen – und zwar »analogous to those in a primary group«[1618]: »We propose to call this seeming face-to-face relationship between spectator and performer a *para-social relationship.*«[1619] Medienperson und Beobachter benehmen sich so, als stünden sie in direktem Austausch.[1620] Eine aktuellere Definition verlinkt das Konzept Parasozialer Interaktion (PSI) explizit mit dem Involvement-Konzept[1621], das eingangs bereits erwähnt wurde:

> »PSI definieren wir demzufolge als ein vom Bewusstsein der medialen Vermitteltheit geprägtes interpersonales Involvement von Rezipientinnen und Rezipienten mit einer Medienperson, das sich in perzeptiv-kognitiven, affektiven und konativen Teilprozessen und Erlebensweisen manifestieren kann und dessen Intensität im Rezeptionsverlauf dynamischen Schwankungen unterliegen kann. Struktur und Intensität der PSI werden dabei sowohl von den Eigenschaften der Rezipienten als auch von den Medienpersonen bzw. ihrer Darstellung beeinflusst.«[1622]

---

der Theorie, weil Medienrealität personalisiert ist. Auf »Big Brother« bezogen hält Gleich fest, dass »die starke Personalisierung die Möglichkeit zum Aufbau persönlicher (parasozialer) Beziehungen zu den Medienakteuren im Sinne einer freundschaftlichen und emotionalen Verbundenheit« bietet (Gleich 2001, S. 529).

1614 Zu diesen theoretischen Zugängen zum Thema »Motive für Unterhaltungskonsum« vgl. Vorderer 1996. Vgl. dort auch die verwendeten Fachbegriffe. Vgl. auch Gleich 2001, S. 524.

1615 Vgl. Gleich 1996, S. 117f.

1616 Vgl. Horton und Wohl 1956. Vgl. dazu Gleich 1996, S. 114f.; Schramm et al. 2002, S. 436.

1617 Krotz 1996, S. 73, kursiv im Original.

1618 Horton und Wohl 1956, S. 215.

1619 Horton und Wohl 1956, S. 215.

1620 Vgl. Mikos 1996, S. 97, dort findet sich auch ein kurzer Forschungsüberblick bis 1996.

1621 Dazu: Hartmann et al. 2004, S. 36.

1622 Hartmann et al. 2004, S. 37.

Horton und Wohl haben 1956 im Gegensatz zu späteren Arbeiten »*nicht explizit zwischen parasozialer Beziehung und parasozialer Interaktion* unterschieden«.[1623] Tut man dies, so beziehen sich Interaktionen auf den Kommunikationsprozess, während parasoziale Beziehung »*eine durch Gewohnheit, kognitive Operationen und Emotionen vermittelte situationsübergreifende Bindung*« meint.[1624] Die Fernsehpersonen, auf die sich parasoziale Interaktionen und Beziehungen richten, müssen dabei keineswegs fiktive Charaktere in Filmen oder Serien sein, sondern können auch – wie schon Horton und Wohl betont haben – reale Personen sein.[1625]

Vom DTA her muss aber betont werden, dass diese reale Person nicht als solche, sondern in rezipientenseitiger, kontextspezifischer Rekonstruktion Beziehungsgegenüber in parasozialer Beziehung ist.[1626] Da der Begriff »parasoziale Interaktion« die »aktive Rolle der Zuschauer« gegenüber dem Gezeigten voraussetzt,[1627] ist er sonst mit dem hier zugrunde liegenden dynamisch-transaktionalen Wirkansatz kompatibel.[1628]

Parasoziale Interaktionen haben der Fachdiskussion zufolge für den Rezipienten gegenüber sozialen Interaktionen Vorteile, die diese wie den Konsum

---

1623 Vgl. Krotz 1996, S. 73, dort auch das Zitat, kursiv im Original.

1624 Vgl. Krotz 1996, S. 80, dort auch das Zitat, kursiv im Original.

1625 Vgl. Horton und Wohl 1956, S. 215. Angela Keppler hat drei Personentypen unterschieden, auf die sich parasoziale Interaktion beziehen kann: fiktive Personen, Typen, öffentliche (also reale) Personen (vgl. Keppler 1996, S. 19).

1626 Vgl. auf den symbolischen Interaktionismus als Grundlage des PSI-Konzeptes bezogen: Krotz 1996, S. 74f. Vgl. so auf Stars bezogen auch Keller: »Nicht der Star ist ideal, sondern er resoniert als ideal in Egos reflexiver Identitäts-Unterscheidung von Ego/Star.« (Keller 2008, S. 162)

1627 Vgl. Mikos 1996, S. 97, dort auch das Zitat.

1628 Schramm, Hartmann und Klimmt haben in diesem Zusammenhang bei den auch von ihnen festgestellten Kompatibilitäten auf einen wichtigen Unterschied zwischen parasozialer Interaktion (PSI) und dynamisch-transaktionalem Modell (DTM) hingewiesen (vgl. Schramm et al. 2002, S. 443f.): Weil PSI von den Autoren »als eine Art asymmetrische Interaktion beschrieben wurde, bei der die Medienfiguren zwar die Zuschauer/innen beeinflussen, die Zuschauer/innen jedoch keinen direkten Einfluss auf die Medienfiguren ausüben können«, wären »[i]ntertransaktionale Prozesse [...] ausgeschlossen« (ebd., S. 444). Tatsächlich können intertransaktionale Prozesse auch nach Früh und Schönbach sehr wohl asymmetrisch sein: Zunächst halten auch die beiden fest, dass Inter-Transaktionen »im Falle medialer Kommunikation meist vermittelt über die Medienbotschaft« und nicht direkt zwischen Rezipient und Kommunikator, der ja der Medienfigur in PSIs entspräche, stattfinden (vgl. Früh 1991, S. 42, dort auch das Zitat). Direktes Feedback ist danach ausgeschlossen, stattdessen findet insofern Para-Feedback statt, als dass beide Kommunikationsteilnehmer jeweils mit dem selbst konstruierten Bild des anderen arbeiten. Genau diese Transaktion muss nun keineswegs symmetrisch sein: »Macht- und Herrschaftsverhältnisse beeinflussen und verformen diesen Prozeß; Inter-Transaktion – auch etwa die des persönlichen Gesprächs – bedeutet nur selten Chancengleichheit.« (ebd., S. 42)

personalisierter Medienangebote für ihn interessant machen: Zunächst ist der Hauptunterschied zwischen sozialer und parasozialer Interaktion »the lack of effective reciprocity« seitens der Parasozialität.[1629] Damit eng zusammen hängt der Vorzug, den schon Horton und Wohl benannt haben: Parasoziale Interaktionen bringen »no sense of obligation, effort, or responsibility on the part of the spectator«[1630] mit sich. Beziehungsneuaufnahmen und -abbrüche sind möglich, ohne dass die Fernsehperson darauf reagiert, also ohne soziale Kosten.[1631] In parasozialen Interaktionen bestehen kein Handlungsdruck und kein »Druck der Selbstpräsentation gegenüber dem Medienakteur«.[1632] Damit und darüber hinaus ermöglicht parasoziale Interaktion Identitätsarbeit.[1633]

Diesen letzten Gedanken will ich aufgreifen, um die verschiedenen Nutzen, Wirkungen und Motive, sie sich für Rezipienten mit parasozialen Interaktionen mit und Beziehungen zu Medienpersonen ergeben können, konkreter zu beschreiben. Nutzen, Wirkungen und Motive werden damit in Identifikations- und Identitätsbildungsprozessen gesucht. Dieser Ansatz, das Thema parasoziale Beziehungen auf den identitätskonstruierenden Umgang mit Medienpersonen zu fokussieren, ist nicht unüblich.[1634]

Aus der gesichteten Literatur lassen sich drei idealtypische und für Identitätskonstruktionen relevante Konstellationen von Beziehungen zwischen Mediennutzer und Medienperson kompilieren. Sie entsprechen grob den möglichen Funktionen für den Rezipienten, die schon Horton und Wohl parasozialen Beziehungen zugeordnet haben:[1635] Was ich im Folgenden »repräsentative Identifikation« (1) nenne, entspricht ungefähr dem, was Horton und Wohl als Beziehung zu idealisierten Personen beschrieben haben. Dabei ist die Rolle der Medienperson, »to hold up a magic mirror to his followers, playing his reciprocal part more skillfully and ideally than do the partners of the real world«.[1636] Was hier »explorative Identifikation« (2) heißt, entspricht ziemlich genau der Explorationsfunktion bei Horton und Wohl: »The enactment of

---

1629 Vgl. Horton und Wohl 1956, S. 215, dort auch das Zitat.

1630 Horton und Wohl 1956, S. 215.

1631 Zur Unverbindlichkeit der parasozialen Beziehungen vgl. auch Keppler 1996, S. 20.

1632 Vgl. Mikos 1996, S. 104, dort auch das Zitat.

1633 Vgl. Mikos 1996, S. 104f.

1634 Vgl. nämlich so auch Keppler 1996; und in Diagnose dieses Schwerpunktes, dann aber in kritischer Abgrenzung davon, vgl. Gleich 1996, S. 114.

1635 Vgl. Horton und Wohl 1956, S. 222. Vgl. dort auch für das Folgende. Die drei im Folgenden benannten Identifikationsformen (repräsentativ, explorativ, delegativ) kommen ähnlich, aber als Repräsentationsformen, schon in meiner Examenshausarbeit vor. Die Entsprechungen zu den ersten beiden – die repräsentative Medienperson und die exemplarische Medienperson – wurden dort in Anlehnung an Manfred Josuttis' Unterscheidungen zum »Ich auf der Kanzel« entwickelt (Josuttis 1989).

1636 Horton und Wohl 1956, S. 222.

a para-social role may therefore constitute an exploration and development of new role possibilities, as in the experimental phase of actual, or aspired to, social mobility.«[1637] Schließlich entspricht die »delegative Identifikation« (3) ungefähr der Kompensationsfunktion bei Horton und Wohl.[1638] Auch Kepplers drei Identifikationsformen ähneln den hier präsentierten drei Typen: die affirmative, hypothetische und negative Identifikation.[1639] Diese drei Typen sollen nicht die ganze Breite möglicher Medienbeziehungen und -interaktionen abdecken, sondern exemplarisch diejenigen benennen, die für die ethischen wie kirchentheoretischen Fragen nach der Personalisierung der Medienrealität relevant scheinen.[1640]

(1) Die mit *repräsentative Identifikation* bezeichnete Beziehung lässt sich vereinfacht mit der Rezipientenaussage beschreiben: »Du stehst für uns bzw. für das, was wir sein wollen.« Die Medienperson repräsentiert das (ideale) Wir einer bestimmten Gruppe. Carlo Michael Sommer hat diesen Typ in seiner sozialpsychologischen Reflexion des Starkultes beschrieben.[1641] Der Theorie sozialer Identität zufolge, die Sommer rezipiert, »beruht das Selbstverständnis eines Individuums zum einen auf seiner Vorstellung von seiner Einzigartigkeit, seiner personalen Identität, zum anderen auf seiner Gruppenzugehörigkeit, seiner sozialen Identität«.[1642] Danach konstruiert das Individuum seine soziale Welt als Gefüge aus verschiedenen Gruppen, zu denen es sich selbst unterschiedlich stark oder überhaupt nicht zugehörig weiß.[1643] Personale Iden-

---

1637 Horton und Wohl 1956, S. 222.

1638 Vgl. Horton und Wohl 1956, S. 222.

1639 Vgl. Keppler 1996, S. 22. Mikos erwähnt Relationierungen, die sich dem explorativen und delegativen Typ zuordnen ließen: »Sie [die Zuschauer, FH] erhalten so die Möglichkeit, soziale Spielregeln zu lernen, neue Handlungsmöglichkeiten zu erproben und ihnen selbst versagte Handlungen kompensatorisch auszuführen, indem sie stellvertretend an den Handlungen der Medienakteure teilhaben.« (Mikos 1996, S. 104) Sich teilweise mit der hier entwickelten Typik überschneidende Differenzierungen in Identifikationsarten zitiert: Maletzke 1963, S. 123.

1640 Gerade die ersten beiden Typen werden hier entwickelt im Rückgriff auf Beiträge zum Star-Diskurs. Da es um eine Typisierung geht, ist es m. E. allerdings nicht von Nachteil, dass diese möglichen Relationierungen hier zunächst an einer Ausnahmeerscheinung der Medienperson entwickelt wurden. Wesentliche Züge sind übertragbar. Beziehungen nach dem Typ repräsentative Identifikation werden allerdings meist Beziehungen zu Stars sein. Zum Verständnis von Stars als »die Spitze der Prominenz« vgl. Wippersberg 2007, S. 35. Zur Kritik an Peters' »lediglich quantitativ[er]« Unterscheidung von Stars unter den Prominenten vgl. Schneider 2004, S. 71f., 81, Zitat auf S. 71. Zum Phänomen der Prominenz insgesamt vgl. vor allem die von Wippersberg ausführlich, im Rahmen der vorliegenden Arbeit aber nicht bzw. nur am Rande rezipierten Studien von Peters (Peters 1996) und Schneider (Schneider 2004) (vgl. dazu: Wippersberg 2007, S. 148–150, 152).

1641 Vgl. Sommer 1997.

1642 Sommer 1997, S. 116.

1643 Vgl. Sommer 1997, S. 116.

tität entsteht danach durch die individuenspezifische Zuordnung zu Gruppen und die Hierarchie dieser Zugehörigkeiten.[1644] Man ist, um es mit Sommers Beispiel zu sagen, etwa Deutscher, Sportler und Christ, wobei diese drei Gruppen- bzw. Kategorienzugehörigkeiten unterschiedlich wichtig für die personale Identität sind. Gemeinsame (Selbst-)Kategorisierung (etwa »Deutscher« oder Punker) bedingt damit gemeinsame soziale Identität, die wiederum symbolisiert wird: durch gemeinsame Aktivitäten, Kleidungsstil, Rituale, Objekte usw.[1645] Diese Symbole sind insofern von besonderer Bedeutung, als sie die Gruppenzugehörigkeit ausdrücken und so die »Identifikation mit der eigenen und die Abgrenzung von anderen Gruppen« ermöglichen.[1646]

Diese Symbole können, wie Sommer über die von ihm rezipierte Forschungstradition hinaus betont, nun auch Personen sein: »Stars, Idole verkörpern die zentralen Werte einer Gruppe, ihrer Anhänger.«[1647] Das führt er weiter aus mit dem sozialpsychologischen Konzept des »leadership«[1648], demzufolge »leadership [...] als Ergebnis einer Interaktion von individuellen Qualitäten und kontextspezifischen Anforderungen«[1649] gesehen werden kann. »Leader« zu sein, ist danach keine Eigenschaft einer Person, sondern eine soziale Zuschreibung: Der »Leader« ist »das Individuum, das die kontextrelevanten Normen der Gruppe am besten verkörpert und das in der Lage ist, das Funktionieren der Gruppe im Hinblick auf dieses Ziel zu ermöglichen. Mit anderen Worten, der Führer ist das prototypische Mitglied der Gruppe, das ›beste Exemplar‹ der Gruppe, ja als Identifikationssymbol, in dem sich Gruppe wiederkennt, die Gruppe selbst.«[1650] Er ist »prototypische Verkörperung der Gruppe« und »Idealbild«.[1651] Als solches zieht er die Aufmerksamkeit der Gruppenmitglieder auf sich[1652] und – so muss man m. E. ergänzen – unter Umständen die Abneigung der Nichtmitglieder.

Charakteristisch für diese soziale Identifikationsfigur ist, was Sommer und andere als Paradoxie von Distanz und Nähe beschrieben haben.[1653] Einerseits wollen die Gruppenmitglieder ihrem Star oder Idol nahe sein, suchen die

1644 Vgl. Sommer 1997, S. 116. Vgl. dort auch für das folgende Beispiel.

1645 Vgl. Sommer 1997, S. 116.

1646 Vgl. Sommer 1997, S. 116, dort auch das Zitat.

1647 Sommer 1997, S. 117.

1648 Anders als Sommer verwende ich hier nicht den deutschen Begriff »Führer«, der durch seine Begriffsgeschichte im 20. Jahrhundert mit Konnotationen belegt wurde, die ihn nicht mehr als adäquate Übersetzung des englischen Wortes »leader« erscheinen lassen. Sommer schreibt auf der zitierten Seite auch von »leadership«.

1649 Sommer 1997, S. 117.

1650 Sommer 1997, S. 117.

1651 Vgl. Sommer 1997, S. 117, dort auch die Zitate.

1652 Vgl. Sommer 1997, S. 117.

1653 Vgl. Sommer 1997, S. 118f. Vgl. dazu auch Keller 2008, S. 161, Hickethier 1997, S. 39 und (in Zuspitzung auf Adolf Hitler) Pöttker 1998, S. 219. Vgl. dort jeweils auch für das Folgende.

Vertrautheit mit ihm, nicht zuletzt, weil erst diese Vertrautheit und dieses Wissen um die Eigenschaften und Werturteile der Identifikationsfigur die Symbolisierung der Gruppenidentität durch eben diese Person ermöglichen. Andererseits soll der Star die Werte dieser Gruppe ja gerade besser und vollkommener verkörpern als die Gruppe selbst, soll »*personalisierte Außeralltäglichkeit*«[1654] repräsentieren und darf deshalb den Gruppenmitgliedern wiederum auch nicht zu nah sein: »Dies ist ein Grund, weshalb diese Idole kaum natürliche Personen sein können. Deren Alltagsleben unter all den anderen würde die für ein Idol erforderliche Distanz, das Geheimnis, unmöglich machen.«[1655]

Genau diese Paradoxie erklärt auch für Sommer, warum massenmediale Kommunikationsbedingungen ideal sind für die Entstehung von repräsentativen Identifikationsbeziehungen: Presse und vor allem das Fernsehen ermöglichen eine für diesen Beziehungstyp ideale Balance von Distanz zu und Vertrautheit mit der medial dargestellten Person. Einerseits machen wiederholte mediale Darstellungen das Medienpersonal vertraut und versorgen die Rezipienten mit Informationen, gegebenenfalls sogar über deren Privatleben. Andererseits ist das Medienpersonal für das Publikum unerreichbar; ihre Alltagswelten überschneiden sich nur selten.[1656]

Der Nutzen repräsentativer Identifikation für Publikumsmitglieder liegt in der bereits beschriebenen Identifikationsfigur: Sie macht Gruppenzugehörigkeit, -identität und -wertekanon sichtbar.[1657] Die Identifikation mit dieser Figur ermöglicht so auch Zugehörigkeitsgefühl zur Gruppe und Versicherung der eigenen Identität. Insofern kann diese Identifikationsform auch den Zusammenhalt einer Gruppe oder Partei genauso stärken wie die Bindung an diese Gruppe. Von daher kann es in der Perspektive des individuellen Rezipienten verständlich und begründet sein, sich mit einer Medienperson zu identifizieren und mediale Wirklichkeitshypothesen, die anhand dieser Person konstruiert wurden, gegenüber anderen oder nicht-personalisierten zu bevorzugen.

1654 Ludes 1997, S. 88, kursiv im Original. Eben in der Personalisierung von Außeralltäglichkeit sieht Ludes das »*Gemeinsame von Halbgöttern, Heldinnen und Stars*« (ebd., S. 88, kursiv im Original).

1655 Sommer 1997, S. 119.

1656 Vgl. zu diesem Absatz Sommer 1997, S. 119. Eine ähnliche Auffassung zeigt sich, wenn Ludes formuliert: »Wenn nämlich die Ausgangsbeobachtung stimmt, daß es sich hier um die Verkörperung, Sichtbarmachung, das Hervorleuchten außergewöhnlicher Fähigkeiten oder eines außergewöhnlichen Aussehens handelt, *konnten Personen dieses Typs erst dann eine gesamtgesellschaftliche Funktion der Leitbildgebung, des Identifikationsangebots und der Integration, aber auch der Kompensation und Verschleierung* [...] erobern, als die *medialen Voraussetzungen hierfür gegeben waren.*« (Ludes 1997, S. 89f., kursiv im Original) Vgl. dort auch für das Folgende.

1657 Vgl. Sommer 1997, S. 116f.

Gleichzeitig verleiht diese Funktionalität der Identifikationsfigur eine gewisse Macht, was in diesem Kontext als Medienwirkung der Personalisierung interpretiert werden kann: Der Leader soll ja gerade »nicht der Durchschnitt [sein], sondern das Idealbild der Gruppe, der im aktuellen Kontext für die Gruppe richtungsweisend ist, Perspektiven für die Identitätsentwicklung bietet.«[1658] Paradoxerweise hat damit der Repräsentant gemeinsamer Werte in einem gewissen Rahmen auch die Macht, neue Werte zu setzen und alte Werte zu verändern. Relativiert wird diese Macht über die Gruppenmitglieder freilich durch den eingangs erwähnten Zusammenhang, dass jeder Mitglied mehrerer Gruppen und Kategorien ist und seine personale Identität aus mehreren sozialen Identitäten zusammensetzt,[1659] ohne dass eine soziale Identität einer der Gruppen mit der personalen Identität des Einzelnen zur kompletten Deckung käme. Wo dies nicht der Fall ist, kann die Macht der Identifikation über die Gruppenmitglieder auch entsprechend groß sein, in totalitären Staaten oder Sekten beispielsweise.[1660]

(2) Die *explorativ-differenzierende Identifikation* entspricht vereinfacht den Rezipientenaussagen: »Du bist wie ich und ich will sein wie du« bzw. bei negativer Identifikation »Du bist ganz anders als ich und ich will nicht so sein wie du.« Diese Beziehungsfigur werde ich exemplarisch anhand von Katrin Kellers Dissertation zu Stars und Nutzern[1661] theoretisch detaillierter beschreiben. Kellers Arbeit lässt sich als Verteidigung des Phänomens »Star« gegen Kulturkritik und -pessimismus verstehen; Starkult soll nicht als Abnormität, »sondern als funktional äquivalent zu identitätsbildenden Prozessen begriffen werden, die in ihren Bezugnahmen auf Nicht-Stars referieren«.[1662] Star-Nutzung soll insgesamt beschrieben werden »als normale[r] Mechanismus der Identitätskonstruktion in Mediengesellschaften«.[1663] Diese sich selbst als »entnormativierte« verstehende Perspektive[1664] hat im hiesigen Kontext den Vorzug, dass sie eine differenzierte Modellierung der Star-Fan-Beziehung erlaubt. Für sich genommen hat sie allerdings den Nachteil, ihre eigene Normativität – nämlich Star-Beziehung als »norm-ale« Form der Identitätsarbeit zu verstehen – ebenso zu verschleiern, wie sie dysemanzipative Wirkungen des Starkultes zu übersehen droht: Nach den Wahrheitsmomenten in der kulturpessimistischen Perspektive wird kaum bis gar nicht gefragt. Ich verstehe die Studie deshalb nicht als Beschreibung von allen möglichen Star-Beziehungen, sondern als Analyse eines möglichen Typs von Star-Beziehung. Charakteristisch

1658 Sommer 1997, S. 117.
1659 Vgl. Sommer 1997, S. 116.
1660 Vgl. dazu Pöttker 1998.
1661 Vgl. Keller 2008.
1662 Keller 2008, S. 19. Siehe auch: »Stars sollen als mediale Unterscheidungsangebote mit potentiellem Identitätswert betrachtet werden« (ebd., S. 20).
1663 Keller 2008, S. 261.
1664 Keller 2008, S. 20.

für diesen Typ ist die vom Grundanliegen der Arbeit her naheliegende Betonung der Freiheitspotentiale seitens der Nutzer.[1665]

Von dieser Einschränkung der Reichweite aus kann Kellers Beschreibung der Star-Rezipient-Beziehung nachgezeichnet werden: Keller versteht Identität als dynamisches[1666] Selbstkonzept[1667], das durch »unterscheidende Bezugnahme[n]« auf andere entsteht und diese Bezugnahmen wiederum voraussetzt.[1668] Identität entsteht »immer im Spannungsfeld zwischen drinnen und draußen, zwischen Eingrenzung und Ausgrenzung« und folglich als soziale Konstruktion im Verhältnis des Selbst zu seiner (para-)sozialen Umwelt und ist damit eben keine solipsistisch-statische Größe.[1669]

Versteht man Identität so, wie Keller das hier tut, beinhaltet die Entwicklung der eigenen Identität immer die Entwicklung eines Konzepts von Alter, also dessen, worauf Ego unterscheidend Bezug nimmt: »Unterscheidet sich Ego in Differenz von Alter, muss er dazu auf Alter Bezug nehmen, muss also das kognitive Konzept *Alter* seinen eigenen Bezugnahmen auf Alter voraussetzen – und damit Alters Identität wahrnehmend mitherstellen.«[1670] Parallel zur Arbeit am Selbstkonzept (des Ego) findet also immer eine Arbeit am Konzept des anderen – des Alter – statt, zu dem (und zu dessen Bild vom Selbst) Ego sich ständig in differenzierende Beziehung setzt. Nur angedeutet sei das im vorigen Satz Eingeklammerte, dass Keller nämlich mit Mead eine reflexive Schleife macht: Ego konstruiert nicht nur ein Konzept von Alter, sondern auch das vermutete wertende Konzept Alters von Ego.[1671] Dabei betont sie aber gegen Mead die »Möglichkeit von Handlungs-Widerstand gegen die [...] Wertungs-Allmacht des *generalized other*«,[1672] was insofern nahe liegt, als es Kellers vermeintlicher Intention, die Freiheitspotentiale seitens der Nutzer zu betonen, entspricht. In eigenen Worten Kellers Position zusammengefasst:

1665 Zum Wort »Nutzer« und zu Freiheit siehe weiter unten.

1666 Vgl. Keller 2008, S. 26, 28.

1667 Keller schreibt nicht explizit, dass sie unter Identität die vom Selbst konstruierte Konzeption des eigenen Selbst versteht, benutzt die Wörter Identität und Selbstkonzept m. E. aber als so gut wie synonym (vgl. bes. Keller 2008, S. 27, 30f., 35).

1668 Vgl. Keller 2008, S. 30f., 38, Zitat auf S. 31. Im Hintergrund bei Keller steht hier der von Derrida übernommene Gedanke, dass das Einzelne nicht für sich genommen Bedeutung gewinnt, sondern nur in seiner Unterscheidung von oder Assoziationen mit anderen. Die Bedeutung des Einzelnen ergibt sich aus dessen Vernetzung im System. Genau diesen Zusammenhang findet Keller in menschlicher Identitätsarbeit wieder und zitiert Grossberg entsprechend: »Any identity depends upon its difference from, its negation of, some other term, even as the identity of the latter term depends upon its difference from, its negation of, the former.« (zitiert nach Keller 2008, S. 30)

1669 Vgl. Keller 2008, S. 31, dort auch das Zitat. Teilweise an John Fiskes zusammenfassende Formulierungen Kellers angelehnt.

1670 Keller 2008, S. 30f., kursiv im Original. Vgl. dort auch für das Folgende.

1671 Vgl. Keller 2008, S. 33, 35, 41.

1672 Keller 2008, S. 34, kursiv im Original.

Identitäten entstehen, verändern sich und bestehen in einem Prozess, der das Selbstbild mit dem Bild des anderen vergleicht und gleichzeitig mit dem wertenden Bild abgleicht, das andere vom Selbst vermeintlich haben, und in diesem Vergleich und Abgleich[1673] um Differenzierung und Assoziationen auf ein möglichst zufriedenstellendes[1674] Selbstbild hin bemüht ist.

Dabei kann der andere sowohl Elemente eines angestrebten Selbstbildes enthalten – also dem Selbst als Vorbild oder Ideal erscheinen – wie auch Elemente eines gefürchteten Selbstkonzeptes.[1675] In Anlehnung an Erik Erikson und vor allem Ernst Bloch spricht hier Keller in eigener Begrifflichkeit von »utopischem und anti-utopischem Selbst«.[1676] So entsteht in differenzierender Bezugnahme auf Aspekte des anti-utopischen Selbst, die in einem anderen personifiziert sind,[1677] und in assoziativer Bezugnahme auf das utopische Selbst, das in einem anderen ansichtig wird, Identität. In Kellers Worten:

> »Ego braucht Alter zur Konstitution der Differenz Ego/Alter und damit zur Konstruktion von Ego und Alter; Ego strebt danach, mit Ego nach eigenen Maßstäben gerechtfertigt affektiv wie kognitiv zufrieden sein zu können und Ego ist wiederum auf Alter angewiesen, um zu diesem Zweck sowohl in positiver Anlehnung an als auch in negativer Abgrenzung von Alter eine utopische bzw. anti-utopische Version von Ego vorstellbar werden zu lassen.«[1678]

Als solches ist Identität sowohl das Ergebnis von als auch die Bedingung für kommunikative Prozesse.[1679]

In der Identitätsarbeit spielt nun nicht nur die Beziehung zur sozialen Umwelt eine Rolle, sondern auch die parasozialen Beziehungen, die das Selbst aufnimmt: Beziehungen zu Medienpersonen nämlich, die »analog zu den sozialen Beziehungen« strukturiert sind.[1680]

Der Star fungiert so als parasoziales Alter mit allen Spezifika parasozialer Interaktion.[1681] In der »identitätsrelevant[en]« Relationierung des Ego zu diesem Alter kann das Alter »Star« – wie Keller in Anlehnung an Bloch schreibt – nun zwei Rollen spielen:[1682] Als »Selbst-Ideal« kann es die »Ich-Utopie« personalisieren (»*So will ich sein*«), als »Selbst-Mahnmal« die »Anti-Utopie des Selbst« (»*So schlimm könnte es kommen*«). Star-Nutzer können Stars zu »posi-

---

1673 Zum »Abgleich« vgl. Keller 2008, S. 174.

1674 Vgl.: »Normaliter jedoch streben Aktanten danach, die auf ihr Selbst bezogenen Selbst- wie Fremdbewertungen im Dienste ihrer Selbst-Zufriedenheit zu optimieren.« (Keller 2008, S. 42) Zum Inhalt der Zusammenfassung vgl. ebd., S. 166f.

1675 Vgl. Keller 2008, S. 47f.

1676 Keller 2008, S. 47.

1677 Zur Personifikation vgl. Keller 2008, S. 47.

1678 Keller 2008, S. 47f.

1679 Vgl. Keller 2008, S. 36.

1680 Vgl. Keller 2008, Unterkapitel 6.1, insb. S. 156–158, Zitat auf S. 156.

1681 Vgl. Keller 2008, S. 157f.

1682 Vgl. Keller 2008, S. 167f., Zitate auf S. 167.

tiver wie negativer Distinktion des Selbst« nutzen.[1683] Diese beiden extremen Relationierungsoptionen bilden »die Endpunkte eines Kontinuums« der möglichen Star-Nutzer-Star-Beziehungen.[1684] Der Star kann vom Nutzer als »transzendierender Hoffnungsträger«[1685], als »Personifikation allgemein menschlicher Selbst-Erweiterungsbedürfnisse«[1686] funktionalisiert werden und im Vergleichsprozess das Selbst so antreiben.[1687] Der Anti-Star markiert bei Keller den anderen Extrempunkt dieses Beziehungskontinuums und funktioniert ähnlich wie der Star – nur mit umgekehrten Vorzeichen: »Der abgelehnte Star trägt so *ex negativo* auch zur Definition des Ich-Ideals seiner Nutzer, respektive Anti-Fans bei, indem er ihnen erlaubt, in Unterscheidung von der im Star personifizierten Anti-Utopie ihres Selbst ein positiv selbstreferentiell transzendentes Selbst zu entwerfen.«[1688] Ob eine Medienperson ein Star wird, entscheidet sich damit auch erst im kommunikativen Prozess, in dem der Mediennutzer eine entscheidende Rolle spielt:[1689] »Der Star wird zum Star durch seine identitätskonstruktiven Funktionalisierungen in Unterscheidungen der Differenz *Ego/Star* und deren starke, vor allem affektive Besetzung und Gewichtung.«[1690]

Auch Keller hebt hervor, dass die medienspezifische dialektische Spannung von Nähe und Distanz in parasozialen Beziehungen zu Medienpersonen konstitutiv für die Entstehung von Stars ist.[1691] Anders als andere betont sie dabei besonders, dass diese Spannung nicht schon sozusagen im Star als Medienphänomen entsteht, sondern erst in der Beziehung zum Star-Nutzer: »Nicht der Star *ist* ideal, sondern er *resoniert als* ideal in Egos reflexiven Identitäts-Unterscheidung von Ego/*Star.* [...] Nähe ist Wissen und Kennen *für den Beobachter*; Distanz ist Nicht-Wissen und Nicht-Kennen *für den Beobachter.*«[1692] Einerseits gewinnt die Medienperson erst durch ihre Distanz zum Rezipienten und seinem Alltag für diesen die Attraktivität,[1693] Alter zu sein, auf den sich konkrete Rezipienten identitätsrelevant beziehen. Andererseits muss auch eine gewisse Nähe wahrgenommen werden, damit »Ansatzpunkte für Vergleichsprozesse« gefunden werden und sich der Rezipient so überhaupt identifizierend oder differenzierend auf die Medienperson beziehen kann.[1694]

1683 Vgl. Keller 2008, S. 167f., sämtliche Zitate auf S. 168, kursiv im Original.
1684 Vgl. Keller 2008, S. 190, dort auch das Zitat.
1685 Keller 2008, S. 176.
1686 Keller 2008, S. 174.
1687 Vgl. Keller 2008, S. 174.
1688 Keller 2008, S. 178, kursiv im Original.
1689 Vgl. Keller 2008, S. 152f.
1690 Keller 2008, S. 191, kursiv im Original.
1691 Vgl. Keller 2008, S. 161, 163, 129.
1692 Keller 2008, S. 162, kursiv im Original.
1693 Vgl. Keller 2008, S. 163.
1694 Vgl. Keller 2008, S. 161.

Im Sinne dieser Paradoxie ist auch das Motto oben formuliert: »Du bist wie ich« entspricht dem Nähe-Moment, während »ich will sein wie du« vom Distanz-Moment ermöglicht wird. Im Lichte dieser Paradoxie erscheint Personalisierung als Privatorientierung auch als für die Entstehung von Identifikationsbeziehung ambivalentes Phänomen: Einerseits kann durch Information über das Privatleben von Medienpersonen Nähe zu Rezipienten aufgebaut werden. Andererseits kann ein Zuviel dieser Informationen auch die Distanz so sehr vermindern, dass die Attraktivität der Medienperson für die Rezipienten sinkt.[1695]

Insgesamt schreibt Keller dem Star-Nutzer aus ihrem anti-kulturpessimistischen Impetus heraus einen hohen Aktivitätsgrad zu. Schon Vokabeln wie »Nutzer«[1696] und »Funktionalisieren« belegen, dass hier der Rezipient als identitätskonstruierender Aktiver gedacht ist und nicht als »willen- und hirnlose[s] Opfer der Kulturindustrie«.[1697] So formuliert Keller auch schon in der Einleitung:

> »Identität braucht Differenz, die nicht nur, aber eben auch popkulturell personifiziert an Stars ausgerichtet werden kann. Je freier Aktanten in ihren Entscheidungen sind, je weniger fremdbestimmt etwa ihre Rollenwahl ist, desto größer ist in der Regel ihre Selbst-Identifikation mit den gewählten Rollen und allgemein mit den von ihnen getroffenen Unterscheidungen. Im ›Lande Pop‹ nun kennt die Freiheit keine Grenze außer der Pflicht zur Wahl. Die Unterscheidungen, die Fans treffen, sind erfahrungsgemäß für sie identitätsrelevant, weil affektiv und moralisch stark besetzt.«[1698]

So wird gerade in der freien Eigenaktivität der Rezipienten die hohe Identitätsrelevanz der Star-Nutzer-Star-Beziehung fundiert: Eben weil aus freien Stücken differenzierend und assoziierend relationiert wird, ist diese Relation so identitätsrelevant.

Medien bieten nach Keller Personen an, die vom Publikum im Rahmen von kommunikativen Prozessen als (Anti-)Star anerkannt und genutzt werden oder nicht.[1699] Auch unterhalb des Grades an Medienpräsenz von Stars können parasoziale Beziehungen von Rezipient und Medienperson in der von Keller beschriebenen Beziehungsfigur gedeutet werden. In den Medien dargestellte

---

1695 Vgl.: »Erst die Möglichkeit, den Star systemspezifisch von Ego zu unterscheiden, ermöglicht seine Attraktivität für seine Nutzer. Empfindet ein Star-Nutzer wesentliche Nicht-Beobachtbarkeiten des Stars als getilgt, wird der Star nicht mehr als Star wahrgenommen, weil er durch überbordende Nutzernähe, durch zuviel Wissen, zu bestimmt wird, um identitätskonstruktiv fruchtbar zu bleiben.« (Keller 2008, S. 163)

1696 Zum Begriff bei Keller vgl. Keller 2008, S. 183.

1697 Vgl. Keller 2008, S. 174f., Zitat auf S. 175.

1698 Keller 2008, S. 19.

1699 Vgl. Keller 2008, S. 126, 129, 152, 191.

Personen können in Anlehnung an Keller als Angebote für bewusste oder unbewusste Identitätsarbeit verstanden werden: Sie bieten die von ihnen in Kooperation mit Medien konstruierte Realität ihrer selbst – ihr dargestelltes Selbstkonzept – als Alter an, zu dem Rezipienten sich in Beziehung setzen können. Diese können das von ihrem eigenen Selbstkonzept zunächst unterschiedene Selbstkonzept der Medienperson als positives Vorbild für ihre eigene Entwicklung begreifen, darin Elemente des eigenen idealen Selbst wiederfinden und diesem nacheifern (»So will ich (auch) sein.«).[1700] Sie können sich von diesem medial angebotenen Selbstkonzept auch abgrenzen und es so zum Mahnmal ihrer Selbstentwicklung stilisieren. Schließlich können sie es auch schlicht ignorieren. Welche dieser »Relationierungsoptionen«[1701] – so meine Interpretation Kellers – im Publikum überwiegt, ist entscheidend für den Prozess der Star- bzw. Prominenzgenese.[1702] Deutlicher als Carlo Michael Sommer betont Keller damit die freie Aktivität der Publikumsmitglieder und konzipiert so m. E. die theoretische Interpretation eines anderen Beziehungstyps. Hier repräsentiert die Medienperson zwar auch, aber nicht primär die Identität bzw. Differenz zur Identität der Rezipienten. Primär kommt die Medienperson hier als eine Identität im Rahmen individueller oder kollektiver Identitätskonstruktion vor, die eine affirmativ-identifizierende oder differenzierende Relationierung provoziert und über diese Relationierung sich als funktional für die Identitätsarbeit erweisen kann. Die mediale Darstellung von Personen zeigt damit dem Einzelnen und Gruppen, wer sie sein könnten. Von den je individuellen Rezeptionsaktivitäten hängt – so habe ich Keller verstanden – ab, ob diese angebotenen Möglichkeiten[1703] mit einem »Ja, so will ich sein« im Falle des Stars oder einem »Nein, so will ich auf keinen Fall sein« im Falle des Anti-Stars versehen in die eigene Identitätsarbeit einbezogen werden. Auf Stars bezogen schreibt Keller zusammenfassend: »Nur in seinen Zustimmungen und Ablehnungen von Stars als personalisierten kulturellen Anwendungskonzepten kann Ego im Rahmen populärer Kultur darüber entscheiden, was er ist, sein will und nicht sein will.«[1704] Ausgehend davon kann es nun auch in Kellers Wahrnehmungsmatrix theoretisch zu einer unkritischen Bewunderung des Stars seitens der Star-Nutzer kommen. Sie identifiziert diese Beziehungsform aber nicht mit einer allgemeingültigen Wesensbestimmung der Star-Star-Nutzer-Beziehung, sondern würde sie als eine von vielen anderen möglichen Formen einordnen.

Über Keller hinaus lässt sich so auch die Beziehung zwischen Unterhaltungsrezipienten und Figuren in (fiktionalen) Unterhaltungsangeboten, wie

---

1700 Dafür und für das Folgende vgl. Keller 2008, S. 168.

1701 Keller 2008, genauer die Kapitelüberschriften 6.2 (S. 166) und 6.3 (S. 177).

1702 Vgl. Keller 2008, S. 190.

1703 Keller spricht explizit von Möglichkeiten für das »Ego als operative Instanz« (vgl. Keller 2008, S. 167f., Zitat auf S. 168).

1704 Keller 2008, S. 257.

sie der Praktische Theologe Wilhelm Gräb beschreibt, als Beziehungsform innerhalb dieses Typus verstehen:[1705] Der Rezipient kann sich probeweise mit dargestellten Figuren identifizieren und auf diesem Wege an seiner eigenen Identität arbeiten. Ein Beispiel: Ein junger Mann, der die Fernsehreportage über einen erfolgreichen Tennisspieler sieht, beurteilt dessen dargestelltes Selbstkonzept (bewusst oder unbewusst) als positiv und erstrebenswert für die eigene Entwicklung, beginnt so der Identität »erfolgreicher Tennisspieler« nachzueifern und nimmt Tennisstunden.

Personalisierung medialer Realitätskonstruktionen birgt, wenn sich Beziehungen dieses Typs ergeben, folgenden Nutzen für Rezipienten: Freiheitsräume können erweitert, neue Lebensmöglichkeiten entdeckt und alternative Selbstkonzepte erprobt werden. Insofern bei diesem Typ die freie Aktivität der Rezipienten deutlich stärker betont ist, spielt auch die Macht der Medienpersonen eine deutlich eingeschränktere Rolle als bei dem vorangegangenen Typ. Das dargestellte Selbstkonzept ist hier eben nur als Vorschlag wirksam, der genauso gut in negative oder gar überhaupt keine Beziehung zum eigenen Selbst gesetzt werden kann. Deshalb sind in diesem Typ die Verantwortlichkeiten auch stärker auf die Rezipienten verlagert. Wo etwa gewalttätiges Verhalten mit der Rezeption eines Medienprodukts mit gewalttätigem Identifikationsträger korreliert, wäre bei Dominanz des explorativen Beziehungstyps zwischen Rezipient und Medienperson der Grund nicht primär in der Medienrealität – also in der Stimulus-Struktur –, sondern in der Person des Rezipienten zu suchen, der sich zur identifizierenden Relationierung zu dieser gewalttätigen Medienperson entschlossen hat.

(3) Die *delegative oder kompensatorische Identifikation* entspricht schließlich der Beziehungsaussage: »Du bist, was ich nicht sein kann oder will, aber sein wollte oder müsste.« Dieser Beziehungstyp wurde schon am Anfang der Gratifikationsforschung nachgewiesen. So ergab Schenk zufolge bereits in den 1940er Jahren eine Studie aus dem Kreis von Paul Felix Lazarsfeld, dass Hausfrauen »beim Hören der so genannten Seifenopern – ›Soap Operas‹ – folgende verschiedene Gratifikationen« erfuhren:[1706] »(1) einen stellvertretenden Ausgleich für die Nichterfüllung von Wünschen und Träumen; (2) die Kompensation der eigenen Situation durch die Identifikation mit Lebensstilen, die belohnender wirken; (3) die Möglichkeit, eigenes Versagen auf die Figuren der Handlungen zu projizieren; (4) ein Angebot von Ratschlägen für die bessere Rollenausübung.«[1707] Interpretiert man diese Gratifikationsaussagen auf der Beziehungsebene von Hausfrau und fiktiven Hörspielfiguren, so lassen sich die Gratifikationen (1) bis (3) mit dem obigen Motto dieses Typs zusammenfassen. Anders als die beiden vorangegangenen beruht dieser Beziehungsty-

---

1705 Vgl. Gräb 2002, S. 201. Vgl. ähnlich auch Keppler 1996, S. 23; Mikos 1996, S. 104.

1706 Vgl. Schenk 2007, S. 681f., Zitat auf S. 682.

1707 Schenk 2007, S. 682. Vgl. dazu auch Keppler 1996, S. 12.

pus auch in seiner positiven Form stärker auf Differenzbetonung als auf Identitätsbetonung.

Der Nutzen dieses Beziehungstypus ist naheliegend. Diese Form der parasozialen Beziehung entlastet den Rezipienten von dem, was er delegiert.[1708] In Anlehnung an die oben aufgelisteten Gratifikationen können dies etwa folgende Dinge sein: (a) Die Anforderungen, die sich mit dem eigenen Ideal moralischer Rechtschaffenheit verbinden, werden delegiert. Nicht mehr der Rezipient muss etwa eine perfekte Ehe führen und sich immer moralisch aufrichtig verhalten, vielmehr nimmt das stellvertretend die Medienperson wahr. (b) Die Anforderungen, die mit den eigenen Lebensträumen verbunden sind, werden delegiert. Nicht mehr der Rezipient muss etwa die Strapazen einer Reise auf sich nehmen, sondern die Medienperson tut dies für ihn. (c) Die eigenen Schuldigkeiten und das eigene Versagen werden an eine Medienperson delegiert: Nicht mehr der Rezipient ist mitschuldig an einem Phänomen, allein schuldig ist die Medienperson, die dafür verachtet werden kann. Insgesamt steht dieser Beziehungstypus damit dem nahe, was die These von Eskapismus als zentralem Unterhaltungsnutzungsmotiv behauptete.[1709]

Mit diesem Nutzen sind auch schon die Gefahren angesprochen, die diesem Beziehungstypus inhärent sind: Das Selbst nimmt sich die Möglichkeiten zur eigenen Entwicklung, wo es die Auseinandersetzung mit den eigenen moralischen Idealen, mit den eigenen Träumen und der eigenen Schuld abbricht, indem es sie an andere delegiert.

Die Zusammenfassung von bestimmten Nutzer-Medienperson-Beziehungen zu diesem Beziehungstypus macht deutlich, dass positiver und negativer Delegation dieselbe Beziehungsstruktur zugrunde liegt. Wenn also die eigenen Träume, Wünsche und Ideale auf einen Star delegiert werden, ist dies strukturell ähnlich zur Delegation von Schuld auf einen Anti-Star. In dieser Strukturähnlichkeit liegt m. E. auch der Grund, warum positive leicht in negative Delegationen umkippen können und der Star von heute der Anti-Star von morgen sein kann.

1708 Zum Kompensationsnutzer vgl. auch Mikos 1996, S. 104. Für die Nutzung der medialen Prominentendarstellung formuliert Wippersberg auf der Linie delegativer Identifikation: »Identifikation findet vor allem dann statt, wenn das Identifikationsvorbild Bedürfnisse und Wünsche des Rezipienten stellvertretend zu befriedigen vermag.« (Wippersberg 2007, S. 267)

1709 Zur »Rezeption als Eskapismus« vgl. Vorderer 1996, S. 311–313.

4.2 Kirche in der Medienrezeption[1710]

Im Kontext dieser Untersuchung stellt sich nun die Frage, wie die Kirche jeweils von diesen publikalen Personalisierungsaktivitäten betroffen ist – also: Wie personalisiert ist die publikale Wahrnehmung der Kirche? Welcher Art sind die Beziehungen zum öffentlichen Personal der Kirche? Und schließlich: Wie personalisiert ist das verhaltensrelevante Wissen von Kirche?

Seit 1972 gibt die Evangelische Kirche in Deutschland (EKD) alle zehn Jahre Kirchenmitgliedschaftsuntersuchungen (KMU) in Auftrag.[1711] In diesen Studien bedient sich die Institution Kirche Methoden der empirischen Sozialwissenschaft – insbesondere Umfragen und Interviews –, um ihre Selbstwahrnehmung[1712] zu konkretisieren. Nach den Herausgebern der Ergebnisse der vierten Untersuchung ist das Anliegen dieser Studien, »die Lebens- und Glaubenswirklichkeit von Kirchenmitgliedern und Konfessionslosen aufmerksam wahrzunehmen, das eigene kirchliche Handeln daraufhin zu reflektieren und so empirische Sorgfalt und kirchenleitende Verantwortung miteinander zu verbinden.«[1713] Die kirchensoziologische Selbstwahrnehmung der Kirche soll hier zumindest aus der Perspektive der kirchenleitend tätigen Herausgeber also mit dem Ziel präzisiert werden, kirchliches bzw. kirchenleitendes Handeln zu verbessern. Schon die erste KMU von 1972 versteht sich als »Teil der Kirchenreform« und reagiert auf erhöhte Austrittszahlen.[1714] Dieses Erkenntnisinteresse erklärt, warum die Kirchenmitgliedschaftsuntersuchungen vor allem die Glaubensüberzeugungen der Kirchenmitglieder und Konfessionslosen, deren Erwartung an und Einstellungen zur Kirche sowie deren Kirchenbindung und Austrittsbereitschaft zu erforschen suchen. Mit Erwartungen und Kirchenbindung ist damit auch die Frage nach der Beziehung zur Kirche untersucht. Die Austrittsgründe geben einen ersten Einblick in die handlungsrelevanten Einstellungen zur Kirche. Die ganz grundlegende Frage nach der publikalen Wahrnehmung der Kirche kommt in den beschriebenen Forschungsgegenständen allenfalls implizit vor. Ich werde deshalb personalisierungsrelevante Aspekte des statistischen Materials der Kirchenmitgliedschaftsuntersuchungen herausarbeiten, um daraus jeweils Schlüsse für die hier ausdifferenzierten Fragen zur Personalisierung zu ziehen. Dabei werde ich zuerst untersuchen, wie personalisiert die Wahrnehmung von und Erinnerung an Kirche ist (4.2.1, wie unter 4.1.1). Vor diesem Hintergrund soll es um

---

1710 Wesentliche Hinweise auf wichtige Literatur, Kapitel und Tabellen für dieses Unterkapitel verdanke ich Peter Bubmann. Insbesondere seine Vorlesung zur Pastoraltheologie war hier in dankenswerter Weise sehr hilfreich. Die hier vorgelegte Auslegung der Studienergebnisse ist selbstverständlich auch abhängig von der zitierten Sekundärliteratur.

1711 Vgl. Hermelink 2006b, S. 15.

1712 Vgl. Hermelink 2006b, S. 15.

1713 Huber et al. 2006b, S. 11.

1714 Vgl. Beckmann 2007, S. 49, dort auch das Zitat.

die Art der Beziehung (wie unter 4.1.2) zu den Repräsentanten der Kirche gehen (4.2.2). In den Untersuchungen spielt die Frage nach Massenmedien und Kirche kaum eine Rolle. Deshalb kann die Frage, wie personalisiert die medial vermittelte Wahrnehmung von Kirche und die medieninduzierte Orientierung an ihr sind, hier nicht geklärt werden, weil sich der Einflussfaktor »Massenmedien« nicht ausdifferenzieren lässt. Es kann und soll aber beschrieben werden, wie personalisiert allgemein die Wahrnehmungen von und Orientierungen in der Beziehung zur Kirche sind. Da aber m. E. grundsätzlich davon ausgegangen werden kann, dass die befragten Kirchenmitglieder und Konfessionslosen auch Nutzer von Massenmedien sind, so dass in den Untersuchungen – wenn auch nicht explizit – Medienpublika untersucht wurden, werden die gleich zu beschreibenden Wahrnehmungen und Orientierungen mit Medienkommunikationen in gewisser Hinsicht zusammenhängen, wobei nicht geklärt werden kann, ob dabei eine wie auch immer gerichtete Stimulations- oder Transaktionsbeziehung vorliegt. Es lässt sich aber aufgrund des vorliegenden Materials sagen, ob eher massenmedial vermittelte Beziehungen oder Face-to-Face-Kommunikationen eine größere Rolle in den (personalisierten) Relationen zur Kirche spielen.

4.2.1 Kirche wahrnehmen und erinnern

Seit Beginn der Kirchenmitgliedschaftsuntersuchungen werden deren Ergebnisse als Beleg für die These interpretiert, dass Kirchenmitglieder Kirche vor allem in der Person des Pfarrers wahrnehmen. Schon vor der ersten KMU konnte Karl-Wilhelm Dahm die Ergebnisse der »*empirischen Kirchenforschung*«[1715] bis dahin entsprechend zusammenfassen: »Nach wie vor ist es in den Augen der Mitglieder vor allem der Gemeindepfarrer, der die Kirche repräsentiert und die kirchlichen Auffassungen interpretiert«.[1716] Interessant ist, dass es nach Dahms Zusammenfassung in erster Linie die Gemeindepfarrer sind, die einen hohen Bekanntheitsgrad bei den Gemeindegliedern aufweisen, während »Bischöfe, Pröpste, Dekane und andere kirchliche Führungspersonen« genauso wie kirchliche Stellungnahmen demgegenüber stark abfallen oder gar ganz ignoriert werden.[1717] Auch nach der ersten Mitgliedschaftsuntersuchung von 1972 nehmen die Kirchenmitglieder Kirche vor allem anhand von Personen und nicht von Vollzügen – wie Verkündigung oder Sakramentsverwaltung – wahr.[1718] Kirchenmitglieder identifizieren Kirche in »überwiegende[r] Mehrheit« mit dem Pfarrer.[1719] Dieses Ergebnis bestätigt sich 1982

1715 Dahm 1971, S. 105, kursiv im Original.

1716 Dahm 1971, S. 108f.

1717 Vgl. Dahm 1971, S. 109, dort auch das Zitat.

1718 Vgl.: »Während der Kirchenbegriff die Vollzüge betont – Verkündigung, Sakramentsspendung, Gemeindeversammlung –, betonen die Mitglieder die Person, die in diesen Vollzügen handelt.« (Hild 1974, S. 278)

1719 Vgl. Hild 1974, S. 275, dort auch das Zitat.

und 1992. So interpretiert Wolfgang Marhold die Daten besagter drei KMU wie folgt: »Der/die PfarrerIn ist der/die ErwartungsrepräsentantIn der Kirche. Und das ist so in den Augen sowohl der Kerngemeinde, also derer, die im Sinne einer hergebrachten binnenkirchlichen Bewußtseinsstruktur eine hohe Partizipations- und Identifikationsdichte aufweisen, als auch der kirchensteuerzahlenden und ihre Mitgliedschaftsrechte nur sehr selten wahrnehmenden volkskirchlichen Öffentlichkeit.«[1720] Bei der KMU von 2002 allerdings erkennt Jan Hermelink auch Gegenläufiges: Pastoraler Hausbesuch und Gespräch mit dem Pfarrer würden seltener erwartet als innerkirchlich vermutet; auch gäben Pfarrer kaum den Anstoß zum Kirchenaus- oder -eintritt.[1721] Daraus folgert Hermelink, dass die These von der »pastoralen ›Schlüsselrolle‹ […] offenbar einer gewissen Relativierung«[1722] bedarf. Die vierte KMU hat ergeben, dass die Wichtigkeit des »persönliche[n] Kontakt[s] mit der Pfarrerin oder dem Pfarrer« stark vom »Lebensstil der Befragten« abhängt.[1723] »Wer sich der Kirche verbunden fühlt, faktisch am kirchlichen Leben teilnimmt und nicht mit dem Gedanken an einen Austritt spielt, misst dem persönlichen Kontakt mit der Ortspfarrerin oder dem Ortspfarrer eine eher hohe Bedeutung zu.«[1724] Nach den Ergebnissen der jüngsten Kirchenmitgliedschaftsuntersuchung (2012) kommt die evangelische Kirche zwar entscheidend über ihre Pfarrerinnen und Pfarrer in den Blick der Befragten; es spielen aber auch andere kirchliche Mitarbeitende eine Rolle.[1725]

Trotz der von Hermelink benannten Indizien für eine gegenläufige Entwicklung können insgesamt sämtliche Kirchenmitgliedschaftsuntersuchungen also dahingehend interpretiert werden, dass Befragte ihr Bild der evangelischen Kirche vor allem anhand der Person ihres Gemeindepfarrers konstruieren.[1726] Dafür spricht die hohe Bekanntheit der Gemeindepfarrer genauso wie die Erwartungen an sie.[1727] So ist die Wahrnehmung von und Erwartung an Kirche hochgradig personalisiert in der Dimension Personorientierung.

1720 Marhold 1999, S. 280.

1721 Vgl. Hermelink 2006a, S. 421.

1722 Hermelink 2006a, S. 421.

1723 Vgl. Schulz 2006, S. 51, dort auch beide Zitate.

1724 Schulz 2006, S. 51.

1725 Vgl. Hermelink et al. 2014, S. 102f. »*Was den persönlichen, den face-to-face-Kontakt betrifft, so werden neben der/dem Pfarrer/in in erheblichem Umfang auch diverse andere Mitarbeitende, vor allem in den Ortsgemeinden, mit der kirchlichen Institution assoziiert.*« (ebd., S. 103, kursiv im Original)

1726 Auch in der fünften KMU gaben etwa auf die Frage, zu welchem kirchlichen Mitarbeiter sie im letzten Jahr Kontakt hatten, 40 % der Befragten die Pfarrerin bzw. den Pfarrer an (vgl. Hermelink et al. 2014, S. 103).

1727 Vgl. dazu das Datenmaterial in den Tabellen 13 und 14a/b der vierten KMU: Huber et al. 2006a, S. 450f.

Damit geht auch eine Personalisierung in der Dimension Privatorientierung einher. Die Erwartungen an den Pfarrer richten sich an ihn nicht allein als Träger einer Berufsrolle, sondern auch und gerade als Privatperson:

> »Der/die PfarrerIn muß für das Ganze von Kirche und Glauben einstehen, ausschließlich und vollständig, und – ob er/sie will oder nicht – die Qualität einer Symbol- und Übertragungsfigur auf sich nehmen. [...] In seiner/ihrer Lebenspraxis soll er/sie all das repräsentieren, was das Christentum so wertvoll macht. Er/sie ist nie nur Privatperson, sobald sein/ihr Beruf bekannt wird.«[1728]

Auf die oben eingeführte Differenzierung bezogen heißt das: Kirche wird auch anhand des Privatlebens der Pfarrer wahrgenommen. Damit wird etwa die Glaubwürdigkeit der Botschaft der Kirche auch anhand des Privatlebens von Pfarrern beurteilt.

Bezogen auf die Dimension Prominenzorientierung lassen sich die Ergebnisse nicht als eine Orientierung der wahrnehmenden und verhaltensorientierenden Aktivität des Publikums an überregionaler Kirchenprominenz interpretieren. Dahms Zusammenfassung zufolge ist es eben der Gemeindepfarrer – also die lokale Prominenz –, der die zentrale Rolle spielt, während regionale Prominenz – vom Dekan bis zum Bischof – deutlich weniger bis gar nicht bekannt ist. Die Ergebnisse der fünften Kirchenmitgliedschaftsuntersuchung bestätigen diese Zusammenfassung für die Gegenwart zwar grob, machen aber eine weitere Differenzierung erforderlich: In der fünften KMU wurde als Neuerung die Frage aufgenommen: »Fällt Ihnen eine Person ein, die Sie mit der evangelischen Kirche in Verbindung bringen?«[1729] Die Liste der am häufigsten genannten Personen führt Martin Luther (30 % der Evangelischen, 24 % der Konfessionslosen) an.[1730] »Dann folgen Jesus (Christus) mit 13 %, Margot Käßmann mit 10 % und Joachim Gauck mit knapp 8 %.«[1731] Auf die namentliche Nennung von Pfarrerinnen und Pfarrern, die Nennung von PfarrerInnen als Gruppe und auf die Berufsbezeichnung bezogen gilt: »[I]nsgesamt assoziiert also ein knappes Drittel (31 %) der Befragten ihre Kirche vor allem mit Pfarrerinnen und Pfarrern«.[1732] Leitende Geistliche werden dagegen »nur ganz selten genannt«.[1733] Differenziert man dieses Ergebnis nun nach lokaler Prominenz, die auch über Face-to-Face-Kontakte zugänglich ist (Pfarrerinnen und Pfarrer), regionaler Prominenz (Präsides, Bischöfinnen, Landesbischöfen, Regionalbischöfinnen etc.) und überregionaler Prominenz (Martin Luther, Margot Käßmann), dann scheint Kirche vor allem anhand von lokaler und

---

1728 Marhold 1999, S. 281.
1729 Hermelink 2014, S. 32.
1730 Vgl. Hermelink 2014, S. 32.
1731 Hermelink 2014, S. 32.
1732 Hermelink 2014, S. 32.
1733 Vgl. Hermelink 2014, S. 32, dort auch das Zitat.

überregionaler Prominenz konstruiert zu werden. Dabei spielt neben historischen Figuren (Luther) auch Margot Käßmann eine wichtige Rolle.

4.2.2 Sich auf die Repräsentantinnen und Repräsentanten der Kirche beziehen

Die Frage der Rolle der Repräsentantinnen und Repräsentaten der Kiche lässt sich einmal anhand der Frage aufgreifen, zu wem identitätsrelevante Beziehungen bestehen (1), und dann anhand der Frage, zu welchem Typus diese identitätsrelevanten Beziehungen zu Kirchenrepräsentanten gehören (2).

(1) Zur ersten Frage: Im Rahmen der vierten KMU wurde auch nach dem »Einfluss von Personen, Medien« auf das Verhältnis zu »Religion, Glauben und Kirche« gefragt.[1734] Damit wurde die Selbsteinschätzung der Befragten zur religiösen Sozialisation erhoben. Es muss also eingangs betont werden, dass diese Ergebnisse nur bedingt Aufschluss über die tatsächlichen Sozialisationsfaktoren der religiösen Entwicklung geben. Deutlich wird,[1735] dass in dieser Selbsteinschätzung vor allem »echte« Personen aus dem Nahbereich und damit aus Face-to-Face-Kommunikationen als einflussreich und größtenteils positiv einflussreich angesehen werden.[1736] Den größten Einfluss auf die religiösen Einstellungen haben danach neben Eltern und Großeltern die Pfarrer. Dies gilt für Kirchenmitglieder wie für Konfessionslose, für Erstere allerdings viel stärker. Demgegenüber erscheinen »bekannte Persönlichkeite(n)« genauso wie die Massenmedien Radio, Fernsehen und Zeitschriften und das Medium Internet als konfessionsunabhängig kaum einflussreich.

Unterstellt man, dass die Einstellungen zu »Religion, Glauben und Kirche« zumindest in gewissem Grade identitätsrelevant sind, lässt sich, diese Ergebnisse interpretierend, folgende These formulieren: Identitätsrelevante Beziehungen entstehen nach der Selbsteinschätzung der Befragten vor allem in Face-to-Face-Kommunikationen. In diesem Nahbereich spielt die Prominenz – also die lokal prominenten Pfarrer – eine wichtige Rolle, allerdings keine wichtigere als Eltern und Großeltern. (Parasoziale) Beziehungen zu überregional Prominenten und Medienpersonen (aus der Kirche) sind demgegenüber deutlich weniger relevant für die Arbeit an der Identität.

(2) In der Komplexität und Vielfalt der Beziehungen zwischen Rezipienten und medial präsenten Kirchenvertretern zeichnet sich eine Tendenz ab, die sich in folgende These fassen lässt und gleich entfaltet werden wird: Das Gros der Beziehungen zwischen Medienpublikumsmitgliedern (insbesondere der distanzierten Kirchenmitglieder) lässt sich dem Typ »delegative Identifikation« zuordnen.

1734 Zu den Zitaten und den folgenden Ergebnissen vgl. Tab. 8/K13 in: Huber et al. 2006a, S. 444f.

1735 Zum Folgenden vgl. Huber et al. 2006a, S. 444f.

1736 Bekannte Persönlichkeiten oder Medienpersonen tauchen in der fünften KMU gar nicht mehr in der Liste der Sozialisationsagenten auf (vgl. Pickel 2014, S. 71).

Ausgangspunkt für die Interpretation empirischer Daten in diesem Sinne ist die Beobachtung eines scheinbaren Widerspruchs: Gerade den Mitgliedschaftstypen mit geringer Anbindung an die Kirche ist es besonders wichtig, dass die Kirche religiöse Angebote macht, auch wenn sie diese nicht nutzen.[1737] Gundlach vermutet hier so etwas wie ein »religiöses Delegationsprinzip« und fragt – wohl rhetorisch:[1738]

> »Sollte es auch in der modernen Welt so etwas wie einen ›Vikariatsglauben der Kirche‹ geben, die gerade deswegen eine Akzeptanz bei den nicht stark kirchlich gebundenen Mitgliedern findet, weil sie spezifische Inhalte sichtbar positioniert und profiliert, ohne damit eine Integrationsideologie zu verbinden? Ist eine theologisch profilierte Kirche ohne Beteiligungs- und Übereinstimmungszwang gerade aus der Halbdistanz heraus zustimmungsfähig, weil sie Themen und Positionen vertritt, die man zwar nicht selbst übernehmen will, wohl aber froh ist, dass sie präsent sind?«[1739]

Ich halte diese Interpretation für plausibel. Die Beziehung zu Kirchenrepräsentanten erscheint danach für eine nicht unwesentliche Zahl von Menschen mit wenig Kirchenbindung primär weder als Repräsentation einer geteilten

---

1737 Vgl. Gundlach 2006, S. 198.

1738 Vgl. Gundlach 2006, S. 198, dort auch das Zitat.

1739 Gundlach 2006, S. 198. Vgl. affirmativ dazu auch Hermelink 2006a, S. 421. Möglicherweise in Nähe zu dieser These formuliert Marhold: »Da christlicher Glaube nur an Personen erlebbar und identifizierbar ist, da weiterhin der/die PfarrerIn von Berufswegen ein Christ ist und zu sein hat, zieht er/sie das Defizitgefühl, das Unbestimmtheit ebenfalls erzeugt, gleichsam in seiner übersteigerten Gegengestalt entlastend und stellvertretend auf sich.« (Marhold 1999, S. 281) Karl-Wilhelm Dahm hat den im Haupttext benannten scheinbaren Widerspruch durchaus ähnlich, aber stärker von den Bedürfnissen der Kirchenmitglieder ausgehend, mit der auf Gehlen zurückgehenden Kategorie »Hintergrundserfüllung« interpretiert (vgl. dazu und zum Folgenden Dahm 1971, S. 113f.). Danach verändert die Verfügbarkeit einer Bedürfnisbefriedigung das Bedürfnis insofern, als die Bedürfnisbefriedigungsmöglichkeit das Bedürfnis selbst zurücktreten lässt. In Bezug auf die Kirche hieße dies etwa, dass das Bedürfnis nach »Erörterung von Lebens- und Sinnfragen« schon durch die Möglichkeit, dies mit einem Pfarrer notfalls tun zu können, hintergründig erfüllt wird (vgl. ebd., S. 113f., Zitat auf S. 114). Ähnlich sind sich Gundlachs und Dahms Interpretation desselben scheinbaren Widerspruchs darin, dass beide auf eine Form von Stellvertretungsstruktur zurückgreifen: Zu einem gegebenen Zeitpunkt tut A etwas, an dem B nicht partizipiert, das für ihn aber dennoch relevant ist. Sie unterscheiden sich dadurch, dass für die »Hintergrundserfüllung« die potentielle aktive Partizipation konstitutiv ist, während es nach dem Delegationsprinzip gerade die Vermeidung aktiver Partizipation ist. In der Hintergrundserfüllung ist die Partizipationsvermeidung also weniger prinzipiell als nach dem Delegationsprinzip. Dass sich Partizipationsvermeidung in publikaler Perspektive als funktional darstellen kann, scheint plausibel: Nicht ständig religiöse Frage ventilieren zu müssen, entlastet (vgl. zu m. E. diesem Nutzen nochmals Dahm 1971, S. 114).

Gruppenidentität noch als explorative Beziehung zu einem Vorbild, sondern vielmehr als (parasoziale) Beziehung zu einem, der stellvertretend religiös ist, sich stellvertretend mit Sinn- und Lebensfragen auseinandersetzt, stellvertretend Kontingenz bearbeitet und auf diesem Wege den Alltag der Delegierenden von all diesen Aufgaben entlastet. Darüber hinaus ließe sich vermuten, dass diese Delegationsbeziehung nicht nur religiöse, sondern auch ethische Vollzüge einbezieht. So ließen sich m. E. die hohen Erwartungen bzw. »Verhaltenszumutungen« an die ethischen Standards der Lebensführung von Pfarrern nicht nur professionstheoretisch als Vertrauenserwartungen[1740] und nicht nur kirchentheoretisch als Authentizitätserwartung an eine Institution mit als hoch wahrgenommenen ethischen Standards, sondern auch identitätspsychologisch als Delegation oder Projektion von eigentlich an das Selbst gerichteten Verhaltenszumutungen interpretieren. In ein fiktives Beispiel gegossen: Nachdem mein eigener Umgang mit Straßenbettlern nicht meinen (möglicherweise nur unreflektiert vorhandenen) ethischen Standards entspricht, muss sich wenigstens der Pfarrer hier ethisch korrekt verhalten. In einem Beziehungssatz gesagt: »Sei du gut, wo ich es nicht bin/sein kann«.

Freilich sagt diese These keineswegs aus, dass sich alle Beziehungen zu Kirchenrepräsentanten diesem Typus zuordnen lassen. Gerade unter engagierten Mitgliedern kommen sicher auch repräsentative und explorative Identifikationen vor.

4.3 Ertrag im Horizont theologischer Orientierungen

Folgende Tabelle soll abschließend zusammenfassen, welche Schlussfolgerungen sich m. E. aus den kirchensoziologischen Untersuchungen für das Thema Personalisierung der publikalen Aktivitäten gegenüber der Kirche in all seinen Differenzierungen ziehen lassen.

	Person-orientierung ...	Privat-orientierung ...	Prominenz-orientierung ...
Die Wahrnehmung von und Erinnerung an Kirche ist ...	... stark.	... stark.	... stark bei lokaler und überregionaler, schwach bei regionaler Prominenz.
Die Beziehung zur Kirche ist ...			... stark auf lokale und überregionale, schwach auf regionale Prominenz bezogen.
	Bei Mitgliedschaftstypen mit geringer Kirchenbindung vor allem eine »delegative Identifikation«.		

1740 So: Karle 2001, S. 72f.

So ergibt sich ein eigentümlicher Befund: Wichtige publikale »Aktivitäten« gegenüber der Kirche wie Wahrnehmen, Erwarten und Sich-Beziehen konstruieren die Kirche stark anhand von Personen, insbesondere Pfarrern. Dabei entsteht diese personalisierte Konstruktion der Realität von Kirche allerdings offenbar kaum aus massenmedialer Kommunikation, sondern aus Face-to-Face-Kommunikationen. Ausnahme bilden überregional prominente gegenwärtige oder historische Kirchenvertreter wie Martin Luther oder Margot Käßmann. Insgesamt ist damit trotzdem die publikale Konstruktion der Realität von Kirche nicht nur deutlich stärker als die mediale Konstruktion, sondern offenbar auch relativ unabhängig von medialer Konstruktion personalisiert. In diesem Kontext müssen dann auch die medialen Personalisierungen etwa auf Margot Käßmann gedeutet werden – beispielsweise dahingend, dass es auch schon vorher ein publikales Bedürfnis nach einer stärkeren Personalisierung der Medienrealität der Kirche gegeben hat, dem aber erst mit medienattraktiven Personen wie Margot Käßmann entsprochen wurde.

Fragt man nun nach öffentlich-theologischen Orientierungen, dürfen als deren Adressaten nicht allein Medienschaffende und Kirchenleitende in den Blick kommen: Schließlich entspricht es der Beteiligungs-Orientierung (O9) und dem um den Christenheitsbegriff geweiteten Kirchenbegriff, Kirchenmitglieder auch in Rezipientenrollen als aktiven Teil der Kirche zu sehen. In massenmedialer Kommunikation stellt sich Kirche nicht nur gegenüber kirchlichen und nichtkirchlichen Medien dar, wird nicht nur von Journalisten, die sich gar nicht, weniger oder mehr als Kirchenmitglieder verstehen, wahrgenommen und dargestellt, sondern nimmt sich auch selbst wahr: Auch die Rezipienten sind Kirche, insofern sie sich als Kirchenmitglieder verstehen. Kirche umfasst, je nach Teilnahmeverhalten der Kirchenmitglieder, verschiedene Teilpublika in der Gesellschaft: Über Pressestellen und eigene Rezeption nehmen Personen in der Kirchenleitung Kirche massenmedial vermittelt wahr. Ehrenamtlich aktive Gemeindemitglieder nehmen die Kirche, in der sie sich engagieren, massenmedial wahr. Kirchenmitglieder, die sich Kirche eher distanziert verbunden fühlen, lesen in der Zeitung über die Kirche, für die sie Kirchensteuern zahlen. Wenn hier die massenmedial, also über eine Fremdwahrnehmung und -darstellung vermittelte Selbstwahrnehmung der Kirche thematisiert wird, ist das rezipientenseitige Wahrnehmen, Erinnern (4.3.1) und Sich-Beziehen (4.3.2) in den Horizont der Hoffnung zu stellen, wobei der Fokus eben auf den Rezipienten liegt, die sich als Teil der Kirche verstehen, also auch durch ihr Rezipientenverhalten Gestalt der Hoffnung sein können. Dabei kommen nicht wie bisher nur die Bilder von Kirche in den Blick, die rezipientenseitig entstehen, sondern auch die handlungsrelevanten Bilder von Gesellschaft.

Die gleich zu explizierenden Orientierungen für Rezipienten beinhalten implizit Orientierungen für (a) Medienproduzenten und (b) verfasste Kirche. (a) Mit dem dynamisch-transaktionalen Ansatz war ich davon ausgegangen, dass Medienangebote zwar nicht im Sinne linearer Kausalität als Stimulus auf

Rezipienten wirken, dass rezipientenseitige Wahrnehmungen und Vorstellungsbilder umgekehrt aber sehr wohl einen Anhalt in der medial konstruierten Realität haben, insofern eben diese von Rezipienten selektiv und elaborativ wahrgenommen wird. Sollten sich also bestimmte Wahrnehmens-, Identifikations- und Verhaltenstypen als den erarbeiteten Orientierungen besonders entsprechend erweisen, beinhaltet dies auch eine Orientierung für Medienproduzierende, das Angebot dahingehend zu gestalten, dass entsprechende Wahrnehmungen und Bezugnahmen möglich und wahrscheinlich werden.

Für (b) die verfasste Kirche entstehen hieraus indirekt weitere Orientierungen, weil sie – sich als Bildungsort verstehend – Bildungsprozesse ermöglichen kann, in denen sich Rezipienten Kompetenzen aneignen, vermittels derer sie den erarbeiteten Orientierungen entsprechend handeln können.

4.3.1 »Wahrnehmen und Erinnern« im Horizont der Hoffnung

Weniger auf die Wahrnehmung von Medienbeiträgen, aber doch auf Beitragserinnerung und Vorstellungsbilder bezogen, kann Personalisierung als Wahrnehmungsfaktor besonders dank Eilders und Wirth als empirisch bestätigt angesehen werden (4.1.1). Als Ursachen dafür waren evolutionshistorisch plausibilisierbare Anlagen, Sozialisation und Mediensozialisation diskutiert worden, was in den Vorschlag mündete, evolutions- und sozialisationsbedingte Anlagen als Stimulus zu verstehen, der in der Transaktion mit diesem Stimulus während der Transaktion zwischen Rezipient und Medienangebot aktualisiert wird, indem Rezipienten mehr oder weniger personalisiert wahrnehmen und so auf sie rückwirkend ihre eigenen personalisierten Wahrnehmungen und Rezipientengewohnheiten mehr oder weniger reproduzieren (4.1.1).

Personalisierung war bislang etwa als Chance erschienen, wenn Personorientierung nicht in Substitutionsrelationen auftrat und Privatorientierung etwa Personenkulte zu verhindern half und Prominenzorientierung die Zurechenbarkeit von Verantwortung erlaubte.[1741] Mediale Personalisierungsdynamiken erschienen insgesamt dann als Chance, wenn sie Vorbilder für hoffnungsinspiriertes und -orientiertes Handeln bieten oder veränderungsermöglichend die Geschichten von Opfern von Ungerechtigkeit erzählten. Entsprechend können solche Konstruktionen (in Dynamiken) auch rezipientenseitig als chancenhaft gesehen werden. Damit können die behaupteten anthropologischen Anlagen zur personalisierten Wahrnehmung im Horizont der Hoffnung zunächst auch als Möglichkeiten zu chancenhaften Personalisierungen gesehen werden. Inwiefern sie als Chancen und nicht als dazu komplementäre Gefahren aktualisiert werden, hängt dann von den aktualisierenden Transaktionen des Rezipienten und deren Dynamiken ab. In diesen

1741 Für Sarcinelli dazu siehe III.4.3.

Transaktionen lässt sich damit der Ort markieren, an dem Rezipienten Personalisierungsdynamiken und deren Wirkung auf sie mitbeeinflussen können, damit einen Freiheitsspielraum und Verantwortung haben und ihre bewussten wie unbewussten Selektionen und Elaborationen in Bildungsprozessen verändern können. Konstruieren sie hier Realität entsprechend der Orientierungen, sind sie exemplarische Gestalten einer Hoffnung und damit auch in den vertikalen und horizontalen Transaktionen der Öffentlichkeit Vorbilder.

4.3.2 »Sich-Beziehen« im Horizont der Hoffnung

Basierend auf personalisierten Konstruktionen der Realität von Kirche und Gesellschaft wird Rezipienten ein parasoziales, identitäts- und damit handlungsrelevantes Bezugnehmen auf Medienpersonen möglich. Drei idealtypische Beziehungskonstellationen zwischen Medienperson und Mediennutzern hatte ich beschrieben (4.1.3). Diese können nun im Horizont der Hoffnung diskutiert werden.

(1) Geschieht die rezipientenseitige Bezugnahme als *repräsentative Identifikation*, funktioniert die Medienperson, bzw. die Personerzählung von ihr, als symbolische Repräsentation der Gruppenidentität, in der sich der Einzelne wiederfindet. Zwischen Identitätsbildungsprozess des Einzelnen und personal repräsentierter Gruppenidentität besteht dann, wie angedeutet, eine transaktionale Wechselbeziehung: Einerseits drückt Letztere einen Teil von Ersterer aus, indem jene diese symbolisch sichtbar macht. Andererseits wirkt sie genau damit bestätigend oder verändernd auf diese zurück.

Im Horizont der Hoffnung wird von den herausgearbeiteten Orientierungen her die Ambivalenz dieses Typs deutlich. Einerseits kann durch diese Identifikation Beteiligung und Solidarität ermöglicht werden, insofern die Bindung an eine Gemeinschaft gestärkt und damit unter Umständen auch die aktive Beteiligung am Leben dieser Gemeinschaft befördert wird. Andererseits gefährdet genau diese Identifikation auch Beteiligung und Solidarität, was insbesondere von der Religionskritik-Orientierung O4) her deutlich wird: Zur Gefahr wird diese Identifikation, wenn die Gruppenidentität keine inklusive, sondern eine exklusive ist, also Menschen prinzipiell ausgeschlossen sind. Funktioniert für Kirchenmitglieder ein Kirchenvertreter als personale Repräsentation einer exklusiv abgedichteten kirchlichen Identität (und nicht mehr einer offenen), ist dies vom Begriff der Kirche als Gestalt der Hoffnung her problematisch. Kaum mehr wird Kirche von der Hoffnung für Marginalisierte zeugen können, wenn sie diese selbst marginalisiert. Funktioniert die Personerzählung von deren Vertreter hingegen als symbolische Repräsentation einer offenen Identität, die von der Kreuzestheologie herkommend insbesondere die Identifikation mit den Benachteiligten einschließt, ist auch dieser Identifikationstyp eine Chance.

Problematisch kann repräsentative Identifikation auch von der zweiten Charakteristik politischer Religion her werden: Unterläuft oder umgeht die Eigendynamik der symbolischen Repräsentation die Einspruchsmöglichkeiten des Rezipienten, bindet sie also in Habermas' Begriffen tendenziell empirisch motiviert und nicht mehr rational mit zweitinstanzlicher Kritikmöglichkeit, dann schließt sie Beteiligung aus und reproduziert Herrschaft von oben nach unten.

Sich identitätsrelevant mit einer (kirchlichen) Medienperson zu identifizieren, ist also im Horizont der Hoffnung dann eine Möglichkeit, wenn dies die Bindung an eine heterogene offene Gemeinschaft stärkt, der Repräsentant eine offene Identität von Kirche insbesondere mit der Möglichkeit zur Identifikation mit Benachteiligten symbolisiert und zweitinstanzlicher Kritik zugänglich bleibt. Diese Möglichkeit zweitinstanzlicher Kritik kann beispielsweise in den institutionalisierten Kommunikationsformen von Gemeinde oder evangelischen Akademien einen Ort finden.

(2) Die *delegative Identifikation* erscheint im Hoffnungshorizont ebenfalls in einer Ambivalenz, die sich aus dem Nutzen dieser Beziehung für den Rezipienten ergibt: Sie entlastet. Inwiefern dies eine Möglichkeit oder Gefahr für Rezipienten ist, als Teil der Kirche als Gestalt der Hoffnung zu handeln, ergibt sich daraus, wovon und wozu Entlastung gesucht wird.

Die Entlastungsfunktion kann eine Chance sein, wenn sie denjenigen, der sich am gesellschaftlichen und/oder kirchlichen Leben beteiligt, vor Überlastung bewahrt. Die delegative Identifikation hat im Hoffnungshorizont ihre positive Funktion darin, dass sie Konzentration von Kapazitäten und Engagement ermöglicht. Am Beispiel: Jemand setzt sich in der Kirche, im privaten oder öffentlichen Leben für das Wohl anderer oder Veränderungen in Richtung auf gerechtere und freiere Verhältnisse ein, fühlt sich dabei aber ständig verpflichtet, sich bei anderen Problemen und Themen auch helfend einzubringen. In dieser Situation kann delegative Identifikation im Rahmen der Kirche eine positive Entlastungsfunktion spielen – etwa im Sinne folgenden Satzes: »Ich setze mich für die Menschenrechte von Asylbewerbern ein. Ich sehe medial und persönlich, dass sich andere Menschen gegen Essensverschwendung stark machen. Das finde ich gut, muss es aber nicht auch tun, weil diese es ja tun.« Charakteristisch für diese Identifikation ist, dass in ihr Beteiligung nicht prinzipiell ausgeschlossen ist und damit zweitinstanzlich möglich bleibt.

Problematisch im Hoffnungshorizont wird die delegative Identifikation, wo sie von Unvertretbarem entlastet oder die Entlastung nicht Beteiligung ermöglicht, sondern zu Apathie, Passivität und Teilnahmslosigkeit führt. Dann nimmt sich das Selbst – wie schon beschrieben – die Möglichkeiten zur eigenen Entwicklung, zu eigenen Beteiligungen am gesellschaftlichen und kirchlichen Leben, zur Sympathie gegenüber anderen Menschen, zur Parteinahme für die Schwachen und zur Teilhabe an der Vielfalt der Kirche. Problematisch im Hoffnungshorizont ist delegative Identifikation dann auch auf der anderen Seite – nämlich auf der Seite dessen, an den all diese Erwartungen und Aufgaben delegiert werden: In dieser Bezugnahme wird die Medienperson entgegen der Religionskritik-Orientierung (O4) entweder zum »übermenschlichen«

moralischen Held oder zum »untermenschlichen« Sündenbock etwa für die eigene Mitschuld an Verfehlungen. Beides stellt die dargestellte Person auf eine Identität fest, die sie ihrer Dynamik, ihrer Relationalität und ihrer unverrechenbaren Würde beraubt (entgegen O1 und O2). Besonders deutlich wird dies, wenn in Personerzählungen dargestellte Personen zum Sündenbock werden. Die delegative Identifikation mit einem Sündenbock entlastet auf problematische Weise von der bedrückenden Frage nach dem eigenen Anteil an schuldhaftem Geschehen. Am Beispiel: Die sicher nicht unberechtigte Kritik an der Gier einzelner Banker und Manager wird dort zu einer problematischen delegativen Identifikation, wo sie die Frage nach der eigenen kleinen Gier und deren Rolle im Drama globaler Ungerechtigkeit ausblenden hilft.

Insbesondere auf die Kirche bezogen sind delegative Identifikationen, die hier offenbar besonders häufig sind (vgl. 4.2.2), problematisch: Moltmanns pneumatologisches »Amts«-Verständnis hatte alle Glieder der Kirche als begabt und beauftragt verstanden (O9). Finden delegative Identifikationsbezugnahmen etwa auf Pfarrerinnen oder andere (medial präsente) Kirchenvertreter nun so statt, dass sie dem einzelnen Rezipienten verunmöglichen, sich als begabt und beauftragt zu verstehen, weil sie oder er Gabe und Auftrag auf offizielle Vertreter parasozial delegiert hat, bleibt dies hinter den Möglichkeiten des charismatischen Amtsverständnisses zurück und muss gleichzeitig den Funktionsträger eines speziellen Auftrags überfordern.

Auch hier ist mit der Beteiligungs-Orientierung (O9) explizit nicht gemeint, dass das vereinsförmige Teilnahmeverhalten am Ortsgemeindeleben von hochengagierten Ehrenamtlichen zur Norm für alle Kirchenmitglieder wird. Erstens ist »Beteiligung« in beiden Beteiligungs-Orientierungen (O5 und O9) nicht als Norm, sondern als orientierte Freiheit verstanden, nach deren Aktualisierungschancen und Gefährdungen in Medienkommunikationsprozessen gefragt ist: Es kommt vor allem darauf an, dass die Ermöglichungsbedingungen für Beteiligung in kommunikativen Prozessen reproduziert werden. Zweitens schlage ich – stärker an Moltmanns eschatologischer Verortung der Kirche als an seiner Kritik der Betreuungskirche anknüpfend – vor, die Beteiligungs-Orientierung hier im weiten Hoffnungshorizont und nicht im Horizont des Lebens der verfassten Kirche und Gemeinde zu denken: Im Horizont der Hoffnung für alle und für alles gibt es viele Orte in Gesellschaft und Kirche, an denen sich Menschen, die sich als Christen verstehen, für das einsetzen können, was im Horizont der kreuzestheologisch informierten und pneumatologisch bekräftigten Hoffnung als sinnvoll erscheint: politische Parteien, Berufe, Diakonievereine, kirchliche (aber auch nichtkirchliche) Initiativgruppen, Bildungseinrichtungen, Zielgruppengemeinden, Sportvereine und Hilfswerke. Vereinsförmiges Teilnahmeverhalten nicht zur Norm zu erklären, stellt aber auch nicht in Abrede, dass das gemeindliche Leben und gerade der Gottesdienst als Bestärkung der christlichen Hoffnung in Gemeinschaft erfahren werden kann und wird.

(3) Als ambivalent, im Hoffnungshorizont aber als die chancenreichste erscheint schließlich die *explorative Identifikation*. Das ist schon von daher naheliegend, dass Keller mit Ernst Bloch denselben Gewährsmann zitiert, der auch Moltmanns Ansatz zur Eschatologie und damit die hier entworfenen Orientierungen mitgeprägt hat. Deshalb ist hier mit einem Hinweis auf die Gefahren zu beginnen, wie sie im Hoffnungshorizont von den besagten Orientierungen her deutlich werden.

In diesem Beziehungstyp funktioniert die mediale Personerzählung für den Rezipienten als exemplarische Vorstellung eines anderen Selbst, in Auseinandersetzung mit dem er eine eigene Utopie oder Anti-Utopie von sich entwickelt (4.2.2). Problematisch ist dies dann, wenn der Mensch hinter der Personerzählung gar nicht mehr als solcher im Blick ist, sondern nur noch die Personerzählung für die eigene Identitätsarbeit instrumentalisiert wird, weil dann der dargestellte Mensch in seiner Dynamik, Relationalität und Würde aus dem Blick gerät. Problematisch ist explorative Identifikation auch, wo sie in positiver Konnotation – also in Kellers Star-Nutzung – in eine problematische Form repräsentativer Identifikation oder in negativer Konnotation – also Kellers Anti-Star-Nutzung – in eine problematische Form delegativer Identifikation mündet.

Als Chance erscheint dieser Beziehungstyp zunächst, weil in ihm der freien Eigenaktivität des Mediennutzers großer Raum eingeräumt bleibt: Der Star bindet – mit Habermas gesprochen – nicht empirisch motiviert, sondern rational. Dem Rezipienten bleibt der Freiheitsraum, sich von eigenen Identifikationen abzugrenzen, diese zu revidieren und zu kritisieren.

Nicht der Anti-Star bei Keller, wohl aber die parasoziale Beziehung zum Star in explorativer Identifikation erscheint außerdem chancenartig, insofern der Star in Kellers Worten als »Hoffnungsträger«, in meinen als »Hoffnungsstifter« funktioniert:[1742] In medialen Personerzählungen – m. E. keineswegs nur von Stars – kommen alternative Lebensstile und Selbstkonzepte zur personalisierten Anschauung, die den bisherigen Möglichkeitshorizont in der Identitätsarbeit des Einzelnen transzendieren: Du musst nicht bleiben, wer du bist, sondern kannst anders werden und handeln. Nicht nur an der Sendung wie bei Moltmann (II.2. und O1), sondern auch an dem, was anderen jetzt schon möglich wird, können Menschen entdecken, was sie werden können, als wer sie handeln könnten, und sich so zur Hoffnung und entsprechendem Handeln angestiftet und motiviert finden. Wo Rezipienten vermittels medialer Personerzählungen andere Menschen in ihrer Dynamik, Relationalität und Würde, mit ihren Stärken und Schwächen in konkreten Situationen als natürlich selbst unter eschatologischem Vorbehalt stehende, wagnishafte, personale Entsprechungsversuche zum erhofften Leben, zu erhoffter Gerechtigkeit und

---

1742 Zu der erst später relevanten Differenzierung von Hoffnungsträgern und -stiftern siehe V.1.3.

Freiheit, wahrnehmen, können sie sich an ihnen mit der Hoffnung anstecken, die auch deren Leben und Handeln trägt und vorantreibt. Die spezielle Chance von Personalisierungen liegt dann darin, dass sie erst die parasozialen Bezugnahmen ermöglichen, entlang derer Hoffnung transaktional entsteht, wohingegen abstrakte Lehrsätze gegenüber Identifikationen und parasozialen Bezugnahmen geschlossen bleiben.

Die Betonung der Transaktionalität ist hier wichtig, weil es ja nicht die unvermittelte Medienrealität ist, die Hoffnung stiftet, sondern die rezipientenseitige – und damit aktive – aber von der Medienrealität mit angeregte – und von daher passive – Rekonstruktion dieser Realität. Nicht die reale Person des anderen wird dem Rezipienten zum Hoffnungsstifter, sondern dessen je individuelle Rekonstruktion, die als selektive und elaborative etwa von biographischer Prägung und soziokultureller Einbettung des Rezipienten beeinflusst ist (dies hatte auch Keller betont: IV.4.2.2).

Hoffnungsstifter kann die Medienperson nur in der dialektischen Spannung von Distanz und Nähe sein. Im Anschluss an meine Moltmann-Interpretation legt sich hier eine Auslegung dieser Spannung nahe, die weniger auf Distanz als Nichtwissen und Nähe als Bekanntsein zurückgreift, sondern mehr auf die Distanz der Zukunft und die Nähe der Gegenwart. Rezipienten müssen die Medienperson einerseits als von sich und ihrem gegenwärtigen Leben und Handeln unterschieden wahrnehmen, weil Letztere sonst nicht die Möglichkeit eines künftigen Lebens und Handelns für den Rezipienten anschaulich machen könnte und weil sonst die Wahrnehmung exemplarisch gelebter Alternativen nicht aus den eigenen Selbstverständlichkeiten befreien würde. Andererseits muss die Nähe da sein, damit die Medienperson zur Hoffnungsstiftung für den Rezipienten werden kann, weil durch diese Nähe Vergleichs- und Abgleichsprozesse überhaupt erst initiiert werden können, in denen sich der Möglichkeitshorizont für den jeweils konkreten Rezipienten öffnet. Daraus folgt, dass Personalisierung schon als Personorientierung grundlegend eine Chance darstellt (a) und dass bestimmte Personalisierungsformen stärker als andere Anhaltspunkte für eine rezipientenseitige transaktionale Bezugnahme im Sinne explorativer Identifikation geben können (b).

(a) Schon das Dass von Personorientierung stellt eine Chance dar, weil sich Rezipient und Medienperson schon darin nahe sind, dass sie beide Personen sind. Abstrakte Darstellungen von Zusammenhängen und Systeme von logischen Sätzen laden schon deshalb nicht zu parasozialen Bezugnahmen und Identifikationen ein, weil in dieser Konstruktion der personale Ansatzpunkt für solche Bezugnahmen fehlt. Auch in abstrakten Systemen und logischen Sätzen kann sich zwar christliche Hoffnung ausdrücken. Als Personerzählungen aber kann christliche Hoffnung parasoziale Beziehungen mit affektiven und rationalen Momenten ermöglichen, entlang derer sie in Transaktionen zwischen Personerzählung und Rezipient doppelseitig wirksam wird – affektiv wie rational. Einfacher formuliert: In Personerzählungen zeigt sich nicht abstrakt, sondern konkret, wie Leben im Geist der Hoffnung mit all seinen zeitlichen Unvollkommenheiten aussehen kann. Weil sie besser erinnert werden als abstrakte Sätze und weil sie Identifikationen ermöglichen, können Personerzählungen schon qua Personalisierung als Möglichkeit erscheinen, christliche Hoffnung wachsen zu lassen.

(b) Mediale Personerzählungen bieten dann Anknüpfungspunkte für parasoziale Bezugnahmen im Sinne explorativer Identifikation, wenn an ihnen die Möglichkeiten künftigen Handelns, Zusammenlebens und Selbstseins mit Bezug zur gegenwärtigen Realität des Rezipienten rekonstruierbar werden. Diese Bezugsmöglichkeiten können zum einen (aa) durch Distanz als Nichtwissen über die Medienperson entstehen, das diese zur Projektionsfläche macht. Obwohl es vom dynamisch-transaktionalen Ansatz her natürlich deskriptiv immer um rezipientenseitige, elaborative Wahrnehmungen medialer Personerzählungen geht, kann diese Distanzvariante insofern nicht zur Orientierung werden, als sie auch Idolisierungen der Medienperson fördert.

Besagte Bezugsmöglichkeiten können zum anderen (bb) auch in der dargestellten und wahrgenommenen Nähe der Medienperson zum Rezipienten liegen. Daran anzuknüpfen erscheint als weniger anfällig für Idolisierungen oder delegative Identifikationen mit der Medienperson.

Das heißt: Im Horizont der Hoffnung erscheint explorative Identifikation als Chance der Hoffnungsstiftung – und dies eher da, wo Rezipienten an der wahrgenommenen Nähe zur Medienperson anknüpfen, als da, wo Rezipienten ihr Nichtwissen über die Medienperson mit Anknüpfungspunkten und Idolisierungen füllen. Von daher ist es m. E. umso wichtiger, dass Kirche (ermöglicht durch eine entsprechende mediale Darstellung) in ihrer Heterogenität und auch in dem Teilhaben von Nicht-Inhabern offizieller Ämter publikal rekonstruierbar wird: Nimmt die Darstellung und Wahrnehmung anhand von Trägern offizieller Ämter überhand, besteht die Gefahr, dass diese weniger Nähe vermittelnde Anknüpfungspunkte für explorative Identifikationen bieten, weil gerade die Symbolisierungen des offiziellen Amtes Differenz markieren. Die Gefahren sind damit rezipientenseitige Relationierungen, die folgender Satz ausdrückt: »Vielleicht ist es eine Möglichkeit für Pfarrer, so zu hoffen, darauf ein Leben zu bauen, so liebevoll mit Feinden umzugehen und so beredt an Diskursen teilzunehmen – aber nicht für mich, ich bin ja kein Pfarrer.« Gegenteiliges ist der Fall, wenn Kirche in Vielfalt und ohne die Differenzmarkierungen von Amtssymbolen rekonstruierbar wird. Die Chance liegt dann in rezipientenseitigen Bezugnahmen, die folgender Satz ausdrückt: »Die ist ähnlich wie ich Angestellte, Arbeiterin, Bäuerin, jung, alt oder ausländischer Herkunft. Wenn sie so hofft, darauf ihr Leben baut, so liebevoll mit Feinden umgeht und so beredt am Diskurs teilnimmt, sind das alles vielleicht auch Möglichkeiten für mich.«

Zusammengefasst gesagt liegt im Hoffnungshorizont die Möglichkeit in medialen Personerzählungen für Rezipienten vor allem darin, sich von den dort personal vorgelebten Lebensmöglichkeiten zur Hoffnung und zu einem von dieser Hoffnung bewegten Leben anregen zu lassen.

V. Interdisziplinäre Wahrnehmung und Orientierung: Dynamiken

Nachdem bislang Entstehung und Wirkung von Personerzählungen weitgehend unter Absehung der Dimension Zeit betrachtet wurden, soll nun besonders die Dynamik personalisierender Wirkbeziehungen in den Blick kommen. In Anlehnung an Silverstone war bereits von typischen Handlungseinheiten in Geschichten die Rede. Diese lassen sich hier vom dynamisch-transaktionalen Ansatz her in exemplarisch[1743] drei typische Personalisierungsdynamiken übersetzen: Star-, Intellektuellen- und Exemplar-Dynamik. Friedhelm Neidhardt hat mit Peters ähnliche Sprechertypen bzw. Rollen in der Öffentlichkeit unterschieden: den Repräsentanten, den Advokaten, den Experten, den Intellektuellen und die Kommentatoren.[1744] Das Wort »Dynamiken« soll dabei auf das sich ständig verändernde »Kraftfeld« verweisen, in dem Personalisierung geschieht: Das Typische an einem Idealtypus von Personalisierung liegt eben nicht in der medialen Konstruktion, dargstellten Person oder der Selbstdarstellung. Dafür wären die Wörter »Rolle« und »Charaktere« besser geeignet. Stattdessen bezieht sich das Typische auf sich verändernde Konstellationen der Konstruktionen von Rezipienten, beobachteten Personen und Medien. Die Beschreibung der ersten beiden Dynamiken – Star und Intellektueller – soll versuchsweise auf reale Personen bezogen werden, um die Plausibilität der Typisierung aufzuzeigen. Dies geschieht jeweils im zweiten Teil der beiden Unterkapitel (1.2 und 2.2). In einem weiteren Teil werden die jeweiligen Dynamiken im Orientierungshorizont gedeutet (1.3, 2.3 und 3.2).

1743 Mit »exemplarisch« soll hier betont werden, dass diese drei Dynamiken nicht sämtliche möglichen Personalisierungsdynamiken abbilden, sondern hier nur drei aufgegriffen wurden.

1744 Vgl. Neidhardt 1994, S. 14.

1. Typ 1: »Star« und »Anti-Star« als Personalisierungsdynamiken

1.1 Allgemeine Beschreibung des Dynamiktyps

Es mag befremden, von Star-Dynamik zu reden, weil »Star« ja zunächst die Bezeichnung für Personen ist. Ich tue dies hier, um mit Katrin Keller festzuhalten, dass der Star eben nicht nur aufgrund einer seiner Person anhaftenden Eigenschaft Star ist, sondern auch wegen einer spezifischen Beziehung zu den und Funktionalität für die Rezipienten.[1745] Aus den in der Literatur zum Startum präsenten Definitionen lassen sich folgende Charakteristika ausmachen, die Star-Dynamiken kennzeichnen.

(1) Kellers Arbeit zum Star impliziert eine funktionale Bestimmung von Star-Dynamiken: Menschen werden zu Stars, wo sie vom Publikum als Stars behandelt werden, wo sie nämlich in parasozialen Beziehungen zu Rezipienten für deren Identitätsarbeit relevant werden.[1746] Stars werden dabei in der Regel vom Publikum positiv beurteilt und üben eine Attraktion,[1747] wenn nicht gar Faszination,[1748] auf Rezipienten aus. Auch andere Autoren, die den Starbegriff noch stärker an der Person des Stars festmachen, betonen die besondere Beziehung zum Publikum als Charakteristikum. So hat Hickethier für Filmstars etwa davon gesprochen, dass sich eine »spezielle auratische Beziehung«[1749] bilde.

(2) Stars sind – so ein zweites Charakteristikum – überdurchschnittlich häufig und intensiv in der Medienöffentlichkeit präsent.[1750] »Der Star [...] fo-

1745 Vgl. Keller: »Es sind, so lässt sich aus dem bisher Gesagten schließen, weniger dem Star vermeintlich inhärente Stimuli, die seinen Status bedingen, als vielmehr reflexive Prozesse der Identitäts-Unterscheidung und -Bestätigung durch das Publikum als relevantem Alter der Differenz *Star/Nicht-Star.*« (Keller 2008, S. 120, kursiv im Original)

1746 Vgl. Keller 2008, S. 120, 124f, 153. Vgl. dort auch die verwendeten Begriffe. Entscheidend für das Startum ist nach Keller »die Attraktivität des Stars als dessen funktionale Nutzbarkeit für sein Publikum« (ebd., S. 120). Dass diese nicht ohne Star zuweisbar ist und deshalb in »wechselseitigen Bezugnahmen von Stars und starnutzenden Nicht-Stars« geschieht, ist naheliegend (ebd., dort auch das Zitat). Vgl. zu Funktionalität und Parasozialität: ebd., S 124f. Für den Bezug zur Identitätskonstruktion: »Stars sind dann für Star-Nutzer attraktiv, wenn sie identitätskonstruktiv einsetzbar sind, wenn also Medien- und Star-Nutzer auf die medialen Star-Entwürfe *assoziativ/dissoziativ* Bezug nehmen können und diese Bezugnahmen lohnenswert zur unterscheidenden Konturierung Egos beitragen.« (ebd., S. 153f., kursiv im Original)

1747 Vgl. Keller 2008, S. 122.

1748 Vgl. etwa: Hickethier 1997, S. 31; Ludes 1997, S. 80.

1749 Hickethier 1997, S. 31.

1750 Vgl. Saxer 1997, S. 207.

kussiert diese mediale Öffentlichkeit durch seine Person«.[1751] Stars sind medienprominent. Dabei sind allerdings keineswegs alle Prominenten Stars.[1752] Plausibel scheint es mir, mit Wippersberg Stars als die »Spitze der Prominenz«[1753] anzusehen.

(3) Drittens liegt es schon von den in Anlehnung an Silverstone entwickelten Typen her nahe, eine außer- bzw. überalltägliche Seite als Charakteristikum der Stars zu nennen, etwa durch »außeralltägliche[r] übermenschliche[r] Fähigkeiten«.[1754] Gerade aus diesem Hinausragen in das Außeralltägliche ergibt sich ja die benannte mythische Vermittlungsfunktion. Ebenfalls charakteristisch ist dabei, dass der Außeralltäglichkeit Anknüpfungspunkte für die Identifikationen des Publikums gegenüberstehen müssen.[1755]

Wichtige Aspekte der Star-Dynamik werden hier nach den Größen auf dem Kommunikationsfeld gegliedert, sofern Zuordnungen eindeutig möglich sind: Es ist umstritten, welche Rolle Medien in Star-Dynamiken spielen. Während etwa Hickethier die Medientypenunabhängigkeit des Startums betont,[1756] spielen in anderen Entwürfen Medien eine wichtigere Rolle. Plausibel scheint mir, mit Keller davon auszugehen, dass zwar letztlich die Publikumsakzeptanz entscheidend für die Star-Genese ist, Massenmedien Rezipienten aber zunächst Star-Entwürfe anbieten müssen, damit diese auswählen können: »Um eine Entscheidung über Attraktivität bzw. Nicht-Attraktivität eines Star-Aspiranten treffen zu können und so über dessen weiteren Karriereverlauf abstimmen zu können, muss das Publikum den potentiellen Star zunächst wahrnehmen.«[1757] Diese Funktion erfüllen nach Keller die Massenmedien.[1758] Werden Stars angenommen, entwickelt ihre Medienpräsenz eine Eigendynamik: Weil sie medienpräsent, also prominent sind, kann ihnen der Nachrich-

---

1751 Hickethier 1997, S. 31.

1752 Vgl. Keller 2008, S. 118. Dort schreibt sie: »Nicht alle Prominenten sind Stars, aber alle Stars gehören zur Kategorie der Prominenten.« Zum Verständnis von Prominenz als »Öffentlichkeitselite« und zur Unterscheidung sozusagen von Nur-Eliten vgl. Peters 1994b. Danach wird etwa der »Prominentenstatus« durch eine »breite Laienöffentlichkeit« verliehen, nicht wie bei der Elite durch »Fachkreise[n] oder Gremien« (ebd., S. 193).

1753 Wippersberg 2007, S. 35. Ähnlich sieht Keller Stars auch als Sonderform der Prominenz, welche sich von Letzterer qualitativ wie quantitativ unterscheide (vgl. Keller 2008, S. 118): »*Prominenz* betont die Distanz zum Publikum im Sinne eines sozialen Abstandes etwa durch Erfolg oder Herkunft, der in und durch mediale(n) Darstellungen hervorgehoben ebenso wie hervorgerufen wird; *Startum* impliziert darüber hinaus stärker gewichtete affektive und moralische Besetzungen der Bezugnahmen auf den Star.« (ebd., S. 119, kursiv im Original)

1754 Ludes 1997, S. 80; vgl. v. a. S. 88.

1755 Vgl. zu dieser Paradoxie neben den bereits oben zitierten Sommer 1997, S. 118.

1756 Vgl. Hickethier 1997, S. 31.

1757 Keller 2008, S. 126.

1758 Vgl. Keller 2008, S. 126.

tenfaktor Prominenz zugeschrieben werden, was zu neuer Medienpräsenz führt, die sie wiederum prominent(er) sein lässt.[1759]

Ebenfalls mit Keller kann von einer symbiotischen Beziehung zwischen Medien und Star, einer »Star-Medien-Allianz« ausgegangen werden – auch im Gegensatz zur »Unterstellung eines Ungleichgewichts in der wirklichkeitskonstruktiven Kräfteverteilung von Stars und Medien«.[1760] Auch vom DTA und den hier referierten empirischen Daten her ist es plausibel, nicht von einer Stimulationswirkung von Medien auf Stars sondern von einer Transaktion zwischen medialer Wirklichkeitskonstruktion und Selbstdarstellung auszugehen. Das zeigt sich auch daran, dass die mediale Star-Konstruktion für beide beteiligte Größen funktional ist. Zum einen verdankt der Star den Medien seine Karrieremöglichkeit. Zum anderen profitieren Medien von Stars in verschiedener Weise, wobei sie jeweils den Star als Star konstruktiv reproduzieren.[1761]

Stars bieten die »Bereitstellung neuen personalisierten Themenmaterials«, das den Medienbetrieb am Laufen hält.[1762] Stars sind wegen ihrer Attraktivität ein »unterschiedlich effizientes Mittel zur Akzeptanzsteigerung der jeweiligen Medienproduktion«[1763] und damit auch gegebenenfalls eine Art Aufmerksamkeitsmagnet: Eine Talkshow etwa kann durch die Präsenz von Stars ihre Einschaltquoten verbessern und gleichzeitig am Nimbus und der Attraktivität des Stars partizipieren. Damit haben Stars für Medien nicht zuletzt ökonomische Bedeutung, indem ihre Medienpräsenz Auflagen steigern und damit Anzeigenkunden anlocken könnte.[1764] Gleichzeitig erhöht es in laufender Star-Dynamik wiederum die Akzeptanz des Stars, wenn er wie beschrieben als Mittel zur Akzeptanzsteigerung eingesetzt wird: Die Medienproduktion verschafft ihm ja wieder neue Aufmerksamkeit.

Die Medienpräsenz von Stars ergibt sich also aus einer Transaktion mit dem Publikum (erwartete Aufmerksamkeit und Akzeptanz) in Verbindung mit stimulierenden ökonomischen Bedingungen. Entscheidend ist, dass die mediale Wirklichkeitskonstruktion Stars miteinbezieht, einfach weil sie Stars sind, wobei sie eben dadurch in ihrem Star-Status reproduziert werden. Der Star ist nicht nur themen- oder sachbezogen, sondern stärker als andere allein durch seine Person Nachrichtenwert. Themenunabhängig erfüllt er den Nachrichtenfaktor Prominenz. So ist bei Star-Dynamiken das Verhältnis von Thema und

1759 Vgl. ähnlich Keller 2008, S. 147f.

1760 Vgl. Keller 2008, S. 126, dort auch die Zitate.

1761 Vgl. zu diesen funktionalen Nutzen Keller 2008, S. 128; Saxer 1997, S. 208.

1762 Vgl. Keller 2008, S. 126, dort auch das Zitat.

1763 Saxer 1997, S. 208. Vgl. dort auch für das Folgende.

1764 Vgl. dazu für Prominente auch Schulz 2011, S. 69: »Einerseits tragen die Medien entscheidend zur Berühmtheit politischer und anderer Zelebritäten bei, andererseits sorgen die Prominenten mit ihrem hohen Nachrichtenwert für Publikumsaufmerksamkeit und kommerziellen Erfolg der Medien.«

Person anders gewichtet als bei weniger prominenten: Während sonst das Vorkommen der Person eher vom Thema abhängt, hängt bei Stars das Thema auch von der Person ab. Etwas wird zum Thema, weil der Star sich damit auseinandersetzt und es so als Thema aufwertet. Der Star kann die Medienagenda entscheidend mitbestimmen, weil er zunächst selbst als Person Medienagenda ist. In Star-Dynamiken werden Personen selbst zum Thema und so selbst und relativ themenunabhängig zum Fokus medialer Aufmerksamkeit. Der Star ist etwa auch nach Hickethier eben eine Person, die »ein Publikum zu faszinieren und auf seine Person zu fixieren weiß«.[1765]

Damit liegt schon nahe, dass für die publikale wie mediale Konstruktion des Stars die Unterscheidung zwischen Privatperson und öffentlicher Person kaum entscheidend sein kann.[1766] In Abgrenzung zu Faulstich hält Keller fest, dass es »alltagspraktisch [...] Stars jedoch nur im Bezug auf ihre berufliche und private Rolle geben«[1767] kann. Wo es um Stars geht, ist die mediale Wirklichkeitskonstruktion also in allen drei Dimensionen stark personalisiert. Insbesondere die Privatorientierung und ihre Grenzen erklären sich aus der Rolle des Stars für den Rezipienten.

Für Rezipienten sind Stars Beziehungspartner in parasozialen Beziehungen[1768] und damit identitätsrelevant. Gerade so ist der Star als Mensch, also in seiner als privat wahrgenommenen Rolle, wichtig für Rezipienten, weil »vor allem der Star-Mensch als der vermeintlich private Star in mediengesellschaftlichen Haltlosigkeiten einen personalen parasozialen Anker«[1769] bietet. Wichtig dabei ist die nun schon mehrfach zitierte Paradoxie zwischen Distanz und Nähe:[1770] Es darf eben auch nicht zu viel über das Privatleben des Stars bekannt werden, weil er sonst in der Rezipientenwahrnehmung seine Außeralltäglichkeit, seine distante Komponente verliert und sich etwa nicht mehr für die idealisierenden Projektionen des Publikums eignet.

Relevant werden Stars für die Rezipienten – das ist auch im Anschluss an den dynamisch-transaktionalen Denkansatz zu betonen – nicht als sie selbst, sondern als rezipientenseitige Konstruktion, die durch die mediale Konstruktion einer Person angeregt und beeinflusst wird und diese wiederum beeinflusst. Diese Konstruktion ist eben von der individuellen Sozialisation, von

1765 Hickethier 1997, S. 31.

1766 Vgl. so auch Keller 2008, S. 140.

1767 Keller 2008, S. 140. Deshalb: »Das Image des Stars soll deshalb hier als Schematisierung der Bezugnahmen auf den Star *in toto* und über Rollengrenzen hinweg verstanden werden, wobei sich Star-Nutzungen, etwa im Vergleich zu Auseinandersetzungen mit parasozial weniger vertrauten Prominenten, vor allem durch ihre starken Gewichtungen personaler Rollen-Aspekte auszuzeichnen scheinen.« (ebd., S. 140f.)

1768 Vgl. dazu bei Keller 2008, S. 155–166. Vgl. wie gesagt auch für die Identitätsrelevanz von Stars.

1769 Keller 2008, S. 140.

1770 Vgl. etwa Sommer 1997, S. 118.

Situation und Kontext des jeweiligen Rezipienten abhängig. Mit diesem Gedanken ist auch betont, dass der Star Projektionsfläche für Wünsche oder Ängste der Rezipienten sein kann, ohne dass diese tatsächlich Wünsche oder Ängste des Stars sein müssen: Es geht aus Rezipientenperspektive ja nicht um ihn als Person, sondern um seine mediale Konstruktion und publikale Rekonstruktion.

Parasoziale Beziehungen zum Star können alle drei unter IV.4.1.2 genannten Beziehungstypen sein. Spezifikum des Stars ist – und hier weiche ich von Kellers m. E. an dieser Stelle zu wenig ambivalenzsensibler Darstellung der Star-Star-Nutzer-Beziehung ab –, dass sich manche Milieus, Gruppen oder Publikumsteile auf ihn auch im Sinne der repräsentativen Identifikation beziehen (während natürlich andere sich zu ihm in explorativer bzw. delegativer Identifikation oder überhaupt nicht verhalten). Stars sind für manche Teile des Publikums »*idealisierte Personen*«.[1771] Saxer nennt als Voraussetzung für die Star-Genese, dass Personen »*soziale Stile ihrer Publika repräsentieren*, diese aber in irgendeiner Richtung perfektionieren«.[1772] Der Mythos, der sich mit dem Star schnell verbindet, ist, dass dieser Star – in welcher Hinsicht auch immer – ein besserer Mensch ist. Dem Star entsprechen mythologische Figuren wie der Held[1773], der Heilige, der Retter oder die Lichtgestalt.

In der Star-Dynamik kommt der Person, die zum Star wird, natürlich auch eine Rolle zu. Diese ist mit Keller nicht zu unterschätzen: Stars sind keineswegs nur Medienopfer, sondern gehen eben eine Allianz mit den Medien ein.[1774] So schreibt Keller zur »Verteilung der wirklichkeitskonstruktiven Machtverhältnisse: Zwar verzichtet der Star als absolute Person der Zeitgeschichte auf Teile seiner Persönlichkeitsrechte, gleichwohl ist dies Teil eines symbiotischen Kontrakts, den er in Erwartung von Ruhm, Geld, Erfolg und Statusgewinn mit den Medien ebenso wie mit seinen Nutzern schließt.«[1775] Es sind nun m. E. auch durchaus weniger eigennützige Motive von Star-Aspiranten vorstellbar. Festzuhalten bleibt aber, dass Prominenz und Star-Status da entsteht, wo sich der Betroffene davon etwas verspricht – nicht unfreiwillig.[1776] Gleichzeitig heißt dies nicht, dass Stars jederzeit frei über die Star-Dynamik verfügen können. Sind sie erst mal Stars, werden sie sozusagen die Geister, die sie riefen, nicht so leicht wieder los. Wo ein Star-Entwurf einmal Erfolg hatte, »ist weiterer Star-Erfolg wahrscheinlich«.[1777] Wer erst mal Medienaufmerksamkeit und publikale Sympathien auf sich gezogen hat, wird dies künftig wahrscheinlich wieder tun. Diesen Zusammenhang drücken auch

1771 Ludes 1997, S. 88, kursiv im Original.
1772 Vgl. Saxer 1997, S. 211, dort auch das Zitat, kursiv im Original.
1773 Vgl. so auch Ludes 1997, S. 88.
1774 Vgl. Keller 2008, S. 128.
1775 Keller 2008, S. 128.
1776 Vgl. Keller 2008, S. 128.
1777 Vgl. Keller 2008, S. 147, dort auch das Zitat.

Nachrichtenfaktoren wie Kontinuität und Prominenz aus. Damit kann der einzelne Star durchaus auch zum Opfer der Medien werden, muss es aber nicht immer sein.

Auf den Star als beobachtete Realität bezogen ist ebenfalls interessant, wie dieser sich zu Organisationen verhält. Gerade bei Politikerstars ist es ja so, dass die Person nicht nur für sich in der Öffentlichkeit steht, sondern auch für eine Partei. Einmal ist davon auszugehen, dass die Organisation an der Star-Genese ähnlich beteiligt sein kann wie die Medien. Wie Medien dem Publikum nach der ihnen eigenen Konstruktionslogik Star-Entwürfe vorschlagen, so bieten Organisationen den Medien Personen an: Sie machen sie zu Sprechern, die sich gegenüber Medien äußern, verleihen ihnen Ämter, die sie als Repräsentanten von politischen Richtungen oder Interessengruppen erscheinen lassen, und differenzieren gar professionalisierte Stäbe zum Medienmanagement für einzelne Personen aus. Damit verhelfen Organisationen Einzelpersonen zu einer erhöhten Medienaufmerksamkeit und so unter Umständen auch dazu, für Medien als Star-Aspiranten zu gelten. Insofern hier hinter dem organisationsseitigen Star-Vorschlag also kommunikative Auswahlprozesse stehen, ist auch der Charakter der öffentlichen Person nicht unabhängig von der Herkunftsorganisation, die ja mit darüber entschieden hat, wer öffentlich wird und wer nicht. Gleichzeitig wirkt in dieser Karriere der entstehende Star auf die Organisation insofern zurück, als er ihr oder dem von ihr belegten Sachthema in seiner Person mediale Aufmerksamkeit verschafft.

Ist er einmal Star geworden, ist die Beziehung von Star und Organisation nach dem autoritären Repräsentationsmodell von Preul (siehe II.2.4) wahrscheinlich die dominante. Als Star kommt dem Star auch qua Person – weniger qua Thema oder Amt – Medienaufmerksamkeit und publikale Sympathie zu. Diese nun organisationsunabhängige Prominenz kann ihm Einfluss auf die Organisation verschaffen. Gleichzeitig können sich Star und Organisation in der öffentlichen Wahrnehmung auch entkoppeln: Durch den Fokus auf die Person wird der Star und gerade der Star eben nicht mehr als Repräsentant einer Organisation wahrgenommen, sondern nur noch als Person. Diese Außenwahrnehmung kann sich sogar in der Selbstdarstellung niederschlagen. Mit dem Modell autoritärer Repräsentation konvergiert auch die Möglichkeit von Beziehungen nach dem Typ repräsentativer Identifikation (siehe IV.4.1.2) – nun nicht auf Teile des breiten Publikums, sondern auf Mitglieder der Organisation bezogen: Der Repräsentant repräsentiert aus Gruppenperspektive das Idealbild der Gruppe, prägt dabei aber in Transaktion auch eben dieses Ideal mit und agiert insofern auch sozusagen autoritär-prägend. Dem entspricht auch die enge Verbindung, die Peter Ludes zwischen Startum und der Weberschen charismatischen Herrschaft nahelegt.[1778] Diese gründet eben nicht in

1778 Vgl. Ludes 1997, S. 78f., dort auch für das Folgende.

legalen, rationalen Ordnungen oder Traditionen, sondern im Charisma einer Person und so auch in der Attraktivität, Faszination und Aufmerksamkeit, die diese Person auf sich zieht bzw. die ihr zugeschrieben werden.

Spezifisch für diese Dynamik ist allerdings auch ihre Endlichkeit: Der Star-Genese steht der Niedergang[1779] von Stars gegenüber. Wird der Star seinem Publikum nicht über und verliert so Aufmerksamkeit und Attraktivität, sondern stirbt noch als Star, potenziert dies zunächst noch seinen Nachrichtenwert und kann gar zur Legendenbildung bis hin zur Leugnung seines Todes führen:[1780] Der Tod beendet parasoziale Beziehung nicht notwendig, weil der Verstorbene als mediale Konstruktion ja weiterhin präsent sein kann – ohne von Lebenden unterscheidbar zu sein.[1781] Der Tod Michael Jacksons etwa hat seine Medienpräsenz zunächst gesteigert.

Insgesamt erscheinen Star-Dynamiken so als machtvolle multikausale Dynamiken, die sich miteinander aus den transagierenden rezipientenseitigen Zuschreibungen und Nutzungen, den Interessen und Konstruktionslogiken der Medien, den Motiven und Eigenschaften von Medienpersonen und Organisationen ergeben. In Star-Dynamiken werden Personen als die mythologische Figur des Star, Helden oder Heiligen konstruiert.

Die dunkle Seite des Stars ist das, was ich auch in Auseinandersetzung mit Silverstone wie Keller den Anti-Star genannt habe.[1782] Für den Anti-Star gilt im Prinzip dasselbe wie für den Star: außergewöhnlich häufige und intensive Medienpräsenz, spezielle Beziehung zum Publikum, paradoxe Relation von Distanz und Nähe, Identitätsrelevanz und Konsonanz mit medialen Konstruktionslogiken. Allerdings zieht der Anti-Star nicht positive Affektionen und Identifikationen auf sich, sondern negative. Er repräsentiert nicht das Idealbild einer Gruppe, sondern genau das Gegenteil davon. Hier zeigt sich die Stärke der auch bei Keller betonten rezipienten- und funktionsorientierten Perspektive im Gegenüber zur stimuluszentrierten. Star oder Anti-Star wird eine Person eben in der Rezeption einer Gruppe oder eines Rezipienten. Damit können Star und Anti-Star zum gleichen Zeitpunkt ein und dieselbe Person sein, die eben für eine Gruppe deren Idealbild repräsentiert und so als Star funktioniert, für eine andere Gruppe oder ein anderes Milieu hingegen eine Anti-Utopie. Gerade bei Stars, die weniger in einer breiten Öffentlichkeit, sondern eher in einem Milieu populär sind, ist dies besonders deutlich: Man denke etwa an Marilyn Manson oder Florian Silbereisen. Funktioniert eine Medienperson als Anti-Star, werden sich die parasozialen Bezugnahmen auf

---

1779 Vgl. Ludes 1997, S. 90f. Vgl. auch Ludes 2003, S. 168–170. Nach Ludes ist es gerade die Außeralltäglichkeit, der ein »Keim des Niedergangs« schon innewohnt: Sie vergeht mit biologischer Alterung und lässt sich nicht routinisieren.

1780 Vgl. Keller 2008, S. 131–133.

1781 Vgl. Keller 2008, S. 131f.

1782 Ich verwende den Begriff also anders als Keller, bei der der Anti-Star eher der mediale Non-Konformist ist (Keller 2008, S. 200–209).

den Typ delegativer Identifikation beschränken. Als Repräsentant dessen, was man nicht sein will, werden auch als negativ empfundene Anteile des Selbst auf diesen projiziert und externalisiert. Ein klassisches Beispiel für den Anti-Star in delegativer Identifikation ist wie gesagt der Sündenbock.

1.2 Die mediale Konstruktion von Margot Käßmann

Unter den Medienpersonen aus dem Kreis der evangelischen Kirche in den vergangenen Jahren ist es Margot Käßmann, deren Medienkarriere bislang dem Typ Star-Dynamik am nächsten kam. Das heißt weder, dass ihre Medienkarriere eine Eins-zu-eins-Abbildung des Typs ist, noch dass es in dieser Karriere nicht Dynamiken und Faktoren gibt, die von dem Typ nicht erfasst werden. Wenn nun im Folgenden einzelne Beobachtungen aufgezählt werden sollen, die andeuten, inwieweit sich das Phänomen Käßmann als Star-Dynamik deuten lässt, geht es dabei in erster Linie nicht um die reale Person Käßmann, sondern um ihre mediale und publikale Konstruktion, auf die die reale Person nur als einer unter vielen transagierenden Faktoren Einfluss nimmt.

Die 1958 geborene Käßmann war von 1994 bis 1999 Generalsekretärin des Deutschen Evangelischen Kirchentages, 1999 bis 2010 Landesbischöfin der Evangelisch-lutherischen Landeskirche Hannovers und von 2009 bis 2010 Vorsitzende des Rates der Evangelischen Kirche in Deutschland.[1783] In dieser Zeit stand sie bei zahlreichen Anlässen in lokaler, regionaler wie überregionaler Medienöffentlichkeit. Insgesamt war sie auch schon vor dem Rücktritt nach der Alkoholfahrt[1784], vor der Neujahrspredigt in der Frauenkirche in Dresden[1785] mit dem Afghanistan-Zitat und schon vor ihrer Zeit als Ratsvorsitzende relativ häufig und intensiv medial präsent:[1786] Zeitungen berichteten über ihre Äußerungen, interviewten sie und sie nahm an Talkshows teil – so beispielsweise an der ersten Anne-Will-Sendung im September 2007[1787]. Beachtung fand sie vor ihrer Wahl zur Ratsvorsitzenden überregional beispielsweise auch bei ihrer Wahl zur Bischöfin oder als mögliche neue Ratsvorsitzende 2003. Schon damals bezeichnete die taz sie als »Star unter Deutschlands Protestanten«.[1788] Später kam sie mit Äußerungen zur Ökume-

---

1783 Vgl. http://www.ekd.de/personen/kaessmann.html [Abruf 11.05.2013].

1784 Dieser etwas unglückliche Begriff ist hier aus der Zeitungsberichterstattung übernommen.

1785 Vgl. für den Text der Predigt: http://www.ekd.de/predigten/kaessmann/100101_kaessmann_neujahrspredigt.html [Abruf 02.03.2011].

1786 Das hatte auch die bereits zitierte Studie von Meier ergeben. Vgl. IV.2.2.

1787 Vgl. den Bericht dazu von Christopher Keil: »Eine leichte Abfahrt«, Süddeutsche Zeitung vom 18.09.2007 (Deutschlandausgabe), S. 17.

1788 Vgl. den Artikel »Gesucht: Das Gesicht der evangelischen Kirche« in der Süddeutschen Zeitung vom 04.11.2003 (Deutschlandausgabe), S. 2, dort auch das Zitat.

ne[1789], Familienpolitik[1790], ihrer Brustkrebserkrankung 2006[1791], ihrer Scheidung 2007[1792] oder ihrer Kritik an »organisierte[r] Sterbehilfe«[1793] in die Öffentlichkeit. Ihre Wahl zur Ratsvorsitzenden der EKD als erste Frau in diesem Amt machte deutschlandweit Schlagzeilen.[1794] In der Zeit als Ratsvorsitzende war sie dann vor allem mit folgenden Themen präsent: der Beerdigung von Robert Enke[1795], ihrem Satz »Nichts ist gut in Afghanistan«, mit dem sie eine breite und kontroverse Debatte über den Afghanistaneinsatz der Bundeswehr in Gesellschaft, Politik und medialer Öffentlichkeit auslöste, und schließlich mit ihrer Autofahrt unter Alkoholeinfluss und dem darauffolgenden Rücktritt. Seitdem ist sie nicht nur medienpräsent geblieben; ihre Medienpräsenz hat vielmehr noch zugenommen. Dies zeigt sich etwa daran, dass auch eigentlich sonst nicht berichtenswerte Ereignisse zum Anlass für lange Artikel über Käßmann genommen werden – etwa ihre »erste Vorlesung als Gastprofessorin an der Ruhr-Universität Bochum«.[1796] Gerade darin zeigt sich die Eigendynamik medialer Wirklichkeitskonstruktion: Dass jemand Teil dieser Konstruktion ist und immer wieder wird, lässt sich nicht durch Veränderung eines einzigen Faktors im Kommunikationsfeld verhindern oder abbrechen.

Mit Häufigkeit und Intensität ihres Vorkommens in der medialen Wirklichkeitskonstruktion kommt die Medienperson Käßmann also dem nahe, was man von einem Star erwarten könnte, insbesondere seit ihrem Rücktritt. Die Medien haben mit ihr offenbar einen Star-Entwurf angeboten, der von Teilen der Bevölkerung angenommen wurde, und so schließlich eine längere Star-Dynamik begonnen, die einseitig, nämlich durch den Rücktritt, nicht gestoppt

---

1789 Etwa im SZ-Interview mit Matthias Drobinski: »›Offene Diskussionen sind nicht vorgesehen‹«, Süddeutsche Zeitung vom 23.02.2006 (Deutschlandausgabe), S. 6.

1790 Vgl. Nico Fried: »Familienpolitik wird Reizthema der Koalition«, Süddeutsche Zeitung vom 21.04.2006 (Deutschlandausgabe), S. 1.

1791 Vgl. etwa das Interview zu diesem Thema mit Matthias Drobinski: »›Krankheit ist keine Strafe‹«, Süddeutsche Zeitung vom 31.10.2006 (Deutschlandausgabe), S. 12. Vgl. dazu auch die Berichterstattung bei der Bild-Zeitung, etwa vom 04.11.2006 (http://www.bild.de/BTO/news/aktuell/2006/11/05/bischoefin-brustkrebs/bischoefin-brustkrebs.html [Abruf 02.03.2011].

1792 Vgl. etwa den Bericht von Matthias Drobinski: »Die Frau die sich traut«, Süddeutsche Zeitung vom 15.05.2007 (Deutschlandausgabe), S. 3.

1793 Vgl. das SZ-Interview mit Matthias Drobinski: »›Bei Anruf Gift – das ist falsch‹«, Süddeutsche Zeitung vom 20.11.2007 (Deutschlandausgabe), S. 2, dort auch das Zitat.

1794 So etwa in der Süddeutschen Zeitung als Aufmacher auf Seite eins unter der Überschrift: »Evangelische Kirche wird moderner« (Süddeutsche Zeitung vom 28.10.2009 (Deutschlandausgabe), S. 1).

1795 Vgl. Jörg Marwedel: »Ihm irgendwie näher sein«, Süddeutsche Zeitung vom 13.11.2009 (Deutschlandausgabe), S. 25.

1796 Vgl. Matthias Drobinski: »Wieder da«, Süddeutsche Zeitung vom 13.01.2011 (München), S. 5, dort auch das Zitat.

wurde. So wurde sie etwa beim Ökumenischen Kirchentag in München nach ihrem Rücktritt als Star gefeiert.[1797]

Der Themenüberblick zeigt ein weiteres Element des Star-Typs: Käßmann ist insgesamt und bei vielen Themen als ganze Person Teil medialer Wirklichkeitskonstruktion, nicht nur als Amtsperson oder öffentliche Person. Vielmehr sind private und öffentliche Rollen und Dimensionen kaum zu trennen. Sie berichtet selbst über Privates, etwa im Interview über ihre Erfahrungen mit der Brustkrebserkrankung, und es wird über Persönliches berichtet. So beginnt ein Artikel kurz nach ihrer Wahl zur Ratsvorsitzenden etwa mit den Sätzen: »Die vier Töchter waren erst dagegen, jetzt haben sie sich gefreut. Margot Käßmann erzählt das, ein bisschen aufgekratzt«.[1798] Gleichzeitig steht die Medienperson Käßmann in dem startypischen Paradox von Distanz und Nähe. Es wird in der medialen Wirklichkeitskonstruktion auch ihre distante Seite betont. So hat Die Zeit Käßmann kurz nach ihrem Rücktritt schon bildlich zu einer Art Heiligen stilisiert – als Teil eines Kirchenfensters mit der Unterschrift »DIE HEILIGE MARGOT«.[1799] Auf zahlreichen Bildern ist sie im Talar mit Beffchen, also mit den Symbolen des Pfarramtes, zu sehen. Schließlich setzt sie dem medialen Interesse selbst Grenzen, wie etwa ein Spiegel-Interview im Juni 2010 dokumentiert.[1800] Sich als Teil des Paradoxes von Distanz und Nähe auch der Nähe der Öffentlichkeit zu entziehen und auf nichtöffentliche Anteile zu verweisen, war ebenfalls charakteristisches Element der Star-Dynamik.

Der Themenüberblick zeigt aber auch etwas, das zunächst nicht zur Star-Dynamik passt. Margot Käßmann ist meist zu konkreten Themen Teil medialer Wirklichkeitskonstruktion, selten und eigentlich erst seit ihrem Rücktritt selbst als Thema. Gleiches gilt für den Bezug zur Organisation: Zumindest bis zu ihrem Rücktritt wurde sie immer in Bezug zur Kirche und als Repräsentantin, häufig sogar bildlich als erkennbare Repräsentantin der Kirche, medial konstruiert. Viele Auftritte waren bis zum Rücktritt eindeutig dem Amt geschuldet, so etwa bei der Beerdigung von Robert Enke. Jener Teil der Star-Dynamik, der die Person für Medien und Publikum wichtiger werden lässt als Themen und Repräsentantenrolle, scheint erst seit dem spektakulären Rücktritt (mit Einschränkungen) zu greifen. Seitdem erst ist auch meines Wissens medial von »Fans« die Rede.[1801]

1797 Die Titulierung als »Star« findet sich explizit in der Medienberichterstattung. Vgl. als Beispiel Hermann Unterstöger: »Das große Ich«, Süddeutsche Zeitung vom 17.05.2010 (Deutschlandausgabe), S. 3.

1798 Matthias Drobinski: »Margot Käßmann will Pfarrer stärken«, Süddeutsche Zeitung vom 29.10.2009 (Deutschlandausgabe), S. 6 (Hervorhebung: FH).

1799 Vgl. Die Zeit vom 04.03.2010 (Nr. 10), S. 6.

1800 Vgl. »›Wo soll ich hin?‹«, Der Spiegel vom 21.06.2010 (Nr. 25), S. 64–72, insb. S. 72.

1801 Etwa in dem gerade zitierten Spiegel-Interview: ebd.

Über ihre Rolle für die Rezipienten lassen sich in Ermangelung empirischer Untersuchungen nur Vermutungen anstellen. Es ist aber naheliegend, dass sich Relationierungen nach allen drei angesprochenen Identifikationstypen finden werden – auch nach dem repräsentativer und explorativer Identifikation. Gerade dadurch, dass ihr Umgang mit den unterschiedlichsten Wechselfällen des Lebens auch in seiner persönlichen Dimension medial konstruiert wurde, wurde die Medienperson als Vorbild für die eigene Lebensführung und den Umgang mit eigener Krankheit oder später Schuld angeboten. Hierbei ist sie offenbar gerade in ihrer Fehlbarkeit und dem Umgang damit zum Vorbild geworden. So repräsentiert und personalisiert die Medienkonstruktion von Käßmann ein Ideal. Für Teile der Kirche ist sie zudem zur Repräsentantin der eigenen Gruppenidentität als Kirche geworden, wie aus den jubelnden Kirchentagspublika zu folgern ist.

Dafür, die Frage nach ihrem Einfluss auf kirchliche Strukturen und Prozesse zu stellen, also zu diskutieren, wie sie das Gesicht der evangelischen Kirche dadurch verändert hat, dass sie ihr Gesicht war und ist, ist es insofern noch zu früh, als sie ja weiterhin Teil der Medienpräsenz der Kirche ist.

1.3 Theologische Orientierung: Kirche in der Personalisierungsdynamik Star

Sich in Star-Dynamiken wiederzufinden – also (auch) anhand von Personen, die als Stars funktionieren, medial präsent zu werden –, beinhaltet für die Kirche sowohl Chancen, Gestalt der Hoffnung zu sein und als solche hoffnungsstiftend zu wirken, als auch Risiken. Ich benenne zunächst diese Chancen und Gefahren in ihrer Verquickung gegliedert nach den Beziehungen des Stars zu den Zuschauern (1), zur verfassten Kirche (2) und zu sich selbst (3), um dann nach weiterführenden Orientierungen zu fragen (4). Vorausgesetzt ist dabei, dass es in lokalen wie überregionalen Öffentlichkeiten bisher m. E. vor allem Inhaber kirchlicher Hauptämter waren, die in Dynamiken involviert waren, die Star-Dynamiken nahekommen: Gemeindepfarrer bezogen auf die örtliche Öffentlichkeit sowie Bischöfinnen, Präsides, Landesbischöfe und Ratsvorsitzende wie Margot Käßmann im Beispiel (II.3.1.2).

(1) Während Medien in Star-Genese und -Karriere eine wichtige Rolle spielen, bleibt letztlich wie dargestellt deren Funktion für die Rezipienten entscheidend. Stars sind deshalb Stars, weil sie eine positive Identitätsrelevanz für und eine »spezielle auratische Beziehung« (Hickethier) zu Rezipienten haben:[1802] Stars sind besonders wirksame und identitätsrelevante Vorbilder. Wenn das zutrifft, bieten Star-Dynamiken der Kirche die große Chance, dass die sie öffentlich repräsentierenden »Stars« als personale und besonders identitätsrelevante Hoffnungsstifter funktionieren. Durch Lebensstil, Reden und Handeln können sie Hoffnung wecken, weil sich Menschen mit ihnen

---

1802 Dazu, dass Personen »durch ihre Präsentation über die Massenmedien mit einer Aura umgeben« sein können, vgl. Welker 2001, S. 112.

identifizieren. Im Sinne explorativer Identifikation können Stars zu transformierendem, hoffendem Handeln motivieren. Gleichzeitig beinhalten Star-Dynamiken die Gefahr, dass die Hoffnungsstifter zu Hoffnungsträgern werden, also nicht nur Hoffnungen auf eine bessere Zukunft wecken, sondern auf sich selbst als einzige Verwirklichungsgaranten ziehen. Sie werden als Heilsbringer, Helden und Übermenschen wahrgenommen, die quasi-magisch eine Verbesserung gesellschaftlicher, persönlicher oder kirchlicher Verhältnisse erreichen werden. Ein Personenkult entsteht, den Kirche als Hoffnungsgestalt im Sinne der Religionskritik-Orientierung kritisieren (O4) muss, weil er entgegen der Sympathie-Orientierung (O6) Menschen apathisch macht. Der Unterschied zwischen Hoffnungsstifter und Hoffnungsträger ist vor allem einer zwischen (vorherrschenden) Identifikationsbezügen: Während der Hoffnungsstifter für den Rezipienten in explorativer Identifikation neue Seins- und Handlungsmöglichkeiten eröffnet und mit einer Hoffnung infiziert, die zu eigener Tätigkeit anleitet, funktioniert der Hoffnungsträger über delegative Identifikation, in der zwar auch Hoffnung geweckt wird, aber eben darauf, dass der Hoffnungsträger Transformationsarbeit leistet, ohne dass man sich selbst daran beteiligen muss. Diese Unterscheidung soll hier nur der Klärung dienen. In dieser Form wird sie in der Realität nicht vorkommen, allein deshalb, weil Hoffnungsstifter zu einem gewissen Grad natürlich auch immer Hoffnungsträger sind – und umgekehrt. Die orientierende Tendenz der Unterscheidung ist aber hoffentlich klar.

Der Grund für den Chancen- wie für den Risikocharakter der Star-Dynamik liegt von daher offenbar in der spezifischen Distanz-Nähe-Dialektik der Star-Rezipient-Beziehung: Der Star muss dem Rezipienten außeralltäglich, besonders und herausragend erscheinen. Ohne diese Differenz zum Alltag und zum alltäglichen Lebensstil könnte er nicht Vorbild für Veränderungen, nicht Hoffnungsstifter sein, weil er nichts Differentes verkörpern würde, auf das gehofft werden kann. In dieser Außeralltäglichkeit aber hat jener Personenkult seinen Anhalt, der die (kirchliche) Religionskritik auf sich ziehen muss. Gleichzeitig müssen Stars wie gesehen auch alltäglich und nahbar sein, um Identifikationen überhaupt erst zu ermöglichen. Wird sie oder er allerdings zu nahbar, verlieren Rezipienten das Interesse an Identifikation, verliert der Star jeden Vorbildcharakter. Delegative Identifikation, Personenkult und Funktion als Hoffnungsträger knüpfen vor allem beim Außeralltäglichkeitsmoment in dieser Dialektik an, ohne das Alltäglichkeitsmoment zu verlieren. Explorative Identifikation und Funktion als Hoffnungsstifter knüpfen beim Alltäglichkeitsmoment an, ohne das andere zu verlieren. Nur im Zusammenspiel beider Elemente der Dialektik funktioniert die Star-Dynamik, wobei die massenmediale Kommunikationssituation durch die Herstellung virtueller Nähe dieses Funktionieren noch erleichtert. Diese Dialektik macht die Star-Dynamik tatsächlich ambivalent. Die Ambivalenz wird durch folgende Aspekte noch verstärkt: Nur der Star als Hoffnungsstifter lässt sich noch mit der im Habermas-Teil entwickelten rational motivierenden Personalisierung in Verbindung bringen, während der Star als Hoffnungsträger zumindest Tendenzen dazu hat, empirisch motivert zu binden. Nur wenn Rezipienten sich als aktiv Beteiligte an hoffenden Gesellschafts- und Lebensstiltransformationen verstehen, werden sie auch ihre Möglichkeit zur (zweitinstanzlichen) Kritik der medienöffentlichen Geltungsansprüche des Stars wahren und nutzen. Geht dieses Beteiligungsmoment in apathisierender, delegativer Identifikation mit Hoffnungsträgern verloren, bleibt auch die Kritikmöglichkeit ungenutzt. Damit erscheinen die Ansprüche des Stars nicht mehr als kritisierbare Geltungsansprüche, sondern als Repräsentationen der eigenen (moralischen) Autorität, was die Voraussetzungen von Kritisierbarkeit wiederum untergräbt. So funktionierende Personerzählungen ließen sich dann nicht mehr mit dem Begriff des kommunikativen Handelns einordnen und wären als Rekonstruktionen einer Kirche, die eigentlich Gestalt der Hoffnung sein soll, entsprechend problematisch.

(2) Stars sind auch qua eigener Prominenz und Person, also auch themen- und organisationsunabhängig, medienpräsent. Zwar spielen in der Genese eines kirchlichen Stars Gemeinde und verfasste Kirche eine wichtige Rolle, insofern sie etwa durch die Wahl des Star-Aspiranten in ein Amt Berichterstattungsanlässe liefern. Sind Stars aber erst einmal prominent und medienbekannt, fokussieren sie auch unabhängig von dieser Organisationsbindung und unabhängig von Themen Medienaufmerksamkeit. Das verleiht ihnen zumindest erstinstanzlich eine gewisse Macht gegenüber der Organisation, aus der sie kommen – im hiesigen Fall also der Kirche: Sie geben in konkreten Situationen der Kirche ein Gesicht und eine Stimme, die gehört und gesehen werden, unabhängig davon, ob die Kirche sich theologisch verantwortet tatsächlich darin wiederfindet. Insofern Stars vor allem Gegenüber in repräsentativer Identifikation sind, bestimmen sie die Identität der Kirche (bei deren Mitgliedern) mit.

Diese Machtstellung ist für eine Kirche, die Gestalt der Hoffnung sein soll, ambivalent. Einerseits kann die Kirchenvertreterin als Star gerade den Konsensen der soziologisch erfassbaren Kirche vorausgehen: So sie ein kirchliches Amt innehat, hat sie damit kein imperatives Mandat der Gemeinde, sondern bleibt an Christus, an die gemeinsame Sache der Hoffnung gebunden (O10). Als Star kann sie es wagen auszusprechen, was sie für wahr hält, obwohl dies nicht von der Mehrheit der Kirchenmitglieder geteilt wird, und damit medienöffentlich Aufmerksamkeit finden. Sie kann damit der gemeinsamen Sache der Hoffnung dienen, Transformationen auf den Weg bringen und Umdenken ermöglichen. Das entspricht der Sach- (O10) und Funktions-Orientierung (O3). Andererseits steht der Kirchenvertreter als Star in der Gefahr, eben diesen Funktionsbezug zu verlieren und sich angesichts der vielen Aufmerksamkeit auch selbst als etwas Besonderes wahrzunehmen. Wo er selbst oder die Rezipienten dies so wahrnehmen, ist die Beteiligung aller am kirchlichen Leben in Gefahr (O9). Mediale Konstruktionen von Kirche anhand von prominenten Amtsträgern können bei lesenden und zuschauenden Kirchenmitgliedern nur zu leicht das Bild einer Amtskirche befördern, deren Realität von Amtsträgern bestimmt wird, ohne dass sie selbst daran aktiv teilhaben könnten. Wird Realität von Kirche entsprechend konstruiert, wird sie nicht mehr in ihrer Heterogenität wahrgenommen und dargestellt (gegen O7). Außerdem besteht die Gefahr, dass Kirche nicht mehr in ihrer Identifizierung mit den »geringsten Brüdern«, sondern in einer politisch-religiösen Identifizierung mit Mächtigen wahrgenommen und dargestellt wird (gegen O4 und O8). Die Identifizierung mit Stars kann die für die Kirche als Gestalt eschatologischer Hoffnung identitätsstiftende Identifizierung mit dem Gekreuzigten gerade behindern. Im Rückgriff auf Moltmann freier formuliert: Der Musical-Titel »Jesus Christ Superstar« betont in der Dialektik von Kreuz und Auferstehung zu sehr die Auferstehung und verdeckt somit, dass in historischer Perspektive der Gekreuzigte gerade kein Star, sondern ein auf ganzer Linie Gescheiterter ist. In der Auferstehung hat sich nach Moltmann Gott mit diesem Nicht-Star identifiziert und bei ihm seine Zukunft anfangen lassen. Wird Kirche anhand von Stars personalisiert rekonstruiert, könnte dies entsprechend verdecken, dass sie ihre Identität aus der Identifizierbarkeit mit einem paradigmatischen Nicht-Star bezieht: dem Gekreuzigten. Diese Gefahr ist nur da zur Chance gewandelt, wo die Star-Öffentlichkeit genutzt wird für die verantwortete Parteinahme für die Benachteiligten und die öffentliche Identifizierung mit den geringsten Brüdern und Schwestern. Ein instruktives Beispiel für die Nutzung dieser Chance von Star-Öffentlichkeit ist m. E. eine Geschichte aus Dänemark, die Hannah Arendt schildert: »Als die [nationalsozialistischen, FH] Deutschen wegen der Einführung des gelben Sterns an sie [die Dänen] herantraten, sehr vorsichtig, sagte man ihnen ganz kühl, als erster werde sich der König den Judenstern anheften«[1803] – eine Handlungsmöglichkeit, die Hoffnung für die Ausgegrenzten weckt.

(3) Wie dargestellt, sind Stars an dem Zustandekommen von Star-Dynamiken beteiligt. Gleichzeitig geht es in ihnen, wie beschrieben, nicht um sie als Person, sondern um mediale, organisationale und publikale Rekonstruktionen ihrer Personalität, die jeweils auch funktional ist für die entsprechenden Akteursgruppen. Daraus ergibt sich nun eine klare Gefahr von Star-Dynamiken: Bleibt die Würde der Person des Stars in den Star-Dynamiken geachtet, oder wird die Konstruktion von ihm ausschließliches Mittel zum Zweck der Identitätsbildung der Publikumsmitglieder, der organisationalen Imagepflege oder der medialen Auflagen- und Quotensteigerung? Ist Letzteres der Fall, ist der Star auch keine personalisierte Gestalt der Hoffnung mehr. Das ist weder (medien-)ethisch noch ekklesiologisch zu verantworten. Besonders deutlich steht die Selbstzweckhaftigkeit, die Veränderlichkeit (O1) und die Relationalität (O2) einer Star-Person auf dem Spiel, wo er für Rezipienten nur noch als Anti-Star funktioniert und damit nicht mehr als Mitmensch, son-

1803 Arendt 2004, S. 274.

dern als auf ein Feindbild reduziertes und festgelegtes Wesen erscheint. Das ist etwa gegeben, wenn viele gesellschaftliche Dynamiken und Erwartungsgehalte, viele Einzelpersonen und Missstände zu einer Katastrophe geführt haben, die nun insofern personalisiert aufgearbeitet wird, als die Schuld auf eine Einzelperson konzentriert wird. Die eigene Verstrickung kann mittels delegativer Identifikation auf die medial so dargestellte Person projiziert werden. Solange es keine Möglichkeit eines medial glaubwürdigen Ausdrucks von Reue und Vergebung gibt, wird diese Person damit als unentrinnbar mit ihrer Schuld identifiziert rekonstruiert. Darin ist theologisch unter anderem problematisch, dass sie in ihrer Veränderlichkeit nicht mehr in den Blick kommt. Will Kirche Gestalt der Hoffnung sein, wird sie dem in Konstruktionen von ihr wie von Gesellschaft entgegenwirken.

(4) Inwieweit diese Ambivalenzen von Star-Dynamiken der Kirche Möglichkeiten bieten, Gestalt der eschatologischen Hoffnung zu sein, entsprechend zu handeln und zu wirken, hängt insgesamt offenbar davon ob, inwieweit in ihnen die Orientierung an Beteiligung an Gesellschaft (O5), an Kirche (O9) sowie an der Personwürde des Stars zum Zuge kommen. Dabei müssen von Moltmanns kreuzestheologischem Kriterium her besonders die Ausgegrenzten, Benachteiligten und Rechtlosen im Blick sein. Wenn nach der Orientierung an Beteiligung gefragt wird, muss gerade immer deren Beteiligung im Fokus sein. Inwiefern sind Star-Dynamiken schon in diesem Sinne eine Möglichkeit, Gestalt eschatologischer Hoffnung zu sein, und wie kann dies befördert werden?

(4.1) Zunächst können auch Kirchenvertreter in Starrollen als Menschen gesehen werden, die immer schon in prägende Beziehungsnetze eingebunden sind. Daran, dass eine Person als das, was sie jetzt ist, in der Öffentlichkeit steht, waren auch andere beteiligt. Die Unverwechselbarkeit einer öffentlichen Person ist immer schon die in diskursiven Prozessen geprägte und profilierte. Widersprüchen zu Beteiligungs-Orientierung kann dadurch entgegengewirkt werden, dass eben diese Mitprägung in medialen, publikalen und organisationalen Konstruktionen mitkonstruiert wird. Am Beispiel: Was die Person Jürgen Moltmann öffentlich vertritt, ist durch diejenigen anderen mitgeprägt, mit denen er sich in diskursiven Prozessen auseinandergesetzt hat – von Otto Weber über Johann Baptist Metz und Ernst Bloch bis zu zahlreichen Gesprächspartnern in Gemeinden auf der ganzen Welt. Dies wird mitkonstruiert, insofern er dies in seinen Büchern erwähnt.

Zusätzlich kann den Beteiligungs-Orientierungen (O5 und O9) dadurch entsprochen werden, dass die Rückbindung der öffentlichen Star-Person an diskursive Prozesse in Kirche und Gesellschaft intentional vollzogen wird. Dies kann im Rahmen der Star-Genese, der laufenden Praxis wie der Nachbereitung öffentlicher Auftritte geschehen. Bei der Star-Genese von Kirchenvertretern spielen häufig kircheninterne Auswahlprozesse eine Rolle, bei denen Kirchenmitglieder und binnenöffentliche Diskurse beteiligt sind – die Wahl eines Pfarrers für eine Gemeinde oder die synodale Wahl einer Bischofin, eines Landesbischofs oder Präses beispielsweise. Auch in der laufenden Praxis kann der Kirchenvertreter durch Gespräche und halböffentliche Diskussionen etwa auf Facebook in ständigem Kontakt zu anderen Kirchenmitgliedern bleiben und so die Inhalte und Art des eigenen öffentlichen Auftretens an gemeindliche Beteiligung rückbinden. Die einmal von einem Kirchenvertreter in Starrolle öffentlich gemachten Äußerungen gelten auch öffentlich nicht ein für alle Mal als die Stimme der (evangelischen) Kirche, sondern können durch spätere Äußerungen und Kritik derselben oder anderer Personen revidiert werden. Thematisiert werden all diese Rückbindungen in der Theologie vom besonderen Amt, also in pastoral- und amtstheologischen Entwürfen.

Zusammengefasst: Die intentionale und nichtintentionale Rückbindung der Person an diskursive Beteiligungsprozesse in Kirche (und Gesellschaft) kann der Kirche in Star-Dynamiken helfen, den beiden Beteiligungs-Orientierungen (O5 und O9) zu entsprechen und so die Möglichkeiten der Star-Dynamiken zu nutzen, Gestalt der Hoffnung zu sein.

(4.2) Dafür bleibt unerlässlich, dass Kirche nicht nur und ausschließlich über prominente Vertreter und Stars konstruiert wird, sondern auch und vor allem in der Vielfalt derjenigen Personen, die sich aktiv am kirchlichen Leben beteiligen und sich für eine Verbesserung der gesellschaftlichen Verhältnisse in »alltäglichen« Rollen einsetzen. Nur im Zusammenspiel mit deren Öffentlichkeit kann die Öffentlichkeit der herausragenden Kirchenvertreter im Einklang mit dem allgemeinen Priestertum aller Getauftenstehen. Zieht man in Betracht, dass die verfasste Kirche und ihre Selbstdarstellung besagtes dynamisches Zusammenspiel nicht kontrollieren, heißt das auch: Rezipientenseitig kann der star-ähnliche Kirchenvertreter nicht nur für sich, sondern im Konzert der kirchlichen Medienpräsenz wahrgenommen werden. Damit wird aus Rezipientenperspektive der personale Auftritt des Kirchenvertreters auch von der restlichen Medienpräsenz der Kirche her – sei es von den Stimmen anderer Kirchenmitglieder oder der Darstellung kirchlicher Realitäten her – kritisierbar. Wenn bei einem Kirchenvertreter dessen eigener Lebensstil den von ihm öffentlich vertretenen Orientierungen entspricht, das Leben der wahrgenommenen Kirche diesem aber widerspricht, kann dies zwar dazu führen, dass er sich positiv gegenüber den anderen abhebt. Es kann den Gesamtauftritt der Kirche aber auch unglaubwürdig machen – etwa wenn er bestimmte Arbeitsbedingungen in der freien Wirtschaft fordert, die in der verfassten Kirche selbst nicht Realität sind.

2. Typ 2: »Öffentlicher Intellektueller«[1804] als Personalisierungsdynamik

2.1 Allgemeine Beschreibung des Dynamiktyps

Viele Prozesse laufen in der Intellektuellen-Dynamik ähnlich ab wie beim Star. Allerdings beziehen sie sich anders als beim Star nicht auf affektive und kognitive, sondern eher auf kognitive Aspekte, nicht auf die öffentliche und private Person, sondern eher auf die öffentliche Person in ihrer öffentlichen Rolle. Den öffentlichen Intellektuellen verstehe ich hier als Person, die in der Dynamik von organisationaler Selbstdarstellung, medialer und publikaler Wirklichkeitskonstruktion als Wissender konstruiert wird. Von ihm werden Spezialisten- und Orientierungswissen erwartet. Der Intellektuelle ist also im Grenzbereich von Spezialistenwissen und Alltagswelt medial präsent. Hier keine genauere Bestimmung des Wissensbegriffs vorzunehmen, ermöglicht, ihn nicht milieuverengend ausgrenzend zu verstehen.

Nach dem hier entfalteten Verständnis können die entsprechend rekonstruierten Personen zwei der von Neidhardt erwähnten Rollen übernehmen:[1805] Intellektuelle sind diejenigen, die – so Neidhardt – »am kritischen Maßstab kultureller Werte sozial-moralische Sinnfragen«[1806] ansprechen. Sie sind auch Experten, insofern sie mit »wissenschaftlich-technischen Sonderkompetenzen« ausgestattet sind und mit »Richtigkeitsfragen von öffentlicher Bedeutung« konfrontiert werden.[1807] Diese beiden Typen nach Neidhardt fasse ich zusammen, weil gerade in medialen Wirklichkeitskonstruktionen kaum scharf zwischen Orientierungs- und Informationswissen zu unterscheiden sein wird. Der Intellektuelle ist jemand, der in der Perspektive von Medien und Rezipienten mit außeralltäglichem Wissen hervorragt.

Wichtige Aspekte der Intellektuellen-Dynamik sind wieder nach den Größen auf dem Kommunikationsfeld zu benennen. Intellektuelle kommen in der medialen Wirklichkeitskonstruktion strikt themenorientiert vor. Sie interessieren ja nicht primär als Person, sondern wegen ihres hervorragenden (Orientierungs-)Wissens und dem, was sie inhaltlich zu sagen haben. Personalisierung als Personorientierung ersetzt hier inhaltliche Auseinandersetzung nicht, vielmehr wird Spezialistenwissen auf Repräsentanten dieses Wissens personalisiert. Intellektuelle sprechen zu Themen und werden zu Themen in

---

1804 Ich wähle den Begriff »Intellektuelle(r)« hier, weil er von Autoren Öffentlicher Theologie verwendet wurde. Vgl. etwa Graham 2013, S. 133f. Vgl. Ronald F. Thiemanns Arbeiten zu »public intellectuals«: Thiemann 2002, 2003, 2004. Wie bereits an anderer Stelle erarbeitet, verstehe ich den Begriff aber stärker deskriptiv als Thiemann, der schon über die Beispielfiguren – etwa Dietrich Bonhoeffer – einen hohen normativen Anspruch mit dem Begriff verbindet (vgl. Höhne 2013b).

1805 Vgl. Neidhardt 1994, S. 14.

1806 Neidhardt 1994, S. 14.

1807 Vgl. Neidhardt 1994, S. 14, dort auch die Zitate.

Sendungen eingeladen. Anders als der Star werden sie in der medialen Wirklichkeitskonstruktion also nicht als Vollperson rekonstruiert, sondern primär in einer öffentlichen Rolle, eben der des Intellektuellen. Das schließt allerdings keineswegs aus, dass er nicht gerade auch als öffentliche Persönlichkeit Vorbildcharakter hat. Personalisierung als Privatorientierung spielt bei Intellektuellen entsprechend nur eine kleine bis überhaupt keine Rolle.

Insofern Intellektuelle nur themenorientiert in der medialen Wirklichkeitskonstruktion vorkommen, ist ihre Medienpräsenz weniger kontinuierlich, die Symbiose mit den Medien weniger eng als bei Stars. Auch Intellektuelle aber können Medienkarrieren haben, wenn sie sich aus der Perspektive von Medienproduzenten und Publikum als Wissens- und Orientierungsvermittler bewähren. Dabei entsteht auch hier wie beim Star eine selbstverstärkende Dynamik, in der dem Intellektuellen aufgrund von Medienpräsenz neue Medienpräsenz zukommt. Wo der Intellektuelle eine Medienkarriere entwickelt und damit häufiger medial präsent ist, weitet sich automatisch das Themenspektrum, zu dem er angefragt wird. Attraktiv für Medien und Publikum ist er nun nicht nur wegen seines hervorragenden Wissens, sondern auch als Prominenter, womit er einen weiteren Nachrichtenfaktor bedient, und als Vermittler von Wissen. Je stärker sein Herausragen medial und publikal an den letzten beiden Faktoren – Medienpräsenz und Vermittlerqualitäten – festgemacht wird, desto breiter werden auch die Themen werden, zu denen er angefragt wird. Sein themenspezifisches Expertenwissen ist ja nun nicht mehr der einzige nachrichtenwerte Faktor. Insgesamt bleibt die Intellektuellen-Dynamik aber deutlich stärker von Themendynamik abhängig als die Star-Dynamik.

Zwischen Intellektuelle und Medien kommt es ähnlich wie beim Star zu einer Allianz oder Symbiose, auch wenn diese weniger eng, eindeutig und kontinuierlich ist. Einerseits verschaffen die Medien dem Intellektuellen eine Bühne, Aufmerksamkeit und ein breites Publikum. Dass der Intellektuelle kein Interesse an dieser Aufmerksamkeit haben könnte, weil mediale Aufmerksamkeit in seiner Bezugsgruppe – etwa einer Scientific Community – nicht hochgeschätzt ist, steht auf einem anderen Blatt.

Andererseits kann der Intellektuelle aus medialer Perspektive nachrichtenwert sein, wenn er neben den personalisierungsrelevanten Nachrichtenfaktoren etwa den Faktor Überraschung erfüllt, wenn er Vertrautes auf unerwartete Weise deutet, oder Relevanz, wenn er Ratgeberwissen teilt. Medienformate können von dem Ansehen des Intellektuellen profitieren.[1808] Was sonst publikal vom Intellektuellen erwartet wird, kann nach bewährten Erfahrungen auch künftig von der Sendung oder Zeitung erwartet werden: Wissen und Sachkompetenz, etwa in Beiträgen anderer kundiger Intellektueller zu ande-

1808 Vgl. zu folgendem Gedanken analog schon V.1.1 und die dort zitierte Literatur.

ren Themen. Intellektuelle gelten als seriös. Dass sie in eine Show kommen, adelt auch diese als seriöser.

Unter den ökonomischen Rahmenbedingungen journalistischer Wirklichkeitskonstruktion und vom notwendigen Aktualitätsbezug her haben Intellektuelle zudem den Vorteil, zeit- und damit ressourcensparende Recherche-Abkürzungen zu sein. Ein Thema selbst zu recherchieren, kostet praktisch viel mehr Ressourcen als ein (schlechtes) Interview mit einem Intellektuellen.

Bei all dem ist zu betonen, dass sich der Intellektuelle von meiner Silverstone-Auslegung her dennoch im Bereich des Mythischen bewegt. Er äußert sich nicht als Wissenschaftler in einem Fachdiskurs im System Wissenschaft, sondern im Mediensystem als Intellektueller in einem nach medialen Konstitutionsbedingungen konstruierten Diskurs. Der Intellektuelle wird von den Medien gefragt, unabhängig davon, ob die Antwort auf diese Fragen überhaupt menschlich wissbar ist. Der Intellektuelle ist medial eben nicht der Wissenschaftler, sondern die mythologische Figur des Wissenden, Weisen und Welterklärers. Das ist entscheidend für die hier ablaufende Dynamik zwischen Intellektuellen und Mediensystem: Wird ein Intellektueller etwas gefragt, was er als Wissenschaftler nicht seriös beantworten könnte – und das ist m. E. häufig der Fall –, kann er schweigen und sich so für Medien wie Publikum als Intellektueller langfristig unattraktiv machen. Von ihm wird ja gerade außergewöhnliches Wissen erwartet. Wo dieses fehlt, wird der Intellektuelle unattraktiv. Will er sich also seine mediale Aufmerksamkeit erhalten, wird er auch auf solche Fragen antworten – und damit im Sinne einer transaktionalen Beziehung genau wieder den Mythos bedienen, er könne alle Fragen beantworten, was ihn zur mythologischen Figur des Wissenden macht. So wie der Star transaktional zum Held oder Heiligen stilisiert wird, ohne wirklich übermenschliche Fähigkeiten zu haben, wird der Intellektuelle zum Allwissenden. Von daher wird auch verständlich, warum sich in der Mediendynamik des Intellektuellen dessen Themenspektrum weiten wird.

Insgesamt steht der Intellektuelle damit in einer ähnlichen Distanz-Nähe-Paradoxie Rezipienten gegenüber wie der Star: Er muss gleichzeitig außeralltäglich wissend und damit distanziert erscheinen und dieses Wissen irgendwie auf den Alltag beziehen und darin nah erscheinen.

Was Rezipienten vom Intellektuellen erwarten, ist damit freilich schon gesagt: Wissen, Orientierungswissen, Erklärungen, Antworten auf Sach- und Sinnfragen. Der Nutzen, den Rezipienten daraus ziehen, ist einerseits ein rein kognitiver: Sie wissen nun mehr. Insofern wird auch nicht unbedingt eine parasoziale Beziehung zum Intellektuellen aufgebaut. Diese war ja stark mit dem emotionalen Nutzen des Medienkonsums verbunden. Insofern der Intellektuelle aber für Rezipienten als die mythologische Figur des Wissenden funktioniert, ist der Nutzen andererseits durchaus auch ein emotionaler und es kommt durchaus eine parasoziale Interaktion zustande. Diese kann nach dem Typ der explorativen Identifikation ablaufen. Der Intellektuelle wäre dann Beispiel dafür, was man wissen und wie man sich deutend orientieren kann, und hätte anregende oder versichernde Wirkung auf die Suchbewegungen des Rezipienten – etwa im Sinne der Äußerungen »Was der weiß, will ich auch wissen« oder »Was der weiß, brauche ich nicht zu wissen«. Gleichzeitig kann es zu anderen Nutzern auch zur delegativen Identifikation kommen: Die eigenen Wissenslücken und Orientierungsunsicherheiten werden auf den anderen delegiert, der diese stellvertretend füllt. Gerade wo Rezipienten sich so zum Intellektuellen relationieren, kommt Letzterem eine stabilisierende und versichernde Funktion zu. So können medizinische Fragen über den eigenen Körper etwa mit großen Ängsten verbunden sein. Davon entlastet der Experte, der zeigt, dass sich hier nichts Magisches, Unkontrollierbares abspielt, indem er über Spezialistenwissen verfügt, das zu verstehen und zu heilen erlauben kann.

Auch auf die Auswahl künftiger Intellektueller im Mediensystem bezogen spielen, ähnlich wie beim Star, Mediensystem und Publikum eine wichtige Rolle. Anders als beim Star kommt beim Intellektuellen allerdings der Herkunftsorganisation eine deutlich gewichtigere Rolle im Feld der transagierenden Größen zu, das den medialen Intellektuellen hervorbringt. Hier werden Wissen und Orientierung erworben, und hier bewährt sich der Intellektuelle mit diesem Wissen und diesen Orientierungen, bevor er sich medial als Intellektueller anbieten kann. Auch als medial prominenter Intellektueller bleiben m. E. die Abhängigkeiten zwischen ihm und seiner Herkunftsorganisation stärker wechselseitig, als das beim Star der Fall ist. Würden etwa einem prominenten Wissenschaftler, der häufig medial als Experte auftritt, in seiner Alma Mater schwerwiegende Regelverstöße in wichtigen Arbeiten nachgewiesen, so würde dies seine Medienkarriere sicher beeinträchtigen, wenn nicht gar beenden.

Die Beziehung zwischen Intellektuellem und Organisation entspricht deshalb eigentlich dem, was Preul für die Kirche als Kommuniqué-Modell beschrieben hat (siehe II.2.4). In den kommunikativen Prozessen einer Organisation – etwa der Kirche – ist Wissen und sind gewisse grundlegende Konsense in Orientierungsfragen entstanden. Als Repräsentant dieser Organisation wird der Intellektuelle eben dieses in den Kommunikationsprozessen seiner Organisation bewährte Orientierungswissen medial darstellen. Das geschieht nicht unabhängig von seiner Person und seinen eigenen Gewichtungen, kann aber doch inhaltlich stark an kommunikative Aushandlungsprozesse rückgebunden sein. Häufig kann die Beziehung von Intellektuellen und Organisation jedoch nicht im Kommuniqué-Modell gedeutet werden. Intellektuelle tragen medial etwa häufig ihre von der Mehrheitsmeinung abweichenden wissenschaftlichen Auffassungen vor und sind ja gerade wegen dieser Normabweichungen medial interessant. Oder ein Intellektueller präsentiert Orientierungswissen, das in seiner Organisation bislang noch nicht in kommunikativen Prozessen verhandelt wurde, und stößt durch seine öffentlichen Äußerungen diese Diskussionen erst an. Wo Letztere ausfallen und der Intellektuelle als Repräsentant auftritt, stünde seine Beziehung zur Organisation dem Modell autoritativer Repräsentation näher.

Insgesamt erscheinen Intellektuellen-Dynamiken als multikausale Dynamiken, die sich aus den miteinander transagierenden rezipientenseitigen Zuschreibungen und Nutzungen, den Interessen und Konstruktionslogiken der Medien, den Eigenschaften von Medienpersonen und Organisationen ergeben. Sie sind aufgrund geringerer affektiver Aufladung sicher weniger machtvoll als Star-Dynamiken. In Intellektuellen-Dynamiken werden Personen als mythologische Figur des Wissenden konstruiert.

2.2 Die mediale Konstruktion von Wolfgang Huber

In der medialen Konstruktion der evangelischen Kirche stand in den vergangenen Jahren die Medienperson Wolfgang Huber dem Typ der Intellektuellen-Dynamik am nächsten. Vermutlich sind dem Leser oder der Leserin bei der idealtypischen Beschreibung auch noch andere Christen im öffentlichen Leben in Deutschland in den Sinn gekommen, etwa an Johannes Rau oder Joachim Gauck.[1809] Gerade von den theologischen Orientierungen her könnte an diesen interessant sein, dass ihnen nicht in der Ausführung eines kirchlichen Amts Medienöffentlichkeit zukam (Gauck ist zwar Pfarrer, war aber in anderen Ämtern stärker medienöffentlich). Dagegen, einen der Letztgenannten als Fallbeispiel zu thematisieren, spricht im hiesigen Kontext das große Interesse Öffentlicher Theologie an zivilgesellschaftlichen Akteuren. Als Bundespräsidenten war Rau und ist Gauck eindeutig als Staatsvertreter, nicht als zivilgesellschaftlicher Akteur öffentlich.

Einige Beobachtungen zur medial konstruierten Person Hubers – nicht zu ihm selbst – sollen hier verdeutlichen, welche Elemente der Intellektuellen-Dynamik sich in der Medienkarriere Hubers wiederfinden lassen. Hier muss wieder betont werden, dass weder Hubers Medienkarriere die Intellektuellen-Dynamik eins zu eins abbildet, noch seine gesamte Medienpräsenz mit dieser Typik erfasst werden kann. Insbesondere, wenn man »Intellektueller« als Rolle der medienpräsenten Person versteht, darf nicht außer acht gelassen werden, dass er noch zahlreiche andere Rollen ausgefüllt hat. Unter diesen anderen Rollen ist insbesondere nach Neidhardts Typik die des Advokaten oder Institutionenvertreters hervorzuheben.[1810] So war Huber gerade im Rahmen von Kirchenreformprozessen[1811] und in Auseinandersetzung mit dem Land Berlin über die Frage des Religionsunterrichts[1812] auch als Kirchenpolitiker in überregionalen Medien präsent.

1809 Ich danke Johanna Haberer für den Verweis darauf.

1810 Vgl. für beide Rollen Neidhardt 1994, S. 14.

1811 Vgl. zum Reformprozess »Kirche im Aufbruch« Matthias Drobinski: »Fabrik der Zuversicht«, Süddeutsche Zeitung vom 28.09.2009 (Deutschlandausgabe), S. 6.

1812 Vgl. zu diesem Konflikt etwa Constanze von Bullion: »Wowereit rügt die evangelische Kirche«, Süddeutsche Zeitung vom 28.04.2009 (Deutschlandausgabe), S. 7.

Schon die medialen Attributionen legen es nahe, Hubers mediale Präsenz eher im Rahmen einer Intellektuellen-Dynamik als einer Star-Dynamik zu sehen. So wurde er insbesondere häufig als »Vordenker« bezeichnet, etwa als »Vordenker des politischen Protestantismus«[1813], als »kantiger Vordenker«[1814] oder als »intellektueller Vordenker«[1815]. Gerade mit diesem Vordenken zu kirchenstrukturellen wie gesellschaftspolitischen und ethischen Fragen ist er zum »Gesicht der evangelischen Kirche«[1816] geworden. Als Star wurde er – im Gegensatz zu Käßmann – allenfalls selten bezeichnet.

Huber war als Bischof der »Evangelischen Kirche Berlin-Brandenburg-schlesische Oberlausitz« von 1994 bis 2009, als Ratsvorsitzender der EKD von 2003 bis 2009[1817] und seitdem zu zahlreichen Themen in den überregionalen Medien präsent. Er ist in seiner medialen Konstruktion Teil der Debatten etwa zur Frage nach der Sterbehilfe[1818], zur Wehrpflicht[1819], zur Frage nach der Rolle des Islam in Deutschland[1820], zur Finanzkrise[1821], zum Ladenöffnungsgesetz[1822], zur Marktwirtschaft[1823], zum Stammzellengesetz[1824], zum Kinderschutz[1825], zu

1813 Matthias Drobinski: »Der ungeduldige Bischof«, Süddeutsche Zeitung vom 26.10.2009 (Deutschlandausgabe), S. 4.

1814 Matthias Kamann: »Ein kantiger Vordenker geht in Rente«, Berliner Morgenpost vom 24.10.2009: http://www.morgenpost.de/printarchiv/politik/article1195165/Ein-kantiger-Vordenker-geht-in-Rente.html [Abruf 03.03.2011].

1815 Thomas Kunze: »Ein intellektueller Vordenker unter den Kirchenoberen«, Meldung vom 4. November 2003, zitiert nach stern.de: http://www.stern.de/politik/deutschland/wolfgang-huber-ein-intellektueller-vordenker-unter-den-kirchenoberen-515234.html [Abruf: 03.03.2011].

1816 Matthias Drobinski: »Der ungeduldige Bischof«, Süddeutsche Zeitung vom 26.10.2009 (Deutschlandausgabe), S. 4.

1817 Für die biographischen Daten vgl. http://www.wolfganghuber.info/leben.html [Abruf 16.05.2013], dort auch das Zitat.

1818 Vgl. etwa im SZ-Interview mit Charlotte Frank: »›Die Mediziner laden Schuld auf sich‹«, Süddeutsche Zeitung vom 28.09.2010 (Deutschlandausgabe), S. 8.

1819 Vgl. Wolfgang Huber: »Freiwillige vor!«, Süddeutsche Zeitung vom 21.08.2010 (Deutschlandausgabe), S. 2.

1820 Vgl. etwa seine Ablehnung eines muslimischen Feiertages (»Muslimischer Feiertag«, Süddeutsche Zeitung vom 14.10.2009 (Deutschlandausgabe), S. 6).

1821 Vgl. etwa Matthias Drobinski: »Starke Worte – unverbindliche Rezepte«, Süddeutsche Zeitung vom 03.07.2009 (Deutschlandausgabe), S. 8; epd-Bericht: »Steinmeiers Angebot ignoriert«, Süddeutsche Zeitung vom 30.12.2008 (Deutschlandausgabe), S. 5.

1822 Vgl. etwa Helmut Kerschner: »Kulturkampf um den Einkauf am Sonntag«, Süddeutsche Zeitung vom 24.06.2009 (Deutschlandausgabe), S. 7; Bericht von mad/gras/stw: »Kirchen klagen gegen verkaufsoffene Sonntage«, Süddeutsche Zeitung vom 13.11.2007 (Deutschlandausgabe), S. 1.

1823 Vgl. Matthias Drobinski: »Protestanten loben soziale Marktwirtschaft«, Süddeutsche Zeitung vom 10.07.2008 (Deutschlandausgabe), S. 6.

den Auslandseinsätzen der Bundeswehr[1826], zur Ökumene[1827] und zu vielen anderen Themen gewesen.[1828] Schon an diesem exemplarischen Überblick über vier Jahre der Medienpräsenz Hubers ist Wichtiges abzulesen: Huber ist themenorientiert präsent. Er äußert sich in den genannten Zeitungsartikeln zu inhaltlichen Fragen, nimmt Stellung und bietet Orientierungswissen an. Bei manchen der Themen hat er selbst sicher großen Anteil daran, dass diese Themen auf die Medienagenda kamen, etwa bei der Frage nach dem Religionsunterricht im Land Berlin. Dennoch lässt sich m. E. nicht sagen, dass diese Themen hier nur wegen seiner Person zu Themen wurden, sondern auch wegen der den Themen zuschreibbaren Nachrichtenwerten: Relevanz, Konflikt, Nähe, Erfolg. Insofern ist auch in diesen Fällen Hubers Präsenz in der medialen Wirklichkeitskonstruktion stärker als themenabhängig zu deuten. Eben damit, dass Huber anlässlich von Themen und wegen konkreter Themen medienpräsent war und ist, lässt sich seine Medienperson als Teil einer Intellektuellen-Dynamik deuten. Er trägt Wissen und Orientierungswissen zu besagten Themen bei, indem er im medienöffentlichen Diskurs Stellung nimmt.

Auch in Folgendem zeigt Hubers Medienpräsenz einen typischen Zug der Intellektuellen-Dynamik: Gerade dieses Orientierungswissen ist Zentrum seiner Medienpräsenz. Im Gegensatz zu der eben beschriebenen Medienperson Käßmanns sind Privates oder Persönliches in Hubers Fall so gut wie nie zum Anlass für Berichterstattung geworden. Auch in den sachorientierten Beiträgen mit und über ihn wird seine private oder persönliche Rolle so gut wie nie zum Teil der medialen Wirklichkeitskonstruktion. Das ist besonders auffällig bei Themen, die die Grenzbereiche des menschlichen Lebens betreffen und von daher schon Konstruktionen, die auch Persönliches miteinbeziehen, erwarten lassen – etwa wie Käßmanns Interviews zum Thema Brustkrebs. Besonders auffällig ist dies in einem SZ-Gespräch mit dem »Internist Michael de Ridder über Suizidwünsche von Patienten«.[1829] Während der Arzt hier sehr persönlich über seine Erfahrungen und Fragen im Umgang mit schwerstkranken Patienten und deren Suizidwünschen spricht, antwortet Huber eher als Ethik-Experte, weniger als Seelsorger oder Privatmann. Ver-

---

1824 Vgl. etwa im SZ-Interview mit Matthias Drobinski: »›Verantwortungsethik‹ ist nun einmal heikel«, Süddeutsche Zeitung vom 11.02.2008 (Deutschlandausgabe), S. 2.

1825 AP/epd-Bericht: »Kirchen fordern mehr Schutz für Kinder«, Süddeutsche Zeitung vom 27.12.2007 (Deutschlandausgabe), S. 6.

1826 Vgl. Matthias Drobinski: »Wider den gerechten Krieg«, Süddeutsche Zeitung vom 25.10.2007 (Deutschlandausgabe), S. 1.

1827 Vgl. Matthias Drobinski: »Huber fordert Anerkennung«, Süddeutsche Zeitung vom 06.09.2007 (Deutschlandausgabe), S. 7.

1828 Diese Themenaufzählung ergibt sich aus einer Sichtung von Hubers Vorkommen in der Süddeutschen Zeitung zwischen Sommer 2007 und Frühjahr 2011.

1829 »›Mediziner laden Schuld auf sich‹«, Süddeutsche Zeitung vom 28.09.2010 (Deutschlandausgabe), S. 8.

steht man mediale Konstruktion der Person Huber hier als Teil einer Intellektuellen-Dynamik, in der reale Person, Selbstpräsentation, mediale und publikale Konstruktion miteinander transagieren, scheint dies verständlich.

Zunächst nicht ganz zur typischen Intellektuellen-Dynamik passt es, dass Huber selten und vielleicht eher auf Initiative von Medienvertretern doch als Privatperson in der medial konstruierten Realität vorkommt. Ein gutes Beispiel dafür ist das Reportageporträt von Renate Meinhof, das unter dem Titel »Der Allgegenwärtige« 2008 in der Süddeutschen Zeitung auf Seite drei erschien.[1830] Darin kommt Huber nicht nur aus der Perspektive seines Fahrers Dirk Schneider vor, sondern auch als »Getriebener«, als Sohn, Bruder und als Vater. Meinhof erzählt von einer Seite des Ratsvorsitzenden, die sonst verborgen bleibt. Sie lässt dem Leser den Porträtierten ausnahmsweise nahekommen, zeigt ihn aber gerade in diesem Nahekommen in seiner Außeralltäglichkeit. Damit passt diese außergewöhnliche Konstruktion in das oben beschriebene Distanz-Nähe-Paradox: Wer hier nahe kommt, ist eben kein Alltäglicher. Das suggeriert schon der Titel, der den damaligen Ratsvorsitzenden immerhin mit einem Gottesprädikat belegt – und sei es mit einem Schmunzeln.

Über die rezipientenseitigen parasozialen Bezugnahmen auf Huber lässt sich mangels empirischer Untersuchungen nichts sagen.

2.3 Theologische Orientierung: Kirche in der »Intellektuellen-Dynamik«

Der Typ von Personalisierungsdynamiken, den ich »Intellektuellen-Dynamik« genannt habe, weist eine eigentümliche Zwischenstellung zwischen der Star- und Exemplar-Dynamik auf. Einerseits enthält diese Dynamik Elemente der Star-Dynamik, insofern Realität auch anhand der Erzählungen aus dem Alltag besonders herausragender Personen rekonstruiert wird. Insofern Intellektuellen-Dynamiken Star-Dynamiken nahe stehen oder gar in sie übergehen, weisen sie die gleichen Ambivalenzen wie diese auf.

Viel stärker als beim Star bleibt besagtes Herausragen bei Intellektuellen allerdings themen-, sach- und kompetenzbezogen. Der Star ist ja stärker qua Person zum Aufmerksamkeitsmagnet geworden. Insofern der Intellektuelle also nur durch Experten- und Orientierungswissen herausragt und nicht mit all seinen Lebensvollzügen, bleibt er dem Alltag der Rezipienten auch näher, geht keine so enge Symbiose mit dem Mediensystem ein und hat von daher Gemeinsamkeiten mit den gleich noch zu beschreibenden Exemplar-Dynamiken, die ihn oder sie in dieselben Ambivalenzen verwickeln wie den »Exemplarischen«. Die sich aus dieser Zwischenstellung so ergebenden Ambivalenzen und die ihnen entsprechenden Orientierungen müssen nicht doppelt vorgetragen werden. Stattdessen will ich auf jene Ambivalenzen hinweisen,

---

1830 Vgl. Süddeutsche Zeitung vom 02.02.2008 (Deutschlandausgabe).

die sich auf zwei Ebenen insbesondere für die Intellektuellen-Dynamik ergeben (1 und 2), und dann nach Orientierungen (3) fragen.

(1) Zunächst lassen sich die Intellektuellen mit ihren Redebeiträgen, die durch diese Dynamik Teil medialer Realitätskonstruktionen werden, als das verstehen, was der Norm einer diskurstheoretisch verstandenen Öffentlichkeit am nächsten kommt. Damit ist tatsächlich ein Zug der mit diesem Typ intendierten Dynamik getroffen. Intellektuelle werden in dieser Dynamik medienöffentlich, weil sie zu einem bestimmten Thema oder Themenfeld relevantes Wissen, überraschende Deutungen oder Orientierungen beitragen können, die so jeweils zunächst nicht unmittelbar Teil der Alltagskommunikation sämtlicher Bürger sind. Sie sind also zwar personal öffentlich, aber themen- und inhaltsbezogen. Sie erheben als solches explizit Geltungsansprüche auf objektiv wahre Angaben von Tatsachen oder normativ richtige Orientierungen.[1831] Diese Geltungsansprüche trauen auf die rationale Bindungskraft von Argumenten und Begründungen, sind mindestens zweitinstanzlich kritisierbar und lassen sich so verständigungsorientierten Einstellungen zuordnen. Öffentliche Intellektuelle sind Teil von rational motivierenden Personalisierungen, die den Rezipienten die zweitinstanzliche Kritikfreiheit lassen und so mit ihren Einlassungen Diskurse über Orientierungen nicht schließen, sondern eröffnen und befördern. Insofern könnten sie im hiesigen Kontext als Vorbild dafür fungieren, wie mediale Personalisierungen in öffentlich-theologischer Perspektive den Kirchen einen mit ihrem Selbstverständnis als Gestalt der Hoffnung und einem kontextuell entsprechenden Öffentlichkeitsbegriff zu vereinbarenden medienöffentlichen Diskursbeitrag ermöglichen.

Es spricht nichts dagegen, Intellektuellen-Dynamiken abgewogen als Vorbild zu nehmen. Es spricht wohl aber etwas dagegen, dies im Sinne einer unzweideutigen Empfehlung zu tun: Die auf derselben Ebene befindliche Gefahr dieser medialen Personalisierungsdynamik nämlich spricht dagegen. Diese Dynamik lädt wie beschrieben am wenigsten zu parasozialen Bezugnahmen und Identifizierungen ein; hier tritt der Sprecher hinter der Botschaft zurück, hier ist Personalisierung pointiert formuliert am wenigsten Personalisierung. Für hypothetische Diskurse oder solche außerhalb der Massenmedien mag die Abstraktion von den Sprecherpersonen hilfreich und weiterführend sein. Aber im Kontext einer massenmedialen Öffentlichkeit, die stark personalisiert ist und viele Anker für Identifikationen und parasoziale Beziehungen braucht, können Intellektuelle dann als unpersönlich, kalt oder verkopft erscheinen. Während auch das als nötiger Widerstand gegen den medialen Mainstream gesehen werden kann, bleibt daran problematisch, dass die Chancen medialer Kommunikation ungenutzt bleiben: Während auf diesem Wege zwar kritisierbare Geltungsansprüche erhoben werden, laden diese unter milieuspezifischen Umständen weniger zur Identifikation mit dem Diskutanten ein, moti-

1831 Vgl. dazu Kapitel III.2.3.

vieren so weniger zu eigenem transformativen Handeln, zu Beteiligung und also zu eigener Hoffnung.

(2) Außerdem würde eine solche Idealisierung der Intellektuellen-Dynamik übersehen, dass auch sie nicht hinter die mediale Kommunikationssituation zurück kann und schon allein deswegen in der eben idealisierten Reinform nicht vorkommen wird: Hat die Medienreligions-These von der religiösen Bedeutung medialer Kommunikation als Ganzes und in Einzelvollzügen, hat Silverstone mit seiner These vom Fernsehen als moderner Form mythischen Denkens nur im Ansatz recht, dann ist die in den Medien vorkommende Person schon von vornherein Dynamiken ausgesetzt, die einen völligen Rückzug der Person hinter die Botschaft in medialen und publikalen Konstruktionen als kaum möglich erscheinen lassen, sondern eine Personerzählung immer auch – und sei es nur in bestimmten Milieus des Publikums – zum Gegenstand mythisch-religiöser Aufladungen machen. Auch der Wissende oder Intellektuelle erfüllt eine religiös-mythisch aufgeladene Funktion, wenn er an der Grenze von Alltagswissen und Spezialistenwissen agiert (2.2). In dieser Funktion wird er einerseits faktisch zweitinstanzlicher Kritik in den Bezugnahmen von Rezipienten auf ihn entzogen, insofern er von ihnen nicht als rationaler Diskursteilnehmer, sondern als über Sonderwissen verfügender Weiser rekonstruiert wird. Andererseits lädt er als solcher wieder stärker zu parasozialen Bezugnahmen und Identifikationen ein und kommt damit in dieselben Ambivalenzen wie eben der Star.

(3) Insgesamt erscheint die Intellektuellen-Dynamik dann als eine chancenreiche Dynamik, wenn Öffentliche Theologie der Kirche als Gestalt der Hoffnung eine kontextuelle Entsprechung zu ihren Orientierungen in einem diskurstheoretischen Öffentlichkeitsbegriff findet. Einen eingeschränkten Vorbildcharakter kann diese Dynamik aber nur dann haben, wenn berücksichtigt bleibt, dass sie an sämtlichen Ambivalenzen der anderen Dynamiken teilhat und entsprechend auch deren Orientierungen bedarf. Insbesondere erscheint es von der Religionskritik-Orientierung (O4) auch hier nötig, dieser Dynamik da entgegenzuwirken, wo Intellektuelle als zu moralische Überautoritäten oder Quasi-Allwissende mythifiziert werden. Sie müssen der (zweitinstanzlichen) Kritik zugänglich bleiben. Von den Beteiligungs-Orientierungen (O5 und O9) her wird sich eine Förderung dieser Dynamik nicht auf die Förderung der entsprechenden Medienpräsenz von Ordinierten beschränken können. Es gilt, gerade nichtordinierte Christen zu öffentlicher Partizipation auch im Sinne dieser Dynamik zu befähigen. Vorbildcharakter kann diese Dynamik nur insofern haben, als in ihr vor allem auch nichtordinierte Christen zu öffentlichen Intellektuellen werden.

3. Typ 3: »Exemplar« als Personalisierungsdynamik

3.1 Allgemeine Beschreibung des Dynamiktyps

Wenn für den Star gilt, dass er medienpräsent ist, weil er immer medienpräsent ist, und für den Intellektuellen, weil er außergewöhnlich gut Fragen beantworten kann, so gilt für den Exemplarischen, dass er medienpräsent ist, weil er sonst nicht medienpräsent ist. Damit ist schon die dem Exemplarischen spezifische Variante des Nähe-Distanz-Paradoxons angesprochen: Stars und Intellektuelle werden als außeralltäglich wahrgenommen und sind gleichzeitig medienpräsent, wobei die Medienpräsenz auch Züge des Außeralltäglichen hat: Sie distanziert. In dieser gegenseitigen Verstärkung von Medienpräsenz, daraus folgender neuer Außeralltäglichkeit und daraus folgender Medienpräsenz müssen Stars und Intellektuelle gleichzeitig vom Publikum als nahe, vertraut, alltäglich und Identifikationsanker[1832] angesehen werden können – was wiederum deren Medienattraktivität steigert. Beim Exemplarischen verläuft die Paradoxie gegenläufig: Er ist wegen seiner Alltäglichkeit medienpräsent, wobei seine Medienpräsenz ihm Züge des Außeralltäglichen verleiht, indem es ihn in Kontakt bringt mit der Sphäre der Prominenten und Stars. Genau darin liegt begründet, dass die Dynamik des Exemplarischen eine sehr kurze Dauer hat: Im Gegensatz zum Star und Intellektuellen werden in ihr nicht die eigenen Konstitutionsbedingungen verstärkt, sondern erodiert. Wo der Exemplarische zum routinierten Berufsexemplar wird, ist er eben kein Exemplar des Alltäglichen mehr, sondern des routinierten Berufsexemplars.

Der Vorteil für Medien, Realität auch anhand von Exemplaren zu konstruieren, liegt darin, dass sie den Nachrichtenfaktor Nähe bedienen: Sie sind den Rezipienten ähnlich und erlauben darüber Identifikation, etwa im Sinne des Satzes »Der ist ja fast genau wie ich«. Mit dem Exemplarischen kommt das Publikum exemplarisch in der konstruierten Medienrealität vor, hat eine exemplarische Stimme und so einen Anker in der möglicherweise so fremd erscheinenden Realität der Stars, Politiker und Experten. Gleichzeitig erlaubt der Exemplarische die anschauliche und einfache mediale Konstruktion von Politikfolgen: Der Arbeitslose etwa berichtet von seinen Erfahrungen und zeigt so, was die Sozialreform für Auswirkungen hat.

Den Exemplarischen kommt der Authentizitätsbonus des nicht Medienerfahrenen zu. Wer sonst nicht medial präsent ist, wird unvertraut sein mit den Gepflogenheiten des Mediensystems und daher im Kontext der Erfahrenen natürlicher und weniger inszeniert erscheinen – und sei es in Unbeholfenheit.

1832 Die Anker-Metapher benutzt auch: Keller 2008, S. 140.

3.2 Theologische Orientierung: Kirche in dieser Personalisierungsdynamik

Der Exemplarische in der Medienrealität ist ein ambivalentes Phänomen. Was damit gemeint ist, hat Roger Silverstone mit folgendem Satz auf den Punkt gebracht, der sich eigentlich auf das Andere des Alltäglichen bezieht: »Television betrays the other, while at the same time preserving it.«[1833] Was für dieses Andere gilt, gilt genauso für die unverwechselbare Menschlichkeit des Exemplarischen: Auf der einen Seite retten Medien den Einzelnen, Alltäglichen und Gewöhnlichen, indem sie ihn zum Teil ihrer Wirklichkeitskonstruktion machen. Sie verleihen seiner Perspektive Öffentlichkeit. Sie geben der sprachlosen Masse eine Stimme. Sie zeigen, dass es bei Politikfolgen nicht nur um Abstraktes, nur mit Statistiken Erfassbares geht, sondern um einzelne, konkrete Menschen mit konkreten Biographien. Personalisierung als Exemplarisierung gibt der Kinderarmut, der Arbeitslosigkeit, dem Prekariat, dem Hunger, aber auch den Bänkern oder Unternehmern, konkrete Gesichter. Insofern rettet sie den Einzelnen, der sonst ungehört bliebe.

Auf der anderen Seite betrügen die Medien den Einzelnen, indem sie ihn zum Exemplar machen. Er interessiert ja eben nicht mit seiner unverwechselbaren Menschlichkeit und Geschichte, sondern als Exemplifizierung eines Phänomens. Er – und damit implizit auch der sich mit ihm identifizierende Zuschauer – wird zum Gattungswesen reduziert, genau so, wie Adorno und Horkheimer das in der »Dialektik der Aufklärung« beschrieben haben:

> »Die Kulturindustrie hat den Menschen als Gattungswesen hämisch verwirklicht. Jeder ist nur noch, wodurch er jeden anderen ersetzen kann: fungibel, ein Exemplar. Er selbst, als Individuum, ist das absolut Ersetzbare, das reine Nichts, und eben das bekommt er zu spüren, wenn er mit der Zeit der Ähnlichkeit verlustig geht.«[1834]

Was den Einzelnen in seiner Unverwechselbarkeit betrügt, ist, dass er nur als Exemplar einer Gattung vorkommen darf. Hinzu kommt, dass er eben primär als Opfer, als Gegenstand der Politikfolgen, und selten als politisch aktives Wesen vorkommt. Ähnlich bemerkt auch Schulz: »Während die politischen Protagonisten in den Medien als Individuen und als handelnde Subjekte auftreten, kommen Bürger in der Regel nicht als Individuen, sondern als soziale Kategorie vor, und zwar meist als Betroffene oder Opfer politischen Handelns«.[1835] Wo er als Gattungsexemplar vorkommt und gleichzeitig individuelle, unverwechselbare Züge zeigt, kippt das Problem in ein anderes: Nun geht über die Exemplifizierung nicht mehr der Einzelne verloren, sondern die Allgemeinheit des Exemplifizierten. Das personalisierte Problem erscheint nicht mehr als soziales Problem, dessen Folgen in einer Person ansichtig werden,

---

1833 Silverstone 1981, S. 84.
1834 Horkheimer und Adorno 2003, S. 154.
1835 Schulz 2011, S. 69f.

sondern als individuelles Phänomen dieses einen, unverwechselbaren Einzelnen mit individuellen Ursachen.

Die zentralen Ambivalenzen von Exemplar-Dynamiken sind damit benannt: Sie retten und gefährden gleichermaßen den Einzelnen in seiner unverwechselbaren Menschlichkeit. Im Horizont von Habermas' Gesellschaftstheorie formuliert, schillern damit gerade Exemplar-Dynamiken zwischen der Tendenz, kolonialisierende Abstraktion zu befördern, und der Tendenz, das gelebte Leben in seiner Widerständigkeit gegen systemische Abstraktion darzustellen. Als verschärft erschien diese Ambivalenz in der Komplementarität von Exemplar- und Prominenzorientierung. Parallel dazu lassen sich die Chancen und Risiken dieser Dynamik für eine Kirche, die Gestalt der Hoffnung sein soll, genau komplementär zu den Star-Dynamiken benennen. Zunächst werden die Chancen (1) beschrieben, dann die Risiken (2) und schließlich die Orientierungen (3). Vorausgesetzt wird dabei, dass auch auf einzelne Teilöffentlichkeiten bezogen mehrere Exemplar-Dynamiken (schon wegen ihrer Kurzzeitigkeit) gleichzeitig ablaufen.

(1) In Exemplar-Dynamiken kann die Kirche in ihrer Vielfalt medial und publikal dargestellt und wahrgenommen werden. Durch diese Dynamiken tritt sie eben nicht mehr nur als »Amtskirche« auf, deren Leben und öffentlicher Auftritt von Pfarrern, Bischöfinnen oder professionellen Prominenten bestimmt wird, sondern in der Vielfalt ihrer kirchlichen haupt-, neben- und ehrenamtlichen Berufe. Zum Beispiel: Im Rahmen einer Zeitungsreportage in der Lokalzeitung über das kirchliche Gute-Nacht-Café wird eine ehrenamtliche Helferin porträtiert, die sonst nicht medienöffentlich ist. Ein Hörfunkbeitrag über ein Chorkonzert interviewt den Kirchenmusiker.

In Exemplar-Dynamiken wird Kirche nicht nur in ihrer Sammlung, sondern auch in der Sendung rekonstruiert, und damit das dargestellt und wahrgenommen, was Moltmann mit dem Christenheitsbegriff betont: Kirchenmitglieder können in der Vielfalt ihrer gesellschaftlichen Rollen und Berufe öffentlich werden (O7). Außerdem kann im Zusammen- und Widerspiel mehrerer Exemplar-Dynamiken die Vielfalt möglicher Meinungen zu politischen und ethischen Fragen in der Kirche rekonstruiert werden. Damit werden auch die diskursiven – und möglicherweise vorbildhaften – Prozesse öffentlich, in denen Grundorientierungen zu politischen und gesellschaftlichen Fragen entwickelt werden. Nicht in einer, wohl aber in vielen (gleichzeitig) ablaufenden Exemplar-Dynamiken kann das evangelische Selbstverständnis der Kirche als binnenplurale und vom allgemeinen Priestertum aller Gläubigen, also von Beteiligungschancen, geprägte Kirche am deutlichsten rekonstruiert werden.

In Exemplar-Dynamiken wird Beteiligungs-Orientierung (O5 und O9) dann nicht nur rekonstruiert, sondern auch produziert: Gerade weil Nähe zwischen Rezipienten und öffentlicher Person besteht, liegen wie beschrieben die Hürden für nicht delegative Identifikationen niedrig und wird explorative Identifikation ermöglicht. Damit laden in Exemplar-Dynamiken entstandene Personerzählungen von Kirche m. E. am ehesten zu beteiligendem Engagement an Diskurs wie Diakonie ein: »So wie die sich an der Debatte über jene Frage beteiligt, kann und will ich das auch tun.« Oder: »So wie der sich im Gute-Nacht-Café engagiert, könnte ich das auch tun.«

Bezogen auf die Orientierungen Vielfalt (O7) und Beteiligung (O9) entspricht die Exemplar-Dynamik viel stärker der Kirche als Gestalt der Hoffnung als die Star-Dynamik. Star-Dynamiken können aufgrund ihrer Funktionalität im Rahmen des kirchlichen Auftrags (O3 und O10) wie bereits gesehen ebenfalls eine Chance darstellen. Sie sind es einzig im Zusammenspiel mit Exemplar-Dynamiken, die gleichzeitig die Vielfalt in und die Beteiligungsmöglichkeit an Kirche darstellen.

(2) Die andere Seite der Ambivalenz von Exemplar-Dynamiken hängt eng mit diesen Chancen zusammen und steckt bereits in der – tatsächlich etwas unglücklichen – Bezeichnung »Exemplar«. Exemplar-Dynamiken haben einerseits wie gesagt die Tendenz, Menschen nicht in ihrer Unverwechselbarkeit, sondern als typische Vertreter eine Gattung darzustellen und wahrnehmbar zu machen. Das bringt im Fernsehen übrigens die Notwendigkeit mit sich, den Gattungsvertreter auch als solchen zu symbolisieren: Die Muslima »muss« Kopftuch tragen und der interviewte Handwerker am besten Blaumann. Sie haben andererseits die Tendenz, Menschen nicht in Aktivität, sondern in der Rolle passiver Opfer von Maßnahmen darzustellen (IV.2.1.4). Beides ist von den genannten Orientierungen her problematisch – und zwar wieder auf Dargestellte wie auf Zuschauende bezogen.

Die Dargestellten kommen nicht in ihrer unverwechselbaren Menschlichkeit, nicht in ihrem Veränderungspotential (O1), nicht in ihren lebendigen Beziehungen (O2), sondern auf eine Funktion reduziert zur Darstellung und werden damit auch der Freiheit beraubt, anders zu handeln oder zu reden, sich nicht als typischer Arbeitsloser oder typische Muslima zu äußern. Gerade weil die Darstellung damit klischeehaft bleibt, bietet sie auch keine Identifikationsmöglichkeiten für Rezipienten. Wo diese dennoch entstehen, geschieht Identifikation eben nicht mit aktiven Vorbildern, sondern nur mit Passiven, lässt also gerade nicht hoffen und motiviert nicht zu eigenem Engagement. Als Komplement zur Star-Dynamik wird die Exemplar-Dynamik dann gerade zur Verstärkung und nicht zur Relativierung von deren negativen Effekten: Zuschauer sitzen und lesen nicht nur passiv zu Hause, sondern finden in der medialen Konstruktion durch Exemplar-Dynamiken auch Identifikationspartner, die ihnen ähnlich sind und sich ebenfalls in passiven Rollen befinden, weil sie etwa als Kulisse für das Auftreten eines Stars erzählt werden. Dann kann Kirche als Gestalt der Hoffnung nur zu widerstehen versuchen, sich selbst oder andere in solchen Exemplar-Dynamiken wiederzufinden.

(3) Was bietet in dieser Ambivalenz Orientierung für das Handeln von verfasster Kirche, Rezipienten und Journalisten? Einmal wäre es möglich, die Beteiligungs-Orientierungen (O5 und O9) zu unterstreichen und von daher zwischen zwei Exemplar-Dynamiken zu unterscheiden – einer, in der der

Alltagsvertreter als passives Opfer staatlicher oder kirchlicher Maßnahmen vorkommt, und einer, in der die Alltagsvertreterin als aktiv Beteiligte, aber eben nicht prominente, medienöffentlich wird, also etwa als Ehrenamtliche im Gute-Nacht-Café. Diese Unterscheidung in den Status einer ethischen Norm zu erheben, die nur die zweitgenannten Dynamiken als Chance wertet, halte ich von Moltmanns kreuzestheologischem Kriterium her für nicht vertretbar. Ist in der Identifizierung der Kirche mit dem Gekreuzigten deren Identifikation mit den geringsten Brüdern notwendig mitgegeben, dann meint dies auch die Solidarität mit und Parteinahme für jene »Geringsten«, die als passive Opfer von gesellschaftlicher Diskriminierung, staatlichen Maßnahmen oder kirchlicher Marginalisierung Geschichten haben, die aus Solidarität und Parteinahme erzählt werden sollten. Sperrte man sich gegen erstere Exemplar-Dynamiken, würde man sich gegen solche Erzählungen von Ungerechtigkeits- und Unterdrückungsgeschichten aussprechen, in denen Opfer noch nicht zur Emanzipation gelangt sind.

Stattdessen kann m. E. die Dynamik-Orientierung (O1) in dieser Ambivalenz die Leitthese einer Kirche als Gestalt der Hoffnung konkretisieren. Kontrollfrage muss dann sein, ob »Exemplare« in ihrer Veränderlichkeit dargestellt werden. Entscheidend an dieser Kontrollfrage ist, dass sie offen lässt, wer die Subjekte dieser Veränderung sind: Menschen können mit ihrem Potential dargestellt werden, sich selbst zu verändern und etwa von Unterdrückung zu befreien; sie können zusammen mit dem Potential ihrer Mitmenschen und Gesellschaft dargestellt werden, sie zu befreien; Menschen können schließlich in der Perspektive des Glaubens von der Möglichkeit her dargestelltwerden, dass Gott an ihnen verändernd handelt. Wo (Re-)Konstruktionen diese Veränderungsmöglichkeiten ausblenden, werden sie zynisch und Apathie-fördernd. Wird aber etwa die Geschichte eines Obdachlosen im Horizont der möglichen Veränderung und möglichen Linderung der Not dieses konkreten Menschen erzählt, erscheint sie auch dann als Teil kirchlicher Kommunikation noch vereinbar mit deren Bestimmung als Gestalt der Hoffnung, wenn besagter Obdachloser noch nicht in transformierender Aktivität dargestellt wird. Wird von ihm aber außerhalb dieses Horizontes möglicher Veränderung erzählt, dann wird er tatsächlich auf problematische Weise zum Exemplar reduziert und so in seiner Würde und Menschlichkeit kompromittiert.

Ich fasse zusammen: Legt man die Leitthese der Kirche als Gestalt der Hoffnung zugrunde, erscheint es als Chance der Exemplar-Dynamik, dass in ihr Kirche in ihrer Binnenpluralität, Vielfalt und ihren Beteiligungschancen rekonstruiert und so Beteiligung am kirchlichen und gesellschaftlichen Leben qua Identifikation gefördert wird. Es erscheint als Gefahr, dass in ihr die Unverwechselbarkeit des Einzelnen nicht dargestellt wird und dass Menschen in passiven Opferrollen festgenagelt werden. Von daher muss die Kontrollfrage sein, inwieweit Menschen und ihre Beziehungsnetze im Horizont ihrer Veränderbarkeit dargestellt und wahrgenommen werden.

VI. Schluss: Personalisierungsdynamiken als Chance und Gefahr

Die wichtigsten Stationen auf dem Argumentationsweg dieser Arbeit sollen anhand der folgenden neun Fragen zusammengefasst werden.

1. Was ist Personalisierung? (zu Kapitel I.5.)

In Auseinandersetzung vor allem mit der Personalisierungsdefinition von Holtz-Bacha lässt sich folgende *Arbeitsdefinition* formulieren: Mediale Personalisierung bedeutet, dass in massenmedialer Kommunikation die politischen, gesellschaftlichen, kulturellen Realitäten in und als Personerzählungen von natürlichen Personen (re-)konstruiert werden. Dies geschieht in den Selbstdarstellungen von Organisationen und Institutionen, in den Darstellungen der Massenmedien und in den Wahrnehmungen der Rezipienten.

2. Wo sind Personerzählungen für Öffentliche Theologie relevant? (zu Kapitel I.1.)

So verstandene mediale Personalisierungen sind eine Herausforderung für eine *Öffentliche Theologie der Kirche,* die – in Weiterführung von Vögeles Definition Öffentlicher Theologie – die Wirkbeziehungen zwischen Kirche und Gesellschaft als Teil einer relationalen Ekklesiologie thematisiert. Wenn eine Öffentliche Theologie diese Wirkbeziehungen beschreibt und kritisch-konstruktiv auf Transformation hin reflektiert, wird sie auch nach der Rolle von medialen Personerzählungen in diesen Wirkbeziehungen fragen.

3. Welche Orientierungen folgen aus dem verwendeten Kirchenbegriff? (zu Kapitel II)

Für die Beschreibung wie für die kritisch-konstruktive Reflexion der Rolle medialer Personerzählungen in den Wirkbeziehungen zwischen Kirche und

Gesellschaft können in Auseinandersetzung mit den Arbeiten Jürgen Moltmanns zu einer relationalen Ekklesiologie *Grundorientierungen* herausgearbeitet werden. Als Leitbild für die Kirche in der Gesellschaft eignet sich die »Gestalt christlicher Hoffnung«, die in Moltmanns Programmschriften entfaltet wird: Kirche ist da Gestalt der christlichen Hoffnung, wo sie als Inspiration der Hoffnung funktioniert und sich fragmentarische Entsprechungen zum Erhofften ereignen.

Zehn Orientierungen konkretisieren dieses Leitbild: Zur Beschreibung von Phänomenen sollte Öffentliche Theologie Theorieansätze und Modelle bemühen, die die Veränderbarkeit der Verhältnisse (Dynamik-Orientierung, O1), die Beziehungen zwischen unterschiedlichen Realitäten (Relations-Orientierung, O2) und die Funktion etwa der Kirche (Funktions-Orientierung, O3) sichtbar machen. Entsprechend gilt als Maßstab für die Kritik der Rolle der Kirche in den Wirkbeziehungen zur Gesellschaft, dass sie Veränderungen (O1) und Beziehungen (O2) im Hoffnungshorizont fördert und sich selbst nicht als Selbstzweck betrachtet (O3). Öffentliche Theologie sollte in Beschreibung und kritischer Reflexion darüber hinaus darauf zielen, die Kritik politischer Religion, die Herrschaft von oben nach unten legitimiert und Gesellschaft exklusiv integriert (Religionskritik-Orientierung, O4), und die Beteiligung an gesellschaftlichem Leben und Entscheidungsprozessen zu ermöglichen (Orientierung »Beteiligung an Gesellschaft«, O5), das Einfühlungsvermögen von Menschen zu stärken (Sympathie-Orientierung, O6) sowie Vielfältigkeit in Gesellschaft und Kirche genauso zu befördern (Heterogenitäts-Orientierung, O7) wie Solidarität, insbesondere in der Option der Benachteiligten (Solidaritäts-Orientierung, O8). Auf die Kirche bezogen sollte eine Öffentliche Theologie der Kirche darauf aus sein, die Beteiligung der Christinnen und Christen am kirchlichen Leben und an kirchlichen Entscheidungsprozessen zu fördern (Orientierung »Beteiligung an Kirche«, O9) und sich an Botschaft und Auftrag der Kirche zu orientieren (Sach-Orientierung, O10).

Von diesen Grundorientierungen her erscheinen mediale Personalisierungen im gesamten weiteren Verlauf der Arbeit insgesamt als ambivalent: Sie sind nicht grundsätzlich abzulehnen oder zu begrüßen. Vielmehr bedarf es jeweils situativer und kontextueller Abwägungen. Für diese Abwägungen sollen die aufgelisteten zehn Grundorientierungen hilfreich sein.

4. Welche Orientierungen folgen aus dem verwendeten Öffentlichkeitsbegriff? (zu Kapitel III)

Fokussiert Öffentliche Theologie im Kontext der Bundesrepublik Deutschland auf den Beitrag von Kirchen zum gesellschaftlichen Gespräch in der Demokratie, liegt es nahe, die normativen Implikationen des Öffentlichkeitsbegriffs vermittels der *Theorie von Jürgen Habermas* in den Diskurs Öffentlicher Theologie einfließen zu lassen. Mit Einsichten aus der Systemtheorie erweitert, ermöglicht Habermas' Öffentlichkeitstheorie eine ambivalenzsensible Wahrnehmung von Personalisierungen. Personalisierungen können demnach die Gleichrangigkeit der Kommunikationspartner vermitteln oder untergraben, können aus verständigungs- oder aus erfolgsorientierter Einstellung heraus erzählt werden, können rational motivieren oder empirisch motiviert binden, können lebensweltliches Resistenzpotential oder selbst Kolonialisierungsphänomen sein, können als Lautverstärkungen der Peripherie oder als Manipulationsversuche des Zentrums fungieren und schließlich auf kommunikatives Handeln bezogen bleiben oder nur noch vom Systemcharakter der Medien sinnvoll interpretiert werden. Sowohl im Horizont der christlichen Hoffnung als auch im Rahmen der Habermasschen Theorie liegt die Präferenz jeweils auf Ersterem.

In religionskultureller Perspektive wird erkennbar, wie Personalisierungen die lebensweltlichen Konstitutionsbedingungen reproduzieren. Personerzählungen erscheinen als Teil einer modernen Variante des mythischen Denkens, das auch Rationalität für sich in Anspruch nehmen kann. Insofern die Reproduktion der Lebenswelt auch in Form von Medienreligion geschieht, muss diese Medienreligion nicht prinzipiell abgelehnt, sondern kann je nach Inhalt und konkreter Funktion befördert oder kreuzestheologisch kritisiert werden.

5. Wer personalisiert? (zu Kapitel IV.1.)

Personalisierte Wirklichkeitskonstruktionen können vom *dynamisch-transaktionalen Ansatz* her als multikausales Phänomen identifiziert werden. Personalisierung in Medien allein auf medieninterne Gründe zurückzuführen, erscheint nach dieser Darstellung genauso wenig plausibel, wie sie allein mit der Personalisierung publikaler und organisationaler Wirklichkeitskonstruktionen zu erklären. Personalisierte Wirklichkeitskonstruktionen (von Kirche) entstehen im Zusammenwirken sich gegenseitig gleichzeitig virtuell und real beeinflussender Faktoren und Akteure.

Damit wird auch die ethische Verantwortung für Personalisierungen nicht einseitig bei einem Akteur verortet. Eine Bremsung oder Förderung bestimmter Personalisierungsdynamiken ist nur unter Einbezug aller Beteiligten möglich. Von daher wird im Lichte der Auseinandersetzung mit Jürgen Moltmanns weit gefasstem Kirchenbegriff unter Kirche und kirchlichem Handeln hier nicht nur die verfasste Kirche und ihre Selbstdarstellung gegenüber den Medien verstanden, sondern auch die Wahrnehmung der Rezipienten und die journalistische Darstellung, sofern dies durch Menschen geschieht, die sich bewusst als Kirchenmitglieder verstehen. Damit richten sich die oben benannten Grundorientierungen an alle Verantwortungsträger im Kommunikationsprozess nach Maßgabe ihrer jeweiligen Verantwortung, an kirchliche Pressestellen und Kirchenvertreter ebenso wie an Journalisten und Publika mit Kirchenbindung.

Vom dynamisch-transaktionalen Ansatz her wird auch deutlich, dass das Zusammenwirken der unterschiedlichen Faktoren und Akteure ein dynamisches, über die Zeit veränderliches ist. Es sind entsprechend von nur einzelnen Akteuren zwar beeinflussbare aber nicht mehr kontrollierbare Dynamiken, in denen es zu personalisierten Darstellungen und Wahrnehmungen der Kirche kommt. Theologisch hatte ich vorgeschlagen, diese Dynamiken als Wirkungen des Heiligen Geistes zu verstehen, wenn in ihnen die Kirche als Gestalt christlicher Hoffnung erfahrbar wird.

6. Was bedeuten die Grundorientierungen für Medienproduzierende? (zu Kapitel IV.2.)

Für die Darlegung der *medialen Darstellung* als Faktor im Kommunikationsprozess eignet sich die Nachrichtenwerttheorie, ergänzt um empirische Plausibilierungen. Auf dieser Grundlage lässt sich Personalisierung in allen drei Dimensionen (als Person-, Privat- und Prominenzorientierung) als Teil der journalistischen Recherche-, Nachrichtenauswahl- und Gestaltungsroutine verstehen. Diese Routinen führen, wie anhand der wenigen existierenden empirischen Untersuchungen nahegelegt, zu einer personorientierten, bis 2004 kaum privatorientierten und personabhängig prominenzorientierten medialen Konstruktion der Realität der Kirche.

Vorteil eines transaktionalen Verständnisses der Nachrichtenfaktoren, das diese erst in ihrer Zuschreibung durch Journalisten und Redaktionen als wirksam sieht, ist, dass so journalistische Handlungsspielräume gesehen und Routinen expliziert und somit kritisierbar werden können.

Von den Grundorientierungen her betrachtet, erscheint mediale Personalisierung in allen drei Dimensionen als ambivalent, in Substitutionsrelation aber immer problematisch. Substituiert Personorientierung Sachorientierung, werden Medienrezipienten nicht mehr zur Teilnahme an Entscheidungsprozessen befähigt. Privatorientierungen können sowohl zur Idolisierung von Personen beitragen als diese Idolisierung auch verhindern, insofern sie die Gleichrangigkeit der Menschen in ihrer Menschlichkeit vor Augen führen. Prominenzorientierung im Gegenüber zur Exemplarorientierung beinhaltet zum einen die Gefahr, Formen vordemokratischer, repräsentativer Öffentlichkeit zu inszenieren, in denen aktive Herrscher vor einem passiven Publikum präsentiert werden. Die Chance der Prominenzorientierung besteht zum anderen darin, dass durch sie die herausragenden Verantwortungsträger ansichtig und damit adressier- und kritisierbar werden, während Exemplarorientierungen auch die Erzählung von Opfergeschichten ermöglicht.

7. Was bedeuten die Grundorientierungen für die verfasste Kirche in der Öffentlichkeit? (zu Kapitel IV.3.)

Soweit sich das aufgrund der wenigen vorliegenden empirischen Studien zu diesem Thema sagen lässt, ist die *Selbstdarstellung der verfassten Kirche* hochgradig personorientiert und hochgradig prominenzorientiert bzw. am Pfarr- und insbesondere am Bischofsamt orientiert. Insofern erscheint hier die Pressearbeit auch als Motor der Personalisierung. Ähnlich wie für politische Parteien lässt sich auch für die Kirche ein Zusammentreffen von zunehmender Professionalisierung der Öffentlichkeitsarbeit sowie Personalisierung und nachlassender Bindung der Mitglieder an die Institution bzw. Organisation feststellen.

Von den Grundorientierungen her erscheint eine professionalisierte und personalisierende Pressearbeit kirchlicherseits insofern als Chance, als diese der christlichen Botschaft und christlichen Orientierungen in gesellschaftlichen Debatten breitere Öffentlichkeiten verschaffen hilft. Gerade die Prominenzorientierung ist aber auch gefährlich, weil sie den Beteiligungs-Orientierungen (O5 und O9), der Religionskritik-Orientierung (O4) und der Heterogenitäts-Orientierung (O7) widerspricht, wenn mit ihr nicht eine Orientierung an aktiven »Exemplaren« einhergeht. Von daher erscheint eine stärkere Orientierung kirchlicher Pressearbeit an »Exemplaren« und an nicht ordinierten Amtsträgern wünschenswert, sofern sie sich der unter IV.3.3.2 und IV.3.3.3 formulierten Ambivalenzen bewusst ist.

8. Was bedeuten die Grundorientierungen für Medienrezipierende? (zu Kapitel IV.4.)

Versteht man Personalisierung – wie in dieser Arbeit nahegelegt – als Konstruktionsprinzip nicht nur medialer Wahrnehmung und Darstellung, sondern allgemein menschlicher Wahrnehmung, rücken auch die *publikalen Personalisierungen* in den Blick. Soweit die vorhandenen Kirchenmitgliedschaftsuntersuchungen Schlüsse zulassen, wird evangelische Kirche von Menschen, die natürlich auch Medienrezipienten sind, offenbar stark personorientiert, stark privatorientiert und stark an lokaler und überregionaler Prominenz orientiert konstruiert. Zur Differenzierung der Bezugnahmen auf medial präsente Personen sind drei Typen von Identifikationsbeziehungen zu unterscheiden: In repräsentativer Identifikation symbolisiert die Medienperson Gruppenidentität, in delegativer Identifikation werden eigene Aufgaben oder Bedürfnisse auf die Medienperson delegiert und in explorativer Identifikation werden in spielerischer Identifikation mit Medienpersonen neue Lebensformen und Selbstverständnisse erprobt. Gerade in Mileus mit geringer Kirchenbindung scheint nach den Kirchenmitgliedschaftsuntersuchungen die delegative Identifikation vorherrschend.

Von den Grundorientierungen her erscheint die repräsentative Identifikation als ambivalent, weil sie einerseits eine Vertiefung der Beteiligung ermöglicht, andererseits aber auch exklusive Identitäten repräsentieren kann. Die delegative Identifikation ist ambivalent, aber eher gefährlich, weil sie Beteiligung an Gesellschaft und Kirche verhindern kann. Explorative Identifikation erscheint ebenfalls als ambivalent, aber eher chancenreich: Die Möglichkeit in medialen Personerzählungen für Rezipienten liegt bei diesem Typus vor allem darin, sich von den dort personal vorgelebten Lebensmöglichkeiten zur Hoffnung und zu einem von dieser Hoffnung bewegten Leben anregen zu lassen.

9. Was bedeuten die Grundorientierungen für konkrete Personalisierungsdynamiken? (zu Kapitel V)

Es lassen sich drei idealtypische *Dynamiken* unterscheiden, in denen Personerzählungen Vorstellungen von Wirklichkeit konstruieren: Star- bzw. Anti-Star-Dynamiken, Intellektuellen-Dynamiken und Exemplar-Dynamiken. Im Horizont theologischer Orientierungen reflektiert, wird deutlich, dass alle drei Dynamiken miteinander verwobene Chancen und Gefahren für die Kirche als Gestalt der christlichen Hoffnung mit sich bringen.

Kirchenvertreter als Stars funktionieren etwa einerseits als besonders identitätsrelevante Hoffnungsstifter, stehen andererseits aber in der Gefahr, nicht mehr qua explorativer Identifikation Handlungsspielräume zu erschließen und nicht nur Hoffnung zu wecken, sondern auch als Hoffnungsträger, also als Verwirklichungsgaranten des Erhofften zu erscheinen. Einerseits können Stars öffentlich für Benachteiligte Stellung nehmen. Andererseits können Star-Dynamiken den Beteiligungs-Orientierungen entgegenlaufen. Insbesondere problematisch sind Anti-Star-Dynamiken, in denen Schuld und Mitschuld auf einen Sündenbock delegiert werden, der damit unentrinnbar auf die Rolle des Schuldigen festgenagelt wird – das widerspricht der Relations- und Dynamik-Orientierung (O2 und O1). Den Gefahren der Star-Dynamik lässt sich entgegenwirken: Die Rückbindung der Star-Person an diskursive Beteiligungsprozesse in Kirche (und Gesellschaft) kann der Kirche in Star-Dynamiken helfen, den beiden Beteiligungs-Orientierungen (O5 und O9) zu entsprechen und so die Möglichkeiten der Star-Dynamiken zu nutzen, Gestalt der Hoffnung zu sein. Insbesondere ist es zur Vermeidung besagter Gefahren nötig, dass Kirche nicht ausschließlich anhand von prominenten Vertretern und Stars konstruiert wird, sondern in der Vielfalt von Personen, die sich genauso aktiv am kirchlichen und gesellschaftlichen Leben beteiligen.

Intellektuellen-Dynamiken erscheinen vor dem Hintergrund der hier entwickelten Orientierungen besonders chancenreich, weil sie am ehesten den Anforderungen eines normativen, diskurstheoretischen Öffentlichkeitsbegriffs gerecht werden. Sie können einen Vorbildcharakter für die öffentliche Kirche haben, aber unter mindestens zwei Einschränkungen: Zum einen bieten diese Dynamiken am wenigsten persönliche Identifikationsanker und damit entsprechend wenig Chancen zur Motivation. Zum anderen können Intellektuelle bei aller Themenorientierung im Kontext medialer Kommunikationsprozesse immer auch Gegenstand mythischer Aufladung sein – etwa wenn der Experte zum Quasi-Allwissenden oder zur mythischen Figur des Weisen stilisiert wird.

In Exemplar-Dynamiken wird Wirklichkeit anhand von Personerzählungen von Menschen konstruiert, die anders als Stars und Intellektuelle gerade nicht besonders herausragen. Exemplar-Dynamiken sind deshalb hochgradig ambivalent, weil sie das Einzelne einerseits »retten«, indem sie abstrakten Phänomenen ein exemplarisches Gesicht geben, andererseits gerade um Einzigartigkeit betrügen, indem sie das Einzelne zum Exemplarischen machen. Chancenhaft ist, dass in Exemplar-Dynamiken Kirche in ihrer Vielfalt wahrnehmbar werden kann und Benachteiligte mit eigener Stimme sprechen können. Gefährlich sind Exemplar-Dynamiken, wo Einzelne auf ihre Rolle als Exemplar oder gar Opfer festgenagelt werden. Kontrollfrage muss von den Grundorientierungen her an diese Dynamiken deshalb sein, inwieweit Menschen und ihre Beziehungsnetze im Horizont ihrer Veränderbarkeit dargestellt und wahrgenommen werden.

So zeigt diese abschließende Zusammenschau der drei Dynamiken mit ihren Chancen und Risiken, dass bei einem im Horizont der christlichen Hoffnung verantwortungsvollen Umgang mit Personalisierungsdynamiken keine der drei Dynamiken für sich allein zum Allheilmittel erklärt werden kann. Dem entfalteten komplexen Netz aus Chancen und Risiken wird weder allein die publikale, mediale oder organisationale Konzentration auf die *Eine* oder den *Einen* – einen Star oder eine Intellektuelle – noch allein die exemplarische Darstellung und Wahrnehmung *aller* in Exemplar-Dynamiken gerecht. In Anlehnung an den Schwur der drei Musketiere von Alexandre Dumas formuliert: In der Medienöffentlichkeit der Kirche darf weder ausschließlich »*einer* für *alle*« dargestellt werden, noch »*alle* für *einen*«, sondern in Gleichzeitigkeit »*Einer* und *Alle*« beziehungsweise »*Eine* und *Alle*«.

Die Anzahl der Punkte ist bewusst gewählt: Es sind ungrade neun und nicht runde zehn, um die Unabgeschlossenheit und Offenheit dieser Liste von Fragen und Antworten auszudrücken. Dennoch sei hier noch weiterführend eine Konsequenz betont: Wenn konkrete Personalisierungen sowohl hoffnungswidrig als auch hoffnungsförderlich sein können, bedeutet dies umgekehrt auch dasselbe für Nicht-Personalisierungen. Sich grundsätzlich nicht auf die Medienöffentlichkeit und ihre unterschiedlichen Personalisierungsdynamiken einzulassen, beschreibt keinen ethisch unbedenklichen, theologisch sicheren Standpunkt. Eine Kirche, die sich grundsätzlich gegenüber den medialen Personalisierungsdynamiken verschließt, kann damit genauso Hoffnungslosigkeit ausstrahlen und damit verfehlen, Gestalt christlicher Hoffnung zu sein, wie eine Kirche, die sich vorbehaltlos allen medialen und gesellschaftlichen Erwartungen anpasst. Die in der Einleitung etwas holzschnittartig entworfenen kulturpessimistischen und optimistischen Positionen sind für sich genommen beide hoffnungsgefährdend: Kulturpessimismus droht die Hoffnung für gegenwärtige Gesellschaften mit ihren konkreten Beziehungsnetzen zu verlieren, weil er deren Möglichkeiten übersieht. Der Optimismus droht die gegenwärtig Benachteiligten aus dem Blick zu verlieren und wird im schlimmsten Fall hoffnungslos, weil er keine Veränderung mehr erwarten muss.

Solange noch nicht erfüllt ist, was Christen im Glauben erhoffen dürfen, führt für die Kirche – herausgefordert durch Personalisierung in den Medien – kein Weg an der situativen Abwägung der Chancen und Gefahren jeweils konkreter medialer Dynamiken vorbei. Dass es keine einfachen Lösungen gibt, braucht nicht zu entmutigen. Das Einlassen auf dieses Abwägen und das verantwortliche Handeln in allen Ambivalenzen ist ein Zeichen der Hoffnung gerade für die unerlöste Welt mit all ihren Zweideutigkeiten.

Literaturverzeichnis

Adolf, Marian; Mahrt, Merja; Rhomberg, Markus (2009): Medienwirkung interdisziplinär: Anmerkungen zum dynamisch-transaktionalen Ansatz, in: Christina Holtz-Bacha, Gunter Reus und Becker Lee B. (Hg.): Wissenschaft mit Wirkung. Beiträge zu Journalismus- und Medienwirkungsforschung (Festschrift für Klaus Schönbach), Wiesbaden, S. 15–29.

Arendt, Hannah (2004): Eichmann in Jerusalem. Ein Bericht von der Banalität des Bösen, 13. Auflage (EA 1964), München.

Baraldi, Claudio (1997): Art. Kommunikation, in: Claudio Baraldi, Giancarlo Corsi und Elena Esposito (Hg.): GLU. Glossar zu Niklas Luhmanns Theorie sozialer Systeme (Suhrkamp Taschenbuch Wissenschaft, 1226), Frankfurt am Main, S. 89–93.

Baraldi, Claudio; Corsi, Giancarlo; Esposito, Elena (Hg.) (1997): GLU. Glossar zu Niklas Luhmanns Theorie sozialer Systeme (Suhrkamp Taschenbuch Wissenschaft, 1226), Frankfurt am Main.

Bauckham, Richard (1995): The Theology of Jürgen Moltmann, London, New York.

Beckmann, Jens (2007): Wohin steuert die Kirche? Die evangelischen Landeskirchen zwischen Ekklesiologie und Ökonomie, Stuttgart.

Bedford-Strohm, Heinrich (1999): Gemeinschaft aus kommunikativer Freiheit. Sozialer Zusammenhalt in der modernen Gesellschaft. Ein theologischer Beitrag (Öffentliche Theologie, 11), Gütersloh.

Bedford-Strohm, Heinrich (2008): Öffentliche Theologie in der Zivilgesellschaft, in: Ingeborg Gabriel (Hg.): Politik und Theologie in Europa. Perspektiven ökumenischer Sozialethik, Ostfildern, S. 340–357.

Bedford-Strohm, Heinrich (2011): Eine Öffentliche Theologie in Europa – und der Beitrag für eine europäische Erinnerungskultur, in: Peter Bubmann, Roland Deinzer und Hans Jürgen Luibl (Hg.): Erinnern, um Neues zu wagen. Europäische Gedächtniskulturen. Evangelische Perspektiven, Erlangen, S. 61–75.

Benedict, Hans-Jürgen (1972): Der genormte Alltag. Die Ritualisierung des Lebens durch die Massenmedien, in: *Evangelische Kommentare* 5, S. 342–345.

Bentele, Günter; Fähnrich, Birte (2010): Personalisierung als sozialer Mechanismus in Medien und gesellschaftlichen Organisationen, in: Mark Eisenegger und Stefan Wehmeier (Hg.): Personalisierung der Organisationskommunikation. Theoretische Zugänge, Empirie und Praxis (Organisationskommunikation. Studien zu Public Relations / Öffentlichkeitsarbeit und Kommunikationsmanagement), Wiesbaden, S. 51–75.

Bergmann, Klaus (1972): Personalisierung im Geschichtsunterricht – Erziehung zu Demokratie?, Stuttgart.

Berinyuu, Abraham A. (2005): Doing Public Theology In Africa: Trends And Challenges, in: Elaine Graham und Anna Rowlands (Hg.): Pathways to the Public Square. Practical Theology in an Age of Pluralism (International Practical Theology, 1), Münster, S. 147–156.

Blanke, Eberhard (2008): Christliche Kommunikationskampagnen. Ansätze zu einer praktisch-theologischen Public Relations-Theorie, in: *Deutsches Pfarrerblatt* (7), S. 355–358.

Blanke, Eberhard (2010): Kommunikationskampagnen. Ansätze und Kriterien einer praktisch-theologischen Kampagnentheorie (Praktische Theologie heute, 103), Stuttgart.

Bloch, Ernst (1969): Das Prinzip Hoffnung. Erster Band Kapitel 1–32. 3 Bände, Frankfurt am Main.

Boetzkes, Claus-Erich (2008): Organisation als Nachrichtenfaktor. Wie das Organisatorische den Content von Fernsehnachrichten beeinflusst, Wiesbaden.

Brettschneider, Frank (2001): Candidate-Voting. Die Bedeutung von Spitzenkandidaten für das Wählerverhalten in Deutschland, Großbritannien und den USA von 1960 bis 1998, in: Hans-Dieter Klingemann und Max Kaase (Hg.): Wahlen und Wähler. Analysen aus Anlass der Bundestagswahl 1998 (Schriften des Otto-Sammer Zentrums im Otto-Suhr-Institut der Freien Universität Berlin, 90), Wiesbaden, S. 351–400.

Brettschneider, Frank (2002): Kanzlerkandidaten im Fernsehen. Häufigkeit – Tendenz – Schwerpunkte, in: *Media Perspektiven* (6), S. 263–276.

Brettschneider, Frank; Vollbracht, Matthias (2010): Personalisierung der Unternehmensberichterstattung, in: Mark Eisenegger und Stefan Wehmeier (Hg.): Personalisierung der Organisationskommunikation. Theoretische Zugänge, Empirie und Praxis (Organisationskommunikation. Studien zu Public Relations / Öffentlichkeitsarbeit und Kommunikationsmanagement), Wiesbaden, S. 133–158.

Buntfuß, Markus (2003): Medientheologie als ästhetische Vermittlungstheologie, in: Klaas Huizing und Horst F. Rupp (Hg.): Medientheorie und Medientheologie (Symbol – Mythos – Medien, 7), Münster, S. 98–109.

Chester, Tim (2006): Mission and the Coming of God. Eschatology, the Trinity and Mission in the Theology of Jürgen Moltmann and Contemporary Evangelicalism, Eugene (Oreg.).

Dahm, Karl-Wilhelm (1971): Beruf: Pfarrer. Empirische Aspekte, München.

Doak, Mary (2004): Reclaiming Narrative for Public Theology (SUNY series, religion and American public life), Albany.

Donges, Patrick (2000): Amerikanisierung, Professionalisierung, Modernisierung? Anmerkungen zu einigen amorphen Begriffen, in: Klaus Kamps (Hg.): Trans-Atlantik – Trans-Portabel? Die Amerikanisierungsthese in der politischen Kommunikation, Wiesbaden, S. 27–40.

Donges, Patrick (2008): Medialisierung politischer Organisationen. Parteien in der Mediengesellschaft, Wiesbaden.

Donsbach, Wolfgang (1999): Drehbücher und Inszenierungen. Die Union in der Defensive. Unter Mitarbeit von Olaf Jandura, in: Elisabeth Noelle-Neumann, Hans Mathias Kepplinger und Wolfgang Donsbach (Hg.): Kampa. Meinungsklima und Medienwirkung im Bundestagswahlkampf 1998 (Alber-Reihe Kommunikation, 25), Freiburg (i. Br.), München, S. 141–171.

Donsbach, Wolfgang; Büttner, Katrin (2005): Boulevardisierungstrend in deutschen Fernsehnachrichten. Darstellungsmerkmale der Politikberichterstattung vor den Bundestagswahlen 1983, 1990 und 1998, in: *Publizistik* 50 (1), S. 21–37.

Dörner, Andreas (2001): Politainment. Politik in der medialen Erlebnisgesellschaft (Edition Suhrkamp, 2203), (Nachdruck), Frankfurt am Main.

Dörner, Andreas; Vogt, Ludgera (2002): Der Wahlkampf als Ritual. Zur Inszenierung der Demokratie in der Multioptionsgesellschaft, in: *Aus Politik und Zeitgeschichte* (B 15/16), S. 15–22.

Dröge, Markus (2000): Kirche in der Vielfalt des Geistes. Die christologische und pneumatologische Begründung der Kirche bei Jürgen Moltmann (Neukirchner Theologische Dissertationen und Habilitationen, 28), Neukirchen-Vluyn.

Dubiel, Helmut (2001): Kritische Theorie der Gesellschaft. Eine einführende Rekonstruktion von den Anfängen im Horkheimer-Kreis bis Habermas (Grundlagentexte Soziologie), 3. Aufl., Weinheim, München.

Eilders, Christiane (1997): Nachrichtenfaktoren und Rezeption. Eine empirische Analyse zur Auswahl und Verarbeitung politischer Information (Studien zur Kommunikationswissenschaft, 20), Opladen.

Eilders, Christiane (2007): Der dynamisch-transaktionale Ansatz in öffentlichkeitstheoretischer Perspektive. Eine öffentlichkeitstheoretische Spezifizierung des dynamisch-transaktionalen Ansatzes für die politische Kommunikationsforschung, in: Werner Wirth, Hans-Jörg Stiehler und Carsten Wünsch (Hg.): Dynamisch-transaktional denken. Theorie und Empirie der Kommunikationswissenschaft, Köln, S. 59–83.

Eilders, Christiane; Wirth, Werner (1999): Die Nachrichtenwertforschung auf dem Weg zum Publikum: Eine experimentelle Überprüfung des Einflusses von Nachrichtenfaktoren bei der Rezeption, in: *Publizistik* 44, S. 35–57.

Eisenegger, Mark (2010): Eine Phänomenologie der Personalisierung, in: Mark Eisenegger und Stefan Wehmeier (Hg.): Personalisierung der Organisationskommunikation. Theoretische Zugänge, Empirie und Praxis (Organisationskommunikation. Studien zu Public Relations / Öffentlichkeitsarbeit und Kommunikationsmanagement), Wiesbaden, S. 11–26.

Eisenegger, Mark; Konieczny-Wössner, Esther (2010): Regularitäten personalisierter Reputationskonstitution in der medienvermittelten Kommunikation, in: Mark Eisenegger und Stefan Wehmeier (Hg.): Personalisierung der Organisationskommunikation. Theoretische Zugänge, Empirie und Praxis (Organisationskommunikation. Studien zu Public Relations / Öffentlichkeitsarbeit und Kommunikationsmanagement), Wiesbaden, S. 117–131.

Eisenegger, Mark; Wehmeier, Stefan (Hg.) (2010): Personalisierung der Organisationskommunikation. Theoretische Zugänge, Empirie und Praxis (Organisationskommunikation. Studien zu Public Relations / Öffentlichkeitsarbeit und Kommunikationsmanagement), Wiesbaden.

Eissing, Johannes (1995): Kirche im ›Spiegel‹ der Zeit. Ergebnisse einer Inhaltsanalyse zur Kirchenberichterstattung im Nachrichtenmagazin ›Der Spiegel‹, in: *Publizistik* 40, S. 465–482.

Emmerich, Andreas (1984): Nachrichtenfaktoren: die Bausteine der Sensationen. Eine empirische Studie zur Theorie der Nachrichtenauswahl in den Rundfunk- und Zeitungsredaktionen (Saarländische Beiträge zur Soziologie, 5), Saarbrücken.

Esser, Frank (1998): Die Kräfte hinter den Schlagzeilen. Englischer und deutscher Journalismus im Vergleich (Alber-Reihe Kommunikation, 23), Freiburg (i. Br.), München.

Evangelische Kirche in Deutschland (1979): Publizistischer Gesamtplan der Evangelischen Kirche in Deutschland, Gütersloh.

Evangelische Kirche in Deutschland (1997): Mandat und Markt. Perspektiven evangelischer Publizistik. Publizistisches Gesamtkonzept 1997 (GEP-Buch), Frankfurt am Main.

Evangelische Kirche in Deutschland (2008): Das rechte Wort zur rechten Zeit. Eine Denkschrift des Rates der Evangelischen Kirche in Deutschland zum Öffentlichkeitsauftrag der Kirche, Gütersloh.

Fechter, Anja; Wilke, Jürgen (1998): Produktion von Nachrichtenbildern. Eine Untersuchung der Bilderdienste der Nachrichtenagenturen, in: Jürgen Wilke (Hg.): Nachrichtenproduktion im Mediensystem. Von den Sport- und Bilderdiensten bis zum Internet, Köln, Weimar, Wien, S. 55–119.

Findeisen, Marlies (1991): Das Bild der evangelischen Kirche in der medialen Öffentlichkeit. Dargestellt und analysiert anhand der Zeitungsberichte über den 19. Deutschen Evangelischen Kirchentag Hamburg 1981, Göttingen.

Flin, Rhona; Dziurawiec, Suzanne (1989): Developmental Factors in Face Processing, in: Andrew W. Young und Hadyn D. Ellis (Hg.): Handbook of Research on Face Processing, Amsterdam, S. 335–378.

Fludernik, Monika (2010): Erzähltheorie. Eine Einführung, 3. Aufl., Darmstadt.

Fretwurst, Benjamin (2008): Nachrichten im Interesse der Zuschauer. Eine konzeptionelle und empirische Neubestimmung der Nachrichtenwerttheorie (Kommunikationswissenschaft), Konstanz.

Früh, Werner (1991): Medienwirkungen: das dynamisch-transaktionale Modell. Theorie und empirische Forschung, Opladen.

Früh, Werner (1994): Realitätsvermittlung durch Massenmedien. Die permanente Transformation der Wirklichkeit, Opladen.

Früh, Werner (2002): Unterhaltung durch das Fernsehen. Eine molare Theorie, Konstanz.

Früh, Werner (2003): Theorien, theoretische Modelle und Rahmentheorien. Eine Einleitung, in: Werner Früh und Hans-Jörg Stiehler (Hg.): Theorie der Unterhaltung. Ein interdisziplinärer Diskurs, Köln, S. 9–26.

Früh, Werner (2009): Transaktion und Kausalität. Ein Essay für Klaus Schönbach, in: Christina Holtz-Bacha, Gunter Reus und Lee B. Becker (Hg.): Wissenschaft mit Wirkung. Beiträge zu Journalismus- und Medienwirkungsforschung (Festschrift für Klaus Schönbach), Wiesbaden, S. 47–64.

Früh, Werner (2011): Inhaltsanalyse. Theorie und Praxis, 7. Aufl., Konstanz.

Früh, Werner; Schönbach, Klaus (1982): Der dynamisch-transaktionale Ansatz. Ein neues Paradigma der Medienwirkungen, in: *Publizistik* 27, S. 74–88.

Früh, Werner; Schönbach, Klaus (2005): Der dynamisch-tranksaktionale Ansatz III. Eine Zwischenbilanz, in: *Publizistik* 50 (1), S. 4–20.

Gabriel, Karl (1996): Religion und Kirche im Spiegel- und Diskursmodell von Öffentlichkeit, in: Ingo Baldermann und Ottmar Fuchs (Hg.): Glaube und Öffentlichkeit (Jahrbuch für biblische Theologie, 11), Neukirchen-Vluyn, S. 31–51.

Galtung, Johan; Ruge, Mari Holmboe (1965): The Structure of Foreign News. The Presentation of the Congo, Cuba and Cyprus Crises in Four Norwegian Newspapers, in: *Journal of peace research* 2 (1), S. 64–91.

Genz, Andreas; Schönbach, Klaus; Semetko, Holli A. (2001): »Amerikanisierung«? Politik in den Fernsehnachrichten während der Bundestagswahlkämpfe 1990–1998, in: Hans-Dieter Klingemann und Max Kaase (Hg.): Wahlen und Wähler. Analysen aus Anlass der Bundestagswahl 1998 (Schriften des Otto-Sammer Zentrums im Otto-Suhr-Institut der Freien Universität Berlin, 90), Wiesbaden, S. 401–413.

Gestrich, Andreas (2006): Jürgen Habermas' Konzept der bürgerlichen Öffentlichkeit: Bedeutung und Kritik aus historischer Perspektive, in: Clemens Zimmermann (Hg.): Politischer Journalismus, Öffentlichkeiten und Medien im 19. und 20. Jahrhundert (Schriften der Siebenpfeiffer-Stiftung, 8), Ostfildern, S. 25–39.

Gleich, Uli (1996): Sind Fernsehpersonen die »Freunde« des Zuschauers? Ein Vergleich zwischen parasozialen und realen sozialen Beziehungen, in: Peter Vorderer (Hg.): Fernsehen als »Beziehungskiste«. Parasoziale Beziehungen und Interaktionen mit TV-Personen, Opladen, S. 113–144.

Gleich, Uli (2001): Populäre Unterhaltungsformate im Fernsehen und ihre Bedeutung für die Zuschauer, in: *Media Perspektiven* (10), S. 524–532.

Godelier, Maurice (1973a): Mythos und Geschichte. Überlegungen über die Grundlagen des wilden Denkens, in: Klaus Eder (Hg.): Seminar: Die Entstehung von Klassengesellschaften (Suhrkamp Taschenbuch Wissenschaft, 30), Frankfurt am Main, S. 301–329.

Godelier, Maurice (1973b): Ökonomische Anthropologie. Untersuchungen zum Begriff der sozialen Struktur primitiver Gesellschaften, Reinbek (bei Hamburg).

Goldstein, Eugen Bruce (2008): Wahrnehmungspsychologie. Der Grundkurs, 7. Aufl., Berlin.

Gräb, Wilhelm (1989): Aktion und Kommunikation. Die Lebenswirklichkeit der Gemeinde in der Pneumatologie F. Schleiermachers und K. Barths, in: *Zeitschrift für Dialektische Theologie* 5 (1), S. 237–267.

Gräb, Wilhelm (1993): Liberale Theologie als Theorie volkskirchlichen Handelns, in: Friedrich Wilhelm Graf (Hg.): Liberale Theologie. Eine Ortsbestimmung (Troeltsch-Studien, 7), Gütersloh, S. 127–148.

Gräb, Wilhelm (2002): Sinn fürs Unendliche. Religion in der Mediengesellschaft, Gütersloh.

Graham, Elaine (2013): Between a Rock and a Hard Place: Public Theology in the United Kingdom, in: Heinrich Bedford-Strohm, Florian Höhne und Tobias Reitmeier (Hg.): Contextuality and Intercontextuality in Public Theology. Proceedings from the Bamberg Conference 23.–25.06.2011 (Theology in the Public Square, 4), Münster, S. 121–135.

Graner, Jürgen; Stern, Eva (2002): It's the Candidate, Stupid? Personalisierung der bundesdeutschen Wahlkämpfe, in: Thomas Berg (Hg.): Moderner Wahlkampf. Blick hinter die Kulissen, Opladen, S. 145–170.

Greger, Volker (1998): Privatisierung politischer Berichterstattung im Fernsehen? Zur Veränderung der Akteursstruktur in politischen Informationssendungen von 1986 bis 1994, in: Kurt Imhof und Peter Schulz (Hg.): Die Veröffentlichung des Privaten – Die Privatisierung des Öffentlichen (Mediensymposium Luzern, 4), Opladen, Wiesbaden, S. 251–282.

Große Kracht, Hermann-Josef (1997): Kirche in ziviler Gesellschaft. Studien zur Konfliktgeschichte von katholischer Kirche und demokratischer Öffentlichkeit, Paderborn.

Gundlach, Thies (2006): Kommentar: Kirchliche Ränder – kirchliche Mitten? Mitgliedschaftstypologien als Irritation und als Orientierung kirchlichen Handelns, in: Wolfgang Huber, Johannes Friedrich und Peter Steinacker (Hg.): Kirche in der Vielfalt der Lebensbezüge. Die vierte EKD-Erhebung über Kirchenmitgliedschaft, Gütersloh, S. 197–202.

Habermas, Jürgen (1971): Strukturwandel der Öffentlichkeit. Untersuchungen zu einer Kategorie der bürgerlichen Gesellschaft (Politica, 4), 5. Aufl., Neuwied, Berlin.

Habermas, Jürgen (1981): Werden wir richtig informiert – Antwort auf vier Fragen (1968), in: Jürgen Habermas (Hg.): Kleine politische Schriften I–IV, Frankfurt am Main, S. 245–248.

Habermas, Jürgen (1989): Volkssouveränität als Verfahren. Ein normativer Begriff von Öffentlichkeit, in: *Merkur* 43 (6), S. 465–477.

Habermas, Jürgen (1990): Vorwort zur Neuauflage 1990, in: Jürgen Habermas (Hg.): Strukturwandel der Öffentlichkeit. Untersuchungen zu einer Kategorie der bürgerlichen Gesellschaft, Frankfurt am Main, S. 11–50.

Habermas, Jürgen (1995b): Theorie des kommunikativen Handelns. Band 1: Handlungsrationalität und gesellschaftliche Rationalisierung (Suhrkamp Taschenbuch Wissenschaft, 1175), 4. Aufl., Frankfurt am Main.

Habermas, Jürgen (1995a): Theorie des kommunikativen Handelns. Band 2: Zur Kritik der funktionalistischen Vernunft (Suhrkamp Taschenbuch Wissenschaft, 1175), 4. Aufl., Frankfurt am Main.

Habermas, Jürgen (1995c): Vorstudien und Ergänzungen zur Theorie des kommunikativen Handelns (Suhrkamp Taschenbuch Wissenschaft, 1176), Frankfurt am Main.

Habermas, Jürgen (1998): Faktizität und Geltung. Beiträge zur Diskurstheorie des Rechts und des demokratischen Rechtsstaats (Suhrkamp Taschenbuch Wissenschaft, 1361), EA 1992, Frankfurt am Main.

Habermas, Jürgen (2008): Ach, Europa (Kleine politische Schriften, XI), Frankfurt am Main.

Hahn, Udo (2012): Namen sind Nachrichten. Wie die evangelische Kirche in die Medien kommt, in: *nachrichten der Evangelisch-Lutherischen Kirche in Bayern* 67 (6), S. 173–176.

Hainsworth, Deirdre King (2010): The Impact of Information Technologies on the Practices of Public Theology, in: Deirdre King Hainsworth und Scott R. Paeth (Hg.): Public Theology for a Global Society. Essays in Honor of Max Stackhouse, Grand Rapids (Mich.), Cambridge (U. K.), S. 209–227.

Harasta, Eva (2013): Global Proclamation? An excursion into »Public Dogmatics« inspired by Jürgen Moltmann and Heinrich Bedford-Strohm, in: Heinrich Bedford-Strohm, Florian Höhne und Tobias Reitmeier (Hg.): Contextuality and Intercontextuality in Public Theology. Proceedings from the Bamberg Conference 23.–25.06.2011 (Theology in the Public Square, 4), Münster, S. 291–299.

Hartmann, Tilo; Schramm, Holger; Klimmt, Christoph (2004): Personenorientierte Medienrezeption: Ein Zwei-Ebenen-Modell parasozialer Interaktionen, in: *Publizistik* 49, S. 25–47.

Harvie, Timothy (2009): Jürgen Moltmann's Ethics of Hope. Eschatological Possibilities for Moral Action, Farnham, Surrey (U. K.), Burlington (Vt.),

Heesen, Jessica (2008): Medienethik und Netzkommunikation. Öffentlichkeit in der individualisierten Mediengesellschaft, Frankfurt am Main.

Hermelink, Jan (2006a): Die Vielfalt der Mitgliedschaftsverhältnisse und die prekären Chancen der kirchlichen Organisation. Ein praktisch-theologischer Ausblick, in: Wolfgang Huber, Johannes Friedrich und Peter Steinacker (Hg.): Kirche in der Vielfalt der Lebensbezüge. Die vierte EKD-Erhebung über Kirchenmitgliedschaft, Gütersloh, S. 417–436.

Hermelink, Jan (2006b): Einführung. Die IV. Mitgliedschaftsuntersuchung der EKD im Blickfeld kirchlicher und wissenschaftlicher Interessen, in: Wolfgang Huber, Johannes Friedrich und Peter Steinacker (Hg.): Kirche in der Vielfalt der Lebensbezüge. Die vierte EKD-Erhebung über Kirchenmitgliedschaft, Gütersloh, S. 15–40.

Hermelink, Jan (2014): Kirchenbilder. Erste Beobachtungen zu den Antworten auf die offenen Fragen, in: Evangelische Kirche in Deutschland (Hg.): Engagement und Indifferenz – Kirchenmitgliedschaft als soziale Praxis. V. EKD-Erhebung über Kirchenmitgliedschaft, Neuausg., Hannover, S. 32–35.

Hermelink, Jan; Liskowsky, Anne Elise; Grubauer, Franz (2014): Kirchliches Personal. Wie prägen Hauptamtliche das individuelle Verhältnis zur Kirche?, in: Evangelische Kirche in Deutschland (Hg.): Engagement und Indifferenz – Kirchenmitgliedschaft als soziale Praxis. V. EKD-Erhebung über Kirchenmitgliedschaft, Neuausg., Hannover, S. 96–105.

Hetterich, Volker (2000): Von Adenauer zu Schröder – Der Kampf um Stimmen. Eine Längsschnittanalyse der Wahlkampagnen von CDU und SPD bei den Bundestagswahlen 1949 bis 1998, Opladen.

Hickethier, Knut (1997): Vom Theaterstar zum Filmstar. Merkmale des Starwesens um die Wende vom neunzehnten zum zwanzigsten Jahrhundert, in: Werner Faulstich und Helmut Korte (Hg.): Der Star. Geschichte – Rezeption – Bedeutung, München, S. 29–47.

Hickethier, Knut (1998): Narrative Navigation durchs Weltgeschehen. Erzählstrukturen in Fernsehnachrichten, in: Klaus Kamps und Miriam Meckel (Hg.): Fernsehnachrichten. Prozesse, Strukturen, Funktionen, Opladen, Wiesbaden, S. 185–202.

Hild, Helmut (Hg.) (1974): Wie stabil ist die Kirche? Bestand und Erneuerung. Ergebnisse einer Meinungsbefragung, Gelnhausen, Berlin.

Hoffmann, Jochen; Raupp, Juliana (2006): Politische Personalisierung. Disziplinäre Zugänge und theoretische Folgerungen, in: *Publizistik* 51 (4), S. 456–478.

Höhmann, Peter; Krech, Volkhard (2004): Die vierte Kirchenmitgliedschaftsuntersuchung. Alles wie gehabt?, in: *Praktische Theologie* 39 (1), S. 3–12.

Höhne, Florian (2013a): Kinship in Time? Exploring the Relation of Public Theologies and Moltmann's Early Political Theology, in: Heinrich Bedford-Strohm, Florian Höhne und Tobias Reitmeier (Hg.): Contextuality and Intercontextuality in Public Theology. Proceedings from the Bamberg Conference 23.–25.06.2011 (Theology in the Public Square, 4), Münster, S. 53–70.

Höhne, Florian (2013b): Öffentliche Theologie und Universität. Erkundungen eines Themenfeldes, in: Heinrich Busch (Hg.): Präsenz und Entwicklung evangelischen Glaubens im Kontext der Universität am Beispiel Erlangens, Erlangen.

Holtz-Bacha, Christina (1999): Bundestagswahlkampf 1998. Modernisierung und Professionalisierung, in: Christina Holtz-Bacha (Hg.): Wahlkampf in den Medien – Wahlkampf mit den Medien. Ein Reader zum Wahljahr 1998, Opladen, Wiesbaden, S. 9–23.

Holtz-Bacha, Christina (2000): Wahlwerbung als politische Kultur. Parteienspots im Fernsehen 1957–1998, Wiesbaden.

Holtz-Bacha, Christina (2001): Das Private in der Politik: Ein neuer Medientrend, in: *Aus Politik und Zeitgeschichte* (B 41/42), S. 20–26.

Holtz-Bacha, Christina (2002): Massenmedien und Wahlen: Die Professionalisierung der Kampagnen, in: *Aus Politik und Zeitgeschichte* (B 15/16), S. 23–28.

Holtz-Bacha, Christina (2003): Bundestagswahlkampf 2002: Ich oder der, in: Christina Holtz-Bacha (Hg.): Die Massenmedien im Wahlkampf. Die Bundestagswahl 2002, Wiesbaden, S. 9–28.

Holtz-Bacha, Christina; Lessinger, Eva-Maria; Hettesheimer, Merle (1998): Personalisierung als Strategie der Wahlwerbung, in: Kurt Imhof und Peter Schulz (Hg.): Die Veröffentlichung des Privaten – Die Privatisierung des Öffentlichen (Mediensymposium Luzern, 4), Opladen, Wiesbaden, S. 240–250.

Horkheimer, Max; Adorno, Theodor W. (2003): Dialektik der Aufklärung. Philosophische Fragmente (Fischer, 50669), limitierte Sonderausg. (EA 1944), Frankfurt am Main.

Horster, Detlef (2001): Jürgen Habermas zur Einführung (Zur Einführung, 249), 2. Aufl. der Neuausg., Hamburg.

Horton, Donald; Wohl, R. Richard (1956): Mass Communication and Para-Social Interaction. Observations on Intimacy at a Distance, in: *Psychiatry* 19 (3), S. 215–229.

Huber, Wolfgang (1973): Kirche und Öffentlichkeit (Forschungen und Berichte der Evangelischen Studiengemeinschaft im Auftrage des Wissenschaftlichen Kuratoriums herausgegeben von Georg Picht, Hans Dombois und Heinz Eduard Tödt, 28), Stuttgart.

Huber, Wolfgang (1985): Folgen christlicher Freiheit. Ethik und Theorie der Kirche im Horizont der Barmer Theologischen Erklärung (Neukirchner Beiträge zur Systematischen Theologie, 4), 2. Aufl., Neukirchen-Vluyn.

Huber, Wolfgang (1988): Kirche, 2. Aufl., München.

Huber, Wolfgang (1993): Die tägliche Gewalt. Gegen den Ausverkauf der Menschenwürde, Freiburg i. Br., Basel, Wien.

Huber, Wolfgang (1994a): Menschenwürde? Gewalt und Intimität als Unterhaltung, in: Wolfgang Wunden (Hg.): Öffentlichkeit und Kommunikationskultur (Beiträge zur Medienethik, 2), Hamburg, Stuttgart, Frankfurt am Main, S. 181–195.

Huber, Wolfgang (1994b): Öffentliche Kirche in pluralen Öffentlichkeiten, in: *Evangelische Theologie* 54 (2), S. 157–180.

Huber, Wolfgang (1998): Kirche in der Zeitenwende. Gesellschaftlicher Wandel und Erneuerung der Kirche, Gütersloh.

Huber, Wolfgang (2001): Die Kirche als intermediäre Institution in der Mediengesellschaft, in: Christian Drägert und Nikolaus Schneider (Hg.): Medienethik. Freiheit und Verantwortung (Festschrift zum 65. Geburtstag von Manfred Kock) (Christliche Publizistik, 1), Stuttgart, S. 137–150.

Huber, Wolfgang (2005): Theologie und Kirchenleitung. Vortrag zu Ehren von Eberhard Jüngel am 4. Februar 2005 in der Stiftskirche zu Tübingen, in: *Zeitschrift für Theologie und Kirche* 102, S. 409–418.

Huber, Wolfgang; Friedrich, Johannes; Steinacker, Peter (Hg.) (2006a): Kirche in der Vielfalt der Lebensbezüge. Die vierte EKD-Erhebung über Kirchenmitgliedschaft, Gütersloh.

Huber, Wolfgang; Friedrich, Johannes; Steinacker, Peter (2006b): Vorwort der Herausgeber, in: Wolfgang Huber, Johannes Friedrich und Peter Steinacker (Hg.): Kirche in der Vielfalt der Lebensbezüge. Die vierte EKD-Erhebung über Kirchenmitgliedschaft, Gütersloh, S. 11–12.

Huizinga, Johan (1938): Homo ludens. Versuch einer Bestimmung des Spielelementes der Kultur, Basel, Brüssel, Köln, Wien.

Hurth, Elisabeth (2008): Herausforderung Medienreligion. Es bildet sich ein neuer Religionstypus heraus, in: *Herder Korrespondenz* 62 (3), S. 150–154.

Huß, Torsten (2007): Personalisierung von Politik. Kandidatenorientierung und Wahlverhalten, Saarbrücken.

Ising, Dieter (1987): Bibliographie Jürgen Moltmann, München.

Jäckel, Michael (2011): Medienwirkungen. Ein Studienbuch zur Einführung, 5. Aufl., Wiesbaden.

Jakubowski, Alex (1998): Parteienkommunikation in Wahlwerbespots. Eine systemtheoretische und inhaltsanalytische Untersuchung von Wahlwerbespots zur Bundestagswahl 1994 (Studien zur Kommunikationswissenschaft, 32), Opladen.

Janowski, Hans N.; Schmidt, Wolf-Rüdiger (1976–2007): Art. Medien, in: Gerhard Krause und Gerhard Müller (Hg.): Theologische Realenzyklopädie, Bd. 22, Berlin, S. 318–328.

Jarren, Otfried; Bode, Markus (1996): Ereignis- und Medienmanagement politischer Parteien. Kommunikationsstrategien im »Superwahljahr 1994«, in: Bertelsmann Stiftung (Hg.): Politik überzeugend vermitteln. Wahlkampfstrategien in Deutschland und den USA. Analysen und Bewertungen von Politikern, Journalisten und Experten, Gütersloh, S. 65–114.

Jarren, Otfried; Donges, Patrick (2006): Politische Kommunikation in der Mediengesellschaft. Eine Einführung (Lehrbuch), 2., überarb. Aufl., Wiesbaden.

Josuttis, Manfred (1989): Der Prediger in der Predigt. Plädoyer für das Ich auf der Kanzel, in: Friedrich Wintzer (Hg.): Predigt. Texte zum Verständnis und zur Praxis der Predigt in der Neuzeit (Theologische Bücherei, 80), München, S. 221–234.

Kaltefleiter, Werner (1981): Personalisierung, in: Martin Greiffenhagen, Sylvia Greiffenhagen und Rainer Prätorius (Hg.): Handwörterbuch zur politischen Kultur der Bundesrepublik Deutschland. Ein Lehr- und Nachschlagewerk (Studienbücher zur Sozialwissenschaft, 45), Opladen, S. 296–299.

Kamps, Klaus (1999): Im Wahlkampf nichts Neues. Aufmerksamkeitsstrukturen der Kampagnenberichterstattung in Fernsehnachrichten, in: Christina Holtz-Bacha (Hg.): Wahlkampf in den Medien – Wahlkampf mit den Medien. Ein Reader zum Wahljahr 1998, Opladen, Wiesbaden, S. 109–132.

Kamps, Klaus (Hg.) (2000): Trans-Atlantik – Trans-Portabel? Die Amerikanisierungsthese in der politischen Kommunikation, Wiesbaden.

Kamps, Klaus (2002): Kommunikationsmanagement in der Politik. Anmerkungen zur »zirzensischen« Demokratie, in: Heribert Schatz, Patrick Rössler und Jörg-Uwe Nieland (Hg.): Politische Akteure in der Mediendemokratie. Politiker in den Fesseln der Medien?, Wiesbaden, S. 101–110.

Karle, Isolde (2001): Der Pfarrberuf als Profession. Eine Berufstheorie im Kontext der modernen Gesellschaft (Praktische Theologie und Kultur, 3), Gütersloh.

Keller, Katrin (2008): Der Star und seine Nutzer. Starkult und Identität in der Mediengesellschaft (Cultural studies, 31), Bielefeld.

Keppler, Angela (1996): Interaktion ohne reales Gegenüber. Zur Wahrnehmung medialer Akteure im Fernsehen, in: Peter Vorderer (Hg.): Fernsehen als »Beziehungskiste«. Parasoziale Beziehungen und Interaktionen mit TV-Personen, Opladen, S. 11–24.

Kepplinger, Hans Mathias (1984): Instrumentelle Aktualisierung, in: *Publizistik* 29, S. 94.

Kepplinger, Hans Mathias (1989a): Instrumentelle Aktualisierung. Grundlagen einer Theorie publizistischer Konflikte, in: *Kölner Zeitschrift für Soziologie und Sozialpsychologie* (Sonderheft 30), S. 199–220.

Kepplinger, Hans Mathias (1989b): Theorien der Nachrichtenauswahl als Theorien der Realität, in: *Aus Politik und Zeitgeschichte* (B15), S. 3–16.

Kepplinger, Hans Mathias (1998): Der Nachrichtenwert der Nachrichtenfaktoren, in: Christina Holtz-Bacha, Helmut Scherer und Norbert Waldmann (Hg.): Wie die Medien die Welt erschaffen und wie die Menschen darin leben. Für Winfried Schulz, Opladen, Wiesbaden, S. 19–38.

Kepplinger, Hans Mathias (2008): News Factors, in: Wolfgang Donsbach (Hg.): The International Encyclopedia of Communication (VII), Oxford, S. 3245–3248.

Kepplinger, Hans Mathias; Bastian, Rouwen (2000): Der prognostische Gehalt der Nachrichtenwert-Theorie, in: *Publizistik* 45, S. 462–475.

Kepplinger, Hans Mathias; Rettich, Markus (1996): Publizistische Schlagseiten. Kohl und Scharping in Presse und Fernsehen, in: Christina Holtz-Bacha und Lynda Lee Kaid (Hg.): Wahlen und Wahlkampf in den Medien. Untersuchungen aus dem Wahljahr 1994, Opladen, S. 80–100.

Kepplinger, Hans Mathias; Weissbecker, Helga (1991): Negativität als Nachrichtenideologie, in: *Publizistik* 36 (3), S. 330–342.

Kim, Sebastian C. H. (2011): Theology in the Public Sphere. Public Theology as a Catalyst for Open Debate, London.

Kindelmann, Klaus (1994): Kanzlerkandidaten in den Medien. Eine Analyse des Wahljahres 1990 (Studien zur Sozialwissenschaft, 144), Opladen.

Kirchenamt der Evangelischen Kirche in Deutschland (1997): Chancen und Risiken der Mediengesellschaft. Gemeinsame Erklärung der Deutschen Bischofskonferenz und des Rates der Evangelischen Kirche in Deutschland (Gemeinsame Texte, 10), Hannover.

Kirchenamt der Evangelischen Kirche in Deutschland (EKD) (Hg.) (o. J. (2006)): Kirche der Freiheit. Perspektiven für die evangelische Kirche im 21. Jahrhundert, Hannover.

Klein, Markus; Ohr, Dieter (2001): Die Wahrnehmung der politischen und persönlichen Eigenschaften von Helmut Kohl und Gerhard Schröder und ihr Einfluß auf die Wahlentscheidung bei der Bundestagswahl 1998, in: Hans-Dieter Klingemann und Max Kaase (Hg.): Wahlen und Wähler. Analysen aus Anlass der Bundestagswahl 1998 (Schriften des Otto-Sammer Zentrums im Otto-Suhr-Institut der Freien Universität Berlin, 90), Wiesbaden, S. 91–132.

Klingen, Henning (2008): Gefährdete Öffentlichkeit. Zur Verhältnisbestimmung von Politischer Theologie und medialer Öffentlichkeit (Religion – Geschichte – Gesellschaft. Fundamentaltheologische Studien, 46), Berlin, Münster.

Kneer, Georg; Nassehi, Armin (2000): Niklas Luhmanns Theorie sozialer Systeme. Eine Einführung (UTB, 1751), 4. Aufl., München.

Koch-Gombert, Dominik (2005): Fernsehformate und Formatfernsehen. TV-Angebotsentwicklung in Deutschland zwischen Programmgeschichte und Marketingstrategie (Forum Kommunikation und Medien, 4), München.

Kolmer, Christian (2000): Die Treuhandanstalt. Eine Input-Output-Analyse zu Theorien der Nachrichtenauswahl, Bonn.

Kolmer, Christian (2008): Nachrichtenfaktor Prominenz hält Kirche in den Schlagzeilen. Analyse von Fernsehnachrichten 2001 bis 2008, in: *Communicatio Socialis* 41, S. 412–416.

Korte, Karl-Rudolf (2001): Das politische System der Bundesrepublik Deutschland, in: Manfred Mols, Hans-Joachim Lauth und Christian Wagner (Hg.): Politikwissenschaft: Eine Einführung (UTB, 1789). 3. Aufl., Paderborn, München, Wien, Zürich, S. 67–98.

Kraus, Dieter (2001a): Einführung, in: Dieter Kraus (Hg.): Evangelische Kirchenverfassungen in Deutschland. Textsammlung mit einer Einführung, Berlin, S. 13–19.

Kraus, Dieter (Hg.) (2001b): Evangelische Kirchenverfassungen in Deutschland. Textsammlung mit einer Einführung, Berlin.

Krotz, Friedrich (1996): Parasoziale Interaktion und Identität im elektronisch mediatisierten Kommunikationsraum, in: Peter Vorderer (Hg.): Fernsehen als »Beziehungskiste«. Parasoziale Beziehungen und Interaktionen mit TV-Personen, Opladen, S. 73–90.

Krüger, Udo Michael; Zapf-Schramm, Thomas (1999): Fernsehwahlkampf 1998 in Nachrichten und politischen Informationssendungen, in: *Media Perspektiven* (5), S. 222–236.

Kuhlmann, Helga (Hg.) (2010): Fehlbare Vorbilder in Bibel, Christentum und Kirchen. Von Engeln, Propheten und Heiligen bis zu Päpsten und Bischöfinnen (Theology in the Public Square, 2), Münster.

Kurth, Karl (Hg.) (1944): Die ältesten Schriften für und wider die Zeitung (Quellenhefte zur Zeitungswissenschaft, 1), Brünn, München, Wien.

Lampert, Marie; Wespe, Rolf (2011): Storytelling für Journalisten (Praktischer Journalismus, 88), Konstanz.

Lass, Jürgen (1995): Vorstellungsbilder über Kanzlerkandidaten. Zur Diskussion um die Personalisierung von Politik (DUV Sozialwissenschaft), Wiesbaden.

Laube, Martin (2002): Himmel – Hölle – Hollywood. Zur Einführung, in: Martin Laube (Hg.): Himmel – Hölle – Hollywood. Religiöse Valenzen im Film der Gegenwart (Symbol – Mythos – Medien, 1), Münster, S. 1–18.

Leach, Edmund (2006): Claude Lévi-Strauss zur Einführung, 3. Aufl., Hamburg.

Lengauer, Günther (2007): Postmoderne Nachrichtenlogik. Redaktionelle Politikvermittlung in medienzentrierten Demokratien, Wiesbaden.

Levy, Mark R.; Windahl, Sven (1984): Audience Activity and Gratifications. A Conceptual Clarification and Exploration, in: *Communication Research* 11, S. 51–78.

Lippmann, Walter (1949 (Tb-Ausg. 1965)): Public Opinion, New York.

Ludes, Peter (1997): Aufstieg und Niedergang von Stars als Teilprozeß der Menschheitsentwicklung, in: Werner Faulstich und Helmut Korte (Hg.): Der Star. Geschichte – Rezeption – Bedeutung, München, S. 78–98.

Ludes, Peter (2003): Einführung in die Medienwissenschaft. Entwicklungen und Theorien, 2., überarb. Aufl., Berlin.

Luhmann, Niklas (1987): Soziale Systeme. Grundriß einer allgemeinen Theorie (Suhrkamp Taschenbuch Wissenschaft, 666), Frankfurt am Main.

Luhmann, Niklas (1996): Die Realität der Massenmedien, 2., erw. Aufl., Opladen.

Lule, Jack (2008): News Myths, in: Wolfgang Donsbach (Hg.): The International Encyclopedia of Communication (VII), Oxford, S. 3254–3456.

Maier, Michaela; Ruhrmann, Georg; Klietsch, Kathrin (2006): Der Wert von Nachrichten im detuschen Fernsehen. Ergebnisse einer Inhaltsanalyse 1992–2004, Düsseldorf.

Maier, Michaela; Ruhrmann, Georg; Stengel, Karin (2009): Der Wert von Nachrichten im deutschen Fernsehen. Inhaltsanalyse von TV-Nachrichten im Jahr 2007, Düsseldorf.

Maier, Michaela; Stengel, Karin; Marschall, Joachim (2010): Nachrichtenwerttheorie (Konzepte, 2), Baden-Baden.

Maletzke, Gerhard (1963): Psychologie der Massenkommunikation. Theorie und Systematik, Hamburg.

Maletzke, Gerhard (1964): Grundbegriffe der Massenkommunikation unter besonderer Berücksichtigung des Fernsehens, München.

Marcinkowski, Frank (1993): Publizistik als autopoietisches System. Politik und Massenmedien. Eine systemtheoretische Analyse, Opladen.

Marcinkowski, Frank; Greger, Volker (2000): Die Personalisierung politischer Kommunikation im Fernsehen. Ein Ergebnis der »Amerikanisierung«?, in: Klaus Kamps (Hg.): Trans-Atlantik – Trans-Portabel? Die Amerikanisierungsthese in der politischen Kommunikation, Wiesbaden, S. 179–197.

Marhold, Wolfgang (1999): Im Gefüge volkskirchlicher Erwartungen: Pfarrer und Pfarrerin. Ergebnisse und Folgerungen der drei EKD-Mitgliedschaftsuntersuchungen von 1972, 1982 und 1992, in: *Deutsches Pfarrerblatt* 99 (5), S. 278–282.

Marty, Martin E. (1974): Two Kinds of Two Kinds of Civil Religion, in: Russell E. Richey und Donald G. Jones (Hg.): American Civil Religion (A Harper forum book), New York, Hagerstown, San Francisco, London, S. 139–157.

Marty, Martin E. (1981): The Public Church. Mainline, Evangelical, Catholic, New York.

Maurer, Marcus; Reinemann, Carsten (2006): Medieninhalte. Eine Einführung, Wiesbaden.

McCombs, Maxwell (1994): News Influence on Our Pictures of the World, in: Jennings Bryant und Dolf Zillmann (Hg.): Media Effects. Advances in Theory and Research (Lea's communication series), Hillsdale (NJ), S. 1–16.

Meier, Daniel (2006): Kirche in der Tagespresse. Empirische Analyse der journalistischen Wahrnehmung von Kirche anhand ausgewählter Zeitungen (Studien zur Christlichen Publizistik, 12), Erlangen.

Meyen, Michael (2009): Medialisierung, in: *Medien & Kommunikationswissenschaft* 57 (1), S. 23–38.

Meyer, Thomas (2001): Mediokratie. Die Kolonisierung der Politik durch das Mediensystem (Edition Suhrkamp, 2204), Frankfurt am Main.

Meyer, Thomas (2002): Mediokratie – Auf dem Weg in eine andere Demokratie?, in: *Aus Politik und Zeitgeschichte* (B 15/16), S. 7–14.

Meyer-Blanck, Michael; Weyel, Birgit (2008): Studien- und Arbeitsbuch Praktische Theologie (UTB, 3149), Göttingen.

Mikos, Lothar (1996): Parasoziale Interaktion und indirekte Adressierung, in: Peter Vorderer (Hg.): Fernsehen als »Beziehungskiste«. Parasoziale Beziehungen und Interaktionen mit TV-Personen, Opladen, S. 97–106.

Milde, Jutta (2009): Vermitteln und Verstehen. Zur Verständlichkeit von Wissenschaftsfilmen im Fernsehen, Wiesbaden.

Mildenberger, Friedrich (1987): Grundwissen der Dogmatik. Ein Arbeitsbuch, 3. Aufl., Stuttgart.

Moltmann, Jürgen (1959): Die Gemeinde im Horizont der Herrschaft Christi. Neue Perspektiven in der protestantischen Theologie (Bekennen und Bekenntnis, 5), Neukirchen.

Moltmann, Jürgen (1963): Das »Prinzip Hoffnung« und die chrisltiche Zuversicht. Ein Gespräch mit Ernst Bloch, in: *Evangelische Theologie* 23, S. 537–557.

Moltmann, Jürgen (1966): Theologie der Hoffnung. Untersuchungen zur Begründung und zu den Konsequenzen einer christlichen Eschatologie (Beiträge zur evangelischen Theologie, 38), 6. Aufl., München.

Moltmann, Jürgen (1967a): Antwort auf die Kritik der Theologie der Hoffnung, in: Wolf-Dieter Marsch (Hg.): Diskussionen über die »Theologie der Hoffnung« von Jürgen Moltmann, München, S. 201–238.

Moltmann, Jürgen (1967b): Meditation über die Hoffnung (Das Gespräch, 67), Wuppertal-Barmen.

Moltmann, Jürgen (1968a): Das Ende der Geschichte, in: Jürgen Moltmann (Hg.): Perspektiven der Theologie. Gesammelte Aufsätze, München, Mainz, S. 232–250.

Moltmann, Jürgen (1968b): Die »Rose im Kreuz der Gegenwart«. Zum Verständnis der Kirche in der modernen Gesellschaft, in: Jürgen Moltmann (Hg.): Perspektiven der Theologie. Gesammelte Aufsätze, München, Mainz, S. 212–231.

Moltmann, Jürgen (1968c): Die Kategorie des Novum in der christlichen Theologie, in: Jürgen Moltmann (Hg.): Perspektiven der Theologie. Gesammelte Aufsätze, München, Mainz, S. 174–188.

Moltmann, Jürgen (1968d): Die Revolution der Freiheit, in: Jürgen Moltmann (Hg.): Perspektiven der Theologie. Gesammelte Aufsätze, München, Mainz, S. 189–211.

Moltmann, Jürgen (1968e): Die Wahrnehmung der Geschichte in der christlichen Sozialethik, in: Jürgen Moltmann (Hg.): Perspektiven der Theologie. Gesammelte Aufsätze, München, Mainz, S. 149–173.

Moltmann, Jürgen (1968f): Exegese und Eschatologie der Geschichte, in: Jürgen Moltmann (Hg.): Perspektiven der Theologie. Gesammelte Aufsätze, München, Mainz, S. 57–92.

Moltmann, Jürgen (1968g): Gottesoffenbarung und Wahrheitsfrage, in: Jürgen Moltmann (Hg.): Perspektiven der Theologie. Gesammelte Aufsätze, München, Mainz, S. 13–35.

Moltmann, Jürgen (1968h): Hoffnung und Planung, in: Jürgen Moltmann (Hg.): Perspektiven der Theologie. Gesammelte Aufsätze, München, Mainz, S. 251–268.

Moltmann, Jürgen (1969): Die Zukunft als neues Paradigma der Transzendenz, in: *Internationale Dialog Zeitschrift* 2, S. 2–13.

Moltmann, Jürgen (1970a): Theologische Kritik der politischen Religion, in: Johann Baptist Metz, Jürgen Moltmann und Willi Oelmüller (Hg.): Kirche im Prozeß der Aufklärung. Aspekte einer neuen »politischen Theologie« (Gesellschaft und Theologie, Abt. Systematische Beiträge, 1), München, S. 11–51.

Moltmann, Jürgen (1970b): Theology as Eschatology, in: Frederick Herzog (Hg.): The Future of Hope: Theology as Eschatology, New York, S. 1–50.

Moltmann, Jürgen (1970c): Umkehr zur Zukunft (Siebenstern-Taschenbuch, 154), München.

Moltmann, Jürgen (1971): Mensch. Christliche Anthropologie in den Konflikten der Gegenwart (Themen der Theologie, 11), Stuttgart.

Moltmann, Jürgen (1972a): Der gekreuzigte Gott. Das Kreuz Christi als Grund und Kritik christlicher Theologie, München.

Moltmann, Jürgen (1972b): Die politische Relevanz der christlichen Hoffnung. Eine politisch-philosophisch-theologische Thesenreihe, in: Karl Herbert (Hg.): Christliche Freiheit im Dienst am Menschen. Deutungen der kirchlichen Aufgabe heute, Frankfurt am Main, S. 153–162.

Moltmann, Jürgen (1973): Jesus und die Kirche, in: Walter Kasper und Jürgen Moltmann (Hg.): Jesus ja – Kirche nein?, Zürich, Einsiedeln, Köln, S. 37–63.

Moltmann, Jürgen (1974a): Das Experiment Hoffnung. Einführungen, München.

Moltmann, Jürgen (1974b): Jesus und seine Kirche, in: Helmut Hild, Jürgen Moltmann und Otto Semmelroth (Hg.): Thema Kirche (Bensheimer Hefte, 47), Göttingen, S. 7–22.

Moltmann, Jürgen (1975): Kirche in der Kraft des Geistes. Ein Beitrag zur messianischen Ekklesiologie, München.

Moltmann, Jürgen (1977a): Hoffnung und Entwicklung, in: Jürgen Moltmann (Hg.): Zukunft der Schöpfung. Gesammelte Aufsätze, München, S. 59–67.

Moltmann, Jürgen (1977b): Neuer Lebensstil. Schritte zur Gemeinde, München.

Moltmann, Jürgen (1984): Politische Theologie – Politische Ethik (Fundamentaltheologische Studien, 9), München.

Moltmann, Jürgen (1997a): Gott im Projekt der modernen Welt. Beiträge zur öffentlichen Relevanz der Theologie, Gütersloh.

Moltmann, Jürgen (1997b): Jürgen Moltmann, in: Jürgen Moltmann (Hg.): Wie ich mich verändert habe (Kaiser-Taschenbücher, 151), Gütersloh, S. 22–30.

Moltmann, Jürgen (2005): Theologie der Hoffnung – vor 40 Jahren, in: Jürgen Moltmann, Carmen Rivuzumwami und Thomas Schlag (Hg.): Hoffnung auf Gott – Zukunft des Lebens. 40 Jahre »Theologie der Hoffnung«, Gütersloh, S. 17–28.

Moltmann, Jürgen (2011): Politische Theologie in ökumenischen Kontexten, in: Francis Schüssler Fiorenza, Klaus Tanner und Michael Welker (Hg.): Politische Theologie. Neuere Geschichte und Potenziale (Theologische Anstöße, 1), Neukirchen-Vluyn, S. 1–10.

Müller-Fahrenholz, Geiko (2000): Phantasie für das Reich Gottes. Die Theologie Jürgen Moltmanns. Eine Einführung, Gütersloh.

Neidhardt, Friedhelm (1994): Öffentlichkeit, Öffentliche Meinung, Soziale Bewegungen, in: Friedhelm Neidhardt (Hg.): Öffentlichkeit, Öffentliche Meinung, Soziale Bewegungen (Kölner Zeitschrift für Soziologie und Sozialpsychologie. Sonderhefte, 34), Opladen, S. 7–41.

Nünning, Ansgar; Nünning, Vera (2002): Von der strukturalistischen Narratologie zur ›postklassischen‹ Erzähltheorie: Ein Überblick über neue Ansätze und Entwicklungstendenzen, in: Ansgar Nünning und Vera Nünning (Hg.): Neue Ansätze in der Erzähltheorie (WVT-Taschenbücher zum literaturwissenschaftlichen Studium, 4), Trier, S. 1–33.

Østgaard, Einar (1965): Factors Influending the Flow of News, in: *Journal of Peace Research*, S. 39–63.

Otto, Gert (1988): Praktische Theologie. Bd. 2: Handlungsfelder der Praktischen Theologie (Praktische Theologie), München.

Paeth, Scott R. (2005): Jürgen Moltmann's Public Theology, in: *Political Theology* 6 (2), S. 215–234.

Paeth, Scott R. (2008): Exodus Church and Civil Society: Public Theology and Social Theory in the Work of Jürgen Moltmann, Aldershot (U. K.), Burlington (Vt.).

Patterson, Thomas E. (1993): Out of Order, New York.

Peters, Bernhard (1993): Die Integration moderner Gesellschaften, Frankfurt am Main.

Peters, Bernhard (1994a): Der Sinn von Öffentlichkeit, in: Friedhelm Neidhardt (Hg.): Öffentlichkeit, Öffentliche Meinung, Soziale Bewegungen (Kölner Zeitschrift für Soziologie und Sozialpsychologie. Sonderhefte, 34), Opladen, S. 42–76.

Peters, Birgit (1994b): »Öffentlichkeitselite« – Bedingungen und Bedeutungen von Prominenz, in: Friedhelm Neidhardt (Hg.): Öffentlichkeit, Öffentliche Meinung, Soziale Bewegungen (Kölner Zeitschrift für Soziologie und Sozialpsychologie. Sonderhefte, 34), Opladen, S. 191–213.

Peters, Birgit (1996): Prominenz. Eine soziologische Analyse ihrer Entstehung und Wirkung, Opladen.

Peucerus, Tobias (1944): De Relationibus Novellis, in: Karl Kurth (Hg.): Die ältesten Schriften für und wider die Zeitung (Quellenhefte zur Zeitungswissenschaft, 1), Brünn, München, Wien, S. 163–184.

Pfetsch, Barbara (2001): »Amerikanisierung« der politischen Kommunikation. Politik und Medien in Deutschland und den USA, in: *Aus Politik und Zeitgeschichte* (B 41/42), S. 27–36.

Pickel, Gert (2014): Jugendliche und junge Erwachsene. Stabil im Bindungsverlust zur Kirche, in: Evangelische Kirche in Deutschland (Hg.): Engagement und Indifferenz – Kirchenmitgliedschaft als soziale Praxis. V. EKD-Erhebung über Kirchenmitgliedschaft, Neuausg., Hannover, S. 60–72.

Pirner, Manfred L. (2001): Fernsehmythen und religiöse Bildung. Grundlegung einer medienerfahrungsorientierten Religionspädagogik am Beispiel fiktionaler Fernsehunterhaltung (Beiträge zur Medienpädagogik, 7), Frankfurt am Main.

Pirner, Manfred L. (2005): Batmann als Weihnachtsengel – Herausforderungen für die Kommunikation des Evangeliums in der Medienwelt, in: Reinhard Schmidt-Rost und Norbert Dennerlein (Hg.): Kontrapunkt. Das Evangelium in der Medienwelt, 2. Aufl., Hannover, S. 39–54.

Planer-Friedrich, Götz (1996): Programme statt Personen. Die Demokratie braucht politische Visionen, in: *Evangelische Kommentare* 29 (1), S. 5.

Pöttker, Horst (1998): Hitler zum Anfassen. Personalisierung von Politik am Beispiel des Rundfunkjournalismus im NS-Regime, in: Kurt Imhof und Peter Schulz (Hg.): Die Veröffentlichung des Privaten – Die Privatisierung des Öffentlichen (Mediensymposium Luzern, 4), Opladen, Wiesbaden, S. 210–224.

Preul, Reiner (1995): Das öffentliche Auftreten der Kirche in der pluralistischen Gesellschaft, in: Joachim Mehlhausen (Hg.): Pluralismus und Identität (Veröffentlichungen der Wissenschaftlichen Gesellschaft für Theologie, 8), Gütersloh, S. 505–517.

Preul, Reiner (1997): Kirchentheorie. Wesen, Gestalt und Funktionen der evangelischen Kirche (De-Gruyter-Studienbuch), Berlin.

Radunski, Peter (1980): Wahlkämpfe. Moderne Wahlkampfführung als politische Kommunikation, München, Wien.

Radunski, Peter (1996): Politisches Kommunikationsmanagement. Die Amerikanisierung der Wahlkämpfe, in: Bertelsmann Stiftung (Hg.): Politik überzeugend vermitteln. Wahlkampfstrategien in Deutschland und den USA. Analysen und Bewertungen von Politikern, Journalisten und Experten, Gütersloh, S. 33–52.

Reese-Schäfer, Walter (2001): Jürgen Habermas (Campus Einführungen), 3. Aufl., Frankfurt am Main.

Rieger, Hans-Martin (2007): Theologie als Funktion der Kirche. Eine systematisch-theologische Untersuchung zum Verhältnis von Theologie und Kirche in der Moderne (Theologische Bibliothek Töpelmann, 139), Berlin.

Rohls, Jan (1997): Protestantische Theologie der Neuzeit. Bd. 2: Das 20. Jahrhundert, Tübingen.

Rommel, Birgit (2003): Ekklesiologie und Ethik bei Stanley Hauerwas. Von der Bedeutung der Kirche für die Rede von Gott (Entwürfe zur christlichen Gesellschaftswissenschaft, 14), Münster.

Rosengren, Karl Erik (1970): International News: Intra and Extra Media Data, in: *Acta Sociologica* 13 (2), S. 96–109.

Roth, Norbert (2012): Das Bischofsamt der evangelischen Kirche, Neukirchen-Vluyn.

Ruhrmann, Georg; Woelke, Jens; Maier, Michaela; Diehlmann, Nicole (2003): Der Wert von Nachrichten im deutschen Fernsehen. Ein Modell zur Validierung von Nachrichtenfaktoren (Schriftenreihe Medienforschung der Landesanstalt für Medien Nordrhein-Westfalen, 45), Opladen.

Sarcinelli, Ulrich (1987): Symbolische Politik. Zur Bedeutung symbolischen Handelns in der Wahlkampfkommunikation der Bundesrepublik Deutschland (Studien zur Sozialwissenschaft, 72), Opladen.

Sarcinelli, Ulrich (1998): Parteien und Politikvermittlung: Von der Parteien- zur Mediendemokratie?, in: Ulrich Sarcinelli (Hg.): Politikvermittlung und Demokratie in der Mediengesellschaft. Beiträge zur politischen Kommunikationskultur (Schriftenreihe / Bundeszentrale für Politische Bildung, 352), Bonn, S. 273–296.

Sauter, Gerhard (1967): Angewandte Eschatologie. Überlegungen zu Jürgen Moltmanns »Theologie der Hoffnung«, in: Wolf-Dieter Marsch (Hg.): Diskussionen über die »Theologie der Hoffnung« von Jürgen Moltmann, München, S. 106–121.

Saxer, Ulrich (1997): Das Starphänomen im dualen Rundfunksystem, in: Werner Faulstich und Helmut Korte (Hg.): Der Star. Geschichte – Rezeption – Bedeutung, München, S. 204–218.

Scannell, Paddy (2007): The Message of Silverstone, in: *International Journal of Communication*, S. 97–105.

Schenk, Michael (2007): Medienwirkungsforschung, 3., vollst. überarb. Aufl., Tübingen.

Schenk, Michael; Tenscher, Jens (1998): Wandel der politischen Kommunikation unter dem Einfluß von Marketing- und Werbestrategien, in: Kurt Imhof und Peter Schulz (Hg.): Die Veröffentlichung des Privaten – Die Privatisierung des Öffentlichen (Mediensymposium Luzern, 4), Opladen, Wiesbaden, S. 340–356.

Schicha, Christian (2003): Kritische Medientheorien, in: Stefan Weber (Hg.): Theorien der Medien. Von der Kulturkritik bis zum Konstruktivismus, Konstanz, S. 108–131.

Schieder, Rolf (1987): Civil Religion. Die religiöse Dimension der politischen Kultur, Gütersloh.

Schlag, Thomas (2012): Öffentliche Kirche. Grunddimensionen einer praktisch-theologischen Kirchentheorie (Theologische Studien Neue Folge, 5), Zürich.

Schmidt, Manfred G. (2010): Das politische System Deutschlands. Institutionen, Willensbildung und Politikfelder (Schriftenreihe / Bundeszentrale für Politische Bildung, 1046), Bonn.

Schmidt, Wolf-Rüdiger (1976–2007): Art. Medien, Abschnitt 6. »Medienreligion«, in: Gerhard Krause und Gerhard Müller (Hg.): Theologische Realenzyklopädie, Bd. 22, Berlin, S. 324–326.

Schmidt, Wolf-Rüdiger (1991): Fernsehen als Religion? Überlegungen zur Beheimatung im elektronischen Medium, in: Claus Eurich und Imme de Haen (Hg.): Hören und Sehen. Die Kirche des Wortes im Zeitalter der Bilder (GEP-Buch), Stuttgart, S. 113–118.

Schmitt-Beck, Rüdiger; Pfetsch, Barbara (1994): Politische Akteure und die Medien der Massenkommunikation. Zur Generierung von Öffentlichkeit in Wahlkämpfen, in: Friedhelm Neidhardt (Hg.): Öffentlichkeit, Öffentliche Meinung, Soziale Bewegungen (Kölner Zeitschrift für Soziologie und Sozialpsychologie. Sonderhefte, 34), Opladen, S. 106–138.

Schneider, Ulrich F. (2004): Der Januskopf der Prominenz. Zum ambivalenten Verhältnis von Privatheit und Öffentlichkeit, Wiesbaden.

Schramm, Holger; Hartmann, Tilo; Klimmt, Christoph (2002): Desiderata und Perspektiven der Forschung über parasoziale Interaktionen und Beziehungen zu Medienfiguren, in: *Publizistik* 47, S. 436–459.

Schulz, Claudia (2006): Lebensstile in der Kirche. Erwartung, Beheimatung, Beteiligung, in: Jan Hermelink, Ingrid Lukatis und Monika Wohlrab-Sahr (Hg.): Kirche in der Vielfalt der Lebensbezüge: die vierte EKD-Erhebung über Kirchenmitgliedschaft. Bd. 2: Analysen zu Gruppendiskussion und Einzelinterviews, Gütersloh, S. 41–58.

Schulz, Winfried (1976): Die Konstruktion von Realität in den Nachrichtenmedien. Analyse der aktuellen Berichterstattung, Freiburg i. Br., München.

Schulz, Winfried (1990): Die Konstruktion von Realität in den Nachrichtenmedien. Analyse der aktuellen Berichterstattung (Alber-Broschur Kommunikation, 4), 2. Aufl., Freiburg i. Br., München.

Schulz, Winfried (2000a): Art. Kommunkationsprozeß, in: Elisabeth Noelle-Neumann, Winfried Schulz und Jürgen Wilke (Hg.): Das Fischer-Lexikon Publizistik, Massenkommunikation (Fischer-Taschenbücher, 12260), 7. Aufl., Frankfurt am Main, S. 140–171.

Schulz, Winfried (2000b): Art. Nachricht, in: Elisabeth Noelle-Neumann, Winfried Schulz und Jürgen Wilke (Hg.): Das Fischer-Lexikon Publizistik, Massenkommunikation (Fischer-Taschenbücher, 12260), 7. Aufl., Frankfurt am Main, S. 307–337.

Schulz, Winfried (2011): Politische Kommunikation. Theoretische Ansätze und Ergebnisse empirischer Forschung, 3. überarb. Aufl., Wiesbaden.

Schulz, Winfried; Zeh, Reimar (2006): Die Kampagne im Fernsehen – Agens und Indikator des Wandels. Ein Vergleich der Kandidatendarstellung, in: Christina Holtz-Bacha (Hg.): Die Massenmedien im Wahlkampf. Die Bundestagswahl 2005, Wiesbaden, S. 277–305.

Schulz, Winfried; Zeh, Reimar (2010a): Die Protagonisten in der Fernseharena. Merkel und Steinmeier in der Berichterstattung über den Wahlkampf 2009, in: Christina Holtz-Bacha (Hg.): Die Massenmedien im Wahlkampf. Das Wahljahr 2009, Wiesbaden, S. 313–375.

Schulz, Winfried; Zeh, Reimar (2010b): Kanzler und Kanzlerkandidaten in den Fernsehnachrichten, in: Christina Holtz-Bacha (Hg.): Die Massenmedien im Wahlkampf. Das Wahljahr 2009, Wiesbaden, S. 57–79.

Schumacher, Heidemarie (1994): Infotainment-Ästhetik im Fernsehen der Gegenwart, in: Louis Bosshart und Wolfgang Hoffmann-Riem (Hg.): Medienlust und Mediennutz. Unterhaltung als öffentliche Kommunikation (Schriftenreihe der Deutschen Gesellschaft für Publizistik- und Kommunikationswissenschaft, 20), München, S. 478–483.

Schuurman, Douglas J. (1987): Creation, Eschaton, and Ethics: An Analysis of Theology and Ethics in Jürgen Moltmann, in: *Calvin Theological Journal* 22 (1), S. 42–67.

Schwikart, Georg (1998): Zwischen Illustration und Manipulation. Das Thema Religion in den Nachrichten der Tagesschau und der heute-Sendung, Siegburg.

Sennett, Richard (1999): Verfall und Ende des öffentlichen Lebens. Die Tyrannei der Intimität, 10. Aufl., Frankfurt am Main.

Shoemaker, Pamela J. (1991): Gatekeeping (Communication Concepts, 3), Newbury Park.

Shoemaker, Pamela J. (1996): Hardwired for News: Using Biological and Cultural Evolution to Explain the Surveillance Function, in: *Journal of Communication* 46 (3), S. 32–47.

Shoemaker, Pamela J.; Cohen, Akiba A. (2006): News Around the World. Content, Practitioners, and the Public, New York.

Shoemaker, Pamela J.; Reese, Stephen D. (1991): Mediating the Message. Theories of Influences on Mass Media Content, New York, London.

Silverstone, Roger (1981): The Message of Television. Myth and Narrative in Contemporary Culture, London.

Silverstone, Roger (1984): A Structure for a Modern Myth: Television and the Transsexual, in: *Semiotica* 49, S. 95–138.

Silverstone, Roger (1987): Mass Communication Relies on Narrative and Myth, in: *Media Development* 34 (2), S. 2–4.

Silverstone, Roger (1988): Television Myth and Culture, in: James W. Carey (Hg.): Media, Myths and Narratives. Television and the Press (Sage annual Reviews of Communication Research, 15), Newbury Park (Calif.), S. 20–47.

Silverstone, Roger (1991a): From Audiences to Consumers: The Household and the Consumption of Communication and Information Technologies, in: *European Journal of Communication* 6, S. 135–154.

Silverstone, Roger (1991b): Television, Rhetoric, and the Return of the Unconscious in Secondary Oral Culture, in: Bruce E. Gronbeck, Thomas J. Farrel und Paul A. Soukup (Hg.): Media, Consciousness, and Culture. Explorations of Walter Ong's Thought (Communication and Human Values), Newbury Park, S. 147–159.

Silverstone, Roger (1993): Television, ontological security and the transitional object, in: *Media, Culture & Society* 15 (4), S. 573–598.

Silverstone, Roger (1994): Television and Everyday Life, London.

Silverstone, Roger (2007): Anatomie der Massenmedien. Ein Manifest (Edition Suhrkamp, 2505), Frankfurt am Main.

Smit, Dirk J. (2007): Notions of the Public and Doing Theology, in: *International Journal of Public Theology* 1, S. 431–454.

Sommer, Carlo Michael (1997): Stars als Mittel der Identitätskonstruktion. Überlegungen zum Phänomen des Star-Kults aus sozialpsychologischer Sicht, in: Werner Faulstich und Helmut Korte (Hg.): Der Star. Geschichte – Rezeption – Bedeutung, München, S. 114–124.

Staab, Joachim Friedrich (1990): Nachrichtenwert-Theorie. Formale Struktur und empirischer Gehalt (Alber-Broschur Kommunikation, 17), Freiburg i. Br., München.

Stammler, Eberhard (1978): Kirche und Publizistik, in: Robert Geisendörfer (Hg.): Für die Freiheit der Publizistik, Stuttgart, S. 18–24.

Steiner, Adrian; Jarren, Otfried (2009): Intermediäre Organisationen unter Medieneinfluss? Zum Wandel der politischen Kommunikation von Parteien, Verbänden und Bewegungen, in: Frank Marcinkowski und Barbara Pfetsch (Hg.): Politik in der Mediendemokratie (Politische Vierteljahresschrift. Sonderheft, 42), Wiesbaden, S. 251–269.

Taylor, Mark Lewis (2013): Subalternität und Fürsprache als Kairos für die Theologie, in: Andreas Nehring und Simon Tielesch (Hg.): Postkoloniale Theologien. Bibelhermeneutische und kulturwissenschaftliche Beiträge (ReligionsKulturen, 11), Stuttgart, S. 276–299.

Tenscher, Jens; Schmid, Sonja (2009): Berichterstattung nach Wahl. Eine vergleichende Analyse von Bundes- und Landtagswahlkämpfen in der Regionalpresse, in: *Medien & Kommunikationswissenschaft* 57 (1), S. 56–77.

Thiemann, Ronald F. (2002): Waiting for God's own Time. Dietrich Bonhoeffer as Public Intellectual, in: Christian Gremmels und Wolfgang Huber (Hg.): Religion im Erbe. Dietrich Bonhoeffer und die Zukunftsfähigkeit des Christentums, Gütersloh, S. 92–111.

Thiemann, Ronald F. (2003): Faith and the Public Intellectual, in: Shelly Matthews, Cynthia Briggs Kittredge und Melanie Johnson-DeBaufre (Hg.): Walk in the Ways of Wisdom. Essays in Honor of Elisabeth Schüssler Fiorenza, Harrisburg (PA), S. 88–105.

Thiemann, Ronald F. (2004): The Public Intellectual as Connected Critic. George Orwell and Religion, in: Thomas Cushman und John Rodden (Hg.): George Orwell. Into the Twenty-First Century, Boulder, S. 96–110.

Thomas, Günter (1996): Die Wiederverzauberung der Welt? Zu den religiösen Funktionen des Fernsehens, in: Peter Bubmann und Petra Müller (Hg.): Die Zukunft des Fernsehens. Beiträge zur Ethik der Fernsehkultur, Stuttgart, S. 113–139.

Thomas, Günter (1998): Medien – Ritual – Religion. Zur religiösen Funktion des Fernsehens (Suhrkamp-Taschenbuch Wissenschaft, 1370), Frankfurt am Main.

Thomas, Günter (2003): Medienreligion. Religionssoziologische Perspektiven und theologische Deutungen, in: *Magazin für Theologie und Ästhetik* 5 (22).

Thomas, Günter (2013): Care, Stone, and Law. Three Symbolic Forms of Non-discoursive Public Theology, in: Heinrich Bedford-Strohm, Florian Höhne und Tobias Reitmeier (Hg.): Contextuality and Intercontextuality in Public Theology. Proceedings from the Bamberg Conference 23.–25.06.2011 (Theology in the Public Square, 4), Münster, S. 301–320.

Tödt, Heinz Eduard (1967): Aus einem Brief an Jürgen Moltmann, in: Wolf-Dieter Marsch (Hg.): Diskussionen über die »Theologie der Hoffnung« von Jürgen Moltmann, München, S. 197–200.

Tripole, Martin R. (S. J.) (1973): Ecclesiological Developments in Moltmann's Theology of Hope, in: *Theological Studies* 34 (1), S. 19–35.

Tripole, Martin R. (S. J.) (1981): A Church for the Poor and the World: At Issue with Moltmann's Ecclesiology, in: *Theological Studies* 42 (4), S. 645–659.

Uden, Ronald (2004): Kirche in der Medienwelt. Anstöße der Kommunikationswissenschaft zur praktischen Wahrnehmung der Massenmedien in Theologie und Kirche (Studien zur Christlichen Publizistik, 10), Erlangen.

Vögele, Wolfgang (1994): Zivilreligion in der Bundesrepublik Deutschland (Öffentliche Theologie, 5), Gütersloh.

Vögele, Wolfgang (2000): Menschenwürde zwischen Recht und Theologie: Begründungen von Menschenrechten in der Perspektive öffentlicher Theologie, Gütersloh.

Vorderer, Peter (1996): Rezeptionsmotivation: Warum nutzen Rezipienten mediale Unterhaltungsangebote?, in: *Publizistik* 41 (3), S. 310–326.

Wagner, Jochen W. (2005): Deutsche Wahlwerbekampagnen made in USA? Amerikanisierung oder Modernisierung bundesrepublikanischer Wahlkampagnen (Forschung Politik), Wiesbaden.

Wakefield, James L. (2002): Jürgen Moltmann. A Research Bibliography (ATLA Bibliography Series, 47), Lanham, Oxford.

Wehner, Josef (1998): Öffentliche Meinung und Person – Zur Darstellung der Politik in den Medien, in: Kurt Imhof und Peter Schulz (Hg.): Die Veröffentlichung des Privaten – Die Privatisierung des Öffentlichen (Mediensymposium Luzern, 4), Opladen, Wiesbaden, S. 318–331.

Welker, Michael (1986): Hoffnung und Hoffen auf Gott, in: Hermann Deuser, Gerhard Marcel Martin, Konrad Stock und Michael Welker (Hg.): Gottes Zukunft, Zukunft der Welt (Festschrift für Jürgen Moltmann zum 60. Geburtstag), München, S. 23–38.

Welker, Michael (1995): Kirche im Pluralismus (Kaiser-Taschenbücher, 136), Gütersloh.

Welker, Michael (2001): Die autonome Person der europäischen Moderne und die Konstitution der Person aus Glauben, in: Michael Roth und Kai Horstmann (Hg.): Glauben – Lieben – Hoffen. Theologische Einsichten und Aufgaben (Festgabe für Konrad Stock zum 60. Geburtstag) (Arbeiten zur Historischen und Systematischen Theologie, 6), Münster, S. 108–119.

Wersig, Gernot (2009): Einführung in die Publizistik- und Kommunikationswissenschaft, Baden-Baden.

Wiegerling, Klaus (1998): Medienethik (Sammlung Metzler, 314), Stuttgart.

Wilke, Jürgen (1984): Nachrichtenauswahl und Medienrealität in vier Jahrhunderten. Eine Modellstudie zur Verbindung von historischer und empirischer Publizistikwissenschaft, Berlin, New York.

Wilke, Jürgen (1998): Analytische Dimension der Personalisierung des Politischen, in: Kurt Imhof und Peter Schulz (Hg.): Die Veröffentlichung des Privaten – Die Privatisierung des Öffentlichen (Mediensymposium Luzern, 4), Opladen, Wiesbaden, S. 283–294.

Wilke, Jürgen; Leidecker, Melanie (2010): Ein Wahlkampf, der keiner war? Die Presseberichterstattung zur Bundestagswahl 2009 im Langzeitvergleich, in: Christina Holtz-

Bacha (Hg.): Die Massenmedien im Wahlkampf. Das Wahljahr 2009, Wiesbaden, S. 339–372.

Wilke, Jürgen; Reinemann, Carsten (2000): Kanzlerkandidaten in der Wahlkampfberichterstattung. Eine vergleichende Studie zu den Bundestagswahlen 1949–1998 (Medien in Geschichte und Gegenwart, 15), Köln, Weimar, Wien.

Wilke, Jürgen; Reinemann, Carsten (2003): Die Bundestagswahl 2002: Ein Sonderfall? Die Berichterstattung über die Kanzlerkandidaten im Langzeitvergleich, in: Christina Holtz-Bacha (Hg.): Die Massenmedien im Wahlkampf. Die Bundestagswahl 2002, Wiesbaden, S. 29–56.

Wilke, Jürgen; Reinemann, Carsten (2006): Die Normalisierung des Sonderfalls? Die Wahlkampfberichterstattung der Presse 2005 im Langzeitvergleich, in: Christina Holtz-Bacha (Hg.): Die Massenmedien im Wahlkampf. Die Bundestagswahl 2005, Wiesbaden, S. 306–337.

Wippersberg, Julia (2007): Prominenz. Entstehung, Erklärungen, Erwartungen (Forschungsfeld Kommunikation, 25), Konstanz.

Wirth, Werner; Stiehler, Hans-Jörg; Wünsch, Carsten (Hg.) (2007): Dynamisch-transaktional denken. Theorie und Empirie der Kommunikationswissenschaft, Köln.

Wirth, Werner; Voigt, Ronald (1999): Der Aufschwung ist meiner! Personalisierung von Spitzenkandidaten im Fernsehen zur Bundestagswahl 1998, in: Christina Holtz-Bacha (Hg.): Wahlkampf in den Medien – Wahlkampf mit den Medien. Ein Reader zum Wahljahr 1998, Opladen, Wiesbaden, S. 133–158.

Wünsch, Carsten (2007): Der praktische Wert einer Metatheorie für die Kommunikationswissenschaft, in: Werner Wirth, Hans-Jörg Stiehler und Carsten Wünsch (Hg.): Dynamisch-transaktional denken. Theorie und Empirie der Kommunikationswissenschaft, Köln, S. 17–37.

Sachregister